Histoire Romaine De Dion Cassius, Volume 10...

Cassius Dion, Étienne Gros, V. Boissée

HISTOIRE ROMAINE

DE

DION CASSIUS.

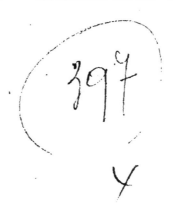

Paris. — Typographie de Firmin Didot frères, rue Jacob, 56.

HISTOIRE ROMAINE

DE

DION CASSIUS,

TRADUITE EN FRANÇAIS,

AVEC DES NOTES CRITIQUES, HISTORIQUES, ETC.

ET LE TEXTE EN REGARD,

collationné

SUR LES MEILLEURES ÉDITIONS ET SUR LES MANUSCRITS DE ROME,
FLORENCE, VENISE, TURIN,
MUNICH, HEIDELBERG, PARIS, TOURS, BESANÇON;

PAR E. GROS,

INSPECTEUR DE L'ACADÉMIE DE PARIS,

OUVRAGE CONTINUÉ

PAR V. BOISSÉE.

————

TOME DIXIÈME.

————

PARIS,

LIBRAIRIE DE FIRMIN DIDOT FRÈRES, FILS ET Cie,

IMPRIMEURS DE L'INSTITUT,

RUE JACOB, 56.

1870.

AVERTISSEMENT.

On sait que le livre LXXVIII a été, ainsi que le commencement du LXXIX, conservé par un très-vieux manuscrit qui se trouve aujourd'hui à la bibliothèque du Vatican. Ce manuscrit, malgré le dommage que lui a causé l'incurie d'un relieur maladroit, malgré les fautes nombreuses du copiste, fautes dont le plus grand nombre et les plus grossières ont été corrigées en interligne, par une autre main, et à l'encre rouge, n'en est pas moins d'une haute importance. Il est ancien et il est unique, car je ne compte pas ici un passage cité dans le manuscrit *de Legationibus*, d'Ursinus, qui est beaucoup plus récent. Aussi ai-je cru faire chose utile en signalant tous les détails, même les plus minutieux, relevés par M. Gros, qui l'a collationné lui-même à nouveau. Ce désir d'une collation nouvelle avait déjà été exprimé par Reimarus, et A. Mai en avait montré la nécessité. Aussi Bekker n'y a-t-il pas manqué.

Dans certains endroits, l'atteinte du couteau du relieur a été telle qu'il ne reste plus que des lignes tronquées la plupart du temps et incohérentes. Falcon a essayé d'en tirer des mots et même parfois des phrases. Son travail, reproduit dans l'édi-

tion de Reimarus, qui le donne en regard des linéaments, si l'on peut parler ainsi, du manuscrit,
en proposant çà et là deux ou trois conjectures
assez heureuses, son travail, dis-je, n'est pas
à mépriser. Sturz n'offre rien de nouveau. Mais
la restitution la plus complète et la meilleure est
celle de Bekker. Dindorf l'a reproduite en entier,
excepté dans un seul endroit, et j'ai suivi son
exemple. Mon travail, toutefois, se distinguera de
celui des deux philologues allemands, en ce que
je donne en regard de leur restitution, dans les
endroits tronqués, le texte qui se lit dans les éditions antérieures, et en ce que, dans les autres, je
n'ai admis leurs restitutions dans le texte, quelque
plausibles qu'elles paraissent et en les y insérant
en caractères plus petits, que lorsque, consistant
seulement en quelques lettres, elles permettent
de compléter un sens; plus longues, je les renvoie
dans les notes. Je regrette que les complications
typographiques, à cause des lenteurs et des dépenses qu'elles auraient nécessairement entraînées,
ne m'aient pas permis de signaler les portions de
ces fragments que Bekker et Dindorf donnent comme restituées; le lecteur y aurait vu que plusieurs
fois ces savants réclament comme restitution des
lettres que leurs prédécesseurs prétendent être
dans le manuscrit, et que, réciproquement, ils en
attribuent, d'autres fois, au manuscrit que leurs
prédécesseurs n'y ont pas lues. Mais ces cas sont
peu nombreux, et je les relève en note quand ils

ont de l'importance. Quoi qu'il en soit, j'ai divisé la restitution en lignes correspondant aussi exactement que possible à celles du texte, et j'ai mis des numéros aux unes et aux autres, afin que le lecteur eût plus de facilité à saisir leur correspondance.

Un mot, maintenant, sur les fragments rejetés à la fin du volume. J'en ai fait deux catégories : les *Omissions* et les *Divers*. La première catégorie contient tout ce que la comparaison avec les éditions de Bekker et de Dindorf m'a fait découvrir d'omis dans la présente ; dans la seconde catégorie, j'ai rangé ceux que Sturz a reproduits, d'après A. Mai, dans le tome IX de son édition. Peut-être sera-t-on surpris de ne pas les trouver tous ici ; la raison en est que tous ne sont pas de Dion Cassius; Bekker et Dindorf en ont éliminé un certain nombre, qui se trouvent dans Plutarque et dans Dion Chrysostome; il est assez probable qu'un nouvel examen donnerait lieu à de nouvelles éliminations. C'est l'opinion de Dindorf (préface du t. V de son édition, p. xiii), et je m'y associe pour mon compte personnel. A. Mai signalait aux futurs éditeurs de Dion Cassius les manuscrits de Florence comme devant contenir des passages inédits. J'ai entre les mains la collation de ces manuscrits par M. Gros; mais les fragments qui s'y trouvent ne sont pas de notre historien, si on en excepte un qui est tiré du discours de Livie à Auguste, et que nous possédons déjà dans le corps de l'ouvrage. Je dois cette découverte à l'obligeance

de M. Emm. Miller, bibliothécaire du Corps légis-
latif. La plupart des fragments que je conserve ont
été insérés par Bekker et par Dindorf, à la suite
de ceux des trente-six premiers livres ; mais, comme
aucun témoignage ne fixe leur place, j'ai (c'était
aussi l'intention de M. Gros [1]), préféré les renvoyer à la fin de l'ouvrage.

Arrivé, après douze années de travail, à la fin
de la tâche que je m'étais imposée, qu'il me soit
permis d'offrir mes remercîments à tous les savants
qui ont bien voulu encourager mes efforts de leur
suffrage. Parmi eux, il en est un, M. Egger, à qui
je suis particulièrement redevable : il a bien voulu
lire avec moi les épreuves, m'indiquer d'utiles
corrections, et me suggérer des restitutions, qui
seront l'ornement de cette édition. C'est à cette
circonstance, je n'en saurais douter, que je dois
l'honneur de l'envoi qui m'a été fait de Leipzig
par M. Louis Dindorf de deux fascicules de critique philologique. C'est à M. Egger que je le rapporte, et je le prie d'agréer l'expression sincère de ma
profonde reconnaissance. Qu'il me soit aussi permis
de ne pas oublier mon ami Joseph Boulmier : tous
ceux qui font imprimer savent combien sont in-
grates et dures les fonctions de correcteur ; il a
prouvé, à plusieurs reprises, que, chez lui, elles
s'alliaient avec le savoir et le goût.

Paris, le 15 juin 1870.

V. B.

1. Voir l'Avertissement en tête du t. II.

ΤΩΝ

ΔΙΩΝΟΣ

ΙΣΤΟΡΙΩΝ ΡΩΜΑΙΚΩΝ

ΤΑ ΒΙΒΛΙΑ

ΟΑ΄, ΟΒ΄, ΟΓ, ΟΔ΄, ΟΕ΄, ΟϚ΄, ΟΖ΄,
ΟΗ΄, ΟΘ΄, Π΄.

ΤΩΝ

ΔΙΩΝΟΣ

ΙΣΤΟΡΙΩΝ ΡΩΜΑΙΚΩΝ

ΤΟ ΕΒΔΟΜΗΚΟΣΤΟΝ ΠΡΩΤΟΝ ΒΙΒΛΙΟΝ.

1. Μάρκος δὲ Ἀντωνῖνος, ἐπειδὴ[1], τοῦ ποιησαμένου αὐτὸν τελευτήσαντος Ἀντωνίνου, τὴν ἀρχὴν ἔσχε, προσεί-ληφεν[2] ἐς κοινωνίαν τοῦ κράτους εὐθὺς τὸν τοῦ Λουκίου

R.p.117] τοῦ[3] Κομμόδου υἱὸν Λούκιον Οὐῆρον[4]. Αὐτὸς μὲν γὰρ ἀσθενὴς ἦν τῷ σώματι[5], καὶ τὰ πολλὰ λόγοις (λέγεται γὰρ, καὶ αὐτοκράτωρ ὢν, μὴ αἰδεῖσθαι μηδὲ ὀκνεῖν[6] ἐς διδασκάλου φοιτᾶν[7], ἀλλὰ καὶ Σέξτῳ προσιέναι τῷ ἐκ Βοιωτῶν φιλοσόφῳ[8], καὶ ἐς ἀκρόασιν τῶν ῥητορικῶν Ἑρμογένους[9] λόγων μὴ ὀκνῆσαι παραγενέσθαι· προσέκειτο

1. *a, b* : Ἀντωνῖνος ὁ φιλόσοφος ἐπειδή. — 2. St., d'après Rm.; vulg., Bkk. et Ddf : προσειλήφει. — 3. Bkk. et Ddf ; vulg. om. — 4. Cf. LXIX, 21. Capitolin (Vérus, 3) et plusieurs historiens ont vu dans ce fait le premier exemple de deux Augustes gouvernant ensemble. Si l'on va au fond des choses, on trouvera des exemples antérieurs : Titus et Vespasien, Trajan et Nerva, Antonin le Pieux et Adrien, Marc-Antonin et Antonin le Pieux, bien que, parmi eux, tous n'aient pas été égaux en pouvoir. 5. Cf. ch. 6 et ch. 36. — 6. Les mots : μηδὲ ὀκνεῖν semblent suspects

HISTOIRE ROMAINE
DE DION.

LIVRE SOIXANTE-ET-ONZIÈME.

1. Marc-Antonin ne fut pas plutôt en possession de l'autorité, par la mort d'Antonin, son père adoptif, qu'il associa à l'empire Lucius Vérus, fils de Lucius Commode. Antonin était faible de tempérament et donnait à l'étude presque tout son temps (on dit que, même étant empereur, il ne rougissait pas de se rendre chez ses professeurs, qu'il fréquentait le philosophe Sextus de Béotie, et qu'il ne craignait pas d'aller écouter les leçons du rhéteur Hermogène ; d'ailleurs il était surtout atta-

An de
Rome
914.
Marcus Au-
rélius,
consul III,
et
Lucius Au-
rélius,
consul II.

à Bkk. et à Ddf ; ils pourraient bien, en effet, n'être qu'une glose de μὴ αἰδεῖσθαι. Je ne les ai pas traduits.

7. Capitolin, 3 : « Tantum studium in eo philosophiæ fuit, ut adscitus jam in imperatoriam dignitatem, tamen ad domum Apollonii discendi causa veniret. »

8. Capitolin, 3 : « Audivit et Sextum Chæronensem Plutarchi nepotem. »

9. Cf. Philostrate, Vie des Sophistes, II, 7 ; Suidas (au mot Ἑρμογένης) et la Bibliothèque Grecque de Fabricius, t. IV, p. 69 (éd. de Harles).

δὲ τοῖς ἐκ τῆς στοᾶς μάλιστα δόγμασιν[1]) · ὁ δὲ Λούκιος
ἔρρωτό τε καὶ νεώτερος ἦν, τοῖς στρατιωτικοῖς τε ἔργοις
καταλληλότερος. Ὅθεν καὶ γαμβρὸν αὐτὸν ἐπὶ τῇ θυγατρὶ
Λουκίλλᾳ ὁ Μάρκος ποιήσας ἐς τὸν πρὸς Πάρθους ἔπεμψε
πόλεμον.

2. Ὁ γὰρ Οὐολόγαισος πολέμου ἦρξε[2], καὶ στρατόπε-
δόν τε ὅλον Ῥωμαϊκὸν, τὸ ὑπὸ Σεουηριανῷ τεταγμένον ἐν
τῇ Ἐλεγείᾳ, χωρίῳ τινὶ τῆς Ἀρμενίας, περισχὼν[3] πάντοθεν, αὐτοῖς ἡγεμόσι κατετόξευσε καὶ διέφθειρε, καὶ τῆς
R.p.1178 Συρίας ταῖς πόλεσι πολὺς ἐπῄει καὶ φοβερός. Ὁ οὖν Λούκιος, ἐλθὼν ἐς Ἀντιόχειαν[4], καὶ πλείστους στρατιώτας
συλλέξας, καὶ τοὺς ἀρίστους τῶν ἡγεμόνων ὑφ᾽ ἑαυτὸν
ἔχων[5], αὐτὸς μὲν ἐν τῇ πόλει ἐκάθητο, διατάττων ἔκαστα,
καὶ τὰς τοῦ πολέμου χορηγίας ἀθροίζων· Κασσίῳ δὲ τὰ
στρατεύματα ἐπέτρεψε. Καὶ ὃς ἐπιόντα τε τὸν Οὐολόγαισον γενναίως ὑπέμεινε, καὶ τέλος ἐγκαταλειφθέντα ὑπὸ τῶν
συμμάχων, καὶ ὀπίσω ἀναχωρήσαντα, ἐπεδίωξε· μέχρι τε
Σελευκείας καὶ Κτησιφῶντος ἤλασε, καὶ τήν τε Σελεύκειαν
διέφθειρεν ἐμπρήσας, καὶ τὰ τοῦ Οὐολογαίσου βασίλεια, τὰ

---

1. Cf. Capitolin, 16; Eutrope, VIII, 6.

2. Capitolin (Marc-Antonin, 8): « Fuit eo tempore etiam Parthicum
bellum, quod Vologæsus, paratum sub Pio, Marci et Veri tempore indixit,
fugato Atidio Corneliano, qui Syriam tunc administrabat. » Le même
(Vérus, 6) : « ... quum, interfecto legato, cæsis legionibus, Syriis defectionem cogitantibus, Oriens vastaretur... » — 3. Slbg., Henri Étienne,
St., Bkk. et Ddf; vulg. : ἐπισχών. — 4. Xph., dit Rm., tourne tout à
l'éloge de Vérus; il en est de même d'Eutrope, VIII, 5 (10, suivant d'autres éditions), et de Sextus Rufus, 21. Les autres historiens nous trans-
mettent des détails tout opposés : d'après Capitolin (Marc-Antonin, 8 et 20;

ché à la secte stoïcienne); Lucius, au contraire, était
plein de vigueur et de jeunesse et avait plus d'inclination
pour la guerre. Aussi Marc-Antonin, après l'avoir pris
pour gendre en lui faisant épouser sa fille Lucilla, l'envoya-t-il soutenir la guerre contre les Parthes.

2. Vologèse, en effet, venait de recommencer la
guerre; enveloppant de toute part une légion romaine
entière placée, sous Sévérianus, en garnison à Élégia,
place forte d'Arménie, il l'avait, elle et ses chefs, fait périr sous ses flèches, et, de plus, il ne cessait de courir
les villes de Syrie qu'il remplissait de terreur. Lucius
ayant, à son arrivée à Antioche, rassemblé un nombre
considérable de soldats, et ayant sous son commandement les meilleurs généraux, s'établit en personne dans
cette ville pour mettre en ordre et réunir les ressources
utiles à la guerre, et confia les troupes à Cassius. Celui-ci soutint vaillamment l'attaque de Vologèse, et
finit, la désertion s'étant mise parmi les alliés de ce
prince, par le poursuivre dans sa retraite; il s'avança
jusqu'à Séleucie et à Ctésiphon, détruisit Séleucie en la
livrant aux flammes et rasa la demeure royale de Volo-

An de
Rome
915.

Junius Rus-
ticus et
Vettius Aqui-
linus,
consuls.

Vérus, 4 et suivants), ce prince aurait passé l'hiver à Laodicée, et
l'été à Antioche et à Daphné, au milieu des plaisirs et des débauches de
toutes sortes, tandis qu'Antonin, à Rome, faisait toutes les dispositions
utiles pour la guerre. Le même savant renvoie, en outre, à Suidas (au
mot Βῆρος).

5. Capitolin (Vérus, 7) : « Duces autem confecerunt Parthicum bellum Statius Priscus, et Avidius Cassius, et Martius Verus per qua-
driennium, ita ut Babylonem et Armeniam vindicarent. » Le même
(Marc-Antonin, 9) : « Gestæ sunt res in Armenia prospere per Statium
Priscum, Artaxatis captis. »

ἐν τῇ Κτησιφῶντι, κατέσκαψεν. Ἔν γε μὴν τῇ ὑποστροφῇ
πλείστους τῶν στρατιωτῶν ὑπὸ λιμοῦ καὶ νόσου ἀπέβαλεν·
ἀπενόστησε δ' ὅμως ἐς τὴν Συρίαν μετὰ τῶν λοιπῶν στρατιωτῶν. Καὶ ὁ μὲν Λούκιος τούτοις ἐπεκυδαίνετο, καὶ μέγα
ἐφρόνει· οὐ μὴν αὐτῷ καὶ τὰ τῆς ἄκρας εὐτυχίας ἐς ἀγαθόν τι ἀνέβη[1]· λέγεται γὰρ μετὰ ταῦτα καὶ τῷ πενθερῷ
Μάρκῳ ἐπιβεβουλευκώς, πρίν τι καὶ δρᾶσαι, φαρμάκῳ
διαφθαρῆναι[2].

1. Bkk. et Ddf; vulg. : ἀπέβη.

2. Rm. : « Quæ de insidiis Veri, et veneficio Marci traduntur, ad ru-
mores iniquos referenda sunt, quanquam de Vero magis credibiles.
Meminit suspicionis adversus Verum Philostratus Sophist. II, 1, § 11,
et apertius Capitolinus in Vero, c. 10, 11, rumoris, Verum cum Fabia
sorore consilium iniisse de Marco tollendo, quod proditum Faustina, ne-
cato Vero, prævenerit; aliis tradentibus, Marcum cultro una parte vene-
nato vulvam secuisse, et infectam partem fratri præbuisse. Vide eumdem in Marco, c. 15, et Victorem, Cæs., XVI, 5, sqq. Sed hi auctores
Marcum certe defendunt. » Je place ici, avec Wagner, Bkk. et Ddf, deux
fragments extraits de Suidas (l'un au mot Μάρτιος, l'autre au mot Ζεῦγμα),
relatifs à la guerre de Vérus contre les Parthes et les Arméniens. Valois
croit ces fragments de Dion; mais les raisons sur lesquelles il s'appuie
sont loin d'être décisives. Pour le premier, des ressemblances de style
avec Dion peuvent donner une certaine vraisemblance à son opinion;
quant au second (Suidas le déclare en termes exprès : Ζεῦγμα. Εὐνά-
πιος. Ζεύγνυται δὲ...), il est d'Eunape. Rm. a donné ces fragments à la
fin du livre; St., « quum neutrum certo possit pro Dioneo haberi (cf.
Boissonad. Eunapium, p. 532, sq.), de ordine nihil quærendum putavit. »
Voici le premier de ces fragments : Ὅτι Μάρτιος Οὐῆρος τὸν Θουκυδίδην
ἐκπέμπει καταγαγεῖν Σόαιμον εἰς Ἀρμενίαν· ὃς δέει τῶν ὅπλων, καὶ τῇ
οἰκείᾳ περὶ πάντα τὰ προσπίπτοντα εὐβουλίᾳ, τοῦ πρόσω εἴχετο ἐρρωμένως.
Ἦν δὲ ἱκανὸς ὁ Μάρτιος οὐ μόνον ὅπλοις βιάσασθαι τοὺς ἀντιπολεμίους, ἢ
ὀξύτητι προλαβεῖν, ἢ ἀπάτῃ κατασοφίσασθαι (ἥπερ ἐστὶ στρατηγῶν ἀλκή)·
ἀλλὰ καὶ λόγῳ πιθανῷ πεῖσαι, καὶ δωρεαῖς μεγαλόρροσιν οἰκειώσασθαι, καὶ
ἐλπίδι ἀγαθῇ δελεάσαι. Χάρις τε ἦν ἐπὶ πᾶσι τοῖς πρασσομένοις ὑπ' αὐτοῦ
καὶ λεγομένοις, τὸ μὲν ἀγανακτοῦν ἑκάστου καὶ τὸ θυμούμενον παραμυθου-
μένη, τὸ δὲ ἐλπίζον ἔτι μᾶλλον αὔξουσα. Κολακείας τε καὶ δώρων, καὶ τῆς
παρὰ τραπέζαις δεξιώσεως, καιρὸν ᾔδει. Οἷς προσὸν τὸ πρὸς τὰς πράξεις

gèse à Ctésiphon. Mais, en revenant, il perdit beaucoup
de soldats par la faim et la maladie ; néanmoins il rentra en Syrie avec le reste de ses troupes. Ce succès inspira de l'orgueil et de la vanité à Lucius ; mais un bonheur si grand ne tourna pas à bien pour lui, car ayant,
dit-on, conspiré dans la suite contre Marc-Antonin,
son beau-père, il périt par le poison avant d'avoir rien
fait.

An de
Rome
918.

L. Pudens
et
M. Orfitus,
consuls.

σύντονον, καὶ τὸ πρὸς τοὺς ἐχθροὺς σὺν ὀξύτητι δραστήριον, αἱρετώτερον
ἐδείκνυε τοῖς βαρβάροις εἶναι, τῆς φιλίας αὐτοῦ μᾶλλον ἢ τῆς ἔχθρας ἀντι-
ποιεῖσθαι. Ἀφικόμενος οὖν εἰς τὴν καινὴν πόλιν, ἣν φρουρὰ Ῥωμαίων κα-
τεῖχεν ἐκ [Valois, dans ses notes, Bkk. et Ddf, leçon de Suidas ; Valois,
dans son texte, Rm. et St. : ὑπὸ] Πρίσκου καταστᾶσα, νεωτερίζειν πειρω-
μένους λόγῳ τε καὶ ἔργῳ σωφρονίσας, ἀπέφηνε πρώτην εἶναι τῆς Ἀρμενίας.
« Martius Vérus avait envoyé, pour ramener Soœmus en Arménie, Thu-
« cydide qui, par la terreur de ses armes et par son habileté à profiter
« de toutes les circonstances, exécutait avec vigueur sa mission. Quant
« à Martius, il était (ce qui fait la force du général) non-seulement ca-
« pable de soumettre les ennemis par les armes, de les prévenir par la
« célérité ou de les tromper par la ruse ; mais encore de les convaincre
« par la persuasion de ses paroles, de se les attacher par la magnificence
« de ses présents, et de les attirer par l'attrait de l'espérance. Dans tout
« ce qu'il faisait et dans tout ce qu'il disait, il y avait une grâce qui cal-
« mait l'irritation et la colère de chacun, et augmentait l'espoir. Il con-
« naissait aussi le moment de flatter, de faire des présents et de recevoir
« à table. De plus, une énergie dans sa conduite, une promptitude infa-
« tigable dans ses coups contre les ennemis, faisaient voir aux barbares
« qu'ils avaient plus d'intérêt à rechercher son amitié que sa haine.
« Aussi, après avoir, à son arrivée dans la nouvelle ville, qu'occupait une
« garnison romaine établie depuis Priscus, apaisé par ses paroles et ses
« actes une tentative de sédition, fit-il de cette ville la capitale de l'Ar-
« ménie. » Voici maintenant le second : Ζεύγνυται δὲ Ῥωμαίοις ἀπονώ-
τατα τῶν ποταμῶν τὰ ῥεύματα, ἅτε καὶ τοῦτο διὰ μελέτης ἀεὶ τοῖς στρατιώταις ὄν, καὶ ὥσπερ ἄλλο τι τῶν πολεμικῶν ἀσκούμενον ἐπί τε Ἴστρῳ καὶ
Ῥήνῳ καὶ Εὐφράτῃ. Ἔστι δὲ ὁ τρόπος (οὐ γὰρ δὴ [Rm. : « Οἶμαι ex conjectura addidi Vales. quum in vulgatis codicibus desit. Sed mss. bibliothecæ regiæ habent οὐ γὰρ δεῖ, quasi nefas esset hoc arcanum omnibus

3. Τὸν μέντοι Κάσσιον ὁ Μάρκος τῆς Ἀσίας ἁπάσης ἐπιτροπεύειν ἐκέλευσεν. Αὐτὸς δὲ τοῖς περὶ τὸν Ἴστρον βαρβάροις, Ἰάζυξί τε καὶ Μαρκομάνοις, ἄλλοτε ἄλλοις χρόνον συχνὸν, ὡς εἰπεῖν, δι᾽ ὅλου τοῦ βίου, τὴν Παννο-

R.p.1179 νίαν ἔχων ὁρμητήριον, ἐπολέμησε[1]. Πολλοὶ δὲ καὶ τῶν ὑπὲρ τὸν Ῥῆνον Κελτῶν μέχρι τῆς Ἰταλίας ἤλασαν, καὶ πολλὰ ἔδρασαν ἐς τοὺς Ῥωμαίους δεινά[2]· οἷς ὁ Μάρκος ἀντεπιὼν, Πομπηϊανόν[3] τε καὶ Περτίνακα τοὺς ὑποστρατήγους ἀντικαθίστη. Καὶ ἠρίστευσεν ὁ Περτίναξ, ὅστις καὶ ὕστερον αὐτοκράτωρ ἐγένετο. Ἐν μέντοι τοῖς νεκροῖς τῶν βαρβάρων, καὶ γυναικῶν σώματα ὡπλισμένα εὑρέθη. Καίτοι

prodi; idque rectius judicat Vales. » Mais, dans ce cas, pourquoi le divulguer?] πάντας εἰδέναι) τοιόσδε. Πλατεῖαι μέν εἰσιν αἱ νῆες, δι᾽ ὧν ὁ ποταμὸς ζεύγνυται· ἀνορμίζονται δὲ ὀλίγον ἄνω τοῦ ῥεύματος ὑπὲρ τὸν μέλλοντα ζεύγνυσθαι τόπον. Ἐπὰν δὲ τὸ σημεῖον δοθῇ, ἀφιᾶσι μίαν πρώτην ναῦν κατὰ ῥοῦν φέρεσθαι πλησίον τῆς οἰκείας ὄχθης. Ἐπὰν δὲ κατὰ τὸν ζευγνύμενον ἥκει τόπον, ἐμβάλλουσιν ἐς τὸ [cet article est ajouté d᾽après Rsk., Bkk. et Ddf; vulg. om.] ῥεῦμα φορμὸν λίθων ἐμπεπλησμένον, καλωδίῳ δήσαντες, ὥσπερ ἄγκυραν· ἀφ᾽ οὗ δεθεῖσα ἡ ναῦς πρὸς τῇ ὄχθῃ ἵσταται σανίσι καὶ ζεύγμασιν, ἅπερ ἄφθονα αὐτοῖς ἡ ναῦς φέρει· καὶ παραχρῆμα μέχρι τῆς ἀποβάσεως καταστρώννυται. Εἶτα ἄλλην ἀφιᾶσιν ὀλίγον ἀπ᾽ ἐκείνης, καὶ ἄλλην ἀπ᾽ ἐκείνης, ἐς τ᾽ ἐπὶ τὴν ἀντιπέραν ὄχθην ἐλάσωσι τὸ ζεῦγμα. Ἡ δὲ πρὸς τῇ πολεμίᾳ ναῦς καὶ πύργους ἐπ᾽ αὐτῇ, καὶ πυλίδα, καὶ τοξότας, καὶ καταπέλτας φέρει. Βαλλομένων δὲ πολλῶν βελῶν ἐπὶ τοὺς ζευγνύντας, ὁ Κάσσιος ἀφιέναι βέλη καὶ καταπέλτας κελεύει. Πεσόντων δὲ τοῖς βαρβάροις τῶν ἐφεστηκότων, ἕτεροι ἧκον. [Rsk. : οἱ ἕτεροι εἶχον. Rm. : « Εἶχον. Sic Vales. forte pariter ex conjectura. Vulgo ἦχον legitur, quod pariter tolerari poterat. Avec Bkk. et Ddf, je rétablis la vulgate.] « Les Romains ne sont pas « embarrassés pour jeter un pont sur le courant des fleuves, car c'est un « exercice auquel se livrent sans cesse leurs soldats, comme à n'importe « lequel des travaux de la guerre, sur les bords de l'Ister, du Rhin et « de l'Euphrate. Voici (car, sans doute, tout le monde ne le sait pas) « comment la chose se pratique. Les bateaux destinés à la construction « du pont sont larges; on les range un peu en amont de l'endroit où

3. Cependant Marc-Antonin donna à Cassius le gouvernement de l'Asie entière. Quant à lui, il fit en personne la guerre aux barbares qui habitent les bords de l'Ister, Iazyges et Marcomans, tantôt aux uns, tantôt aux autres, pendant un temps assez long, ou, pour mieux dire, pendant toute sa vie, prenant la Pannonie comme base de ses opérations. Un grand nombre de Celtes qui habitent au-delà du Rhin poussèrent leurs incursions jusqu'en Italie et incommodèrent fort les Romains ; Marc-Antonin, dans sa marche à leur rencontre, leur opposa Pompéianus et Pertinax, ses lieutenants. Pertinax, qui plus tard devint empereur, s'illustra par ses exploits. Parmi les morts, on trouva, du côté des barbares, des cadavres de femmes armées. Bien que le combat eût été

An de
Rome
925.

Maximus e
Orfitus
consuls.

« doit être établi le pont. A un signal donné, on lâche un premier bateau
« qui est emporté à la dérive le long de la berge. Lorsqu'une fois il est
« arrivé à l'endroit où se construit le pont, on jette dans le courant une
« corbeille remplie de pierres, attachée, comme une ancre, avec un câble.
« Retenu par ce câble, le bateau est arrêté le long de la rive par des
« planches et des ponts que le bateau porte en grande quantité, et sur-
« le-champ s'établit un passage jusqu'au lieu de la descente. Ensuite on
« lâche un autre bateau à peu de distance de celui-là, puis un autre à
« la suite, et on prolonge le pont jusqu'à la rive opposée. Le bateau qui
« est le plus rapproché de la rive ennemie porte avec lui des tours avec
« meurtrières, des archers et des catapultes. Une grêle de traits tombant
« sur les hommes occupés à la construction du pont, Cassius donne
« l'ordre de lancer des traits et de faire jouer les catapultes. Les pre-
« miers rangs opposés aux barbares étant tombés, d'autres prenaient leur
« place.'»

1. Presque toutes ses Pensées (Εἰς ἑαυτόν) ont été écrites dans les camps.

2. Rm. : « Vide Ammianum, XXXI, 5. Apud ceteros rara hujus invasionis vestigia, nisi quod Capitolinus, in Marco, c. 22, gentes omnes ab Illyrici limite usque Galliam conspirasse refert ; et Pertinacem, in ejus Vita, cap. 2, Rhætias et Noricum scribit ab hostibus vindicasse. »

3. Il s'agit ici de Claudius Pompéianus, à qui Marc-Antonin donna sa fille Lucilla (Capitolin, Marc-Antonin, 20), devenue veuve par la mort de Vérus.

δὲ ἰσχυροτάτου ἀγῶνος καὶ λαμπρᾶς νίκης γεγενημένης,
ὅμως ὁ αὐτοκράτωρ, αἰτηθεὶς παρὰ τῶν στρατιωτῶν, οὐκ
ἔδωκε χρήματα, αὐτὸ τοῦτο εἰπὼν ὅτι, « Ὅσῳ ἂν πλεῖόν
τι παρὰ τὸ καθεστηκὸς λάβωσι, τοῦτ' ἐκ τοῦ αἵματος τῶν
τε γονέων σφῶν καὶ τῶν συγγενῶν ἐσπεπράξεται[1]· περὶ
γάρ τοι τῆς αὐταρχίας ὁ Θεὸς μόνος κρίνειν δύναται[2]. »
Οὕτω καὶ σωφρόνως καὶ ἐγκρατῶς αὐτῶν ἦρχεν, ὥστε
καίπερ ἐν τοσούτοις καὶ τηλικούτοις πολέμοις ὢν, μηδὲν
ἔξω τοῦ προσήκοντος μήτ' ἐκ κολακείας εἰπεῖν[3], μήτ' ἐκ
φόβου ποιῆσαι. Τῶν δὲ Μαρκομάνων εὐτυχησάντων ἔν τινι
μάχῃ, καὶ τὸν Οὐίνδικα τὸν Μακρῖνον, ἔπαρχον ὄντα, ἀπο-
κτεινάντων, τούτῳ μὲν τρεῖς ἀνδριάντας ἔστησε· κρατή-
σας δὲ αὐτῶν, Γερμανικὸς ὠνομάσθη[4]· Γερμανοὺς γὰρ
τοὺς ἐν τοῖς ἄνω χωρίοις οἰκοῦντας ὀνομάζομεν[5].

4. Καὶ οἱ καλούμενοι δὲ Βουκόλοι[6] κατὰ τὴν Αἴγυπτον κινηθέντες, καὶ τοὺς ἄλλους Αἰγυπτίους προσαπο-

---

1. Bkk. et Ddf, leçon proposée par St.; Slbg. veut lire, avec Blancus,
εἰσπραχθήσεται, ou, tout au moins, prendre εἰσπράξεται (leçon vulgate)
dans le sens passif, c'est un atticisme.—2. Les *Excerpta Vat.* : Ὅτι χρήματά ποτε αἰτηθεὶς ὁ Μάρκος ὑπὸ τῶν στρατιωτῶν, οὐκ ἔδωκεν, εἰπὼν ὅτι
ὅσῳ πλέον τοῦ καθεστηκότος λαμβάνουσιν οἱ στρατιῶται, τοσοῦτον ἐκ τοῦ
αἵματος τῶν γονέων αὐτῶν καὶ τῶν συγγενῶν ἐξέρχεται· τὸ δὲ κράτος τῆς
αὐταρχίας οὐκ ἐν τοῖς στρατιώταις, ἀλλ' ἐν τῷ Θεῷ κεῖται. « Marc-Anto-
« nin, à qui les soldats, un jour, demandaient de l'argent, refusa de leur
« en donner, en disant que plus les soldats recevaient au-delà de ce qui
« leur revenait, plus ils prenaient sur le sang de leurs parents et de
« leurs proches; que, pour le pouvoir, sa force résidait en Dieu, et non
« dans les soldats. »
    3. Bkk. et Ddf, d'après Suidas; vulg. om.; Rm. avait déjà proposé
cette addition.

rude et la victoire éclatante, l'empereur refusa aux soldats l'argent qu'ils lui demandaient, se contentant de
leur dire que « tout ce qu'ils recevraient de plus que
d'usage serait pris sur le sang de leurs parents et de
leurs proches ; et que, pour l'empire, Dieu seul pouvait
en décider. » Telles étaient la prudence et la fermeté
avec lesquelles il leur commandait, que, malgré le
nombre et l'importance des guerres qu'il eut à soutenir, la flatterie ne lui arracha aucune parole, la crainte
aucun acte en dehors des convenances. Les Marcomans
ayant gagné une bataille et tué le préfet Macrinus Vin-
dex, il lui érigea trois statues ; puis, lorsqu'il les eut
vaincus, il fut surnommé *Germanicus*, parce qu'on appelle Germains les peuples qui habitent les pays hauts.

4. En Égypte, ceux qu'on appelle Bouviers s'étant
soulevés et ayant entraîné dans leur défection le reste des

---

4. Rm. (cf. la note 26 dans son édition) : « Historici horum temporum omnia perturbant, ut, nisi nummi superessent, quo ordine quæque
facta essent, ignoraremus. »

5. Rm. (note 27) fait remarquer que la Germanie se composait autrefois de toutes les contrées le long du Rhin, tant la partie inférieure que
la partie supérieure du cours de ce fleuve (XXXIX, 50, et LIII, 12);
mais que Dion, la plupart du temps, donne à ce pays le nom de Celtique, tandis qu'ici il restreint l'acception du mot et désigne les contrées
au-dessus de la Vindélicie et de la Norique; à savoir, celle des Quades
et des Marcomans, la Moravie et la Bohême, embrassant les peuples qui
sont dans la partie supérieure du pays.

6. Il s'agit ici de populations, on pourrait dire de brigands (cf., dans
Sturz, la note 28), qui habitaient un pays inondé par le Nil et couvert de
roseaux, logeant tantôt sous des toits, tantôt dans leurs bateaux.

στήσαντες ὑπὸ ἱερεῖ τινι Ἰσιδώρῳ[1], πρῶτον μὲν ἐν γυναι-
κείοις[2] στολαῖς τὸν ἑκατόνταρχον τῶν Ῥωμαίων ἠπατηκό-
τες, ὡς δὴ γυναῖκες τῶν Βουκόλων[3], καὶ χρυσία δώσουσαι
αὐτῷ ὑπὲρ τῶν ἀνδρῶν, προσιόντα σφίσι κατέκοψαν· καὶ
τὸν συνόντα αὐτῷ καταθύσαντες, ἐπί τε τῶν σπλάγχνων
αὐτοῦ συνώμοσαν, καὶ ἐκεῖνα κατέφαγον. Ἦν δὲ Ἰσίδωρος
ἀνδρίᾳ πάντων τῶν καθ' ἑαυτὸν ἄριστος. Ἔπειτα ἐκ παρατάξεως τοὺς ἐν Αἰγύπτῳ Ῥωμαίους νικήσαντες, μικροῦ
καὶ τὴν Ἀλεξάνδρειαν εἷλον, εἰ μὴ Κάσσιος ἐκ Συρίας
πεμφθεὶς ἐπ' αὐτοὺς, καὶ στρατηγήσας, ὥστε τὴν πρὸς
ἀλλήλους σφῶν ὁμόνοιαν λῦσαι, καὶ ἀπ' ἀλλήλων ἀποχω-
ρίσαι (διὰ γὰρ τὴν ἀπόνοιαν καὶ τὸ πλῆθος αὐτῶν οὐκ
ἐθάρρησε[4] συμβαλεῖν ἀθρόοις αὐτοῖς[5]), οὕτω δὴ στασιάσαντας ἐχειρώσατο.

5. Ἐν δὲ τῷ πολέμῳ τοῦ Μάρκου τῷ πρὸς τοὺς Γερμανοὺς, ἵνα καὶ ταῦτα μνήμης ἀξιωθείη, μειράκιον μὲν
αἰχμάλωτον ἐρωτηθέν τι ὑπ' αὐτοῦ, «Οὐ δύναμαι, ἔφη,
ἀποκρίνασθαί σοι ὑπὸ τοῦ ῥίγους· ὥστε εἴ τι μαθεῖν ἐθέ-
λεις, κέλευσόν μοι ἱματίδιόν τι, εἴγε ἔχεις, δοθῆναι.»
Στρατιώτης δέ τις νυκτὸς φυλακὴν τοῦ Ἴστρου ποιούμενος, καί τινα βοὴν ἐκ τῆς περαίας[6] στρατιωτῶν ἑαλωκό-
των ἀκούσας, διενήξατο εὐθὺς ὥσπερ εἶχε, καὶ λύσας αὐ-

---

1. Bkk. et Ddf, d'après Rsk., qui, si l'on conserve le καί devant Ἰσιδώρῳ, veut ajouter ἡγεμόνι. — 2. St. : « Γυναικείαις. Hujus enim adjectivi
formam masculinam substantivo femini generis junctam nondum repe-
reram.» —3. Les femmes des Bouviers vivaient avec eux dans leurs barques

Égyptiens, sous la conduite d'un prêtre nommé Isidoros, après avoir d'abord trompé le centurion romain, en se présentant à lui sous des habits de femme, comme s'ils eussent été les femmes des Bouviers qui venaient lui donner de l'or pour la rançon de leurs maris, le tuèrent tandis qu'il s'avançait vers eux ; puis, immolant un soldat qui l'accompagnait, ils prêtèrent serment sur ses entrailles et les mangèrent. Quant à cet Isidoros, c'était l'homme le plus vaillant de son temps. Ensuite, vainqueurs en bataille rangée des Romains qui étaient en Égypte, ils auraient pris Alexandrie sans Cassius qui, envoyé de Syrie contre eux, et usant de ruse pour rompre leur accord et les séparer les uns des autres (il n'osa pas, à cause de leur désespoir et de leur nombre, engager une action contre tous réunis), vint ainsi à bout d'écraser la sédition.

5. Dans la guerre de Marc-Antonin contre les Germains (car je ne veux pas omettre des détails qui méritent un souvenir), un jeune prisonnier à qui il adressait une question, lui dit : « Le froid m'empêche de te répondre ; si donc tu veux savoir quelque chose, commande, si tu en as, qu'on me donne un vêtement. » Un soldat qui faisait sentinelle pendant la nuit sur le bord de l'Ister, ayant entendu de l'autre côté les cris de soldats prisonniers, passa aussitôt le fleuve à la nage, dans l'état où il se trouvait, et revint après les avoir délivrés. Marc-An-

(cf. Héliodore, Éthiopiques, 1, 2), où elles mettaient au monde des enfants qu'elles nourrissaient de lait et de poissons grillés au soleil.

4. Xld., Bkk. et Ddf ; vulg. : ἐθάρρησαν. — 5. *a*, *b*, *c*, *i*, *k*, Bkk. et Ddf ; vulg. om. — 6. Slbg. (*Index*), St., Bkk. et Ddf ; vulg. : περεᾶς.

τοὺς ἀνεκομίσθη. Ἦν δὲ τῷ Μάρκῳ ὁ Ῥοῦφος ὁ Βασσαῖος
ἔπαρχος[1]· τὰ μὲν[2] ἄλλα ἀγαθὸς, ἀπαίδευτος δὲ ὑπ' ἀγροι-
κίας, καὶ τὰ πρῶτά γε τοῦ βίου ἐν πενίᾳ τραφείς[3]· ἀναδενδράδα δέ ποτε αὐτὸν κλῶντα ἀνέλαβέ[4] τις· καὶ ἐπειδή
γε μὴ εὐθὺς ἅμα τῷ πρώτῳ κελεύσματι κατέβη, ἐπετίμησεν αὐτῷ, καὶ ἔφη, « Ἄγε[5], ἔπαρχε, κατάβηθι. » Τοῦτο
γὰρ ὡς καὶ πρὸς ὑπερηφανοῦντα καὶ τεταπεινωμένον αὐτὸν
εἶπεν, ὅπερ ἡ τύχη μετὰ ταῦτα αὐτῷ ἔδωκεν.

R.p.1181 6. Ὁ δ' αὐτοκράτωρ, ὁσάκις ἀπὸ τοῦ πολέμου σχολὴν
ἦγεν, ἐδίκαζε[6], καὶ ὕδωρ πλεῖστον τοῖς ῥήτορσι μετρεῖ-
σθαι ἐκέλευε[7]· τάς τε πύστεις καὶ τὰς ἀνακρίσεις ἐπὶ μα-
κρότερον ἐποιεῖτο, ὥστε πανταχόθεν τὸ δίκαιον ἀκριβοῦν[8].
Καὶ κατὰ τοῦτο ἕνδεκα πολλάκις καὶ δώδεκα ἡμέραις[9]
τὴν αὐτὴν δίκην, καίπερ νυκτὸς ἔστιν ὅτε δικάζων, ἔκρινε[10].
Φιλόπονος γὰρ ἦν, καὶ ἀκριβῶς πᾶσι τοῖς τῇ ἀρχῇ προσή-

---

1. Peir. : Ὅτι Μάρκος οὐδὲ αὐτῷ ἐκείνῳ συνετὰ ἐφθέγγετο, au lieu de
Ἦν δὲ.... ἔπαρχος. — 2. Peir. : ἦν γὰρ τὰ μέν. — 3. Les *Excerpta
Vat.* : Ὅτι ὁ Μάρκος ἐλάλει πρός τινα τῇ Λατίνων φωνῇ, καὶ οὐ μόνον [Van
Herwerden veut insérer ici οὐκ.] ἐκεῖνος, ἀλλ' οὐδὲ ἄλλος τις τῶν παρόντων
ἔγνω τὸ λαληθὲν, ὥστε Ῥοῦφον τὸν ἔπαρχον εἰπεῖν · « Εἰκός ἐστι, Καῖσαρ,
μὴ γνῶναι αὐτὸν τὰ παρ' ὑμῖν [Bkk. : ὑμῶν] λαληθέντα, οὔτε [Van Herwerden veut lire οὐ au lieu de οὔτε] γὰρ Ἑλληνιστὶ ἐπίσταται. » Καὶ γὰρ
αὐτὸς ἠγνόηκε τὸ λαληθέν. « Marc-Antonin parlait en latin à quelqu'un,
« mais ni cette personne ni aucune de celles qui étaient présentes ne
« comprirent ses paroles; ce qui fit dire à Rufus, préfet du prétoire :
« Il est vraisemblable, César, que cet homme ne comprend pas vos pa-
« roles; il ne sait même pas le grec. Or, Rufus lui-même ignorait ce que
« l'empereur avait dit. »

4. Avidius Cassius, dans une lettre à son gendre (Vulcatius Gallica-
nus, 13), s'exprime ainsi au sujet de Rufus : « Audisti præfectum prætorii nostri philosophi, ante triduum quam fieret, mendicum et paupe-
rem, sed subito divitem factum. » Peir. : Ὅτι οὐδὲ ἑκὼν ἐστρατεύετο,

tonin avait pour préfet du prétoire Rufus Bassæus,
homme de bien d'ailleurs, mais sans instruction par suite
de son origine rustique et de la pauvreté où s'étaient
passés les premiers temps de sa vie : quelqu'un le sur-
prit un jour occupé à tailler une vigne sur un arbre, et,
comme Rufus ne descendait pas sur-le-champ au premier commandement, il l'en reprit et lui dit : « Allons,
préfet, descends. » Il donnait ainsi à Bassæus, comme
à un homme qui, malgré la bassesse de sa condition,
se laisse emporter à l'orgueil, un titre que la fortune lui
accorda dans la suite.

6. Quant à l'empereur, toutes les fois que la guerre
lui en laissait le loisir, il rendait la justice et faisait me-
surer largement l'eau aux orateurs ; il informait et exa-
minait longuement, afin que la justice fût exacte de tout
point. Aussi consacrait-il souvent onze et douze jours,
tout en restant parfois même la nuit sur son tribunal, à
la même affaire, avant de prononcer. Car il avait l'amour
du travail et il se portait exactement à tous les devoirs

ἀλλ' ἀναδενδράδα εὑρεθεὶς κλῶν. Ὕστερον δὲ βασιλεύσας.... « Il n'était pas
« entré volontairement au service, mais parce qu'on l'avait trouvé
« occupé à tailler une vigne sur un arbre. Dans la suite, parvenu au
« pouvoir.... » Rm., suivi par St., fond ce passage avec celui qui est
cité dans la note 1, et l'intercale ainsi dans le texte : τραφείς ·
[ὅθεν οὐδὲ ἑκὼν ἐστρατεύετο, οὐδ' αὐτῷ ἐκείνῳ συνετὰ ἐφθέγγετο ὁ Μάρκος.
Ἀναδενδράδα.... En note, il s'exprime ainsi : « Hæc junxi, ut potui, iis
quæ vulgo exstant, licet forte paulo alio nexu et loco olim a Dione
scripta fuerint. »

5. *a*, *b* ; Bkk. et Ddf : Εὖ γε ; vulg. : Ὦ γε.

6. Capitolin, 9, 10 et 11, cite plusieurs règlements de ce prince.

7. *a*, *b* : ἐκέλευε. — 8. Capitolin, 24 : « Capitales causas hominum
honestorum ipse cognovit, et quidem summa æquitate, ita ut prætorem
reprehenderet qui cito reorum causas audierat ; juberetque illum iterum
cognoscere, dignitatis eorum esse dicens, ut ab eo audirentur qui pro
populo judicaret. » — 9. *f* : ἡμέρας. — 10. Capitolin, 10 : « Comitiis
etiam usque ad noctem frequenter interfuit. »

κουσι προσεφέρετο· καὶ οὐδὲν ἐν παρέργῳ οὔτε ἔλεγεν οὔτε
ἔγραφεν οὔτε ἐποίει, ἀλλ' ἔστιν ὅτε καὶ περὶ τοῦ βραχυ-
τάτου ἡμέρας ὅλας ἀνήλισκεν, οὐκ ἀξιῶν τὸν αὐτοκράτορα
ἐξ ἐπιδρομῆς τι πράττειν· καὶ γὰρ ἐνόμιζεν ὅτι κἂν ἐλά-
χιστόν τι παρίδῃ, διαβολὴν αὐτῷ τοῦτο καὶ ἐπὶ τὰ ἄλλα
πάντα οἴσει. Καίτοι οὕτως ἀσθενὴς τῷ σώματι ἐγένετο,
ὥστε μήτε τὸ ψῦχος, τήν γε πρώτην, ὑπομεῖναι, ἀλλὰ καὶ
πρὶν διαλεχθῆναι τοῖς στρατιώταις, συνεληλυθόσιν ἤδη
κατὰ τὸ παρηγγελμένον, ἀναχωρῆσαι, καὶ τροφὴν βραχυ-
τάτην, καὶ ταύτην ἐν νυκτὶ ἀεὶ, λαμβάνειν[1]. Οὐ γὰρ ἔστιν
ὅ τι[2] μεθ' ἡμέραν, πλὴν τοῦ φαρμάκου τοῦ θηριακοῦ καλουμένου, ἐσιτεῖτο[3]. Ἐλάμβανε δὲ τοῦ φαρμάκου, οὐχ
οὕτως ὅτι ἐδεδίει τι, ὡς ὅτι τοῦ τε στομάχου καὶ τοῦ
θώρακος φαύλως εἶχε· καί φασιν ὅτι δι' ἐκεῖνο[4] ἀνταρκεῖν[5]
πρός τε τἄλλα, καὶ πρὸς τοῦτο ἐδύνατο.

7. Τοὺς δὲ Ἰάζυγας οἱ Ῥωμαῖοι ἔν τε τῇ γῇ τότε[6],
καὶ μετὰ τοῦτο καὶ ἐν τῷ ποταμῷ ἐνίκησαν. Λέγω δὲ οὐχ
ὅτι ναυμαχία τις ἐγένετο, ἀλλ' ὅτι διὰ τοῦ Ἴστρου πεπη-
γότος φεύγουσι σφίσιν ἐπακολουθήσαντες, καὶ ἐκεῖ ὡς ἐν
ἠπείρῳ ἐμαχέσαντο[7]. Αἰσθόμενοι[8] γὰρ οἱ Ἰάζυγες ὅτι ἐπι-
διώκονται, ὑπέστησαν αὐτοὺς, ἐλπίσαντες ῥᾳδίως, ἅτε

---

1. Le texte, en cet endroit, semble corrompu. — 2. Henri Étienne, désapprouvé par Rm., Bkk. et Ddf; vulg. : ὅτε. — 3. Ce fut Galien qui composa la thériaque pour Marc-Antonin, lors de son départ pour la guerre de
Germanie. Le prince (Galien, περὶ Ἀντιδότων, tome II, p. 424, édition de
Bâles) en fit usage tous les jours, et les courtisans suivirent son exemple.

de l'autorité ; il ne disait, il n'écrivait, il ne faisait rien par
manière d'acquit ; au contraire, il donnait quelquefois
des jours entiers à l'affaire la plus légère, convaincu
que l'empereur ne doit rien faire avec précipitation ; car,
selon lui, la moindre négligence aurait suffi pour que le
blâme s'étendît à tous ses autres actes. Cependant il était
si faible de tempérament que, dans les premiers temps,
il ne pouvait supporter le froid, et qu'avant de parler
aux soldats déjà rassemblés par son ordre, il se retirait
un instant et prenait, toujours de nuit, un peu de nourriture. Jamais, le jour, il ne mangeait que le remède appelé thériaque. Il prenait ce remède moins par crainte
que par faiblesse d'estomac et de poitrine ; ce moyen
lui permettait, dit-on, de résister à ses autres infirmités
ainsi qu'à cette faiblesse.

7. Les Romains vainquirent alors les Iazyges sur
terre, et ensuite sur le fleuve. Je ne prétends pas dire
qu'il y ait eu combat naval, mais seulement que les Romains, ayant suivi leurs ennemis qui fuyaient sur l'Ister
glacé, y combattirent comme sur la terre ferme. Les
Iazyges, se sentant poursuivis, soutinrent l'attaque des
Romains, persuadés qu'ils viendraient aisément à bout

---

4. Correction proposée par St. et adoptée par Bkk. et Ddf ; vulg. :
ἱ κεῖνα. — 5. St., Bkk. et Ddf ; vulg. : αὐταρχεῖν. — 6. Bkk. et Ddf ;
vulg. : γῇ ποτε τότε.

7. Lncl. en marge, a, b, k, Bkk, et Ddf. vulg. : ἐμαχήσαντο.

8. i, k, Bkk. et Ddf ; vulg. αἰσθανόμενοι.

καὶ ἀήθεις τοῦ κρυστάλλου ὄντας, κατεργάσεσθαι [1]· καὶ οἱ
μὲν κατὰ πρόσωπον αὐτοῖς συνέρραξαν, οἱ δὲ ἐκ τῶν
πλαγίων παριππεύσαντες· οἱ γὰρ ἵπποι σφῶν δεδιδαγμένοι
καὶ ἐν τῷ τοιούτῳ θεῖν ἀσφαλῶς ἦσαν. Ἰδόντες δὲ τοῦτο οἱ
Ῥωμαῖοι, οὐκ ἐφοβήθησαν, ἀλλὰ συστραφέντες, καὶ πᾶσιν ἅμα αὐτοῖς ἀντιμέτωποι γενόμενοι, τάς τε ἀσπίδας οἱ
πλείους ἔθηκαν, καὶ τὸν ἕτερον πόδα ἐπ' αὐτῶν, ὅπως
ἧττον ὀλισθαίνωσιν, ἀπερείσαντες, ἐδέξαντο σφᾶς προσ-
R.p.1182 πεσόντας· καὶ ἀντιλαμβανόμενοι οἱ μὲν τῶν χαλινῶν, οἱ
δὲ τῶν ἀσπίδων τῶν τε κοντῶν, ἐπεσπῶντο αὐτούς· κἀκ
τούτου συμπλεκόμενοι, κατέβαλλον καὶ τοὺς ἄνδρας καὶ
τοὺς ἵππους· ἐκ γάρ τοι τῆς βίας οὐκέτ' ἀντέχειν πρὸς
τὸν ὄλισθον ἐδύναντο. Ὠλίσθαινον μὲν γὰρ καὶ οἱ Ῥωμαῖοι·
ἀλλ' εἶθ' ὕπτιός τις αὐτῶν ἔπεσε, συνεφείλκετο τὸν ἀντί-
παλον, καὶ τοῖς ποσὶν ἐς τοὐπίσω ἀνερρίπτει, ὥσπερ [2] ἐν
πάλῃ, καὶ οὕτως ἐπάνωθεν αὐτοῦ ἐγίγνετο· εἴτε καὶ ἐπὶ
στόμα, κατελάμβανεν αὐτὸν προκαταπίπτοντα αὐτῷ τῷ
στόματι. Οἱ γὰρ βάρβαροι καὶ ἄπειροι τοιουτοτρόπου [3]
ἀγωνίας, καὶ [4] κουφότεροι ὄντες, οὐχ οἷοί τε ἦσαν ἀντέ-
χειν· ὥστε καὶ ἀπὸ πολλῶν ὀλίγοι διέφυγον.

8. Μαρκομάνους μὲν οὖν καὶ Ἰάζυγας πολλοῖς καὶ μεγάλοις ἀγῶσι καὶ κινδύνοις Μάρκος ὑπέταξεν [5]· ἐπὶ δὲ τοὺς

---

1. *a*, *b*, *i*, *k*, Bkk. et Ddf, d'après Rm.: les mss. varient entre χατερ-
γάζεσθαι et χατεργάσασθαι. St. : « Omnia recte dicuntur. Vide Popponis
Observatt. crit. in Thucydidem, pp. 149 et 252. » — 2. *b* : ὡς.
3. St., d'après Slbg., Bkk. et Ddf.; vulg. : τοιουτρόπως.— 4. St., d'après
Rm., Bkk. et Ddf; vulg. om. — 5. Capitolin, 17 : « Ipse bellum Mar-

de troupes qui n'avaient pas l'habitude de la glace, et
fondirent sur eux avec leurs chevaux, les uns de front,
les autres par le flanc, car leurs chevaux étaient dressés
à courir sûrement sur cette glace. A cette vue, les Romains ne s'effrayèrent pas, mais, se massant et faisant
face à tous à la fois, ils mirent bas, pour la plupart, leurs
boucliers, et, appuyant un pied dessus, afin de moins
glisser, ils reçurent le choc des barbares ; puis, saisissant les uns les freins, les autres les boucliers et les
lances, ils attiraient à eux les ennemis : s'y attachant
ensuite corps à corps, ils renversaient hommes et chevaux, qui, cédant à la violence de cet effort, ne pouvaient plus s'empêcher de glisser. Les Romains glissaient
aussi ; mais, quand ils tombaient à la renverse, ils entraînaient avec eux chacun son adversaire, et, par les
pieds, ils le retournaient sur le dos comme à la lutte, et
se trouvaient ainsi sur lui ; quand, au contraire, ils tombaient sur la bouche, chacun saisissait avec la bouche
l'adversaire tombé avant lui. Les barbares, qui n'étaient
point accoutumés à cette manière de combattre et qui
étaient armés à la légère, furent dans l'impossibilité de
résister ; de sorte que, d'un grand nombre qu'ils étaient,
peu s'échappèrent.

8. Marc-Antonin soumit les Marcomans et les Iazyges,
après avoir livré plusieurs combats importants et couru

comannicum, sed quantum nulla unquam memoria fuit, tum virtute,
tum etiam felicitate tran-egit ..... » ch. 21 : « Servos, quemadmodum
bello Punico factum fuit, paravit..... Armavit etiam gladiatores..... La-
trones [Dalmatiæ atque Dardaniæ milites fecit. Armavit et Diocmitas ;
emit et Germanorum auxilia. »

καλουμένους Κουάδους[1] καὶ πόλεμος αὐτῷ συνέστη μέγας,
καὶ νίκη παράδοξος εὐτυχήθη, μᾶλλον δὲ παρὰ θεοῦ ἐδω-
ρήθη. Κινδυνεύσαντας γὰρ ἐν τῇ μάχῃ τοὺς Ῥωμαίους
παραδοξότατα τὸ θεῖον ἐξέσωσε. Κυκλωσάντων γὰρ αὐτοὺς
τῶν Κουάδων ἐν τόποις ἐπιτηδείοις, συνασπίσαντες οἱ
Ῥωμαῖοι προθύμως ἠγωνίζοντο· καὶ οἱ βάρβαροι τὴν μὲν
μάχην ἐπέσχον, προσδοκήσαντες σφᾶς ῥᾳδίως ὑπό τε τοῦ
καύματος καὶ ὑπὸ τοῦ δίψους αἱρήσειν· πάντα δὲ τὰ πέριξ
διαλαβόντες ἀπέφραξαν, ὅπως μηδαμόθεν ὕδωρ λάβωσι·
πολὺ γὰρ καὶ τῷ πλήθει περιῆσαν. Τῶν οὖν Ῥωμαίων ἐν
παντὶ κακοῦ καὶ ἐκ τοῦ καμάτου καὶ ἐκ τῶν τραυμάτων
τοῦ τε ἡλίου καὶ τοῦ δίψους γενομένων, καὶ μήτε μάχε-
R.p.1183 σθαι διὰ ταῦτα μήτε χωρῆσαί πη δυναμένων, ἀλλ᾽ ἔν τε
τῇ τάξει καὶ τοῖς τόποις ἑστηκότων καὶ κατακαιομένων,
νέφη πολλὰ ἐξαίφνης συνέδραμε, καὶ ὑετὸς πολὺς οὐκ
ἀθεεὶ κατερράγη· καὶ γάρ τοι λόγος ἔχει, Ἀρνοῦφίν τινα
μάγον Αἰγύπτιον, συνόντα τῷ Μάρκῳ, ἄλλους τέ τινας
δαίμονας, καὶ τὸν Ἑρμῆν τὸν Ἀέριον[2] ὅτι μάλιστα, μαγγανείαις τισὶν ἐπικαλέσασθαι, καὶ δι᾽ αὐτῶν τὸν ὄμβρον
ἐπισπάσασθαι.

9. Ταῦτα μὲν περὶ τούτων ὁ Δίων φησίν· ἔοικε δὲ

---

1. Rm. (cf. sa note), d'après k, et les éd. subséq.; vulg. : ὑπέταξεν.
Ἔπειτα ἐκ παρατάξεως [mots ajoutés par suite d'une confusion avec
(ch. 4) : Ἔπειτα τοὺς ἐν Αἰγύπτῳ Ῥωμαίους νικήσαντες] τοὺς καλουμένους Κουάδους; [Lncl. corrige : τοῖς καλουμένοις Κουάδοις;]; Robert et Henri
Étienne (ed. minor.), ainsi que i : ὑπέταξεν. Ἐπὶ δὲ τοὺς * ἔπεμψεν [mot
venant (LXIX, 14): Σεουῆρον ἐς Βιθυνίαν ἔπεμψεν, et omis dans i]. Ἔπειτα...

des dangers ; il soutint aussi une grande guerre contre le peuple appelé Quades, et il eut le bonheur de remporter la victoire contre son attente, ou plutôt elle lui fut donnée par un dieu. Ce fut, en effet, la protection divine qui sauva, contre toute attente, les Romains du danger où ils étaient engagés dans le combat. Entourés par les Quades qui avaient pour eux l'avantage de la position, les Romains se défendaient vaillamment avec leurs boucliers ; les barbares cessèrent de combattre, dans l'espoir que la chaleur et la soif leur livreraient l'ennemi sans peine, et s'emparèrent de tous les alentours, qu'ils fortifièrent, afin de l'empêcher de prendre de l'eau nulle part, car ils étaient bien supérieurs en nombre. Or, tandis que les Romains étaient réduits à la dernière extrémité par la fatigue, les blessures, le soleil et la soif, ne pouvant ni combattre ni faire retraite, et qu'ils se tenaient à leurs rangs et à leur poste, dévorés par la chaleur, tout à coup des nuages s'assemblèrent en grand nombre, et il tomba des flots de pluie, non sans une intervention divine ; car, dit-on, un mage égyptien, Arnuphis, qui était avec Marc-Antonin, invoqua par des enchantements plusieurs autres génies, et principalement Mercure Aérien, et, grâce à eux, amena la pluie.

An de Rome 927.

Gallus et Flaccus, consuls.

9. Voilà ce que Dion raconte à ce sujet ; mais il sem-

2. Dans la mythologie grecque et latine, il n'y a rien de commun entre Mercure et la pluie ; notre auteur semble suivre ici une tradition égyptienne. Quant au mage, plusieurs, au lieu d'Arnuphis, le nomment Julianus. Cf. Suidas, aux mots Ἀρνοῦφις et Ἰουλιανός. Sur Julianus, auteur théurgique, cf. Fabricius, Biblioth. Gr., vol. I (éd. de Harles), p. 314.

ψεύδεσθαι, εἴτε ἑκὼν εἴτε ἄκων. Οἶμαι δὲ τὸ πλέον ἑκών.
Καὶ πῶς γὰρ οὔ; ὅστις οὐκ ἠγνόει τὸ τάγμα τῶν στρατιωτῶν τὸ Κεραυνοβόλον ἰδίως καλούμενον (ἐν γὰρ τῷ τῶν
λοιπῶν καταλόγῳ καὶ αὐτοῦ μνημονεύει [1]), ὅπερ ἀπ' οὐ-
δεμιᾶς ἑτέρας αἰτίας (οὐδὲ γὰρ ἄλλη τις λέγεται), ἢ ἀπὸ
τοῦ κατὰ τόνδε συμβάντος τὸν πόλεμον οὕτω προσηγορεύθη. Ὃ καὶ αἴτιον τότε τοῖς τε Ῥωμαίοις τῆς σωτηρίας
ἐγένετο, καὶ τοῖς βαρβάροις τῆς ἀπωλείας· ἀλλ' οὐχ ὁ
Ἀρνοῦφις ὁ μάγος· οὐδὲ γὰρ μάγων συνουσίαις καὶ γοη-
τείαις ὁ Μάρκος χαίρειν ἱστόρηται [2]. Ἔστι δὲ ὃ λέγω, τοιοῦτο.
Τάγμα ἦν τῷ Μάρκῳ (καλοῦσι δὲ τὸ τάγμα οἱ Ῥωμαῖοι
λεγεῶνα) τῶν ἀπὸ Μελιτηνῆς [3] στρατιωτιῶν· εἰσὶ δὲ τὸν
Χριστὸν πρεσβεύοντες ἅπαντες. Ἐν οὖν τῇ μάχῃ ἐκείνῃ
προσιόντα τῷ Μάρκῳ τὸν ἔπαρχον, ἀμηχανοῦντι πρὸς τὴν
περίστασιν, καὶ δεδιότι περὶ σύμπαντι τῷ στρατῷ, εἰπεῖν
λέγεται, ὡς οἱ καλούμενοι Χριστιανοὶ οὐκ ἔστιν ὅ τι οὐ
δύνανται ταῖς εὐχαῖς, καὶ ὅτι παρὰ σφίσι τάγμα ὅλον
R.p.1184 τυγχάνει ὂν τούτου τοῦ γένους· τὸν οὖν Μάρκον ἀκού-
σαντα, παρακλήσει χρήσασθαι πρὸς αὐτούς, ὡς ἂν εὔζων-
ται τῷ σφετέρῳ θεῷ· εὐξαμένων δὲ αὐτῶν παραχρῆμα
ἐπακούσαντα τὸν θεόν, τοὺς μὲν πολεμίους κεραυνῷ βαλεῖν, τοὺς δὲ Ῥωμαίους ὄμβρῳ παραμυθήσασθαι· ἐφ' οἷς

---

1. Rm. : « Verius Κεραυνοφόρον appellat Dio [LV,]23], hoc est non
Fulminatricem, sed *Fulmineam* vel *Fulminiferam*. » Dans un autre
endroit, le même savant revient sur ce point : « Nec errabo, si veram
appellationem κεραυνοφόρου legionis in subsidium hujus narrationis detor-
tam dixero in κεραυνοβόλου, quæ appellatio, nullo Romanorum scripto-

ble en imposer, volontairement ou involontairement. Je crois plutôt qu'il l'a fait volontairement. Comment, en effet, n'en serait-il pas ainsi ? Il n'ignorait pas qu'il y avait une compagnie (il la cite lui-même dans la liste des autres) appelée la Fulminante, nom qui ne lui fut pas donné pour une autre raison (on n'en cite aucune, en effet) que pour ce qui arriva dans cette guerre. Car ce fut à cette compagnie qu'on dut alors le salut de l'armée et la perte de celle des barbares, et non au mage Arnuphis ; l'histoire, en effet, ne rapporte pas que Marc-Antonin se complût au commerce et aux enchantements des mages. Voici donc ce que je veux dire. Marc-Antonin avait une compagnie (les Romains appellent la compagnie légion) composée de soldats venus de la Mélitène ; tous faisaient profession de religion chrétienne. Pendant ce combat, le préfet du prétoire étant venu trouver Marc-Antonin, que les circonstances présentes mettaient dans une extrême perplexité et qui craignait pour l'armée entière, lui représenta, dit-on, qu'il n'y avait rien que ceux qu'on nommait chrétiens ne pussent obtenir par leurs prières, et qu'il se trouvait alors parmi les troupes une compagnie tout entière composée de soldats de cette religion. Marc-Antonin, réjoui de cette nouvelle, leur demanda de prier leur dieu ; celui-ci, ayant exaucé sur-le-champ leur prière, frappa les ennemis de la foudre et consola les Romains par la pluie ; vivement

---

rum aut monumentorum nixa, omnino conficta est. » Ce nom venait d'un foudre que les soldats de cette légion portaient comme insigne sur leurs boucliers. — 2. Cf. Marc-Antonin (Εἰς ἑαυτόν), I, 6 et 16. — 3. Xph. donne à cette légion le nom de la contrée d'où elle sort. Il n'y a donc pas lieu, dit Rm., de changer ἀπό en ἐπί.

καταπλαγέντα τὸν Μάρκον ἰσχυρῶς, τούς τε Χριστιανοὺς
κατὰ δόγμα τιμῆσαι, καὶ τὸν λεγεῶνα Κεραυνοβόλον προσ-
αγορεῦσαι[1]. Λέγεται δὲ καὶ ἐπιστολήν τινα περὶ τούτων
εἶναι τοῦ Μάρκου[2]. Ἀλλ' οἱ μὲν[3] Ἕλληνες, ὅτι μὲν τὸ
τάγμα Κεραυνοβόλον λέγεται, ἴσασι, καὶ αὐτοὶ μαρτυροῦσι,
τὴν δὲ αἰτίαν τῆς προσηγορίας ἥκιστα λέγουσι.

10. Προστίθησι δὲ ὁ Δίων, ὅτι τοῦ ὄμβρου καταρρα-
γέντος, πρῶτον μὲν ἄνω πάντες ἀνέκυπτον, καὶ ἐς τὰ
στόματα αὐτὸν[4] ἐδέχοντο· ἔπειτα οἱ μὲν τὰς ἀσπίδας,
οἱ δὲ καὶ τὰ κράνη ὑποβάλλοντες, αὐτοί τε χανδὸν[5]
ἔσπων, καὶ τοῖς ἵπποις πίνειν ἐδίδοσαν, καὶ τῶν βαρβάρων σφίσιν ἐπιδραμόντων, ἔπινόν τε ὁμοῦ καὶ ἐμάχοντο·
καὶ ἤδη γέ τινες τιτρωσκόμενοι, τό τε αἷμα περιχεόμε-
νον[6] ἐς τὰ κράνη καὶ τὸ ὕδωρ ἅμα ἀνερρόφουν. Κἂν ἔπα-
θόν τι δεινὸν ὑπὸ τῶν πολεμίων ἐπικειμένων αὐτοῖς, περὶ
τὸ πίνειν οἱ πλείους ἠσχολημένοι, εἰ μὴ χάλαζα ἰσχυρὰ
καὶ κεραυνοὶ οὐκ ὀλίγοι τοῖς πολεμίοις ἐνέπεσον. Ἦν οὖν

---

1. Cette légion était déjà ainsi nommée bien avant Marc-Antonin
(cf. LV, 23); des témoignages épigraphiques viennent d'ailleurs à l'appui du texte de Dion. Le fait d'une légion entièrement composée de
chrétiens et obtenant du ciel, par ses prières, la pluie dont l'armée
avait besoin, manque de preuves solides, ainsi que le fait remarquer,
d'après Valois, Rm. avec qui s'accorde Rsk. dans les *Nova Acta Eruditorum* de l'an 1752, p. 635.

2. Cette lettre est mentionnée par Tertullien, Apolog., 5; par Eusèbe,
dans sa Chronique, et par Orose. Le texte grec en a été publié à la suite
de S. Justin, Apologie, II. Scaliger, dans ses notes sur Eusèbe; Saumaise, dans ses notes sur Capitolin; ainsi que plusieurs savants cités
dans Fabricius, p. 139, la tiennent pour fausse. La plupart des anciens

frappé de ce succès, l'empereur honora les chrétiens par un édit et surnomma cette légion la Fulminante. On prétend même qu'il existe une lettre de Marc-Antonin à ce sujet. Les païens savent bien que cette compagnie est appelée la Fulminante et ils l'attestent eux-mêmes, mais ils dissimulent l'occasion pour laquelle elle fut ainsi surnommée.

10. Dion ajoute que, lorsque la pluie commença à tomber, tout le monde leva d'abord la tête vers le ciel, et reçut l'eau dans la bouche; qu'ensuite, tendant les uns leurs boucliers, les autres leurs casques, ils avalèrent l'eau la bouche ouverte et donnèrent à boire à leurs chevaux; que, chargés alors par les barbares, ils buvaient et combattaient à la même place; que plusieurs, étant blessés, avalaient avec l'eau le sang qui coulait dans leurs casques. Ils eussent sans doute été notablement incommodés de cette attaque, le plus grand nombre étant occupé à boire, sans une forte grêle et des foudres nombreuses qui tombèrent sur les ennemis. On pouvait

qui parlent de cette lettre se servent du mot λέγεται, pour montrer qu'ils n'entendent pas en garantir l'authenticité. Justin avait été martyrisé avant la guerre des Marcomans ; la lettre a donc été ajoutée à ses œuvres par une main étrangère. Les chrétiens, d'ailleurs, eurent, sous Marc-Antonin, beaucoup à souffrir (cf. Tillemont, t. II, pp. 737 et suiv.; Mosheim, *Obss. Sacr.*, c. 3), tant avant qu'après la guerre contre les Quades.

3. *c* om.

4. Henri Étienne (le même propose également αὐτῶν, adopté par Lncl., Rm. et St.), Bkk. et Ddf; Robert Étienne et Slbg. : αὐτῶν. — 5. St., d'après Rm., Bkk. et Ddf; vulg. : χαδόν.

6. *i, k*, Bkk. et Ddf.; vulg. : περιχευόμενον.

ὁρᾶν ἐν τῷ αὐτῷ χωρίῳ ὕδωρ τε ἅμα καὶ πῦρ ἐκ τοῦ οὐρανοῦ φερόμενα· καὶ οἱ μὲν ὑγραίνοντό τε καὶ ἔπινον, οἱ
δὲ ἐπυροῦντο καὶ ἔθνησκον. Καὶ οὔτε τῶν Ῥωμαίων τὸ πῦρ
ἥπτετο, ἀλλ' εἴ που καὶ προσέμιξε σφίσιν, εὐθὺς ἐσβέν-
νυτο· οὔτε τοὺς βαρβάρους ὁ ὑετὸς ὠφέλει, ἀλλὰ καὶ ἐπὶ
μᾶλλον τὴν φλόγα αὐτῶν, ὥσπερ ἔλαιον, ἤγειρεν, ὕδωρ
τε ὑόμενοι ἐζήτουν. Καὶ οἱ μὲν ἑαυτοὺς ἐτίτρωσκον, ὡς
καὶ τῷ αἵματι τὸ πῦρ κατασβέσοντες, οἱ δὲ καὶ πρὸς τοὺς
Ῥωμαίους προσέτρεχον, ὡς καὶ μόνους σωτήριον ὕδωρ
ἔχοντας. Ἠλέησε γοῦν αὐτοὺς καὶ ὁ Μάρκος· παρὰ δὲ τῶν
στρατιωτῶν τὸ ἕβδομον αὐτοκράτωρ προσηγορεύθη. Καίπερ δὲ οὐκ εἰωθὼς, πρὶν τὴν βουλὴν ψηφίσασθαι, τοιοῦτόν
R.p.1185 τι προσίεσθαι, ὅμως ἐδέξατό τε αὐτὸ, ὡς καὶ παρὰ θεοῦ
λαμβάνων, καὶ τῇ γερουσίᾳ ἐπέστιλεν. Ἡ μέντοι Φαυστῖνα
Μήτηρ τῶν στρατοπέδων ἐπεκλήθη[1].

11. [Ὅτι ὁ Μάρκος Ἀντωνῖνος[2] ἐν τῇ Παννονίᾳ κατέμεινεν, ἵνα καὶ ταῖς τῶν βαρβάρων πρεσβείαις χρηματίζῃ[3].
Πολλοὶ γὰρ καὶ τότε πρὸς αὐτὸν ἦλθον, οἱ μὲν συμμαχίας
ὑπισχνούμενοι, ὧν ἡγεῖτο Βαττάριος παῖς ἐτῶν δώδεκα,
καὶ χρήματά τε ἔλαβον, καὶ Τάρβον δυνάστην πλησιόχω-

---

1. Capitolin, 26 : « Faustinam... secum in æstivis habuerat, ut
Matrem castrorum appellaret. » Ce nom se trouve également sur les
médailles ; quant aux appellations de ce genre données aux impératrices,
cf. Spanheim, t. 2, p. 451, et Tristan, t. I, p. 277. Rm. fait remarquer
que ce ne fut pas en la présente année 927, année où Marc-Antonin fut
proclamé *imperator* pour la septième fois, que Faustine reçut le nom de
Mère du camp, ni qu'elle accompagna son mari en campagne, mais bien

voir l'eau et le feu se répandre ensemble du haut du ciel ; les uns étaient rafraîchis et buvaient, les autres brûlaient et mouraient. Le feu n'atteignait pas les Romains, ou, s'il venait à les toucher, il s'éteignait aussitôt ; de même que la pluie, au lieu de soulager les barbares, ne faisait, comme l'huile, qu'exciter davantage la flamme qui les dévorait, et, bien que trempés par la pluie, ils cherchaient encore de l'eau. Les uns se blessaient eux-mêmes, comme si leur sang eût dû éteindre le feu ; les autres accouraient vers les Romains, comme si, de ce côté seulement, l'eau pouvait leur être salutaire. Marc-Antonin eut compassion d'eux, et il fut alors proclamé par les soldats *imperator* pour la septième fois. Bien qu'il n'eût pas coutume d'accepter ce titre avant que le sénat le lui eût déféré, il le reçut néanmoins alors comme venant également d'un dieu, et il en écrivit au sénat. Quant à Faustine, elle fut appelée Mère du camp.

11. [Marc-Antonin resta en Pannonie pour répondre aux ambassades des barbares. Beaucoup, en effet, vinrent alors encore le trouver ; les uns, sous la conduite de Battarios, enfant de douze ans, promettant leur alliance, reçurent de l'argent et repoussèrent Tarbos, prince voi-

---

en 928 ; c'est-à-dire l'année suivante, qui est celle de la révolte de Cassius.

_ 2. Extrait de *n* et de *q*. Rm. et St. : Ὁ δὲ Μάρκος Ἀντωνῖνος, avec omission de Ὅτι, suivant leur habitude. Bkk. et Ddf mettent le mot Ἀντωνῖνος entre crochets, attendu que l'auteur a coutume d'appeler ce prince simplement par son prénom de Μάρκος.

3. Après la victoire sur les Quades.

ρον σφῶν, ἔς τε τὴν Δακίαν ἐλθόντα, καὶ ἀργύριον αἰτοῦντα, ἀπειλοῦντά τε πολεμήσειν, εἰ μὴ λάβοι, ἀνεῖρξαν·
οἱ δὲ εἰρήνην αἰτούμενοι, ὥσπερ οἱ Κούαδοι, καὶ ἔτυχόν
γε[1] αὐτῆς, ἵνα τε ἀπὸ τῶν Μαρκομάνων ἀποσπασθῶσι,
καὶ ὅτι ἵππους καὶ βοῦς πολλὰς ἔδωκαν, τούς τε αὐτομόλους πάντας, καὶ τοὺς αἰχμαλώτους, πρότερον μὲν ἐς μυρίους καὶ τρισχιλίους, ὕστερον δὲ καὶ τοὺς λοιποὺς ἀποδώσειν ὑπέσχοντο. Οὐ μέντοι καὶ τῆς ἐπιμιξίας καὶ ἐν ταῖς
ἀγοραῖς ἔτυχον[2], ἵνα μὴ καὶ οἱ Μαρκομάνοι οἵ τε Ἰάζυγες,
οὓς οὔτε δέξεσθαι[3] οὔτε διήσειν διὰ τῆς χώρας ὁμωμόκε-
σαν, ἅμα μιγνύωνται σφίσι, καὶ, ὡς Κούαδοι καὶ αὐτοὶ
ὄντες, τά τε τῶν Ῥωμαίων κατασκέπτωνται, καὶ τὰ ἐπιτήδεια ἀγοράζωσιν. Οὗτοί τε οὖν πρὸς τὸν Μάρκον ἀφί-
κοντο, καὶ ἕτεροι συχνοὶ παραδώσοντες ἑαυτούς, οἱ μὲν
κατὰ γένη, οἱ δὲ καὶ κατὰ ἔθνη ἐπρεσβεύσαντο. Καὶ αὐτῶν οἱ μὲν ἐστρατεύσαντο, ἄλλοσέ ποι πεμφθέντες, ὥσπερ
καὶ τῶν ἁλισκομένων τῶν τε αὐτομολούντων οἱ δυνάμε-
νοι· οἱ δὲ καὶ γῆν, οἱ μὲν ἐν Δακίᾳ, οἱ δὲ ἐν Παννονίᾳ,
οἱ δὲ Μυσίᾳ καὶ Γερμανίᾳ, τῇ τε Ἰταλίᾳ αὐτῇ ἔλαβον[4].
Καὶ αὐτῶν ἐν Ῥαβέννῃ τινὲς οἰκοῦντες ἐνεωτέρισαν, ὥστε
καὶ τὴν πόλιν κατασχεῖν τολμῆσαι. Καὶ διὰ τοῦτ' οὐκέτ'
ἐς τὴν Ἰταλίαν οὐδένα τῶν βαρβάρων ἐσήγαγεν, ἀλλὰ καὶ
τοὺς προαφιγμένους ἐξῴκισεν.]

1. Rsk. : ἔτυχον μέν. — 2. Les barbares, dit Rm., avaient aussi
(cf. ch. 15) leurs marchés, comme le prouvent des passages de Tite-Live,
de Térence, de Cicéron, de Pline, de Tacite ; mais assigner un marché
à un peuple était une marque de domination. — 3. St., d'après Suidas

sin qui, entré en Dacie, réclamait de l'argent, avec
menace de guerre si on ne lui en donnait pas ; les autres, comme les Quades, demandant la paix, l'obtinrent, à la condition de se séparer des Marcomans, et
aussi parce qu'ils donnèrent beaucoup de chevaux et
de bœufs, et promirent de rendre tous les transfuges et
les captifs, au nombre d'environ treize mille d'abord,
et le reste dans la suite. Malgré cela, ils n'eurent pas la
permission de fréquenter des marchés communs, de
peur que les Marcomans et les Iazyges, qu'ils avaient
juré de ne pas recevoir désormais et d'empêcher de tra-
verser leur territoire, ne se mêlassent à eux, et, vu
qu'ils étaient Quades eux-mêmes, n'espionnassent les
Romains et ne s'approvisionnassent sur ces marchés
des choses nécessaires. Tels furent les peuples qui vinrent trouver Marc-Antonin ; plusieurs autres aussi lui
envoyèrent des ambassadeurs pour lui faire leur sou-
mission, les uns par nations, les autres par provinces.
Plusieurs d'entre eux furent envoyés en d'autres lieux
pour servir dans l'armée, ainsi que les captifs et les
transfuges qui étaient en état de le faire ; ceux-là reçurent des terres, qui en Dacie, qui en Pannonie, qui
en Mysie, en Germanie et même en Italie. Mais quelques-uns, établis à Ravenne, poussèrent la rébellion
jusqu'à oser s'emparer de la ville. Aussi l'empereur
n'introduisit-il plus aucun barbare en Italie et envoya-t-il
dans d'autres colonies ceux qui étaient venus s'y instal-
ler auparavant.]

citant le passage οὓς οὔτε. . . . ὀμωμόκεσαν, et Rm. (*Addenda*) ; de même,
Bkk. et Ddf ; vulg. : δέξασθαι. — 4. Capitolin, 22 : « Accepit in deditio-
nem Marcomannos, plurimis in Italiam traductis. » Le même, 24 : « In-
finitos ex gentibus in Romano solo collocavit. »

12. [Ὅτι Ἄστιγγοι[1], ὧν Ῥαός τε καὶ Ῥάπτος ἡγοῦντο,

R.p.1186 ἦλθον μὲν ἐς τὴν Δακίαν οἰκῆσαι, ἐλπίδι τοῦ καὶ χρήματα
καὶ χώραν ἐπὶ συμμαχίᾳ λήψεσθαι· μὴ τυχόντες δὲ αὐτῶν,
παρεκατέθεντο τὰς γυναῖκας καὶ τοὺς παῖδας τῷ Κλή-
μεντι[2], ὡς καὶ τὴν τῶν Κοστουβώκων[3] χώραν τοῖς ὅπλοις
κτησόμενοι· νικήσαντες δὲ ἐκείνους, καὶ τὴν Δακίαν οὐδὲν
ἧττον ἐλύπουν. Δείσαντες δὲ οἱ Δάγκριγοι[4], μὴ καὶ ὁ
Κλήμης φοβηθεὶς, σφᾶς ἐς τὴν γῆν, ἣν αὐτοὶ ἐνῴκουν,
ἐσαγάγῃ, ἐπέθεντο αὐτοῖς μὴ προσδεχομένοις, καὶ πολὺ
ἐκράτησαν· ὥστε μηδὲν ἔτι πολέμιον τοὺς Ἀστίγγους πρὸς
τοὺς Ῥωμαίους πρᾶξαι· πολλὰ δὲ δὴ τὸν Μάρκον ἱκετεύ-
σαντας, χρήματά τε παρ᾽ αὐτοῦ λαβεῖν καὶ χώραν γε ἐπαι-
τῆσαι[5], ἄν γέ τι κακὸν τοὺς τότε πολεμοῦντάς οἱ δράσωσι.
Καὶ οὗτοι μὲν ἔπραξάν τι ὧν ὑπέσχοντο· Κοτινοὶ δὲ
ἐπηγγείλαντο[6] μὲν[7] αὐτοῖς ὅμοια· Ταρρουτήνιον[8] δὲ Πάτερνον, τὸν τὰς ἐπιστολὰς αὐτοῦ τὰς Λατίνας διὰ χειρὸς
ἔχοντα, παραλαβόντες, ὡς καὶ ἐπὶ τοὺς Μαρκομάνους
αὐτῷ συστρατεύσοντες[9], οὐ μόνον οὐκ ἐποίησαν τοῦτο,
ἀλλὰ καὶ αὐτὸν ἐκεῖνον δεινῶς ἐκάκωσαν, καὶ μετὰ ταῦτα
ἀπώλοντο.]

1. Rm. et St. : Ἀστιγγοι δέ, avec omission de Ὅτι. Jornandès, et
il en parle deux fois, est le seul auteur qui cite ce peuple parmi les
révoltés. Suivant Rm., « iidem forte Zingi Plinio, VI, 7. »

2. Ce Clémens était peut-être gouverneur de la Dacie. — 3. Ce peuple
est cité par Capitolin (22) parmi les autres ennemis du peuple romain.
C'était, suivant Pline, VI, 7, une nation sarmate sur les bords du Tanaïs.

4. Capitolin (22) donne à ce peuple le nom de Latringes, ce qui fait
que Saumaise voudrait écrire : Λάχριγγοι; Casaubon : Λάγκριγοι ou Λά-

12. [Les Astinges, conduits par Rhaos et Rhaptos, vinrent habiter la Dacie, dans l'espérance de recevoir de l'argent et des terres pour prix de leur alliance; mais, n'ayant rien obtenu, ils mirent leurs femmes et leurs enfants en dépôt auprès de Clémens, dans l'intention d'aller conquérir les terres des Costuboces, ce qui ne les empêcha pas, lorsqu'ils eurent vaincu ce peuple, de ravager la Dacie. Mais les Dancriges, craignant que Clémens, effrayé, ne les introduisît sur le territoire qu'ils habitaient, les attaquèrent à l'improviste et remportèrent une victoire signalée, en sorte que les Astinges ne commirent plus aucun acte d'hostilité contre les Romains et demandèrent instamment à Marc-Antonin de leur donner de l'argent et des terres, à la condition pour eux de faire du mal aux peuples alors en guerre avec lui. Les Astinges remplirent une partie de leurs promesses: quant aux Cotiniens, ils firent des offres pareilles; mais, après avoir pris pour chef Tarruténius Paternus, secrétaire pour les lettres latines de l'empereur, comme s'ils avaient eu l'intention de marcher avec lui contre les Marcomans, loin de faire la chose, ils maltraitèrent grièvement Paternus lui-même et le firent ensuite mourir.]

χριγγοι; Ddf écrit : Δάκριγγοι. — 5. Bkk. et Ddf; vulg. : ἀπαιτῆσαι; Rsk. conjecture : καὶ τὸ χώραν ἀπαιτῆσαι, qu'il construit: ὥστε λαβεῖν χρήματα καὶ τὸ ἀπαιτῆσαι χώραν, *veniam agrum rogandi*.

6. Bkk. et Ddf; vulg. : ἐσηγγείλαντο.

7. Bkk. et Ddf; vulg. om.

8. St., « ex mente Reimari in Addendis » [cf. (Peir.) LXXII, 5], Bkk. et Ddf; vulg. : Ταῤῥουντήνιον.

9. Lncl. et les éd. subséq.; *n* : στρατεύοντες; *q* : σρατεύσαντες.

13. [Ὅτι ἐπρεσβεύσαντο καὶ[1] οἱ Ἰάζυγες, εἰρήνης δεόμενοι, πρὸς Μάρκον, οὐ μέντοι καὶ ἔτυχον τινός· ἄπιστόν
τε γὰρ τὸ φῦλον αὐτῶν ὁ Μάρκος εἰδὼς ὂν, καὶ προσέτι
καὶ ὑπὸ τῶν Κουάδων ἀπατηθεὶς, ἐπίπαν ἐξελθεῖν ἠθέλησεν. Οἱ γὰρ Κούαδοι οὐχ ὅτι ἐκείνοις τότε συνεμάχησαν,
ἀλλὰ καὶ τοὺς Μαρκομάνους πρότερον, ὡς ἔτι ἐπολέμουν,
καταφεύγοντας ἐς τὴν σφετέραν, ὅτε βιασθεῖεν[2], ἐδέχοντο[3] καὶ οὔτ' ἄλλο τι ὧν ὡμολογήκεσαν ἐποίουν, οὔτε
τοὺς αἰχμαλώτους πάντας ἀπέδοσαν, ἀλλ' ὀλίγους, καὶ
τούτους, οἷς οὔτε ἐς πρᾶσιν, οὔτε ἐς ὑπηρεσίαν τινὰ χρήσασθαι ἐδύναντο. Εἰ δ' οὖν τινας καὶ τῶν ἀκμαζόντων
ἀπεδίδοσαν, ἀλλὰ τούς γε[4] συγγενεῖς αὐτῶν οἴκοι κατεῖ-
χον, ἵνα καὶ ἐκεῖνοι πρὸς αὐτοὺς αὐτομολῶσι. Καὶ τὸν βασιλέα σφῶν Φούρτιον[5] ἐκβαλόντες, Ἀριόγαισον αὐτοὶ ἐφ'
ἑαυτῶν[6] βασιλέα σφίσιν ἐστήσαντο. Καὶ τούτοις διὰ ταῦτα
R.p.1187 ὁ αὐτοκράτωρ οὔτε ἐκεῖνον, ὡς καὶ νόμῳ τινὶ γεγονότα,
ἐβεβαίωσεν· οὔτε τὰς σπονδὰς, καίπερ πέντε μυριάδας
αἰχμαλώτων ἀποδώσειν ὑπισχνουμένοις, ἀνενεώσατο.]

14. [Ὅτι τῷ Ἀριογαίσῳ[7] ὁ Μάρκος οὕτω χαλεπῶς
ἔσχεν, ὥστε καὶ ἐπικηρύξαι ἵνα, ἂν μέν τις ζῶντα αὐτὸν[8]
ἀγάγῃ, χιλίους, ἂν δὲ ἀποκτείνας τὴν κεφαλὴν αὐτοῦ ἀπο-

---

1. n, q ; Rm. et St. : Ἐπρεσβεύσαντο δὲ καί, avec omission de Ὅτι.
2. Bkk. et Ddf ; Lncl., Rm. et St. : ἐβιάσθη ; n : βιασθείς.
3. St. : « Ἀνεδέχοντο, vel ὑπεδέχοντο, vel simplex ἐδέχοντο vult R.
Hoc ultimum recepi [sic quoque Bkk. et Ddf] pro ἐνεδέχοντο, quod est
alienum.
4. Rsk., St., Bkk. et Ddf; vulg. : τε. — 5. Il avait été donné pour roi

13. [Les Iazyges aussi envoyèrent des ambassadeurs à Marc-Antonin pour lui demander la paix, mais ils n'obtinrent rien ; car ce prince, sachant qu'on ne pouvait se fier à cette nation, et, de plus, ayant été trompé par les Quades, voulut à tout prix en tirer vengeance. Les Quades, en effet, ne s'étaient pas contentés de porter secours aux Iazyges dans la présente guerre, ils avaient auparavant accueilli les Marcomans encore en armes, qui, toutes les fois qu'ils étaient refoulés, se réfugiaient sur leur territoire ; ils n'étaient restés fidèles à aucune des conventions, et ils n'avaient pas rendu tous les captifs, mais seulement un petit nombre, et encore ces captifs étaient-ils ceux dont ils ne pouvaient tirer parti, soit en les vendant, soit en utilisant leurs services. Lorsque, cependant, ils rendaient quelques-uns de ceux qui étaient dans la vigueur de l'âge, ils retenaient leurs parents, afin d'obliger les autres à déserter vers eux. Après avoir chassé leur roi Furtios, ils se donnèrent pour roi Ariogæsos. Ce furent là les motifs qui décidèrent l'empereur à ne pas confirmer Ariogæsos, comme n'ayant pas été légalement nommé, et à ne pas renouveler le traité, bien qu'on offrît de lui rendre cinquante mille captifs.]

14. [Marc-Antonin était tellement irrité contre Ariogæsos, qu'il offrit publiquement mille pièces d'or à qui le lui amènerait vif, et cinq cents à qui lui montrerait sa

---

aux Quades par Marc-Antonin. Capitolin, 14 : « Quadi, amisso rege suo, non prius se confirmaturos eum qui erat creatus, dicebant, quam id nostris placuisset imperatoribus. » Tacite, Germ., 42, y fait également allusion. — 6. Ursinus en note, Lncl., Rm. et St. : ἀφ' ἑαυτῶν.

7. Rm. et St. : Τῷ δ' Ἀριογαίσῳ, avec omission de Ὅτι.

8. Peir., Bkk. et Ddf; vulg. om.

δείξῃ, πεντακοσίους χρυσοῦς λάϐῃ· καίτοι τά τε ἄλλα ἀεί
ποτε φιλανθρώπως καὶ τοῖς πολεμιωτάτοις χρώμενος, καὶ
Τιριδάτην σατράπην τά τε ἐν τῇ Ἀρμενίᾳ ταράξαντα [1]
καὶ τὸν τῶν Ἡνιόχων βασιλέα ἀποσφάξαντα, τῷ τε
Οὐήρῳ [2] ἐπιτιμῶντί οἱ περὶ τούτων τὸ ξίφος ἐπανατεινό-
μενον, μὴ κτείνας, ἀλλ᾽ ἐς Βρεττανίαν πέμψας. Οὕτω μὲν
οὖν τότε ἐπ᾽ αὐτὸν παρωξύνθη· οὐ μέντοι καὶ κακόν τι
ἁλόντα μετὰ ταῦτα ἔδρασεν, ἀλλ᾽ ἐς Ἀλεξάνδρειαν ἀπέστειλεν.]

15. [Ὅτι τοῖς Μαρκομάνοις [3] πρεσϐεύσασιν, ὅτι πάντα
τὰ προσταχθέντα σφίσι, χαλεπῶς μὲν καὶ μόλις, ἐποίησαν δ᾽ οὖν, τό τε ἥμισυ τῆς χώρας τῆς μεθορίας ἀνῆκεν,
ὥστε αὐτοὺς ὀκτώ [4] που καὶ τριάκοντα σταδίους ἀπὸ τοῦ
Ἴστρου ἀποικεῖν· καὶ τὰ χωρία τάς τε ἡμέρας τῆς ἐπιμιξίας ἀφώρισε [5] (πρότερον γὰρ οὐ διεκέκριντο), τούς τε
ὁμήρους ἠλλάξατο [6].]

16. [Ὅτι οἱ Ἰάζυγες κακωθέντες ἐς ὁμολογίαν [7] ἦλθον,
αὐτοῦ Ζαντικοῦ τὸν Ἀντωνῖνον ἱκετεύσαντος. Πρότερον μὲν
γὰρ τὸν Βανάδασπον τὸν δεύτερον σφῶν βασιλέα ἔδησαν,
ὅτι διεκηρυκεύσατο [8] αὐτῷ· τότε δὲ πάντες οἱ πρῶτοι μετὰ
τοῦ Ζαντικοῦ ἦλθον· καὶ συνέθεντο τὰ αὐτὰ τοῖς Κουάδοις

---

1. Marc-Antonin avait donné Soæmus (cf., ch. 2, un fragment de
Suidas cité en note) pour roi aux Arméniens; ce Tiridate semble donc
s'être révolté contre Soæmus.

2. C'est le Martius Vérus dont il est parlé dans le fragment de Suidas
cité, ch. 2, en note. Il fut le successeur de Statius Priscus (cf. Capitolin,
Marc-Ant., 9, et Vérus, 7). Légat en Cappadoce, il avertit le premier

tête après l'avoir tué; bien que, dans les autres circonstances, il se conduisît toujours avec humanité même envers les ennemis les plus acharnés, et qu'au lieu de faire périr le satrape Tiridate coupable d'avoir excité des troubles en Arménie, égorgé le roi des Hénioques et menacé de son épée Vérus qui lui adressait des reproches sur ces actes, il l'eût seulement relégué en Bretagne. Voilà jusqu'à quel point alla, sur le moment, sa colère contre Ariogæsos; néanmoins, lorsque dans la suite ce prince fut pris, il ne lui fit aucun mal, et il se contenta de l'envoyer à Alexandrie.]

15. [Les Marcomans, qui lui envoyèrent une ambassade, ayant exécuté, bien qu'avec peine et tardivement, mais enfin ayant exécuté toutes les conditions imposées, il leur concéda la moitié du pays limitrophe avec le leur, à la condition qu'ils s'établiraient à trente-huit stades de l'Ister; il leur assigna des lieux et des jours (auparavant ils n'étaient pas fixés) pour faire avec nous le commerce, et il échangea des ôtages avec eux.]

16. [Les Iazyges, maltraités, vinrent le trouver, afin d'entrer en arrangement; ce fut Zanticos lui-même qui supplia Marc-Antonin. Auparavant les Iazyges avaient jeté dans les fers Banadaspos, leur second roi, pour avoir envoyé des ambassadeurs à ce prince; mais alors les premiers de la nation vinrent tous le trouver avec Zanticos; ils s'arrangèrent aux mêmes conditions que les

***

(ch. 23) l'empereur de la révolte de Cassius. — 3. Rm. et St. : Τοῖς δὲ Μαρχομάνοις, avec omission de Ὅτι. — 4. Rsk. voudrait lire : αὐτοὺς ἐπ' ὀκτώ. — 5. Cf. ch. 11, p. 28, note 2.

6. Leçon proposée par Rm. et suivie par Bkk. et Ddf; vulg. : ἠλλάξαντο. — 7. n, q. Rm. et St. : Κακωθέντες δὲ καὶ οἱ Ἰάζυγες, ἐς ὁμολογίαν, avec omission de Ὅτι. — 8. n : ἐκηρυκεύσατο.

καὶ τοῖς Μαρκομάνοις, πλὴν καθ' ὅσον τὸ διπλάσιον
αὐτῶν ἀπὸ τοῦ Ἴστρου ἀποικήσειν ἤθελον[1]. Ὁ γὰρ αὐτοκράτωρ ἤθελε μὲν αὐτοὺς καὶ παντάπασιν[2] ἐκκόψαι· ὅτι
γὰρ καὶ τότε ἔτι ἔρρωντο, καὶ ὅτι μεγάλα τοὺς Ῥωμαίους
κακὰ[3] ἔδρασαν, ἐξ ἐκείνου κατεφάνη, ὅτι τῶν αἰχμαλώτων
μυριάδας δέκα ἀπέδοσαν, οὓς μετὰ[4] πολλοὺς μὲν πραθέν-
τας, πολλοὺς δὲ τελευτήσαντας, πολλοὺς δὲ καὶ φυγόντας,
εἶχον[5]· καὶ ἱππέας εὐθὺς ὀκτακισχιλίους ἐς συμμαχίαν οἱ
παρέσχον, ἀφ' ὧν πεντακισχιλίους καὶ πεντακοσίους ἐς
Βρεττανίαν ἔπεμψεν[6].]

R.p.1188 17. [Ὅτι ὁ Κάσσιος[7] καὶ ἡ Συρία νεοχμώσαντες,
ἠνάγκασαν καὶ παρὰ γνώμην τὸν Μάρκον [Ἀντωνῖνον] τοῖς
Ἰάζυξι συμβῆναι[8]· οὕτω γὰρ πρὸς τὰ ἀγγελθέντα ἐξεπλάγη, ὥστε μηδὲ ἐπιστεῖλαι τῷ συνεδρίῳ τὰς αἱρέ-
σεις ἐφ' αἷς αὐτοῖς συνελλάγη, καθάπερ ἐπὶ τῶν ἄλλων
ἐποίει.]

18. [Ὅτι[9] οἱ Ἰάζυγες ἐπρεσβεύσαντο, καὶ ᾔτησαν τινὰ
ἀφεθῆναι σφίσιν ἐκ τῶν ὡμολογημένων· καὶ συνεχωρήθη
τινὰ[10] αὐτοῖς, ἵνα μὴ καὶ παντελῶς ἀλλοτριωθῶσιν. Οὐ

1. Rm. et St. : ἤθελεν.
2. n, Bkk. et Ddf; vulg. : μὲν καὶ αὐτοὺς παντάπασιν. — 3. Rm. et St. :
Ῥωμαίους ἂν κακά. — 4. n, St., Bkk. et Ddf; vulg. om.
5. St. : « Vel proprie intelligi potest : *Quos adhuc habebant*, vel ad
ἀποδιδόναι referri, ut sit : *quos restituere poterant.* » — 6. Il y avait
eu déjà des mouvements en Bretagne. Capitolin, 8 : « Imminebat etiam
Britannicum bellum, et Catti in Germaniam ac Rhetiam irruperant. »
Cf. aussi le ch. 22 du même auteur. — 7. Rm. et St. : Ὁ δὲ Κάσσιος,
avec omission de Ὅτι. Bkk. omet l'article devant Κάσσιος.
8. Capitolin, 24 : « Voluit Marcomanniam provinciam, voluit etiam

Quades et les Marcomans, excepté cependant qu'ils voulurent s'établir deux fois plus loin que ces peuples de l'Ister. L'empereur, en effet, avait l'intention de les détruire complétement ; car la force qu'ils possédaient encore et les maux qu'ils avaient causés aux Romains purent être appréciés par cent mille captifs qu'ils rendirent, captifs qu'ils avaient en leur possession, malgré le nombre et de ceux qu'ils avaient vendus, et de ceux qui étaient morts, et de ceux qui s'étaient enfuis ; ils donnèrent aussi immédiatement, à titre d'alliés, huit mille cavaliers, dont Marc-Antonin envoya cinq mille cinq cents en Bretagne.]

17. [La révolte de Cassius et de la Syrie força Marc-Antonin de traiter malgré lui avec les Iazyges ; cette nouvelle, en effet, l'avait tellement frappé qu'il n'écrivit pas au sénat, comme il avait coutume de le faire dans les autres cas, les raisons qui l'avaient déterminé à traiter avec ce peuple.]

18. [Les Iazyges envoyèrent des ambassadeurs et demandèrent un allégement aux conditions qui leur avaient été faites ; on leur accorda plusieurs concessions, afin de ne pas les aliéner complétement. Néan-

Sarmatiam facere : et fecisset, nisi Avidius Cassius rebellasset sub eodem in Oriente... » ch. 25 : « Relicto ergo Sarmatico Marcomannicoque bello, contra Cassium profectus est. » Quant à ce qui est dit plus bas, que Marc-Antonin ἐξεπλάγη, Rm. croit pouvoir l'expliquer par l'effroi que causa au prince le crime d'un homme dont il avait été le bienfaiteur et qu'il était obligé de poursuivre avec les armes ; car, suivant Capitolin, 24 : « Antoninus quidem non est satis motus defectione Cassii ; » suivant Vulcatius, 7 : « Nec tamen Antoninus graviter est iratus, rebellione cognita. » — 9. n, q. Rm. et St. : Οἱ δὲ Ἰάζυγες ἐπρεσβεύσαντο, avec omission de Ὅτι. — 10. Bkk. et Ddf; vulg. : συγχωρήθησάν τινα.

μέντοι πρότερον οὔτε οὗτοι, οὔτε οἱ Βοῦρροι συμμαχῆσαι
τοῖς Ῥωμαίοις ἠθέλησαν, πρὶν πίστεις παρὰ Μάρκου λαβεῖν, ἦ μὴν μέχρι παντὸς τῷ πολέμῳ χρήσεσθαι· ἐφοβοῦντο
γὰρ μὴ, καταλλαγέντος αὐτοῦ τοῖς Κουάδοις, ὥσπερ καὶ·
πρότερον, πρόσοικος σφίσι πόλεμος ὑπολείπηται [1].]

19. [Ὅτι ὁ Μάρκος τοὺς πρεσβευομένους [2] τῶν ἐθνῶν
ἐδέχετο οὐκ ἐπὶ τοῖς αὐτοῖς πάντας, ἀλλ' ὥς που ἔκαστοι
αὐτῶν ἢ πολιτείαν, ἢ ἀτέλειαν, ἀΐδιον [3] ἢ καὶ πρὸς χρόνον
τινὰ ἄνεσιν τοῦ φόρου λαβεῖν, ἢ καὶ τὴν τροφὴν ἀθάνατον ἔχειν ἄξιοι ἦσαν. Καὶ ἐπειδὴ οἱ Ἰάζυγες χρησιμώτατοι
αὐτῷ ἐγίγνοντο, πολλὰ καὶ ἐκ τῶν ἐπιτεταγμένων σφίσιν
ἀφῆκε, μᾶλλον δὲ πάντα, πλὴν τῶν κατά τε τὰς συνό-
δους αὐτῶν, καὶ κατὰ τὰς ἐπιμιξίας συγκειμένων [4], τοῦ τε
μὴ ἰδίοις πλοίοις σφᾶς χρῆσθαι, καὶ τοῦ τῶν [5] νήσων τῶν
ἐν τῷ Ἴστρῳ ἀπέχεσθαι. Καὶ ἐφῆκεν αὐτοῖς πρὸς τοὺς
Ῥοξολάνους διὰ τῆς Δακίας ἐπιμίγνυσθαι, ὁσάκις ἂν ὁ
ἄρχων αὐτῆς ἐπιτρέψῃ σφίσιν.]

R.p.1189   20. [Ὅτι τοῖς Κουάδοις καὶ τοῖς Μαρκομάνοις πρεσ-
βευσαμένοις δύο μυριάδες ἑκατέροις στρατιωτῶν [6] ἐν τείχεσιν [7] ὄντες, οὔτε νέμειν, οὔτε γεωργεῖν, οὔτ' ἄλλο τι

---

1. Lncl. « ex suo ms. » (dit Rm. qui blâme cette leçon), Bkk. et Ddf;
Rm. et St., avec q : καταλλαγεὶς τοῖς Κουάδοις... προσοίχους σφίσι πολεμίους ὑπολείπηται [n : ὑπολείπεται]. — 2. n, q. Rm. et St. : Ὁ Μάρχος
δὲ τοὺς πρεσβευομένους, avec omission de Ὅτι. — 3. Bkk. et Ddf; vulg. :
ἢ ἀτέλειαν, ἢ ἀΐδιον. — 4. Cf. ch. 11 et 15. — 5. Rsk., approuvé par
St., Bkk. et Ddf; vulg. : τό τε μή... καὶ τὸ τόν. — 6. n, q, Rsk., Bkk.

moins, ni eux ni les Burres ne voulurent prêter leur concours aux Romains, avant d'avoir reçu de Marc-Antonin des garanties qu'il pousserait la guerre jusqu'au bout ; car ils craignaient qu'un traité de ce prince avec les Quades, comme la chose avait eu lieu auparavant, ne les laissât exposés à une guerre avec leurs voisins.]

19. [Marc-Antonin ne recevait pas de la même manière les ambassadeurs de toutes les nations qui s'adressaient à lui, mais selon que chacune d'elles méritait de recevoir soit le droit de cité romaine, soit l'immunité, soit une remise, perpétuelle ou temporaire, du tribut, soit un subside à perpétuité. Aussi, les Iazyges lui ayant été fort utiles, il leur fit remise de plusieurs ou plutôt de toutes les conditions imposées, à l'exception de celles qui se rapportaient aux réunions et au commerce, à la défense de faire usage de leurs propres barques et à l'interdiction des îles de l'Ister. Il leur permit de faire le commerce avec les Roxolans, à travers la Dacie, toutes les fois qu'ils y seraient autorisés par le gouverneur de cette province.]

20. [Les Quades et les Marcomans envoyèrent des ambassadeurs se plaindre que vingt mille soldats, en garnison chez chacun de ces peuples, dans les forteresses, ne leur laissaient la liberté ni de faire paître leurs troupeaux,

---

et Ddf. Lncl., dit Rm., suivi par St., « correxit ex ingenio : Οἱ δὲ Κούαδοι καὶ οἱ Μαρκόμαννοι ἐπρεσβεύσαντο πρὸς Μάρκον, ὅτι δύο μυριάδες ἑκάτεροι [mot omis dans Rm. et St.] στρατιωτῶν..., » correction blâmée par Rsk., qui se contente de changer ἑκάτεροι des mss. en ἑκατέροις. Peut-être faudrait-il ajouter καὶ γάρ devant δύο μυριάδες? — 7. n : τείχει.

μετὰ ἀδείας ποιεῖν . . . [1], ἀλλὰ καὶ αὐτομόλους παρ' αὐτῶν καὶ αἰχμαλώτους τῶν σφετέρων πολλοὺς ὑπεδέχοντο,
μὴ πάνυ τι αὐτοὶ ταλαιπωρούμενοι, διὰ τὸ καὶ βαλανεῖα,
καὶ πάντα ἀφθόνως ἔχειν τὰ ἐπιτήδεια[2]· ὥστε καὶ τοὺς
Κουάδους μὴ φέροντας τὸν ἐπιτειχισμόν, μεταναστῆναι
πανδημὶ πρὸς Σεμνόνας ἐπιχειρῆσαι. Ὁ δὲ Ἀντωνῖνος προ-
μαθὼν τὴν διάνοιαν αὐτῶν, τὰς διόδους ἀποφράξας, ἐκώλυσεν. Οὕτως οὐ τὴν χώραν αὐτῶν προσκτήσασθαι, ἀλλὰ
τοὺς ἀνθρώπους τιμωρήσασθαι ἐπεθύμει.]

21. [Ὅτι[3] καὶ οἱ Ναρισταὶ[4] ταλαιπωρήσαντες, τρισχί-
λιοι ἅμα ηὐτομόλησαν, καὶ γῆν ἐν τῇ ἡμετέρᾳ ἔλαβον.]

22. Τοῦ δὲ Περτίνακος ἐπὶ ταῖς ἀνδραγαθίαις ὑπα-
τείαν λαβόντος[5], ὅμως ἦσαν οἱ, νεμεσῶντες ἐπὶ τῷ εἶναι
αὐτὸν τὸ γένος ἐξ ἀφανῶν[6], τὸ τῆς τραγῳδίας ἐπέλεγον,

Τοιαῦθ' ὁ τλήμων πόλεμος ἐξεργάζεται[7],

οὐκ εἰδότες ὅτι καὶ μοναρχήσει. Τοῦ δὲ Κασσίου κατὰ τὴν
Συρίαν νεωτερίσαντος[8], σφόδρα ἐκπλαγεὶς ὁ Μάρκος, τὸν

---

1. Lncl., Rm. et St. suppléent ici εἴων, que Rsk. (conjecture reproduite
en note par Bkk.) veut remplacer par ἐπέτρεπον. — 2. Sur la mollesse
où étaient plongées ces légions, cf. Vulcatius (Cassius, 5).

3. Rm. et St. om. — 4. Capitolin, 22 et Tacite (Mœurs des Germains,
41) donnent à ce peuple le nom de *Narisci*, Ptolémée (confusion de
N et de V) celui d'Οὐαριστοί.— 5. Capitolin (Pertinax, 2) : « Rhetias et Noricum ab hostibus vindicavit. Ex quo eminente industria, studio Marci imperatoris consul est designatus..... Pertinax a Marco et in concione et in
senatu laudatus est : doluitque palam Marcus quod, quum senator esset,
præfectus prætorii fieri a se non posset. »

6. Capitolin, 1.: « P. Helvio Pertinaci pater libertinus Helvius Successus fuit, qui filio nomen ex continuatione lignariæ negotiationis, quod

ni de cultiver la terre, ni de se livrer en sûreté à aucune occupation, et que ces soldats recevaient les transfuges et un grand nombre de captifs, bien qu'ils fussent loin de mener une vie malheureuse, attendu qu'ils avaient les bains et tout le nécessaire en abondance; de sorte que les Quades, ne pouvant supporter des forteresses qui s'élevaient contre eux, tentèrent d'émigrer en masse chez les Semnons. Mais Marc-Antonin, ayant eu connaissance de leur intention, les arrêta en fermant les routes qui leur livraient passage. Voilà quels étaient les sentiments qui animaient Marc-Antonin, non à s'emparer du pays de ce peuple, mais à se venger de lui.]

21. [Les Naristes aussi, ayant eu à souffrir, passèrent, au nombre de trois mille, du côté des Romains, et reçurent des terres sur notre territoire.]

22. Pertinax ayant reçu le consulat en récompense de ses exploits, il y eut des gens qui, indignés de cette élévation à cause de l'obscurité de la naissance du consul, lui appliquèrent ce vers de la tragédie :

Voilà les fruits de cette guerre déplorable.

ne sachant pas qu'il régnerait un jour. Frappé d'un vif effroi par la révolte de Cassius en Syrie, Marc-Antonin

pertinaciter eam rem gereret, imposuisse fertur. » Le même, 3 : « Pater ejus tabernam coctiliciam in Liguria exercuerat. » —7. Euripide, les Suppliantes, 119. Les *Excerpta Vaticana* mettent ce vers dans la bouche de l'empereur malade : Ὅτι ἐνόσησε σφόδρα ὁ Μάρχος, ὥστε ὀλίγας ἐλπίδας ἔτι [le mss. et Bkk.; vulg. et Ddf : ἐπὶ] τῆς σωτηρίας ἔχειν · καὶ πολλάχις ἐν τῇ νόσῳ ἐπεφώνει τὸ τῆς τραγῳδίας ἰαμβεῖον [A. Mai, en note, et avec lui Van Herwerden, Bkk. et Ddf; vulg. : ἰάμβιον]; Τοιαῦτα τλήμων πόλεμος ἐξεργάζεται. « Marc-Antonin tomba si gravement malade qu'il « conserva peu d'espoir de guérison; souvent, dans sa maladie, il répé- « tait cet ïambe de la tragédie : *Voilà les fruits d'une guerre déplo-* « *rable.* » — 8. Avidius Cassius avait été envoyé en Syrie par Marc-Antonin pour y rétablir la discipline parmi les légions.

Κόμμοδον τὸν υἱὸν ἐκ τῆς Ῥώμης, ὡς καὶ ἐς ἐφήβους ἤδη τελεῖν δυνάμενον, μετεπέμψατο[1]. Ὁ δὲ δὴ Κάσσιος Σύρος μὲν ἐκ τῆς Κύρου ἦν, ἀνὴρ δὲ ἄριστος ἐγένετο, καὶ ὁποῖον ἄν τις αὐτοκράτορα ἔχειν εὔξαιτο[2]· πλὴν καθ' ὅσον Ἡλιοδώρου τινὸς[3], ἀγαπητῶς ἐς τὴν τῆς Αἰγύπτου ἡγεμονίαν ἐξ ἐμπειρίας ῥητορικῆς προχωρήσαντος, υἱὸς ἦν. Τοῦτο δὲ δὴ δεινῶς ἥμαρτεν, ὑπὸ Φαυστίνης ἀπατηθείς[4]· αὕτη γὰρ τὸν ἄνδρα ἀῤῥωστήσαντα (ἦν δὲ τοῦ Εὐσεβοῦς Ἀντωνίνου θυγάτηρ) προσδοκήσασα ὅσον οὐκ ἤδη τελευτήσειν, ἐφοβήθη μὴ τῆς ἀρχῆς ἐς ἄλλον τινά, ἅτε τοῦ Κομμόδου καὶ νέου καὶ ἁπλουστέρου τοὺς τρόπους ὄντος, περιελθούσης, ἰδιωτεύσῃ· καὶ ἔπεισε τὸν Κάσσιον δι' ἀποῤῥήτων παρασκευάσασθαι, ἵν', ἄν τι ὁ Ἀντωνῖνος πάθοι[5], καὶ αὐτὴν, καὶ τὴν αὐταρχίαν λάβῃ.

23. Ταῦτ' οὖν αὐτῷ διανοουμένῳ ἀγγελία ἦλθε, τὸν Μάρκον τεθνηκέναι, οἷά που φιλεῖ τοιαῦτα ἐπὶ τὸ χεῖρον ἀεὶ θρυλεῖσθαι· καὶ εὐθὺς, οὐκ ἀναμείνας αὐτὴν ἀκριβῶσαι,

R.p.1190

1. Capitolin, 22 : « Filio Commodo, arcessito ad limitem, togam virilem dedit ; quare congiarium populo divisit, et eum, ante tempus consulem designavit. » Lampride (Commode 2) : « Indutus toga est nonarum Juliarium die.... eo tempore quo Cassius a Marco descivit. » Commode était né la veille des calendes de septembre, c'est-à-dire le 31 août 914 de Rome; il avait donc quatorze ans. Son père, à son départ pour la guerre de Germanie, l'avait laissé à Rome, espérant que cette guerre serait courte. — 2. Vulcatius, au contraire, nous apprend que Cassius eût été un prince dur et sévère. Si, au ch. 13, il dit de lui : « qui si obtinuisset imperium, fuisset non modo clemens, sed bonus, sed utilis et optimus imperator, » il faut, suivant la remarque de Casaubon, songer que l'historien met ces paroles dans la bouche d'un flatteur, et qu'il ne parle pas en son propre nom. — 3. Le même qui fut secrétaire d'Adrien (LXIX, 3) ; il ne faut

fit venir de Rome son fils Commode, comme si on eût An de
Rome
928.
Pison
et
Julianus
consuls pu déjà le compter comme parvenu à l'âge de puberté.
Pour ce qui est de Cassius, il était natif de Cyros en Syrie ;
c'était un homme d'un grand mérite et ayant les qualités
qu'on aurait pu désirer dans un empereur, s'il n'eût pas
été fils d'un certain Héliodoros, qui avait dû à son habileté dans la science de la rhétorique de parvenir à la
préfecture d'Égypte. Quant à Cassius, ce fut trompé par
Faustine qu'il commit cette grave faute ; Faustine, en
effet (elle était fille d'Antonin le Pieux), s'attendant à
ce que son mari, qui était d'une mauvaise santé, allait
mourir d'un instant à l'autre, craignit que l'empire,
Commode étant jeune et d'un caractère trop simple,
ne vînt à passer entre les mains d'un autre qui la réduisît
à une condition privée, et elle persuada en secret à Cassius de se tenir prêt, pour le cas où il arriverait un accident à Antonin, à l'épouser et à s'emparer du pouvoir
suprême.

23. Pendant que Cassius roulait ce dessein dans son
esprit, une nouvelle, attendu que, dans ces sortes de
circonstances, ce sont toujours les bruits fâcheux qui
d'ordinaire se répandent, lui arriva que Marc-Antonin
était mort ; et aussitôt, sans attendre que la chose fût

le confondre ni avec un autre Héliodoros, philosophe du temps d'Adrien,
dont parle Spartien (15), ni avec le sophiste Héliodoros de Philostrate,
qui vécut sous Caracalla ; Saumaise (notes sur Spartien) a donc eu
raison de les distinguer. Cf. Letrone, Recueil des inscriptions gr. et lat.
de l'Égypte, t. I, p. 129.

4. Capitolin (Marc-Antonin, 24) et Vulcatius (Cassius, 7) rapportent
cette accusation comme un bruit qui court, et sans y croire. Vulcatius, 9, va même jusqu'à citer deux lettres, une de l'empereur à Faustine, l'autre de Faustine à l'empereur, lettre dans laquelle elle le conjure,
au nom de ses enfants, de punir Cassius. Je ferai remarquer, à propos
de ces deux lettres, que Tillemont les soupçonne fausses, mais que
Crévier semble les croire authentiques. — 5. Ddf : πάθῃ.

· ἔφεσιν τῆς ἀρχῆς ἐποιήσατο [1], ὡς καὶ πρὸς τῶν στρατιωτῶν τῶν ἐν τῇ Παννονίᾳ τότε ὄντων προκεχειρισμένος.
Καὶ ὁ μὲν, εἰ καὶ τὰ μάλιστα μὴ ἐς μακρὰ [2] τἀληθὲς ἔμαθεν, ὅμως ἐπειδήπερ ἅπαξ ὑποκεκινήκει, οὐ μετεβάλετο [3],
ἀλλὰ τά τε ἐντὸς Ταύρου πάντα διὰ βραχέος προσεποιήσατο, καὶ παρεσκευάζετο ὡς καὶ πολέμῳ τὸ κράτος ἕξων.
Ὁ δὲ δὴ Μάρκος παρὰ τοῦ Οὐήρου [4], τοῦ τῆς Καππαδοκίας ἄρχοντος, τὴν ἐπανάστασιν αὐτοῦ μαθὼν, τέως μὲν
· συνέκρυπτεν αὐτά· ἐπεὶ δὲ οἱ στρατιῶται τῇ τε φήμῃ
ἰσχυρῶς ἐταράσσοντο, καὶ ἐλογοποίουν πολλὰ, συνεκάλε-
σεν αὐτοὺς, καὶ ἀνέγνω τοιάδε [5].

24. « Οὐκ ἀγανακτήσων, ὦ συστρατιῶται, μᾶλλον [6] ἢ
ὀδυρούμενος [7] παρελήλυθα. Χαλεπαίνειν μὲν γὰρ τι δεῖ
πρὸς τὸ δαιμόνιον [8], ᾧ πάντα ἔξεστιν; Ὀλοφύρεσθαι δὲ
ἴσως ἀνάγκη τοὺς ἀδίκως δυστυχοῦντας· ὃ καὶ ἐμοὶ νῦν
συμβέβηκε. Πῶς γὰρ οὐ δεινὸν, πολέμοις ἡμᾶς ἐκ πολέμων συμφέρεσθαι; Πῶς δ' οὐκ ἄτοπον καὶ ἐμφυλίῳ συμ-
πλακῆναι; Πῶς οὐκ ἀμφότερα καὶ δεινότητι καὶ ἀτοπίᾳ
νικᾷ τὸ μηδὲν πιστὸν ἐν ἀνθρώποις εἶναι, ἀλλ' ἐπιβεβου-
λεῦσθαί τέ με ὑπὸ τοῦ φιλτάτου, καὶ ἐς ἀγῶνα ἀκούσιον

---

1. Capitolin, 24 : « ... Alii dicunt, ementita morte Antonini, Cassium
imperatorem se appellasset, quum divum Marcum appellaset. » — 2. Bkk.
et Ddf; vulg. : μακρόν. — 3. Bkk. et Ddf; vulg. : μετεβάλλετο. — 4. Il ne
s'agit pas ici de Lucius Vérus, frère et gendre de Marc-Antonin, déjà mort
(Capitolin, 16, et Vulcatius, 9), mais de Martius Vérus, légat de Cappadoce, dont il a été déjà parlé, ch. 14, note 2, p. 34. — 5. Marc-Antonin
avait écrit son discours avant de le prononcer, suivant l'usage adopté par
les empereurs, qui souvent même faisaient lire par d'autres leurs dis-

avérée, il aspira à l'empire, comme s'il eût été auparavant élu par les soldats alors en Pannonie. Bien qu'il n'eût pas tardé à connaître la vérité, néanmoins, comme il s'était révolté, il ne changea pas de résolution ; il rangea en peu de temps sous son obéissance tous les peuples en-deçà du Taurus, et il se prépara à s'emparer du pouvoir par les armes. Quant à Marc-Antonin, informé de la révolte par Vérus, gouverneur de la Cappadoce, il cacha un instant ce qui se passait ; mais, les soldats étant fortement troublés par les bruits qui se répandaient et en faisant le sujet de nombreux entretiens, il les convoqua et leur lut ce qui suit :

24. « Compagnons d'armes, c'est pour faire éclater moins mon indignation que ma douleur que je suis venu ici. Que sert, en effet, de s'irriter contre les dieux, puisqu'ils disposent de tout avec un pouvoir absolu ? Cependant il peut y avoir nécessité de se plaindre, quand on est malheureux sans l'avoir mérité, comme cela m'arrive en ce moment. N'est-ce pas une chose horrible, en effet, que des guerres s'élèvent sans cesse à la suite d'autres guerres ? N'est-ce pas une chose étrange que nous soyons engagés dans une guerre civile ? N'est-ce pas même une chose qui surpasse en horreur et en étrangeté ces deux malheurs, que de ne rencontrer aucune fidélité parmi les hommes, d'être trahi par mon ami le plus cher, et d'être, malgré moi, en

---

cours. — 6. Vulg. om.; Bkk., en note : « Μᾶλλον ἤ ? an ἀλλ' ? » La première de ces deux conjectures me paraît à peu près certaine ; elle me semble d'ailleurs confirmée, plus bas, par les mots : ὀλοφύρεσθαι..... δυστυχοῦντας. Je l'ai adoptée. — 7. Henri Étienne, Bkk. et Ddf ; vul g.: ὀδυρόμενος. — 8. Vulcatius, 2 (lettre de Marc-Antonin à son frère) : « Si ei divinitus debetur imperium, non poterimus interficere, etiamsi velimus. Scis enim proavi tui dictum : Successorem suum nullus occidit. Sin minus, ipse sponte, sine nostra crudelitate, fatales laqueos inciderit. »

καθίστασθαι, μήτε τι ἠδικηκότα, μήτε τι πεπλημμελη-
κότα; Τίς μὲν γὰρ ἀρετὴ ἀσφαλὴς, τίς δὲ φιλία ἔτι νο-
μισθήσεται, ἐμοῦ ταῦτα πεπονθότος; Πῶς δ' οὐκ ἀπόλωλε μὲν πίστις, ἀπόλωλε δὲ ἐλπὶς ἀγαθή; Ἀλλ' εἰ μὲν
R.p.1191 μόνος ἐγὼ ἐκινδύνευον, παρ' οὐδὲν ἂν τὸ πρᾶγμα ἐποιη-
σάμην (οὐ γάρ που[1] καὶ ἀθάνατος ἐγεννήθην)· ἐπεὶ δὲ
δημοσία τε ἀπόστασις, μᾶλλον δὲ ἐπανάστασις γέγονε,
καὶ πόλεμος[2] πάντων ὁμοίως ἡμῶν ἅπτεται, ἐβουλόμην,
εἰ οἷόν τε ἦν, προσκαλέσασθαι τὸν Κάσσιον, καὶ δικαιολο-
γήσασθαι πρὸς αὐτὸν παρ' ὑμῖν ἢ παρὰ τῇ γερουσίᾳ· καὶ
ἡδέως ἂν ἀμαχὶ παρεχώρησα αὐτῷ τῆς ἡγεμονίας, εἰ
τοῦτο τῷ κοινῷ συμφέρειν ἐδόκει[3]. Ὑπὲρ τοῦ κοινοῦ γὰρ
καὶ πονῶν καὶ κινδυνεύων διατελῶ· τοσοῦτόν τε ἐνταυθοῖ
χρόνον ἔξω τῆς Ἰταλίας πεποίηκα, ἄνθρωπος καὶ γέρων
ἤδη καὶ ἀσθενὴς, καὶ οὔτε τροφὴν ἄλυπον, οὔθ' ὕπνον
ἄφροντιν λαβεῖν δυνάμενος.

25. « Ἐπεὶ δ' οὐκ ἄν ποτε συγκαθεῖναι ἐς τοῦτο ὁ
Κάσσιος ἐθελήσειε (πῶς γὰρ ἂν πιστεύσειέ μοι, ἄπιστος
οὕτω περὶ ἐμὲ γεγενημένος;), ὑμᾶς γε, ὦ συστρατιῶται,
χρὴ θαρρεῖν[4]. Οὐ γάρ που κρείττους Κίλικες, καὶ Σύροι,
καὶ Ἰουδαῖοι, καὶ Αἰγύπτιοι ὑμῶν οὔτε ἐγένοντό ποτε,
οὔτε ἔσονται, οὐδ' ἂν μυριάκις πλείους ὑμῶν, ὅσῳ νῦν

1. Bkk. et Ddf; vulg. : πω. — 2. a, b : καὶ ὁ πόλεμος. — 3. Bkk. et
Ddf, leçon que Slbg. (*Index*) est loin de désapprouver; vulg. (a, b, f, k),
Robert Étienne et St. : ἐδεδόγει; les autres : ἐδεδόκει. Vulcatius, lettre,
déjà citée, de Marc-Antonin à son frère : « Plane liberi mei pereant, si
magis amari merebitur Avidius quam illi, et si reipublicæ expediet Cas-

lutte avec un homme à qui je n'ai fait ni tort ni offense ? Quelle vertu, quelle amitié désormais croira-t-on assurée, lorsque, moi, j'éprouve un tel sort ? La fidélité n'est-elle pas morte, ainsi que la bonne espérance ? Si encore ce danger ne menaçait que moi seul, je ne m'en serais nullement inquiété (je ne suis pas immortel); mais, puisqu'il s'agit d'une défection publique ou plutôt d'une rébellion, d'une guerre qui nous atteint tous pareillement, je voudrais, si la chose était possible, appeler Cassius à discuter avec moi de ses prétentions devant vous ou devant le sénat; j'aurais plaisir à lui céder le pouvoir sans combat, si la chose semblait utile à l'intérêt général. C'est, en effet, pour l'intérêt général que je persiste à braver la fatigue et le danger, que je demeure ici, éloigné si longtemps de l'Italie, à cet âge et avec une telle santé, ne pouvant prendre de nourriture sans en éprouver de la souffrance, ni goûter le sommeil sans être tourmenté par les soucis.

25. « Mais, comme Cassius ne voudrait pas entrer avec moi dans cet examen (comment aurait-il foi en ma promesse après m'avoir manqué de foi à ce point ?), il vous faut, compagnons d'armes, être pleins de confiance. Les Ciliciens, les Syriens, les Juifs, les Égyptiens, n'ont jamais eu et n'auront jamais l'avantage sur vous, lors même qu'ils formeraient des rassemblements dix

---

sium vivere quam liberos Marci. » — 4. Voici un passage de Vulcatius, 8, qui montre combien le prince puisait de force dans sa conscience : « Quum quidam diceret, reprehendendum Antoninum quod tam mitis esset in hostem suum . . . . . . addente illo, qui reprehendebat, Quid si ille vicisset ? dixisse dicitur, Non sic deos coluimus, nec sic vivimus ut ille nos vinceret. »

ἐλάττους εἰσὶν, ἀθροισθῶσιν. Οὐ μὴν οὐδ' αὐτὸς ὁ Κάσσιος, εἰ καὶ τὰ μάλιστα καὶ στρατηγικὸς εἶναι καὶ πολλὰ
κατωρθωκέναι δοκεῖ, λόγου τινὸς ἄξιος νῦν ἂν φανείη·
οὔτε γὰρ ἀετὸς κολοιῶν, ἢ καὶ λέων νεβρῶν ἡγησάμενος,
ἀξιόμαχος γίνεται· καὶ τὸν Ἀραβικὸν τόν τε Παρθικὸν ἐκεῖνον πόλεμον οὐ Κάσσιος, ἀλλ' ὑμεῖς κατειργάσασθε. Ἄλλως
τε, εἰ καὶ ἐκεῖνος ἐκ τῶν πρὸς Πάρθους πραχθέντων εὐδό-
κιμός ἐστιν, ἔχετε καὶ ὑμεῖς Οὐῆρον[1], ὃς οὐδὲν ἧττον,
ἀλλὰ καὶ μᾶλλον αὐτοῦ καὶ ἐνίκησε πλείω[2] καὶ κατεκτή-
σατο. Ἀλλὰ τάχα μὲν καὶ ἤδη μετανενόηκε, ζῶντά με
μεμαθηκώς· οὐ γάρ που καὶ ἄλλως, ἢ ὡς τετελευτηκότος
μοῦ, τοῦτ' ἐποίησεν[3]. Ἂν δὲ καὶ ἐπὶ πλεῖον ἀντίσχῃ, ἀλλ'
ὅταν γε καὶ προσιόντας ἡμᾶς πύθηται, πάντως γνωσιμα-
χήσει, καὶ ὑμᾶς φοβηθεὶς, καὶ ἐμὲ αἰδεσθείς.

26. « Ἐγὼ γοῦν ἓν μόνον, ὦ συστρατιῶται, δέδοικα
(εἰρήσεται γὰρ πᾶσα πρὸς ὑμᾶς ἡ ἀλήθεια), μὴ ἤτοι αὐτὸς
ἑαυτὸν ἀποκτείνῃ, αἰσχυνθεὶς ἐς τὴν ἡμετέραν ὄψιν ἐλθεῖν,
R.p.1192 ἢ ἕτερός τις, μαθὼν ὅτι τε ἥξω καὶ ὅτι ἐπ' αὐτὸν ὁρμῶμαι,
τοῦτο ποιήσῃ. Μέγα γάρ μου ἆθλον καὶ τοῦ πολέμου καὶ
τῆς νίκης, καὶ ἡλίκον οὐδεὶς πώποτε ἀνθρώπων ἔλαβεν,
ἀφαιρήσεται. Τί δὲ τοῦτό ἐστιν; Ἀδικήσαντα ἄνθρωπον
ἀφεῖναι, πρὸς φιλίαν ὑπερβάντα φίλον μεῖναι, πίστιν καταλύσαντι[4] πιστὸν διαγενέσθαι. Παράδοξα μὲν ἴσως ταῦθ'

---

1. Sur ce Vérus, cf. note 4, p. 44, ch. 23. — 2. Bkk., en note :
« Πολλά? an πλεῖστα? » — 3. Cf. ch. 22 et 23.
4. Bkk. et Ddf; vulg. : καταλύσαντα. Slbg. : « Repetita omnino præ-
positione legendum πρὸς πίστιν, etc. In Pal [ʃ] et præpositio et adjecti-

mille fois aussi forts qu'ils vous sont aujourd'hui infé-
rieurs en nombre. Cassius lui-même, bien qu'il passe
pour un excellent général et pour avoir remporté beaucoup de succès, ne doit aujourd'hui être compté pour
rien ; l'aigle menant des geais au combat, le lion menant des biches, ne sont pas à redouter ; ce n'est pas
Cassius qui a terminé la guerre contre les Arabes, ni la
guerre contre les Parthes : c'est vous. D'ailleurs, si ses
exploits contre les Parthes lui ont acquis quelque gloire,
vous avez de votre côté Vérus, qui ne lui cède en rien,
et qui a remporté plus de victoires et conquis plus de
pays. Peut-être même Cassius s'est-il déjà repenti, depuis
qu'il sait que je suis vivant ; car, à coup sûr, s'il n'avait
pas été persuadé de ma mort, il n'aurait pas agi ainsi.
S'il persiste encore dans sa résolution, du moins, lorsqu'il apprendra que nous marchons contre lui, il hésitera
infailliblement, tant par crainte de vous que par respect
pour moi.

26. « Quant à moi, compagnons d'armes, je ne re-
doute qu'une seule chose (la vérité tout entière vous
sera dite), c'est qu'il ne se donne lui-même la mort pour
s'épargner la confusion de paraître devant nous, ou
que quelque autre le fasse en apprenant que je vais arriver et que je marche contre lui. Ce serait me ravir
un grand avantage que j'attends et de la guerre et de la
victoire, un avantage tel que jamais aucun homme n'en
remporta. Quel est donc cet avantage ? Celui de pardon-
ner une injure, de rester ami malgré la violation de
l'amitié, de rester fidèle malgré un manque à la fidélité.
Ces paroles vous paraissent peut-être extraordinaires,

---

vum πιστόν omittitur. » St. s'est rangé à cet avis. Suivant Rsk., il faut
ou suivre Slbg. ou lire καταλύσαντι. Quant aux sentiments ici exprimés,
cf. Vulcatius (Marc-Antonin, 11, et Cassius, 7, 8, 12), ainsi que Capitolin, 26.

ὑμῖν φαίνεται, ἀλλ' οὐκ ἀπιστεῖν ὑμᾶς αὐτοῖς δεῖ· οὐ γάρ
που καὶ ἁπλῶς πάντα τὰ ἀγαθὰ ἐκ τῶν ἀνθρώπων ἀπόλω-
λεν, ἀλλ' ἔστι καὶ παρ' ἡμῖν ἔτι τῆς ἀρχαίας ἀρετῆς λεί-
ψανον. Ἂν δέ που ἀπιστῇ τις, καὶ διὰ τοῦτο μεῖζόν ἐστί
μοι τὸ ἐπιθύμημα, ἵνα ὃ μηδεὶς ἂν πιστεύσειε γενέσθαι
δύνασθαι, τοῦτο ἴδῃ γενόμενον. Ὡς ἔγωγε τοῦτ' ἂν μόνον
ἐκ τῶν παρόντων κακῶν κερδάναιμι, εἰ δυνηθείην καλῶς
θέσθαι τὸ πρᾶγμα, καὶ δεῖξαι πᾶσιν ἀνθρώποις, ὅτι καὶ
ἐμφυλίοις πολέμοις ἔστιν ὀρθῶς χρήσασθαι. »

27. Ταῦτα μὲν ὁ Μάρκος καὶ πρὸς τοὺς στρατιώτας
εἶπε, καὶ πρὸς τὴν γερουσίαν ἔγραψεν[1], οὐδὲν οὐδαμοῦ τὸν
Κάσσιον κακηγορήσας[2], πλὴν ὅτι ἀχάριστον αὐτὸν συνεχῶς ἀνεκάλει. Οὐ μὴν οὐδὲ ἐκεῖνος ὑβριστικόν τι οὔτε
εἶπέ ποτε ἐς τὸν Μάρκον, οὔτ' ἔγραψε[3]. Παρασκευαζομένῳ
δὲ Μάρκῳ πρὸς τὸν ἐμφύλιον πόλεμον[4], ἄλλαι τε πολλαὶ
νῖκαι κατὰ διαφόρων βαρβάρων ἐν ταὐτῷ, καὶ ὁ Κασσίου
θάνατος ἀπηγγέλθη. Προσπεσὼν γὰρ βαδίζοντι τῷ Κασσίῳ Ἀντώνιος ἑκατόνταρχος[5], ἐξαίφνης ἔτρωσε κατὰ τοῦ
αὐχένος οὐ πάνυ πληγῇ καιρίᾳ. Καὶ ὁ μὲν τῇ ῥύμῃ τοῦ

---

1. Vulcatius (Cassius, 12) cite une lettre de l'empereur au sénat, après
la mort du rebelle. — 2. St. pense que κατηγορήσας, leçon vulgate

changée par Rm. d'après Slbg. (Index), ƒ, k, pouvait rester ; c : κατηγορήσας (sic). — 3. Vulcatius, 1, dit le contraire. Il fait écrire par Vérus
à Marc-Antonin : « Te philosopham aniculam, me luxuriosum morionem
vocat. » Au ch. 3, le même auteur s'exprime ainsi sur Cassius : « Nec
defuere qui illum Catilinam vocarent : quum et ipse se ita gauderet appellari , addens futurum se Sergium, si dialogistam occidisset, Antoninum hoc nomine significans. » — 4. Les Excerpta Vat. : Ὅτι παρα-

cependant vous ne devez pas refuser d'y croire; tous les bons sentiments ne sont pas morts parmi les hommes, il subsiste encore parmi nous aussi quelques restes de l'antique vertu. Si l'on refuse de me croire, mon désir n'en est que plus vif de faire que, ce dont personne ne croit l'accomplissement possible, on le voie accompli. Les malheurs présents m'auraient du moins donné un profit, celui de pouvoir arranger honorablement l'affaire et de montrer à tous qu'il y a moyen de tirer quelque bien même de la guerre civile. »

27. Voilà ce que Marc-Antonin dit aux soldats et ce qu'il écrivit au sénat, sans jamais user en aucune circonstance d'expressions blessantes pour Cassius, si ce n'est qu'il lui reprochait sans cesse son ingratitude. Celui-ci, de son côté, n'employa ni dans ses paroles, ni dans ses lettres, aucun terme injurieux contre Marc-Antonin. Tandis que Marc-Antonin se préparait pour la guerre civile, il reçut, au même moment, la nouvelle de plusieurs autres victoires remportées sur les barbares et celle de la mort de Cassius. Le centurion Antonius fondant à l'improviste sur Cassius qui marchait à pied, lui fit au cou une blessure qui n'était pas tout à fait mortelle. Mais, emporté par l'élan de son

σκευαζομένου τοῦ Μάρκου εἰς τὸν κατὰ Κασσίου πόλεμον, οὐδεμίαν βαρβαρικὴν συμμαχίαν ἐδέξατο, καίτοι πολλῶν συνδραμόντων αὐτῷ, λέγων μὴ χρῆναι τοὺς βαρβάρους [le ms. et les éd. : τοῖς βαρβάροις] εἰδέναι τὰ μεταξὺ Ῥωμαίων κινούμενα κακά. « Marc-Antonin, se préparant à faire la guerre « à Cassius, n'accepta aucunes troupes auxiliaires des barbares, bien que « beaucoup accourussent à son aide, disant qu'il ne fallait pas laisser « connaître aux barbares les malheurs arrivés au milieu des Romains. »

5. Ni Capitolin ni Vulcatius ne nous ont transmis le nom du meurtrier. Sur la conduite de l'empereur après la mort de Cassius, cf. Vulcatius, 7 et 9, ainsi que Capitolin, 24 à 26.

ἵππου ἐξαχθεὶς, ἀτελὲς τὸ τόλμημα κατέλιπεν, ὥστ' ὀλίγου διαφυγεῖν αὐτόν. ὁ δὲ δέκαρχος ἐν τούτῳ τὸ λοιπὸν
προσκατειργάσατο· καὶ τὴν κεφαλὴν αὐτοῦ ἀποτεμόντες,
R.p.1193 πρὸς τὸν αὐτοκράτορα ὥρμησαν. Καὶ ὁ μὲν οὕτω μῆνάς τε
τρεῖς καὶ ἡμέρας ἓξ τὴν ἀρχὴν ὀνειρώξας ἐσφάγη, καὶ ὁ
υἱὸς αὐτοῦ ἑτέρωθι ὢν ἐφονεύθη[1].

28. Καὶ ὁ Μάρκος[2] ἐπιὼν τὰ ἔθνη, τὰ τῷ Κασσίῳ
συνεξαναστάντα, πάνυ φιλανθρώπως πᾶσιν ἐχρήσατο[3],
καὶ οὐδένα οὔτε τῶν ἐλαττόνων οὔτε τῶν ἐπιφανεστέρων
διεχρήσατο. [Ὅτι Μάρκος Ἀντωνῖνος[4] τοσοῦτον ἤχθετο τῷ
τοῦ Κασσίου ὀλέθρῳ, ὥστε ἀποκεφαλισθέντος οὐδὲ τὴν κεφαλὴν αὐτοῦ ἰδεῖν ὑπέμεινεν, ἀλλὰ πρὶν[5] πλησιάσαι τοὺς
αὐτόχειρας, ταφῆναί που ἐκέλευσεν.] [Ὅτι[6] ὁ αὐτὸς τῶν
βουλευτῶν τινα τῶν σὺν τῷ Κασσίῳ οὔτ' ἀπέσφαξεν, οὔτε
ἔδησεν, οὔτε ἐν ἄλλῃ τινὶ φρουρᾷ οὐδένα ἐποιήσατο· οὐ
μὴν οὐδὲ ἐς τὸ δικαστήριον αὐτοῦ ἐσήγαγεν, ἀλλ' ἁπλῶς
ὡς καὶ ἄλλο τι ἐγκαλουμένους πρὸς τὴν γερουσίαν ἔπεμψεν, ἡμέραν αὐτοῖς ῥητὴν δίκης προθείς. Τῶν δ' ἄλλων
ὀλίγους πάνυ, ὅσοι καὶ ἔργῳ τι οὐ μόνον τῷ Κασσίῳ συνε-

---

1. Mæcianus, qui avait reçu le gouvernement d'Alexandrie. Quant aux
autres enfants de Cassius, voici ce qu'en dit Capitolin, 26 : « Deportatus
est Heliodorus, filius Cassii.... Filii autem Cassii et amplius media parte
acceperunt paterni patrimonii, et auro atque argento adjuti, mulieres
autem etiam ornamentis, ita ut Alexandria, filia Cassii, et Drucianus
[Vulcatius l'appelle Druetianus] gener liberam vagandi potestatem haberent, commendati amitæ marito. » Cf. Vulcatius, 9. — 2. Rm. et St. :
Ὁ δὲ Μάρκος, au lieu de Καὶ ὁ Μάρκος; puis, ils intercalent ici le premier des deux Extraits du ms. Peir. insérés dans ce chapitre, suppri-

cheval, il laissa son coup imparfait, en sorte que Cassius
faillit échapper ; ce fut, dans cette conjoncture, un dé-
curion qui acheva l'œuvre commencée ; puis, ayant coupé
la tête de leur victime, ils partirent tous les deux pour
trouver l'empereur. Ainsi périt Cassius, après avoir rêvé
l'empire trois mois six jours ; son fils, qui était dans
une autre contrée, fut aussi mis à mort.

28. Marc-Antonin, dans sa tournée chez les peuples
qui s'étaient soulevés en faveur de Cassius, usa envers
tous d'une grande clémence, et ne fit mourir personne,
ni petit ni grand. [Marc-Antonin fut tellement affligé
du trépas de Cassius, qu'il refusa de voir sa tête, qui
avait été coupée, et qu'avant même que les meurtriers
fussent arrivés près de lui, il donna l'ordre de l'ense-
velir.] [Le même ne fit ni périr, ni jeter dans les fers,
ni mettre en une garde quelconque, aucun des sénateurs
qui avaient embrassé le parti de Cassius ; il ne les tra-
duisit pas même devant son tribunal ; il se contenta de
les renvoyer devant le sénat, comme s'ils étaient accusés
d'un autre délit, après leur avoir assigné un jour à compa-
raître. Il ne punit qu'un petit nombre des autres citoyens,
ceux qui étaient coupables d'avoir non-seulement prêté

An de
Rome
929.

Pollion
consul II
et
Aper
consul II.

176

---

mant Ὅτι au commencement de chaque Extrait, et ici, de plus : ὁ Μάρκος ;
en outre, ils ajoutent δέ entre ἐπιών et τὰ ἔθνη, ce qui donne un texte
ainsi arrangé : Ὁ δὲ Μάρκος [τοσοῦτον..... ἐκέλευσεν]. Ἐπιὼν δὲ τὰ
ἔθνη... — 3. Il fit grâce aux habitants d'Alexandrie (Capitolin, 25 et 26 ;
Vulcatius, 7 et 8) qui s'étaient montrés favorables à la rébellion et n'a-
vaient pas craint de lancer des propos méchants contre lui. — 4. Bkk·
et Ddf (cf. note 2, p. 27, ch. 11) omettent Ἀντωνῖνος.

5. Reisk. (confirmé par Peir.), Bkk. et Ddf; vulg. : πλήν. — 6. Rm.
et St. (cf. la note 2) om.

πεπράχεσαν, ἀλλὰ καὶ καθ' ἑαυτοὺς ἐκακουργήκεσαν, ἐδι-
καίωσε. Τεκμήριον δὲ, ὅτι Φλαούϊον Καλουίσιον, τὸν τῆς
Αἰγύπτου ἄρχοντα, οὔτε ἐφόνευσεν, οὔτε τὴν οὐσίαν ἀφείλετο, ἀλλ' ἐς νῆσον ἁπλῶς ἐνέβαλε. Τὰ δὲ ὑπομνήματα
τὰ περὶ αὐτοῦ γενόμενα κατέκαυσεν, ἵνα μηδ' ὀνείδισμά
τι ἐξ αὐτῶν σχῇ· καὶ πάντας τοὺς συγγενομένους αὐτῷ
ἀφῆκε[1].]

29. Κατὰ δὲ τὸν αὐτὸν τοῦτον χρόνον μετήλλαξε καὶ
ἡ Φαυστῖνα[2], εἴτε ὑπὸ τῆς ποδάγρας ἣν εἶχεν, εἴτε ἄλλως,
ἵνα μὴ ἐλεγχθῇ ἐφ' οἷς πρὸς τὸν Κάσσιον συνετέθειτο[3]. Καίτοι ὁ Μάρκος πάντα[4] τὰ γράμματα [τὰ ἐν τοῖς κιβωτίοις
εὑρεθέντα τοῦ Πούδεντος[5]] διέφθειρε, μηδὲ ἀναγνοὺς,
ἵνα [μηδ' ὄνομα τινῶν τῶν ἐπιβούλων μάθῃ, τῶν τι κατ'
αὐτοῦ γεγραφότων, κἀκ τούτου] καὶ ἄκων ἀναγκασθῇ μισῆ-
σαί τινα. Λέγεται δὲ καὶ ὅτι[6] Οὖῆρος ἐς τὴν Συρίαν, ἧς
1194 καὶ τὴν ἀρχὴν ἔλαβε[7], προπεμφθεὶς, καὶ εὑρὼν αὐτὰ ἐν
τοῖς σκεύεσι τοῦ Κασσίου, ἠφάνισεν, εἰπὼν, ὅτι μάλιστα
μὲν ἐκείνῳ τοῦτ' ἔσται κεχαρισμένον· ἂν δὲ καὶ χαλεπήνῃ
τι, ἄμεινόν γε ἔσται, ἕνα ἑαυτὸν ἀντὶ πολλῶν ἀπολέσθαι.
Μάρκος γε μὴν οὕτω τι φόνοις οὐκ ἔχαιρεν, ὥστε καὶ τοὺς
μονομάχους ἐν τῇ Ῥώμῃ, ὥσπερ ἀθλητὰς, ἀκινδύνως ἑώρα
μαχομένους[8]· σιδήριον γὰρ[9] οὐδέποτε οὐδενὶ αὐτῶν ὀξὺ

---

1. Cf. Vulcatius, 12. — 2. Capitolin, 26 : « Faustinam uxorem suam,
in radicibus montis Tauri, in vico Halalæ exanimatam subito morbo
amisit. » — 3. Cf. ch. 22. — 4. Peir., Bkk. et Ddf; vulg. om.
5. Prénom de Cassius, qui, comme le démontre Valois (cf. la note 107

leur concours à Cassius, mais aussi d'avoir commis des crimes personnels. Une preuve, c'est que Flavius Calvisius, gouverneur de l'Égypte, au lieu d'être mis à mort et dépouillé de ses biens, fut simplement relégué dans une île. Les pièces qui le concernaient furent brûlées, afin qu'elles ne pussent fournir matière à aucun reproche; quant aux citoyens qui s'étaient joints à lui, ils furent tous relâchés.]

29. Vers le même temps aussi mourut Faustine, soit de la goutte dont elle souffrait, soit par une autre cause, afin de ne pas être convaincue de connivence avec Cassius. Cependant Marc-Antonin anéantit, sans les lire, les lettres [trouvées dans la cassette de Pudens,] de peur de [connaître même le nom des conspirateurs qui avaient écrit quelque chose contre lui; et, par suite,] d'être, malgré lui, dans la nécessité de haïr quelqu'un. On dit aussi que Vérus, envoyé le premier en Syrie, province dont il avait reçu le gouvernement, ayant trouvé les lettres contenues dans la cassette de Cassius, les fit disparaître en disant que c'était ce qu'il y aurait de plus agréable à l'empereur; et que, si le prince s'en irritait, mieux valait le sacrifice d'un seul que celui d'un plus grand nombre. Marc-Antonin prenait si peu de plaisir à verser le sang qu'à Rome les combats de gladiateurs auxquels il assistait étaient des combats sans danger comme ceux des athlètes; jamais, en effet, il ne donna à aucun d'eux une épée pointue,

de Rm.), s'appelait Avidius Pudens Cassius. — 6. Bkk. et Ddf; vulg. : ὅτι καί. — 7. Peir. om. : ἐς τὴν Συρίαν... ἔλαβε. — 8. Peir. : Ὅτι τοὺς μονομάχους ὥσπερ ἀθλητὰς ἀκινδύνους ἑώρα μαχομένους. Capitolin, 11 : « Gladiatoria spectacula omnifariam temperavit. » — 9. Peir. : σιδήριον δέ.

ἔδωκεν, ἀλλὰ[1] καὶ ἀμβλέσιν, ὥσπερ[2] ἐσφαιρωμένοις[3], πάντες ἐμάχοντο. [Καὶ οὕτω γε πόρρω παντὸς φόνου καθειστήκει, ὥστε καὶ λέοντά τινα δεδιδαγμένον ἀνθρώπους ἐσθίειν ἐκέλευσε μὲν ἐσαχθῆναι, αἰτησαμένου τοῦ δήμου, οὔτε δὲ ἐκεῖνον εἶδεν, οὔτε τὸν διδάσκαλον αὐτοῦ ἠλευθέρωσε, καίπερ ἐπὶ πολὺ τῶν ἀνθρώπων ἐγκειμένων οἱ, ἀλλὰ καὶ κηρυχθῆναι προσέταξεν, ὅτι οὐδὲν ἄξιον ἐλευθερίας πεποίηκεν.]

30. Τὴν δὲ Φαυστῖναν ἀποθανοῦσαν ἰσχυρῶς πενθήσας[4], ἔγραψε τῇ βουλῇ, μηδένα τῶν Κασσίῳ συναραμένων τεθνάναι[5], ὡς καὶ ἐκ μόνου τούτου παραμυθίου τινὸς ἐπὶ τῇ Φαυστίνῃ τυχεῖν δυνησόμενος. «Μὴ γὰρ γένοιτο, ἔφη, μηδένα ὑμῶν ἐπ' ἐμοῦ[6], μήτε τῇ ἐμῇ μήτε τῇ ὑμετέρᾳ ψήφῳ σφαγῆναι.» Καὶ τέλος ἔφη, ὅτι «Ἂν μὴ τούτου τύχω, σπεύσω πρὸς τὸν θάνατον.» Οὕτω τι καθαρὸς διὰ πάντων καὶ χρηστὸς καὶ εὐσεβὴς ἐγένετο[7]. [Καὶ οὐδὲν αὐτὸν ἐξεβιάσατο ἔξω τι τῶν[8] ἑαυτοῦ ἠθῶν πρᾶξαι,

---

1. *a, b* : ἔδωκε ἀλλά. — 2. Peir. : ἀμβλέσι ὥσπερ. — 3. Peir. : ἐσφορωμένοις (*sic*).

4. Marc - Antonin, Εἰς Ἑαυτόν, I, 17, rend grâces aux dieux d'avoir rencontré une épouse οὕτωσὶ πειθήνιον, οὕτω δὲ φιλόστοργον, οὕτω δὲ ἀφελῆ. Julien, dans les Césars, fait de ces mots l'occasion de lui reprocher ὅτι πλέον ἢ προσῆκεν ἐπένθησεν, ἄλλως τε οὐδὲ κοσμίαν οὖσαν. Suivant Capitolin, 26 : « Petiit a senatu ut honores Faustinæ ædemque decernerent, laudata eadem, quum tamen impudicitiæ fama graviter laborasset : quæ Antoninus vel nescivit, vel dissimulavit. »

5. Cf. Vulcatius, 12, des extraits du discours qu'il envoya, dans cette circonstance, au sénat.

6. Henri Étienne (*ed. major*), Bkk. et Ddf. Rm. : « Ἐπ' ἐμοί. Sic ex

et tous n'avaient pour combattre que des armes émous-
sées comme si elles étaient capitonnées. [Il avait tellement horreur du sang, qu'il fit, à la demande du peuple,
amener un lion à qui on avait appris à manger de la
chair humaine, et qu'au lieu de regarder l'animal et
d'affranchir son maître, comme on l'en pressait vivement, il fit proclamer par le héraut que cet homme
n'avait rien fait qui méritât la liberté.]

3o. La mort de Faustine lui ayant causé un sensible
chagrin, il écrivit au sénat de ne punir de mort aucun
des complices de Cassius, comme si c'était là l'unique
consolation qu'on pût lui donner de sa perte. « Plaise
aux dieux, disait-il, que personne de vous ne soit, à
cause de moi, livré à la mort par mon suffrage ou par
le vôtre. » A la fin il ajoutait : « Si je n'obtiens cette
grâce, je me hâterai de mourir. » Voilà jusqu'à quel
point il poussait en tout la pureté, la bonté et la piété.
[Rien ne fut capable de le faire sortir de son caractère,

Pal. [*f*] Sylb. ceteri. Ὑπ' ἐμοί, RS. HS. edit. min. Δι' ἐμέ, Z. cujus sententiam secutus reddo : *mea causa.* »

7. Les *Excerpta Vat.* : Ὅτι ἐγκειμένης τῆς βουλῆς θανατωθῆναι τοὺς
συμπράξαντας Κασσίῳ καὶ τοὺς συγγενεῖς, ἀντέγραψεν ἄλλα τέ τινα καὶ ταῦτα·
Δέομαι καὶ ἱκετεύω, καθαράν μου τὴν ἀρχὴν ἀπὸ παντὸς βουλευτικοῦ αἵματος
φυλάξατε· μὴ γὰρ γένοιτο μηδένα ὑμῶν ὑπ' ἐμοῦ μήτε τῇ ἐμῇ, μήτε τῇ
ὑμετέρᾳ ψήφῳ ἀπολέσθαι. « Le sénat le pressant de faire mettre à mort
« les complices de Cassius et ses parents, il lui écrivit, entre autres
« choses, ces paroles : Je vous en prie et je vous en conjure, gardez
« mon règne pur du sang de tout sénateur; puisse-t-il, en effet, ne
« jamais m'arriver de faire périr aucun de vous par mon suffrage ou par
« le vôtre. » — 8. Rsk., Bkk. et Ddf; vulg. om.

οὐχ ἡ ἀνοσιουργία τῶν τετολμημένων, οὐχ ἡ προσδοκία τῶν
ὁμοίων ἐκ τῆς πρὸς ἐκείνους συγγνώμης. Τοσοῦτον γὰρ
ἀπέσχε συμπλάσαι τινὰ ἐπιβουλὴν ἐψευσμένην, καὶ σκευω-
ρήσασθαί τινα τραγῳδίαν μὴ γεγενημένην, ὥστε καὶ τοὺς
R.p.1195 φανερώτατα ἐπαναστάντας αὐτῷ, καὶ ὅπλα κατά τε αὐτοῦ καὶ κατὰ τοῦ υἱέος αὐτοῦ λαβόντας, καὶ στρατηγοὺς
καὶ δημάρχους καὶ βασιλέας, ἀφεῖναι, καὶ μηδένα αὐτῶν,
μήτε δι' ἑαυτοῦ, μήτε διὰ τῆς γερουσίας, μήτε δι' ἄλλης
προφάσεως μηδεμιᾶς ἀποκτεῖναι. Ἐξ οὗπερ καὶ πάνυ τι
πιστεύω, ὅτι καὶ τὸν Κάσσιον αὐτὸν, εἴπερ ἐζωγρήκει,
πάντως ἂν ἐσεσώκει.] Καὶ γὰρ πολλοὺς καὶ εὐηργέτησε
τῶν σφαγέων, ὅσον τὸ ἐπ' αὐτοῖς, αὐτοῦ τε καὶ τοῦ υἱέος
αὐτοῦ [1].

31. Ἐνομοθετήθη δὲ τότε, μηδένα ἐν τῷ ἔθνει, ὅθεν
τὸ ἀρχαῖον ἐστίν, ἄρχειν, ὅτι ὁ Κάσσιος ἐν τῇ Συρίᾳ, τὴν
πατρίδα αὐτοῦ ἐχούσῃ, ἡγεμονεύων ἐνεόχμωσε. Τῷ δὲ
Μάρκῳ καὶ τῇ Φαυστίνῃ ἐψηφίσατο ἡ βουλὴ ἔν τε τῷ
Ἀφροδισίῳ τῷ τε [2] Ῥωμαίῳ εἰκόνας ἀργυρᾶς ἀνατεθῆναι,
καὶ βωμὸν ἱδρυθῆναι, καὶ ἐπ' αὐτοῦ πάσας τὰς κόρας
τὰς ἐν τῷ ἄστει γαμουμένας μετὰ τῶν νυμφίων θύειν [3],
καὶ ἐς τὸ θέατρον χρυσῆν εἰκόνα τῆς Φαυστίνης ἐπὶ δίφρου
ἀεὶ, ὁσάκις γ' [4] ἂν ἐκεῖνος θεωρῇ, ἐσφέρεσθαί τε, καὶ ἐν τῇ
προεδρίᾳ, ἐξ ἧς ζῶσα ἐθεᾶτο, τίθεσθαι, καὶ περὶ αὐτὴν τὰς

---

1. Cf. les notes du ch. 28.
2. St., d'après la conjecture de Rm. dans sa note 115 ; de même, Bkk.
et Ddf. Il s'agit, en effet, du temple (LXIX, 4) construit par Adrien ;

ni la scélératesse d'entreprises audacieuses, ni la crainte
que le pardon accordé aux coupables encourageât de
pareils forfaits. Il fut, en effet, si éloigné d'inventer des
complots mensongers ou d'imaginer des scènes tragiques
qui n'avaient pas eu lieu, qu'il fît grâce à ceux qui
s'étaient ouvertement soulevés contre lui et qui avaient
pris les armes contre lui et contre son fils, généraux,
chefs de nation, rois, et ne fit périr aucun d'eux ni par
lui-même, ni par le sénat, sous aucun prétexte que ce
fût. Aussi ai-je la ferme conviction que Cassius lui-
même, s'il avait été pris vif, aurait obtenu la vie sauve.]
En effet, il accorda des faveurs à plusieurs qui avaient,
autant que la chose dépendait d'eux, été ses assassins et
ceux de son fils.

31. Une loi fut alors portée pour défendre que personne n'exerçât un commandement dans la province dont
il était originaire, attendu que Cassius s'était révolté pendant qu'il gouvernait la Syrie, où était le lieu de sa
naissance. Le sénat décréta, en l'honneur de Marc-Antonin et de Faustine, que des statues d'argent leur seraient érigées dans le temple de Vénus et Rome, qu'on
y éleverait un autel et que, sur cet autel, toutes les
jeunes filles de la ville qui se marieraient offriraient
un sacrifice avec leurs fiancés ; qu'au théâtre, chaque
fois que le prince y assisterait au spectacle, on appor-
terait, sur une chaise curule, une statue d'or de Faustine, que cette statue serait posée à la place d'honneur
d'où la princesse, quand elle vivait, assistait au spec-

vulg. om. : τε. — 3. Dans les autres localités, les époux touchaient l'autel de Junon, déesse qui présidait aux mariages.
  4. *a, b* om.

γυναῖκας τὰς δυνάμει προεχούσας συγκαθίζεσθαι....[1] Ὁ δὲ
Μάρκος, ἐλθὼν ἐς τὰς Ἀθήνας, καὶ μυηθεὶς[2], ἔδωκε μὲν
τοῖς Ἀθηναίοις τιμὰς, ἔδωκε δὲ καὶ πᾶσιν ἀνθρώποις διδασκάλους ἐν ταῖς Ἀθήναις, ἐπὶ πάσης[3] λόγων παιδείας,
μισθὸν ἐτήσιον φέροντας[4].

32. Ἐλθὼν δὲ ἐς τὴν Ῥώμην, καὶ πρὸς τὸν δῆμον δια-
λεγόμενος, ἐπειδὴ μεταξὺ λέγοντος αὐτοῦ τά τε ἄλλα,
καὶ ὅτι πολλοῖς ἔτεσιν ἀποδεδημηκὼς ἦν, ἀνεβόησαν,
« Ὀκτώ[5]· » καὶ τοῦτο καὶ ταῖς χερσὶν, ἵνα δὴ καὶ χρυσοῦς
R.p.1196 τοσούτους ἐς τὸ δεῖπνον λάβωσι, προσενεδείξαντο[6]· διε-
μειδίασε, καὶ ἔφη καὶ αὐτὸς, « Ὀκτώ· » καὶ μετὰ ταῦτα
ἀνὰ διακοσίας δραχμὰς αὐτοῖς κατένειμεν[7], ὅσον οὔπω
πρότερον εἰλήφεσαν. Ταῦτά τε ἔπραξε, καὶ τοῖς ὀφείλουσί
τι τῷ βασιλικῷ καὶ τῷ δημοσίῳ πᾶσι πάντα τὰ ὀφειλό-
μενα ἀφῆκεν, ἀπὸ ἐτῶν ἓξ καὶ τεσσαράκοντα[8], χωρὶς τῶν
ἑκκαίδεκα τοῦ Ἀδριανοῦ[9]· καὶ πάντα τὰ περὶ αὐτῶν
γράμματα ἐν τῇ ἀγορᾷ καυθῆναι ἐκέλευσε[10]. Χρήματά τε

---

1. Ni les mss. ni les éd. n'indiquent cette lacune.
2. Capitolin, 27 : « Orientalibus rebus ordinatis, Athenis fuit, et, inter
alia, Cereris templum adiit, ut se innocentem probaret, et sacrarium
solus ingressus est. » — 3. Suivant Rsk., peut-être ἀπάσης, au lieu de
ἐπὶ πάσης. Henri Étienne voulait lire ἐπὶ πάσῃ λόγων παιδείᾳ, correction
qui, dit Rm., appuyé d'ailleurs de Zn., est vraie si on rapporte ces mots
à ce qui suit, mais qui n'est pas nécessaire si on les rapporte à ce qui
précède. — 4. Zn. : ἐκ τοῦ ταμείου κομιζομένους.
5. Il ne faut pas, dit Rm., entendre ce mot de huit années non in-
terrompues ; il faut remonter au commencement de la guerre où Marc-
Antonin partit avec son frère, l'an 922, attendu que, dans l'intervalle,
il revint à Rome, sur les instances de son frère, se reposer un an et
plus, jusqu'au moment où, en 925, il repartit seul. — 6. Cette coutume

tacle, et que les matrones seraient assises à l'entour...
Quant à Marc-Antonin, arrivé à Athènes et s'y étant fait
initier, il accorda des honneurs aux Athéniens ; il accorda au monde entier, dans Athènes, des maîtres de
toute science, avec un traitement annuel.

32. Comme à son retour dans Rome, dans un discours
au peuple, il dit, entre autres choses, qu'il avait été absent bien des années, les citoyens s'écrièrent : « Huit, »
et, en même temps, montrèrent ce nombre avec leurs
doigts, dans l'espérance de recevoir pareil nombre
de pièces d'or pour leur souper, il sourit et répéta
lui-même « Huit, » puis il leur distribua environ
deux cents drachmes, somme plus forte que celles
qu'ils avaient reçues jusque-là. Voilà ce que fit Marc-
Antonin ; en outre, il remit à tous tout ce qui était dû
soit au fisc, soit au trésor public, depuis quarante-six
ans, non compris les seize années fixées par Adrien, et
ordonna d'en brûler tous les titres en plein Forum. Il
fit des largesses à plusieurs villes, parmi lesquelles fut

---

nous est attestée, entre autres, par Sénèque, Lettre 88, et par Suétone, Claude, 10 et 21. « Octo, dit Rm., significabantur digito lævæ mi-
nimo et juxta eum medio ad palmam compositis. » — 7. Les *Excerpta
Vat.* : καὶ δέδωκεν αὐτοῖς κατὰ ὀκτὼ χρυσοῦς. — 8. Rm. : « Explico cum
Scaligero de tempore XLV annorum, nempe ab A. U. C. 885-930, uti
ἐκκαιδεκαετῇ χρόνον Hadriani [LXIX, 8] de spatio XV annorum. »

9. Si , dit Rm., Adrien n'a pas révoqué la remise faite par lui, il y a une
différence de quinze ans (de 870 à 885 de Rome) entre le temps où commence la remise faite par Adrien et celui où commence la remise faite par
Marc-Antonin. Dion a suivi la coutume grecque de compter l'année de
clôture. — 10. Eusèbe (an 18 de J.-C.) : « Imperatores multis multa
largiti sunt, et pecuniam, quæ fisco debebatur , provinciis concedentes ,
tabulas debitorum in medio Romanæ urbis foro incendi fecerunt. »

πολλαῖς πόλεσιν ἔδωκεν, ἐν αἷς καὶ τῇ Σμύρνῃ δεινῶς ὑπὸ
σεισμοῦ φθαρείσῃ [1]· καὶ αὐτὴν καὶ βουλευτῇ ἐστρατηγη-
κότι ἀνοικοδομῆσαι προσέταξεν. Ἀφ' οὗπερ καὶ νῦν θαυ-
μάζω τῶν αἰτιωμένων αὐτὸν, ὡς οὐ μεγαλόφρονα γενόμε-
νον· τὰ μὲν γὰρ ἄλλα οἰκονομικώτατος ὡς ἀληθῶς ἦν, τῶν
δ' ἀναγκαίων ἀναλωμάτων οὐδὲ ἓν ἐξίστατο [2], καίπερ μήτε
τινὰ ἐσπράξει χρημάτων, ὥσπερ εἶπον [3], λυπῶν, καὶ πλεῖστα
ὅσα ἐξ ἀνάγκης ἔξω τῶν ἐγκυκλίων δαπανῶν.

33. Ἐπειδὴ δὲ τὰ Σκυθικὰ αὖθις αὐτοῦ ἐδεήθη, γυναῖκα τῷ υἱεῖ θᾶττον δι' αὐτὰ ἢ ἐβούλετο Κρισπῖναν συνῴκισεν [4]· οἱ γὰρ Κυϊντίλιοι [5] οὐκ ἠδυνήθησαν, καίπερ δύο
τε ὄντες, καὶ φρόνημα καὶ ἀνδρίαν ἐμπειρίαν τε πολλὴν
R.p.1197 ἔχοντες, τὸν πόλεμον παῦσαι· καὶ διὰ τοῦτ' ἀναγκαίως
αὐτοὶ οἱ αὐτοκράτορες [6] ἐξεστράτευσαν. Ὁ δὲ Μάρκος καὶ
χρήματα ἐκ τοῦ δημοσίου ᾔτησε τὴν βουλὴν, οὐχ ὅτι μὴ
ἔκειντο ἐπὶ τῇ τοῦ κρατοῦντος ἐξουσίᾳ, ἀλλ' ὅτι ὁ Μάρκος πάντα τῆς βουλῆς καὶ τοῦ δήμου καὶ αὐτὰ καὶ τἄλλα
ἔλεγεν εἶναι· «Ἡμεῖς γὰρ, ἔφη, πρὸς τὴν βουλὴν λέγων,
οὕτως οὐδὲν ἴδιον ἔχομεν, ὥστε καὶ ἐν τῇ ὑμετέρᾳ οἰκίᾳ
οἰκοῦμεν. » Ταῦτά τε εἰπὼν, καὶ τὸ δόρυ τὸ αἱματῶδες
παρὰ τῷ Ἐνυείῳ ἐς τὸ πολέμιον δὴ χωρίον, ὥς γε καὶ τῶν

---

1. Eusèbe, dans la Chronique pascale, rapporte cet événement à la
dix-neuvième année du règne de Marc-Antonin, c'est-à-dire à l'an 180 de
J.-C. ou 933 de Rome. Mais, d'après l'ordre suivi par Dion, il serait arrivé deux ou trois ans plus tôt. — 2. Cf. Capitolin, 5, 11, 23 et 29.
3. Xph. renvoie à un passage qui ne se trouve pas dans son Abrégé. Le
lecteur pourra consulter un passage de Zn. cité dans une note du ch. 3,

Smyrne, fortement endommagée par un tremblement
de terre, et confia à un sénateur ayant exercé la préture
le soin de la relever. C'est pourquoi je m'étonne, maintenant encore, qu'on l'ait accusé de manquer de grandeur d'âme; car si, en tout, il était véritablement économe, quand il s'agissait de frais nécessaires, il ne reculait
devant rien, bien que sans fouler, comme je l'ai dit, le
peuple par des contributions, et faisant, dans les cas de
nécessité, les dépenses les plus considérables en dehors
des dépenses ordinaires.

33. Les affaires de Scythie ayant de nouveau réclamé
sa présence, il donna Crispina en mariage à son fils plus
tôt qu'il ne l'aurait voulu; les Quintilius, en effet, bien
qu'ils fussent deux et qu'ils eussent beaucoup de prudence, de courage et d'expérience, ne purent terminer la
guerre, et les empereurs furent, pour cette raison, obligés
d'y aller en personne. Marc-Antonin demanda alors au
sénat l'autorisation de prendre de l'argent dans le trésor
public, non que cet argent ne fût pas à la discrétion de
l'empereur, mais parce que, disait-il, cet argent, ainsi
que tout le reste, appartenait au sénat et au peuple :
« Nous n'avons rien qui soit à nous, ajoutait-il dans
son discours au sénat, à tel point que même la demeure
où nous habitons est à vous. » Ayant à ces mots, lancé,
près du temple de Bellone, comme sur le territoire ennemi, le javelot ensanglanté, ainsi que je l'ai appris de

An de
Rome
930.
Commode
et
Quinctilius
consuls.

livre précédent. — 4. Capitolin, 27 : « Filio suo Brutii Præsentis filiam jun-
xit, nuptiis celebratis exemplo privatorum, quare etiam congiarium populo dedit. » — 5. Condianus et Maximus. Les mêmes qui, comme on le
verra plus loin (LXXII, 6), furent mis à mort par Commode. — 6. Lampride, Commode, 2, nous apprend que ce prince avait été salué empereur
avec son père, lors de son retour de Syrie et d'Égypte, l'an de Rome 929.

συγγενομένων αὐτῷ ἤκουσα, ἀκοντίσας[1], ἐξωρμήθη · καὶ τῷ
Πατέρνῳ[2], δοὺς χεῖρα μεγάλην, ἔπεμψεν αὐτὸν ἐς τὸν τῆς
μάχης ἀγῶνα. Καὶ οἱ βάρβαροι ἀντέτειναν μὲν διὰ τῆς
ἡμέρας ἁπάσης, κατεκόπησαν δὲ ὑπὸ τῶν Ῥωμαίων πάντες · καὶ ὁ Μάρκος τὸ δέκατον αὐτοκράτωρ προσηγορεύθη.
Καὶ εἴγε πλέον ἐβεβιώκει, πάντα τὰ ἐκεῖ ἂν ἐκεχείρωτο[3] ·
νῦν δὲ τῇ ἑπτακαιδεκάτῃ τοῦ Μαρτίου μετήλλαξεν, οὐχ
ὑπὸ τῆς νόσου ἣν καὶ τότε ἐνόσησεν, ἀλλ' ὑπὸ τῶν ἰατρῶν,
ὡς ἐγὼ σαφῶς ἤκουσα, τῷ Κομμόδῳ χαριζομένων[4].

34. Μέλλων οὖν ἀποθνήσκειν, τοῦτόν τε τοῖς στρατιώταις παρακατέθετο[5] (οὐ γὰρ ἤθελε δοκεῖν ὑπ' αὐτοῦ θνή-
σκειν), καὶ τῷ χιλιάρχῳ τὸ σύνθημα αἰτοῦντι ἔφη, « Ἄπελθε
πρὸς τὸν ἀνατέλλοντα[6] · ἐγὼ γὰρ ἤδη δύομαι. » Τελευτή-
σας δὲ, ἄλλα τε πολλὰ ἐς τιμὴν ἔλαβε, καὶ χρυσοῦς ἐς
αὐτὸ τὸ συνέδριον ἔστη. Ὁ μὲν οὖν Μάρκος οὕτω μετήλλαξεν. [Ὅτι οὕτω θεοσεβὴς ἦν ὁ Μάρκος Ἀντωνῖνος[7] ὥστε
καὶ ἐν ταῖς ἀποφράσιν οἴκοι θύειν.] [Ὅτι εἶχε μὲν καὶ τὰς
ἄλλας ἀρετὰς ἁπάσας, καὶ ἄριστα δὴ ἁπάντων[8] τῶν ἐν

R.p.1198

---

1. Il semble, d'après ce passage, que cette coutume, usitée sous la République, où l'on se servait à cet effet du ministère des féciaux, fût tombée en désuétude sous l'empire; autrement, on ne voit pas pourquoi l'auteur en ferait mention ici.

2. Cf. ch. 12 de ce livre, et LXXII, 6.

3. Capitolin, 27 : « Triennio bellum cum Marcomannis, Hermundu-
ris, Sarmatis, Quadis etiam egit : et, si anno uno superfuisset, provincias
ex his fecisset. » — 4. Cédrénus, peut-être d'après Dion, dit en propres
termes que Commode empoisonna son père. Capitolin, 28, rapporte différemment la mort de ce prince, et on peut, jusqu'à un certain point,
croire qu'il l'attribue à la peste. Il y eut bien, en effet, ajoute Rm., une
peste sous Marc-Antonin ; mais ce fut (Capitolin, 13, et Galien) au temps

ceux qui étaient avec lui, il partit pour son expédition; il donna une puissante armée à Paternus, qu'il envoya pour engager le combat. Les barbares résistèrent un jour entier, mais enfin ils furent tous taillés en pièces par les Romains, et Marc-Antonin fut proclamé *imperator* pour la dixième fois. S'il avait vécu plus longtemps, il réduisait tout ce pays sous son obéissance; mais il mourut le 17ᵉ mars, non de la maladie dont il souffrait alors, mais, comme je le sais certainement, du poison que les médecins lui avaient donné pour gagner les bonnes grâces de Commode.

34. Sur le point de mourir, il recommanda Commode aux soldats (il ne voulait pas paraître mourir par le crime de son fils), et dit au tribun qui lui demandait le mot d'ordre : « Va trouver le soleil levant, car, pour moi, j'approche de mon couchant. » Quand il fut mort, on rendit de nombreux honneurs à sa mémoire, et on lui érigea une statue d'or dans le sénat même. Voilà de quelle façon se termina la vie de Marc-Antonin. [Marc-Antonin avait tant de piété envers les dieux que, même les jours néfastes, il leur offait des sacrifices chez lui.] [Il avait toutes les autres vertus et il se montra, dans son gouvernement, le meilleur de tous les hommes qui aient

An de Rome 933.

Bruttius Præsens consul II et Sextus Condianus consul I.

de la première guerre qu'il entreprit conjointement avec son frère contre les Marcomans. Est-ce cette peste qui dure encore, ou en est-ce une nouvelle? Les auteurs n'en parlent pas. — 5. Hérôdien (cf. le discours qu'il met dans la bouche du prince mourant) et Capitolin nous le représentent inquiet des mœurs de son fils. — 6. C'est aussi le mot (LVIII, 28) de Tibère mourant à Macron. — 7. Bkk. et Ddf (cf. note 2, p. 27, ch. 11) om. — 8. Rm. et St. fondent ensemble ces deux Extraits empruntés au ms. Peiresc et à Suidas, au mot Μάρκος βασιλεύς (ce dernier, toutefois, les applique à Antonin le Pieux). Ils commencent par supprimer les Ὅτι, puis ils lisent : .... μετήλλαξεν. [Ὅστις εἶχε μὲν καὶ τὰς ἄλλας ἀρετὰς ἁπάσας, καὶ οὕτω θεοσεβὴς ἦν ὥστε καὶ ἐν ταῖς ἀποφράσιν οἴκοι θύειν, καὶ ἄριστα δὴ πάντων [le ms. : διαπάντων (sic)].

κράτει τινὶ γενομένων ἦρξε· πλὴν καθ' ὅσον οὐ πολλὰ τῷ
σώματι ἀνδρίζεσθαι ἐδύνατο, καίτοι τοῦτο ἐξ ἀσθενεστά-
του καρτερικώτατον ἀπέδειξε.] Πλεῖστον δὲ ἐν εὐεργεσίᾳ
διῆγεν· ὅθεν που καὶ ναὸν[1] αὐτῆς ἐν τῷ Καπιτωλίῳ ἱδρύ-
σατο, ὀνόματί τινι ἰδιωτάτῳ καὶ μήπω ἀκουσθέντι προσ-
καλέσας αὐτήν[2]. Αὐτὸς μὲν γὰρ ἁπάντων[3] τῶν ἁμαρτη-
μάτων ἀπείχετο, [καὶ οὔτε ἑκὼν οὔτε ἄκων ἐπλημμέλει·]
τὰ δὲ δὴ τῶν ἄλλων ἁμαρτήματα, καὶ μάλιστα τὰ τῆς
γυναικὸς ἔφερε[4], καὶ οὔτε ἐπολυπραγμόνει, οὔτε ἐκόλα-
ζεν· ἀλλ' εἰ μέν[5] τις χρηστόν τι ἔπραττεν, ἐπήνει, καὶ
ἐχρῆτο εἰς ἐκεῖνο αὐτῷ, τῶν δὲ ἑτέρων οὐ[6] προσεποιεῖτο·
[λέγων, ὅτι ποιῆσαι μέν τινι ἀνθρώπους, ὁποίους βούλεται
ἔχειν, ἀδύνατόν ἐστι· τοῖς δὲ δὴ οὖσι προσήκει, ἐς ὅ τι
ἄν τις αὐτῶν τῷ κοινῷ χρήσιμος ᾖ, χρῆσθαι.] Καὶ ὅτι οὐ
προσποιητῶς, ἀλλ' ἐξ ἀρετῆς πάντα ἔπραττε, πρόδηλον[7]·
ἔτη γὰρ ὀκτὼ καὶ πεντήκοντα[8], καὶ μῆνας δέκα, ἡμέρας
τε εἴκοσι καὶ δύο ζήσας, κἄν τούτοις τῷ τε πατρὶ[9] Ἀντωνίνῳ συχνὸν χρόνον ὑπάρξας[10], καὶ αὐτὸς ἐννέα καὶ δέκα
R.p.1199 ἔτη, καὶ ἕνδεκα ἡμέρας[11] αὐταρχήσας, ὅμοιος διὰ πάντων

'1. Peir. : νεών.

2. Slbg. : « Τῇ εὐεργεσίᾳ quod peculiare nomen a Marco datum fuerit,
nondum comperi. Nisi forte sit Æquanimitas, cujus signum tribuno a Pio
moriente datum refert Capitolinus [12]. »

3. Peir. : πάντων.

4. Cf. Capitolin, 19 et 29, et aussi un passage, cité plus haut
p. 56, note 4; et Julien, les Césars. — 5. Peir., Suidas, Bkk. et Ddf;
vulg. : ἐκόλαζε· καὶ εἰ μέν. — 6. Bkk., en note, comme conjecture :
οὐδέν.

7. Le reproche lui a cependant été fait (Capitolin, 29). Le ms. Peir.

jamais exercé une autorité quelconque ; toutefois les forces de son corps ne lui permirent pas une foule d'œuvres d'homme, bien qu'il l'eût amené d'une très-grande faiblesse à une très-grande énergie.] Il passa la plus grande partie de sa vie dans la bienfaisance , vertu à laquelle il bâtit un temple au Capitole, en l'appelant d'un nom tout particulier et inconnu jusque-là. Il s'abstenait, en effet, de tous les vices [et ne commettait de fautes ni volontairement ni involontairement] ; quant à celles des autres et surtout de sa femme, il les supportait sans les rechercher ni les punir ; loin de là, si quelqu'un faisait une chose utile, il lui donnait des éloges et l'employait à cette chose, sans s'inquiéter du reste ; [disant que, puisqu'il est impossible de faire que les hommes soient tels qu'on les voudrait avoir, il convient d'employer ceux qui existent pour la chose où chacun d'eux rend service à l'État.] Tout chez lui avait pour source non la feinte, mais la vertu, la chose est évidente, car, durant les cinquante-huit ans deux mois vingt-deux jours qu'il a vécu, et sur lesquels, soit pendant le temps assez long qu'il passa d'abord sous le gouvernement de son père Antonin, soit pendant les dix-neuf ans onze jours qu'il fut lui-même maître absolu du pouvoir, il se montra en tout semblable à lui-même

porte : Τινὲς δὲ ἔφασαν ἐκ προσποιήσεως ταῦτα, ἀλλ' οὐκ ἐξ ἀρετῆς πράττειν, οὐκ ὀρθῶς φρονοῦντες · ἔτη γάρ. Suidas om. : Καὶ ὅτι . .. πρόδηλον.

8. Peir. et Suidas om. : ὀκτὼ καί. Zn. : ἔτη πεντήκοντα καὶ ἐννέα. Pour toute la chronologie de ce ch., cf.Rm., notes 147, 148 et 149.

9. Au lieu de πρίν (leçon vulgate maintenue par Bkk. et Ddf.), Lncl. veut lire πατρί, et il s'appuie sur la version latine de Blancus, conservée par Rm. et St. (sub Antonino patre), bien qu'ils n'aient pas adopté la correction, et sur la manière dont le mot est souvent écrit dans les mss : π̅ρ̅ι̅. J'ai adopté la correction de Lncl.

10. Peir. om. : κᾶν τούτοις... ὑπάρξας. — 11. Peir. : ἡμέρας ἔνδεκα

ἐγένετο καὶ ἐν οὐδενὶ ἠλλοιώθη. Οὕτως ὡς ἀληθῶς ἀγαθὸς ἀνὴρ ἦν, καὶ οὐδὲν προσποιητὸν εἶχε.

35. Πάμπολλα μὲν[1] γὰρ ὑπὸ παιδείας ὠφελήθη, ἔν τε[2] τοῖς ῥητορικοῖς, ἔν τε τοῖς ἐκ φιλοσοφίας λόγοις[3] ἀσκηθείς· τῶν μὲν γὰρ, τόν τε Φρόντωνα τὸν Κορνήλιον[4] καὶ τὸν Ἡρώδην τὸν Κλαύδιον[5] διδασκάλους εἶχε· τῶν δὲ, τόν τε Ῥούστικον τὸν Ἰούνιον[6] καὶ Ἀπολλώνιον τὸν Νικομήδεα[7], τοὺς Ζηνωνείους λόγους μελετῶντας[8]· ἀφ' οὗ δὴ παμπληθεῖς φιλοσοφεῖν ἐπλάττοντο, ἵν' ὑπ' αὐτοῦ πλουτίζωνται. Πλεῖστον δὲ ὅμως ὑπὸ τῆς φύσεως ἐξήρθη· καὶ γὰρ πρὶν ἐκείνοις ὁμιλῆσαι[9], ἰσχυρῶς πρὸς ἀρετὴν ὥρμητο. Τοῖς τε γὰρ συγγενέσι πᾶσι, πολλοῖς καὶ δυνατοῖς πλουσίοις τε οὖσιν, οὕτω[10] τι ἔτι παῖς[11] ὢν ἤρεσεν, ὥσθ' ὑπὸ πάντων αὐτῶν ἀγαπηθῆναι· καὶ διὰ τοῦτο[12] ὑπὸ τοῦ Ἀδριανοῦ ὅτι μάλιστα ἐς τὸ γένος ποιηθείς, οὐχ

---

1. Peir. om. — 2. Peir. om. — 3. Peir. : καὶ φιλοσόφοις [Suidas : φιλοσοφίας] λόγοις. — 4. Cf. LXVIII, 1, et LXIX, 18. Marc-Antonin, Εἰς Ἑαυτόν, I, 11, fait mention de lui. Suivant Capitolin, 2, il estimait beaucoup ce maître et demanda au sénat une statue pour lui. A. Mai a retrouvé une partie de la correspondance entre le maître et le disciple.

5. Hérodès Atticus, cité par Capitolin, 2, parmi les maîtres de cet empereur, et dont on peut lire la biographie dans Philostrate (Soph. II, 1). Un discours qui nous reste sous son nom (Περὶ Πολιτείας) a été réimprimé dans le t. II des *Oratores Attici* de Didot.

6. Marc-Antonin, I, 7, nous apprend tout ce dont il fut redevable à ce philosophe, qui était (Capitolin, 5) aussi éminent à la guerre que dans la paix, et qui avait approfondi la philosophie stoïcienne. Il ne faisait rien sans le consulter, l'embrassait toujours avant les préfets du prétoire; il le désigna deux fois consul, et, après sa mort, demanda pour lui des statues au sénat. St. ajoute : « Præfectum Urbi fuisse patet ex D. lib. XLIX, tit. 1, t. 1. » On conjecture qu'il a pu être fils de Junius

et ne se démentit jamais. C'est qu'il fut véritablement un homme vertueux, et qu'il n'y avait pas de feinte chez lui.

35. Il tira de grands profits de son éducation, s'étant exercé d'après les préceptes de la rhétorique et de la philosophie ; il eut pour maîtres, dans la première de ces sciences, Cornélius Fronton et Claudius Hérodès ; dans la seconde, Junius Rusticus et Nicomédès Apollonius, qui suivaient la doctrine de Zénon, et ce goût, de sa part, poussa une foule de gens à feindre d'aimer la philosophie, afin d'attirer ses libéralités. Néanmoins ce fut surtout à la nature qu'il dut l'élévation de son caractère ; car, avant d'avoir conversé avec ces philosophes, il avait un fort penchant pour la vertu. Il sut tellement plaire, dès son enfance, à tous ses parents, qui étaient nombreux, puissants et riches, qu'il fut aimé de tous ; c'est aussi pour cela principalement qu'après qu'Adrien l'eut, en l'adoptant, fait entrer dans sa famille,

Rusticus mis à mort par Domitien. — 7. Vulg., Bkk. et Ddf : Νικομηδέα. Rm. : (suivi par St.) : « Ceteri omnes Chalcidensem seu Chalcedonensem dixere. Gatakerus ad Antoninum, I, 8, Arriani nomen excidere potuisse apud Dionem suspicatur. Nam Arrianus et Nicomediensis fuit, teste Eusebio ad annum Antonini Pii ix et Stephano Byz. in Νικομήδεια, et inter Marci magistros recensetur. Magis me tamen inclinare fateor ad Salmasii opinionem, quam ad Capitolinum, cap. 2, attulit, Nicomedes, esse nomen hujus cognomento Apollonii. Nam et ceterorum magistrorum Antonini nomina et cognomina hoc ordine adducuntur a Dione ; aliusque Nicomedes educator Veri memoratur apud Capitolinum in Vero, c. 2. Sed consequens est, non Νικομηδέα, sed Νικομήδεα scribendum a me fuisse. »

8. ƒ : μελετοῦντας ; Peir. om. : τῶν.... μελετῶντας.— 9. Peir. : φιλοσόφους [au lieu de ἐκείνοις (sic)] ὁμιλῆσαι.

10. Peir. : οὖσι οὕτως.

11. Peir. : οὕτως ἔτι παῖς, avec omission de τι. — 17. c : κἂν διά.

12. Peir. om. διὰ τοῦτο.

ὑπεφρόνησεν, [ἀλλὰ, καίτοι νέος ὢν καὶ Καῖσαρ, τῷ τε[1]
Ἀντωνίνῳ παρὰ πᾶσαν τὴν ἀρχὴν ἐμμελέστατα ἐδούλευσε,
καὶ τοὺς ἄλλους τοὺς πρώτους ἀνεπαχθῶς ἐτίμησεν. Ἠσπά-
ζετό τε τοὺς ἀξιωτάτους ἐν τῇ Τιβεριανῇ οἰκίᾳ ἐν ᾗ ᾤκει[2],
πρὶν τὸν πατέρα ἰδεῖν, οὐχ ὅπως τὴν στολὴν τὴν καθή-
κουσαν ἐνδεδυκὼς, ἀλλὰ καὶ ἰδιωτικῶς ἐσταλμένος, καὶ
ἐν αὐτῷ γε τῷ δωματίῳ ἐν ᾧ ἐκάθευδε. Καὶ πολλοὺς νο-
σοῦντας ἐπεσκέπτετο, καὶ πρὸς τοὺς διδασκάλους οὐκ
ἔστιν ὅτε οὐκ ἐφοίτα. Μανδύας τε φαιὰς, ὁσάκις γε καὶ
ἄνευ τοῦ πατρὸς προῄει, ἐνεδύετο, καὶ τῷ φωτὶ τῷ προη-
γουμένῳ[3] οὐκ ἔστιν ὅτε καθ' ἑαυτὸν ἐχρήσατο. Καὶ πρόκριτος τῆς ἱππάδος ἀποδειχθεὶς[4], ἐσῆλθεν ἐς τὴν ἀγορὰν
μετὰ τῶν λοιπῶν, καίπερ Καῖσαρ ὤν. Οὕτω μὲν οὖν ἄλλως τε καλῶς ἐπεφύκει, καὶ ἐκ τῆς παιδείας ἐπὶ πλεῖστον
ὠφελήθη.] Ἑλληνικῶν τε καὶ Λατίνων, ῥητορικῶν τε[5] καὶ
φιλοσόφων λόγων, [καίπερ ἐς ἄνδρας ἤδη τελῶν, καὶ ἐλπίδα αὐταρχήσειν ἔχων,] ἀεὶ διεπίμπλατο[6].

36. Καὶ πρὸ τοῦ Καῖσαρ ἀποδειχθῆναι, ὄναρ ἔδοξεν

---

1. Bkk. et Ddf; vulg. om. — 2. Capitolin, 6 : « Post excessum Hadriani... adhuc quæstorem et consulem secum Pius Marcum designavit,
et Cæsaris appellatione donavit... et in Tiberianam domum transgredi
ussit, et aulico fastigio renitentem ornavit. »

3. Sur cet usage, cf. la note 155 dans Rm. — 4. Capitolin, 6 : « Pius
Marcum... sevirum turmis equitum Romanorum jam consulem designa-
tum creavit. » Valois, néanmoins, traduit ici *principem juventutis*. Il
se fonde sur ce que le sévir remplissait une fonction, que c'était lui qui
avait soin de la célébration des jeux séviraux, tandis que le titre de
prince de la jeunesse était purement honorifique. D'ailleurs, ces deux
honneurs étaient, la plupart du temps, joints ensemble, et il cite, à l'ap-

loin de montrer de l'orgueil, [il resta, bien que jeune
et César, docilement soumis à Antonin durant tout son
règne, et honora avec modestie les premiers citoyens.
Il saluait dans la maison qu'il habitait près du Tibre,
avant d'aller voir son père, les citoyens constitués en
dignité, non-seulement sans revêtir la toge qui conve-
nait à son rang, mais encore habillé en simple particulier, et dans la chambre même où il couchait. Il
visitait souvent les malades, et se rendait assidûment
chez ses professeurs. Toutes les fois qu'il sortait sans
son père, il se couvrait d'une lacerne de couleur sombre, et jamais, pour ce qui était de lui personnellement, il ne se faisait précéder du fanal. Nommé sévir
de cavalerie, il vint avec les autres au Forum, bien
qu'il fût César. Telle était l'excellence de son naturel,
et tel fut le fruit qu'il retira de son éducation ;] sans
cesse il se nourrissait des préceptes de la rhétorique et
de la philosophie des Grecs et des Latins, [bien qu'arrivé à l'âge viril et ayant l'espoir d'être empereur].

36. Avant d'être nommé César, il eut un songe où il

pui de son opinion, le passage suivant de Zn., qu'il n'hésite pas à déclarer de Dion (il a été rapporté déjà LV, 9 ; t. VII, p. 588, note 3, dans la
présente éd.) : Τῷ δ' ἐφεξῆς ἔτει, δωδέκατον ὑπατεύων, ὁ Αὔγουστος ἐς τοὺς
ἐφήβους τὸν Γάϊον ἔταξε, καὶ ἐς τὸ βουλευτήριον ἐσήγαγε, καὶ πρόκριτον
ἐπέφηνε τῆς νεότητος, ἱλαρχόν τε φύλης γενέσθαι ἐπέτρεψε. « L'année sui-
« vante, étant consul pour la douzième fois, Auguste donna la toge virile
« à Caius, l'introduisit dans le sénat, le nomma prince de la jeunesse et
« lui permit d'être sévir. »

5. Peir. om. — 6. Cf. Capitolin, 2. Cependant Marc-Antonin, I, 7,
dit qu'il doit à Rusticus de s'être abstenu de l'étude de la rhétorique et
de la poétique, selon la coutume des stoïciens. Malgré cela, il écoutait
avec plaisir les rhéteurs, même étant empereur (Capitolin, 3).

ὤμους τε καὶ χεῖρας ἐλεφαντίνους ἔχειν καὶ αὐταῖς πάντα ὅσα τοῖς ἄλλοις[1] χρῆσθαι[2]. Ἐκ δ' οὖν τῆς πολλῆς ἀσχολίας τε καὶ ἀσκήσεως ἀσθενέστατον τὸ σῶμα ἔσχε[3]· καίτοι τοσαύτη εὐεξίᾳ ἀπ' ἀρχῆς χρησάμενος, ὥστε καὶ ὁπλομαχεῖν, καὶ σῦς ἀγρίους ἐν θήρᾳ καταβάλλειν[4] ἀπὸ ἵππου· [τάς τε ἐπιστολὰς τὰς πλείστας οὐ μόνον ἐν τῇ πρώτῃ ἡλικίᾳ, ἀλλὰ καὶ μετὰ ταῦτα αὐτοχειρίᾳ τοῖς πάνυ φίλοις γράφειν.] Οὐ μέντοι καὶ ἐπαξίως ἑαυτοῦ εὐδαιμόνησεν· οὔτε γὰρ [τὸ σῶμα] ἔρρωτο, καὶ κακοῖς πλείστοις παρὰ πᾶσαν, ὡς εἰπεῖν, τὴν ἡγεμονίαν περιέπεσεν. Ἀλλ' ἔγωγε ἐξ αὐτῶν τούτων μᾶλλον αὐτὸν τεθαύμακα, ὅτι[5] ἔν τε ἀλλοκότοις καὶ ἐν ἐξαισίοις πράγμασι καὶ αὐτὸς διεγένετο[6], καὶ τὴν ἀρχὴν διεσώσατο. Ἐν δ' οὖν τοῦτο ἐς τὴν οὐκ εὐδαιμονίαν αὐτοῦ[7] συνηνέχθη, ὅτι τὸν υἱὸν καὶ θρέψας καὶ παιδεύσας ὡς οἷόν τε ἦν ἄριστα, πλεῖστον αὐτοῦ ὅσον διήμαρτε. Περὶ οὗ ἤδη ῥητέον, ἀπὸ χρυσῆς βασιλείας[8] ἐς σιδηρᾶν καὶ κατιωμένην[9], τῶν τε πραγμάτων τοῖς τότε Ῥωμαίοις καὶ ἡμῖν νῦν καταπεσούσης τῆς ἱστορίας.

1. Bkk. et Ddf; vulg. : ἀνθρώποις, que Slbg. veut corriger : ἐς πάντα ἴσα τοῖς ἀνθρώποις; Casaubon (notes sur Capitolin, 5) : ὅσα τοὺς ἀνθρώπους ou ὅσα ταῖς ἀνθρωπίναις. — 2. Peir. om. : καὶ πρὸ τοῦ.... χρῆσθαι. — 3. Capitolin, 4 : « Amavit pugilatum, luctamina, et cursum, et aucupatus : et pila lusit apprime, et venatus est. Sed ab omnibus his intentionibus studium eum philosophiæ abduxit. » — 4. Bkk. et Ddf; vulg. : καταβαλεῖν. — 5. Au lieu de Ἀλλ' ἔγωγε.... τεθαύμακα, ὅτι,

crut avoir des épaules et des bras d'ivoire, dont il faisait tous les mêmes usages que des autres membres. Son assiduité à l'étude et ses exercices affaiblirent beaucoup son corps, bien qu'il eût été autrefois assez robuste pour combattre les armes à la main, tuer, à cheval, à la chasse, des sangliers ; [et pour écrire de sa propre main, non-seulement dans le premier âge, mais plus tard encore, la plupart de ses lettres à ses intimes amis.] Néanmoins il ne jouit pas du bonheur qu'il méritait : [son corps], en effet, était débile, et, pendant tout le temps de son règne, pour ainsi dire, il éprouva de nombreux malheurs. A mes yeux, c'est là une raison de l'admirer davantage, pour s'être tiré lui-même d'affaires difficiles et embarrassantes et avoir maintenu l'intégrité de l'empire. Une seule chose fut mise sur le compte de son infortune : c'est qu'après avoir élevé et instruit son fils aussi bien que possible, il fut complétement déçu dans ses espérances. Il faut, dès à présent, parler de ce fils, puisque, pour nous aujourd'hui, comme les affaires pour les Romains de ce temps, l'histoire est tombée d'un règne d'or dans un règne de fer et de rouille.

Peir. : Ἐξ αὐτοῦ δὲ θαυμάζεται, ὅτι. — 6. Rsk. (conjecture confirmée par Peir.), Bkk. et Ddf; vulg. : καὶ αὐτός τε διεγένετο. — 7. Au lieu de Ἐν δ᾽ οὖν τοῦτο... αὐτοῦ, Peir. : Ὅτι ἐν καὶ τοῦτο... Μάρκου.

8. Vulg., Bkk. et Ddf : χρυσῆς τε βασιλείας ; St., tout en préférant cette leçon, a reçu τῆς βασιλείας, proposé par Rm. — 9. Slbg., St., Bkk. et Ddf; vulg. : κατιωμένων. Suivant Rm. (*Addenda*), il y a ici une allusion au nom de siècle d'or que Commode voulait donner à son règne.

ΤΩΝ
ΔΙΩΝΟΣ
ΙΣΤΟΡΙΩΝ ΡΩΜΑΙΚΩΝ

ΤΟ ΕΒΔΟΜΗΚΟΣΤΟΝ ΔΕΥΤΕΡΟΝ ΒΙΒΛΙΟΝ.

1. Οὗτος [ὁ Κόμμοδος] πανοῦργος μὲν οὐκ ἔφυ[1], ἀλλ᾽, εἰ καί τις ἄλλος ἀνθρώπων, ἄκακος[2]· ὑπὸ δὲ δὴ τῆς πολλῆς ἁπλότητος, καὶ [προσέτι καὶ] δειλίας, ἐδούλευσε τοῖς συνοῦσι[3], καὶ ὑπ᾽ αὐτῶν ἀγνοίᾳ τὸ πρῶτον τοῦ κρείττονος ἁμαρτών, ἐς ἔθος, κἀκ τούτου ἐς φύσιν ἀσελγῆ καὶ μιαιφόνον προήχθη[4]. [Καί μοι δοκεῖ καὶ τοῦτο καὶ ὁ Μάρκος σαφῶς προγνῶναι[5].] Ἦν δὲ ἐννεακαιδεκαέτης, ὅτε μετήλλαξεν ὁ πατὴρ αὐτοῦ, πολλοὺς αὐτῷ καὶ τοὺς κρατίστους τῶν βουλευτῶν ἐπιτρόπους καταλιπών· ὧν ὁ Κόμ-

R.p.1204

---

1. Dans Peir., les mots πανοῦργος μὲν οὐκ ἔφυ ne sont séparés que par un point en haut de διήμαρτε, à la fin du livre précédent, auquel Valois rapporte ce fragment tout entier; du reste, la division par livre n'existe pas dans le ms. Bkk., d'accord avec les mss, omet : ὁ Κόμμοδος; Ddf om. : Οὗτος ὁ.

2. Rm. : « Ἄκακος idem significat quod ἁπλούστερος supra [LXXI, 23]. Ita Xiphilinus Cleopatram describit in Augusto post init. ἅτε μὴ ἄκακος

HISTOIRE ROMAINE

DE DION.

LIVRE SOIXANTE-DOUZIÈME.

1. Commode, de sa nature, était sans méchanceté, sans malice, autant qu'homme du monde; mais sa grande simplicité et [aussi] sa timidité le rendirent l'esclave de ceux qui l'approchaient; et l'erreur où ils le tinrent, en lui laissant tout d'abord ignorer le bien, l'entraîna à devenir débauché et cruel par habitude, puis par caractère. [Marc-Antonin me semble aussi l'avoir prévu.] Commode avait dix-neuf ans lorsque son père mourut, lui laissant pour curateurs plusieurs des membres les plus considé-

An de
Rome
933.

Bruttius
Præsens
consul II
et
Sextus
Condianus
consul I.

οὖσα γυνὴ, ἀλλὰ δραστηρία καὶ συνετή. *Homo minime malus*, apud Cice-
ronem, pro simplici et fraudis ignaro, ut scite annotavit H. Stephanus in
Thes. Gr. L. » — 3. Nous le verrons, plus loin (ch. 9 à 13), esclave de
Pérennis (cf. Hérodien, I, 8) et de Cléander. — 4. Lampride n'est pas
d'accord avec notre auteur; suivant lui, Commode avait le naturel méchant. — 5. Cf. Capitolin, 27; Lampride, 2; Hérodien, I, 4, et Julien
(les Césars).

μοδος ταῖς ὑποθήκαις καὶ συμβουλίαις χαίρειν εἰπὼν[1],
καὶ τοῖς βαρβάροις σπεισάμενος, ἐς τὴν Ῥώμην ἠπείχθη[2].

2. [Ὅτι οἱ Μαρκομάνοι[3] οὔτε τροφὴν, οὔτ' ἄνδρας
συχνοὺς, ὑπό τε τοῦ πλήθους τῶν ἀπολλυμένων, καὶ ὑπὸ
τῆς ἀεὶ τῶν χωρίων κακώσεως, ἔτι εἶχον· δύο γοῦν μόνους τῶν πρώτων, καὶ δύο ἄλλους τῶν καταδεεστέρων[4],
πρέσβεις πρὸς αὐτὸν ὑπὲρ τῆς εἰρήνης ἔπεμψαν. Καὶ ἐξεργάσασθαι[5] αὐτοὺς δυνάμενος ῥᾳδίως[6], μισόπονος δὲ δὴ
ὢν, καὶ πρὸς τὰς ἀστικὰς ῥᾳστώνας ἐπειγόμενος, ἐσπεί-
σατο αὐτοῖς ἐπί τε τοῖς ἄλλοις, ἐφ' οἷς ὁ πατὴρ αὐτοῦ
συνετέθειτο[7], καὶ ἵνα τούς τε αὐτομόλους καὶ τοὺς αἰχμαλώτους, οὓς μετὰ ταῦτα ἔλαβον, ἀποδῶσιν αὐτῷ· καὶ
σῖτόν τινα κατ' ἔτος τακτὸν τελῶσιν, ὃν ὕστερον αὐτοῖς
ἀφῆκεν. Ὅπλα τέ τινα παρ' αὐτῶν ἔλαβε, καὶ στρατιώτας
παρὰ μὲν τῶν Κουάδων μυρίους καὶ τρισχιλίους, παρὰ δὲ
τῶν Μαρκομάνων ἐλάττους· ἀνθ' ὧν ἀνῆκεν αὐτοῖς τὸ
κατ' ἔτος διδόναι τινάς[8]. Προσεπέταξε μέντοι σφίσιν, ἵνα
μήτε πολλάκις, μήτε πολλαχοῦ τῆς χώρας ἀθροίζωνται[9],
ἀλλ' ἅπαξ ἐν ἑκάστῳ μηνὶ, καὶ ἐς τόπον ἕνα, ἑκατοντάρχου τινὸς Ῥωμαίου παρόντος· πρὸς δὲ καὶ, ἵνα μήτε τοῖς
Ἰάζυξι, μήτε τοῖς Βούρροις, μήτε τοῖς Οὐανδήλοις[10] πο-

1. Cf. Hérodien, I, 6; Lampride, 3. — 2. Son père (LXXI, 33, et Aurélius Victor, XVII, 2) lui avait recommandé d'achever la conquête,
les barbares étant presque complétement écrasés; mais le désir des dou-
ceurs de Rome (ch. suiv. et Hérodien, I, 6 et 7) lui fit hâter son retour;
il revint l'année même de la mort de son père, au témoignage de
Lampride, 12. — 3. *n* et *q*. Rm. et St. : Οἱ μὲν Μαρκομάνοι, avec

rables du sénat, dont il abandonna les conseils et les avertissements pour revenir en hâte à Rome, après avoir fait la paix avec les barbares.

2. [Les Marcomans n'avaient plus beaucoup de vivres ni beaucoup d'hommes, tant à cause du nombre de ceux qui avaient péri que de la dévastation continuelle de leur territoire ; aussi n'envoyèrent-ils comme ambassadeurs à Commode, pour traiter de la paix, que deux personnages du premier rang avec deux autres d'un rang inférieur. Commode, bien qu'il pût aisément exterminer ces barbares, comme il haïssait la peine et qu'il avait hâte de jouir des loisirs de Rome, traita avec eux aux conditions arrêtées par son père, leur imposant en plus l'obligation de rendre les transfuges et les captifs pris depuis, et de fournir tous les ans une certaine quantité de blé dont plus tard il leur fit remise. Il reçut d'eux des armes ; treize mille soldats de la part des Quades, et un moins grand nombre de la part des Marcomans ; soldats en échange desquels il leur fit grâce de ceux qui devaient être fournis chaque année. Il leur enjoignit encore de ne pas avoir de réunions fréquentes ni en divers endroits du pays, mais seulement une fois par mois et dans un seul lieu, en présence d'un centurion romain ; et, de plus, de ne faire la guerre ni aux Iazyges, ni aux Burres, ni aux Vandales. Moyennant

---

omission de Ὅτι. — 4. Comme plus haut (LXVIII, 9) τῶν πιλοσόφων et τῶν χομητῶν. — 5. *n*, Bkk. et Ddf; vulg : Καὶ οὗτος [Rsk. voudrait οὕτως] ἐξεργάσασθαι. — 6. Cf. LXXI, 33. — 7. Cf. LXXI, 15, 19 et 20.

8. Rsk. : « Forte διδομένων τινά. » — 9. C'était une des précautions prises (LXXI, 11, 15, 19) par Marc-Antonin. — 10. Capitolin, 17, parle de la guerre faite à ce peuple.

λεμῶσιν[1]. Ἐπὶ μὲν τούτοις συνηλλάγη, καὶ τὰ φρούρια[2] πάντα, τὰ ἐν τῇ χώρᾳ αὐτῶν ὑπὲρ τὴν μεθορίαν τὴν ἀποτετμημένην[3] ὄντα, ἐξέλιπεν.]

3. [Ὅτι τοῖς Βούρροις ὁ Κόμμοδος[4] εἰρήνην ἔδωκε πρεσβεύσασι. Πρότερον μὲν γὰρ, καίτοι πολλάκις αὐτὴν

R.p.1205 αἰτηθεὶς, οὐκ ἐποιήσατο, ὅτι τε ἔρρωντο, καὶ ὅτι οὐκ εἰρήνην, ἀλλὰ ἀνοχὴν ἐς τὸ παρασκευάσασθαι λαβεῖν ἤθελον· τότε δὲ, ἐπειδὴ ἐξετρυχώθησαν, συνηλλάγη σφίσιν, ὁμήρους λαβὼν, καὶ αἰχμαλώτους παρά τε τῶν Βούρρων πολλοὺς, καὶ παρὰ τῶν ἄλλων[5] μυρίους καὶ πεντακισχιλίους κομισάμενος, καὶ ἀναγκάσας τοὺς ἄλλους ὀμόσαι, ὥστε μὴ[6] ἐνοικήσειν ποτὲ, μήτε ἐννεμεῖν[7] τεσσαράκοντα στάδια τῆς χώρας[8] σφῶν, τῆς πρὸς τῇ Δακίᾳ οὔσης. Ὁ δὲ Σαβινιανὸς καὶ Δακῶν τῶν προσόρων μυρίους καὶ δισχιλίους ἐκ τῆς οἰκείας ἐκπεσόντας, καὶ μέλλοντας τοῖς ἄλλοις βοηθήσειν, ὑπηγάγετο, γῆν τινα αὐτοῖς ἐν τῇ Δακίᾳ τῇ ἡμετέρᾳ δοθήσεσθαι ὑποσχόμενος.]

4. [Ὅτι ὁ Κόμμοδος πολλὰ μὲν καὶ ἀπρεπῆ ἔπραξε, πλείστους δὲ ἐφόνευσε.] Καὶ ἐπεβουλεύθη μὲν πολλάκις[9]

---

1. C'était deux nations habituées à vivre de rapines et ennemies l'une de l'autre, sinon des Romains. Sur la paix demandée par les Iazyges, cf. LXXI, 18.

2. Cf. LXXI, 20.

3. D'après le traité (LXXI, 15), ils devaient se tenir à la distance d'au moins trente-huit stades de l'Ister. — 4. π et φ. Rm. et St. : Καὶ τοῖς μὲν Βούρροις, avec omission de Ὅτι.

5. Bkk. croit, ce qui est bien probable, que ἄλλων ici, de même que

ces conditions, il fit la paix avec eux et abandonna toutes les forteresses qu'il occupait dans leur pays au-delà du territoire qui leur avait été retranché.]

3. [Commode accorda la paix aux Búrres, qui lui avaient envoyé des ambassadeurs. Auparavant, il n'y avait pas consenti malgré des sollicitations réitérées, parce qu'ils étaient forts et que c'était moins la paix qu'ils voulaient obtenir, qu'un sursis afin de faire leurs préparatifs ; mais alors, comme ils étaient épuisés, il traita avec eux, après avoir reçu des otages, recouvré sur les uns cinquante mille captifs, et forcé les autres à jurer de ne jamais s'établir ni faire paître leurs troupeaux à moins de quarante stades de la partie de leur pays qui avoisine la Dacie. Sabinianus réduisit sous sa puissance douze mille Daces, chassés de leur pays et qui se disposaient à porter secours aux autres, en promettant de leur donner des terres dans la Dacie romaine.]

4. [Commode commit une foule d'actes infâmes, et fit mourir un grand nombre de citoyens.] Il se tráma

---

plus bas ἄλλους et ἄλλως, sont des altérations cachant un nom de peuple, peut-être des Alains.

6. *n* om. — 7. Bkk. et Ddf, d'après St.; vulg. : ἐννέμειν. — 8. Rsk. voudrait ajouter ἔξω ou ἀπό devant τῆς χώρας. — 9. Par Pompéianus, dont il vient d'être parlé ; par Maternus (Hérodien, I, 10), sans parler de Pérennis, faussement accusé (ch. 9 et 10) ; et enfin par Marcia, Eclectus et Lætus (ch. 22), conjuration où il succomba. Cf. Hérodien, I, 17, [et Lampride, 17.

ὑπό τινων, πλείστους δὲ ἐφόνευσε[1] καὶ ἄνδρας καὶ γυναῖκας, τοὺς μὲν φανερῶς[2], τοὺς δὲ λάθρα φαρμάκοις· καὶ,
ὡς εἰπεῖν, πάντας τοὺς ἐπὶ τοῦ πατρὸς αὐτοῦ καὶ ἐπ᾽ αὐτοῦ ἐκείνου ἀνθήσαντας, πλὴν τοῦ τε Πομπηϊανοῦ καὶ τοῦ
Περτίνακος καὶ τοῦ Οὐικτωρίνου[3]. τούτους γὰρ, οὐκ οἶδ᾽
ὅπως, οὐκ ἀπέκτεινε. Λέγω δὲ ταῦτά τε καὶ τὰ λοιπὰ οὐκ
ἐξ ἀλλοτρίας ἔτι παραδόσεως, ἀλλ᾽ ἐξ οἰκείας ἤδη τηρή-
σεως. Ἐλθὼν δὲ ἐς τὴν Ῥώμην, καὶ πρὸς τὴν γερουσίαν
διαλεχθεὶς, ἄλλα τέ τινα ἀπελήρησε, καί τι καὶ τοιοῦτον
ἐν τοῖς αὐτοῦ ἐπαίνοις εἶπεν, ὅτι τὸν πατέρα ποτὲ ἐς
πηλὸν βαθὺν ἐμπεσόντα ἱππεύων ἐρρύσατο. Τοιαῦτα μὲν
τὰ σεμνολογήματα αὐτοῦ ἦν· ἐσιόντι δὲ αὐτῷ ἐς τὸ θέατρον τὸ κυνηγετικὸν Κλαύδιος Πομπηϊανὸς[4] ἐπεβούλευσε·
ξίφος γάρ τι ἐν αὐτῇ τῇ τῆς ἐσόδου στενοχωρίᾳ ἀνατεί-
νας, «Ἰδοὺ, ἔφη, τοῦτό σοι ἡ βουλὴ πέπομφεν[5].» Οὗτος
ἠγγύητο[6] μὲν τὴν θυγατέρα Λουκίλλης[7], ἐχρῆτο δὲ καὶ

---

1. Rm. et St. commencent ainsi le ch. : Καὶ ἐπεβουλεύθη μὲν ὁ Κόμμοδος πολλάκις ὑπό τινων [πολλὰ δὲ καὶ ἀπρεπῆ ἔπραξε], καὶ πολλοὺς ἐφόνευσε,
intercalant dans le texte une partie de l'Extrait emprunté à Peir., au
lieu de le rapporter comme Bkk. et Ddf, au ch. précédent.

2. *f* om. : τοὺς μὲν φανερῶς.

3. Pompéianus avait épousé Lucilla, veuve de l'empereur Vérus, fille
de Marc-Antonin et sœur de Commode. Il avait été, avec Pertinax, qui
fut plus tard empereur, chargé de s'opposer aux invasions des Germains
(LXXI, 3) en Italie. Victorinus (ch. 11) fut préfet de la ville. Spartien
(Jul., 2) ajoute ici le nom de Didius Julianus.

4. Rm. (note 21) établit qu'il est question d'un Claudius Pompéianus
autre que celui qui, un peu plus bas, est cité comme mari de Lucilla.
L'un était jeune et accoutumé à συννεανιεύεσθαι τῷ Κομμόδῳ ; l'autre était
âgé et avait été deux fois consul (Capitolin, Marc-Antonin, 20) ; l'un était
le fiancé de la fille de Lucilla, l'autre l'époux de Lucilla elle-même ; l'un

plusieurs conspirations contre lui, et il fit mourir un grand nombre de citoyens, hommes et femmes, les uns ouvertement, les autres en secret par le poison, et, pour ainsi dire, tous ceux qui ont joui de quelque crédit sous le règne de son père et sous le sien, à l'exception de Pompéianus, de Pertinax et de Victorinus, qui, je ne sais comment, échappèrent à la mort. Ces faits et ceux qui suivent, ce n'est plus désormais d'après le rapport d'autrui, mais d'après mes propres observations que je les raconte. De retour à Rome, Commode, entre autres extravagances qu'il débita au sénat, dans une harangue où il faisait son propre éloge, dit que, son père étant un jour tombé dans un bourbier profond, passant à cheval auprès de lui, il l'en avait retiré. Telles étaient les prouesses dont il tirait vanité. Comme il entrait à l'amphithéâtre, Claudius Pompéianus attenta à ses jours, et, lui présentant un poignard dans l'endroit le plus étroit de l'entrée : « Tiens, dit-il, voilà ce que le sénat t'envoie. » Ce Pompéianus avait épousé la fille de Lucilla ; il entretenait un commerce et avec la fille et avec

---

était le parent de Commode, l'autre n'était que son allié ; l'un fut mis à mort, l'autre fut sain et sauf. Hérodien, I, 8, et Ammien Marcellin, XXXIX, 4, donnent au conspirateur le nom de Quintianus ; mais la différence, suivant Rm., vient uniquement du double surnom de Pompéianus Quintianus, certains historiens prenant Pompéianus, d'autres Quintianus, pour un nom. Claudius Pompéianus, celui dont nous parlons en ce moment (Lampride, 5, lui donne également ce nom), était fils de Claudius Pompéianus qui fut tué dans ce même temps par de prétendus brigands. — 5. La suppression de οὗ devant πέπομφεν est confirmée par *a* et *b*. Sur le fait historique, cf. Hérodien, I, 8, et Lampride, 4.

6. Ddf ; Rm. (de même Bkk.) : «Ἐνεγγεγύητο μέν scripsi ex Coisl. et Br. [*i* et *k*] ; vulgo : οὗτος ἐνεγγύητο μέν, vel, ut est apud RS. et HS ed. min. οὗτος μὲν ἐνεγγύητο. » St. pense qu'il faut écrire ἐννηγγύητο ; *c* : οὗτος μὲν ἐνεγγύητο μὲν τήν. — 7. Zn. : Λουκίλλης τῆς τοῦ Κομμόδου ὁμαίμονος.

R.p.1206 αὐτῇ ταύτῃ καὶ τῇ τῆς κόρης μητρὶ, καὶ διὰ ταῦτα τῷ
Κομμόδῳ ᾠκείωτο, ὡς καὶ συνεστιᾶσθαι καὶ συννεανιεύεσθαι αὐτῷ. Ἡ γὰρ Λουκίλλα, οὐδὲ ἐπιεικεστέρα οὐδὲ σω-
φρονεστέρα τοῦ ἀδελφοῦ Κομμόδου ὑπάρχουσα, ἤχθετο
μὲν τῷ ἀνδρὶ αὐτῆς τῷ Πομπηϊανῷ[1]· ὅθεν καὶ ἀνέπεισε
τὸν εἰρημένον[2] ἐπιθέσθαι τῷ Κομμόδῳ, καὶ αὐτόν τε ἀπώ-
λεσε, καὶ αὐτὴ φωραθεῖσα ἐπανῃρέθη[3]. Ἀπέκτεινε δὲ καὶ
τὴν Κρισπῖναν ὁ Κόμμοδος, ἐπὶ μοιχείᾳ δή τινι ὀργισθεὶς
αὐτῇ. Πρὸ δὲ τοῦ ἀναιρεθῆναι, καὶ ἀμφότεραι ἐς τὴν
νῆσον τὴν Καπρίαν ὑπερωρίσθησαν[4]. Μαρκία δέ τις,
Κουαδράτου[5] τῶν τότε φονευθέντων ἑνὸς παλλακὴ, καὶ
Ἔκλεκτος πρόκοιτος, ὁ μὲν καὶ τοῦ Κομμόδου πρόκοιτος,
ἡ δὲ παλλακὴ ἐγένετο, καὶ τοῦ Ἐκλέκτου μετὰ ταῦτα
γυνή· καὶ ἐπεῖδε καὶ ἐκείνους βιαίως ἀποθνήσκοντας[6].
Ἱστορεῖται δὲ αὕτη πολλά τε ὑπὲρ τῶν Χριστιανῶν σπου-
δάσαι[7], καὶ πολλὰ αὐτοὺς εὐηργετηκέναι, ἅτε καὶ παρὰ τῷ
Κομμόδῳ πᾶν δυναμένη.

---

1. Lucilla Augusta dédaignait, comme son] inférieur, Pompéianus, bien
qu'il fût consulaire; d'autant plus que, malgré son second mariage, elle
avait conservé les insignes de la dignité impériale, et elle avait eu peine
à céder le pas à Crispina, épouse de Commode. Hérodien (I, 8), de plus,
nous donne à entendre que Lucilla se proposait, par le meurtre de son
frère Commode, d'élever à l'empire Quadratus, avec qui elle avait tramé
le complot.

2. Il ne faut pas entendre cette expression du Pompéianus mari de
Lucilla (cf. p. 80, note 4), qui était tout dévoué à Commode; car (c'est
Rm. qui parle) Xph., au lieu de τὸν εἰρημένον, aurait mis simplement αὐ-
τόν; il s'agit du fiancé de la fille de Lucilla.

3. Cf. Hérodien, I, 8, et Lampride, 5. Ce dernier ne parle pas de
l'exil de Lucilla; aussi Rm., pour accorder les deux historiens entre eux,

la mère, et, pour cette raison, il était entré dans la fa-
miliarité de Commode, au point de partager sa table et
ses divertissements. Lucilla, en effet, qui n'était ni plus
sage ni moins déréglée que son frère Commode, méprisait
Pompéianus, son mari ; c'est pourquoi elle persuada à
celui dont il a été parlé tout à l'heure de conjurer contre
l'empereur, causa sa perte et périt elle-même lorsque sa
perfidie eut été découverte. Commode fit aussi périr Crispina, irrité d'un adultère qu'elle avait commis. Toutes
les deux furent, avant de disparaître du monde, relé-
guées dans l'île de Caprée. Une certaine Marcia, concubine, et Eclectus, cubiculaire de Quadratus, un de ceux
qui furent alors mis à mort, devinrent, l'un cubiculaire
aussi de Commode, l'autre concubine de ce prince et ensuite femme d'Eclectus, et elle les vit tous les deux périr
de mort violente. L'histoire raconte que cette Marcia eut
beaucoup d'affection pour les chrétiens et leur fit beaucoup de bien, étant toute-puissante auprès de Commode.

---

propose-t-il de lire, dans Lampride : « Lucillam sororem, quum eam *Ca-
preas misisset* [au lieu de : *eam compressisset*, que donnent toutes
les éditions], » changement peu nécessaire.

4. Lampride, 5 : « [Uxorem Crispinam] deprehensam in adulterio
exegit, exactam relegavit, et postea occidit. » — 5. *a, b* : Κορδάτου.

6. Rm. : « Καὶ ἐκείνους intelligo, præter Quadratum etiam Commodum
et Eclectum, cum quo Marcia sub Commodo jam stupri consuetudinem
habuisse credebatur, teste Herodiano, I, 7, postea maritum suum, qui
una cum Pertinace, cujus pariter cubicularius fuit, confossus est, teste
Capitolino in Pertinace, c. 11, quum ipsa demum a Didio Juliano una cum
Læto interfecta sit [LXXIII, 16]. » — 7. Cf. les Φιλοσοφούμενα d'Origène,
IX, 2 ; le Mémoire sur Marcia, par M. Ch. Lenormant ; et l'Histoire de
l'Église au II⁰ siècle (d'après des textes nouveaux), par l'abbé Cruice.

5. [Ὅτι ὁ Κόμμοδος Ἰουλιανὸν τὸν Σαλούϊον [1] καὶ Πάτερνον Ταρρουτήνιον [2] ἐς τοὺς ὑπατευκότας κατειλεγμένον, ἄλλους τε μετ' αὐτῶν, καί τινα καὶ γυναῖκα εὐπατρίδα ἀπέσφαξε [3]. Καίτοι καὶ Ἰουλιανὸς, δυνηθεὶς ἂν μετὰ τὴν Μάρκου τελευτὴν πᾶν εὐθὺ κατ' αὐτοῦ ὅ τι καὶ ἐβούλετο, ἅτε καὶ ἐλλογιμώτατος ὢν, καὶ στρατιὰν μεγάλην ἐπιτετραμμένος, τούς τε στρατιώτας ἀνηρτημένος, πρᾶξαι, οὐδὲν ἠθέλησε, διά τε τὴν ἑαυτοῦ ἐπιείκειαν καὶ διὰ τὴν ἐκείνου καὶ τεθνηκότος εὔνοιαν, νεοχμῶσαι· καὶ ὁ Πάτερνος ῥᾳδίως ἂν αὐτὸν [4], εἴπερ ἐπιβεβουλεύκει οἱ, ὥσπερ ᾐτιάθη, φονεύσας ἕως ἔτι τῶν δορυφόρων ἦρχεν, οὐκ ἐποίησεν.] Ἐφόνευσε δὲ καὶ τοὺς Κυϊντιλίους τόν τε Κονδιανὸν καὶ τὸν Μάξιμον· μεγάλην γὰρ εἶχον δόξαν ἐπὶ παιδείᾳ καὶ ἐπὶ στρατηγίᾳ καὶ ὁμοφροσύνῃ καὶ πλούτῳ. Ἐκ γὰρ δὴ τῶν προσόντων σφίσιν ὑπωπτεύοντο καλῶν, εἰ καὶ μηδὲν νεώτερον ἐνενόουν, ἄχθεσθαι τοῖς παροῦσι. Καὶ οὕτως αὐτοὶ, ὥσπερ ἔζησαν ἅμα, οὕτω καὶ ἀπέθανον μεθ' ἑνὸς τέκνου· διαπρεπέστατα γὰρ τῶν πώποτε ἐφίλησαν ἀλλήλους, καὶ οὐκ ἔστιν ὅτε οὐδὲ ἐν ταῖς ἀρχαῖς διεχωρίσθησαν [5]. Ἐγένοντο δὲ καὶ πολυκτήμονες καὶ πάμπλουσιοι, καὶ ἦρχον ὁμοῦ καὶ παρήδρευον ἀλλήλοις.

1. Rm. et St. : Ἀπέκτεινε δὲ ὁ Κόμμοδος καὶ Ἰουλιανὸν τὸν Σέλβιον, avec omission de Ὅτι. Ce Julianus était le fils d'un jurisconsulte célèbre sous Adrien. Il semble être différent du préfet du prétoire tué (ch. 14) longtemps après.— 2. Cf. LXXI, 12. — 3. Lampride, 4, nous apprend qu'elle s'appelait Vitrasia Faustina. — 4. Rsk., St., Bkk. et Ddf; vulg. : αὐτός.

5. [Commode fit périr Salvius Julianus et Paternus Tarruténius, qui avaient été mis au nombre des personnages consulaires, ainsi que d'autres avec eux, et une femme patricienne. Et pourtant Julianus, qui, après la mort de Marc-Antonin, aurait pu faire immédiatement contre Commode tout ce qui lui aurait plu, puisqu'il jouissait d'une haute considération, qu'il était à la tête d'une puissante armée, et que les soldats lui étaient dévoués, ne voulut, tant par modération que par respect et pour le prince vivant et pour le prince défunt, tenter aucun mouvement ; Paternus aussi, qui, s'il en avait eu l'intention comme il en fut accusé, l'aurait tué facilement, pendant qu'il était encore chef de la garde prétorienne, ne le fit pas.] Commode fit de plus mourir les deux Quintilius, Condianus et Maximus, à qui leur savoir, leurs talents militaires, leur union et leur richesse avaient acquis une grande réputation. Ces avantages les faisaient, bien qu'étrangers à tout attentat contre le gouvernement, soupçonner d'être mécontents de ce qui se passait. De même qu'ils avaient vécu, ils moururent ensemble, avec un fils de l'un d'eux, car ils s'aimèrent d'un amour remarquable s'il en fut et jamais ils ne se séparèrent, même dans les charges qu'ils exercèrent. Ils avaient acquis de grands biens et étaient devenus fort riches ; ils avaient été ensemble gouverneurs de province et assesseurs l'un de l'autre.

An de
Rome
934.

Commode
consul III
et
Antistius
Burrus
consul I.

---

5. Ils avaient été ensemble gouverneurs de la province d'Achaïe ; ils avaient écrit ensemble à Marc-Antonin, qui leur avait répondu à tous les deux (Digeste, loi 16, § 4, livre XXXVIII, titre 2, *de Bonis Libertorum*) ; ils avaient aussi composé en commun des Géorgiques, citées çà et là dans les *Geoponica*. Cf. LXXI, 33.

6. Κονδιανὸς δὲ Σέξτος, ὁ τοῦ Μαξίμου υἱὸς[1], φύσει τε
καὶ παιδείᾳ τῶν ἄλλων διαφέρων, ἐπειδὴ ᾔσθετο καὶ τῆς
ἐς αὐτὸν[2] φερούσης θανατηφόρου ψήφου (διέτριβε δὲ ἐν
Συρίᾳ), αἷμα λαγὼ ἔπιε, καὶ μετὰ τοῦτ' ἐπί τε ἵππον
ἀνέβη, καὶ κατέπεσεν ἀπ' αὐτοῦ ἐπίτηδες· τό τε αἷμα ἤμε-
σεν ὡς ἴδιον, καὶ ἀρθεὶς ὡς καὶ παραχρῆμα τελευτήσων,
ἐς οἴκημα ἐκομίσθη· καὶ αὐτὸς μὲν ἀφανὴς ἐγένετο, κριοῦ
δὲ σῶμα ἐς λάρνακα ἀντ' αὐτοῦ ἐμβληθὲν, ἐκαύθη[3]. Καὶ
ἐκ τούτου μὲν ἀμείβων ἀεὶ τὸ σχῆμα καὶ τὴν ἐσθῆτα, ἄλλοτε ἄλλῃ ἐπλανᾶτο· διαδοθέντος δὲ τοῦ λόγου τούτου
(οὐ γὰρ οἷόν τ' ἐστὶ τὰ τηλικαῦτα ἐπὶ πολὺν χρόνον λαν-
θάνειν), ζήτησις αὐτοῦ μεγάλη πανταχοῦ ὁμοίως ἐγένετο,
καὶ πολλοὶ μὲν ἀντ' αὐτοῦ δι' ὁμοιότητα, πολλοὶ δὲ ὡς
καὶ συνεγνωκότες τι αὐτῷ, ἢ καὶ ὑποδεδεγμένοι πῃ αὐτὸν,
ἐκολάσθησαν· ἔτι δὲ πλείους οὐδὲ ἑωρακότες ποτὲ ἴσως
αὐτὸν τῶν οὐσιῶν ἐστερήθησαν. Καὶ ὁ μὲν εἴτε ὄντως
ἐσφάγη (πλεῖσται γὰρ κεφαλαί, ὡς ἐκείνου οὖσαι, ἐς τὴν
Ῥώμην ἐκομίσθησαν), εἴτε καὶ ἀπέφυγεν, οὐδεὶς οἶδεν·
ἕτερος δέ τις ἐτόλμησε, μετὰ τὸν τοῦ Κομμόδου θάνατον,
Σέξτος τε εἶναι φῆσαι[4], καὶ πρὸς ἀνάληψιν τοῦ τε πλούτου καὶ τοῦ ἀξιώματος αὐτοῦ ὁρμῆσαι. Καὶ πολλά γε ὑπὸ
πολλῶν ἀνακριθεὶς, ἐκομψεύσατο· ὡς μέντοι καὶ τῶν[5]

1. Suivant Lampride, 4, Sextus était fils de Condianus. Cf. la note 3
ci-dessous. ƒ : Σέξτιος.
2. Slbg. : « Possis etiam, transposito καί, non minus apte legere :
ᾔσθετο τῆς καὶ ἐς αὐτόν. »
3. Lampride, 4, dit simplement : « Domus Quintiliorum omnis ex-

6. Pour ce qui est de Sextus Condianus, fils de Maximus, jeune homme distingué entre tous par ses qualités naturelles et par son éducation, quand il apprit l'arrêt de mort porté contre lui aussi (il était alors en Syrie), il but du sang de lièvre, monta à cheval et se laissa tomber à dessein; il vomit ce sang comme si c'eût été le sien; relevé alors comme un homme sur le point d'expirer, il fut transporté dans sa demeure, puis il disparut, et ce fut un bélier dont le cadavre fut brûlé dans le cercueil, où on le mit à sa place. Depuis lors, changeant sans cesse d'équipage et d'habits, il erra de contrée en contrée; mais, le bruit s'en étant répandu (une chose de ce genre ne saurait demeurer longtemps cachée), on fit de grandes recherches en tous lieux à la fois, et beaucoup furent en sa place, soit à cause de leur ressemblance, soit à cause de leur prétendue complicité, soit sous prétexte de l'avoir secrètement reçu, livrés au supplice; un plus grand nombre encore, qui peut-être ne l'avaient jamais vu, furent dépouillés de leurs biens. Quant à Sextus, fut-il tué véritablement (on apporta à Rome plusieurs têtes comme étant la sienne), ou s'échappa-t-il, c'est ce que personne n'a su; toujours est-il qu'après la mort de Commode, il se trouva un homme qui osa prendre le nom de Sextus et essayer de s'emparer de ses biens et de ses dignités. Dans les nombreuses épreuves auxquelles il fut soumis par nombre de gens, il en imposa par son assurance; mais Pertinax lui ayant

stincta, quod Sextus [cf. la note 1 ci-dessus], Condiani filius, specie mortis ad defectionem diceretur evasisse. » — 4. Peir. : Ὅτι μετὰ τὸν τοῦ Κομόδου (sic) θάνατον ἐτόλμησέ τις Σέξτος τε εἶναι φῆσαι.

5. Suidas, Toup (Préface de son Appendice aux notes et corrections sur Théocrite), Bkk. et Ddf; vulg. om.

Ἑλληνικῶν τι αὐτὸν ὁ Περτίναξ, ὧν ἐκεῖνος διεπεφύκει[1] ἀνήρετο, πλεῖστον ἐσφάλη, μηδὲ συνεῖναι τὸ λεγόμενον δυνηθείς. [Οὕτω που τὸ μὲν εἶδος ἐκ φύσεως, καὶ τἆλλα ἐξ ἐπιτηδεύσεως αὐτῷ ἐῴκει· τῆς δὲ δὴ παιδείας αὐτοῦ οὐ μετεσχήκει.]

7. Τοῦτό τε οὖν αὐτὸς ἤκουσα παρών, καὶ ἕτερον τοιόνδε εἶδον. Ἔστιν ἐν Μαλλῷ, πόλει τῆς Κιλικίας, Ἀμφιλόχου χρηστήριον[2]· καὶ χρᾷ δι' ὀνειράτων. Ἔχρησεν οὖν καὶ τῷ Σέξτῳ, ὃ διὰ γραφῆς ἐκεῖνος ἐδήλωσε[3]· παιδίον γὰρ τῷ πίνακι ἐνεγέγραπτο δύο δράκοντας ἀποπνίγον, καὶ λέων νεβρὸν διώκων. Οὐδὲ ἔσχον αὐτὰς συμβαλεῖν, τῷ πατρὶ συνὼν ἄρχοντι τῆς Κιλικίας, πρὶν πυθέσθαι τούς τε ἀδελφοὺς ὑπὸ τοῦ Κομμόδου, ὃς μετὰ ταῦτα τὸν Ἡρακλέα ἐζήλωσε τρόπον τινὰ[4], πνιγέντας, ὥσπερ καὶ ὁ Ἡρακλῆς ἔτι νήπιος ὢν ἱστόρηται τοὺς ὑπὸ τῆς Ἥρας ἐπιπεμφθέντας αὐτῷ δράκοντας ἀποπνίξαι (καὶ γὰρ οἱ Κυϊντίλιοι R.p.1209 ἀπηγχονήθησαν[5]), καὶ τὸν Σέξτον φεύγοντα καὶ διωκόμενον ὑπὸ τοῦ κρείττονος. Πάμπολυν ἂν ὄχλον τῇ συγγραφῇ παράσχοιμι, εἰ ἀκριβῶς καθ' ἕκαστον τοὺς θανατωθέντας ὑπ' αὐτοῦ γράφοιμι, ὁπόσους ἐκεῖνος ἢ διὰ συκοφαντίας ψευδεῖς, ἢ δι' ὑποψίας οὐκ ἀληθεῖς, ἢ διὰ πλοῦτον

---

1. Kuster (notes sur Suidas) : διαπεφεύγει, *quæ illum fugiebant*; mais il est peu vraisemblable que l'historien se soit tant appesanti sur l'ignorance du faux Sextus sans dire un mot du savoir du véritable.

2. Cet oracle est mentionné par Pausanias, I, 34, comme très-véridique.

3. Les anciens avaient coutume d'aller dormir dans les temples, étendus sur des peaux, pour que la divinité du lieu leur envoyât un songe,

adressé une question en grec, langue dans laquelle Sextus avait été, pour ainsi dire, bercé, cet imposteur fit plusieurs fautes, sans même pouvoir comprendre ce qu'on lui disait. [Voilà jusqu'à quel point la nature lui avait donné l'extérieur, et l'étude les autres ressemblances avec Sextus; mais, pour la science, il n'avait rien de commun avec lui.]

7. J'ai été moi-même témoin auriculaire de la chose; en voici une autre que j'ai vue. Il y a à Mallos, ville de Cilicie, un sanctuaire d'Amphilochos : les oracles s'y rendent par le moyen de songes. Or le dieu fit à Sextus une réponse que celui-ci publia au moyen d'une peinture : sur le tableau est représenté un jeune enfant qui étouffe deux serpents, et un lion qui poursuit un faon. Lorsque j'étais avec mon père en Cilicie, dont il était gouverneur, je ne pus expliquer la signification de ces images avant d'avoir appris que les deux frères avaient été étranglés par Commode qui, plus tard, imita en quelque sorte Hercule, lequel, au rapport de l'histoire, étouffa, étant encore au berceau, des serpents envoyés contre lui par Junon (les Quintilius, en effet, furent étranglés); et que Sextus fuyait devant un plus puissant que lui qui le poursuivait. Je mettrais une grande confusion dans mon récit, si je donnais le détail exact de tous ceux que ce prince fit exécuter à mort, soit sur des dénonciations mensongères, soit sur des soupçons non fondés, soit pour l'éclat de leur richesse, soit pour la

---

et de représenter ensuite ce songe sur un tableau qu'on suspendait dans le temple. C'est d'un de ces tableaux qu'il est ici question.

4. Ponctuation de Bkk. et Ddf; Rm. et St. mettent la virgule après ἐζήλωσε. — 5. Les mots entre parenthèses « male abundant », suivant Bkk.; Ddf les met entre crochets; en effet, ils ont tout l'air d'une mauvaise glose.

λαμπρὸν, ἢ διὰ γένος εὐδόκιμον, ἢ διὰ παιδείας ὑπεροχὴν, ἢ δι᾽ ἄλλην τινὰ ἀρετὴν διεχρήσατο. [Ὅτι ὁ Κόμμοδος πολλὰ μὲν καὶ πλούτου[1] ἐπιδείγματα, πολλῷ δὲ πλείω[2] καὶ φιλοκαλίας ἐν αὐτῇ τῇ Ῥώμῃ παρέσχετο. Ἔστι δέ τι καὶ δημωφελὲς ὑπ᾽ αὐτοῦ πραχθέν · Μανιλίου γὰρ τῷ Κασσίῳ συγγενομένου[3], καὶ τὰς ἐπιστολὰς αὐτοῦ τὰς Λατίνας διοικήσαντος, καὶ μέγιστον παρ᾽ αὐτῷ[4] δυνηθέντος, καὶ φυγόντος, εἶτα φωραθέντος, οὔτε τι ἀκοῦσαι, καίτοι πολλὰ μηνύσειν ὑπισχνουμένου, ἠθέλησε, καὶ τὰ γράμματα αὐτοῦ πάντα κατέκαυσε πρὶν ἀναγνωσθῆναι.]

8. Ἐγένοντο δὲ καὶ πόλεμοί τινες αὐτῷ πρὸς τοὺς ὑπὲρ τὴν Δακίαν βαρβάρους[5] ἐν οἷς ὅ τε Ἀλβῖνος καὶ ὁ Νίγρος, οἱ τῷ αὐτοκράτορι Σεουήρῳ μετὰ ταῦτα ἀντιπολεμήσαντες[6], εὐδοκίμησαν · μέγιστος δὲ ὁ Βρεττανικός[7]. Τῶν γὰρ ἐν τῇ νήσῳ ἐθνῶν ὑπερβεβηκότων τὸ τεῖχος τὸ διορίζον αὐτούς τε καὶ τὰ τῶν Ῥωμαίων στρατόπεδα[8], καὶ πολλὰ κακουργούντων, στρατηγόν τέ τινα μετὰ τῶν στρατιωτῶν οὓς εἶχε κατακοψάντων, φοβηθεὶς ὁ Κόμμοδος, Μάρκελλον Οὔλπιον[9] ἐπ᾽ αὐτοὺς ἔπεμψεν. Οὑτοσὶ δὲ ὁ

1. Mot suspect ici. — 2. Rm. et St. : Πολλὰ δὲ καὶ πλούτου ἐπιδείγματα ὁ Κόμμοδος, πολλῷ δὲ πλείω, avec omission de Ὅτι. — 3. Différent du Pudens dont Marc-Antonin (LXXI, 28) avait brûlé les lettres. Peut-être, dit Rm., Pudens était-il chargé des lettres grecques, et Manilius des lettres latines. 4. Bkk. et Ddf; vulg. : αὐτοῦ. — 5. Rm. conclut du ch. 6 de Lampride que Dion, par ces mots, désigne les Sarmates. — 6. Cf., pour Niger, LXXIV, 6 et 7 ; pour Albinus, LXXV, 4, 5 et 6. — 7. Cette guerre (cf. la note 49 dans Rm.) dura au moins trois ans. Elle valut à Commode le surnom de Britannicus, qui lui fut décerné par le sénat; ce qui a fait dire à Lampride, 8 : « Appellatus est etiam Commodus Britannicus ab

noblesse de leur race, soit pour l'éminence de leur savoir, soit pour tout autre mérite. [Commode, à Rome même, donna de nombreuses preuves de sa richesse et de plus nombreuses encore de son bon goût. Voici de lui un acte utile à l'intérêt général du public : Manilius, complice de Cassius et son secrétaire pour les lettres latines, qui avait joui d'un grand pouvoir auprès de lui, ayant pris la fuite, puis ayant été arrêté, il ne voulut pas l'entendre malgré ses promesses de nombreuses révélations, et il brûla tous ses papiers sans les lire.]

8. Il eut aussi plusieurs guerres à soutenir contre les barbares habitant au-delà de la Dacie, guerres où s'illustrèrent Albinus et Niger qui, dans la suite, prirent les armes contre l'empereur Sévère ; mais la plus redoutable fut celle de Bretagne. Les peuples de cette île ayant franchi la muraille qui les séparait du camp des Romains, commis beaucoup de dégâts et taillé en pièces un général avec les soldats qui étaient sous ses ordres, Commode, effrayé, envoya contre eux Ulpius Marcellus. Homme simple et modéré, ne s'écartant jamais, ni dans

An de
Rome
985.
Pétronius
Mamertinus
et
Cornélius
Rufus
consuls.

adulatoribus, quum Britanni etiam imperatorem contra eum deligere voluerint. »

8. Sans doute le mur élevé par Antonin le Pieux. Spartien (Adrien, 10) : « Murum per octoginta millia passuum primus duxit, qui barbaros Romanosque divideret. » Antonin le Pieux (Capitolin, 5) : « Britannos per Lollium Urbicum legatum vicit, alio muro cespititio submotis barbaris ducto. » Pour plus de détails, cf. la note 50 dans Rm.

9. Rm. doute qu'il s'agisse ici du célèbre jurisconsulte, bien qu'il ait vécu sous Antonin le Pieux et sous Marc-Antonin, attendu que Dion n'aurait pas manqué de signaler ce mérite.

ἀνὴρ, μέτριος καὶ εὐτελὴς ὤν, στρατιωτικῶς τε ἀεὶ καὶ
περὶ τὴν τροφὴν καὶ περὶ πάντα τἆλλα ζῶν, ὅτε ἐπολέμει, ὑψηλόφρων καὶ φρονηματώδης ἐγίγνετο, χρημάτων
τε διαφανῶς ἀδωρότατος ἦν, οὐ μὴν καὶ ἡδὺς τὸ ἦθος ἢ
φιλάνθρωπος. Ἀϋπνότατος δὲ τῶν στρατηγῶν γενόμενος,
καὶ τοὺς ἄλλους τοὺς συνόντας αὐτῷ ἐγρηγορέναι βουλόμε-
R.p.1210 νος[1], δώδεκα γραμματεῖα, οἷά γε ἐκ φιλύρας ποιεῖται,
καθ' ἑκάστην ἑσπέραν, [ὡς εἰπεῖν,] συνέγραφε, καὶ προσέταττέ τινι ἄλλο ἄλλῃ ὥρᾳ κομίζειν τισὶν, ἵν' ἐγρηγορέναι τὸν στρατηγὸν ἀεὶ νομίζοντες, μηδὲ αὐτοὶ ἄδην καθεύδοιεν[2]. Ἦν μὲν γὰρ καὶ ἄλλως ὑπνομαχεῖν πεφυκὼς,
ἐπὶ πλέον δὲ τοῦτο ἐκ τῆς ἀσιτίας[3] ἠσκήκει. [Τά τε γὰρ
ἄλλα ἥκιστα ἄδην ἐσιτεῖτο, καὶ] ὅπως μηδὲ τῶν ἄρτων
διαπιμπλᾶται, ἐκ τῆς Ῥώμης αὐτοὺς μετεπέμπετο, [οὐχ
ὡς οὐ δυνάμενος τῶν ἐπιχωρίων ἐσθίειν, ἀλλ'] ἵν' ὑπὸ τῆς
παλαιότητος αὐτῶν, μὴ δύνηται μηδὲ σμικρῷ[4] πλέον
τοῦ πάνυ ἀναγκαίου φαγεῖν· [τὰ γὰρ οὖλα αὐτοῦ, κακῶς
ἔχοντα, ῥᾳδίως ὑπὸ τῆς τῶν ἄρτων ξηρότητος ἡμάσσετο.
Ἐπετήδευε δ' οὖν ἐπὶ μεῖζον αὐτὸ[5] πλάττεσθαι, ἵν' ὡς
μάλιστα διαγρυπνεῖν δοκῇ.] Μάρκελλος μὲν δὴ τοιοῦτος
ὢν, τούς τε βαρβάρους τοὺς ἐν Βρεττανίᾳ δεινῶς ἐκάκωσε·
καὶ μικροῦ δεῖν ὑπὸ τοῦ Κομμόδου μετὰ ταῦτα διὰ τὴν
ἰδίαν ἀρετὴν ἀποθανεῖν μελλήσας[6], ὅμως ἀφείθη.

1. Peir. et Suidas (au mot Μάρκελλος) : Δωροδοκίας τοσοῦτον ἀπεῖχεν,
ὅσον τῆς τε φιλανθρωπίας καὶ τῆς ἡμερότητος μετεῖχεν [Peir. omet ce dernier mot] · ὅπως γὰρ δὴ διὰ πάσης τῆς νυκτὸς ἐγρηγορέναι δοκῇ, καὶ κατὰ
τοῦτο μηδὲ τῶν ἄλλων τις τῶν συνόντων οἱ καθεύδῃ.

sa nourriture, ni dans tout le reste de sa conduite, de la manière de vivre des soldats, lorsqu'il était à la guerre, Marcellus avait des sentiments hauts et élevés, et il se montrait aux yeux de tous inaccessible à l'argent, sans pour cela être d'une humeur agréable ni douce. Dormant moins que tous les généraux et voulant tenir éveillés ceux qui étaient avec lui, il écrivait, pour ainsi dire tous les soirs, douze tablettes pareilles à celles qu'on fabrique avec le tilleul et les faisait porter à divers officiers, l'une à une heure, l'autre à une autre, afin qu'ayant toujours à la pensée que le général est éveillé, ils ne dormissent pas trop eux-mêmes. Il était, en effet, né avec des dispositions pour combattre le sommeil; il s'y exerçait d'ailleurs par l'habitude de manger peu. [Il était fort réservé sur le manger, et,] pour ne pas se gorger même de pain, il faisait venir le sien de Rome, [non parce qu'il ne pouvait pas manger le pain du pays, mais] parce que, le pain étant vieux, il n'en pouvait manger la moindre quantité au-delà du strict nécessaire, [car, blessées par la sécheresse de ce pain, ses gencives devenaient aisément sanglantes. Or il s'appliquait à se façonner davantage à cet artifice, afin de paraître éveillé autant que possible.] Marcellus, avec un tel caractère, causa de grosses pertes aux barbares de la Bretagne; et, bien qu'il s'en soit fallu de peu que Commode, depuis, ne le fît mourir à cause de son mérite, il fut cependant épargné.

---

2. Peir. et Suidas : ἵνα [Suidas : ἵν'] ὡς καὶ ἀεὶ ἐγρηγορὼς θαυμάζηται, omettant μηδὲ αὐτοὺς ἄδην [orthographe de Bkk. et de Ddf; vulg.: ἄδδην] καθεύδοιεν. — 3. Suidas et Peir. : ἐπὶ πλέον ἐκ τῆς τροφῆς. — 4. *a, b* : μικρά. — 5. St. : « Fort. ἀγρυπνίαν, aut τὸ ἄϋπνον. » — 6. *a, b* : μελήσας.

9. Περέννιον δὲ τῶν δορυφόρων μετὰ τὸν Πάτερνον ἄρχοντα συνέβη διὰ τοὺς στρατιώτας στασιάσαντας ἀναιρεθῆναι. Τοῦ γὰρ Κομμόδου ἁρματηλασίαις καὶ ἀσελγείαις ἐκδεδωκότος ἑαυτὸν [1], καὶ τῶν τῇ ἀρχῇ προσηκόντων οὐδὲν, ὡς εἰπεῖν, πράττοντος, ὁ Περέννιος ἠναγκάζετο οὐχ ὅτι τὰ στρατιωτικὰ, ἀλλὰ καὶ τᾶλλα διὰ χειρὸς ἔχειν, καὶ τοῦ κοινοῦ προστατεῖν [2]. Οἱ οὖν στρατιῶται, ὁπότε τι σφίσι μὴ καταθύμιον ἀπατήσαι, τὴν αἰτίαν ἐπὶ τὸν Περέννιον ἀναφέροντες, ἐμηνίων αὐτῷ. Καὶ οἱ ἐν Βρεττανίᾳ τοίνυν ὑπάρχοντες [3], ἐπειδή τι καὶ [4] ἐπετιμήθησαν ἐφ' οἷς ἐστασίαζον (οὐ γὰρ πρὶν ἡσύχασαν ἢ αὐτοὺς τὸν Περτίνακα παῦσαι [5]), χιλίους καὶ πεντακοσίους ἀκοντιστὰς ἀπὸ σφῶν ἀπολέξαντες, ἐς τὴν Ἰταλίαν ἔπεμψαν· ὧν μηδενὸς κωλύοντος τῇ Ῥώμῃ πλησιασάντων, ὁ Κόμμοδος ἀπήντησέ τε αὐτοῖς καὶ ἐπύθετο, «Τί ταῦτα, ὦ συστρατιῶται; Τί βουλόμενοι πάρεστε;» εἰπόντων δὲ αὐτῶν, «Ἥκομεν· Περέννιος γάρ σοι ἐπιβουλεύει, ἵνα αὐτοκράτορα τὸν υἱὸν ἀποδείξῃ·» ἐπείσθη τε αὐτοῖς, ἄλλως [6] τε καὶ τοῦ Κλεάνδρου ἐνάγοντος, ὅς, κωλυόμενος ὑπὸ τοῦ Περεννίου ποιεῖν ὅσα ἠβούλετο· δεινῶς αὐτὸν ἐμίσει· καὶ ἐξέδωκε τὸν ἔπαρ-

---

1. Sur la passion de Commode pour les chars et pour la chasse, cf. Hérodien ; suivant Lampride, 2, il avait eu cette passion dès l'enfance. Quant à ses débauches, cf. le même Lampride, 5. — 2. Cf. Lampride, 5. Suivant Hérodien, Commode régnait assez bien depuis plusieurs années, lorsque Pérennis arriva au pouvoir, corrompit le prince par les plaisirs, se débarrassa des amis de l'empereur défunt, et aspira lui-même à l'empire. Mais alors ces événements seraient postérieurs à l'époque actuelle ; or Lampride et les médailles sont d'accord avec Dion.

3. Pérennis (Lampride, 6) avait ôté le commandement de l'armée à

9. Pérennis, qui avait succédé à Paternus dans le commandement de la garde prétorienne, fut tué par les soldats révoltés. Commode, en effet, s'étant abandonné à son plaisir de conduire des chars et à toute sorte de débordements, et ne s'occupant, pour ainsi dire, d'aucun des devoirs de l'autorité souveraine, Pérennis était forcé de prendre en main le soin des affaires, militaires et autres, et de gouverner l'État. Aussi les soldats, dès qu'il arrivait quelque chose qui leur déplaisait, ne manquaient pas de s'irriter contre Pérennis, à qui ils en faisaient remonter la cause. Ceux qui étaient en Bretagne, ayant reçu des reproches à propos de leur sédition (ils ne s'apaisèrent que lorsque Pertinax les eut calmés), choisirent dans leur sein quinze cents frondeurs qu'ils envoyèrent en Italie. Ces députés étant arrivés aux portes de Rome sans que personne les en empêchât, Commode vint au-devant d'eux, et « Qu'est cela, camarades? leur demanda-t-il; quel dessin vous amène? » et ceux-ci ayant répondu : «Nous venons, parce que Pérennis conspire contre toi, et pour faire son fils empereur; » il ajouta foi à leurs discours; et, pressé d'ailleurs par Cléander, qui, arrêté dans ses entreprises par Pérennis, lui portait une haine violente, il livra le préfet aux

---

des sénateurs pour le confier à des chevaliers. — 4. *i*, *k*, Bkk. et Ddf; vulg. om. — 5. On lit dans les *Excerpta Vat.* les lignes suivantes, qui se rapportent aux circonstances dont il est ici question : Ὅτι οἱ ἐν Βρεττανίᾳ στρατιῶται Πρίσκον ὑποστράτηγον εἵλοντο αὐτοκράτορα· ὁ δὲ παρῃτήσατο, εἰπὼν, ὅτι « Τοιοῦτος ἐγώ εἰμι αὐτοκράτωρ οἷοι ὑμεῖς στρατιῶταί ἐστε. » « Les « soldats de Bretagne voulaient faire empereur le légat Priscus; celui-ci « refusa, en disant : Je serai comme empereur ce que vous êtes comme « soldats. » — 6. *a*, *b* : ἄλλοις.

χον τοῖς στρατιώταις ὧν ἦρχεν· οὐδὲ ἐτόλμησε καταφρονῆσαι χιλίων καὶ πεντακοσίων[1] πολλαπλασίους αὐτῶν δορυφόρους ἔχων. Καὶ αὐτὸν ἐκεῖνοι[2] καὶ ᾐκίσαντο καὶ κατέκοψαν, καὶ ἡ γυνὴ αὐτοῦ καὶ ἡ ἀδελφὴ καὶ υἱεῖς δύο
προσδιεφθάρησαν.

10. Ὁ μὲν οὖν[3] οὕτως ἐσφάγη, ἥκιστα δὴ[4] τοῦτο
παθεῖν[5], καὶ δι᾽ ἑαυτὸν, καὶ διὰ τὴν πᾶσαν τῶν Ῥωμαίων
ἀρχὴν ὀφείλων, καὶ πλὴν καθ᾽ ὅσον διὰ τὴν φιλαρχίαν αἰ-
τιώτατος τῷ Πατέρνῳ τῷ συνάρχοντι τοῦ ὀλέθρου ἐγέ-
νετο· ἰδίᾳ μὲν γὰρ οὐδὲν πώποτε οὔτε πρὸς δόξαν οὔτε
πρὸς πλοῦτον περιεβάλετο, ἀλλὰ καὶ ἀδωρότατα καὶ σω-
φρονέστατα διήγαγε· τοῦ δὲ Κομμόδου, καὶ[6] τῆς ἀρχῆς
αὐτοῦ, πᾶσαν ἀσφάλειαν ἐποιεῖτο[7]. Καὶ οἱ Καισάρειοι, τούτου ἀπαλλαγέντες (ἦν δὲ αὐτῶν κορυφαῖος ὁ Κλέανδρος),
οὐδὲν ὅ τι κακὸν οὐκ ἔδρων, πωλοῦντες[8] πάντα, ὑβρίζον-

1. Wolf, en marge du Xph. de Rm., Bkk. et Ddf; vulg. : χιλίους καὶ
πεντακοσίους;, que Rm. défend, attendu, dit-il, que καταφρονεῖν se construit aussi avec l'accusatif; mais Rsk. : « Aut cum Wolfio faciendum,
aut αὐτός pro αὐτῶν legendum. » — 2. Conjecture de Slbg., confirmée
par Zn. et suivie par Bkk. et Ddf; vulg. : ἐκεῖνον.
3. Slbg., St., Bkk. et Ddf; vulg. om.; Slbg. proposait aussi : Καὶ ὁ
μέν. — 4. Lucl. en marge, Bkk. et Df; vulg. : δέ.
5. Lampride et Hérodien portent sur Pérennis un jugement tout différent de celui de Dion. Il est bien difficile de distinguer de quel côté est
la vérité; cependant, dit Rm., Hérodien semble avoir omis non-seulement des choses vraies, mais encore en avoir rapporté qui, si elles
étaient fondées, n'auraient pas échappé à Dion, lequel, étant sénateur, s'est
trouvé mêlé aux affaires, et dont l'omission aurait enlevé la croyance à
son histoire. — 6. Wolf, approuvé par Rm., suivi par St., Bkk. et Ddf;
vulg. om.; mais alors, dit Slbg., le pronom αὐτοῦ serait inutile.
7. Rm. et St., substituant οὗτος à ὁ Κόμμοδος, intercalent ici l'Extrait

soldats qu'il commandait et n'osa pas mépriser quinze cents soldats, lorsqu'il avait à sa disposition un bien plus grand nombre de prétoriens. Les soldats battirent Pérennis de verges et lui coupèrent la tête, puis ils mirent aussi à mort sa femme, sa sœur et ses deux fils.

10. Ainsi finit Pérennis, à qui sa conduite personnelle et l'intérêt de l'empire romain tout entier devaient réserver un autre sort, bien que, par désir du commandement, il eût été la principale cause de la perte de Paternus, son collègue ; car, loin de jamais rechercher en son particulier la gloire et la richesse, il mena, au contraire, une vie pleine d'intégrité et de tempérance, et il employa tous ses soins à garantir la sûreté de Commode et celle de son empire. Les Césariens, une fois débarrassés de Pérennis (ils avaient Cléander à leur tête), commirent toute sorte de crimes, vendant tout, s'abandonnant aux

suivant, emprunté à Peir. : Ὅτι ὁ Κόμμοδος [Rm. et St. : Οὗτος, au lieu de Ὅτι ὁ Κόμμοδος,] εὐθυμίαις [le ms. : ἐκθυμίαις] τε πάνυ προσέκειτο, καὶ ἁμαρτηλασίᾳ προσεῖχε, καὶ πάνυ οὔτ' ἀρχὴν τῶν τοιούτων τι [Rm. : « Οὔτ' ἀρχὴν τῶν τοιούτων τι audacter reposui pro corruptis οὔτ' ἀρχόντων τοιούτων τι. » Je n'en trouve aucune indication dans les notes de M. Gros.] αὐτῷ ἔμελλεν [sic le ms.; vulg. : ἔμελεν] · οὔτ' εἰ σφόδρα ἐπεφρόντιζει, διαθέσθαι γε αὐτὰ ὑπὸ τῆς ἁβρότητος, καὶ τῆς ἀπειρίας ἐδύνατο. « Commode « s'abandonnait à ses passions et appliquait son attention aux courses « de chars; il n'accordait aucun soin à de si graves intérêts, et, s'en « fût-il fortement occupé, sa mollesse et son inexpérience l'eussent « rendu incapable de les diriger. »

8. a, b, c, f, i, k, Peir., Zn., Slbg., Rm., St., Bkk. et Ddf; les autres éd. : πυρπολοῦντες. « Hoc tamen, dit St., præferre videtur Dorvill. ad Charit., p. 693 (p. 624, ed. Lips.). » La leçon πωλοῦντες est encore confirmée par Dion lui-même (ch. 12 : ἐπώλησε βουλείας.....) et par Lampride, 6 : « Venditæ omnes provinciæ : omnia Cleander pecunia vendita-

τες, ἀσελγαίνοντες. Κόμμοδος δὲ τὸ πλεῖστον τοῦ βίου
περί τε τὰς ῥαστώνας καὶ τοὺς ἵππους, περί τε τὰς μάχας
τῶν τε θηρίων καὶ τῶν ἀνδρῶν εἶχεν. Ἄνευ γὰρ ὧν οἴκοι
ἕδρα, πολλοὺς μὲν ἄνδρας ἐν τῷ δημοσίῳ, πολλὰ δὲ καὶ
θηρία πολλάκις ἔφθειρε[1]· καὶ πέντε γοῦν ἵππους ποταμίους
ἅμα, καὶ δύο ἐλέφαντας ἄλλῃ καὶ ἄλλῃ ἡμέρα, χωρὶς
αὐτὸς ταῖς ἑαυτοῦ χερσὶ κατεχρήσατο· καὶ προσέτι καὶ
R.p.1212 ῥινοκέρωτας ἀπέκτεινε, καὶ καμηλοπάρδαλιν. Ταῦτα μέν
μοι κατὰ παντὸς τοῦ περὶ αὐτὸν λόγου[2] γέγραπται.

ΙΙ. [Ὅτι τῷ Οὐικτωρίνῳ πολιαρχήσαντι ἀνδριάς ἔστη[3].
Ἀπέθανε δὲ οὐκ ἐξ ἐπιβουλῆς· καὶ δή ποτε πολλῆς μὲν
φήμης, πολλῶν δὲ καὶ λόγων, ὡς εἰπεῖν, περὶ τοῦ ὀλέθρου αὐτοῦ γιγνομένων[4], ἀπεθρασύνατο[5], καὶ πρὸς τὸν
Περέννιον προσελθὼν[6], «Ἀκούω, ἔφη, ὅτι με ἀποκτεῖναι
ἐθέλετε· τί οὖν μέλλετε; τί δὲ ἀναβάλλεσθε, ἐξὸν ὑμῖν
ἤδη καὶ τήμερον αὐτὸ δρᾶσαι;» Ἀλλ' οὐδὲν[7] οὐδὲ ἐκ τούτου

bat : revocatos de exsilio dignitatibus onerabat, res judicatas rescindebat.»
Suivant Hérodien, il y eut, après la mort de Pérennis, établissement de
deux préfets; Cléander eut, avec la préfecture du prétoire, la garde
personnelle de Commode et le soin de sa chambre; il finit même par
aspirer à l'empire et ramassa, dans cette intention, une grande quantité
de blé, afin de se concilier le peuplé et l'armée.

1. Cf. ch. 18. Quant aux hippopotames et aux rhinocéros, ce fut Auguste (LI, 22) qui, le premier, fit voir ces animaux à Rome.

2. Rsk. : «Fort. : κατὰ πάντα τὸν περὶ αὐτοῦ λόγον. »

3. Rm. et St. conservent le texte de Xph. au commencement de cet
Extrait, emprunté à Peir. : Βικτωρίνῳ δὲ τῷ πολιαρχήσαντι ἀνδριάς [Bkk. et
Ddf. citant Xiph. en note, mettent l'article ὁ devant ce dernier mot] ἐδόθη.
Ἀπέθανε... Il y eut plusieurs Victorinus à cette époque : Cornélius Vic-
torinus, préfet du prétoire, sous Antonin le Pieux (Capitolin, 8); Furius
Victorinus, également préfet du prétoire, sous Marc-Antonin (Capito-

violences et aux débordements. Quant à Commode, il passait la plus grande partie de sa vie plongé dans les délices et occupé de chevaux et de combats de bêtes et d'hommes. Sans parler, en effet, de ce qui se passait dans sa demeure, il faisait souvent périr en public un grand nombre d'hommes et de bêtes. Ainsi, il acheva, lui seul, de ses propres mains, cinq hippopotames à la fois et, en plusieurs jours, deux éléphants; de plus, il tua des rhinocéros et une girafe. Voilà ce que j'ai à dire en général du règne de cet empereur.

11. [Une statue fut érigée à Victorinus, qui avait été préfet de Rome. Victorinus ne fut pas victime d'un complot : un jour, comme il circulait beaucoup de rumeurs et, pour ainsi dire, de propos annonçant sa perte, il fit un acte hardi; allant trouver Pérennis : « J'apprends, lui dit-il, que vous voulez me mettre à mort; pourquoi donc hésiter? pourquoi différer, puisqu'il vous est loisible de le faire dès aujourd'hui? » Malgré cela, Victorinus

An de
Rome
937.
Eggius
Marullus
et
Paprius
Ælianus
consuls.

lin, 14). Mais ce n'est d'aucun d'eux qu'il peut être question ici, attendu que la préfecture du prétoire se donnait aux chevaliers, tandis que celle de Rome s'accordait à des citoyens du premier rang, même à des consulaires. Rien ne s'oppose donc à ce que nous voyions ici Aufidius Victorinus (cf. note 2, p. suiv.), qui fut consul pour la seconde fois avec Commode, l'an 939, et à qui Marc-Antonin écrivait souvent. Dion, en effet, dit que Victorinus vécut sous ces deux empereurs.

4. Après ce mot γιγνομένων, Rm. et St. ajoutent une ligne de Xiph. : καὶ βουλομένου καὶ πολλάκις ἀνελεῖν αὐτὸν τοῦ Κομμόδου, ἀναβαλλομένου δὲ καὶ ὀκνοῦντος τὴν πρᾶξιν. « Commode, ayant sans cesse l'intention de « le mettre à mort, mais différant et redoutant de le faire... »

5. Bkk. et Ddf; vulg. : ἀπεθρασύνετο. — 6. Peir. et Ddf; vulg. et Bkk., avec Xph. : προσελθὼν τῷ Περεννίῳ ποτέ. Bkk. met ce dernier mot entre crochets.

7. Peir.; vulg., Bkk. et Ddf om.

δεινὸν ὑπ' ἄλλου[1] τινὸς ἔπαθεν · ἀλλ' αὐτομάτῳ θανάτῳ
ἐχρήσατο, καίπερ καὶ ὑπὸ τοῦ Μάρκου ἐν τοῖς πάνυ τιμηθεὶς[2], καὶ τῇ τῆς ψυχῆς ἀρετῇ καὶ τῇ τῶν λόγων παρα-
σκευῇ οὐδενὸς τῶν καθ' ἑαυτὸν δεύτερος γενόμενος. Ἀμέλει
δύο ταῦτ' εἰπὼν, πάντα τὸν τρόπον αὐτοῦ δηλώσω.] Τῆς
τε Γερμανίας ποτὲ[3] ἄρχων, τὸ μὲν πρῶτον οἴκοι καθ'
ἑαυτὸν ἐπειράθη τὸν ὑποστράτηγον πεῖσαι μὴ δωροδοκεῖν ·
ἐπεὶ δ' οὐκ ἐσήκουεν αὐτοῦ, ἀνέβη τε ἐπὶ τὸ βῆμα, καὶ
[σιγὴν[4] τῷ κήρυκι κηρύξαι προστάξας,] ὤμοσε μήτ' εἰλη-
φέναι δῶρά ποτε, μήτε λήψεσθαι · ἔπειτα καὶ ἐκεῖνον ὁμό-
σαι ἐκέλευσεν · ὡς δ' οὐκ ἠθέλησεν[5] ἐπιορκῆσαι, ἐκέλευσεν
αὐτὸν πάντα ἀπαλλάξαι[6]. [Καὶ μετὰ τοῦτο τῆς Ἀφρικῆς
ἡγεμονεύσας, ἕνα τῶν παρέδρων ὁμοιότροπόν πως ἐκείνῳ
ὄντα τοῦτο μὲν οὐκ ἐποίησεν, ἐπὶ πλοῖον δέ τι ἐπιθεὶς,
ἐς τὴν Ῥώμην ἀπέπεμψεν.] Τοιοῦτος μέν τις ὁ Οὐικτωρῖ-
νος ἦν.

12. Ὁ δὲ δὴ Κλέανδρος, ὁ μετὰ τὸν Περέννιον μέγιστον δυνηθεὶς, καὶ ἐπράθη μετὰ[7] τῶν ὁμοδούλων, μεθ'
ὧν καὶ ἀχθηφορήσων[8] ἐς τὴν Ῥώμην ἐκεκόμιστο · χρόνου
δὲ προϊόντος οὕτως ηὐξήθη, ὥστε καὶ τοῦ Κομμόδου προ-

---

1. Rsk., conjecture fort ingénieuse reproduite en note par Bkk. : οὐδὲν ἐκ τούτου δεινὸν οὔθ' ὑπ' ἐκείνων οὔθ' ὑπ' ἄλλου.

2. Capitolin (Marc-Antonin, 3) : « Amavit ex condiscipulis præcipuos
senatorii ordinis Sejum Fuscianum et Aufidium Victorinum... »

3. Peir. om. Capitolin (Marc-Antonin, 8) nous apprend que Victorinus
fut envoyé contre les Cattes, qui avaient fait irruption dans la Germanie
et dans la Rhétie. — 4. Rsk. : « Fort. καὶ συνιέναι τὸν στρατὸν πρὸς ἑαυ-

n'eut aucun mal à souffrir de la part de qui que ce fût; il mourut de mort naturelle, bien qu'il eût été un de ceux qui avaient reçu de Marc-Antonin le plus d'honneurs et qu'il ne le cédât à personne de son siècle en force d'âme et en éloquence. Deux exemples me suffiront pour montrer son caractère tout entier.] Dans le temps qu'il commandait en Germanie, il essaya, d'abord seul à seul en particulier, de persuader à son lieutenant de ne pas se laisser corrompre par présents; celui-ci ne lui ayant pas obéi, il monta sur son tribunal, et, [faisant faire silence par le héraut], il jura qu'il n'avait jamais reçu de présents et qu'il n'en recevrait jamais; puis il ordonna à son lieutenant de jurer à son tour; celui-ci n'ayant pas voulu faire un faux serment, il le destitua de toutes ses dignités. [Plus tard, dans son gouvernement d'Afrique, au lieu d'agir de même à l'égard d'un de ses assesseurs qui tenait une conduite semblable à celle de ce lieutenant, il l'envoya à Rome sur un vaisseau.] Tel était le caractère de Victorinus.

12. Cléander, qui, après la mort de Pérennis, jouit d'une grande autorité, avait été vendu avec d'autres compagnons d'esclavage et amené à Rome pour y être portefaix; par la suite du temps, sa fortune s'accrut au point qu'il devint cubiculaire de Commode, dont il épousa la

---

τόν, aut simplicius loco vocabuli ἑαυτόν legendum est σιγήν. » Avec Bkk. et Ddf, je me range à ce dernier parti. »

5. Peir. : καὶ ἐπεὶ οὐκ ἠθέλησεν.

6. Peir. et Bkk.; vulg. et Ddf : ·αὐτὸν ἀπαλλαγῆναι· τῆς ἀρχῆς.

7. Rsk. : δυνηθεὶς, ἐπράθη μὲν μετά. Au témoignage d'Hérodien, I, 12, Cléander était de Phrygie.

8. St. inclinerait pour ἀχθοφορήσων.

R.p.1213 κοιτῆσαι, τήν τε παλλακίδα αὐτοῦ Δαμοστρατίαν γῆμαι [1], καὶ τὸν Σαώτερον τὸν Νικομηδέα [2], τὸν πρὸ αὐτοῦ τὴν τιμὴν ἔχοντα [3] ταύτην, ἀποκτεῖναι πρὸς πολλοῖς καὶ ἄλλοις· καίτοι καὶ ἐκεῖνος μέγιστον ἠδυνήθη, καὶ διὰ τοῦτο καὶ οἱ Νικομηδεῖς καὶ ἀγῶνα ἄγειν, καὶ νεὼν τοῦ Κομμόδου ποιήσασθαι, παρὰ τῆς βουλῆς ἔλαβον [4]. Ὁ δ' οὖν [5] Κλέανδρος μέγας ὑπὸ τῆς τύχης ἀρθεὶς, καὶ ἐχαρίσατο καὶ ἐπώλησε βουλείας [6], στρατείας, ἐπιτροπείας, ἡγεμονίας, πάντα πράγματα. Καὶ ἤδη τινὲς πάντα τὰ ὑπάρχοντα σφίσιν ἀναλώσαντες, βουλευταὶ ἐγένοντο· ὥστε καὶ λεχθῆναι ἐπὶ Ἰουλίου Σόλωνος ἀνδρὸς ἀφανεστάτου, ὅτι ἐς τὸ συνέδριον, τῆς οὐσίας στερηθεὶς, ἐξωρίσθη [7]. Ταῦτά τε ὁ Κλέανδρος ἐποίει καὶ ὑπάτους ἐς ἐνιαυτὸν πέντε καὶ εἴκοσιν ἀπέδειξεν [8], ὃ μήτε [9] πρότερόν ποτε, μήθ' ὕστερον ἐγένετο· καὶ ἐν αὐτοῖς καὶ Σεουῆρος, ὁ μετὰ ταῦτα αὐταρχήσας, ὑπάτευσεν. Ἠργυρολόγει μὲν οὖν πανταχόθεν, καὶ ἐκτήσατο πλεῖστα τῶν πώποτε ὀνομασθέντων προκοίτων,

1. Cléander eut commerce avec les concubines de Commode, peut-être par ordre de Commode lui-même (cf. Lampride, 5) et il en eut des enfants (Lampride, 7) qui, à sa mort, furent tués avec leurs mères. Mais il s'agit ici d'un mariage légitime avec Damostratia, comme celui d'Eclectus (ch. 4) avec Marcia. — 2. Rm. voit dans Saoter le même personnage qu'Antérus, cubiculaire et mignon de Commode, qui était sur le char de ce prince lors de son entrée dans Rome, et qu'il honorait publiquement (Lampride, 3) de ses baisers. On ne doit pas, ajoute-t-il, être arrêté par ce qui est dit qu'Antérus fut tué par les préfets du prétoire Paternus et Pérennis, Cléander, également cubiculaire de Commode, ayant bien pu, par jalousie, se mettre d'accord avec les préfets. — 3. St. : « Σχόντα, *qui habuerat.* R. : Quidni vero ἔχοντα saltem pro imperfecto accipiamus?» — 4. Par rivalité avec les habitants de Nicée, qui avaient institué les Κομμόδεια. Les empereurs avaient laissé au sénat le pouvoir de concéder des temples et

concubine Damostratia, et qu'il fit mourir, avec bien
d'autres, Saoter de Nicomédie, qui occupait cette charge
avant lui, bien que ce Saoter jouît également d'un fort
grand pouvoir, grâce auquel il avait obtenu du sénat aux
habitants de Nicomédie la permission de célébrer des jeux
et d'élever un temple à Commode. Cléander donc, élevé
si haut par la fortune, donna et vendit la dignité de sénateur, les charges dans l'armée et dans les provinces,
les commandements et enfin toute chose. Plusieurs,
après avoir dépensé ce qu'ils possédaient, devenaient
sénateurs, ce qui fit dire de Julius Solon, homme obscur, qu'après avoir été dépouillé de ses biens, il avait
été relégué dans le sénat. Tels étaient les actes de
Cléander ; de plus, il nomma vingt-cinq consuls pour
une seule année, ce qui ne s'était jamais fait auparavant
et ce qui ne se fit jamais dans la suite, consuls au nombre
desquels était Sévère qui fut plus tard empereur. Cléander levait de l'argent de tout côté ; il en ramassa beaucoup plus que jamais aucun cubiculaire, et il l'employa à

An de
Rome
938.
Maternus
et
Bradua
consuls.

des jeux en l'honneur des Césars encore existants. — 5. Bkk. et Ddf;
vulg. : Ὁ γοῦν. — 6. Cf. p. 97, note 8.

7. Les *Excerpta Vat.* : Ὅτι Κόμμοδος ἀναξίους καὶ πένητας εἰς τὴν σύγκλητον ἀνέγραφεν, λαμβάνων τὰς οὐσίας αὐτῶν · ὥστε Ἰούλιον, δεδωκότα πᾶσαν τὴν οὐσίαν, αὐτοῦ γενέσθαι βουλευτήν · καί τι [vulg : καίτοι] τοιοῦτον
ἀστείως λεχθῆναι ἐπ' αὐτῶ, ὅτι Ἰούλιος τῆς οὐσίας ἀφαιρεθεὶς εἰς τὸ δικαστήριον ἐξωρίσθη. « Commode mettait au rang de sénateurs des hommes
« indignes et dépourvus de ressources, dont il prenait les biens ; de telle
« sorte que Julius, après avoir donné tout son bien, devint sénateur, ce
« qui fut l'occasion de ce mot plein d'esprit, que Julius, après avoir été
« dépouillé, avait été relégué dans la salle de Justice. »

8. Lampride, 6 : « Ad cujus nutum etiam libertini in senatum atque in
patricios lecti sunt : tuncque primum xxv consules in unum annum. »

9. Bkk. et Ddf; vulg. : μή.

καὶ ἀπ' αὐτῶν πολλὰ μὲν τῷ Κομμόδῳ ταῖς τε παλλα-
καῖς αὐτοῦ ἐδίδου, πολλὰ δὲ καὶ ἐς οἰκίας, καὶ ἐς[1] βαλανεῖα, ἄλλα τέ τινα χρήσιμα καὶ ἰδιώταις καὶ πόλεσιν[2],
ἐδαπάνα.

13. Οὗτος οὖν ὁ Κλέανδρος, ἐς τοσοῦτον[3] ὄγκον[4] ἀρθεὶς, ἔπεσε καὶ αὐτὸς ἐξαίφνης, καὶ ἀπώλετο μετὰ ἀτιμίας. Ἀπέκτειναν δὲ αὐτὸν οὐχ οἱ στρατιῶται, ὥσπερ τὸν
Περέννιον, ἀλλ' ὁ δῆμος. Ἐγένετο μὲν γὰρ καὶ ἄλλως ἰσχυρὰ
σιτοδεία[5], ἐπὶ πλεῖστον δ' αὐτὴν Παπίριος Διονύσιος ἐπὶ
τοῦ σίτου τεταγμένος ἐπηύξησεν, ἵν' ὡς αἰτιώτατον αὐτῆς
τὸν Κλέανδρον ἀπὸ τῶν κλεμμάτων ὄντα, καὶ μισήσωσιν
οἱ Ῥωμαῖοι καὶ διαφθείρωσι. Καὶ ἔσχεν οὕτως. Ἱπποδρομία τις ἦν· μελλόντων δὲ τὸ ἕβδομον τῶν ἵππων ἀγω-
νιεῖσθαι[6], πλῆθός τι παιδίων ἐς τὸν ἱππόδρομον ἐσέδραμε·
καὶ αὐτῶν παρθένος τις μεγάλη καὶ βλοσυρὰ ἡγεῖτο, ἣν
δαίμονα ἐκ τῶν μετὰ ταῦτα συμβάντων ἐνόμισαν γεγονέναι. Τά τε γὰρ παιδία συνεβόησαν πολλὰ καὶ δεινὰ, καὶ
ὁ δῆμος παραλαβὼν αὐτὰ, οὐδὲν ὅ τι οὐκ ἐξέκραγε· καὶ
τέλος καταπηδήσας, ὥρμησε πρὸς τὸν Κόμμοδον, ἐν τῷ

l.p.1214

---

1. Peir. om. — 2. Cf. Hérodien, I, 12.
3. Peir. : Καὶ διὰ τοῦτο εἰς τοσοῦτον.
4. *f* : ὄγκος (sic).
5. Cette disette venait du blé ramassé de tout côté par Cléander (cf.
p. 97, note 8), dans l'intérêt de son ambition. Lampride, 14, parlant de
cette disette, ne fait nulle mention de Cléander : « Per hanc negligentiam,
quum et annonam vastarent ii qui tunc rempublicam gerebant, etiam ino-
pia ingens exorta est, quum fruges non deessent : et eos quidem qui omnia
vastabant postea Commodus occidit atque proscripsit. » Il n'est cepen-

faire des présents à Commode et à ses concubines, en
dépenses pour construire des édifices , des bains et
autres établissements utiles aux particuliers et aux villes.

13. Ce Cléander, après s'être élevé si haut, tomba
aussi tout à coup et périt ignominieusement. Ce ne furent pas les soldats qui le tuèrent comme Pérennis, ce
fut le peuple. Il y avait une grande disette de blé, et
Dionysius Papirius, qui avait l'intendance de l'annone,
l'augmenta encore, afin d'attirer sur Cléander, en donnant à croire que ses vols étaient la principale cause de
cette disette, la haine des Romains et de causer sa perte.
Ce fut en effet ce qui arriva. On célébrait les jeux du
cirque ; au moment où allait commencer la septième
course de chevaux, une multitude de petits enfants s'é-
lancèrent dans le cirque ; ils étaient conduits par une
vierge d'une taille élevée et d'un aspect farouche, c'est-
à-dire par une déesse, comme la suite de ce qui arriva en
fit juger. Ces enfants se répandirent en cris terribles, et
le peuple, les accueillant, poussa des clameurs de toute
sorte ; il finit même par courir en tumulte trouver Com-

An de
Rome
942.
DeuxSilanus
consuls.

dant pas impossible que ce soit à lui et à Dionysius Papirius, préfet de
l'annone, que nous verrons (ch. suiv.) mis à mort par Commode, que
doive s'appliquer l'expression *occidit* de l'historien latin.

6. *f, i, k*, Bkk. et Ddf; vulg. : ἀγωνίσασθαι. Il y avait vingt-quatre
courses de chevaux, à chacune desquelles s'élançaient de front quatre
quadriges, sortant par autant de portes. Avec Rm., je crois qu'on doit
entendre ce passage de la septième course, et non du septième tour le
long de l'Epine , attendu qu'entre les tours il n'y avait aucun intervalle
de repos.

Κυϊντιλίῳ[1] προαστείῳ ὄντα, πολλὰ μὲν ἐκείνῳ κἀγαθὰ ἐπευχόμενος, πολλὰ δὲ καὶ κακὰ[2] τοῦ Κλεάνδρου καταρώμενος. Καὶ ὃς στρατιώτας τινὰς ἐπ' αὐτοὺς ἔπεμψε, καὶ ἔτρωσάν τινας καὶ ἀπέκτειναν· οὐ μέντοι καὶ ἀνείρχθη διὰ τοῦτο ὁ δῆμος, ἀλλὰ τῷ τε πλήθει σφῶν καὶ τῇ τῶν δορυφόρων ἰσχύϊ θαῤῥήσας, ἐπὶ μᾶλλον ἠπείχθη. Πλησιαζόντων δὲ αὐτῶν τῷ Κομμόδῳ, καὶ μηδενός οἱ μηνύοντος τὸ γιγνόμενον, Μαρκία, ἐκείνη ἡ τοῦ Κουαδράτου, ἐσήγγειλε τὸ πραττόμενον[3]· καὶ ὁ Κόμμοδος οὕτως ἔδεισεν, ἄλλως τε καὶ δειλότατος ὤν, ὥστε αὐτίκα καὶ τὸν Κλέανδρον καὶ τὸ παιδίον αὐτοῦ, ὃ καὶ ἐν ταῖς τοῦ Κομμόδου χερσὶν ἐτρέφετο, σφαγῆναι κελεῦσαι. Καὶ τὸ μὲν παιδίον προσουδίσθη καὶ διεφθάρη· τὸ δὲ τοῦ Κλεάνδρου σῶμα παραλαβόντες οἱ Ῥωμαῖοι ἔσυραν καὶ ᾐκίσαντο, καὶ τὴν κεφαλὴν αὐτοῦ διὰ πάσης τῆς πόλεως ἐπὶ κοντοῦ[4] περιήνεγκαν, καί τινας καὶ ἄλλους τῶν μέγα ἐπ' αὐτοῦ δυναμένων ἐφόνευσαν.

14. Κόμμοδος δὲ, ἀπὸ τῶν εὐθυμιῶν καὶ παιδιῶν ἀνανεύων, ἐφόνα[5], καὶ τοὺς ἐπιφανεῖς ἄνδρας διεχειρίζετο·

---

1. St. : « Κυϊντιλίῳ in Κυνϊτιλίων mutat R., ut intelligatur *villa quæ olim Quintiliorum fuerat.* » Suivant Hérodien, I, 11, Commode, après avoir échappé à la conspiration de Maternus, qui suscita la guerre des déserteurs, Commode se montra rarement en public. Il se tenait dans le faubourg Quintilius, qui avait, bien que les Quintilius eussent été mis à mort (ch. 5) et leurs biens confisqués, conservé le nom de son ancien maître. — 2. Bkk. et Ddf, pour correspondre à ἀγαθά; vulg. : κατά.

3. Hérodien, I, 13, attribue la chose à Fadilla, l'aînée des sœurs de Commode depuis la mort de Lucilla. Mais Dion (ch. 4) nous ayant déjà

mode dans le faubourg Quintilius, où il était, souhaitant une foule de prospérités au prince et une foule de
malheurs à Cléander. Cléander envoya contre le peuple
des soldats qui en blessèrent et en tuèrent plusieurs ;
celui-ci, néanmoins, ne s'arrêta pas : se voyant en nombre et appuyé par la force des prétoriens, il ne s'en hâta
que davantage. A leur approche, comme personne n'a-
vait averti Commode de ce qui avait lieu, Marcia, maîtresse de Quadratus, lui annonça ce qui se passait : le
prince, attendu qu'il était d'ailleurs fort lâche, fut saisi
d'une telle crainte qu'il ordonna sur-le-champ de mettre
à mort Cléander et son fils en bas âge, qu'il élevait à
la cour. L'enfant fut jeté et brisé sur le sol ; quant à
Cléander, son corps fut traîné et outragé par les Romains, qui s'en saisirent, et la tête portée par toute la
ville au bout d'une pique ; plusieurs autres, qui avaient
eu sous lui un grand pouvoir, furent également mas-
sacrés.

14. Commode, pour respirer après les plaisirs et les
divertissements, versait le sang et mettait à mort les ci-

parlé du crédit dont jouissait Marcia auprès du prince, il ne répugne pas
d'admettre que Fadilla fut également poussée par la communauté du péril à avertir son frère.

4. Slbg., Bkk. et Ddf ; vulg. : ἐπὶ τοῦ χόντου ; St. met l'article entre
crochets.

5. De retour dans Rome et ne se fiant à personne, Commode prêta
l'oreille à toutes les calomnies et versa le sang d'un grand nombre de
citoyens, comme le rapporte plus au long Hérodien, I, 13, citoyens dont
Lampride, 7, donne la liste.

ὧν ἦν καὶ Ἰουλιανὸς ὁ ἔπαρχος[1], ὃν καὶ δημοσίᾳ περιελάμ-
βανέ τε καὶ κατεφίλει, καὶ πατέρα ὠνόμαζεν· Ἰούλιός τε
Ἀλέξανδρος[2] (οὗτος μὲν ὡς[3] καὶ λέοντα ἀπὸ τοῦ ἵππου

R.p.1215 κατακοντίσας), ὅστις ἐπειδὴ καὶ τοὺς σφαγέας παρόντας
ᾔσθετο, ἐκείνους τε τῆς νυκτὸς ἐφόνευσε, καὶ τῶν Ἐμεση-
νῶν, ὅθεν ἦν, τοὺς ἐχθροὺς τοὺς ἑαυτοῦ πάντας προσκατε-
χρήσατο[4]· ποιήσας δὲ ταῦτα, ἵππον τε ἀνέβη, καὶ πρὸς
τοὺς βαρβάρους ὥρμησε. Κἂν ἐξέφυγεν, εἰ μὴ παιδικά τινα
συνεπῆκτο· αὐτὸς μὲν γὰρ κράτιστα ἵππευε, τὸ δὲ μειράκιον καμὸν οὐχ ὑπέμεινεν καταλιπεῖν, ἀλλ' ὡς κατελαμβάνετο, ἀπέκτεινε καὶ ἐκεῖνο καὶ ἑαυτόν. Ἀνῃρέθη δὲ καὶ
Διονύσιος πρὸς τοῦ Κομμόδου, ὁ ἐπὶ τοῦ σίτου ταχθείς[5].
Γέγονε δὲ καὶ νόσος μεγίστη[6] ὧν ἐγὼ οἶδα· δισχίλιοι γοῦν
πολλάκις ἡμέρας μιᾶς ἐν τῇ Ῥώμῃ ἐτελεύτησαν. Πολλοὶ
δὲ καὶ ἄλλως οὐκ ἐν τῷ ἄστει μόνον, ἀλλὰ καὶ ἐν ὅλῃ, ὡς
εἰπεῖν, τῇ ἀρχῇ ὑπ' ἀνδρῶν κακούργων ἀπέθανον· βελόνας
γὰρ μικρὰς δηλητηρίοις τισὶ φαρμάκοις ἐγχρίοντες, ἐνίεσαν

1. Lampride, 7 : « In Cleandri locum Julianus et Regillus subrogati
sunt ; quos et ipsos postea pœnis affecit. » Le même, 11 : « Præfectum
prætorii suum, Julianum, togatum, præsente officio suo, in pristinam de-
trusit. » L'auteur, dans ce passage, a-t-il voulu indiquer le genre de mort
dont périt Julianus ? — 2. C'est, suivant Rm., le même que celui dont parle
Lampride, 8 : « Nec alia ulla defectio fuit præter Alexandri, qui postea
se et suos interemit, et sororis Lucillæ. » — 3. Henri Étienne : « Scribendum puto οὗτος μὲν ὁ [leçon donnée en marge par Lncl., approuvée par
Rm. et suivie par St., qui cependant déclare que le passage pouvait être
corrigé autrement] καὶ λέοντα ἀπὸ τοῦ ἵππου κατακοντίσας : ac per pa-
renthesin hæc interjici. Ac videtur hanc lectionem secutus esse interpres. »

4. Rm. : « Sylburgii emendatio pro τοὺς ἑαυτοῦ, legentis τούς τε ἑαυτοῦ,
videtur ex Lampridii l. c. [avant-dernière note] petita : *se et suos*

toyens illustres : parmi eux fut Julianus, préfet du prétoire, qu'il serrait dans ses bras et embrassait en public,
et à qui il donnait le nom de père; ainsi que Julius
Alexander (ce dernier pour avoir, du haut d'un cheval, tué
un lion à coups de javelot). Quand Alexander comprit que
les meurtriers venaient à lui, il profita de la nuit pour
les tuer et mettre à mort tous ceux des Émésiens, ses
compatriotes, qui étaient ses ennemis, puis, cela fait,
il sauta sur un cheval et s'enfuit chez les barbares. Il eût
échappé sans un mignon qui l'embarrassa; il était
bon cavalier, mais il ne supporta pas d'abandonner
l'enfant fatigué; une fois pris, il se tua, lui et son compagnon. Dionysius, intendant de l'annone, fut également mis à mort par Commode. Il survint aussi la plus
terrible des maladies dont j'aie eu connaissance : deux
mille personnes mouraient souvent à Rome dans un seul
jour. Un grand nombre d'autres personnes périrent encore, non-seulement dans la ville, mais dans toute l'é-
tendue, pour ainsi dire, de l'empire, victimes de scélérats, qui, armés de petites broches enduites d'un poison

---

interemit. Sed vel sic concilio Dionem cum Lampridio, salva Dionis
lectione : suos intelligo, non puerum, suas delicias, ut explicat Casaubo-
nus, sed Emensos, ὅθεν ἦν. Quæ autem seditio ab Alexandro Emenso
excitari potuit Emesæ, nisi præfectura apud eos gavisus est? an Commodus neglexit regulam patris [LXXI, 31], ne quis amplius præesset illi
genti ex qua oriundus esset? ♥

5. Cf. ch. 13.

6. Henri Étienne, Wolf, Bkk. en note, comme conjecture, et Ddf;
vulg. : μεγάλη, que Rm. ne croit pas devoir être rejeté. Hérodien, I, 12,
dit que Commode, pendant ce temps, se retira sur le Laurentin, à cause
de la salubrité qu'y donnaient à l'air les lauriers dont est couverte cette
montagne. Dans Rome, on ne cessait de brûler des parfums, sans obtenir aucun résultat. Mais, suivant lui, cette peste est antérieure à la
mort de Cléander.

δι' αὐτῶν ἐς ἑτέρους ἐπὶ μισθῷ τὸ δεινόν· ὅπερ που καὶ
ἐπὶ τοῦ Δομιτιανοῦ ἐγεγόνει[1]. Καὶ οὗτοι μὲν ἐν οὐδενὶ
λόγῳ ἀπώλλυντο.

15. Ἦν δὲ ἁπάντων νοσημάτων καὶ ἁπάντων κακουρ-
γημάτων χαλεπώτερος Ῥωμαίοις ὁ Κόμμοδος, διά τε
τἄλλα, καὶ ὅτι ἠναγκάζοντο ἃ τῷ πατρὶ αὐτοῦ κατ' εὔνοιαν ἐψηφίζοντο, ταῦτ' ἐκείνῳ διὰ φόβον ἀπονέμειν ἐξ
ἐπιτάγματος. Κομμοδιανὴν γοῦν τήν τε Ῥώμην αὐτὴν,
καὶ τὰ στρατόπεδα Κομμοδιανά, τήν τε ἡμέραν ἐν ᾗ
ταῦτα ἐψηφίζετο, Κομμοδίαν καλεῖσθαι προσέταξεν.
Ἑαυτῷ δὲ ἄλλας τε παμπόλλας[2] ἐπωνυμίας καὶ τὴν Ἡρακλέους ἀπήνεγκε[3]. Τὴν δὲ Ῥώμην Ἀθάνατον, Εὐτυχῆ, Κολωνίαν[4] οἰκουμένην τῆς γῆς (καὶ γὰρ ἄποικον αὐτὴν ἑαυτοῦ δοκεῖν ἐβούλετο[5]), ἐπωνόμασε. Καὶ ἀνδριάς τε αὐτῷ
χρυσοῦς χιλίων[6] λιτρῶν μετά τε ταύρου καὶ βοὸς θηλείας
R.p.1216 ἐγένετο· καὶ τέλος καὶ οἱ μῆνες ἀπ' αὐτοῦ πάντες ἐπεκλή-
θησαν, ὥστε καταριθμεῖσθαι αὐτοὺς οὕτως[7]· Ἀμαζόνιος[8],
Ἀνίκητος, Εὐτυχὴς[9], Εὐσεβὴς, Λούκιος, Αἴλιος, Αὐρήλιος, Κόμμοδος, Αὔγουστος, Ἡράκλειος, Ῥωμαῖος, Ὑπεραίρων. Αὐτὸς μὲν γὰρ ἄλλοτε ἄλλα μετελάμβανε τῶν ὀνο-

---

1. Cf. LVII, 11. — 2. ƒ, k et Bkk. : παμπόλλους. — 3. Rsk. veut changer
ἐπήνεγκε en ἐπένειμε. — 4. Avec Ddf je mets une virgule entre Εὐτυχῆ et
Κολωνίαν; mais je la supprime après ce dernier mot. — 5. Lampride, 8 :
« Fuit praeterea ea dementia, ut urbem Romam coloniam Commodianam
vocari voluerit » Le même, 15 : « Urbem incendi jusserat, utpote coloniam
suam. » Pour plus de détails, cf. la note 84 dans Rm. — 6. Rsk., ici comme
LXIII, 18, où Bkk. reproduit en note sa conjecture, veut ajouter ἀπὸ devant
χιλίων; des décrets grecs, en effet, mentionnent surtout στεφάνους ἀπὸ...

mortel, lançaient ainsi, moyennant salaire, le mal sur d'autres, ce qui avait eu lieu déjà sous Domitien. Mais leur mort n'était comptée pour rien.

15. Commode, pour les Romains, était plus redou- table que toutes les maladies et que tous les maléfices, attendu, entre autres raisons, que les décrets rendus par affection à l'honneur de son père, un ordre les obli- geait de les lui décerner par crainte. C'est ainsi qu'il commanda d'appeler Rome elle-même Commodienne, les armées Commodiennes, Commodien le jour où ces décrets avaient été portés. Il prit lui-même une foule de surnoms, entre autres celui d'Hercule. Rome aussi (il voulait qu'elle passât pour avoir été colonisée par lui) reçut les surnoms d'Immortelle, de Fortunée, de Colo- nie universelle de la terre. On lui éleva une statue d'or avec un taureau et une vache, le tout du poids de mille livres ; on finit même par donner ses noms à tous les mois qui, pour lors, se comptaient ainsi : *Amazonius, Invictus, Felix, Pius, Lucius, Ælius, Aurelius, Com- modus, Augustus, Heracleus, Romanus, Exsuperatorius.* Il prenait, en effet, tantôt l'un, tantôt l'autre de ces noms ;

An de Rome 943.

Commode consul VI et Petronius Septimanus consul II.

δραχμῶν. — 7. Dion et Zn., d'après lui, nous donnent la liste exacte et complète de la nouvelle appellation des mois adoptée en l'honneur de Commode; Suidas la donne aussi, mais l'ordre n'est pas le même; Lam- pride, 11, diffère aussi de Dion. — 8. Hérodien', I, 14, fait remarquer que la plupart de ces noms sont empruntés à Hercule. Quant à celui d'Amazonius, voici l'origine qu'en donne Lampride, 11 : « Amazonius autem vocatus est ex amore concubinæ Marciæ, quam pictam in Ama- zone diligebat. » — 9. *c* : Εὐτυχὴς, Ἀνίκητος.

μάτων· τὸν δ' Ἀμαζόνιον καὶ τὸν Ὑπεραίροντα παγίως
ἑαυτῷ ἔθετο, ὡς καὶ πᾶσιν ἁπλῶς πάντας ἀνθρώπους νι-
κῶν· οὕτω καθ' ὑπερβολὴν ἐμεμήνει[1] τὸ κάθαρμα. Καὶ
τῇ βουλῇ οὕτως ἐπέστελλεν· « Αὐτοκράτωρ Καῖσαρ, Λούκιος Αἴλιος Αὐρήλιος Κόμμοδος, Αὔγουστος, Εὐσεβὴς,
Εὐτυχὴς[2], Σαρματικὸς, Γερμανικὸς Μέγιστος, Βρεττανι-
κὸς, Εἰρηνοποιὸς τῆς οἰκουμένης, Ἀνίκητος, Ῥωμαῖος
Ἡρακλῆς[3], Ἀρχιερεὺς, δημαρχικῆς ἐξουσίας τὸ ὀκτωκαι-
δέκατον, αὐτοκράτωρ τὸ ὄγδοον, ὕπατος τὸ ἕβδομον,
πατὴρ πατρίδος, ὑπάτοις, στρατηγοῖς, δημαρχικοῖς[4],
γερουσίᾳ Κομμοδιανῇ Εὐτυχεῖ, χαίρειν.» Καὶ ἀνδριάντες
αὐτοῦ παμπληθεῖς ἐν Ἡρακλέος σχήματι ἔστησαν[5]. Καὶ
τὸν αἰῶνα τὸν ἐπ' αὐτοῦ χρυσοῦν τε ὀνομάζεσθαι[6] καὶ ἐς
τὰ γράμματα πάντα ὁμοίως ἐσγράφεσθαι ἐψηφίσθη.

16. Οὗτος οὖν ὁ χρυσοῦς, οὗτος ὁ Ἡρακλῆς, οὗτος ὁ
θεὸς (καὶ γὰρ τοῦτ' ἤκουεν) ἐξαίφνης ποτὲ μετὰ μεσημβρίαν ἐκ τοῦ προαστείου σπουδῇ ἐς τὴν Ῥώμην ἐλάσας,
τριάκοντα ἵππων ἁμίλλας ἐν δυσὶν ὥραις ἐποίησεν[7]. Ὅθεν
οὐχ ἥκιστα καὶ τὰ χρήματα αὐτὸν ἐπέλιπεν. Ἦν μὲν γὰρ
καὶ φιλόδωρος, καὶ πολλάκις τῷ δήμῳ κατ' ἄνδρα δραχ-

---

1. Rsk.; vulg., Bkk. et Ddf : καθ' ὑπερβολὴν νικῶν....... οὕτω καθ'
ὑπερβολὴν ἐμεμήνει. — 2. Bkk. et Ddf rapportent Εὐσεβὴς et Εὐτυχὴς à Αὔγουστος, au lieu d'en faire des surnoms de Commode. Le passage suivant
de Lampride (8) m'a décidé à ne rien changer : « Inter hæc Commodus,
senatu semet ridente, quum adulterum matris consulem designasset,
appellatus est *Pius*; quum occidisset Perennem appellatus est *Felix.* »
3. Zn. et les éd. qui ont précédé Lncl. mettent une virgule entre Ῥωμαῖος et Ἡρακλῆς; mais Lampride est d'accord ici avec Dion.

quant à ceux d'*Amazonius* et d'*Exsuperatorius*, il se les
donnait d'une façon invariable comme s'il était simplement vainqueur de tous les hommes ; car tel était l'excès
où le monstre poussait la folie. Il écrivait au sénat en ces
termes : « L'empereur César, Lucius Ælius Aurélius
Commode, Auguste, Pieux, Fortuné, Sarmatique, Très-
Grand, Germanique, Britannique, Pacificateur de l'univers, Invincible, Hercule romain, Grand-Prêtre, la dix-
huitième année de sa puissance tribunitienne, *imperator*
pour la huitième fois, consul pour la septième, Père de
la patrie, aux consuls, aux préteurs, aux tribuns du
peuple, au Fortuné sénat Commodien, salut. » On lui
dressa une foule de statues avec les attributs d'Hercule.
On décréta que le temps de son règne serait appelé siècle
d'or et que ces mots seraient mis en tête de tous les décrets sans distinction.

16. Le prince d'or, l'Hercule, le dieu (car on lui
donnait aussi ce nom), s'étant, une après-midi, tout-à-
coup élancé de son faubourg dans Rome, donna, dans
l'espace de deux heures, trente courses de chevaux. Ce
ne fut pas là une des moindres raisons pour lesquelles
l'argent lui fit défaut. Il aimait à donner, et souvent il
distribua au peuple cent quarante drachmes par tête,

4. Lampride, 9 : « Accepit statuas in Herculis habitu, eique immo-
latum est ut deo. »

5. Lampride, 14 : « Ipse vero seculum aureum Commodianum, nomine assimulans... »

6. Commode, à l'exemple de Néron (Suétone, 22), avait augmenté le
nombre des courses, qui était habituellement (cf. p. 105, note 6) de vingt-
quatre. Lampride, 17 : « Circenses multos addidit ex libidine potius
quam religione. »

μὰς ἑκατὸν καὶ τεσσαράκοντα ἔδωκεν[1]· τὸ δὲ πλεῖστον ἐς
ἐκεῖνα, ἃ εἶπον, ἐδαπάνα[2]. Ὅθεν καὶ ἐγκλήματα καὶ γυναιξὶ καὶ ἀνδράσιν ἐπιφέρων, οὓς μὲν ἐφόνευσεν, οἷς δὲ τὴν
σωτηρίαν τῆς οὐσίας αὐτῶν ἐπίπρασκε[3]. Καὶ τέλος ἐν τοῖς
γενεθλίοις τοῖς ἑαυτοῦ[4], ἡμᾶς τε καὶ τὰς γυναῖκας ἡμῶν
καὶ τοὺς παῖδας, δύο χρυσοῦς ἕκαστον, ὥσπερ τινὰ ἀπαρχὴν, [κατ' ἔτος] ἐκέλευσέν οἱ ἀποφέρειν· τούς τε ἐν ταῖς
ἄλλαις ἁπάσαις πόλεσι βουλευτὰς κατὰ πέντε δραχμάς[5].
[Καὶ οὐδὲν ἐκ τούτων περιεποιεῖτο, ἀλλὰ πάντα κακῶς ἐς
τὰ θηρία καὶ τοὺς μονομάχους ἀνήλισκε.]

17. Καὶ ἐν μὲν τῷ δημοσίῳ οὐδαμόθεν ἅρματα ἤλασε,
πλὴν εἰ μή που ἐν ἀσελήνῳ νυκτὶ, ἐπιθυμήσας μὲν καὶ
δημοσίᾳ ἁρματηλατῆσαι, αἰσχυνθεὶς δὲ καὶ ὀφθῆναι τοῦτο
ποιῶν· οἴκοι δὲ συνεχῶς τοῦτ' ἔπραττε, τῇ πρασίνῳ σκευῇ
χρώμενος. Θηρία μέντοι πολλὰ μὲν οἴκοι ἀπέσφαξε[6], πολλὰ
δὲ καὶ ἐν τῷ δημοσίῳ. Καὶ μέντοι καὶ ἐμονομάχει, οἴκοι

1. Rm. : « Δραχμὰς ἑκατὸν καὶ τεσσαράκοντα ἔδωκεν, 560 HS., seu
14 unciales. Lampridius, c. 16 : *denarios septingenos vicenos quinos*, i.
e. 2900 HS., seu xxix aureos, vel 72 unciales. Sed fidem id fere excedit,
nisi pro denariis sestertios Lampridius dixit. De Marco [Antonino], qui
cc drachmas dederat, recte jam dixit Dio [LXXI, 32] ὅσον οὔπω εἰλή-
φησαν. »

2. Rm. et St. soudent ici l'Extrait suivant de Peir., en lisant : Καὶ διὰ
τοῦτο... ἐλάμβανε.] Καὶ τέλος... immédiatement après ἐδαπάνα. Ὅτι
ὁ Κόμμοδος πολλὰ παραλόγως ἐδαπάνα. Καὶ διὰ τοῦτο οὔτε τἆλλα αὐτῷ,
οὔτε τὰ πρὸς τοῦ Κλεάνδρου [le ms. : Κασάνδρου] πορισθέντα, καίπερ ἀμύθητα ὄντα, ἐξήρκεσεν· ἀλλ' ἠναγκάσθη ἐγκλήματα καὶ γυναιξὶ καὶ ἀνδράσι
[le ms. omet ces deux mots empruntés à Zn.], θανάτου μὲν οὐκ ἄξια,
φόβου δέ τινος καὶ ἀπειλῆς γέμοντα, ἐπιφέρειν. Κἀκ τούτου, πολλοῦ σωτηρίαν ἐπίπρασκε, καὶ ὡς παρ' ἑκόντων αὐτῶν τινα ἀνάγκη ἐλάμβανεν [Rsk.

mais la plus grande partie de ses dépenses était pour ce que j'ai dit. C'est pour cela qu'intentant des accusations aux femmes et aux hommes, il faisait mettre à mort les uns et vendait la vie aux autres au prix de leurs biens. Enfin, à son jour natal, il ordonna que nous, nos femmes et nos enfants, nous lui payerions [annuellement], à titre de prémices, chacun deux deniers d'or, et les sénateurs de toutes les autres villes environ cinq drachmes. [Il ne tira aucun profit de cet argent, il le dépensa tout malhonnêtement pour les bêtes et pour les gladiateurs.]

17. Jamais il ne conduisit de char en public, excepté peut-être par des nuits où il n'y avait pas de lune, retenu, malgré son désir de pratiquer cet art devant tous, par la honte d'être vu s'y livrer ; mais, en son particulier, il s'y adonnait continuellement, vêtu de la livrée verte. Cette crainte ne l'empêchait pas d'égorger une foule de bêtes tant en son particulier qu'en public. Il ne laissait pas, non plus, de se battre, dans son palais, à la manière des gladiateurs, au point de répandre le sang

An de Rome 945. Commode consul VII et Pertinax consul II.

voudrait lire : αὐτῶν τινα, οὐκ ἀνάγκῃ, ἐλάμβανεν, ου αὐτῶν τινα ἐλάμβανεν, ἃ ἀνάγκῃ ἐλάμβανεν]. « Commode se livrait à des dépenses inconsi-« dérées. Ce fut pour cela que ses autres revenus et ceux que lui pro-« cura Cléander ne lui suffirent pas, bien que fabuleux : il fut forcé d'in-« tenter aux femmes et aux hommes des accusations qui, sans entraîner « la peine de mort, ne laissaient pas d'être remplies d'épouvante et de « menaces. Par suite, il vendait à haut prix la vie aux accusés, et les « forçait à lui payer certaines sommes comme s'ils les lui eussent don-« nées volontairement. »

3. Cf. Lampride, 14. — 4. Peir. : Ὅτι ἐν τοῖς γενεθλίοις αὐτοῦ.

5. Ce passage se lit ainsi dans Peir. : καὶ τοὺς ἐν ταῖς ἄλλας (sic) πόλεσι κατὰ πέντε δραχμὰς, ὥσπερ τινὰ ἀπαρχὴν, κατ' ἔτος ἀποφέρειν ἐκέλευσε.

6. a, b : μέντοι καὶ ἐμονομάχει, au lieu de μὲν οἴκοι ἐπέσφαξε.

μὲν ὥστε καὶ φονεύειν τινὰ[1] (ἐν ξυρῷ τε ἑτέρων, ὡς καὶ
τὰς τρίχας ἀφαιρῶν[2], παρέτεμε[3] τῶν μὲν ῥῖνα, τῶν δὲ οὖς,[4]
τῶν δὲ ἄλλο τι)· ἐν δὲ τῷ κοινῷ, ἄνευ σιδήρου καὶ ἄνευ
αἵματος ἀνθρωπείου[5]. Ἐνέδυνε[6] δὲ, πρὶν μὲν ἐς τὸ θέατρον
R.p.1218 ἐσιέναι, χιτῶνα χειριδωτὸν σηρικὸν, λευκὸν, διάχρυσον (καὶ
ἐν τούτῳ γε[7] αὐτὸν τῷ σχήματι ὄντα ἠσπαζόμεθα)· ἐσιὼν
δὲ, ὁλοπόρφυρον[8] χρυσῷ κατάπαστον, χλαμύδα τε ὁμοίαν,
τὸν Ἑλληνικὸν τρόπον[9], λαμβάνων, καὶ στέφανον ἔκ τε
λίθων Ἰνδικῶν καὶ ἐκ χρυσοῦ πεποιημένον, κηρύκειόν τε
τοιοῦτον φέρων ὁποῖον ὁ Ἑρμῆς. Ἡ γὰρ λεοντῆ[10] τό τε
ῥόπαλον ἔν τε ταῖς ὁδοῖς προεφέρετο αὐτοῦ, καὶ ἐν τοῖς
θεάτροις ἐπὶ δίφρου ἐπιχρύσου, εἴτε παρείη, εἴτε καὶ
ἀπείη[11], ἐτίθετο· αὐτὸς δὲ ἐν τῷ τοῦ Ἑρμοῦ σχήματι ἐσῄει
τε ἐς τὸ θέατρον, καὶ ἀποῤῥίψας τὰ ἄλλα, οὕτως ἐν τῷ
χιτῶνι ἀνυπόδετος[12] ἔργου εἴχετο.

18. Καὶ ἐν μὲν τῇ πρώτῃ ἡμέρᾳ ἄρκτους τε ἑκατὸν
αὐτὸς μόνος, ἄνωθεν ἀπὸ τῆς περιβολῆς τῆς κρηπῖδος
ἀκοντίζων, ἀπέκτεινε· διείληπτο γὰρ τὸ θέατρον πᾶν συμ-
πήκτοις τισὶ διαμέτροις, τήν τε στέγην περίδρομον ἔχουσι,
καὶ διχῇ τέμνουσιν ἄλληλα, ἵν' ἐξ ὀλίγου πανταχόθεν τε-

---

1. Wolf : τινάς. Cf. Aur. Victor, les Césars, XVII, 4, et Epit., XVII, 4.
2. On attendrait ici ἀφαιρήσων. — 3. Ddf περιέτεμε. — 4. Peir. : τῶν μὲν
οὖς, τῶν δὲ ῥῖνα. — 5. Il semble qu'il y a un verbe omis ici. — 6. Bkk. et
Ddf; c : ἐνέδυδε (sic); f, k, Slbg., Henri Étienne (ed. maj.), Lncl., Rm. et
St. : ἐνέδυ; les autres éd. : ἐνέδυσε.
7. Bkk. et Ddf; vulg. : τε. — 8. Rsk. : « In ὁλοπόρφυρον subaudi
χιτῶνα. » — 9. Rm. : « Græci chlamydati et crepidati certamina specta-

dans sa demeure (d'autres fois, armé d'un rasoir, sous
prétexte de leur tailler les cheveux, il coupait le nez aux
uns, aux autres une oreille, aux autres une autre partie),
et de ne jamais se montrer en public sans avoir une épée
et sans être couvert de sang humain. Il se revêtait, avant
de venir à l'amphithéâtre, d'une tunique à manches en
soie blanche, rehaussée d'or (c'était dans cet appareil
que nous le saluions), prenant, au moment d'entrer, une
tunique toute de pourpre, une chlamyde pareille, à la
manière des Grecs, et une couronne de pierres des
Indes et d'or, et portant un caducée comme Mercure.
Quant à la peau de lion et à la massue, on les portait
devant lui dans les rues; et, à l'amphithéâtre, qu'il fût
présent ou non, on les posait sur une estrade dorée; pour
lui, il faisait son entrée en costume de Mercure, et, après
s'être dépouillé de ses autres vêtements, il se mettait à
l'œuvre, seulement avec sa tunique, sans chaussures.

18. Le premier jour, il tua cent ours à lui seul, à
coups de flèches, du haut du pourtour de l'amphithéâtre; tout l'amphithéâtre, en effet, était divisé par
des cloisons diamétrales surmontées d'un chemin circu-
laire et se coupant deux à deux, afin que les bêtes, par-
tagées en quatre compartiments peu distants, pussent

bant. Vide Lips. ad Tac., Ann., XIV, 21, not. 69; et Dionem, [L, 6]. »
    10. Commode portait, outre l'équipage de Mercure, celui d'Hercule,
sous la figure duquel (ch. 15) il s'était fait représenter.
    11. Rsk., Bkk. et Ddf; vulg. : παρήει... ἀπήει.
    12. Rm. : « Ἀνυπόδετος retinui. Alii [et cum iis Ddf] censent ἀνυπό-
δητος scribendum. Sed vide Reitzium ad Lucian. II, p. 584. » St. : « Adde
Lobeckium ad Phrynicum, p. 445. »

τραχῇ τὰ θηρία μεμερισμένα ῥᾷον ἀκοντίζηται. Καὶ ἔπιεν
ἐν μέσῃ τῇ ἀγωνίᾳ καμὼν[1], κύλικι ῥοπαλωτῇ[2] παρὰ γυναικὸς γλυκὺν οἶνον ἐψυγμένον λαβὼν, ἀμυστί· ἐφ' ᾧ καὶ
ὁ δῆμος καὶ ἡμεῖς[3] παραχρῆμα πάντες, τοῦτο δὴ τὸ ἐν
τοῖς συμποσίοις εἰωθὸς λέγεσθαι, ἐξεβοήσαμεν, «Ζήσειας[4].»
Καὶ μή μέ τις κηλιδοῦν τὸν τῆς ἱστορίας ὄγκον, ὅτι καὶ

R.p.1219 τὰ τοιαῦτα συγγράφω, νομίσῃ. Ἄλλως μὲν γὰρ οὐκ ἂν
εἶπον αὐτά· ἐπειδὴ δὲ πρός τε τοῦ αὐτοκράτορος ἐγένετο,
καὶ παρὼν αὐτὸς ἐγὼ καὶ εἶδον ἕκαστα καὶ ἤκουσα καὶ
ἐλάλησα, δίκαιον ἡγησάμην μηδὲν αὐτῶν ἀποκρύψασθαι,
ἀλλὰ καὶ αὐτά, ὥσπερ τι ἄλλο τῶν μεγίστων καὶ ἀναγ-
καιοτάτων, τῇ μνήμῃ τῶν ἐς ἔπειτα ἐσομένων παραδοῦναι. Καὶ μέντοι καὶ τἄλλα πάντα τὰ ἐπ' ἐμοῦ πραχθέντα
καὶ λεπτουργήσω καὶ λεπτολογήσω μᾶλλον ἢ τὰ πρότερα,
ὅτι τε συνεγενόμην αὐτοῖς, καὶ ὅτι μηδένα ἄλλον οἶδα τῶν
τι δυναμένων ἐς γραφὴν ἄξιον λόγου καταθέσθαι, διηκρι-
βωκότα αὐτὰ ὁμοίως ἐμοί.

19. Ἐν μὲν οὖν τῇ πρώτῃ ἡμέρᾳ ταῦτ' ἐγένετο· ἐν δὲ

---

1. Lampride, 13, nous apprend que Commode buvait souvent en public au théâtre et dans les jeux. — 2. J'adopte le sens de Slbg.; le
lecteur trouvera dans la note 114 de Rm. les explications de Suidas, de
Kuster, de Saumaise (Solin, p. 683, b. B), sur lesquelles s'appuie ce savant pour proposer, dans le cas où l'on ne voudrait pas du sens de Slbg.,
d'entendre par ῥοπαλωτῇ un vase comme celui qui est désigné dans Juvénal, 11 , 95, par vitreo bibit ille Priapo. Capitolin (Pertinax, 8), cite
parmi les meubles de Commode vendus par Pertinax un phallovitrobolis.
3. Peir. om. : καὶ ὁ δῆμος καὶ ἡμεῖς, mots qui ne sont peut-être
qu'une glose de πάντες.

être percées plus aisément. Au milieu de la lutte, lorsqu'il était fatigué, il buvait, dans une coupe en forme de
massue, du vin miellé rafraîchi que lui présentait une
femme, et, au même instant, le peuple et nous tous
nous criions *vivat*, comme on a coutume de crier dans
les festins. Que personne ne s'imagine qu'en rapportant
de pareilles choses, je souille la majesté de l'histoire. Je
ne les raconterais pas si elles étaient inutiles : comme ce
sont des choses faites par l'empereur, des choses que
j'ai vues et entendues moi-même en détail, pour y avoir
assisté, et dans lesquelles j'ai parlé, j'ai cru de mon devoir de n'en rien cacher et de les transmettre au souvenir de la postérité, de même que s'il s'agissait des événements les plus grands et de la plus haute importance.
Sur le reste aussi des événements d'alors, je serai plus minutieux dans mon récit que pour ce qui précède, attendu
que j'y ai pris part et que je ne connais, parmi ceux qui
seraient capables d'en écrire convenablement l'histoire,
personne qui en soit aussi exactement informé que moi.

19. Voilà ce qui eut lieu le premier jour ; les suivants,

---

4. Peir., approuvé par Valois : Ζήσεις ; Suidas, en effet, au mot
Ἀμυστί, s'exprime ainsi : Τὸ ζήσειας ἐπὶ τοῦ τελειώσειας τὴν ζωήν
φασιν οἱ γραμματικοί. Κινδυνεύει οὖν ὁ τοῦτο λέγων ἀντὶ τοῦ εὔχεσθαι κατα-
ρᾶσθαι. On peut encore, dit Rm., consulter l'*Etymologicum Magnum* (au
mot Τίσειαν) et Eustathe (II, I, v. 41, p. 37, éd. de Rome). Néanmoins
Suidas, dans sa citation de ce passage (cf. Κύλιξ et Ζήσειας), dit, et Zn.
est d'accord avec lui, qu'on cria Σήσειας. Ferrarius (Acclamations des anciens, VII, 13), dans les Trésors de Grévius, p. 218, pense que cette
acclamation était surtout usitée lorsque que quelqu'un avait avalé d'un
seul trait une grande quantité de vin.

ταῖς ἄλλαις τοτὲ μὲν[1] βοτὰ, κάτω ἐς τὸ τοῦ κύκλου ἔδα-
φος καταβαίνων ἄνωθεν, ὅσα ἐπλησίαζε, τὰ δὲ καὶ προσ-
αγόμενα, ἢ καὶ ἐν δικτύοις[2] αὐτῷ προσφερόμενα, κατέ-
κοπτε, καὶ τίγριν ἔσφαξεν, ἵππον τε ποτάμιον καὶ ἐλέφαντα. Πράξας δὲ ταῦτα ἀπηλλάττετο· καὶ μετὰ τοῦτο ἐξ
ἀρίστου ἐμονομάχει. Ἤσκει δὲ καὶ ἐχρῆτο τῇ ὁπλίσει τῇ τοῦ
σεχούτορος[3] καλουμένου, τὴν μὲν ἀσπίδα ἐν τῇ δεξιᾷ, τὸ
δὲ ξίφος τὸ ξύλινον ἐν τῇ ἀριστερᾷ ἔχων· καὶ πάνυ καὶ ἐπὶ
τούτῳ μέγα ἐφρόνει, ὅτι ἦν ἐπαρίστερος. Ἀντηγωνίζετο δὲ
αὐτῷ γυμναστής[4] τις, ἢ καὶ μονομάχος, νάρθηκα ἔχων·
ἔστι μὲν ὅτε ὃν αὐτὸς προεκαλεῖτο, ἔστι δὲ ὅτε ὃν ὁ δῆμος
ᾑρεῖτο· καὶ γὰρ τοῦτο καὶ τἄλλα ἐξ ἴσου τοῖς ἄλλοις μο-
νομάχοις ἐποίει, πλὴν καθ᾽ ὅσον ἐκεῖνοι μὲν ὀλίγον τι
λαμβάνοντες[5] ἐσίασι, τῷ δὲ δὴ Κομμόδῳ πέντε καὶ εἴκοσι
μυριάδες καθ᾽ ἑκάστην ἡμέραν ἐκ τῶν μονομαχικῶν χρημάτων ἐδίδοντο. Παρειστήκεσαν δὲ αὐτῷ μαχομένῳ Αἰμίλιός
τε Λαῖτος ὁ ἔπαρχος καὶ Ἔκλεκτος[6] ὁ πρόκοιτος, οὓς[7] καὶ
σκιαμαχήσας καὶ νικήσας, δῆλον ὅτι, ἐφίλει, ὥσπερ εἶχε,
διὰ τοῦ κράνους. Καὶ μετὰ τοῦτο καὶ οἱ ἄλλοι ἐμάχοντο.
Καὶ τῇ γε πρώτῃ ἡμέρᾳ αὐτὸς πάντας σφᾶς κάτωθεν, τό
τε τοῦ Ἑρμοῦ σχῆμα πᾶν μετ᾽ ἐπιχρύσου ῥάβδου λαβών,

R.p.1220

---

1. Rsk. et l'*Index* expliquent en cet endroit τοτὲ μέν par πρῶτον μέν,
et lui donnent pour correspondant μετὰ τοῦτο, qui est plus bas ; Bkk., en
note, propose de mettre τοτὲ δέ devant καὶ τίγριν. — 2. Rsk. : « Δίκτυα hic
loci non sunt *retia*, sed *caveæ ferreis filis ad instar retis septæ*, ut
sunt v. c. illæ grandes caveæ, quibus columbæ aliæque aves domesticæ
altiles in beatorum aulis coërcentur. »

3. On appelait *secutor* le *mirmillon* poursuivant le *rétiaire*, et auss

étant descendu du haut de sa place sur le sol même de
l'amphithéâtre, il tua d'abord toutes les bêtes qui s'ap-
prochèrent de lui, bêtes dont les unes lui étaient ame-
nées et les autres présentées dans des cages, puis il
égorgea un tigre, un hippopotame et un éléphant. Cela
fait, il s'en alla et, ensuite, au sortir de son dîner, il
combattit comme gladiateur. Il se livrait aux exercices
de cette profession et se servait de l'armure de ceux
qu'on appelle *secutores*, le bouclier au bras droit et l'é-
pée de bois à la main gauche ; car il était fier d'être
gaucher. Il avait pour adversaire un gymnaste ou un
gladiateur tenant une férule, adversaire tantôt provoqué
par lui, tantôt choisi par le peuple, car il se soumettait à
cela, ainsi qu'à tous les offices, à l'égal des autres gladiateurs, avec cette différence, toutefois, que ceux-ci venaient à l'amphithéâtre moyennant un faible salaire, et
qu'on donnait chaque jour à Commode deux cent cinquante mille drachmes sur les fonds destinés aux gladiateurs. A ses côtés, tandis qu'il combattait, se tenaient
Æmilius Lætus, préfet du prétoire, et Eclectus, son cubiculaire, qu'après ce simulacre de combat et la victoire
remportée, comme on le pense bien, il embrassait dans ce
costume sans ôter son casque. Après lui combattaient les
autres gladiateurs. Le premier jour, ce fut lui-même qui,
du bas de l'amphithéâtre, en costume complet de Mercure, les accoupla, tenant une verge d'or et assis sur un

le gladiateur qu'on opposait à celui qui venait de tuer son adversaire.
4. Le maître qui instruisait les gladiateurs. — 5. Les gladiateurs recevaient cinq *aurei* ; Commode en recevait dix mille.
6. Bkk. et Ddf; vulg. : καὶ ὁ Ἔκλεκτος. Ce sont les deux mêmes personnages que ceux dont il est parlé plus loin, ch. 22. Il a déjà été question
du dernier, ch. 4. — 7. St., d'après une conjecture de Rm., Bkk. et Ddf;
vulg. om.

καὶ ἐπὶ βῆμα ὅμοιον ἀναβὰς, συνέβαλεν[1]· ὅπερ που καὶ
ἐν τέρατος λόγῳ ἔσχομεν[2]. Καὶ μετὰ τοῦτο ἐπί τε τὴν
συνήθη ἕδραν ἀνήει, καὶ ἐκεῖθεν τὰ λοιπὰ μεθ' ἡμῶν ἐθεώ-
ρει· ἐπράττετο δ' οὐδὲν ἔτι παιδιᾶς ἐχόμενον, ἀλλ' ὥστε
πάνυ πολλοὺς ἀποθνήσκειν. Καὶ δή ποτε βραδυνάντων
τινῶν περὶ τὰς σφαγὰς[3], τούς τε[4] ἀντιπάλους συνέδησεν
ἀλλήλοις, καὶ πάντας ἅμα μάχεσθαι ἐκέλευσε. Κἀκ τούτου
ἠγωνίσαντο μὲν εἷς πρὸς ἕνα οἱ συνδεδεμένοι, ἔσφαξαν δέ
τινες καὶ τοὺς οὐδὲν προσήκοντας σφίσιν, ὑπό τε τοῦ ὄχλου
καὶ τῆς στενοχωρίας ἐμπλασθέντες[5] αὐτοῖς.

20. Τοιαύτη[6] μὲν τὸ σύμπαν ἡ θέα ἐκείνη τέσσαρσι
καὶ δέκα ἡμέραις ἐγένετο· ἀγωνιζομένου δ' αὐτοῦ, ἡμεῖς
μὲν οἱ βουλευταὶ ἀεὶ μετὰ τῶν ἱππέων συνεφοιτῶμεν, χωρὶς ἢ ὅτι[7] Πομπηϊανὸς Κλαύδιος[8] ὁ γέρων οὐκ ἔστιν ὅτε
ἀπήντησεν, ἀλλὰ τοὺς μὲν υἱεῖς ἔπεμπεν, αὐτὸς δὲ οὐδέποτε ἀφίκετο[9], αἱρούμενος ἀποσφαγῆναι ἐπὶ τούτῳ μᾶλλον,
R.p.1221 ἢ τὸν αὐτοκράτορα, τὸν τοῦ Μάρκου παῖδα, ἐπιδεῖν τοιαῦτα
ποιοῦντα. Πρὸς γὰρ τοῖς ἄλλοις, καὶ ἐπεβοῶμεν τά τε ἄλλα
ὅσα ἐκελευόμεθα, καὶ αὐτὸ τοῦτο συνεχῶς, « Καὶ κύριος εἶ,

---

1. Cf. ch. 17. Rm. : « Probo Salmasii explicationem : sumpsit arma,
nempe gladiatorum in manus, probaturus an satis acutam haberent
aciem. Nam Mercurii habitum sumpsit, moderaturus ludos, vice Mercurii ludorum præsidis, ut athlothetæ solebant. Vide Pet. Fabrum, Agonist., I, 19. » — 2. St. : « Mercurius enim, observante Wagnero, apud
inferos, ad quos mox descensurus Commodus erat, ipse quoque decurio-
nis munere functus est. Horat., I, Od. 10, 18 : *Virga levem coërces au-
rea turbam,* qui tamen locus aliter potest explicari. »
3. Quelquefois le prince ou le peuple intercédait pour les vaincus.

trône de même métal, circonstance que nous regardâmes comme un prodige. Après cela, il remonta sur son siége ordinaire d'où il vit avec nous le reste du spectacle ; il ne s'y passait plus rien qui sentît un amusement : un nombre considérable de personnes y perdirent la vie. Comme quelques-uns tardaient à égorger leurs adversaires, il les fit attacher deux par deux et leur ordonna de combattre tous à la fois. De cette façon, ceux qui étaient attachés ensemble luttèrent un contre un ; quelques-uns mêmes tuèrent des gens sur lesquels ils n'avaient aucun droit, se trouvant au milieu d'eux embarrassés par la foule et par le défaut d'espace.

20. Ce spectacle, en somme, dura quatorze jours ; quand l'empereur combattait, nous autres sénateurs, nous nous rendions chaque fois à l'amphithéâtre avec les chevaliers ; il n'y eut que le vieux Claudius Pompéianus qui n'y parut jamais ; il envoya bien ses fils, mais, pour lui, il n'y vint pas une seule fois, préférant être mis à mort pour ce refus plutôt que de voir l'empereur, le fils de Marc-Antonin, se déshonorer ainsi. En plus des acclamations ordinaires, nous faisions entendre sans cesse, entre autres cris, comme on nous l'avait ordonné : « Tu es le maître, tu es le premier, tu es le plus heu-

---

4. Peir. om. — 5. Rsk., Bkk. et Ddf ; vulg. : ἐμπελάσαντες.

6. Ddf, avec Robert et Henri Étienne (*ed. min.*) : Τοιαύτῃ, au datif.

7. Au lieu de Κἀκ τούτου... ἢ ὅτι, Peir. lit : Καὶ πολλοὶ ἐσφάγησαν, καὶ οἱ οὐδὲν προσήκοντες αὐτοῖς, καὶ πάντες μὲν εἰς τὴν θέαν συνεφοίτων, χωρὶς ἢ ὅτι. — 8. Mari de Lucilla, sœur de Commode et veuve de Vérus (LXXI, 3, et LXXII, 4). Il vécut jusque sous Didius Julianus, mais dans la retraite, à Terracine. Julianus l'ayant appelé (Spartien, Jul., 8) au pouvoir, il s'excusa sur son âge et sur la faiblesse de sa vue.

9. Peir. om. : αὐτὸς δὲ οὐδέποτε ἀφίκετο.

καὶ πρῶτος εἶ, καὶ πάντων εὐτυχέστατος. Νικᾷς, νικήσεις[1], ἀπ' αἰῶνος, Ἀμαζόνις, νικᾷς. » Τοῦ δὲ δὴ λοιποῦ δήμου πολλοὶ μὲν οὐδὲ ἐσῆλθεν ἐς τὸ θέατρον, εἰσὶ δ' οἱ παρακύψαντες ἀπηλλάττοντο, τὸ μέν τι αἰσχυνόμενοι τοῖς ποιουμένοις, τὸ δὲ καὶ δεδιότες, ἐπειδὴ λόγος διῆλθεν, ὅτι τοξεῦσαί[2] τινας ἐθελήσει, ὥσπερ ὁ Ἡρακλῆς τὰς Στυμφαλίδας. Καὶ ἐπιστεύθη γε οὗτος ὁ λόγος, ἐπειδή ποτε πάντας τοὺς τῶν ποδῶν ἐν τῇ πόλει ὑπὸ νόσου ἢ ἑτέρας[3] τινὸς συμφορᾶς ἐστερημένους ἀθροίσας, δρακόντων τέ τινα αὐτοῖς εἴδη περὶ τὰ γόνατα περιέπλεξε, καὶ σπόγγους ἀντὶ λίθων βάλλειν δούς, ἀπέκτεινε σφᾶς ῥοπάλῳ παίων ὡς γίγαντας[4].

21. Οὗτος μὲν ὁ φόβος πᾶσι κοινὸς καὶ ἡμῖν καὶ τοῖς ἄλλοις ἦν· ἔπραξε δὲ καὶ ἕτερόν τι τοιόνδε πρὸς ἡμᾶς τοὺς βουλευτάς, ἐξ οὗ οὐχ ἥκιστα ἀπολεῖσθαι προσεδοκήσαμεν. Στρουθὸν γὰρ ἀποκτείνας, καὶ τὴν κεφαλὴν αὐτοῦ ἀποτεμών, προσῆλθεν ἔνθα ἐκαθήμεθα, τῇ τε ἀριστερᾷ χειρὶ ἐκείνην, καὶ τῇ δεξιᾷ τὸ ξίφος ἡματωμένον ἀνατείνας· καὶ εἶπε μὲν οὐδέν, τὴν δὲ κεφαλὴν τὴν ἑαυτοῦ σεσηρὼς ἐκίνησεν, ἐνδεικνύμενος ὅτι καὶ ἡμᾶς τὸ αὐτὸ τοῦτο δράσοι[5]. Κἂν συχνοὶ παραχρῆμα ἐπ' αὐτῷ γελάσαντες ἀπηλλάγησαν τῷ ξίφει (γέλως γὰρ ἡμᾶς, ἀλλ' οὐ λύπη ἔλα-

---

1. Bkk. et Ddf mettent un point après νικήσεις. Cette ponctuation m'a semblé un peu forte ; j'ai préféré suivre celle de Rm. (cf. sa note 134) et de St. — 2. Commode (cf. Lampride, 13) était d'une rare habileté pour le tir de l'arc.

reux de tous les hommes. Tu es vainqueur, tu le se-
ras à jamais, Amazonius, tu es vainqueur. » Beaucoup
parmi le peuple ne vinrent même pas à l'amphithéâtre ;
quelques-uns, après y avoir jeté un coup d'œil, s'en re-
tournèrent tant par honte de ce qui se passait que par
crainte, à cause d'un bruit qui avait couru que Commode avait dessein de tirer sur les spectateurs comme
Hercule avait tiré sur les oiseaux du Stymphale. On
ajouta foi à ce bruit, parce qu'ayant un jour rassemblé
tous ceux de la ville qu'une maladie ou quelque autre
accident avait privés de l'usage de leurs pieds, il leur
avait attaché des figures de serpents autour des genoux,
et qu'après leur avoir donné des éponges à lui jeter en
guise de pierres, il les avait assommés à coups de massue comme des géants.

21. Cette crainte était commune à tous, à nous
comme aux autres ; l'empereur fit encore, à l'égard des
sénateurs, une chose qui, à nos yeux, n'était pas le
moindre indice de notre perte. Après avoir tué une au-
truche et lui avoir coupé la tête, il s'avança vers l'endroit où nous étions assis, et, tenant cette tête dans sa
main gauche tandis que de la droite il brandissait l'épée
ensanglantée, il ne prononça aucune parole et remua
la tête en ouvrant la bouche comme pour nous montrer
qu'il pourrait bien nous en faire autant. Quelques-uns,
à cette vue, s'étant aussitôt mis à rire (car nous cédions

---

3. Peir. : ἢ καὶ ἑτέρας. — 4. Lampride, 9 : « Debiles pedibus, et eos
qui ambulare non possent, in gigantum modum formavit, ita ut a genibus
de pannis et linteis quasi dracones digererentur, eosdemque sagittis con-
fecit. » — 5. f, Bkk. et Ddf ; vulg. : δράσει.

6εν), εἰ μὴ δάφνης φύλλα, ἃ ἐκ τοῦ στεφάνου εἶχον[1],

R.p.1222 αὐτός τε διέφαγον[2], καὶ τοὺς ἄλλους τοὺς πλησίον μου
καθημένους διατραγεῖν ἔπεισα, ἵν' ἐν τῇ τοῦ στόματος
συνεχεῖ κινήσει τὸν τοῦ γελᾶν ἔλεγχον ἀποκρυψώμεθα.
Τοιούτων δ' οὖν τούτων γενομένων, παρεμυθήσατο ἡμᾶς,
ὅτι μέλλων αὖθις μονομαχῆσαι, παρήγγειλεν ἡμῖν ἔν τε
τῇ στολῇ τῇ ἱππάδι καὶ ἐν ταῖς μανδύαις ἐς τὸ θέατρον
ἐσελθεῖν· ὅπερ οὐκ ἄλλως ποιοῦμεν ἐσιόντες ἐς τὸ θέατρον,
εἰ μὴ τῶν αὐτοκρατόρων τις μεταλλάξειε[3]· καὶ ὅτι ἐν τῇ
τελευταίᾳ ἡμέρᾳ τὸ κράνος αὐτοῦ κατὰ τὰς πύλας, καθ'
ἃς οἱ τελευτῶντες ἐκφέρονται, ἐξεκομίσθη[4]. Ἐκ γὰρ τούτων καὶ πάνυ πᾶσι πάντως ἀπαλλαγή τις αὐτοῦ γενήσε-
σθαι ἐνομίζετο.

22. Ἀπέθανέ γέ τοι, μᾶλλον δὲ ἀνῃρέθη, οὐκ ἐς μα-
κράν. Ὁ γὰρ Λαῖτος καὶ ὁ Ἔκλεκτος[5], ἀχθόμενοι αὐτῷ δι'
ἃ ἐποίει, καὶ προσέτι καὶ φοβηθέντες (ἠπείλει γὰρ σφίσιν,
ὅτι ἐκωλύετο ταῦτα ποιεῖν), ἐπεβούλευσαν αὐτῷ. Ὁ γὰρ
Κόμμοδος ἀμφοτέρους ἀνελεῖν ἐβούλετο τοὺς ὑπάτους,
Ἐρύκιόν τε Κλάρον καὶ Σόσσιον Φάλκωνα, καὶ ὕπατός τε

---

1. Non-seulement le peuple et le sénat, mais aussi les soldats, se
couronnaient de laurier pour faire honneur au prince. Cf. Hérodien, II,
2, 11, 13, 14. Dion lui-même nous a représenté, sous Néron, le peuple
λευχειμονῶν καὶ δαφνηφορῶν, tandis que Tiridate recevait le diadème. Cet
usage est encore mentionné par Dion, LXXIV, 1. D'ailleurs, ajoute Rm.,
l'auteur semble décrire les fêtes célébrées pour le jour natal de Commode;
il n'y a donc rien de surprenant à ce que tout le monde assistât aux jeux
avec des couronnes de laurier.

2. Rsk. : αὐτός τε δὴ διέφαγον; Ddf, d'après Cobet : διέτραγον, contre
l'autorité des mss et sans nécessité; l'auteur a bien pu employer deux

plus au rire qu'à l'affliction), eussent été tués d'un coup d'épée, si je n'eusse moi-même mis dans ma bouche des feuilles de laurier tirées de ma couronne et conseillé à ceux qui étaient assis près de moi d'en mettre pareillement, afin que le mouvement continuel de nos lèvres ne permît pas de soupçonner le rire. Dans cet état de choses, il nous donna une consolation, car, au moment où il se disposait à combattre de nouveau à la façon des gladiateurs, il nous ordonna de nous trouver au théâtre en habit de chevaliers et en lacernes, costume que nous ne prenions jamais pour aller au théâtre si ce n'est à la mort d'un empereur; de plus, le dernier jour des spectacles, son casque avait été emporté par la porte par où l'on enlève les morts. Ces deux rencontres firent juger à tous que de toute façon il allait disparaître du monde.

22. Il mourut, en effet, ou plutôt il fut tué, peu de temps après. Lætus et Eclectus, irrités de ses déportements, et, de plus, appréhendant ses menaces (il leur faisait des menaces parce qu'ils l'empêchaient de se livrer à ces excès), tramèrent sa perte. Commode, en effet, avait dessein de faire mourir les deux consuls Érycius Clarus et Sossius Falcon, et de sortir, aux calendes de janvier,

verbes différents, afin de varier son expression. RIM. : « Sciendum est lauri folia bellariis et mustaceis veterum addita, et alias etiam non quidem devorata, sed tamen manducata, quum sanitatis et gustus temperandi causa, tum ad odorem gravem supprimendum. »

3. Lampride, 16 : « Contra consuetudinem pænulatos jussit spectatores, non togatos, ad munus convenire, quod funeribus solebat, ipse in pullis vestimentis præsidens. » — 4. Lampride continue : « Galea ejus bis per portam Libitinensem elata est. » L'amphithéâtre avait deux portes, la porte *Libitinensis* et la porte *Sanavivaria*.

5. Les mêmes du ch. 19.

ἅμα καὶ σεκούτωρ ἐν τῇ νουμηνίᾳ ἐκ τοῦ χωρίου, ἐν ᾧ οἱ
μονομάχοι τρέφονται, προελθεῖν· καὶ γὰρ τὸν οἶκον, τὸν
πρῶτον παρ' αὐτοῖς, ὡς καὶ εἷς ἐξ αὐτῶν ὤν, εἶχε[1]. Καὶ
μηδεὶς ἀπιστήσῃ[2]· καὶ γὰρ τοῦ Κολοσσοῦ τὴν κεφαλὴν
ἀποτεμὼν, καὶ ἑτέραν ἑαυτοῦ ἀντιθεὶς, καὶ ῥόπαλον δοὺς,
λέοντά τέ τινα χαλκοῦν[3] ὑποθεὶς, ὡς Ἡρακλεῖ ἐοικέναι,
ἐπέγραψε πρὸς τοῖς δηλωθεῖσιν αὐτοῦ ἐπωνύμοις[4] καὶ
τοῦτο[5], «Πρωτόπαλος σεκουτόρων, ἀριστερὸς[6] μόνος νικήσας δωδεκάκις, οἶμαι, χιλίους[7].» Διὰ μὲν δὴ ταῦτα ὅ
τε Λαῖτος καὶ ὁ Ἔκλεκτος ἐπέθεντο αὐτῷ, κοινωσάμενοι
καὶ τῇ Μαρκίᾳ τὸ βούλευμα[8]. Ἐν γοῦν τῇ τελευταίᾳ τοῦ
ἔτους ἡμέρᾳ, ἐν τῇ νυκτὶ, τῶν ἀνθρώπων ἀσχολίαν περὶ
τὴν ἑορτὴν ἐχόντων, φάρμακον διὰ τῆς Μαρκίας ἐν κρέασι
βοείοις αὐτῷ ἔδωκαν. Ἐπεὶ δ' οὐκ ἠδυνήθη παραχρῆμα ὑπό
τε τοῦ οἴνου ὑπό τε τῶν λουτρῶν, οἷς ἀεὶ ἀπλήστως ἐχρῆτο,
φθαρῆναι, ἀλλὰ καὶ ἐξήμεσέ τι, κἀκ τούτου ὑποτοπήσας
αὐτὸ, ἠπείλει τινά· οὕτω δὴ Νάρκισσόν τινα γυμναστὴν

---

1. Les gladiateurs étaient renfermés dans des cellules où on les nourrissait et on les exerçait, non loin de l'amphithéâtre.

2. *f* : ἀπιστήσει. — 3. *f* : τινα καὶ χαλκοῦν.

4. *f* : ἐπωνύμως.

5. Sur le Colosse, cf. LXVI, 15. Sur le fait, Lampride (cf. Hérodien,
I,·15), 17, s'exprime ainsi : « Colossi caput dempsit, quod Neronis esset, ac
suum imposuit : et titulum more solito subscripsit, ita ut illum gladia-
torium et effœminatum non prætermitteret. » Les *Excerpta Vat.* : Ὅτι
τοῦ Κολοσσοῦ τοῦ ἐν Ῥώμῃ Κόμμοδος τὴν κεφαλὴν ἀφελόμενος, καὶ ῥόπαλον αὐτῷ καὶ λέοντα [St. et Ddf, leçon confirmée par Xph; le ms. :
λεοντᾶ; Bkk. et Van Herwerden λεοντῆν] ἐπιθεὶς, ἔγραψε· « Λούκιος Κόμμοδος Ἡρακλῆς. » Ἐφ' ᾧ τὸ φερόμενον ἐπίγραμμα γέγονεν· « Ὁ [Bkk., au
lieu de Ὅτι] τοῦ Διὸς παῖς, Καλλίνικιος Ἡρακλῆς, οὐκ εἰμὶ Λούκιος.
ἀλλ' ἀναγκάζουσί με. » « Commode ayant enlevé la tête au Colosse, à Rome,

en qualité de consul et de *secutor* du lieu où l'on nourrit les gladiateurs ; car il y occupait la première cellule, comme s'il eût été l'un d'eux. Personne ne refusera de croire à mes paroles, car ce prince, ayant fait ôter la tête du Colosse pour mettre la sienne à la place, puis lui ayant donné une massue, et placé un lion d'airain à ses côtés, afin que cette statue ressemblât à Hercule, y grava une inscription portant, outre les noms cités plus haut, ce qui suit : « Le premier combattant des *secutores*, qui, étant gaucher, vainquit à lui seul douze mille hommes, je crois. » Ces débordements déterminèrent Lætus et Eclectus à tramer contre lui un complot qu'ils communiquèrent à Marcia. Aussi, le dernier jour de l'année, la nuit, tandis que les citoyens étaient occupés de la fête, ils lui donnèrent, par le moyen de Marcia, du poison dans de la chair de bœuf. Le vin et les bains, dont il faisait continuellement un usage immodéré, ayant, au lieu de causer une mort immédiate, amené des vomissements et éveillé chez lui des soupçons qui s'exprimaient par des menaces, les conjurés, dans cette conjoncture, envoyèrent contre lui un gymnaste nommé

« et lui ayant mis une massue et une peau de lion, y fit graver les « mots : *Lucius Commode Hercule.* A cette occasion, on fit circuler « l'épigramme suivante : *Je suis le fils de Jupiter, Hercule Callini-* « *cus ; je ne suis pas Lucius, mais on me force de l'être.* »

6. Rsk. voudrait lire ἀριστερᾷ ; il doute qu'on puisse employer ἀριστερός pour ἀπαρίστερος ; mais ce mot se trouve déjà au ch. 19 et il revient ci-après, LXXIII, 2. — 7. Lampride, 15 : « Appellatus est sane inter cetera triumphalia nomina etiam sexcenties vicies Paulus primus secutorum. » — 8. Hérodien, I, 16, raconte différemment la mort de Commode ; son récit a plus d'un point de ressemblance avec la mort de Domitien dans Dion, LXVII, 15. Malgré quelques divergences, tous les historiens sont d'accord sur le poison donné à Commode et sur sa strangulation par un athlète, le poison n'agissant pas d'une manière assez efficace.

ἐπέπεμψαν[1] αὐτῷ, καὶ δι' ἐκείνου λουόμενον αὐτὸν ἀπέπνι-
ξαν. Τῷ μὲν οὖν Κομμόδῳ τοῦτο τὸ τέλος ἐγένετο, ἔτη
δώδεκα, καὶ μῆνας ἐννέα, καὶ ἡμέρας τεσσαρακαίδεκα ἄρξαντι[2]· ἐβίω δὲ ἔτη τριάκοντα ἓν, καὶ μῆνας τέσσαρας·
καὶ ἐς αὐτὸν ἡ οἰκία ἡ τῶν ὡς ἀληθῶς Αὐρηλίων αὐταρ-
χοῦσα ἐπαύσατο[3].

23. Πόλεμοι δὲ μετὰ τοῦτο καὶ στάσεις μέγισται
συνέβησαν· συνέθηκα δ' ἐγὼ τούτων τὴν συγγραφὴν ἐξ
αἰτίας τοιᾶσδε. Βιβλίον τι περὶ τῶν ὀνειράτων καὶ τῶν σημείων[4], δι' ὧν ὁ Σεουῆρος τὴν αὐτοκράτορα ἀρχὴν ἤλπισε,
γράψας ἐδημοσίευσα· καὶ αὐτῷ καὶ ἐκεῖνος πεμφθέντι παρ'
ἐμοῦ ἐντυχών, πολλά μοι καὶ καλὰ ἀντεπέστειλε. Ταῦτ' οὖν
ἐγὼ τὰ γράμματα πρὸς ἑσπέραν ἤδη λαβών, κατέδαρθον·
καί μοι καθεύδοντι προσέταξε τὸ δαιμόνιον ἱστορίαν γράφειν[5]. Καὶ οὕτω δὴ ταῦτα, περὶ ὧν νῦν καθίσταμαι[6],
ἔγραψα. Καὶ ἐπειδή γε τοῖς τε ἄλλοις[7] καὶ αὐτῷ τῷ[8]
Σεουήρῳ μάλιστα ἤρεσε, τότε δὴ καὶ τἄλλα πάντα τὰ τοῖς
R.p.1224 Ῥωμαίοις προσήκοντα συνθεῖναι ἐπεθύμησα· καὶ διὰ τοῦτο
οὐκ ἔτι ἰδίᾳ ἐκεῖνο ὑπολιπεῖν ἀλλ' ἐς τήνδε τὴν συγγρα-

1. Bkk. et Ddf, d'après Slbg : « Rectius ἐπέπεμψαν, aut ἐπεισέπεμψαν
[LXVII, 17]; » vulg. : ἔπεμψαν. — 2. Rm. : « Chronicon Pasch. ἄρξας
ἔτη ιϛ' et sic Eusebius. Annis duodecim et octo mensibus, Eutrop., VIII, 6
[selon d'autres, VIII, 15]. Dies tantum omittit, cetera cum Dione consentit Cedrenus. Anno regni tertio fere ac decimo, Victor, VII, 7. Imperavit annos tredecim Victor, Epit. XVII, 1. Marcus [Antoninus] mortuus
A. U. C. 933, d. 17 Martis [LXXI, 33], Commodus mortuus A. U. C. 945,
d. 31 Dec. τῇ τελευταίᾳ τοῦ ἔτους ἡμέρᾳ [c. 22]. Regnavit ergo annos duodecim menses novem dies quatuordecim, vel, si diem mortis Marti com-
putes, dies quindecim. » — 3. Caracalla, Macrin, Elagabale, Alexandre

Narcisse et, par son moyen, l'étranglèrent comme il
était dans le bain. Voilà quelle fut la fin de Commode,
après un règne de douze ans neuf mois quatorze jours ;
il vécut trente et un ans quatre mois ; avec lui l'empire
cessa d'appartenir à la véritable famille des Aurèles.

23. La mort de Commode fut suivie de guerres et de
séditions très-graves ; j'en ai rédigé l'histoire à l'occasion que voici. J'ai publié un livre des songes et des signes sur lesquels Sévère fonda l'espoir d'arriver à l'empire ; après l'avoir lu, Sévère, à qui je l'avais envoyé,
me répondit en termes fort obligeants. Ayant reçu cette
lettre sur le soir déjà, je m'endormis, et, pendant mon
sommeil, mon génie me commanda d'écrire l'histoire.
C'est ainsi que j'ai été amené à cette entreprise. Cet ouvrage ayant plu à tout le monde et surtout à Sévère
lui-même, je conçus pour lors le désir d'écrire aussi
l'histoire de tous les autres événements qui regardent les
Romains ; voilà pourquoi je résolus de ne plus laisser ce
premier ouvrage isolé et de l'insérer dans cette histoire,

Sévère, prirent le nom d'Aurélius, comme plusieurs autres princes, dans
la suite, reçurent celui d'Antonin. — 4. Ce livre est perdu ; l'auteur
cependant (LXXIV, 3) touche quelques mots de ces songes et de ces prodiges.

5. Vulg. : γραφῆναι. Rsk. : « Mallem γράφειν [[sic Bkk., in nota, et Ddf]
vel συγγράφειν. » — 6. Rsk. : « Aut καθίσταται legendum : *de rerum
quæ nunc est constitutione*, aut post καθίσταμαι excidit πραγματευόμενος,
de quibus nunc ago, in quibus nunc versor. » — 7. c : ἀλλήλοις ;
Robert et Henri Étienne (*ed. min.*) : τοῖς τότε ἄλλοις.

8. *c* : καὶ ταὐτῷ.

φὴν ἐμβαλεῖν ἔδοξέ μοι, ἵν᾽ ἐν μιᾷ πραγματείᾳ ἀπ᾽ ἀρχῆς
πάντα, μέχρις ἂν καὶ Τύχῃ δόξῃ, γράψας καταλίπω. Τὴν
δὲ δὴ θεὸν ταύτην ἐπιρρωννύουσάν με πρὸς τὴν ἱστορίαν,
εὐλαβῶς πρὸς αὐτὴν καὶ ὀκνηρῶς διακείμενον, καὶ πονού-
μενον ἀπαγορεύοντά τε ἀνακτωμένην δι᾽ ὀνειράτων, καὶ
καλὰς ἐλπίδας περὶ τοῦ μέλλοντος χρόνου διδοῦσάν μοι,
ὡς ὑπολείψοντος[1] τὴν ἱστορίαν, καὶ οὐδαμῶς ἀμαυρώσον-
τος, ἐπίσκοπον τῆς τοῦ βίου διαγωγῆς, ὡς ἔοικεν, εἴληχα,
καὶ διὰ τοῦτο αὐτῇ ἀνάκειμαι. Συνέλεξα δὲ πάντα τὰ ἀπ᾽
ἀρχῆς τοῖς Ῥωμαίοις μέχρι τῆς Σεουήρου μεταλλαγῆς πραχθέντα ἐν ἔτεσι δέκα, καὶ συνέγραψα ἐν ἄλλοις δώδεκα· τὰ
γὰρ λοιπά, ὅπου ἂν καὶ προχωρήσῃ, γεγράψεται.

24. Πρὸ δὲ τῆς τοῦ Κομμόδου τελευτῆς, σημεῖα τάδε
ἐγένετο[2]· ἀετοί τε γὰρ περὶ τὸ Καπιτώλιον πολλοὶ καὶ ἔξε-
δροι ἐπλανῶντο, προσεπιφθεγγόμενοι οὐδὲν εἰρηναῖον, καὶ
βύας ἀπ᾽ αὐτοῦ ἔβυξε· πῦρ τε νύκτωρ ἀρθὲν ἐξ οἰκίας τινός,
καὶ ἐς τὸ Εἰρηναῖον ἐμπεσόν, τὰς ἀποθήκας τῶν τε Αἰγυ-
πτίων[3] καὶ τῶν Ἀραβίων φορτίων ἐπενείματο· ἔς τε τὸ
παλάτιον μετεωρισθὲν ἐσῆλθε, καὶ πολλὰ πάνυ αὐτοῦ κατέκαυσεν, ὥστε καὶ τὰ γράμματα τὰ τῇ ἀρχῇ προσήκοντα[4]

1. Bkk. et Ddf; vulg. : ὑπολειψόμενος. Slbg veut lire ὑπολείψοντός μου;
Rm., suivi par St. : ὑπολειψομένου se rapportant à χρόνου. — 2. Cf. Lampride, 16.

3. Alexandre Sévère, dans la suite (Lampride, 38), fit construire des
magasins de ce genre dans tous les quartiers de Rome.

4. Ce sont les *Commentarii Principales* de Tacite, Hist., IV, 40, conservés, à ce que l'on croit, dans le temple d'Apollon Palatin. Héro-
rodien, I, 14, raconte qu'à la suite d'un léger tremblement de terre, soit
que la terre se fût entr'ouverte, soit que la foudre fût tombée, le feu prit,

afin de rédiger en écrit, dans un seul corps d'ouvrage, tout ce qui s'est passé depuis l'origine jusqu'au moment où il plairait à la Fortune. Cette déesse m'encourageant à écrire l'histoire lorsque je me tenais sur la réserve et que je craignais de m'en charger, me fortifiant dans des songes lorsque la difficulté me faisait renoncer à mon entreprise, et me donnant la flatteuse espérance que, dans la suite, le temps laisserait subsister mon œuvre sans la ternir en rien, j'ai eu, vraisemblablement, en elle un surveillant pour régler ma conduite dans la vie, et c'est pour cette raison que je lui suis dévoué. J'ai mis dix ans à recueillir tous les faits qui se sont accomplis depuis l'origine des Romains jusqu'à la mort de Sévère, et douze autres années à les digérer ; quant à la suite, je l'écrirai au fur et à mesure que les événements se produiront.

24. Au reste, les signes suivants précédèrent la mort de Commode : des aigles vinrent en grand nombre errer autour du Capitole avec des clameurs qui ne présageaient rien de pacifique, un hibou s'y fit entendre; un incendie, qui s'éleva, la nuit, d'une maison et gagna le temple de la Paix, dévora l'entrepôt des marchandises d'Égypte et d'Arabie ; puis, continuant à s'élever, il pénétra jusque dans le palais où il exerça de nombreux ravages, en sorte que les papiers d'État furent presque

---

sans qu'on ait su comment, au temple de la Paix où un grand nombre de personnes avaient déposé leurs richesses; l'incendie en se propageant dévora, entre autres édifices, le temple de Vesta; il dura plusieurs jours sans qu'on parvînt à s'en rendre maître, et il ne put être éteint que par une pluie qui tomba tout-à-coup. Eusèbe fait mention de deux incendies, dont l'un, également cité dans la Chronique Paschale, eut lieu l'an IX : « Quum in Capitolio fulmen ruit, et bibliothecæ vicinæque ædes concremaæ ; » et l'autre l'an XII : « Incendio Romæ facto Palatium et ædes Vestæ plurimaque urbis pars solo coæquatur. »

ὀλίγου δεῖν πάντα φθαρῆναι. Ἀφ' οὗ δὴ καὶ τὰ μάλιστα δῆλον ἐγένετο ὅτι οὐκ ἐν τῇ πόλει τὸ δεινὸν στήσεται, ἀλλὰ καὶ ἐπὶ πᾶσαν τὴν οἰκουμένην αὐτῆς [1] ἀφίξεται. Οὐδὲ γὰρ κατασβεσθῆναι ἀνθρωπίνῃ χειρὶ ἠδυνήθη, καίτοι παμπόλλων μὲν ἰδιωτῶν, παμπόλλων δὲ στρατιωτῶν ὑδροφορούντων, καὶ αὐτοῦ τοῦ Κομμόδου ἐπελθόντος ἐκ τοῦ προαστείου, καὶ ἐπισπέρχοντος. Ἀλλ' ἐπειδὴ πάντα, ὅσα κατέσχε, διέφθειρεν, ἐξαναλωθὲν ἐπαύσατο.

1. St. : « Ἀπ' ante αὐτῆς Reiskio inserendum videtur. Sed rectius τὴν οἰκουμένην αὐτῆς nempe τῆς πόλεως, interpretabimur *orbem terrarum, qui ejus imperio paret.* » J'ai adopté l'explication de St., parce

tous consumés. Cette circonstance surtout fit voir clairement que le fléau ne s'arrêterait pas dans Rome, et qu'il se propagerait par tout l'univers gouverné par elle. L'incendie ne put être éteint par la main des hommes, bien qu'un fort grand nombre de simples particuliers et de soldats apportassent de l'eau, et que Commode lui-même fût venu en hâte de sa maison du faubourg ; mais, lorsqu'il eut détruit tous les corps où il s'était attaché, il s'arrêta faute d'aliment.

qu'elle s'appuie sur ce passage, entre autres, de notre auteur (LXIII, 22) : Πᾶσαν τὴν τῶν Ῥωμαίων οἰκουμένην σεσύληκεν. J'avoue cependant que je préférerais considérer αὐτῆς comme une interpolation.

ΤΩΝ
ΔΙΩΝΟΣ
ΙΣΤΟΡΙΩΝ ΡΩΜΑΙΚΩΝ
ΤΟ ΕΒΔΟΜΗΚΟΣΤΟΝ ΤΡΙΤΟΝ ΒΙΒΛΙΟΝ.

1. Περτίναξ δὲ ἦν μὲν τῶν καλῶν κἀγαθῶν· ἦρξε δὲ πάνυ βραχύν τινα χρόνον, εἶτα πρὸς τῶν στρατιωτῶν ἀνηρέθη. Λανθάνοντος γὰρ ἔτι τοῦ γεγενημένου περὶ τὸν Κόμμοδον[1], ἦλθον πρὸς αὐτὸν οἱ περὶ τὸν Ἔκλεκτον καὶ Λαῖτον, καὶ τὸ πραχθὲν ἐμήνυσαν[2]· διὰ τὴν ἀρετὴν γὰρ καὶ τὸ ἀξίωμα αὐτοῦ ἡδέως αὐτῶν ἐπελέξαντο. Ἰδὼν δὲ αὐτοὺς ἐκεῖνος, καὶ ἀκούσας ὧν ἔλεγον, ἔπεμψε τὸν πιστότατον τῶν ἑταίρων, τὸ σῶμα τὸ τοῦ Κομμόδου ὀψόμενον. Ὡς δὲ τὸ πραχθὲν ἐβεβαιώσατο, οὕτω δὴ ἐς τὸ στρατόπεδον κρύφα ἐσεκομίσθη· καὶ ἔκπληξιν μὲν τοῖς στρατιώταις πα-

---

1. Bkk. et Ddf; Slbg : « Pro ἐνόμισαν [vulgata lectione] si reponatur ἐκόμισαν, fuerit ἐκόμισαν τὸ πραχθέν, perinde ac si diceretur ἐκόμισαν γράμματα seu ἀγγελίας περὶ τοῦ πραχθέντος, inquit Stephanus, alioqui legendum fuerit ἐμήνυσαν, *indicarunt*. » Quelques auteurs (cf. la note 3 de Rm.) prétendent que Pertinax avait connaissance du complot.

HISTOIRE ROMAINE
DE DION.

LIVRE SOIXANTE-TREIZIÈME.

───────◆───────

An de
Rome
946.

Sossius
Falcon
et
Eryciu
Clarus
consuls.

I. Pertinax était un prince vertueux ; mais il ne régna que peu de temps, car il fut tué par les soldats. Avant que l'assassinat de Commode fût encore rendu public, Eclectus et Lætus vinrent le trouver et lui déclarèrent ce qui s'était passé ; ils n'hésitaient pas, en considération de sa vertu et de sa dignité, à le choisir pour empereur. A leur vue et au langage qu'ils lui tenaient, Pertinax envoya le plus fidèle de ses amis visiter le corps de Commode. Lorsque le fait lui fut confirmé, alors il se rendit secrètement au camp, ce qui d'abord frappa

2. Le cadavre avait été emporté par des esclaves fidèles, comme un paquet de vieilles hardes, enveloppé d'une méchante couverture, au milieu des gardes ivres et endormis, puis transporté à Aristéum, suivant Hérodien, II, 1. Capitolin, 4 : « Fictum est autem quod morbo esset Commodus exstinctus, quia et milites, ne tentarentur, pertimescebant. »

ρέσχε[1], τῇ δὲ δὴ παρουσίᾳ τῶν περὶ τὸν Λαῖτον, καὶ ἐξ

R.p.1226 ὧν ὑπέσχετο (τρισχιλίας γὰρ αὐτοῖς δραχμὰς κατ' ἄνδρα δώσειν ἐπηγγείλατο[2]), προσεποιήσατο αὐτούς. Κἂν πάντως ἡσύχασαν, εἰ μὴ τελευτὴν τὴν τῶν λόγων[3] ὧδέ πως εἶπε, « Πολλὰ μὲν, ὦν ἄνδρες συστρατιῶται, καὶ δυσχερῆ τῶν παρόντων ἐστὶν, ἀλλὰ τὰ μὲν ἄλλα[4] αὖθις σὺν ὑμῖν ἐπανορθώσεται[5]·» ἀκούσαντες γὰρ τοῦτο, ὑπετόπησαν πάντα τὰ ἑαυτοῖς ὑπὸ τοῦ Κομμόδου παρὰ τὸ καθεστηκὸς δεδομένα καταλυθήσεσθαι[6]· καὶ ἐδυσκόλαναν μὲν, ἡσύχασαν δὲ ὅμως, ἐπικρύπτοντες τὴν ὀργήν. Ἐξελθὼν δὲ ἐκ τοῦ τείχους, πρὸς τὸ συνέδριον, νυκτὸς ἔτι οὔσης, ἀφίκετο[7]· καὶ ἀσπασάμενος ἡμᾶς ὅπως τις, οἷα ἐν ὁμίλῳ καὶ ἐν ὠθισμῷ τοσούτῳ, προσελθεῖν αὐτῷ ἠδυνήθη, ἔπειτα ἐκ τοῦ αὐτοσχεδίου εἶπεν ὅτι, « Ὠνόμασμαι μὲν ὑπὸ τῶν στρατιωτῶν αὐτοκράτωρ, οὐδὲν μέντοι τῆς ἀρχῆς δέομαι, ἀλλ'

---

1. Suivant Hérodien, II, 2, les soldats hésitèrent jusqu'au moment où, la nouvelle s'étant répandue, le peuple en foule proclama Pertinax empereur, ce qui décida les prétoriens aussi à le reconnaître.

2. Bkk. et Ddf; vulg. : ἐψηφίσατο, « verbum valde incommodum hic loci, dit Rsk. Sententia flagitat ἐπισχυρίζετο. » Capitolin, 15 : « Prætorianis promisit duodena nummum, sed dedit sena. » Mais Dion, ch. 5, dit formellement le contraire : τοῖς τε δορυφόροις ἔδωκεν ὅσα ὑπέσχητο, et, au chap. 8 où il accuse ce prince de mentir pour s'être vanté d'avoir donné aux soldats ὅσον Μάρκος τε καὶ Λούκιος, il n'eût pas manqué de lui faire ce reproche. Il y a plus, le même Capitolin, 7, dit : « Donativa et congiaria quæ Commodus promiserat, solvit. » Il est au moins vraisemblable que Pertinax acquitta ses promesses avant celles des autres.

3. Ddf, d'après une conjecture de Rsk. reproduite en note par Bkk. : τελευτῶν τὸν λόγον. — 4. Rm. : « Per oscitantiam calligraphi alterum illud ἄλλα irrepsisse, et abundare mihi persuadeo : integra enim sine eo est sententia ἀλλὰ τὰ μὲν αὖθις etc. L. Nisi lacuna sit sequente τὰ δὲ etc. »

5. Il y eut (ch. 5) un commencement de réforme.

les soldats d'étonnement, mais la présence de Lætus et les promesses du nouvel empereur (il promettait de leur donner trois mille drachmes par tête) les lui concilièrent. Ils se seraient sûrement tenus tranquilles, si, à la fin de son discours, il ne leur eût dit : « Il y a, compagnons d'armes, beaucoup de désordres en notre siècle ; mais, avec votre concours, nous les corrigerons. » Ces paroles leur firent craindre qu'il n'eût dessein de retrancher tout ce que Commode leur avait accordé contre les usages, et ils en conçurent de l'irritation ; néanmoins ils se tinrent tranquilles, dissimulant leur colère. Au sortir du camp, il vint au sénat comme il faisait encore nuit : après nous avoir salués selon que chacun put, au milieu de la foule et de la presse si grandes, arriver jusqu'à lui, il prononça ces paroles improvisées : « J'ai été nommé empereur par les soldats, mais je n'ai nul be-

6. Capitolin, 5, assigne une autre cause à ce mécontentement : lorsque le tribun vint, le premier jour, lui demander le mot d'ordre, il répondit : « Combattons, » mot qu'il donna encore le lendemain, et qu'il avait donné dans toutes les guerres où il avait commandé, flétrissant ainsi la lâche tranquillité du règne précédent, d'autant plus que « timebatur militia sub sene imperatore. » Hérodien, II, 4, en ajoute une autre : Pertinax avait défendu aux soldats de faire injure à aucun citoyen et de maltraiter les voyageurs. Enfin, dit Capitolin, 6 : « Tertium nonarum diem votis ipsis Triarium Maternum Lascivium, senatorem nobilem, ducere in castra voluerunt, ut eum rebus Romanis imponerent : sed ille nudus fugit, atque ad Pertinacem in palatium venit, et post ex urbe decessit. Timore sane Pertinax coactus, omnia quæ Commodus militibus et veteranis dederat confirmavit. » Ces raisons peuvent être admises toutes à la fois.

7. Cf. Capitolin, 4 ; Hérodien, II, 3 ; Aurélius Victor, les Césars, XVII, 10 : « Quo cognito, senatus, qui ob festa Januariorum frequens primo luci convenerat. . . »

ἐξίσταμαι ἤδη καὶ τήμερον αὐτῆς[1], διά τε τὴν ἐμαυτοῦ
ἡλικίαν καὶ ἀῤῥωστίαν, καὶ διὰ τὴν τῶν πραγμάτων δυσ-
χέρειαν. ▪ Λεχθέντων δὲ τούτων[2], καὶ ἐπηνοῦμεν αὐτὸν
ἀπὸ γνώμης, καὶ ὡς ἀληθῶς ᾑρούμεθα· τήν τε γὰρ ψυχὴν
ἄριστος ἦν, καὶ τῷ σώματι ἔῤῥωτο, πλὴν καθ᾽ ὅσον βραχύ
τι ὑπὸ τῶν ποδῶν ἐνεποδίζετο[3].

2. Καὶ οὕτως ὅ τε Περτίναξ αὐτοκράτωρ, καὶ ὁ
Κόμμοδος πολέμιος ἀπεδείχθη, πολλά γε ἐς αὐτὸν καὶ
δεινὰ καὶ τῆς βουλῆς καὶ τοῦ δήμου συμβοησάντων[4].
Ἠθέλησαν μὲν γὰρ καὶ τὸ σῶμα αὐτοῦ σῦραι[5] καὶ διασπά-
σαι, ὥσπερ καὶ τὰς εἰκόνας· εἰπόντος δὲ τοῦ Περτίνακος
τῇ γῇ ἤδη τὸν νεκρὸν κεκρύφθαι[6], τοῦ μὲν σώματος ἀπέ-
σχοντο, τῶν δ᾽ ἄλλων ἐνεφοροῦντο οὐδὲν ὅ τι οὐκ ἐπιλέ-
γοντες· Κόμμοδον μὲν γὰρ οὐδεὶς οὐδ᾽ αὐτοκράτορα αὐτὸν
ὠνόμαζεν, ἀλιτήριον δέ τινα καὶ τύραννον ἀποκαλοῦντες,
προσετίθεσαν ἐπισκώπτοντες τὸν μονομάχον, τὸν ἁρματηλάτην, τὸν ἀριστερὸν, τὸν κηλήτην[7]. Τοῖς τε βουλευταῖς,
ὅσοις καὶ μάλιστα ἐκ τοῦ Κομμόδου φόβος ἐπηώρητο[8],
ὁ ὄχλος ἐπέλεγεν[9]· «Εὖγε, εὖγε[10], ἐσώθης[11], ἐνίκησας.»

R.p.1227 *(marginal)*

---

1. Capitolin rapporte que Pertinax exhorta Pompéianus à prendre
l'empire, mais que celui-ci refusa; Hérodien dit qu'il tira à lui Glabrion
pour le faire asseoir sur le siége réservé à l'empereur, et que, sur son
refus, il accepta l'empire, tout en hésitant. — 2. Rsk. : « Videtur deesse,
aut certe intelligi, τούτων. » J'ai adopté cette conjecture, reproduite en
note par Bkk. — 3. Rsk. : « Fort. ἐνωχλεῖτο. Sane frigidum est ὑπὸ τῶν
ποδῶν ἐμποδίζεσθαι, licet contendere nolim auctori sequioris ævi hoc non
excidisse. »
4. Cf. Aurélius Victor, les Césars, XVII, 10; Eutrope, VIII, 15; Lam-

soin du pouvoir, j'y renonce dès aujourd'hui même, tant à cause de mon âge et de mes infirmités que de l'état fàcheux des affaires. » Ce discours lui valut de notre part des éloges sincères, et nous l'élûmes véritablement, car il avait l'âme bonne et le corps robuste, excepté qu'il avait un peu mal aux pieds.

2. Voilà comment Pertinax fut déclaré empereur, et Commode ennemi public, au milieu des injures du sénat et du peuple. On voulut même traîner son corps par les rues et le mettre en pièces, comme on fit pour ses images ; mais, Pertinax ayant dit que le cadavre était en terre, on n'y toucha pas ; en revanche, il n'y eut pas d'insultes qu'on ne prodiguât au mort ; personne ne lui donnait les noms de Commode ni d'empereur, mais on l'appelait la peste de l'État, le tyran, ajoutant, en manière de moquerie, les titres de gladiateur, de conducteur de chars, de gaucher, d'homme à la hernie. La foule disait aux sénateurs, surtout à ceux sur la tête de qui Commode avait tenu la menace suspendue : « Courage, courage, tu es sauvé, tu as remporté la victoire. » Toutes les accla-

---

pride, 18 et 19; Hérodien, II, 5. — 5. Cf. Lampride, 18. — 6. Le corps de Commode avait été (Lampride, 19) enterré par ordre de Pertinax.

7. Lampride, 13 : « Fuit validus ad hœc [sc. venationes], alias debilis atque infirmus, vitio etiam inter inguina proeminenti, ita ut ejus tumorem per sericas vestes populus Romanus agnosceret. » — 8. Bkk. et Ddf; vulg. : ἐπῆρτο, en place duquel St. n'hésite pas à proposer ἐπῆκτο.

9. Bkk. et Ddf, d'après Casaubon (notes sur Lampride, 8); vulg. : Ἄγε, ἄγε. — 10. c : ἐσώθη.

11. Cf. Hérodien, II, 2.

Ὅσα τε εἰώθεσαν ἐν τοῖς θεάτροις ἐπὶ τῇ τοῦ Κομμόδου θεραπείᾳ εὐρύθμως πως ἐκβοᾶν[1], ταῦτα τότε μετασχηματίζοντες ἐς τὸ γελοιότατον ἐξῇδον. Τοῦ μὲν γὰρ ἀπηλλαγμένοι, τὸν δὲ οὐδέπω φοβούμενοι, τό τε διὰ μέσου αὐτῶν ὡς ἐλεύθεροι ἐκαρποῦντο, καὶ ἀξίωμα παρρησίας ἐν τῷ ἀδεεῖ αὐτοῦ ἐλάμβανον· οὐ γὰρ ἐξήρκει σφίσι τὸ μηκέτι φοβεῖσθαι, ἀλλ' ἐν τῷ θαρσοῦντι καὶ ἐξυβρίζειν ἤθελον. [Ὅτι τοσοῦτον τὸ[2] διάφορον τῆς περὶ Περτίνακος δόξης πρὸς τὸν Κόμμοδον πάντες εἶχον, ὥστε τοὺς ἀκούοντας τὰ γεγονότα ὑποπτεύειν ὑπὸ τοῦ Κομμόδου τὸν λόγον τοῦτον ἐπὶ πείρᾳ καθεῖσθαι, καὶ διὰ τοῦτο πολλοὺς τῶν ἐν τοῖς ἔθνεσιν ἀρχόντων τοὺς ἀγγείλαντας σφίσιν αὐτὰ καταδῆσαι· οὐχ ὅτι οὐκ ἤθελον ἀληθῆ εἶναι, ἀλλ' ὅτι μᾶλλον ἐφοβοῦντο δόξαι[3] τὸν Κόμμοδον ἀπολωλέναι, ἢ τῷ Περτίνακι μὴ προστίθεσθαι· διότι τὸν μὲν καὶ ἁμαρτών τι τοιοῦτο πᾶς ἐθάρσει, τὸν δὲ οὐδεὶς οὐδ' ἀναμάρτητος ὤν.]

3. Ἦν δὲ ὁ Περτίναξ Λίγυς ἐξ Ἄλβης Πομπηΐας[4], πατρὸς οὐκ εὐγενοῦς[5], γράμματα, ὅσον ἀποζῆν ἐξ αὐτῶν, ἠσκημένος[6]. Κατὰ τοῦτο καὶ τῷ Πομπηϊανῷ τῷ Κλαυ-

---

1. Comme les *Augustani* (LI, 20) sous Néron. — 2. Rm. et St. : Τοσοῦτον δὲ τὸ... avec omission de Ὅτι.

3. Rsk. : τὸ δόξαι βούλεσθαι.

4. Aurélius Victor, Epitome, XVIII, 4 : « Libertino genitus patre apud Ligures in agro squalido Lollii Gentiani. »

5. Capitolin, 1 : « Publio Helvio Pertinaci pater libertinus Helvius Successus fuit, qui filio nomen ex continuatione lignariæ negotiationis,

mations cadencées qu'on avait coutume de faire entendre en l'honneur de Commode au théâtre, on les chantait alors, mais changées de sens et tournées en ridicule. Débarrassé de ce prince et ne craignant pas encore l'autre, on jouissait de la liberté dans l'intervalle, et, grâce à la sécurité qu'elle donnait, on était capable de parler hardiment ; car ce n'était plus assez d'être délivré de la crainte, on voulait exprimer sa confiance par des insultes. [Telle était la différence d'opinion que tout le monde avait de Pertinax et de Commode, que les personnes qui avaient entendu raconter ce qui s'était passé craignaient que ce ne fût un bruit répandu par Commode à dessein de les éprouver, et que beaucoup de gouverneurs de provinces firent jeter dans les fers ceux qui leur apportaient cette nouvelle, non qu'ils désirassent qu'elle ne fût pas vraie, mais parce qu'il y avait plus à craindre pour eux en croyant à la mort de Commode qu'en n'embrassant pas le parti de Pertinax ; aussi tout le monde était-il rassuré en commettant une faute de ce genre à l'égard de l'un, tandis que personne ne l'était à l'égard de l'autre, même sans en commettre.]

3. Quant à Pertinax, il était d'Alba Pompéia en Ligurie ; né d'un père sans noblesse, il avait étudié autant qu'il était nécessaire pour vivre par les lettres Cette étude le mit en rapport avec Claudius Pompéianus,

quod pertinaciter eam rem gereret, imposuisse fertur. » .... Ch. 3 : « Pater ejus tabernam coctilitiam in Liguria exercuerat. »

6. Aurélius Victor, Epitome, VIII, 4 : « Fuit doctor litterarum quæ a grammaticis traduntur. » Capitolin, 1 : « Puer datus Græco grammatico, atque inde Sulpicio Apollinari, post quem idem Pertinax grammaticen professus est. Sed quum in ea minus proficeret... ducendi ordinis dignitatem petiit. »

δίῳ συνεγεγόνει[1], καὶ δι' αὐτὸν[2] ἐν τοῖς ἱππεῦσι χιλιαρ-
χήσας, ἐς τοῦτο προεχώρησεν, ὥστε καὶ ἐκείνου αὐτοῦ αὐταρχῆσαι. Καὶ ἔγωγε τότε ἐπὶ τοῦ Περτίνακος καὶ πρῶτον
R.p.1228 καὶ ἔσχατον [ἐν τῷ βουλευτηρίῳ[3]] τὸν Πομπηϊανὸν εἶδον[4]·
ἐν γὰρ τοῖς ἀγροῖς τὰ πλεῖστα διὰ τὸν Κόμμοδον διῆγε,
[καὶ ἐς τὸ ἄστυ ἐλάχιστα κατέβαινε,] τό τε γῆρας καὶ τὸ
τῶν ὀφθαλμῶν νόσημα προβαλλόμενος· [οὐδὲ ἔστιν ὅτε
πρότερον, ἐμοῦ παρόντος, ἐς τὴν γερουσίαν ἐσῆλθε.] Καὶ
μέντοι καὶ μετὰ τὸν Περτίνακα πάλιν ἐνόσει· [ἐπὶ γὰρ
ἐκείνου καὶ ἔβλεπε, καὶ ἔρρωτο[5], καὶ ἐβούλευε·] καὶ αὐτὸν[6] ὁ Περτίναξ τά τε ἄλλα ἰσχυρῶς ἐτίμα, καὶ ἐπὶ τοῦ
βάθρου ἐν τῷ συνεδρίῳ παρεκάθιζε[7]. [Καὶ τοῦτο καὶ τὸν
Γλαβρίωνα τὸν Ἀκίλιον[8] ἐποίει· καὶ γὰρ ἐκεῖνος τότε καὶ
ἤκουε καὶ ἔβλεπε. Τούτους μὲν οὖν ἐς ὑπερβολὴν ἐτίμα·]
ἐχρῆτο δὲ καὶ ἡμῖν δημοτικώτατα· καὶ γὰρ εὐπροσήγορος
ἦν[9], ἤκουέ τε ἑτοίμως ὅ τι τις ἀξιοίη, καὶ ἀπεκρίνετο
ἀνθρωπίνως ὅσα αὐτῷ δοκοίη. Εἱστία τε ἡμᾶς σωφρόνως[10]·
καὶ ὁπότε μὴ τοῦτο ποιοίη[11], διέπεμπεν ἄλλοις ἄλλα καὶ

---

1. Pertinax devait beaucoup à Claudius Pompéianus. Capitolin, 2 :
« Suspectus Marco [Antonino]... a partibus remotus est : et postea per
Claudium Pompeianum, generum Marci, quasi adjutor ejus futurus, adscitus est. » — 2. Bkk. et Ddf; vulg. : κατὰ τοῦτο ; Rm. : « In alterutro
membro, inquit Slbg., vitiosum esse videtur pro μετὰ τοῦτο suppositum.
Interpres in priori membro legit καὶ κατὰ τοῦτο, eamque ob rem, in posteriori omittit κατὰ τοῦτον. » Rsk. approuve μετὰ τοῦτο, et conseille de lire
διὰ τοῦτον dans le second membre de phrase. — 3. Peir., Bkk. et Ddf;
vulg., Rm. et St. om. : ἐν τῷ βουλευτηρίῳ. — 4. Peir. : Ὅτι ὁ Δίων φησὶν
ὅτι... εἶδεν.

5. Bkk. et Ddf, d'après Rsk. : « Fort. ἔρρωτο, bene valebat. Nam
ὁρᾶν et βλέπειν, si quid novi, idem est. » — 6. Peir. : αὐτός.

par le crédit duquel ayant obtenu une charge de tribun
de cavalerie, il arriva si haut qu'il devint le souverain de
Pompéianus lui-même. J'ai vu, dans le temps de Pertinax, ce Pompéianus pour la première et pour la dernière
fois au sénat; car, sous Commode, il passait la plus grande
partie de sa vie à la campagne [et descendait fort peu à
la ville], sous prétexte de vieillesse et de mal d'yeux;
[jamais auparavant il n'avait paru au sénat en ma présence.] Néanmoins, après la mort de Pertinax, il fut
de nouveau malade, [car, sous ce prince, il voyait, il
se portait bien, et remplissait ses devoirs de sénateur.]
Pertinax, entre autres marques d'estime, le faisait asseoir auprès lui, sur son banc, dans le sénat. [Il accordait le même honneur à Acilius Glabrion, car alors
Glabrion entendait et voyait. Pertinax donc honorait
beaucoup ces deux personnages,] et il en usait avec
nous d'une façon fort civile; il était affable, se montrait
toujours prêt à écouter nos demandes et répondait avec
bonté ce qui lui semblait juste. Il nous recevait à sa
table, qui était frugale, et, lorsqu'il ne le faisait pas,
il envoyait une chose aux uns, une chose aux autres,

7. Pour ce passage, cf. la note 1 ci-contre, et aussi p. 140.

8. Glabrion, qui fut deux fois consul, était, dit Valois, le patricien
dont la noblesse était la plus ancienne; l'origine de sa famille remontait
à Énée. — 9. Peir. : δημοτικώτατα γὰρ καὶ εὐπροσήγορος ἦν. Cf. Hérodien, 11, 4 ; Capitolin, 9 : « Civilem se salutantibus et interpellantibus
semper exhibuit. » Cependant, aux ch. 12 et 13, Capitolin amoindrit singulièrement ses précédents éloges. Cf. Aurélius Victor, Epitome, XVIII, 4.

10. Capitolin, 6 : « . . . ad convivium magistratus et proceres senatus
rogavit, quam consuetudinem Commodus prætermiserat. » 8 : « Convivium imperatorium ex immenso ad certum revocavit modum [cf. ch. 12
du même historien] : sumptus etiam omnes Commodi rescidit. »

11. c om. : ἑστία... ποιοίη.

τὰ εὐτελέστατα. Καὶ αὐτὸν ἐπὶ τούτῳ οἱ μὲν πλούσιοι καὶ μεγάλαυχοι, διεγέλων· οἱ δὲ ἄλλοι, οἷς ἀρετὴ ἀσελγείας προτιμοτέρα ἦν, ἐπηνοῦμεν.

4. Ἔτι δὲ ὄντος αὐτοῦ ἐν Βρεττανίᾳ μετὰ τὴν μεγάλην ἐκείνην στάσιν ἣν ἔπαυσε[1], καὶ ἐπαίνων παρὰ πᾶσιν ἀξιουμένου[2], ἵππος τις ὄνομα Περτίναξ ἐνίκησεν ἐν τῇ Ῥώμῃ· ἦν δὲ τῶν πρασίνων[3] καὶ ὑπὸ τοῦ Κομμόδου ἐσπουδάζετο[4]. Τῶν οὖν στασιωτῶν αὐτοῦ μέγα ἀναβοησάντων καὶ εἰπόντων τοῦτο, « Περτίναξ ἐστίν, » οἱ ἕτεροι οἱ ἀντιστασιασταὶ σφῶν[5], οἷά που ἀχθόμενοι τῷ Κομμόδῳ, προσεπεύξαντο, εἰπόντες οὐ πρὸς τὸν ἵππον, ἀλλὰ πρὸς τὸν ἄνδρα· « Εἰ γὰρ ὤφειλεν εἶναι. » Ὕστερον δὲ τὸν αὐτὸν τοῦτον ἵππον ἀπαλλαγέντα τε τῶν δρόμων ὑπὸ τοῦ γήρως[6], καὶ ἐν ἀγρῷ ὄντα, μετεπέμψατο ὁ Κόμμοδος, καὶ ἐσήγαγεν ἐς τὸν ἱππόδρομον, τάς τε ὁπλὰς αὐτοῦ καταχρυσώσας, καὶ τὰ νῶτα δέρματι ἐπιχρύσῳ κοσμήσας· καὶ αὐτὸν οἱ ἄνθρωποι ἐξαπίνης ἰδόντες, ἀνεβόησαν αὖθις,

R.p.1229 « Περτίναξ ἐστί. » Καὶ ἦν μέν που μαντικὸν[7] αὐτὸ καθ' ἑαυτὸ τὸ λεχθὲν, ἐπειδὴ τῇ ἐσχάτῃ ἐν τῷ ἔτει ἐκείνῳ ἱπποδρομίᾳ ἐγένετο, καὶ εὐθὺς ἐπ' αὐτῇ τὸ κράτος ἐς τὸν Περτίνακα περιῆλθεν· ἐλογοποιήθη δὲ καὶ ἐπὶ τοῦ ῥοπά-

---

1. Cf. LXVII , 9 , et Capitolin, 3. — 2. Rsk., St., Bkk. et Ddf; vulg. : ἀξιωμένου. — 3. Bkk. et Ddf, plus usité dans notre auteur que la vulg. : πρασίων. — 4. Commode était grand partisan (cf. LXXII, 17) de la faction des Verts. — 5. La faction des Bleus; c'étaient avec celle des Verts les deux seules, à vrai dire, qui excitassent l'intérêt des spectateurs et des

même des objets de peu de prix. Cette conduite lui valait les moqueries des gens riches et magnifiques; mais nous, pour qui la vertu était préférable au dérèglement des mœurs, nous lui donnions des éloges.

4. Il était encore en Bretagne, après la grande sédition qu'il apaisa, et où il se montra digne des éloges de tous, lorsqu'un cheval, nommé Pertinax, remporta la victoire à Rome; ce cheval appartenait aux Verts et était fort aimé de Commode. Ceux de cette faction ayant poussé de grands cris en disant : « Voilà Pertinax, » ceux de la faction contraire, en gens irrités contre Commode, repartirent par ce vœu, où ils avaient en vue non le cheval, mais le personnage : « Plût aux dieux que ce fût lui ! » Dans la suite, Commode envoya chercher ce même cheval, qu'on avait exempté des courses du cirque à cause de sa vieillesse et qu'on nourrissait à la campagne, et il le fit amener dans le cirque avec la corne des pieds dorée et une housse formée d'une peau enrichie d'or; les spectateurs, en le voyant paraître tout à coup, s'écrièrent de nouveau : « Voilà Pertinax. » Ces mots, à eux seuls, étaient une sorte de prédiction, ayant été dits aux derniers jeux célébrés au cirque cette année, et le pouvoir ayant aussitôt après passé à Pertinax; on parla aussi dans le même sens de la massue que Commode, le

empereurs eux-mêmes; on faisait peu d'attentions aux autres. — 6. Néron (LXI, 6) avait établi une pension alimentaire pour les coursiers illustres devenus vieux.

7. St. : « Που ού μαντικόν, *non ominosum*, legendum, et ante ἐπειδή, verba ἐγένετο δέ, scil. μαντικόν, inserenda conjicit Reiskius. »

λου[1] τὰ ὅμοια, ἐπειδὴ τῷ Περτίνακι αὐτὸ ὁ Κόμμοδος μονομαχήσειν[2] τῇ τελευταίᾳ ἡμέρᾳ μέλλων ἔδωκεν.

5. Οὕτω μὲν ἐς τὴν ἀρχὴν ὁ Περτίναξ κατέστη· καὶ ἔλαβε τάς τε ἄλλας ἐπικλήσεις τὰς προσηκούσας[3], καὶ ἑτέραν ἐπὶ τῷ δημοτικὸς εἶναι βούλεσθαι· πρόκριτος γὰρ τῆς γερουσίας κατὰ τὸ ἀρχαῖον ἐπωνομάσθη[4]. Καὶ εὐθὺς ἐς κόσμον ὅσα πρὶν πλημμελῶς εἶχε καὶ ἀτάκτως καθίστατο[5]· φιλανθρωπία τε γὰρ καὶ χρηστότης, καὶ οἰκονομία βελτίστη, καὶ πρόνοια τοῦ κοινοῦ ἐπιμελεστάτη περὶ τὸν αὐτοκράτορα διεδείκνυτο. Τά τε γὰρ ἄλλα, ὅσα ἂν ἀγαθὸς αὐτοκράτωρ, ἔπραττεν ὁ Περτίναξ, καὶ τὴν ἀτιμίαν ἀφεῖλε τῶν ἀδίκως πεφονευμένων[6]· καὶ προσέτι καὶ ἐπώμοσε, μηδέποτε τοιαύτην δίκην προσδέξεσθαι. Καὶ αὐτίκα οἱ μὲν τοὺς συγγενεῖς, οἱ δὲ τοὺς φίλους ἀνεκάλουν[7] μετὰ δακρύων ὁμοῦ καὶ χαρᾶς (οὐδὲ γὰρ οὐδὲ τοῦτο πρὶν ἐξῆν ποιεῖν)· καὶ μετὰ ταῦτα ἀνορύττοντες τὰ σώματα, οἱ μὲν ὁλόκληρα, οἱ δὲ μέρη, ὥς που ἕκαστον αὐτῶν ἢ τοῦ ὀλέθρου ἢ τοῦ χρόνου εἶχεν, εὐθέτουν, καὶ ἐς τὰ προγονικὰ μνημεῖα ἀπετίθεντο. Τοσαύτη δὲ ἄρα τότε τὸ βασίλειον εἶχεν ἀχρηματία, ὥστε πέντε καὶ εἴκοσι μυριάδες δραχμῶν μόναι εὑρέθησαν[8]. Χαλεπῶς δ' οὖν ὁ Περτίναξ ἔκ τε τῶν

1. La massue, attribut d'Hercule, qu'au théâtre (LXXII, 19 et 21) on plaçait sur une estrade dorée, et dont il se servait quelquefois.
2. Ce qu'il faisait presque toujours après son dîner (LXXII, 19 et 21).
3. Capitolin, 5 : « Primus omnium ea die, qua Augustus est appellatus, etiam Patris patriæ nomen recepit : necnon simul etiam imperium proconsulare, necnon jus quartæ relationis. »
4. Comme Auguste (LIII, 1) et comme Tibère (LVII, 8).

dernier jour des jeux, au moment de combattre en gla‑
diateur, remit entre les mains de Pertinax.

5. C'est ainsi que Pertinax fut élevé à l'empire ; il
reçut, outre les autres noms appartenant à sa dignité,
un autre titre encore se rapportant à son intention d'être
populaire : il fut nommé prince du sénat au sens antique
du mot. Aussitôt tout ce qui auparavant était trouble et
déréglement rentra dans l'ordre, car une humanité, une
bonté, une économie remarquables, un soin attentif de
ce qui regarde l'intérêt général, se montraient dans
tout le service autour de l'empereur. Pertinax, entre au‑
tres mesures qu'on pouvait attendre d'un bon prince,
réhabilita la mémoire de ceux qui avaient été injuste‑
ment mis à mort, et, de plus, il jura de ne jamais in‑
fliger une telle peine. Aussitôt tous se mirent à appe‑
ler à haute voix, avec des larmes et des transports de
joie, les uns leurs parents, les autres leurs amis (car,
auparavant, il n'était pas permis de le faire); puis,
déterrant les corps, les uns encore entiers, les autres
en lambeaux, suivant la manière dont chacun d'eux
avait péri ou suivant le temps écoulé depuis, ils les re‑
cueillaient religieusement et les déposaient dans les
monuments de leurs ancêtres. Tel était alors l'état d'é‑
puisement du fisc qu'on n'y trouva que vingt mille
drachmes. Aussi Pertinax eut-il de la peine, avec l'ar‑

5. Cf. Capitolin; Hérodien, II, 4. — 6. Capitolin, 6 : « Revocavit eos
qui deportati fuerant crimine majestatis, eorum memoria restituta qui
occisi fuerant. » — 7. Rm., suivi par St. : « Credo scribendum esse συνε‑
κάλουν, convocabant, quod et Blancus habet. Ἀνακαλεῖν enim est revo‑
care. » Correction inutile, ἀνακαλεῖν signifiant ici appeler à haute voix.
8. Vulg., Bkk. et Ddf; Zn., Rm. et St. : μυριάδας... εὑρεθῆναι. La même
somme est encore mentionnée ch. 8, et dans Capitolin, 7.

εἰχόνων καὶ τῶν ὅπλων, τῶν τε ἵππων καὶ τῶν ἐπίπλων[1],
καὶ τῶν παιδικῶν τῶν τοῦ Κομμόδου ἀγείρας ἀργύριον,
τοῖς τε δορυφόροις ἔδωκεν ὅσα ὑπέσχητο[2], καὶ τῷ δήμῳ
καθ' ἑκατὸν δραχμάς[3]. Σύμπαντα γὰρ ὅσα ὁ Κόμμοδος
ἐπί τε τῇ τρυφῇ, καὶ ἐς ὁπλομαχίαν, ἢ καὶ ἐς ἁρματηλα-
σίαν ἐκέκτητο[4], ἐς τὸ πωλητήριον ἐξετέθη[5]· τὸ μὲν πλεῖστον πράσεως ἕνεκα, ἤδη δὲ καὶ ἐς ἐπίδειξιν τῶν τε ἔργων
αὐτοῦ καὶ τῶν διαιτημάτων, καὶ προσέτι καὶ ἐς ἔλεγχον
τῶν ὠνησομένων αὐτά.

R.p.1230 6. Ὁ δὲ Λαῖτος τὸν Περτίνακα δι' εὐφημίας ἦγε, καὶ
τὸν Κόμμοδον ὕβριζε[6]. Βαρβάρους γοῦν τινας χρυσίον παρ'
αὐτοῦ πολὺ ἐπ' εἰρήνῃ εἰληφότας[7] μεταπεμψάμενος (ἔτι
γὰρ ἐν ὁδῷ ἦσαν), ἀπῄτησεν αὐτὸ[8], εἰπὼν ὅτι[9], « Λέγετε
τοῖς οἴκοι, Περτίνακα ἄρχειν· » ἤδεσαν γὰρ καὶ πάνυ τὸ
ὄνομα αὐτοῦ, ἐξ ὧν ἐπεπόνθεσαν[10], ὅτε μετὰ τοῦ Μάρκου
ἐστράτευτο. Καὶ ἕτερον δέ τι τοιόνδε ἐπὶ τῇ[11] τοῦ Κομμόδου διαβολῇ ὁμοίως ἔπραξε. Κοπρίας τινὰς καὶ γελωτο-
ποιοὺς, αἴσχιστα[12] μὲν τὰ εἴδη, αἰσχίω δὲ τὰ ὀνόματα
καὶ τὰ ἐπιτηδεύματα ἔχοντας, καὶ διὰ τὴν ὕβριν τήν τε

1. Bkk. et Ddf; vulg. om. : τῶν; f om. : τῶν εἰχόνων... ἐπίπλων.
2. Bkk. et Ddf; vulg. ὑπέσχετο. Capitolin, 7, dit, au contraire : « Cujus nundinationis pecuniam, quæ ingens fuit, militibus donativo dedit. »
3. Capitolin, 15, est ici d'accord avec Dion : « Congiarium dedit populo
denarios centenos. » — 4. Zn. : ἐχέχρητο.
5. Capitolin, 8, nous a transmis sur cette vente quelques détails curieux. — 6. Rm. et St. intercalent ici l'Extrait suivant emprunté à
Peir. : Ὅτι ὁ Λαῖτος ὁ ὕπατος [commencement qu'ils remplacent simplement par Καί. Rm., de plus, en note, voudrait remplacer ὕπατος par

gent qu'il tira des statues, des armes, des chevaux, des meubles et des mignons de Commode, à payer aux prétoriens la somme qui leur avait été promise et environ cent drachmes au peuple. En effet, tout ce que Commode avait acheté pour son luxe, pour ses combats de gladiateurs, pour ses courses de chars, fut mis à l'encan, la plus grande partie pour être vendue, et aussi tant pour montrer quelles étaient les occupations et la manière de vivre de ce prince, que pour connaître ceux qui les achèteraient.

6. Quant à Lætus, il exaltait Pertinax et accablait Commode d'outrages. Des barbares ayant reçu une grosse somme d'or pour entretenir la paix, il les rappela (ils étaient encore en route) et réclama d'eux la somme en ajoutant : « Dites à ceux de votre pays que c'est Pertinax qui est empereur ; » ils n'avaient, en effet, que trop connu son nom par les maux qu'il leur avait fait souffrir lorsqu'il combattait contre eux avec Marc-Antonin. Lætus fit encore une autre chose du même genre, afin de déshonorer la mémoire de Commode. Trouvant de sales bateleurs et des bouffons, gens à la mine hideuse, aux noms et aux mœurs plus hideux encore,

---

ἔπαρχος, s'appuyant sur un passage de LXXII, 19, ὅσα κακῶς ἐποίησεν ὁ Κόμμοδος (Rm. et St. : ὅσα αὐτὸς κακῶς ἐποίησεν)] ἐξήλεγχεν. « Le « consul Lætus mettait au grand jour tout ce que Commode avait fait « de mal. »

7. Commode avait, au témoignage d'Hérodien, I, 6, acheté la paix des barbares à prix d'argent. — 8. Peir. om. — 9. Peir. : εἰπὼν αὐτοῖς ὅτι. 10. Zn. (haud dubie rectius, dit Rm.) et Ddf; vulg. et Bkk. : πεπόνθεσαν. Sur les faits historiques, cf. Hérodien, II, 4. — 11. f om. : τοῦ Μάρκου... ἐπὶ τῇ. — 12. Peir. : τῶν συγγενομένων αἴχιστα.

ἀσέλγειαν[1] ὑπὸ τοῦ Κομμόδου[2] ὑπερπλουτοῦντας εὑρὼν,
ἐδημοσίευσε τάς τε προσηγορίας αὐτῶν, καὶ τὸ πλῆθος ὧν
ἐκέκτηντο· καὶ ἦν ἐπὶ μὲν τοῖς γέλως, ἐπὶ δὲ τοῖς ὀργὴ
καὶ λύπη· τοσαῦτα γάρ τινες αὐτῶν ἔχοντες ἦσαν, ἐφ'
ὅσοις ἐκεῖνος πολλοὺς καὶ τῶν βουλευτῶν ἐσφάχει. Οὐ μέντοι γε καὶ δι' ὅλου ὁ Λαῖτος πιστὸς ἔμεινε τῷ Περτίνακι,
μᾶλλον δὲ οὐδ' ἐν ἀκαρεῖ· ὧν γὰρ ἤθελε μὴ τυγχάνων,
προσπαρώξυνε τοὺς στρατιώτας, ὡς λελέξεται[3], κατ'
αὐτοῦ.

7. Τὸν μὲν οὖν πενθερὸν αὐτοῦ ὁ Περτίναξ τὸν Σουλπικιανὸν τὸν Φλάουιον πολιαρχεῖν ἔταξε, καὶ ἄλλως ἄξιον
ὄντα τούτου τυχεῖν· οὔτε δὲ τὴν γυναῖκα Αὔγουσταν,
οὔτε τὸν υἱὸν Καίσαρα, καίπερ ψηφισαμένων ἡμῶν, ποιῆσαι ἐθέλησεν, ἀλλ' ἑκάτερον ἰσχυρῶς διεκρούσατο, εἴτ' οὖν
ὅτι μηδέπω τὴν ἀρχὴν ἐρριζώκει, εἴτε καὶ ὅτι ἐκείνην τε
R.p.1231 ἀκολασταίνουσαν οὐκ ἠβουλήθη τὸ τῆς Αὐγούστης ὄνομα
μιᾶναι· καὶ τὸν υἱόν, παιδίον ἔτι ὄντα, οὐκ ἠθέλησε, πρὶν
παιδευθῆναι, τῷ τε ὄγκῳ[4] καὶ τῇ ἐλπίδι τῇ ἐκ τοῦ ὀνόματος διαφθαρῆναι[5]. Ἀλλ' οὐδ' ἐν τῷ παλατίῳ αὐτὸν ἔτρεφεν[6], ἀλλὰ καὶ πάντα τὰ ὑπάρχοντα αὐτῷ[7] πρότερον ἐν
τῇ πρώτῃ εὐθὺς ἡμέρᾳ ἀποθέμενος[8], ταῦτά τε τοῖς τέκνοις

1. Peir. : καὶ τὴν ἀσελγείαν. — 2. Peir. om. : ὑπὸ τοῦ Κομμόδου.
3. Cf. ch. 7.
4. St., d'après Rm. approuvé par Rsk. (*Nova Acta eruditorum*, 1752,
p. 636), Bkk. et Ddf; vulg. : ὄρκῳ. — 5. Capitolin , 5 : « Ea die qua Augustus est appellatus et Flavia Titiana, uxor ejus, Augusta est appel-
lata... » 6 : « Filium ejus Pertinacem senatus Cæsarem appellavit. Sed

enrichis outre mesure par Commode à cause de leur insolence et de leur impudicité, il les mit publiquement en vente avec leurs noms et la multitude de leurs talents ; et ce spectacle excita, d'un côté le rire, de l'autre, l'indignation et la tristesse : quelques-uns d'entre eux, en effet, possédaient des richesses si considérables que, pour les leur procurer, le prince avait égorgé plusieurs sénateurs. Néanmoins Lætus ne demeura pas toujours fidèle à Pertinax, ou plutôt il ne le fut pas longtemps ; en effet, n'obtenant pas ce qu'il désirait, il souleva, comme on va le dire, les soldats contre lui.

7. Pertinax donna la préfecture de Rome à Flavius Sulpicianus, son beau-père, homme d'ailleurs digne d'un tel emploi ; mais il ne voulut, malgré notre décret, faire ni sa femme Augusta ni son fils César. Il repoussa énergiquement l'un et l'autre titre, soit parce que son pouvoir n'était pas encore affermi, soit parce qu'il se refusait à laisser souiller le titre d'Augusta par les désordres de cette femme ; quant à son fils, qui était encore en bas âge, il ne voulait pas, avant que ce fils fût instruit, le laisser se corrompre par l'éclat et par l'espoir que lui aurait donné ce nom. Au lieu de l'élever dans le palais, il renonça, dès le premier jour, à tout ce qu'il possédait

Pertinax nec uxoris Augustæ appellationem recepit, et de filio dixit, Quum meruerit...» 13 : « Circa uxoris pudicitiam minus curiosus fuit, quum palam citharædum illa diligeret... »

6. Capitolin, 13 : « Filios suos in palatio nutriri noluit. » Cf. Hérodien, II, 4. — 7. Bkk. et Ddf ; vulg. : αὐτῷ.{— 8. Capitolin, 11 : « Suos [cubicularios], statim ut imperator factus est, filiis emancipatos dederat. »

διένειμε (καὶ γὰρ καὶ θυγατέρα εἶχε), καὶ παρὰ τῷ πάππῳ[1] διαιτᾶσθαι αὐτὰ ἐκέλευσεν, ὀλίγα ἄττα αὐτοῖς ὡς πατὴρ, καὶ οὐχ ὡς αὐτοκράτωρ, συγγινόμενος.

8. Ἐπεὶ οὖν οὔτε τοῖς στρατιώταις ἁρπάζειν, οὔτε τοῖς Καισαρείοις ἀσελγαίνειν ἔτι ἐξῆν, δεινῶς οὗτοι ἐμίσουν αὐτόν[2]. Ἀλλ' οἱ μὲν Καισάρειοι οὐδὲν, ἅτε καὶ ἄοπλοι ὄντες, ἐνεωτέρισαν· οἱ δὲ δὴ στρατιῶται οἱ δορυφόροι, καὶ ὁ Λαῖτος, ἐπεβούλευσαν αὐτῷ[3]. Καὶ πρῶτα μὲν τὸν ὕπατον Φάλκωνα[4], ὅτι καὶ γένει καὶ χρήμασιν ἤκμαζεν, αὐτοκράτορα[5] ἐπιλέγονται, καὶ ἐς τὸ στρατόπεδον αὐτὸν ἐσάξειν, τοῦ Περτίνακος ἐπὶ τῇ θαλάσσῃ τὴν τοῦ σίτου παρασκευὴν ἐξετάζοντος[6], ἔμελλον[7]. Μαθὼν δὲ τοῦτ' ἐκεῖνος, σπουδῇ ἐς τὴν πόλιν ἦλθε, καὶ παρελθὼν ἐς τὴν γερουσίαν ἔφη· «Οὐ χρὴ ὑμᾶς ἀγνοεῖν, ὦ Πατέρες, ὅτι πέντε που καὶ εἴκοσι μυριάδας δραχμῶν[8] εὑρὼν, τοσοῦτον τοῖς στρατιώταις διένειμα, ὅσον Μάρκος τε καὶ Λούκιος, οἷς ἑξακισμύριαι καὶ ἑπτακισχίλιαι καὶ πεντακόσιαι μυριάδες κατελείφθησαν. Ἀλλ' αἴτιοι τῆς ἀχρηματίας ταύτης οἱ θαυμαστοὶ Καισάρειοι γεγόνασι.» Καὶ ἐψεύσατο μὲν ὁ

1. Rm. : « Avum intellige maternum, Flavium Sulpicianum. Minus recte credo Herodianus [II, 4] ἐν τῇ πατρῴᾳ. » — 2. Pertinax avait commis la faute de ne déplacer aucun de ceux à qui Commode avait donné des charges, et d'attendre le jour anniversaire de la fondation de Rome pour les améliorations qu'il projetait. Aussi fut-il prévenu par eux. Outre ce qui a été dit, au ch. 1. du mécontentement témoigné contre Pertinax par une certaine faction, on peut encore rapprocher divers passages de Capitolin, 8, 10, 11, 12, 14.

3. Eutrope, Aurélius Victor (Césars, XVIII, 2, et Epitome, XVIII, 2), Spartien (Julianus, 3), Orose, Eusèbe prétendent que l'instigateur fut

auparavant, pour le distribuer à ses enfants (il avait aussi
une fille), et ordonna qu'ils demeureraient chez leur
aïeul, où ses rapports avec eux, peu nombreux du reste,
étaient d'un père, et non d'un empereur.

8. Les soldats, n'ayant plus la permission de piller, ni
les Césariens de se livrer à leurs débordements, en conçurent une haine violente contre lui. Mais les Césariens,
qui n'avaient pas d'armes, ne tentèrent rien, tandis que
les soldats prétoriens, avec Lætus, conspirèrent contre
lui. Ils choisirent d'abord pour empereur le consul
Falcon en considération de sa naissance et de ses richesses, et ils devaient l'introduire dans leur camp
pendant que Pertinax était occupé sur mer à inspecter
l'annone. Pertinax, averti de cette entreprise, revint
en diligence à Rome, et, s'étant rendu au sénat, y
parla en ces termes : « Il ne faut pas que vous ignoriez,
« Pères Conscrits, qu'encore que je n'aie trouvé que
« vingt-cinq mille drachmes, je n'ai pas laissé de faire
« d'aussi grandes largesses aux soldats que Marcus et
« Lucius, à qui on en avait laissé soixante-sept mille
« cinq cents. Mais ceux qui sont cause de cette pénu-
« rie, ce sont les admirables Césariens. » Pertinax men-

Julianus; Capitolin (Albinus, 1 et 14), que ce fut Albinus. Mais Capitolin
(Pertinax, 10 et 11) est d'accord avec Dion. — 4. Q. Sosius Falcon, que
Commode (LXXII, 22) avait voulu faire mourir la veille des calendes de
janvier. — 5. Bkk. et Ddf; St. défend la vulgate : « An Græce dici possit
τὸν ὕπατον Φάλκωνα εἰς αὐτοκράτορα ἐπιλέγονται, valde dubito. Si certum
esset nos hic verba Dionis legere, vel delendam censerem præpositionem
εἰς, vel, hac servata, nomen ἀρχήν post eam inserendum. Xiphilino talem
licentiam indulgere possumus. » — 6. Capitolin, 7 : « Annonæ consul-
tissime providit. » — 7. Bkk.; vulg. et Ddf : ἤμελλον.
8. Cf. p. 226, note 4, ch. 5.

Περτίναξ, ὅτι ἐπίσης τῷ Λουκίῳ καὶ τῷ Μάρκῳ τοῖς
στρατιώταις ἐδωρήσατο[1] (ὁ μὲν γὰρ ἐς πεντακισχιλίας, ὁ
δὲ ἐς τρισχιλίας αὐτοῖς ἐδεδώκει)· οἱ δὲ δὴ στρατιῶται
καὶ οἱ Καισάρειοι παρόντες ἐν τῷ συνεδρίῳ (πάμπολλοι δὲ
ἦσαν) δεινῶς ἠγανάκτησαν, καὶ φοβερόν τι διετονθόρυσαν.
Μελλόντων δὲ ἡμῶν[2] καταψηφιεῖσθαι τοῦ Φάλκωνος, [καὶ
ἤδη γε αὐτὸν πολέμιον ὀνομαζόντων,] ἀναστὰς ὁ Περτίναξ
καὶ ἀνακραγὼν, « Μὴ γένοιτο, ἔφη, μηδένα βουλευτὴν,
ἐμοῦ ἄρχοντος[3], μηδὲ δικαίως θανατωθῆναι. » [Καὶ ὁ μὲν
οὕτως ἐσώθη[a].]

9. Ὁ δὲ Λαῖτος, παραλαβὼν τὴν κατὰ τὸν Φάλκωνα
ἀφορμὴν[5], πολλοὺς τῶν στρατιωτῶν, ὡς καὶ ἐκείνου κε-
λεύοντος, διέφθειρεν. Οἱ δὲ λοιποὶ, τοῦτο αἰσθόμενοι,
καὶ φοβηθέντες μὴ καὶ αὐτοὶ προσαπόλωνται, ἐθορύβησαν.
Διακόσιοι[6] δὲ οἱ τῶν ἄλλων θρασύτεροι, καὶ ἐς τὸ παλάτιον
τὰ ξίφη ἀνατετακότες ὥρμησαν. Οὐδὲ ἔγνω πρότερον προσιόντας ὁ Περτίναξ αὐτοὺς, πρὶν ἄνω γενέσθαι[7]· τότε δὲ

R.p.1232

---

1. Rm., citant ce passage de Capitolin (Marc-Antonin, 7) : « [Marcus
et Verus] pariter castra prætoria petiverunt, et vicena millia nummum
singulis ob participatum imperium promiserunt, et celeris pro rata.... »
pense que, s'il était permis de s'en rapporter à cet historien, l'honneur de
Pertinax serait à couvert, car, dit-il, « quia unus dederat duodena sestertia [c. 1 : τρισχιλίας γὰρ αὐτοῖς δραχμὰς κατ' ἄνδρα δώσειν], adeoque
tantumdem, imo amplius, quantum singuli Augusti Marcus et Verus. Sed
quum imperatores singuli consuessent vicena prætorianis dare, primum ve-
risimile non est Marcum, communicato imperio cum fratre et genero, nil
amplius pro ambobus promisisse : unde fides major est penes Dionem, qui
amplius Verum duodena refert dedisse. Neque id mirum videri debet quod
pro Vero minus quam pro Marco promissum sit, quia et duo Augusti dis-

tait en disant qu'il avait donné aux soldats autant que Lucius et que Marcus (l'un, en effet, leur avait donné environ cinq mille drachmes, l'autre, environ trois mille); les soldats et les Césariens alors présents dans le sénat (et ils étaient fort nombreux) en conçurent une violente indignation et firent entendre un murmure effrayant. Nous allions condamner Falcon, [déjà même nous le déclarions ennemi public,] lorsque Pertinax, se levant, s'écria : « Les dieux ne permettent pas qu'aucun sénateur soit mis à mort même justement, sous mon règne. » [C'est ainsi que Falcon fut sauvé.]

9. Lætus, prenant l'occasion de l'entreprise de Falcon, fit tuer plusieurs soldats comme par ordre de l'empereur. Les autres, s'en étant aperçus et craignant d'être eux-mêmes mis à mort à la suite de leurs camarades, se soulevèrent. Deux cents des plus hardis se portèrent sur le palais l'épée à la main. Pertinax n'eut connaissance de leur marche que lorsqu'ils furent

pari quodammodo potestate interdum fuerunt [LXXI, 1]. Præterea Dioni præsenti credendum est, Pertinacem hæc ea sententia jactasse, quasi ipse solus tantumdem, quantum ambo Augusti, Marcus et Verus, dederit. »

2. Peir. : Ὅτι κατὰ τὴν ἐπιβουλὴν τὴν κατὰ Περτίνακος· μελλόντων τῶν βουλευτῶν. — 3. Peir. : ἐμοῦ ἄρχοντος βουλευτήν. — 4. Capitolin, 10 : « Falconi tamen pepercit, et a senatu impunitatem ejus petiit. »

5. Capitolin, 10 : « Grave præterea militibus visum, quod in causa Falconis multos milites ad unius servi testimonium occidi præceperat. »

6. Trois cents, suivant Capitolin, 11 ; Zn. est d'accord avec Dion.

7. Capitolin, 11 : « Sed subito ille globus in palatium pervenit, neque aut arceri potuit, aut imperatori nuntiari... »

ἡ γυνὴ αὐτοῦ ἐσδραμοῦσα ἐμήνυσεν αὐτῷ τὸ γενόμενον[1].
Μαθὼν οὖν ταῦτ' ἐκεῖνος, πρᾶγμα, εἴτ' οὖν γενναῖον,
εἴτε ἀνόητον, εἴθ' ὅπως τις αὐτὸ ὀνομάσαι ἐθέλει, ἔπραξε.
Δυνηθεὶς γὰρ ἂν μάλιστα μὲν ἀποκτεῖναι τοὺς ἐπελθόντας
(τῇ τε γὰρ νυκτερινῇ φυλακῇ[2] καὶ τοῖς ἱππεῦσιν ὥπλιστο,
καὶ ἦσαν καὶ ἄλλοι ἐν τῷ παλατίῳ τότε ἄνθρωποι πολλοί),
εἰ δὲ μὴ, κατακρυφθῆναί γε καὶ διαφυγεῖν ποι, τάς τε
πύλας τοῦ παλατίου καὶ τὰς ἄλλας τὰς διὰ μέσου θύρας
κλείσας, τούτων μὲν οὐδέτερον ἐποίησεν· ἐλπίσας δὲ κατα-
πλήξειν αὐτοὺς ὀφθεὶς, καὶ πείσειν ἀκουσθεὶς, ἀπήντησε
τοῖς προσιοῦσιν, ἐν τῇ οἰκίᾳ ἤδη οὖσιν· οὔτε γὰρ τῶν συ-
στρατιωτῶν τις αὐτοὺς εἶρξε, καὶ οἱ πυλωροὶ οἵ τε ἄλλοι
Καισάρειοι οὐχ ὅτι τι συνέκλεισαν, ἀλλὰ καὶ πάντα ἁπλῶς
προσανέῳξαν.

R.p.1233   10. Ἰδόντες δ' οὖν οἱ στρατιῶται, τὸ μὲν πρῶτον ἠδέσ-
θησαν[3], πλὴν ἑνὸς, καὶ τούς τε ὀφθαλμοὺς[4] ἐς τὸ δάπεδον
ἤρεισαν[5], καὶ τὰ ξίφη ἐς τοὺς κουλεοὺς ἐναπέθεντο· ἐπεὶ
δὲ ἐκεῖνος προπηδήσας, εἰπέ τε ὅτι « Τοῦτό σοι τὸ ξίφος
οἱ στρατιῶται πεπόμφασι, » καὶ προσπεσὼν εὐθὺς ἔπληξεν
αὐτὸν, οὐκ ἐπέσχον, ἀλλὰ τόν τε αὐτοκράτορα σφῶν κατέκοψαν[6], καὶ τὸν Ἔκλεκτον. Μόνος γὰρ δὴ οὗτος οὔτ'
ἐγκατέλιπεν αὐτὸν, καὶ ἐπήμυνεν αὐτῷ ὅσον ἠδυνήθη,

---

1. Hérodien, II, 5, dit que les amis du prince lui annoncèrent ce qui se
passait et lui conseillèrent de prendre la fuite. — 2. Doit s'entendre de
la garde qui veillait, la nuit, au palais, et non du corps des Vigiles.
    3. Cf. Hérodien, II, 5. Capitolin, 11 : « Pertinax ad eos processit,
eosque longa et gravi oratione placavit. » — 4. Rsk., Bkk. et Ddf;

arrivés au haut des degrés ; sa femme, accourant alors, l'avertit de ce qui se passait. Quand il en fut instruit, il fit une action qu'on appellera soit généreuse, soit insensée, soit de n'importe quel nom on voudra. Au lieu qu'il pouvait, avant tout, tailler en pièces les agresseurs (il était défendu par le piquet de nuit et par de la cavalerie, et il y avait aussi alors beaucoup d'autres personnes dans le palais), ou du moins se cacher et s'enfuir, en fermant la porte d'entrée du palais et les autres du milieu, il n'en fit rien. Espérant leur en imposer par sa présence et les persuader par ses paroles, il s'avança à leur rencontre, comme ils étaient déjà dans ses appartements ; aucun de leurs camarades n'avait essayé de les arrêter, et les portiers, ainsi que les autres Césariens, loin de rien fermer, avaient, au contraire, simplement tout ouvert.

10. A la vue du prince, les soldats furent d'abord saisis de respect, à l'exception d'un seul ; ils baissèrent les yeux à terre et remirent les épées au fourreau ; mais, aussitôt que cet homme, s'élançant contre Pertinax, lui eut dit : « Voilà une épée que les soldats t'envoient, » et que, se précipitant à l'instant sur lui, il l'eut frappé, alors les autres ne se continrent pas et ils percèrent de coups leur empereur et Eclectus. Seul, en effet, Eclectus n'abandonna pas Pertinax ; il le défendit autant qu'il fut en son

---

vulg. : ἑνὸς, τούς τε ὀφθαλμοὺς καί. — 5. Slbg. (*Index*), Henri Étienne, Lncl. en marge, Bkk. et Ddf ; vulg. : ἔρεισαν. — 6. Capitolin, 11 : « Quum Tausius quidam, unus e Tungris, in iram et timorem milites loquendo adduxisset, in pectus Pertinacis objecit. Tunc ille precatus Jovem Ultorem, toga caput operuit, atque a ceteris confossus est. »

ὥστε καὶ τρῶσαί τινας[1] · ὅθεν ἐγὼ καὶ πρὸ τοῦ ἄνδρα αὐτὸν
ἀγαθὸν γεγονέναι νομίζων, τότε δὲ[2] καὶ πάνυ ἐθαύμασα.
Ἀποτεμόντες δὲ οἱ στρατιῶται τὴν κεφαλὴν τοῦ Περτίνακος, περί τε δόρυ περιέπειραν[3], τῷ ἔργῳ ἐλλαμπρυνόμενοι.
Οὕτω μὲν ὁ Περτίναξ, ἐπιχειρήσας ἐν ὀλίγῳ πάντα ἀνα-
καλέσασθαι, ἐτελεύτησεν· οὐδὲ ἔγνω, καίπερ ἐμπειρότατος
πραγμάτων ὤν, ὅτι ἀδύνατόν ἐστιν ἀθρόα τινὰ[4] ἀσφαλῶς
ἐπανορθοῦσθαι, ἀλλ' εἴπερ τι ἄλλο, καὶ πολιτικὴ κατάστασις καὶ χρόνου καὶ σοφίας χρῄζει. Ἐβίω δὲ ἔτη ἑπτὰ
καὶ ἑξήκοντα, τεσσάρων μηνῶν καὶ τριῶν ἡμερῶν[5] δέοντα·
ἦρξε δὲ ἡμέρας ὀγδοήκοντα καὶ ἑπτά.

11. Διαγγελομένου δὲ τοῦ κατὰ τὸν Περτίνακα πάθους, οἱ μὲν ἐς τὰς οἰκίας ἔτρεχον, οἱ δὲ ἐς τὰς τῶν
στρατιωτῶν, καὶ τῆς ἑαυτῶν ἀσφαλείας πρόνοιαν ἐποιοῦντο[6].
Σουλπικιανὸς[7] δὲ (ἔτυχε γὰρ παρὰ τοῦ Περτίνακος ἀπο-
σταλεὶς ἐς τὸ στρατόπεδον, ἵνα τὰ ἐκεῖ καταστήσηται)
ἔμεινέ τε ἐν αὐτῷ, καὶ ἔπραττεν ὅπως ἂν αὐτοκράτωρ ἀπο-
δειχθῇ[8]. Κἀν τούτῳ Ἰουλιανὸς ὁ Δίδιος[9], χρηματιστής τε

---

1. Capitolin continue : « Et Electus quidem confossis duobus cum
eodem periit. » — 2. Rsk.; vulg. Bkk. et Ddf : δή. — 3. Rm. : « Membrum deesse declarat τε. Talis ergo quæpiam requiritur lectio : περί τε
δόρυ περιέπειραν, καὶ διὰ τῆς πόλεως περιήνεγκαν. Apud Zonaram brevius :
δόρατι περιπείραντες· περιῆγον. Sylb. Corrige : περὶ τὸ δόρυ περιέπειραν.
L. Quanquam illud περιῆγον ex re intelligi possit, ut [LXIV, 6] de Galba ;
tamen quia τό pro τε vix locum habet, ubi hasta indefinite indicatur,
inclino ad Sylburgii sententiam. » — 4. Wakefield, *Silva critica*, p. IV,
p. 102 : τινί, *quod non possibile sit alicui sine periculo restituere
multa subito.* — 5. Zn. om. : καὶ τριῶν ἡμερῶν. Sur les différences
chronologiques qui se rencontrent dans les auteurs, cf. les notes 68 et 69

pouvoir, à tel point qu'il blessa plusieurs des assassins ; aussi, l'ayant toujours tenu auparavant pour un homme de bien, j'ai conçu, de ce moment, une vive admiration pour lui. Les soldats, après avoir coupé la tête de Pertinax, la mirent au bout d'une lance, glorieux de cet exploit. C'est ainsi que mourut Pertinax, pour avoir entrepris de tout réformer en peu de temps ; malgré sa grande expérience des affaires, il n'avait pas compris qu'il est impossible de corriger en une fois de nombreux abus sans s'exposer à des dangers, et que la constitution d'un État, plus qu'aucune autre chose, exige du temps et de la prudence. Il vécut soixante-sept ans moins quatre mois trois jours, et régna soixante-sept jours.

11. Dès que le bruit de la mort de Pertinax se fut répandu, les uns coururent se réfugier dans leurs propres maisons, les autres dans celles des soldats, et s'occupèrent de leur sûreté. Quant à Sulpicianus, il resta au camp (il y avait été envoyé par Pertinax pour rétablir l'ordre), et chercha à se faire élire empereur. Dans l'intervalle, Didius Julianus, homme insatiable d'argent et

---

de Rm. — 6. Suivant Hérodien, les soldats, aussitôt qu'ils eurent consommé leur crime, en appréhendèrent les suites ; ils s'enfuirent dans leur camp, en fermèrent les portes et se mirent en garde sur les remparts et sur les tours, etc. — 7. Le même dont il est parlé au ch. 7.

8. Cf. Spartien (Julianus, 2 et 3); Hérodien, II, 6.

9. Après ce nom, Rm. et St. intercalent τὸ μὲν γένος βουλευτικὸν, τὸν τρόπον δεινὸν ἔχων, phrase tirée de l'Extrait suivant de Peir. : Ὅτι ὁ Ἰουλιανὸς ὁ Δίδιος ἦν τὸ μὲν γένος βουλευτικὸν, τὸν δὲ τρόπον δεινὸν ἔχων · τά τε γὰρ ἄλλα καὶ χρημάτων ἐπιθυμητὴς ἄπληστος καὶ ἀναλωτὴς ἀσελγὴς ἐγένετο · ὅθεν που νεωτέρων πραγμάτων ἀεὶ ἐπεθύμει. « Didius Julianus « était de race sénatoriale, mais il avait une conduite détestable ; il avait

ἄπληστος καὶ ἀναλωτὴς ἀσελγὴς [1], νεωτέρων τε ἀεὶ πραγμάτων ἐπιθυμῶν (διὸ καὶ πρὸς τοῦ Κομμόδου ἐς τὴν
ἑαυτοῦ πατρίδα τὸ Μεδιόλανον [2] ἐξελήλατο), οὗτος οὖν

R.p.1234 ἀκούσας τὸν θάνατον τοῦ Περτίνακος, σπουδῇ ἐς τὸ στρατόπεδον παρεγένετο [3], καὶ πρὸς ταῖς πύλαις τοῦ τείχους
ἑστὼς, παρεκάλει τοὺς στρατιώτας ὑπὲρ τῆς τῶν Ῥωμαίων
ἡγεμονίας. Ὅτε δὴ καὶ πρᾶγμα αἴσχιστόν τε καὶ ἀνάξιον
τῆς Ῥώμης ἐγένετο· ὥσπερ γὰρ ἐν ἀγορᾷ καὶ ἐν πωλη-
τηρίῳ τινὶ, καὶ αὐτὴ καὶ ἡ ἀρχὴ αὐτῆς πᾶσα ἀπεκηρύχθη.
Καὶ αὐτὰς ἐπίπρασκον μὲν οἱ τὸν αὐτοκράτορα σφῶν ἀπε-
κτονότες· ὠνητίων δὲ ὅ τε Σουλπικιανὸς καὶ ὁ Ἰουλιανὸς,
ὑπερβάλλοντες ἀλλήλους, ὁ μὲν ἔνδοθεν, ὁ δὲ ἔξωθεν. Καὶ
μέχρι γε πεντακισχιλίων δραχμῶν κατ' ἄνδρα κατὰ βραχὺ
προστιθέντες προῆλθον, διαγγελλόντων τινῶν καὶ λεγόν-
των τῷ τε Ἰουλιανῷ, ὅτι «Σουλπικιανὸς τοσοῦτον δίδωσι,
τί οὖν σὺ προστίθης;» καὶ τῷ Σουλπικιανῷ ὅτι «Ἰουλιανὸς [4]
τοσοῦτον ἐπαγγέλλεται, τί οὖν σὺ προσυπισχνῇ;» Κἂν ἐπε-

« de l'argent un désir insatiable et le dépensait sans vergogne ; aussi
« désirait-il toujours des révolutions. » Spartien, 2 : « Fuit consul cum
Pertinace, et in proconsulatu Africæ ei successit. Et semper ab eo col-
lega est et successor [cf. Capitolin, Pertinax, 14] appellatus. » Il avait,
en outre, gouverné (Spartien, 2) la Belgique, la Dalmatie, la Germanie
Inférieure et la Bithynie. Suivant Aurélius Victor (Césars, XIX, 1), il
passa du commandement des Vigiles à l'empire ; Jean d'Antioche prétend
que Julianus était consul, ce qui n'est pas plus vrai l'un que l'autre ; Hérodien dit avec plus de raison : Ἰουλιανῷ, ἤδη μὲν τὴν ὕπατον τετελευκότι ἀρχήν.

1. Le fait est confirmé par Hérodien ; Spartien, 3, le représente, au
contraire, comme poussant la parcimonie jusqu'aux dernières limites.

2. Spartien, 1 : « Avus paternus Insuber Mediolanensis... » 2 : « Factus est reus per quemdam Severum, clarissimum militem, conjurationis

prodigue jusqu'à la profusion, qui songeait sans cesse à former des entreprises (Commode l'avait, à raison de cette conduite, consigné à Milan, sa patrie), Didius Julianus, dis-je, n'eut pas plutôt appris la mort de Pertinax qu'il se rendit au camp, et, debout contre la porte des retranchements, sollicita des soldats la souveraineté de Rome. Alors se passa une chose infâme et indigne de Rome : Rome fut, comme sur une place publique et comme dans un marché, mise, elle et son empire tout entier, aux enchères. Les vendeurs étaient ceux qui avaient tué leur empereur, les acheteurs Sulpicianus et Julianus, cherchant, l'un du dedans, l'autre du dehors du camp, à se surpasser l'un l'autre. Les enchères ne tardèrent pas à monter jusqu'à cinq mille drachmes par tête, grâce à des messagers qui allaient dire à Julianus : « Sulpicianus donne tant, que mets-tu de plus ? » et à Sulpicianus : « Julianus offre tant, que promets-tu de plus ? » Sulpicianus l'aurait sans doute

cum Salvio contra Commodum : sed a Commodo, quia multos jam senatores occiderat, et quidem nobiles ac potentes, in causis majestatis, ne tristius gravaretur, Didius liberatus est, accusatore damnato. Absolutus, iterum ad regendam provinciam missus est. » — 3. Suivant Hérodien, II, 6, ce fut sa femme (Mallia Scantilla) et sa fille (Didia Clara) qui, au milieu d'un festin, lui persuadèrent d'acheter l'empire mis aux enchères par les prétoriens. D'après Spartien, 2, Julianus se rendait au sénat qui avait été convoqué après la mort de Pertinax, les tribuns P. Florianus et Vectius Aper le forcèrent de se rendre avec eux au camp des prétoriens. Le même historien (3) ajoute que, mandées par Julianus au palais, sa femme et sa fille s'y rendirent à regret et en tremblant, comme si elles eussent pressenti la fin tragique qui les attendait.

4. *a, b* : ὅτι τε Ἰουλιανός.

κράτησεν ὁ Σουλπικιανὸς, ἔνδον τε ὢν καὶ πολιαρχῶν, τάς
τε πεντακισχιλίας[1] πρότερος ὀνομάσας, εἰ μὴ ὁ Ἰουλιανὸς
οὐκέτι κατ᾽ ὀλίγον, ἀλλὰ χιλίαις καὶ διακοσίαις καὶ πεντήκοντα ἅμα δραχμαῖς ὑπερέβαλε[2], καὶ τῇ φωνῇ μέγα
βοῶν, καὶ ταῖς χερσὶν ἐνδεικνύμενος;[3]. Τῇ τε γὰρ ὑπερβολῇ
αὐτοῦ δουλωθέντες, καὶ ἅμα καὶ τὸν Σουλπικιανὸν, ὡς
καὶ τιμωρήσοντα τῷ Περτίνακι[4], φοβηθέντες, ὅπερ Ἰουλιανὸς αὐτοῖς ὑπέτεινεν, ἐσεδέξαντό τε αὐτὸν καὶ αὐτοκράτορα ἀπέδειξαν[5].

12. Καὶ ὁ μὲν οὕτω πρὸς ἑσπέραν ἔς τε τὴν ἀγορὰν
καὶ πρὸς τὸ βουλευτήριον ἠπείχθη, παμπληθεῖς δορυφόρους μετὰ σημείων συχνῶν ὥσπερ ἐς παράταξίν[6] τινα ἄγων,
ἵνα καὶ ἡμᾶς καὶ τὸν δῆμον προκαταπλήξας[7] προσθῆται·
καὶ αὐτὸν οἱ στρατιῶται τά τε ἄλλα ἐμεγάλυνον, καὶ Κόμμοδον ἐπωνόμαζον. Ἡμεῖς δὲ πυνθανόμενοι ταῦτα, ὥς που
ἑκάστῳ διηγγέλλετο, ἐφοβούμεθα μὲν τὸν Ἰουλιανὸν καὶ
R.p.1235 τοὺς στρατιώτας, καὶ μάλιστα ὅσοι τι ἢ πρὸς τὸν Περ-

---

1. Bkk. et Ddf, d'après Slbg.; vulg. : τούς τε [Rsk. : γε] πεντακισχιλίους.
2. Spartien ne parle pas de l'enchère; quant au *donativum*, il dit (3) :
« Sane quum vicena quina millia militibus promisisset, tricena dedit. » Hérodien, II, 7 et 11, n'est pas de cette opinion ; d'après lui, Julianus aurait, pour remplir ses promesses, épuisé ses biens personnels et pris
partout, même dans les temples, un argent avec lequel il ne put calmer les
soldats, qui croyaient ne pas avoir reçu leur compte. — 3. Il est peu
probable que Julianus tînt la somme dans ses mains. Aussi Rm., et je me
range à son opinion, pense-t-il que le futur empereur montrait sur les
doigts de la main la somme offerte par lui. Rm., à l'appui de cette inter-
prétation, cite Marc-Antonin accordant au peuple huit *aurei* par tête
ταῖς χερσὶ προσενεδείξατο, LXXI, 32), et (dans Spartien, 4, passage dont

emporté, tant parce qu'il était dans l'intérieur du camp, que parce qu'il était préfet urbain et qu'il avait le premier parlé des cinq mille drachmes, si Julianus n'avait enchéri non plus progressivement, mais de douze cent cinquante drachmes tout d'un coup, criant à haute voix et indiquant la somme sur ses doigts. Séduits par cette enchère et craignant en même temps que Sulpicianus ne vengeàt Pertinax, comme Julianus le leur insinuait, les soldats le reçurent dans leur camp et le proclamèrent empereur.

12. Ce fut dans de telles conjonctures que Julianus, vers le soir, se hâta de se rendre au Forum et au sénat, menant avec lui un grand nombre de prétoriens avec plusieurs enseignes, comme s'il se fût agi de les ranger devant l'ennemi, dans le dessein de nous obliger, nous et le peuple, à embrasser son parti en nous frappant d'abord d'épouvante; les soldats, entre autres noms magnifiques qu'ils lui donnaient, l'appelaient Commode. Pour nous, quand nous connûmes ce changement, nous nous prîmes, selon que la chose était annoncée à chacun de nous, à redouter Julianus et les soldats, ceux surtout qui avaient eu quelque liaison avec Pertinax....

---

le sens est, selon moi, contesté à tort) Julianus lui-même cherchant à apaiser le peuple « pollicitationibus aureorum quos digitis ostendebat, ut fidem faceret. » Puis il ajoute : « Ergo si et hic, ut moris fuit, aureos digitis adnumeravit, non drachmas aut sesterlios vel sestertia : vicena millia HS. prius promissa significavit nomine ducentorum aureorum, quina millia adjecta, nomine quinquaginta aureorum. Ducenti autem exprimebantur, quum summus pollex dextræ inter medios indicis et impudici artus immittebantur : quinquaginta addebantur, lævæ manus pollice ad modum græci Γ versus palmam inclinato. » — 4. Zn. ajoute (cf. ch. 7) : οἷα δὴ κηδεστῇ. — 5. Cf. Hérodien, II, 6 et Spartien, 2. — 6. Bkk. et Ddf, d'après Irmisch (notes sur Hérodien, II, 18, vol. II, p. 191) combattu par St.; vulg. : πρᾶξιν — 7. Slbg., Bkk. et Ddf; vulg. : προσκαταπλήξας.

τίνακα ἐπιτήδειον.....[1] (καὶ γὰρ ἐγὼ εἷς ἐξ αὐτῶν ἦν,
ἐπειδὴ ὑπό τε τοῦ Περτίνακος τά τε ἄλλα ἐτετιμήμην,
καὶ στρατηγὸς ἀπεδεδείγμην, καὶ ἐκεῖνον πολλὰ πολλάκις
ἐν δίκαις συναγορεύων τισὶν ἀδικοῦντα ἐπεδεδείχειν)· ὅμως
δ' οὖν καὶ διὰ ταῦτα (οὐ γὰρ ἐδόκει ἡμῖν ἀσφαλὲς εἶναι
οἴκοι, μὴ καὶ ἐξ αὐτοῦ τούτου ὑποπτευθῶμεν, καταμεῖ-
ναι) προήλθομεν, οὐχ ὅτι λελουμένοι[2], ἀλλὰ καὶ δεδει-
πνηκότες· καὶ ὠσάμενοι διὰ τῶν στρατιωτῶν, ἐς τὸ βουλευτήριον ἐσήλθομεν, καὶ ἠκούσαμεν αὐτοῦ τά τε ἄλλα
ἀξίως ἑαυτοῦ λέγοντος, καὶ ὅτι, « Ὑμᾶς τε ὁρῶ ἄρχοντος
δεομένους, καὶ αὐτὸς, εἰ καί τις ἄλλος, ἀξιώτατός εἰμι
ὑμῶν ἡγεμονεῦσαι. Καὶ εἶπον ἂν πάντα τὰ προσόντα μοι
ἀγαθὰ, εἰ μὴ καὶ ᾔδειτε, καὶ πεπειραμένοι μου ἦτε. Διὸ
οὐδὲ ἐδεήθην πολλοὺς στρατιώτας ἐπάγεσθαι, ἀλλ' αὐτὸς
μόνος πρὸς ὑμᾶς ἀφῖγμαι, ἵνα μοι τὰ ὑπ' ἐκείνων δοθέντα
ἐπικυρώσητε[3].» Μόνος τε γὰρ ἥκω, ἔλεγε, πᾶν μὲν ἔξωθεν τὸ βουλευτήριον ὁπλίταις περιεστοιχισμένος, πολλοὺς
δὲ καὶ ἐν αὐτῷ τῷ συνεδρίῳ στρατιώτας ἔχων· καὶ τοῦ
συνειδότος ἡμᾶς τοῦ περὶ αὐτὸν ἀνεμίμνησκεν, ἐξ οὗ καὶ
ἐμισοῦμεν αὐτὸν καὶ ἐφοβούμεθα.

i3. Καὶ ὁ μὲν, οὕτω τὴν αὐταρχίαν καὶ ἐκ τῶν τῆς

---

1. Bkk. et Ddf; St. : : « Ὅσοι τι οἱ πρὸς τὸν Περτίνακα ἐπιτήδειοι.
Nihil discrepat Pal. (et Br.) [f et k, neque a, b, c] nisi quod pro οἱ
ἐπιτήδειοι habet ἢ ἐπιτήδειον. Unde conjicio, veram scripturam esse ὅσοις
ἦν πρὸς τὸν Περτίνακα ἐπιτήδειον. Sylb. Posses etiam ex Pal. [f]
colligere, post verba ὅσοι τι aliquid deesse; vel legas licet : ὅσοι γε
οἱ, etc. Re. Ὅσοι ἦμεν πρὸς τὸν Περτίνακα *quoiquoi* Pertinaci eramus

(en effet, j'étais de ce nombre, attendu que, entre
autres honneurs reçus de Pertinax, j'avais eu celui d'être
préteur désigné, et que, maintes fois, en défendant des
citoyens devant les tribunaux, j'avais dévoilé mainte injustice de Julianus). Malgré cela cependant (il ne nous
semblait pas qu'il y eût sûreté pour nous à nous tenir
dans nos maisons, de peur d'exciter par cela même les
soupçons), nous sortîmes après avoir pris non-seulement le bain, mais aussi le repas du soir; nous en-
trâmes dans la curie, en nous ouvrant un passage à
travers les soldats, et nous entendîmes faire à Julianus
un discours digne de lui, discours où, entre autres
choses, il dit : « Je vois que vous avez besoin d'un chef,
« et moi, je suis digne, s'il en fut, d'être à votre tête.
« Je vous énumérerais toutes mes qualités, si vous ne
« les connaissiez déjà, et si vous ne m'aviez pas mis
« à l'épreuve. Aussi je n'ai pas eu besoin d'amener un
« grand nombre de soldats, je suis venu seul vers vous
« pour obtenir la confirmation de ce qu'ils m'ont
« donné. » Je viens seul, disait-il, quand il avait, au
dehors, entouré de gens armés la curie tout entière,
quand il avait un grand nombre de soldats avec lui dans
l'assemblée même; il en appelait au témoignage de notre
conscience sur sa vie qui ne nous inspirait que haine
et que crainte.

13. Julianus, après avoir ainsi fait confirmer son au-

---

amici. R. » Bkk., en note, propose de combler la lacune par ἢ πρὸς τοῦτον
ἐπαχθὲς ἐγεγένητο.

2. Rsk., Bkk. et Ddf; vulg. : δεδουλωμένοι. Rsk. : « Octava lavabant,
et nona cœnabant, etc. » Cf. la note 83* dans l'édition de Sturz.

3. Spartien lui prête une conduite et des paroles tout opposées à celles
que Dion lui attribue.

βουλῆς δογμάτων βεβαιωσάμενος[1], ἀνῆλθεν ἐς τὸ παλά-
τιον· καὶ εὑρὼν τὸ δεῖπνον τὸ τῷ Περτίνακι παρεσκευασμέ-
νον, πολλά τε αὐτοῦ κατεγέλασε, καὶ μεταπεμψάμενος
ὅθεν τι καὶ ὁπωσοῦν εὑρεθῆναι τότε ἠδυνήθη πολυτίμητον,
διεπίμπλατο, ἔνδον ἔτι τοῦ νεκροῦ κειμένου, καὶ ἐκύβευεν,
ἄλλους τε καὶ Πυλάδην τὸν ὀρχηστὴν παραλαβών[2]. Τῇ
δὲ δὴ ὑστεραίᾳ ἡμεῖς μὲν ἀνήειμεν ὡς αὐτὸν, πλαττόμενοι

R p.1236 τρόπον τινὰ καὶ σχηματιζόμενοι, ὅπως μὴ κατάφωροι ἐπὶ
τῇ λύπῃ γενώμεθα[3]· ὁ δὲ δῆμος ἐσκυθρώπαζε φανερῶς[4],
καὶ διελάλουν ὅσα ἤθελον, καὶ παρεσκευάζοντο πρᾶξαι ὅσα
ἠδύναντο[5]. Καὶ τέλος, ἐπειδὴ πρὸς τὸ συνέδριον ἦλθε,
καὶ τῷ Ἰανῷ· τῷ πρὸ τῶν θυρῶν αὐτοῦ θύσειν ἔμελλεν[6],
ἐξέκραγον πάντες, ὥσπερ ἐκ συγκειμένου τινὸς, τῆς τε
ἀρχῆς ἅρπαγα αὐτὸν καὶ πατροφόνον[7] ὀνομάζοντες. Ὡς δὲ
προσποιησάμενος μὴ χαλεπαίνειν, ἀργύριόν τι αὐτοῖς ὑπέσχετο, ἀγανακτήσαντες ὡς καὶ δεκαζόμενοι, ἀνεβόησαν
ἅμα πάντες, «Οὐ θέλομεν, οὐ λαμβάνομεν. » Καὶ αὐτοῖς

---

1. Spartien, 3 : « Facto senatusconsulto imperator est appellatus, et
tribunitiam potestatem, jus proconsulare, in patricias familias relatus,
emeruit. Uxor etiam Mallia Scantilla et filia ejus Didia Clara Augustæ
sunt appellatæ. » — 2. Hérodien, II, 7, est d'accord avec Dion; Spartien, 3 (on ne sait sur quelle autorité il s'appuie), prétend que ces bruits
sont de pures calomnies.

3. Spartien, 4, au contraire : « Ubi vero primum illuxit, senatum et
equestrem ordinem in palatium venientem admisit, atque unum quem-
que, ut erat ætas, vel fratrem, vel filium, vel parentem affatus blandis-
sime est. » Ce passage peut servir de commentaire à ces mots de Dion
(ch. 14) : θωπεύων τὴν βουλήν.

4. Capitolin (Pertinax, 14) : « Populus mortem ejus indignissime tulit,
quia videbat omnia per eum antiqua posse restitui. » Spartien (Julianus, 3):

torité par un décret du sénat, monta au palais, et, trouvant le souper préparé pour Pertinax, en plaisanta beaucoup, puis, envoyant chercher, n'importe où et comment il fut possible de les trouver dans le moment, des plats fort chers, il s'en gorgea, tandis que le cadavre gisait, encore sans sépulture, dans l'intérieur du palais, joua aux dés, ayant, entre autres, auprès de lui le danseur Pylade. Le lendemain, nous l'allâmes saluer, nous composant, pour ainsi dire, et nous contrefaisant pour ne pas laisser surprendre notre tristesse ; le peuple montrait ouvertement son affliction, chacun tenait les propos qu'il lui plaisait, chacun se préparait à faire ce qu'il pouvait. Enfin, lorsque Julianus fut arrivé au sénat, comme il se disposait à offrir le sacrifice à Janus devant les portes de la curie, tout le monde poussa des cris comme à un signal donné, en lui prodiguant les noms d'usurpateur et de parricide. Celui-ci, faisant semblant de ne point se fâcher, leur ayant promis de l'argent, tous, indignés comme si on cherchait à les corrompre, s'écrièrent à la fois : « Nous n'en voulons pas, nous ne

---

« Erat in odio populi Didius Julianus ob hoc quod creditum fuerat, emendationem temporum Commodi Pertinacis auctoritate reparandam. »

5. Bkk. : ἐδύνατο. — 6. C'est le sacrifice désigné au ch. suivant : ὅτε τὰ ἐσιτήρια πρὸ τοῦ βουλευτηρίου ἔθυεν ὁ Ἰουλιανός, sacrifice qu'offrait celui qui convoquait le sénat. Dion nous apprend ici que ce sacrifice s'adressait spécialement à Janus, dieu des portes, qui avait un autel devant la curie. Les sénateurs offraient de l'encens et du vin, les empereurs offraient des victimes. Cf. Irmisch, notes sur Hérodien, II, 6. Peutêtre bien est-ce un sacrifice pour la prise de possession de l'empire, la version latine *pro adeundo imperio*, reproduite dans l'*Index*, semble favoriser ce sens qui, d'ailleurs, n'exclut pas l'autre.

7. A cause du meurtre de Pertinax, qui avait reçu le nom de Père de la patrie.

καὶ τὰ πέριξ οἰκοδομήματα φρικῶδές τι συνεπήχησεν[1].
Ἀκούσας δὲ ταῦτα ὁ Ἰουλιανὸς οὐκέτ' ἐκαρτέρησεν, ἀλλὰ
τοὺς ἐγγὺς προσεστηκότας κτείνεσθαι προσέταξε[2]. Καὶ ὁ
δῆμος ἔτι καὶ μᾶλλον ἐπιπαρωξύνθη, καὶ οὐκ ἐπαύσατο
οὔτε τὸν Περτίνακα ποθῶν, οὔτε τὸν Ἰουλιανὸν λοιδορῶν,
οὔτε τοὺς θεοὺς ἐπιβοώμενος[3], οὔτε τοῖς στρατιώταις ἐπα-
ρώμενος[4]· ἀλλὰ καίτοι πολλοὶ πολλαχοῦ[5] τῆς πόλεως καὶ
τιτρωσκόμενοι καὶ φονευόμενοι, ἀντεῖχον. Καὶ τέλος ὅπλα
ἁρπάσαντες συνέδραμον ἐς τὸν ἱππόδρομον[6]· κἀνταῦθα
διετέλεσαν τὴν νύκτα καὶ τὴν μετ' αὐτὴν ἡμέραν ἄσιτοι καὶ
ἄποτοι, βοῶντες[7] τούς τε λοιποὺς στρατιώτας, καὶ μάλιστα τὸν Νίγρον τὸν Πεσκέννιον καὶ τοὺς μετ' αὐτοῦ ἐν
τῇ Συρίᾳ ὄντας, ἐπαμῦναι σφίσι δεόμενοι[8]. Καὶ μετὰ
τοῦτο τῇ τε κραυγῇ καὶ τῷ λιμῷ τῇ τε ἀγρυπνίᾳ κακωθέντες, διελύθησαν, καὶ ἡσυχίαν ἦγον, τὰς ἔξωθεν ἐλπίδας
ἀναμένοντες.

14. Ἰουλιανὸς δὲ, οὕτω τὴν ἀρχὴν ἁρπάσας, ἀνε-
λευθέρως τοῖς πράγμασιν ἐχρῆτο, θωπεύων[9] τὴν βου-

---

1. Bkk.; vulg. et Ddf : συνεπήχησαν. — 2. Spartien, 4 : « E senatu in
Capitolium pergenti populus obstitit, sed ferro et vulneribus et pollicitationibus aureorum, quos digitis ostendebat ipse Julianus, ut fidem faceret , submotus atque depulsus est. »

3. Le Grammairien publié dans les *Anecdota* de Bkk., vol. I, p. 142,
11 : Ἐπιβοῶμαι, αἰτιατικῇ. Δίων ἑβδομηκοστῷ τετάρτῳ [lisez : τρίτῳ] βιβλίῳ · « Καὶ οὐκ ἐπαύσατο οὔτε ἐκεῖνον ποθῶν, οὔτε τὸν Ἰουλιανὸν λοιδορῶν, οὔτε τοὺς θεοὺς ἐπιβοώμενος. » Καὶ ὑποκατιών · « Οὐ βοηθῶ τῷ δήμῳ,
οὐ γάρ με ἐπεβοήσατο. » Cette dernière citation ne se trouve plus aujour-
d'hui dans notre auteur.

l'acceptons pas. » Les édifices d'alentour leur répondirent par un bruit à faire frissonner. Julianus, entendant cela, ne se contint plus, et il donna l'ordre de faire mourir ceux qui étaient les plus proches de lui. Mais le peuple n'en fut que plus aigri encore et ne cessa ni de témoigner ses regrets de la perte de Pertinax, ni d'accabler Julianus d'injures, ni d'invoquer à haute voix le secours des dieux, ni de charger les soldats d'imprécations; bien plus, quoique plusieurs eussent été blessés et tués en divers endroits de la ville, il n'en continua pas moins sa résistance. Enfin, tout le peuple courut en armes au cirque et y passa la nuit et le jour suivant sans boire et sans manger, appelant à grands cris à son secours les autres soldats, mais surtout Pescennius Niger avec ceux qui étaient en Syrie sous son commandement. Puis, abattu par ses cris, par la faim et par les veilles, il se sépara et se tint en repos, attendant les espérances du dehors.

14. Julianus, s'étant ainsi emparé de l'empire, usa du pouvoir avec bassesse, courtisant lâchement le sénat et

---

4. Spartien, 4 : « Populus autem in milites vehementissime invehebatur, qui ob pecuniam Pertinacem occidissent. »

5. Bkk. et Ddf; vulg. : πολλοὶ καὶ πολλαχοῦ. — 6. Spartien, 4 (cf. Hérodien, II, 7), à la suite du passage cité plus haut, ch. 13, prétend que le peuple se rendit au cirque pour y assister aux jeux : « ... Inde ad circense spectaculum itum est. Sed occupatis indifferenter omnium subselliis, populus geminavit convitia in Julianum. » — 7. Zn., Rm., St. : ἐπιβοῶντες. — 8. Spartien continue : « Pescennium Nigrum, qui jam imperare dicebatur, ad urbis præsidium vocavit. »

9. ƒ : θωπεύειν.

R.p.1237 λὴν[1] καὶ τούς τι δυναμένους· καὶ τὰ μὲν ἐπαγγελλόμενος, τὰ δὲ χαριζόμενος, προσεγέλα τε καὶ προσέπαιζε πρὸς τοὺς τυχόντας· ἔς τε τὰ θέατρα συνεχῶς ἐσεφοίτα, καὶ συμπόσια πολλὰ συνεκρότει· τό τε σύμπαν, οὐδὲν ὅ τι οὐκ ἐπὶ θεραπείᾳ ἡμῶν ἐποίει. Οὐ μέντοι καὶ πιθανὸς ἦν, ἀλλ' ὡς ἀκράτῳ τῇ θωπείᾳ χρώμενος ὑπωπτεύετο· πᾶν γὰρ τὸ ἔξωθεν τοῦ εἰκότος, κἂν χαρίζεσθαί τισι δοκῇ, δολερὸν τοῖς νοῦν ἔχουσι νομίζεται. Ἐν μὲν δὴ τῇ Ῥώμῃ ταῦτα ἐγένετο· περὶ δὲ τῶν ἔξω ταύτης γενομένων καὶ νεωτερισθέντων ἤδη ἐρῶ. Τρεῖς γὰρ δὴ τότε ἄνδρες τριῶν ἕκαστος πολιτικῶν στρατοπέδων καὶ ἄλλων ξενικῶν συχνῶν ἄρχοντες, ἀντελάβοντο τῶν πραγμάτων, ὅ τε Σεουῆρος καὶ ὁ Νίγρος καὶ ὁ Ἀλβῖνος· οὗτος μὲν τῆς Βρεττανίας ἄρχων, Σεουῆρος δὲ τῆς Παννονίας, Νίγρος δὲ τῆς Συρίας. Καὶ τούτους ἄρα οἱ ἀστέρες οἱ τρεῖς, οἱ ἐξαίφνης φανέντες, καὶ τὸν ἥλιον περισχόντες, ὅτε καὶ ἐσιτήρια πρὸ τοῦ βουλευτηρίου ἔθυεν ὁ Ἰουλιανὸς[2] παρόντων ἡμῶν, ὑπῃνίττοντο. Οὕτω γὰρ ἐκφανέστατοι ἦσαν, ὥστε καὶ τοὺς στρατιώτας συνεχῶς τε αὐτοὺς ὁρᾷν, καὶ ἀλλήλοις ἀντεπιδεικνύειν, καὶ προσέτι καὶ διαθροεῖν ὅτι δεινὸν αὐτῷ συμβήσεται. Ἡμεῖς

---

1. Conf. le passage de Spartien rapporté page 168, note 3. On lit dans les *Excerpta Vaticana* : Ὅτι Ἰουλιανὸς, ὁ μετὰ Περτίνακα τὴν ἀρχὴν ἁρπάσας, πάντας ἐκολάκευεν. Ψηφισαμένης δὲ βουλῆς χρυσοῦν ἀνδριάντα αὐτοῦ, οὐ προσεδέξατο, εἰπὼν ὅτι « Χαλκοῦν μοι δότε, ἵνα καὶ μείνῃ· καὶ γὰρ τῶν πρὸ ἐμοῦ αὐτοκρατόρων τοὺς μὲν χρυσοῦς καὶ ἀργυροῦς ὁρῶ καθαιρεθέντας, τοὺς δὲ χαλκοῦς μένοντας· οὐκ ὀρθῶς τοῦτο εἰπών· ἀρετὴ γάρ ἐστιν ἡ διαφυλάττουσα [*sic* le ms et Ddf; Bkk. om. : ἐστιν; St. : ἀρετὴ γὰρ ἰδίᾳ φυλάττουσα] τὴν μνήμην τῶν κρατούντων· ὁ γὰρ δοθεὶς αὐτῷ χαλκοῦς, ἀναιρεθέντος [*sic* Bkk. et Ddf; St. : ἀνῃρεθέντος]

les citoyens qui avaient du crédit; promettant par-ci, donnant par-là, il riait et plaisantait avec ceux qu'il rencontrait; il fréquentait assidûment les théâtres et faisait souvent des festins; en un mot, il ne négligeait rien pour gagner notre affection. Mais, malgré tout cela, nous n'avions pas confiance en lui, nous le soupçonnions de n'agir que par pure flatterie; car tout ce qui sort des bornes ordinaires, bien que quelques-uns semblent y voir une faveur, n'en est pas moins regardé comme dangereux par les hommes sensés. Voilà ce qui se passait dans Rome; je vais maintenant raconter quels événements s'accomplirent au dehors et quels soulèvements eurent lieu. Il y avait alors trois hommes commandant en divers pays trois armées composées de citoyens et d'un grand nombre d'étrangers, qui prétendaient au pouvoir : Sévère, Niger et Albinus; le dernier commandait en Bretagne, Sévère en Pannonie, et Niger en Syrie. C'étaient eux qui avaient été signifiés par les trois étoiles qui se montrèrent autour du soleil lorsque Julianus offrit devant la curie en notre présence le sacrifice d'entrée. Ces étoiles, en effet, étaient si visibles que les soldats les virent continuellement et se les montrèrent les uns aux autres; que, de plus, ils répandirent qu'il arriverait malheur à Julianus. Quant à nous, malgré tout notre

---

αὐτοῦ, χαθηρέθη. « Julianus, qui s'empara de l'empire après la mort de « Pertinax, flattait tout le monde. Le sénat lui ayant décerné une statue « d'or, il la refusa, disant : Donnez-m'en une d'airain, afin qu'elle reste ; « car je vois que les statues d'or et d'argent élevées aux empereurs qui « m'ont précédé ont été renversées, tandis que les statues d'airain sub- « sistent encore; parole peu juste, car c'est la vertu qui garde la mé- « moire des souverains : l'airain qu'on lui donna fut renversé lorsqu'il « eut été renversé lui-même. »

2. Cf. ch. 13.

γὰρ, εἰ καὶ τὰ μάλιστα καὶ ηὐχόμεθα ταῦθ' οὕτω γενέσθαι, καὶ ἠλπίζομεν, ἀλλ' ὑπό γε τοῦ παρόντος δέους οὐδ'
ἀναβλέπειν ἐς αὐτοὺς, εἰ μὴ παρορῶντές πως, ἐτολμῶμεν.
Καὶ τοιοῦτο μὲν τοῦτο οἶδα γινόμενον.

15. Τῶν δὲ δὴ τριῶν ἡγεμόνων, ὧν εἴρηκα, δεινότατος
ὁ Σεουῆρος[1] ὢν, καὶ προγνοὺς ὅτι, μετὰ τὸ καταλῦσαι τὸν
Ἰουλιανὸν, καὶ σφίσιν αὐτοῖς οἱ τρεῖς συναράξουσι καὶ ἀν-
τιπολεμήσουσιν ὑπὲρ τῆς ἀρχῆς, ἐγνώκει τὸν ἕνα τὸν ἐγγύ-
τερον αὐτῷ[2] προσποιήσασθαι· καὶ γράμματά τινι τῶν
πιστῶν δοὺς, τῷ Ἀλβίνῳ ἐπεπόμφει, Καίσαρα αὐτὸν
ποιῶν· τὸν γὰρ δὴ Νίγρον, φρόνημα ἔχοντα ἐκ τοῦ ἐπί-
κλητον ὑπὸ τοῦ δήμου γεγονέναι, ἀπέγνω. Καὶ ὁ μὲν[3]
Ἀλβῖνος, ὡς καὶ κοινωνὸς τῆς ἀρχῆς τῷ Σεουήρῳ ἐσόμε-
νος[4], κατὰ χώραν ἔμεινεν· ὁ δὲ Σεουῆρος τὰ ἐν τῇ Εὐρώπῃ
πάντα πλὴν τοῦ Βυζαντίου[5] προσποιησάμενος, ἐπὶ τὴν
Ῥώμην ἠπείγετο, οὐδέποτε ἔξω τῶν ὅπλων γινόμενος[6],

1. Après ce mot, Rm. et St. intercalent l'Extrait suivant, emprunté à
Peiresc, en supprimant le commencement jusqu'à ἦν, ainsi que ὧν, καί et
ajoutant οὖν après προγνούς : Ὅτι ὁ Σεουῆρος δεινότατος ἦν τό τε μέλλον ἀκριβῶς προνοῆσαι, καὶ τὸ παρὸν ἀσφαλῶς διοικῆσαι, καὶ πᾶν μὲν [mot omis par
Rm. et St.] τὸ κεκρυμμένον ὡς καὶ ἐμφανὲς ἐξευρεῖν, πᾶν δὲ τὸ δυσλόγιστον ὡς
καὶ ἁπλοῦν διακρῖναι [Rm. et St., de même que Bkk. et Ddf, citant le passage d'après Valois, omettent tout ce membre de phrase depuis πᾶν δέ]·
πᾶν δὲ τὸ δυσδιάθετον ὡς καὶ ῥᾷστον ἐξεργάσασθαι. «Sévère était habile à pré-
« voir exactement l'avenir, à régler sûrement le présent, à découvrir tout
« ce qui était caché comme si la chose était claire, à débrouiller tout ce
« qui était enchevêtré, comme si la chose était simple, à exécuter tout
« ce qui était difficile à disposer comme si la chose était très-facile. » Le
Grammairien publié dans les *Anecdota* de Bkk.., vol. I, p. 168, 3, cite
une phrase de ce passage comme appartenant au soixante-quatorzième

désir que la chose arrivât, et bien que ce fût notre espoir, la crainte nous ôtait la hardiesse de lever les yeux vers ces astres, si ce n'est à la dérobée. Au moins, je sais que ce prodige eut lieu de la sorte.

15. Des trois généraux dont j'ai parlé, Sévère, qui était le plus habile et qui jugeait bien qu'après avoir renversé Julianus, il y aurait trois concurrents à l'empire et qu'ils se feraient mutuellement la guerre, résolut de s'attacher celui qui était le plus voisin. Il envoya donc à Albinus une lettre qu'il remit à un affidé, lettre par laquelle il le créait César. Quant à Niger, à qui l'appel du peuple avait inspiré de l'orgueil, il désespéra de le gagner. Albinus, se regardant comme assuré de partager l'empire avec Sévère, demeura dans ses positions, tandis que celui-ci, après avoir soumis toutes les villes de l'Europe, à la réserve de Byzance, se hâta de marcher sur Rome, sans jamais poser les armes ; loin

---

livre : Προνοῶ, τὸ προγιγνώσκω, αἰτιατικῇ. Δίων ἑξηκοστῷ τετάρτῳ βιβλίῳ · « Ἦν δὲ δεινότατος τό τε μέλλον ἀκριβῶς προνοῆσαι. » Hérodien, II, 9, fait de Sévère le même portrait. — 2. Bkk. et Ddf ; vulg. : αὐτῷ. Cf. Hérodien, II, 15.

3. Bkk. et Dd ; vulg. : om. — 4. Suivant Capitolin (Albinus, 3), Sévère eut d'abord l'intention de se substituer, pour le cas où il lui arriverait quelque malheur, Niger et Albinus. Mais, dans la suite, son amour pour ses fils devenus grands, sa jalousie à l'égard d'Albinus, et surtou les sollicitations de sa femme, l'auraient fait changer d'avis. Le même Capitolin (Albinus, 3), Spartien (Sévère, 6, et Niger, 4), s'accordent à lui prêter cette intention ; mais Hérodien, II, 15, attribue la conduite de Sévère à la ruse.

5. Sur la résistance qu'opposa cette ville, cf. LXXIV, 10.

6. Hérodien, II, 11, décrit la célérité de sa marche.

ἀλλ' ἑξακοσίους τοὺς ἀρίστους ἐπιλεξάμενος, ἐν μέσοις αὐτοῖς μεθ' ἡμέραν καὶ νύκτωρ διῆγεν· οὐδὲ ἀπεδύσαντό ποτε ἐκεῖνοι τοὺς θώρακας, πρὶν ἐν τῇ Ῥώμῃ γενέσθαι.

16. Καὶ ὁ Ἰουλιανὸς[1] ταῦτα μαθὼν πολέμιόν τε τὸν Σεουῆρον διὰ τῆς βουλῆς ἐποιήσατο[2], καὶ παρεσκευάζετο κατ' αὐτοῦ[3]. [καὶ γὰρ τάφρευμα[4] ἐν τῷ προαστείῳ διετάφρευσε, καὶ πύλας ἐπ' αὐτῷ ἐπέστησεν, ὡς καὶ ἐνταῦθα ἐκστρατεύσων καὶ ἐκεῖθεν πολεμήσων.] Καὶ ἐγένετο ἡ πόλις ἐν[5] ταῖς ἡμέραις ταύταις οὐδὲν ἄλλο ἢ στρατόπεδον, ὥσπερ ἐν πολεμίᾳ. Πολλὴ μὲν γὰρ ταραχὴ καὶ αὐλιζομένων καὶ γυμναζομένων ὡς ἑκάστων[6], ἀνδρῶν, ἵππων[7], ἐλεφάντων· πολὺς δὲ καὶ[8] φόβος ἐς τοὺς λοιποὺς ἐκ τῶν ὡπλισμένων, [ἅτε καὶ μισούντων σφᾶς,] ἐγίγνετο[9]. Ἔστι δὲ ὅτε[10] καὶ γέλως ἡμᾶς ἐλάμβανεν· οὔτε γὰρ οἱ δορυφόροι ἄξιόν τι τοῦ τε ὀνόματος καὶ τῆς ἐπαγγελίας σφῶν, ἅτε καὶ ἁβρῶς διαιτᾶσθαι μεμαθηκότες, ἐποίουν[11]· καὶ οἱ ἐκ τοῦ ναυτικοῦ τοῦ ἐν τῷ Μισηνῷ ναυλοχοῦντος μεταπεμφθέντες[12], οὐδ' ὅπως γυμνάσωνται ᾔδεσαν· οἵ τε ἐλέφαντες ἀχθόμενοι τοῖς πύργοις, οὐδ' αὐτοὺς ἔτι τοὺς ἐπιβάτας ἔφερον, [ἀλλὰ καὶ ἐκείνους κατέβαλλον[13].] Μάλιστα δὲ ἐγε-

R.p.1239

---

1. *f* om. : τοὺς θώρακας... Ἰουλιανός. — 2. Spartien (Sévère, 5) : « Auctore Juliano Septimius Severus a senatu hostis appellatus est, legatis ad exercitum senatus verbis missis, qui juberent ut ab eo milites, senatu præcipiente, discederent. » Il ajoute (ibid. et Niger, 2) que des assassins furent envoyés. — 3. Les amis de Julianus (Hérodien, II, 11) lui conseillaient d'occuper les défilés des Alpes; il préféra rester dans Rome. — 4. Peir. : Ὅτι ὁ Ἰουλιανός, τοῦ Σεουήρου ἐπαναστάντος· τάφρευμα. — 5. Peir. om. — 6. *a*, *b* om. : ὡς ἑκάστων. — 7. *a*, *b* : ἵππων,

de là, il demeura nuit et jour au milieu de six cents hommes d'élite, et ces hommes ne quittèrent pas leurs cuirasses avant d'être dans Rome.

16. Julianus, instruit de sa marche, fit déclarer Sévère ennemi public par le sénat, et prit des dispositions contre lui ; [il fit creuser un fossé en avant de la ville, y établit des portes, comme s'il avait l'intention d'établir là son camp pour marcher contre son rival.] Rome présenta, ces jours-là, un aspect semblable en tout à celui d'un camp, comme si l'on eût été sur une terre ennemie. Il y régnait une immense confusion pour le logement et les exercices divers tant des hommes que des chevaux et des éléphants ; les gens armés aussi, [attendu la haine qu'ils portaient aux citoyens,] inspiraient une grande crainte au reste des habitants. Quelquefois aussi nous nous prenions à rire ; car les prétoriens, qui avaient appris à vivre mollement, ne faisaient rien qui répondît à leur nom et à leurs promesses. Les soldats tirés de la flotte mouillée à Misène ne savaient même pas comment faire l'exercice ; les éléphants, incommodés de leurs tours, ne souffraient pas ceux qui les montaient [et les jetaient à terre]. Mais, ce qui excitait le plus notre rire, c'était de

---

ἀνδρῶν — 8. Peir. om. — 9. Peir., Bkk. et Ddf.; vulg. : ἐγένετο. — 10. Peir. et Ddf; vulg. et Bkk. : δ' ὅτε. — 11. Spartien (Julianus, 5)» : Ipse autem Julianus prætorianos in Campum deduci jubet, muniri turres : sed milites desides et urbana luxuria dissolutos, invitissimos ad exercitium militare produxit, ita ut vicarios operis, quod unicuique præscribebatur, mercede conducerent. »

12. Peir. om. : τοῦ... μεταπεμφθέντες.

13. Bkk. et Ddf; vulg. : κατέβαλον.

λῶμεν, ὅτι τὸ παλάτιον κιγκλίσι τε καὶ θύραις ἰσχύραις
ἐκρατύνατο· ἐπεὶ γὰρ τὸν Περτίνακα οὐκ ἄν ποτε οἱ στρατιῶται ῥᾳδίως οὕτως, εἴπερ συνεκέκλειστο, πεφονευκέναι
ἐδόκουν[1], ἐπίστευεν ὅτι δυνήσεται κατακλεισθεὶς ἐς αὐτὸ[2],
ἂν ἡττηθῇ, περιγενέσθαι. Ἔσφαξε μὲν οὖν καὶ τὸν Λαῖτον[3], καὶ τὴν Μαρκίαν· ὥστε σύμπαντας τοὺς ἐπιβουλεύ-
σαντας τῷ Κομμόδῳ φθαρῆναι (καὶ γὰρ[4] τὸν Νάρκισσον
ὕστερον ὁ Σεουῆρος θηρίοις ἔδωκεν[5], αὐτὸ τοῦτο κηρύξας
ὅτι, « Οὗτός ἐστιν ὁ Κόμμοδον ἀποπνίξας ») ἔκτεινε δὲ
καὶ παῖδας συχνοὺς ἐπὶ μαγγανεύμασιν, ὡς καὶ ἀποστρέ-
ψαι τι τῶν μελλόντων, εἰ προμάθοι αὐτὰ, δυνησόμενος[6].
Ἐπί τε τὸν Σεουῆρον ἀεί τινας, ὡς δολοφονήσοντας αὐτὸν,
ἀπέστειλεν[7].

17. Ἐπεὶ δὲ ἐκεῖνος ἐς τὴν Ἰταλίαν ἀφίκετο, καὶ τὴν
Ῥάβενναν ἀκονιτὶ παρέλαβε[8], καὶ οὓς ἐκεῖνος ἐπ' αὐτὸν
ἔπεμπεν, ἢ πείσοντας ὑποστρέψαι, ἢ εἴρξοντας τῶν παρ-

---

1. Peir. : ἐδόξαν. — 2. Peir., Bkk. (en note) et Ddf; leçon que St. déclare préférable à la vulgate : ἐν αὐτῷ. — 3. Lætus fut mis à mort (Spartien, Julianus, 6) parce qu'on le crut partisan de Sévère; c'était lui qui
(Spartien, Sévère, 4) avait fait absoudre ce général, accusé devant Commode d'avoir consulté des devins pour savoir s'il parviendrait à l'empire,
et sa protection lui avait valu le commandement de l'armée de Germanie.
Quant à Marcia, l'auteur n'en donne pas la raison; Rm. pense que c'est
peut-être pour avoir fait Pertinax empereur avec l'aide d'Eclectus et de
Lætus. — 4. Bkk. et Ddf; vulg. om. — 5. Il avait fait obtenir à Niger
(Spartien, 1) le commandement des légions de Syrie. Quant à la mort de
Commode, cf. LXXII, 22. — 6 Spartien (Julianus, 7) confirme le fait;
mais, suivant lui, ces sacrifices étaient destinés à calmer la haine du peuple
et à rendre inutiles les armes de ses ennemis.

7. Cf. p. 176, note 2. Rm. et St. intercalent ici l'Extrait suivant, emprunté
à Peir., se fondant sur ce passage de Spartien (Julianus, 5) : « Missi sunt

voir le palais fortifié par des verroux et des portes solides; car, comme il semblait que, s'il eût été alors fermé,
jamais les soldats n'eussent tué si facilement Pertinax,
Julianus se persuada qu'en venant s'y renfermer, au cas
d'une défaite, il pourrait sauver sa vie. Il fit cependant
mettre à mort Lætus et Marcia, de façon que tous ceux
qui avaient conjuré contre Commode périrent (Narcisse
fut, plus tard, livré aux bêtes par Sévère, tandis qu'un
héraut criait : « Voilà celui qui a étranglé Commode ! »).
Il tua aussi quantité d'enfants pour servir à des sacrifices
magiques, dans l'espoir qu'il pourrait détourner les menaces de l'avenir, s'il parvenait à le connaître à l'avance.
Il ne cessait non plus d'envoyer des agents pour assassiner Sévère en trahison.

17. Mais, lorsque Sévère fut arrivé en Italie et qu'il
eut pris Ravenne sans coup férir; lorsque les émissaires
qui devaient lui persuader de s'en retourner ou lui bar-

legati consulares a senatu ad milites, qui suaderent ut Severus repu-
diaretur, et is esset imperator quem senatus elegerat. Inter ceteros legatus est Vespronius Candidus, vetus consularis, olim militibus invisus ob
durum et sordidum imperium. » : Ὅτι [mot omis dans Rm. et St.] Οὐεσ-
πρώνιος [Rm. et St. ajoutent δέ] Κάνδιδος ἀξιώσει μὲν ἐς τὰ πρῶτα ἀνήκων,
σκυθρωπότητι δὲ καὶ ἀγροικίᾳ πολὺ πλεῖον προφέρων, ἐκινδύνευσεν ἀποθανεῖν
ὑπὸ τῶν στρατιωτῶν. « Vespronius Candidus, qui s'était élevé aux pre-
« mières dignités, mais chez qui la dureté et la grossièreté étaient bien
« plus grandes encore, faillit être mis à mort par les soldats. » M. Gros
fait ici remarquer que ce fragment et celui (cf. p. 176, note 4) qui commence ce chapitre, occupent, dans le ms. et dans Valois, une place diffé-
rente de celle que leur donnent Rm. et St.

8. Spartien, 6 : « Severus classem Ravennatem occupat.... Tullius
Crispinus, præfectus prætorio, contra Severum missus ut classem produ-
ceret, repulsus Romam rediit. »

ὁδῶν, προσεχώρουν αὐτῷ· οἵ τε δορυφόροι, οἷς μάλιστα ὁ
Ἰουλιανὸς ἐθάρρει, τῇ τε συνεχείᾳ τῶν πόνων ἀπεχναίοντο,
καὶ πρὸς τὴν φήμην τῆς τοῦ Σεουήρου παρουσίας δεινῶς
ἐξεπλήττοντο, συγκαλέσας ἡμᾶς ὁ Ἰουλιανὸς, κοινωνὸν
αὐτῷ τῆς ἀρχῆς ἐκέλευε τὸν Σεουῆρον ψηφίσασθαι [1]. Οἱ
δὲ δὴ στρατιῶται, ἐκ γραμμάτων τοῦ Σεουήρου πεισθέν-
τες ὅτι οὐδὲν κακὸν, ἂν τοὺς σφαγέας τοῦ Περτίνακος
ἐκδῶσι [2], καὶ αὐτοὶ τὴν ἡσυχίαν ἄγωσι, πείσονται, τούς τε
ἀποκτείναντας τὸν Περτίνακα συνέλαβον, καὶ αὐτὸ τοῦτο
Σιλίῳ Μεσσάλᾳ τῷ ὑπατεύοντι τότε [3] ἐμήνυσαν. Καὶ ὃς,
συναγαγὼν ἡμᾶς ἐς τὸ Ἀθήναιον καλούμενον [4] ἀπὸ τῆς ἐν
αὐτῷ τῶν παιδευομένων ἀσκήσεως, τὰ παρὰ τῶν στρατιωτῶν ἐδήλωσε· καὶ τοῦ τε Ἰουλιανοῦ θάνατον κατεψη-
φισάμεθα [5], καὶ τὸν Σεουῆρον αὐτοκράτορα ὠνομάσαμεν [6],
τῷ τε Περτίνακι ἡρωϊκὰς τιμὰς ἀπεδώκαμεν [7]. Ὁ μὲν οὖν
Ἰουλιανὸς οὕτως ἐν αὐτῷ τῷ παλατίῳ κατακείμενος ἐφονεύθη, τοσοῦτον μόνον εἰπὼν, «Καὶ τί δεινὸν ἐποίησα;
τίνα ἀπέκτεινα [8]; » Ἔζησε δὲ ἑξήκοντά τε ἔτη καὶ μῆνας

---

1. Cf. Spartien (Julianus, 7, et Sévère, 5). Rm. et St. intercalent ici
l'Extrait suivant, emprunté à Peir. : Ὅτι οὗτος [Rm. et St. : Καί, avec
omission de Ὅτι] ὁ Φολούϊος ἐπὶ [Rm. et St. ajoutent ὃς devant ἐπί] πονηρίᾳ καὶ ἀπληστίᾳ, ἀσελγείᾳ τε ὑπὸ τοῦ [mot omis par Rm. et St.] Περτίνακος, ὅτε τῆς Ἀφρικῆς ἦρχε, κατεδεδίκαστο· τότε δὲ ἐν τοῖς πρώτοις ὑπ' αὐτοῦ ἐκείνου, τῇ τοῦ Σεουήρου χάριτι ἀπεδέδειχτο [Rsk. propose d'ajouter
ὕπατος devant ce mot]. « Ce Fulvius avait été autrefois condamné par Per-
« tinax, gouverneur d'Afrique, à cause de sa méchanceté, de son avarice
« insatiable et de ses désordres; il avait été alors mis au rang des pre-
« miers citoyens [si l'on adopte la conjecture de Rsk. : nommé consul
« un des premiers] par Julianus, pour faire plaisir à Sévère. » — 2. Spar-

rer les passages se furent joints à lui ; lorsque les prétoriens, sur qui Julianus mettait sa plus grande confiance, furent brisés par la continuité des fatigues et
frappés d'une grande frayeur au bruit de la présence
de Sévère, Julianus alors, nous ayant convoqués, nous
ordonna de déclarer Sévère son collègue à l'empire.
Cependant les soldats, confiants dans une lettre où Sévère les assurait qu'il ne leur serait fait aucun mal,
pourvu qu'ils livrassent ceux qui avaient tué Pertinax et
qu'ils se tinssent en repos, saisirent les meurtriers et en
donnèrent avis à Silius Messala, alors consul. Celui-ci,
nous réunissant dans le temple appelé l'Athénée parce
qu'il sert de lieu d'exercice aux littérateurs, nous exposa ce que les soldats avaient fait ; alors nous décré-
tâmes la mort de Julianus, nous déclarâmes Sévère empereur et nous décernâmes à Pertinax les honneurs divins. Julianus fut, par suite de cela, tué dans son lit, au
palais même, sans rien dire autre chose que ces mots :
« Qu'ai-je fait de mal ? à qui ai-je ôté la vie ? » Il vécut

---

tien (Julianus, 8) : « Præmiserat quidem litteras, quibus jubebat inter-
« fectores Pertinacis servari. » — 3. Consul subrogé depuis les calendes
de mai. — 4. Établissement fondé par Adrien, qui y avoit institué des
maîtres recevant un salaire de l'État pour l'enseignement des lettres
grecques et latines. Cf. Aur. Victor (les Césars, XIV, 3) ; Capitolin (Pertinax, 11, et Gordien l'Ancien, 3) ; Lampride (Alexandre Sévère, 35).
   5. Cf. Spartien (Julianus, 8). Il était dans le Capitole. Voir Nardin, Rome
ancienne, V, 13, t. IV des Trésors de Grévius. — 6. ƒ : ὠνομάζομεν.
   7. Capitolin, Pertinax, 14 : « Quum ipse [Julianus] a militibus deser-
tus jam esset, per senatum et populum Pertinax in deos relatus. »
   8. Cf. 3. Spartien, 8 ; et Hérodien, II, 12.

τέσσαρας, καὶ ἡμέρας ἴσας, ἀφ᾽ ὧν ἓξ[1] καὶ ἑξήκοντα ἦρξεν ἡμέρας.

1. Zn. om. Spartien, 9 : « Vixit annis quinquaginta sex, mensibus
quatuor : imperavit mensibus duobus, diebus quinque. » Cédrénus et Eutrope, VIII, 17, sont d'accord avec Dion. La mort de Pertinax ayant eu
lieu l'an de Rome 946, le 28 mars, dit Rm: (cf. ses notes 68, 69 et 126),
les soixante-six jours du règne de Julianus ajoutés donnent pour date de

soixante ans quatre mois et quatre jours, sur lesquels il régna soixante-six jours.

la mort de ce prince les calendes de juin de la même année. Spartien (Sévère, 5) commet donc une erreur en mettant aux ides d'août la proclamation de Sévère à Carnute; elle dut avoir lieu à l'armée avant le mois de juin, c'est-à dire aux ides de mai, date qui s'accorde mieux avec la durée assignée par Spartien lui-même au règne de Julianus.

ΤΩΝ

ΔΙΩΝΟΣ

ΙΣΤΟΡΙΩΝ ΡΩΜΑΙΚΩΝ

ΤΟ ΕΒΔΟΜΗΚΟΣΤΟΝ ΤΕΤΑΡΤΟΝ ΒΙΒΛΙΟΝ.

1. Σεουῆρος μὲν δὴ, αὐτοκράτωρ οὕτω γενόμενος, τοὺς μὲν χειρουργήσαντας τὸ κατὰ τὸν Περτίνακα ἔργον θανάτῳ ἐζημίωσε· τοὺς δὲ ἄλλους, πρὶν ἐν τῇ Ῥώμῃ γενέσθαι, δορυφόρους μεταπεμψάμενος[1], καὶ ἐν πεδίῳ περισχὼν, οὐκ εἰδότας τὸ μέλλον σφίσι συμβήσεσθαι, πολλά τε καὶ πικρὰ ὑπὲρ τῆς ἐς τὸν αὐτοκράτορα σφῶν παρανομίας ὀνειδίσας αὐτοὺς, τῶν τε ὅπλων ἀπέλυσε[2], τούς τε ἵππους ἀφείλετο[3], καὶ τῆς Ῥώμης ἀπήλασεν[4]. Ἔνθα δὴ οἱ μὲν ἄλλοι καὶ ἄκοντες τά τε ὅπλα ἀπερρίπτουν, καὶ τοὺς ἵππους ἠφίεσαν, ἔν τε τοῖς χιτῶσιν ἄζωστοι ἐσκεδάννυντο·

---

1. Spartien, 6 : « Quum Romam Severus venisset, prætorianos cum subarmalibus inermes sibi jussit occurrere, eosdem sic ad tribunal vocavit, armatis undique circumdatis. » Cf., pour plus de détails, Hérodien, II, 13. — 2. Spartien, 7 : « Ingressus deinde Romam, armatus cum armatis militibus Capitolium ascendit. Inde in palatium eodem habitu per-

HISTOIRE ROMAINE
DE DION.

LIVRE SOIXANTE-QUATORZIÈME.

━━━━━●━━━━━

1. Sévère, étant ainsi parvenu à l'empire, punit de An de Rome 946. mort ceux qui avaient tué Pertinax; puis, avant d'entrer Falcon et Érucius Cla rus, consuls. dans Rome, ayant mandé près de lui les autres préto- riens et les ayant fait entourer en rase campagne, sans qu'ils sussent ce qui allait arriver; après leur avoir amè- rement reproché leur perfidie envers leur empereur, il les fit désarmer, leur ôta leurs chevaux et les chassa de Rome. Ceux-ci, bien que malgré eux, jetèrent leurs armes, abandonnèrent leurs chevaux et se dispersèrent en simples tuniques sans ceintures : un d'entre eux,

rexit, prælatis signis, quæ prætorianis ademerat, supinis, non erectis. »

3. Ce passage montre qu'il y avait aussi de la cavalerie dans les co- hortes prétoriennes.

4. Suivant Hérodien, il leur défendit d'en approcher à plus de cent milles, sous peine de mort.

εἷς δέ τις, οὐκ ἐθελήσαντος τοῦ ἵππου ἀποστῆναι, ἀλλ᾽
ἐπακολουθοῦντος αὐτῷ καὶ χρεμετίζοντος, καὶ ἐκεῖνον καὶ
R.p.1242 ἑαυτὸν κατεχρήσατο· καὶ ἐδόκει τοῖς ὁρῶσι καὶ ὁ ἵππος
ἡδέως ἀποθνήσκειν. Πράξας δὲ ὁ Σεουῆρος ταῦτα, ἐς τὴν
Ῥώμην ἐσῄει, μέχρι[1] μὲν τῶν πυλῶν ἐπί τε τοῦ ἵππου καὶ
ἐν ἐσθῆτι ἱππικῇ ἐλθών, ἐντεῦθεν δὲ τήν τε πολιτικὴν ἀλ-
λαξάμενος, καὶ βαδίσας[2]· καὶ αὐτῷ καὶ ὁ στρατὸς πᾶς,
καὶ οἱ πεζοὶ καὶ οἱ ἱππεῖς ὡπλισμένοι παρηκολούθησαν.
Καὶ ἐγένετο ἡ θέα πασῶν ὧν ἑώρακα λαμπροτάτη· ἥ τε
γὰρ πόλις πᾶσα ἄνθεσί τε καὶ δάφναις ἐστεφάνωτο, καὶ
ἱματίοις ποικίλοις ἐκεκόσμητο, φωτί τε καὶ θυμιάμασιν
ἔλαμπε· καὶ οἱ ἄνθρωποι λευχειμοῦντες καὶ γανύμενοι[3]
πολλὰ ἐπευφήμουν· οἵ τε στρατιῶται ἐν τοῖς ὅπλοις, ὥσπερ
ἐν πανηγύρει τινὶ πομπεύοντες, ἐκπρεπῶς[4] ἀνεστρέφοντο·
καὶ προσέτι ἡμεῖς ἐν κόσμῳ προῄειμεν[5]. Ὁ δ᾽ ὅμιλος ἰδεῖν
τε αὐτὸν καί τι φθεγγομένου ἀκοῦσαι, ὥσπερ τι ὑπὸ τῆς
τύχης ἠλλοιωμένου, ποθοῦντες, ἠρεθίζοντο· καί τινες καὶ
ἐμετεώριζον ἀλλήλους, ὅπως ἐξ ὑψηλοτέρου αὐτὸν κατ-
ίδωσιν.

2. Ἐσελθὼν δὲ οὕτως ἐνεανιεύσατο μὲν, οἷα καὶ οἱ
πρώην ἀγαθοὶ αὐτοκράτορες, πρὸς ἡμᾶς, ὡς οὐδένα τῶν

---

1. St. blâme Rm. d'avoir supprimé καὶ devant μέχρι, d'après une note
marginale de Lncl.; cette conjonction manque dans a et dans b ainsi que
dans Bkk. et Ddf. — 2. Spartien, cité page 184, note 2, est en contra-
diction avec notre auteur; mais, comme le fait remarquer Rm., Dion,
qui a été témoin oculaire, mérite mieux d'être cru. — 3. Ddf; vulg. et
Bkk.: γαννύμενοι. Sur cette pompe, cf. Hérodien, II, 14. La même chose

que son cheval n'avait pas voulu quitter et suivait en
hennissant, le tua et se tua lui-même ; et il sembla à
ceux qui les virent que le cheval mourait avec joie. Cela
fait, Sévère se rendit à Rome, toujours sur son cheval et
en habit de cavalier jusqu'à son arrivée aux portes, où
il le quitta pour l'habit de ville et marcha à pied ; son
armée tout entière, infanterie et cavalerie, suivait en
armes à ses côtés. C'était le plus magnifique de tous
les spectacles que j'aie jamais vus : la ville entière
était couronnée de fleurs et de lauriers, décorée
de tapisseries de diverses couleurs, resplendissante
de flambeaux et du feu des sacrifices ; les habitants,
vêtus de blanc et laissant éclater leur joie, faisaient
entendre leurs acclamations ; les soldats, en armes
comme s'ils accompagnaient une marche triomphale,
s'avançaient en bel ordre ; pour nous, nous marchions
en avant avec les ornements de notre dignité. La multitude s'empressait, désireuse de le voir et de l'entendre
parler, comme si la fortune l'eût transformé ; quèlques-
uns même se soulevaient les uns les autres afin d'être
plus haut pour le regarder.

2. Quand il fut entré, il nous promit avec jactance,
à l'exemple récent des bons empereurs, qu'il ne ferait

---

avait eu lieu (LXIII, 4) lors de la réception de Tiridate à Rome par Néron.
4. Bkk. et Ddf ; vulg. : πομπῆς ἐκπρεπόντως. — 5. Vulg. : περίῃμεν.
Rm. : « An προῄειμεν [Rsk. : vel hoc, vel παρῄειμεν ; Bkk. in nota utram-
que conjecturam proponit]? Nam senatus in pompa triumphali solebat
præire. Certe πάρειμι est *circumeo*, non quod Blancus *aderamus*. Infra
[c. 5] προῄειμεν. »

βουλευτῶν ἀποκτενεῖ[1]· καὶ ὤμοσε περὶ τούτου, καὶ τό γε
μεῖζον, ψηφίσματι κοινῷ αὐτὸ κυρωθῆναι προσετετάχει,
πολέμιον καὶ τὸν αὐτοκράτορα καὶ τὸν ὑπηρετήσοντα[2]
αὐτῷ ἔς τι τοιοῦτον, αὐτούς τε καὶ τοὺς παῖδας αὐτῶν,
νομίζεσθαι δογματίσας. Πρῶτος μέντοι αὐτὸς τὸν νόμον
τουτονὶ παρέβη, καὶ οὐκ ἐφύλαξε, πολλοὺς ἀνελὼν[3]· καὶ
γὰρ καὶ αὐτὸς ὁ Σόλων[4] ὁ Ἰούλιος, ὁ καὶ τὸ δόγμα τοῦτο
κατὰ πρόσταξιν αὐτοῦ συγγράψας, οὐ πολλῷ ὕστερον
ἐσφάγη. Καὶ πολλὰ μὲν ἡμῖν οὐ καταθύμια ἔπραττεν·
[αἰτίαν τε ἔσχεν[5] ἐπὶ τῷ[6] πλήθει στρατιωτῶν ὀχλώδη τὴν
πόλιν ποιῆσαι, καὶ δαπάνῃ χρημάτων περιττῇ τὸ κοινὸν
βαρῦναι[7]· καὶ τὸ μέγιστον, ὅτι μὴ ἐν τῇ τῶν συνόντων οἱ
εὐνοίᾳ, ἀλλ' ἐν τῇ ἐκείνων ἰσχύϊ τὴν ἐλπίδα τῆς σωτηρίας
ἐποιεῖτο·] μάλιστα δὲ ἐπεκάλουν αὐτῷ τινες[8], ὅτι καθεστηκότος ἔκ τε τῆς Ἰταλίας[9] καὶ τῆς Ἰβηρίας τῆς τε[10]
Μακεδονίας καὶ τοῦ Νωρικοῦ[11] μόνον[12] τοὺς[13] σωματο-

Γ.p.1243

---

1. Ddf; vulg. et Bkk. : ἀποκτείνῃ. Allusion à Nerva, LXVIII, 2; à Trajan, LXVIII, 5; à Pertinax, LXXIII, 8.

2. Rsk. : τοὺς ὑπηρετήσοντας. Spartien, 7 : « Fieri etiam senatusconsul-
tum coëgit, ne liceret imperatori, inconsulto senatu, occidere senatorem. »
Cf. Hérodien, II, 14.

3. Outre Julius Solon, il fit périr les amis de Julianus (Spartien, 8) et ceux
qui avaient suivi le parti de Niger (ch. 8) et celui d'Albinus (LXXV, 8).
Spartien, 13, nous a transmis leurs noms. — 4. Valois voudrait lire Σο-
λῖνος, malgré Zn. qui, ici et dans l'histoire du règne de Commode, est
d'accord avec Xph. Il entend désigner Solin Polyhistor; mais (LXXII, 12)
ce Solin est appelé ἀνὴρ ἀφανέστατος, qualification qui conviendrait mal
à Solon. L'âge, non plus, ne serait pas d'accord. Cf. Fabricius, Bibliothèque latine, II, 13, § 6. — 5. Peir., à qui ce passage est emprunté :
Ὅτι ὁ Σεβῆρος αἰτίαν ἔσχεν. — 6. Rsk. : « Τῷ non cum proximo πλήθει,
sed cum remotissimo ποιῆσαι cohæret, et verba in resolutione sic sunt

mourir aucun membre du sénat; il le jura, et, ce qui est
plus fort, il nous ordonna de sanctionner en commun
avec lui un décret déclarant ennemis publics, et l'empereur, et celui qui lui prêterait son ministère pour un
acte de la sorte; et non-seulement eux, mais encore
leurs enfants. Il viola tout le premier cette loi, bien
loin d'y rester fidèle, en faisant mourir plusieurs sénateurs; en effet, Julius Solon lui-même, qui avait, sur
son ordre, rédigé le décret, fut égorgé peu après. Il y
eut aussi quantité de choses qui nous déplurent; [on
l'accusa d'incommoder la ville d'une multitude de soldats et de charger le trésor public d'une dépense superflue; et, ce qui est plus grave, de mettre l'espoir de son
salut, non dans l'amour de ceux qui l'entouraient, mais
dans la force de ses soldats;] il était surtout coupable,
aux yeux de quelques-uns, d'avoir aboli l'usage établi de
tirer les gardes du corps seulement de l'Italie, de l'Es-
pagne, de la Macédoine et de la Norique, pays qui

ordinanda : ἐπὶ τῷ ποιῆσαι τὴν πόλιν ὀχλώδη πλήθει (hoc est διὰ πλήθους) στρατιωτῶν. » — 7. Bkk. et Ddf; vulg. : ἐβάρυνεν. Rm. : « Rectius
βαρύνειν vel βαρύναι. » St., d'après l'avis de Rsk., adopte le dernier.

8. Peir. : τινὲς αὐτῷ. — 9. Valois : « Id ipsum sane testatur Tacitus
initio libri IV Ann. c. 5 : *Quanquam insiderat urbem proprius miles,
tres urbanæ, novem prætoriæ cohortes, Etruria ferme, Umbriaque
dilectæ, aut vetere Latio et coloniis antiquitus Romanis.* Neque vero
id novavit Severus, quod in prætorias cohortes omnis generis barbaros
adscripsit, sed et numerum prætorianorum magnopere auxit : unde
urbem numerosa militum turba, et ærarium superfluis sumptibus gra-
vavit, quod hic queritur Dio. Herodianus quoque idem testatur lib. III,
13. » — 10. c om.

11. Peir. : καὶ ἐκ τῆς Μακεδονίας τοῦ τε Νωρικοῦ καὶ Ἰβηρίας.

12. a, b, f : μόνων.

13. Peir. : μόνον καὶ τούς.

φύλακας εἶναι, κἀκ τούτου καὶ τοῖς εἴδεσιν αὐτῶν ἐπιει-
κεστέρων, καὶ τοῖς[1] ἤθεσιν ἁπλουστέρων ὄντων, τοῦτο
μὲν κατέλυσεν· [ἐκ δὲ δὴ τῶν στρατοπέδων ὁμοίως πάντων τὸ ἀεὶ ἐνδεὲς ὂν ἀντικαθίστασθαι τάξας, αὐτὸς μὲν[2],
πιστωσόμενος[3] διὰ τοῦτο τὰ στρατιωτικὰ μᾶλλον αὐτοῖς χρησάμενος[4], καί τι καὶ ἆθλον τοῖς ἀγαθοῖς τὰ
πολέμια προθήσων, ἐποίησεν αὐτό· τῷ δὲ δὴ ἔργῳ σαφέστατα τήν τε[5] ἡλικίαν τὴν ἐκ τῆς Ἰταλίας παραπώ-
λεσε, πρὸς λῃστείας καὶ μονομαχίας ἀντὶ τῆς πρὶν στρατείας τραπομένην·] καὶ τὸ ἄστυ[6] ὄχλου στρατιωτῶν συμ-
μίκτου[7], καὶ ἰδεῖν ἀγριωτάτων, καὶ ἀκοῦσαι φοβερωτάτων
ὁμιλῆσαί τε ἀγροικοτάτων ἐπλήρωσε.

3. Σημεῖα δὲ αὐτῷ ἐξ ὧν τὴν ἡγεμονίαν ἤλπισε, ταῦτα
ἐγένετο[8]. Ὅτε γὰρ ἐς τὸ βουλευτήριον ἐσεγράφη, ὄναρ
ἔδοξε λύκαινάν τινα κατὰ ταὐτὰ τῷ Ῥωμύλῳ θηλάζειν[9].
Μέλλοντί τε αὐτῷ τὴν Ἰουλίαν ἄγεσθαι[10], ἡ Φαυστῖνα ἡ τοῦ
Μάρκου γυνὴ τὸν θάλαμον σφίσιν ἐν τῷ Ἀφροδισίῳ τῷ κατὰ
τὸ παλάτιον παρεσκεύασεν. Ὕδωρ τε ἐκ τῆς χειρὸς αὐτῷ

1. *c* om. — 2. Peir. om. — 3. Conjecture de Valois; vulg., Bkk. et Ddf :
ὡς καὶ ἐπιστησόμενος; Rsk. : ἐπιστησομένοις, *magis callentes artium
militarium.* — 4. Rm. voudrait καὶ μᾶλλον αὐτοῖς χρησόμενος.

5. Rsk., Bkk. et Ddf; vulg. : σαφεστάτην τε. — 6. *a*, *b* : τὸ δὲ
ἄστυ, au lieu de καὶ τὸ ἄστυ. — 7. Peir. et Ddf; vulg. et Bkk. : συμ-
μίκτων. Il substitua aux prétoriens des soldats pris principalement
parmi les légions d'Illyrie et de Pannonie qui lui étaient dévouées, gens
aux mœurs sauvages et au langage barbare; et ces soldats étaient en
plus grand nombre qu'il n'y en avait habituellement dans Rome. Spartien, 7 : « Tota deinde urbe milites in templis, in porticibus, in aedibus
Palatinis, quasi in stabulis manserunt : fuitque ingressus Severi odiosus

portent des hommes d'une physionomie plus douce et de mœurs plus simples, [au lieu qu'en ordonnant que les vides, à mesure qu'il s'en formerait dans leurs rangs, seraient remplis par des hommes pris dans toutes les légions indistinctement, il adopta une mesure dont le but, pour lui, était d'affermir par là le dévouement des soldats dont il avait surtout éprouvé les services, et d'offrir une récompense à la valeur militaire, mais dont le résultat fut, à n'en pas douter, la perte d'une grande partie de la jeunesse d'Italie, qui se tourna au brigandage et aux combats de gladiateurs,] et d'avoir rempli Rome d'une foule confuse de soldats affreux à voir, terribles à entendre, intraitables en leur manière de vivre.

3. Voici les signes qui lui firent espérer le pouvoir. Lorsqu'il fut admis dans l'ordre sénatorial, il lui sembla en songe qu'il tétait une louve comme l'avait fait Romulus. Au moment d'épouser Julia, Faustine, femme de Marc-Antonin, leur apprêta le lit nuptial dans le temple de Vénus, près du palais. Une autre fois, pendant son

atque terribilis, quum milites inempta diriperent, vastationem urbi minantes. » — 8. Cf. la fin du livre précédent.

9. Spartien, 1 : « Somniavit lupæ se uberibus ut Remum inhærere vel Romulum. » — 10. Spartien, 3 : « Uxorem Marciam duxit, de qua tacuit in historia vitæ privatæ [Sévère avait écrit des mémoires sur lui-même]; cui postea in imperio statuas collocavit..... Quum, amissa uxore, aliam vellet ducere, genituras sponsarum requirebat, ipse quoque matheseos peritissimus : et quum audisset esse in Syria quamdam quæ id genituræ haberet ut regi jungeretur, eamdem uxorem petiit, Juliam scilicet : et accepit interventu amicorum : ex qua statim pater factus est. »

καθεύδοντί ποτε, ὥσπερ ἐκ πηγῆς, ἀνεδόθη. Καὶ ἐν Λουγδούνῳ ἄρχοντι, πᾶσα αὐτῷ ἡ τῶν Ῥωμαίων δύναμις
προσῆλθέ τε καὶ ἠσπάσατο· ὄναρ φημί. Καὶ ἄλλοτε ἀνήχθη
ἐς περιωπὴν ὑπό τινος· καὶ καθορῶν ἀπ' αὐτῆς πᾶσαν μὲν
τὴν γῆν, πᾶσαν δὲ τὴν θάλατταν, ἐφήπτετο αὐτῶν ὥσπερ
R.p.1244 παναρμονίου τινὸς ὀργάνου, καὶ ἐκεῖνα συνεφθέγγετο [1]. Καὶ
αὖθις ἵππον ἐν τῇ ἀγορᾷ τῇ Ῥωμαίᾳ τὸν μὲν Περτίνακα
ἀναβεβηκότα [2] ἀπορρίψαι, ἑαυτὸν δὲ ἑκόντα ἀναλαβεῖν ἐνό-
μισε. Ταῦτα μὲν ἐκ τῶν ὀνειράτων ἔμαθεν. Ὕπαρ δὲ ἐς
τὸν [3] βασιλικὸν δίφρον, ἔφηβος ὢν ἔτι, ἀγνοίᾳ ἐνιδρύθη [4].
Τὴν μὲν οὖν ἡγεμονίαν μετὰ τῶν ἄλλων καὶ ταῦτα αὐτῷ
προεδήλωσε.

4. Καταστὰς δὲ ἐς αὐτὴν, ἡρῷον τῷ Περτίνακι κα-
τεσκεύασε [5] τό τε ὄνομα αὐτοῦ ἐπί τε ταῖς εὐχαῖς ἁπάσαις
καὶ ἐπὶ τοῖς ὅρκοις ἅπασι [6] προσέταξεν ἐπιλέγεσθαι· καὶ
χρυσῆν εἰκόνα αὐτοῦ ἐφ' ἅρματος ἐλεφάντων ἐς τὸν ἱππόδρομον ἐσάγεσθαι, καὶ ἐς τὰ λοιπὰ ἐκέλευσε θέατρα θρόνους τρεῖς [7] καταχρύσους αὐτῷ ἐσκομίζεσθαι. Ἡ δὲ δὴ

---

1. Spartien, 3 : « Ex altissimi montis vertice, orbem terrarum Ro-
mamque despexit, concinentibus provinciis lyra, voce, vel tibia. » C'est
le παναρμόνιον ὄργανον de Dion. Remarquons en passant, dit Rm., qu'il
était plus facile à Sévère de s'imaginer que l'harmonie montait jusqu'à lui,
que de se figurer qu'il la produisait d'en haut en touchant un instrument. Je ne saurais partager son opinion ; il n'y a rien de si merveilleux
que la pensée ne puisse se figurer dans un rêve. — 2. Vulg. : Περτίνακα καὶ
ἀναβεβηκότα. Rsk. : « Post Περτίνακα deesse aliquid docet sequens καί.
Forsan καὶ ἄκοντα ἀναδέξασθαι supplendum, aut καὶ illud delendum. » Avec
Bkk. et Ddf, j'ai suivi le dernier parti ; le καί provenant d'une confusion
avec la finale de Περτίνακα. — 3. Lncl., en marge, Bkk. et Ddf; vulg. : ἐς

sommeil, l'eau sortit de sa main comme d'une source. Tandis qu'il commandait à Lyon, toute l'armée romaine vint le saluer ; je parle d'un songe. Une autre fois, il fut conduit dans un observatoire, et, de là, découvrant toute la terre et toute la mer, il les toucha comme un instrument harmonieux, et ces éléments firent entendre un concert. A un autre moment aussi, il s'imagina qu'un cheval, sur le Forum romain, renversait Pertinax qui le montait, et le recevait, lui, sans peine sur son dos. Voilà ce que des songes apprirent à Sévère. Mais dans sa jeunesse, étant éveillé, il s'assit par mégarde sur le siége du prince. Cette circonstance, jointe aux autres, lui présagea la puissance suprême.

4. Dès qu'il y fut arrivé, il fit élever un sanctuaire à Pertinax, et ordonna que son nom serait invoqué dans toutes les prières et dans tous les serments ; qu'une statue d'or de ce prince serait amenée au cirque sur un char tiré par des éléphants, et que, dans les autres théâtres, trois trônes dorés seraient apportés en son honneur. Quant à ses funérailles, bien que Pertinax

---

τε τόν. — 4. Spartien, 1 : « Sedit et in sella imperatoria, temere a ministro posita, ignarus quod non liceret. » — 5. Spartien, 7 : « Funus deinde censorium Pertinacis imagini duxit, eumque inter divos sacravit, addito flamine et sodalibus Helvianis, qui Marciani fuerant. » — 6. On jurait non-seulement par les princes vivants, mais aussi par les princes morts ; les empereurs l'ordonnaient même souvent, comme l'avait fait Caius (LIX, 11) pour sa sœur Drusilla, Claude (LX, 5) pour Livie, etc.

7. Lncl. en marge, Bkk. et Ddf ; vulg. : θρόνους τε τρεῖς. Remarquons ici l'expression θρόνους, Dion employant habituellement celle de δίφρους ἀρχικούς. Quant aux théâtres, Rm. croit que l'auteur désigne les trois théâtres de Pompée, de Balbus et de Marcellus.

ταφὴ, καίτοι πάλαι τεθνηκότος αὐτοῦ, τοιάδε ἐγένετο[1].
Ἐν τῇ ἀγορᾷ τῇ Ρωμαίᾳ βῆμα ξύλινον ἐν χρῷ τοῦ λιθίνου
κατεσκευάσθη, καὶ ἐπ' αὐτοῦ οἴκημα ἄτοιχον, περίστυλον,
ἔκ τε ἐλέφαντος καὶ χρυσοῦ πεποικιλμένον, ἐτέθη· καὶ ἐν
αὐτῷ [2]κλίνη ὁμοία, κεφαλὰς πέριξ θηρίων χερσαίων τε καὶ
θαλασσίων ἔχουσα, ἐκομίσθη, στρώμασι πορφυροῖς καὶ
διαχρύσοις κεκοσμημένη· καὶ ἐς αὐτὴν εἴδωλόν τι τοῦ Περτίνακος κήρινον, σκευῇ ἐπινικίῳ εὐθετημένον, ἀνετέθη· καὶ
αὐτοῦ τὰς μυίας παῖς εὐπρεπὴς, ὡς δῆθεν καθεύδοντος,
πτεροῖς ταῶνος ἀπεσόβει[3]. Προκειμένου δ' αὐτοῦ, ὅ τε
Σεουῆρος, καὶ ἡμεῖς οἱ βουλευταὶ, αἵ τε γυναῖκες ἡμῶν
προσῄειμεν[4], πενθικῶς[5] ἐσταλμένοι· καὶ ἐκεῖναι μὲν ἐν
ταῖς στοαῖς, ἡμεῖς δὲ ὑπαίθριοι ἐκαθεζόμεθα. Κᾆκ τούτου
πρῶτον μὲν ἀνδριάντες πάντων τῶν ἐπιφανῶν Ρωμαίων
R.p.1245 τῶν ἀρχαίων, ἔπειτα χοροὶ παίδων καὶ ἀνδρῶν, θρηνώδη
τινὰ ὕμνον ἐς τὸν Περτίνακα ᾄδοντες, παρῆλθον· καὶ μετὰ
τοῦτο τὰ ἔθνη πάντα τὰ ὑπήκοα ἐν εἰκόσι χαλκαῖς, ἐπι-
χωρίως σφίσιν ἐσταλμένα· καὶ τὰ ἐν τῷ ἄστει αὐτῷ γένη,
τό τε τῶν ῥαβδούχων, καὶ τὸ τῶν γραμματέων[6], τῶν τε
κηρύκων, καὶ ὅσα ἄλλα τοιουτότροπα, ἐφείπετο. Εἶτ' εἰκόνες ἧκον, ἀνδρῶν ἄλλων, οἷς τι ἔργον, ἢ καὶ ἐξεύρημα,
ἢ καὶ ἐπιτήδευμα λαμπρὸν ἐπέπρακτο· καὶ μετ' αὐτοὺς οἵ

---

1. Le corps de Pertinax, auquel on rejoignit la tête (Capitolin, Pertinax, 14), avait été enseveli dans le tombeau de l'aïeul de sa femme;
mais ce sont des funérailles solennelles qu'on célèbre en ce moment en
son honneur.

2. St., d'après Rm. : ἐς αὐτό.

fût mort depuis longtemps, voici comment elles se firent.
On dressa, sur le Forum romain, une tribune en bois
près de la tribune de pierre, et au-dessus on éleva un
édifice sans murs, formant un péristyle, enrichi d'i-
voire et d'or; dans cet édifice, on porta un lit de même
matière à l'entour duquel étaient des têtes d'animaux
de terre et de mer, rehaussé de tapisseries pourpre et
or, et sur ce lit était une statue en cire de Pertinax, parée des habits triomphaux, et un jeune esclave d'une
belle figure écartait, comme si le prince eût été endormi,
les mouches avec un éventail de plumes de paon. Lorsque
Pertinax fut ainsi exposé, Sévère et nous sénateurs
nous nous avançâmes, ainsi que nos femmes, en habit
de deuil; nos femmes s'assirent sous les portiques et
nous à découvert. Ces dispositions exécutées, défilèrent
d'abord les statues de tous les Romains illustres de
l'antiquité, puis des chœurs d'enfants et d'hommes
chantant un hymne funèbre en l'honneur de Pertinax;
derrière eux marchaient tous les peuples soumis, repré-
sentés par des bustes d'airain avec leurs costumes na-
tionaux, les citoyens occupant dans la ville les emplois
de licteurs, de greffiers, de hérauts et autres du même
genre. Ensuite, venaient les bustes d'autres hommes
qui s'étaient distingués, soit par leurs actions, soit par
leurs inventions, soit par leurs professions; après eux,

---

3. *c* : ἀπεσώκει ; *f* : ἀπεσίβει. — 4. Rsk. : προήειμεν.; dans *c*, il y a,
après προσήειμεν, un blanc d'un demi-pouce pour indiquer l'absence
d'un mot. — 5. Slbg. (*Index*), d'après Hérodien, Rsk., Bkk. et Ddf;
vulg. : μυθικῶς, devant lequel il y a, dans *k*, un blanc d'une syllabe;
Saumaise : μυστικῶς. — 6. *a*, *b*, *c* : γραμματαίων.

τε ἱππεῖς καὶ οἱ πεζοὶ ὡπλισμένοι, οἵ τε ἀθληταὶ ἵπποι,
καὶ τὰ ἐντάφια[1], ὅσα ὅ τε αὐτοκράτωρ, καὶ ἡμεῖς, αἵ τε
γυναῖκες ἡμῶν, καὶ οἱ ἱππεῖς οἱ ἐλλόγιμοι, οἵ τε δῆμοι[2],
καὶ τὰ ἐν τῇ πόλει συστήματα ἐπέμψαμεν· καὶ αὐτοῖς βω-
μὸς περίχρυσος, ἐλέφαντί τε καὶ λίθοις Ἰνδικοῖς ἠσκημένος,
ἠκολούθει.

5. Ὡς δὲ παρεξῆλθε ταῦτα, ἀνέβη ὁ Σεουῆρος ἐπὶ τὸ
βῆμα τὸ τῶν ἐμβόλων, καὶ ἀνέγνω ἐγκώμιον τοῦ Περτίνακος. Ἡμεῖς δὲ πολλὰ μὲν καὶ διὰ μέσου τῶν λόγων αὐτοῦ ἐπεβοῶμεν, τὰ μὲν ἐπαινοῦντες, τὰ δὲ καὶ θρηνοῦντες
τὸν Περτίνακα· πλεῖστα δὲ, ἐπειδὴ ἐπαύσατο. Καὶ τέλος
μελλούσης τῆς κλίνης κινηθήσεσθαι, πάντες ἅμα ὠλοφυρά-
μεθα[3] καὶ πάντες ἐπεδακρύσαμεν. Κατεκόμισαν δὲ αὐτὴν
ἀπὸ τοῦ βήματος οἵ τε ἀρχιερεῖς, καὶ αἱ ἀρχαὶ αἵ τε ἐνε-
στῶσαι καὶ αἱ[4] ἐς νέωτα ἀποδεδειγμέναι, καὶ ἱππεῦσί τισι
φέρειν ἔδοσαν. Οἱ μὲν οὖν ἄλλοι πρὸ τῆς κλίνης προῄειμεν,
καί τινες ἐκόπτοντο, ἑτέρων πένθιμόν τι ὑπαυλούντων· ὁ
δ᾿ αὐτοκράτωρ ἐφ᾿ ἅπασιν εἵπετο, καὶ οὕτως ἐς τὸ Ἄρειον
πεδίον ἀφικόμεθα. Ἐπεσκεύαστο δὲ ἐν αὐτῷ πυρὰ πυργοει-
δὴς, τρίβολος[5], ἐλέφαντι καὶ χρυσῷ μετὰ ἀνδριάντων τινῶν κεκοσμημένη· καὶ ἐπ᾿ αὐτῆς τῆς ἄκρας ἅρμα ἐπίχρυ-
σον, ὅπερ ὁ Περτίναξ ἤλαυνεν. Ἐς οὖν ταύτην τὰ ἐντάφια

1. Rm. : « Præter alia, quæ nomine entaphiorum comprehenduntur
apud Kirchmannum, III, 5, et Valesium, intelliguntur præcipue aromata
et aromata varii generis, quæ deinde in rogum injecta sunt. »
2. ƒ om. : οἵ τε δῆμοι.

des gens armés, tant à cheval qu'à pied, les chevaux qui luttaient dans les courses, avec tout ce qui est en usage dans les funérailles, envoyé tant par l'empereur que par nous, nos femmes, les chevaliers les plus illustres, les peuples et les corporations de Rome ; enfin, le cortége était suivi d'un autel doré, enrichi d'ivoire et de pierreries des Indes.

5. Lorsque cette pompe eut défilé, Sévère monta sur les Rostres et lut un éloge de Pertinax. Quant à nous, nous interrompions fréquemment son discours par nos acclamations, expression de nos louanges et de nos regrets, que nous redoublâmes lorsqu'il eut cessé de parler. Enfin, au moment de déranger le lit, nous laissâmes éclater tous ensemble nos gémissements et nos larmes. Le lit fut enlevé de la tribune par les pontifes et les magistrats, tant ceux qui étaient en charge que ceux qui étaient désignés pour l'année suivante, qui le donnèrent à porter à des chevaliers. Une partie d'entre nous marchait devant le lit, quelques-uns se frappaient la poitrine, tandis que d'autres chantaient au son des flûtes un chant de deuil ; l'empereur venait le dernier de tous ; c'est dans cet ordre que nous arrivâmes au Champ-de-Mars. On y avait préparé un bûcher en forme de tour, à trois étages, orné d'ivoire et d'or, et de statues ; au sommet même était un char doré que conduisait Pertinax. On jeta dans le

---

3. Bkk. et Ddf; vulg. : ὀλοφυρόμεθα. — 4. c om. — 5. Vulg. : τρίβω-λος; Blancus : τρίγωνος *forma triangulari*, que Rm. déclare ridicule ; Lncl., d'après Hérodien : τετράγωνος, ce qui s'écarte trop ; Rm. explique τρίβολος par τρίστεγος, τριώροφος, *trium contignationum*.

ἐνεβλήθη, καὶ ἡ κλίνη ἐνετέθη· καὶ μετὰ τοῦτο τὸ εἴδωλον
ὅ τε Σεουῆρος καὶ οἱ συγγενεῖς τοῦ Περτίνακος ἐφίλησαν.
Καὶ ὁ μὲν ἐπὶ βῆμα ἀνέβη, ἡμεῖς δὲ ἡ βουλὴ, πλὴν τῶν
ἀρχόντων, ἐπὶ ἰκρία, ὅπως ἀσφαλῶς τε ἅμα καὶ ἐπιτη-
δείως τὰ γινόμενα θεωρήσωμεν. Οἱ δὲ ἄρχοντες, καὶ ἡ
ἱππὰς τὸ τέλος, προσφόρως σφίσιν ἐσκευασμένοι, οἵ τε ἱππεῖς οἱ στρατιῶται, καὶ οἱ πεζοὶ, περὶ τὴν πυρὰν ὁπλιτικάς τε ἅμα καὶ ἱππικὰς[1] διεξόδους διελίττοντες διεξῆλθον·
εἶθ᾽ οὕτως οἱ ὕπατοι πῦρ ἐς αὐτὴν[2] ἐνέβαλον[3]· γενομένου
δὲ τούτου, ἀετός τις ἐξ αὐτῆς ἀνέπτατο[4]. Καὶ ὁ μὲν Περτίναξ οὕτως ἠθανατίσθη.

1. Passage tourmenté par les commentateurs. Vulg. : πολιτικάς τε ἅμα
καὶ ποιητικάς; Slbg. : Πολιτικάς τε ἅμα καὶ πολεμικάς, ou πολεμικάς τε ἅμα
καὶ ποιητικάς, *urbanos pariter et bellicos* ou *bellicos pariter et poë-
ticos*. Blancus traduit *confictos*. Lncl. n'hésite pas à écrire πολιτικάς τε
ἅμα καὶ πυρρίχιας, d'après Hérodien, IV, 2 : πυρρίχιῳ δρόμῳ καὶ ῥυθμῷ.
Mais, fait observer Rm., πυρρίχιας s'écarte trop de ποιητικάς, dont πολεμικάς se rapproche davantage; d'ailleurs la pyrrhique était une danse
guerrière. Selon lui, ποιητικάς peut, à la rigueur, se défendre, attendu
que les poëtes ont non-seulement décrit les diverses sortes de danses,
mais les ont même introduites sur la scène. Néanmoins aucune de ces
conjectures ne le satisfait. Pour la signification de πολιτικάς, il renvoie
à Vignole, Colonne d'Antonin, ch. 9, p. 154. Rsk. propose ὁπλιτικάς. Enfin, Bkk., en note, donne comme conjectures : ὁπλιτικάς.... ἱππικάς, que
j'adopte. — 2. Bkk. et Ddf; vulg. : ἐπ᾽ αὐτήν. — 3. Rm. : « Præeunte, credo, principe. Herodianus, IV, 2 : Λαμπάδα
ὁ τὴν βασιλείαν διαδεξάμενος προσφέρει, τῷ οἰκήματι οἵ τε λοιποὶ πανταχό-
θεν πῦρ περιτιθέασι. Sic de Severo etiam Dio [LXXVI, 15] τὸ πῦρ οἱ υἱεῖς
ἐνῆκαν. » — 4. Cf., LVI, 42, les funérailles d'Auguste; et, de plus, Hérodien, IV, 2. Après ce mot, Bkk. et Ddf placent l'Extrait Peiresc ci-dessous ; Rm. et St. le placent à la suite de ἠθανατίσθη, après lequel ils
mettent une simple virgule, remplaçant Ὅτι ὁ Περτίναξ par ὅστις. Selon
moi, la place de cet Extrait n'est pas plus à l'un qu'à l'autre endroit; je
le renvoie ici en note : Ὅτι ὁ Περτίναξ, τὸ μὲν εὐπόλεμον [*sic* Bkk. et
Ddf, d'après Rsk. (qui propose aussi τὸ μὲν ἐς πόλεμον ou ἐπιρρεπές);

bûcher ce qui est en usage dans les funérailles, puis on y posa le lit; après cela, Sévère et les parents de Pertinax embrassèrent son image. Sévère monta sur une tribune, nous autres sénateurs nous montâmes, à l'exception des magistrats, sur des échafauds, afin de pouvoir contempler la cérémonie à la fois sans péril et avec commodité. Les magistrats et l'ordre équestre, avec l'appareil de leur dignité, les troupes tant à cheval qu'à pied, défilèrent en exécutant à l'entour du bûcher des marches d'infanterie et de cavalerie: puis les consuls mirent le feu au bûcher, duquel ensuite un aigle prit son essor. C'est ainsi que Pertinax fut mis au rang des immortels.

vulg. : ἐς πόλεμον, auquel Rm. préférerait ἐμπολέμιον] ἄγροικον, τὸ δὲ εἰρηναῖον δειλὸν ὡς τὸ πολὺ ἐκβαῖνον, ἀμφότερα κράτιστος ὁμοίως ἐγένετο, φοβερὸς μὲν πολεμῆσαι, σοφὸς δὲ εἰρηνεῦσαι ὤν. Καὶ τὸ μὲν θρασὺ, οὗ τὸ ἀνδρεῖον μετέχει, πρός τε τὸ ἀλλόφυλον καὶ πρὸς τὸ στασιάζον· τὸ δὲ ἐπιεικὲς, οὗ τὸ δίκαιον μεταλαμβάνει, πρός τε τὸ οἰκεῖον, καὶ πρὸς τὸ σῶφρον ἐνεδείκνυτο. Προαχθεὶς δὲ ἐς τὴν τῆς οἰκουμένης προστασίαν, οὐκ ἠλέγχθη ποτὲ ὑπὸ τῆς τοῦ μείζονος [Rsk. : « Fort. ἐκ τοῦ μείονος vel ἐς τὸ μεῖζον. »] αὐξήσεως, ὥστε ἐν μὲν τοῖς ταπεινότερος, ἐν δὲ τοῖς ὀγκωδέστερος τοῦ καθήκοντος γενέσθαι · ἀλλ' ὁμοίως [Rsk. préférerait ὅμοιος] ἀπ' ἀρχῆς διὰ πάντων μέχρι τῆς τελευτῆς διετέλεσε σεμνὸς ἔξω τοῦ σκυθρωποῦ, πρᾶος ἔξω τοῦ ταπεινοῦ, φρόνιμος ἄνευ κακουργίας, δίκαιος ἄνευ ἀκριβολογίας, οἰκονομικὸς χωρὶς ῥυπαρίας, μεγαλόνους χωρὶς αὐχήματος. « L'habileté à la guerre « rendant l'homme farouche, et la paix, la plupart du temps, le rendant « timide, Pertinax excella dans l'une et dans l'autre, redoutable quand « il fallait combattre, prudent quand on était en paix. L'audace, dont « le courage est une partie, il en faisait preuve contre les étrangers et « les séditieux; tandis que la modération, qui rentre dans la justice, il « en usait envers les citoyens et envers les gens paisibles. Élevé à la « souveraineté de l'univers, jamais il ne fut convaincu de s'être élevé « trop haut, pour s'être montré ou rampant dans la première époque, ou « arrogant dans la seconde; au contraire, il fut constamment le même « du commencement à la fin, grave sans être rude, doux sans être bas, « prudent sans être méchant, juste sans être morose, économe sans être « sordide, grand sans être fanfaron. »

6. Ὁ δὲ Σεουῆρος ἐξεστράτευσε κατὰ τοῦ Νίγρου.
Οὗτος δὲ, Ἰταλὸς μὲν ἦν, ἐξ ἱππέων· οὔτε δὲ ἐς τὸ κρεῖττον οὔτε ἐς τὸ χεῖρον ἐπίσημος, ὥστε τινὰ ἢ πάνυ αὐτὸν
ἐπαινεῖν, ἢ πάνυ ψέγειν· [διὸ καὶ τῇ Συρίᾳ ὑπὸ Κομμόδου
προσετάχθη.] Ἐχρῆτο δὲ ὑποστρατήγῳ μετὰ καὶ τῶν ἄλλων τῷ Αἰμιλιανῷ· ὅτι τε[1] [μεσεύων καὶ ἐφεδρεύων τοῖς
πράγμασι[2],] πάντων τῶν τότε βουλευόντων καὶ συνέσει
καὶ ἐμπειρίᾳ πραγμάτων προφέρειν ἐδόκει (ἐπὶ πολλῶν
γὰρ[3] ἐθνῶν ἐξήταστο, [ὑφ᾽ ὧνπερ καὶ ἐξώγκωτο), ὅτι τε[4]
τοῦ Ἀλβίνου προσήκων ἦν.] Συνερρωγότος δὲ τοῦ πολέμου, ἦλθέ τε ἐς τὸ Βυζάντιον[5], καὶ ἐντεῦθεν ἐπὶ τὴν Πέ-
ρινθον ἐπεστράτευσε[6]. Γενομένων δὲ αὐτῷ σημείων οὐκ
ἀγαθῶν, ἐταράχθη· ἀετός τε γὰρ ἐπ᾽ ἄγαλμα στρατιωτι-
κὸν ἱζήσας, ἐπὶ τοσοῦτον ἐπέμεινε, καίπερ ἀποσοβούμενος,
ὥστε καὶ ἁλῶναι· καὶ μέλισσαι κηρία περὶ τὰ σημεῖα τὰ
στρατιωτικὰ, τάς τε εἰκόνας αὐτοῦ μάλιστα, περιέπλασ-
σον. Διὰ ταῦτα οὖν ἀπῆρεν ἐς τὸ Βυζάντιον. Ὁ Αἰμιλιανὸς
δὲ, περὶ Κύζικον συμβαλών τισι τῶν στρατηγῶν τῶν τοῦ

R.p.1247

---

1. *a*, *b*. Bkk. et Ddf; vulg. : ὅς; Peir. : Ὅτι Αἰμιλιανός. — 2. Wakefield, *Silva critica*, P. III, p. 35, préférerait ici τοῖς καιροῖς, à cause de
πραγμάτων, qui vient tout de suite après. Plusieurs auteurs ont cru,
d'après le témoignage d'Hérodien, III, 2, qu'Æmilianus avait trahi
Niger; la chose n'est guère vraisemblable, Æmilianus ayant été déclaré
enuemi public par Sévère (Spartien, Sévère, 8, et Niger, 5); il est plus
probable que, par l'expression μεσεύων καὶ ἐφεδρεύων τοῖς πράγμασι, Dion
a voulu dire qu'Æmilianus, à cause de sa parenté avec Albinus, n'avait
pris ni le parti de Niger ni celui de Sévère. — 3. *a*, *b* : καὶ ὅτι ἐπὶ πολλῶν, au lieu de ἐπὶ πολλῶν γάρ. — 4. St. : « Τε etiam hoc loco vel delendum,
vel lacunæ indicium putandum est. » Ce τε correspond à ὅτι τε, rétabli
plus haut (cf. la note 1) en place de ὅς. — 5. Proclamé empereur par

6. Pour ce qui est de Sévère, il marcha contre Niger. C'était un homme originaire d'Italie, du corps des chevaliers, n'ayant, ni dans ses vertus, ni dans ses vices, rien de remarquable qui fournisse une ample matière à la louange ou au blâme; [aussi Commode lui avait-il donné le gouvernement de la Syrie.] Il avait pris, entre autres, pour lieutenant Æmilianus, parce que celui-ci, [gardant la neutralité entre les partis et saisissant les occasions,] semblait supérieur à tous les sénateurs de ce temps en prudence et en expérience (on l'avait vu à l'œuvre dans plusieurs provinces, [ce qui le rendait orgueilleux), et aussi parce qu'il était parent d'Albinus.] La guerre ayant éclaté, Niger vint à Byzance et de là marcha sur Périnthe. Ayant eu des présages défavorables, il en conçut de la frayeur; un aigle, qui s'était posé sur une enseigne militaire, y était demeuré, bien qu'on l'en chassât, jusqu'à ce qu'on l'eût pris; des abeilles avaient fait leurs rayons sur les enseignes de ses soldats et principalement sur ses propres images. Pour ces motifs il retourna à Byzance. Quant à Æmilianus, il fut vaincu et tué dans un engagement qu'il eut à Cyzique avec des chefs du parti de Sévère. En-

An de
Rome
947.

Sévère,
consul II.
et
Albinus,
consul I.

les soldats, Niger crut n'avoir aucun obstacle à surmonter; il avait dédaigné les secours qu'on lui offrait au-delà de l'Euphrate et du Tigre; il avait négligé aussi de s'attacher les armées d'Illyrie, tout occupé à donner des jeux et des spectacles aux habitants d'Antioche (Hérodien, II, 8). Aussi, après avoir vainement demandé des troupes aux Arméniens et aux Parthes, dut-il, au moment où Sévère marcha contre lui, se contenter d'occuper, avec celles qu'il avait et celles qu'il leva en Syrie, les détroits du Taurus et de Byzance, qu'il regardait comme un boulevard important pour la défense. — 6. Spartien, Sévère, 8 : « Jam Byzantium Niger tenebat, Perinthum etiam; Niger nolens occupare plurimos de exercitu interfecit. » Périnthe, par rivalité contre Byzance, avait embrassé le parti de Sévère.

Σεουήρου, ἡττήθη. πρὸς αὐτῶν καὶ ἐσφάγη[1]. Καὶ μετὰ
ταῦτα[2] μεταξὺ τῶν στενῶν τῆς τε Νικαίας καὶ τῆς Κίου,
πόλεμος αὐτοῖς μέγας γίνεται καὶ πολύτροπος· οἱ μὲν γὰρ
ἐν τῷ πεδίῳ συστάδην ἐμάχοντο, οἱ δὲ τοὺς λόφους κατα-
λαβόντες, ἐξ ὑπερδεξίων ἔβαλλον, καὶ ἠκόντιζον ἐς τοὺς
ἐναντίους· οἱ δὲ καὶ ἀπὸ τῆς λίμνης[3] ἐς πλοῖα ἐμβεβηκό-
τες, τοῖς πολεμίοις ἐπετοξάζοντο. Κατ' ἀρχὰς μὲν οὖν
ἐνίκων οἱ Σεουήρειοι, ὑπὸ τῷ Κανδίδῳ ταττόμενοι, καὶ
τοῖς χωρίοις ὅθεν ἐμάχοντο ὑπερδεξίοις οὖσι, πλεονε-
κτοῦντες· μετὰ δὲ ταῦτα αὐτοῦ Νίγρου ἐπιφανέντος[4], πα-
λινδίωξις[5] γίνεται, καὶ νίκη τῶν Νιγρείων. Ἔπειτα τοῦ
Κανδίδου τῶν σημειοφόρων ἐπιλαμβανομένου, καὶ στρέ-
R.p.1248 φοντος αὐτοὺς ἀντιπροσώπους τοῖς πολεμίοις, καὶ στρατιώταις τὴν φυγὴν ὀνειδίζοντος, αἰσχυνθέντες οἱ περὶ αὐτὸν,
ὑπέστρεψαν, καὶ τῶν ἐναντίων ἀντεπεκράτησαν. Κἂν[6]
πανωλεθρίᾳ τούτους διέφθειραν, εἰ μὴ ἡ πόλις ἐγγὺς ἦν, καὶ
νὺξ σκοτεινὴ ἐγένετο.

7. Μετὰ δὲ ταῦτα ἐν Ἰσσῷ[7] πρὸς ταῖς καλουμέναις Πύ-

---

1. Sévère, sachant Byzance occupée par une garnison et connaissant
la force de la ville (Hérodien, III, 2), s'était porté sur Cyzique, ville de
Mysie, près de la Propontide. Spartien, 8 : « Æmilianus dehinc victus
in Hellesponto a Severi ducibus, Cyzicum primum confugit, atque in
aliam civitatem ; in qua eorum jussu occisus est. » — 2. A la suite de
la première victoire, on était passé en Bithynie, où les habitants de Nicomédie embrassèrent le parti de Sévère, et ceux de Nicée, qui, par haine
des Nicomédiens (les deux villes prétendaient au titre de capitale et de
métropole de la Bithynie), étaient dévoués à Niger, recueillirent (Hérodien, III, 2) les fugitifs. — 3. Le lac Ascanius, au bord duquel était
située Nicée.

suite, les deux rivaux se livrèrent, au milieu des gorges de Nicée et de Cios, un combat important avec des incidents variés : les uns, en effet, combattaient de pied ferme dans la plaine, les autres, s'étant emparés des collines, portaient leurs coups avec l'avantage d'une position élevée, et accablaient de traits leurs adversaires ; les autres, enfin, montés sur des barques, lançaient, du lac, des flèches sur leurs ennemis. Au commencement, les troupes de Sévère, sous la conduite de Candidus, et qui avaient l'avantage du poste d'où elles combattaient, remportèrent la victoire ; mais, lorsque après cela Niger se fut montré en personne, ceux de son parti repoussèrent les gens de Sévère, et la victoire passa de leur côté. Ensuite Candidus, arrêtant les porte-enseignes et les retournant face à face contre les ennemis, les soldats, à qui il reprochait leur lâcheté, saisis de honte, firent volte-face et furent vainqueurs à leur tour. Ceux de Niger auraient été entièrement taillés en pièces sans le voisinage de la ville et l'obscurité de la nuit, qui survint.

7. Après cela, il y eut une grande bataille à Issus,

---

4. Lncl. en note, Bkk. et Ddf ; vulg. om. : ταῦτα. Rm. propose aussi : μετὰ δὲ ταῦτα τοῦ Νίγρου. St. (*Addenda*) : « Hæc optime sic explicari arbitror : *Simul atque ipse Niger Nigrianis se in conspectum dedit.* Sic Xenophon, H. G., II, 1, 14 : Ἅμα τῷ ἡλίῳ ἀνίσχοντι ; Herodotus, I, 8 : Ἅμα κιθῶνι ἐκδυομένῳ. » Mais St. ne cite que des exemples du datif, et nous avons ici le génitif ; d'ailleurs, la conjecture de Lncl. me semble atteindre un haut degré de probabilité, ταῦτα ayant pu disparaître à cause de sa ressemblance avec αὐτοῦ qui suit.

5. Bkk. et Ddf ; vulg. : πάλιν δίωξις, en deux mots. — 6. Bkk. et Ddf ; vulg. : καὶ ἄν. — 7. Blancus lisait ici ἐν ἴσῳ, comme le fait voir sa traduction : *æqualis acrisque pugna commissa est* ; mais cf. p. suiv., note 2.

λαις μεγίστη γίνεται μάχη[1], τῷ μὲν Σεουηρείῳ στρατεύ-
ματι Οὐαλεριανοῦ τε καὶ Ἀνυλίνου ἐπιστατούντων, Νίγρου
δὲ αὐτοῦ τοῖς οἰκείοις παρόντος τάγμασι, καὶ συντάσσον-
τος ἐς τὸν πόλεμον. Ἡ δὲ ἐσβολὴ αὕτη αἱ Κιλίκειοι πύλαι
διὰ τὴν στενότητα οὕτω προσαγορεύονται· ἔνθεν μὲν γὰρ
ὄρη ἀπότομα ἀνατείνει, ἔνθεν δὲ κρημνοὶ βαθεῖς ἐς τὴν
θάλασσαν καθήκουσιν[2]. Ὁ οὖν Νίγρος στρατόπεδον ἐνταῦθα ἐπὶ λόφου τινὸς ἰσχυροῦ ἐποιήσατο, καὶ πρώτως[3]
μὲν τοὺς ὁπλίτας, ἔπειτα τοὺς ἀκοντιστὰς τούς τε λιθοβό-
λους, καὶ τοξότας ἐπὶ πᾶσιν ἔταξεν· ἵν' οἱ μὲν ἐκ χειρὸς
τοὺς προσμιγνύντας σφίσιν ἀμύνοιντο, οἱ δὲ ἐκ πολλοῦ τῇ
ἰσχύϊ καὶ ὑπὲρ ἐκείνων χρῷντο· τό τε γὰρ ἐπ' ἀριστερὰ
καὶ τὸ ἐπὶ δεξιὰ[4], ὑπό τε τῶν κρημνῶν πρὸς τῇ θαλάσσῃ,
ὑπό τε τῆς ὕλης ἀνεκβάτου οὔσης ἐπέφρακτο. Τό τε οὖν
στράτευμα οὕτω διέταξε, καὶ τὰ σκευοφόρα ἐπ' αὐτῷ κα-
τεχώρισεν, ὅπως, ἄν τις αὐτῶν φυγεῖν ἐθελήσῃ, μὴ δυνηθῇ.
Ὁ οὖν Ἀνυλῖνος, συνιδὼν[5] τοῦτο, τὴν μὲν ἀσπίδα προε-

1. Niger, à la suite de sa défaite, était parti pour Antioche, afin de
lever une nouvelle armée et des subsides. Sévère, de son côté, avait
quitté la Bithynie et la Galatie ; il s'était emparé du détroit du Taurus,
après qu'une pluie torrentielle, renversant les ouvrages élevés par Niger,
eut forcé les soldats à faire retraite. Alors Niger, à la suite de troupes
ramassées en Syrie et en Cilicie, vient de nouveau présenter la bataille à
Sévère (Hérodien, III, 2 à 4).

2. Rm. et St. : « propter appellationem *novi Alexandri*, quæ occasio-
nem ex Isso cepit, ubi castra olim Alexander habuerat », soudent ici,
par la suppression de Ὅτι et l'intercalation de δέ entre ὁ et Νίγρος, l'Extrait Peiresc suivant : Ὅτι ὁ Νίγρος ἦν μὲν οὐδ' ἄλλως ἀρτίφρων ἀλλὰ καὶ
πάνυ πολλὰ δυνηθείς, ἐπλημμέλησε [Rm. : « Manca videntur esse hæc. Puto
scripsisse Dionem πάνυ πολλὰ κατορθῶσαι δυνηθείς, ἐπλ. » Rsk. aussi conjecture que κατορθοῦν a été passé.] · τότε δὲ καὶ μᾶλλον ὠγκώθη, ὥστε τοῖς

près de l'endroit appelé les Portes, entre l'armée de Sévère, à la tête de laquelle étaient Valérianus et Anulinus,
et Niger, commandant en personne ses légions et les
disposant pour le combat. L'endroit où la rencontre eut
lieu est appelé les Portes ciliciennes, à cause de son peu
de largeur ; d'un côté, en effet, s'étendent des montagnes escarpées ; de l'autre, des précipices profonds se
prolongent jusqu'à la mer. Niger y établit son camp sur
une colline forte par son assiette, et plaça au premier
rang les soldats pesamment armés, à leur suite, les gens
de trait et les frondeurs, et les archers les derniers de
tous ; afin que les uns arrêtassent l'ennemi en combattant
de près, et que les autres déployassent de loin leurs
forces en combattant par-dessus la tête de leurs camarades, car sa gauche et sa droite étaient défendues par
les précipices du côté de la mer et par la forêt, qui était
inaccessible. Il disposa son armée de cette manière, et re-
légua les bagages par derrière, pour ôter le moyen de fuir
à celui qui le voudrait. A cette vue, Anulinus met à l'a-
vant-garde les soldats couverts de boucliers, et range der-

μὲν τὸν Ἀλέξανδρον αὐτὸν νέον [suivant Rsk., il faut ou lire αὐτὸν τὸν νέον,
ou supprimer τόν devant Ἀλέξανδρον] ὀνομάζουσι χαίρειν, τῷ δὲ ἐρομένῳ,
« Τίς σοι ταῦτα ποιεῖν ἐπιτέτροφεν ; » τὸ ξίφος δεῖξαι καὶ εἰπεῖν ; ὅτι « Τοῦτο. »
« Niger manquait généralement de prudence ; malgré la grande puis-
« sance dont il disposa, il ne laissa pas que d'échouer ; en ce moment,
« il s'enfla davantage d'orgueil, au point qu'il aimait à s'entendre appeler
« un nouvel Alexandre, et qu'à quelqu'un qui lui demandait : Qui t'a
« permis de faire cela ? il montra son épée et répondit : Ceci. »

3. St. : « Πρῶτος pro πρῶτος vel πρῶτον recentioribus usitatum esse
docuit Lobeck. ad Phrinichi Epit. p. 312. »

4. Accentuation suivie par Bkk. et Ddf, préférable, suivant Lobeck,
notes sur Phrynichus (Ecloga, p. 259), à l'accentuation ordinaire ἀριστερᾷ
et δεξιᾷ.

5. Rsk., Bkk. et Ddf ; vulg. : ἀνιδών.

βάλετο, καὶ ἐπ' αὐτῇ τὸ κοῦφον πᾶν ἐπέταξεν, ἵν' οἱ μὲν
πόρρωθεν ὑπὲρ αὐτῶν ἀνείργωσι τοὺς ἐναντίους, οἱ δ'
ἀσφαλῆ τὴν ἄνοδον σφίσιν ἀντιπαράσχωσι· τοὺς δ' ἱππέας
μετὰ Οὐαλεριανοῦ ἔπεμψε, τήν τε ὕλην τρόπον τινὰ πε-
ριελθεῖν, καὶ κατὰ νώτου τοῖς Νιγρείοις αἰφνίδιον ἐπιπε-
σεῖν κελεύσας. Ἐπεὶ δὲ ἐς χεῖρας ᾔεσαν, τῶν Σεουηρείων
τὰς ἀσπίδας τὰς μὲν προβαλομένων, τὰς δὲ ἐπιβαλομέ-
R. p.1249 νων[1], ἐς χελώνης τρόπον[2], καὶ οὕτω πλησιασάντων τοῖς
ἐναντίοις, ἐγένετο μὲν ἰσόρροπος ἡ μάχη ἐπὶ μακρότατον·
ἔπειτα οἱ τοῦ Νίγρου πολὺ τῷ πλήθει σφῶν καὶ τῇ τοῦ
χωρίου φύσει προέσχον· κἂν παντελῶς ἐκράτησαν, εἰ μὴ
νέφη ἐξ αἰθρίας, καὶ ἄνεμος ἐκ νηνεμίας, βρονταί τε
σκληραὶ καὶ ἀστραπαὶ ὀξεῖαι μεθ' ὑετοῦ λάβρου κατὰ πρόσωπον αὐτοῖς προσέπεσον[3]· τοὺς μὲν γὰρ Σεουηρείους,
ἅτε καὶ κατόπιν ὄντα, οὐκ ἐλύπει ταῦτα, τοὺς δὲ Νι-
γρείους, ἐμπίπτοντα[4] ἐξ ἐναντίας, ἰσχυρῶς ἐτάραττε.
Μέγιστον δ' αὕτη ἡ συντυχία τοῦ γενομένου τοῖς μὲν θάρ-
σος, ὡς καὶ παρὰ τοῦ θείου βοηθουμένοις, τοῖς δὲ δέος,
ὡς καὶ ὑπ' αὐτοῦ πολεμουμένοις, ἐμβαλοῦσα, τοὺς μὲν καὶ
ὑπὲρ τὴν ἰσχὺν ἐπέρρωσε, τοὺς δὲ καὶ παρὰ τὴν δύναμιν
ἐξεφόβησε· καὶ σφίσι φεύγουσιν ἤδη ὁ Οὐαλεριανὸς ἐπε-
φάνη. Ἰδόντες οὖν αὐτὸν, ἀνάπαλιν ἐτράποντο· καὶ μετὰ

---

1. Bkk. et Ddf; vulg. : προβαλλομένων.... ἐπιβαλλομένων. — 2. Dion
décrit (XLIX, 30) la manœuvre appelée tortue. Remarquons ici deux
manières distinctes d'exécuter cette manœuvre : les soldats placés aux
quatre côtés extérieurs de la phalange présentent leurs boucliers en avant,
προβαλομένων, afin de garantir leurs corps, tandis que les autres les élèvent en haut, ἐπιβαλομένων, afin de garantir leurs têtes.

rière eux tous ceux qui étaient armés à la légère, afin que les uns repoussent de loin l'ennemi en combattant par-dessus la tête de leurs camarades, et que les autres, à leur tour, donnent aux vélites le moyen de gravir en sûreté les escarpements; puis il envoie la cavalerie, sous la conduite de Valérianus, avec ordre de tourner, n'importe comment, la forêt, et de tomber à l'improviste sur les derrières de ceux de Niger. Lorsqu'on en fut venu aux mains, les gens de Sévère ayant mis leurs boucliers en avant et sur leurs têtes en forme de tortue, et s'étant ainsi approchés de l'ennemi, les chances furent longtemps égales; ensuite, ceux de Niger, grâce à leur nombre et à l'avantage du terrain, eurent le dessus; ils auraient même remporté une victoire complète, sans des nuées au milieu d'un ciel serein, un vent par un temps sans vent, des tonnerres horribles et des éclairs intenses, qui se mêlèrent à une pluie torrentielle pour tomber droit sur leurs visages; cette tempête n'incommodait pas les soldats de Sévère, qu'elle n'atteignait que par derrière, tandis que ceux de Niger, sur qui elle tombait en plein, en étaient fortement troublés. Cette circonstance inspirant aux premiers une grande confiance par la persuasion que les dieux venaient à leurs secours, et aux autres une grande frayeur par la conviction que la divinité combattait contre eux, éleva le courage des uns au-dessus de leurs forces, et glaça les autres d'épouvante malgré leurs ressources; ils fuyaient déjà lorsque Valérianus parut. A sa vue, ils revinrent à la charge, mais Anulinus les ayant

3. Hérodien, III, 3, rapporte la chose comme ayant eu lieu au Taurus.

4. Bkk. et Ddf; vulg. : ὄντας... ἐμπίπτοντας. Rm. : « Melius ὄντα et postea ἐμπίπτοντα, nisi tempestatem forte inter medias acies exstitisse fingas, a cujus tergo Severiani constituti fuerint. Sed hæc utique coacta sunt. »

τοῦτο, τοῦ Ἀνυλίνου σφᾶς ἀνακόψαντος, ἀνεστρέψαν·
εἶτ᾽ ἄνω καὶ κάτω διατρέχοντες, ὅπη διαπέσοιεν, ἐπλανῶντο.

8. Καὶ φθόρον δὴ τοῦτον πλεῖστον ἐν τῷδε τῷ πολέμῳ
συνέβη γενέσθαι [1]· δύο γὰρ μυριάδες τῶν μετὰ τοῦ Νίγρου
διώλοντο. Καὶ τοῦτ᾽ ἄρα τὸ τοῦ ἱερέως ὄναρ ἐδήλου· ἐν γὰρ
τῇ Παννονίᾳ ὄντος τοῦ Σεουήρου, ὁ ἱερεὺς τοῦ Διὸς ὄναρ
εἶδεν ἄνδρα τινὰ μέλανα [2] ἐς τὸ στρατόπεδον αὐτοῦ ἐσβια-
ζόμενον, καὶ ὑπὸ χειρῶν [3] ἀπολλύμενον· τὸ γὰρ ὄνομα τοῦ
Νίγρου ἐξελληνίζοντες [4] οἱ ἄνθρωποι, τὸν μέλανα ἐκεῖνον
εἶναι ἔγνωσαν. Ἁλούσης δὲ τῆς Ἀντιοχείας οὐ πολλῷ ὕστερον, ἔφυγε μὲν ἀπ᾽ αὐτῆς ὡς πρὸς τὸν Εὐφράτην ὁ Νίγρος,
διανοούμενος ἐς τοὺς βαρβάρους φυγεῖν [5]· ἑάλω δὲ ὑπὸ τῶν
καταδιωξάντων, καὶ ἀπετμήθη τὴν κεφαλήν [6]. Καὶ ταύτην
ὁ Σεουῆρος ἐς τὸ Βυζάντιον πέμψας, ἀνεσταύρωσεν, ἵν᾽
ἰδόντες αὐτὴν οἱ Βυζάντιοι προσχωρήσωσι. Μετὰ δὲ ταῦτα
ὁ Σεουῆρος τοὺς τὰ τοῦ Νίγρου φρονήσαντας ἐδικαίου [7].
[Ὅτι ὁ Σεουῆρος [8] τὰς πόλεις τούς τε ἰδιώτας τοὺς μὲν
ἐκόλαζε, τοὺς δὲ ἡμείβετο· τῶν δὲ δὴ βουλευτῶν τῶν Ῥωμαίων ἀπέκτεινε μὲν οὐδένα [9], τοὺς δὲ δὴ πλείους τὰς οὐ-

---

1. Cf. Hérodien, III, 4. — 2. Suivant Spartien, 6, il avait le cou si
noir que la plupart des auteurs attribuent à cette particularité son surnom
de Niger (noir). — 3. Rm. : « Ὑπὸ χειρῶν, militum sc. Sylbg. in Indice.
Quidui χειρῶν ἀνθρώπων, ut interpres legit? HS. Idem videtur signifi-
care, quod ἐν χερσί. » Rsk. propose χειμώνων ou ὑπ᾽ἐκείνων.

4. c : ἐξελληνίζοντος (sic). — 5. Cf. p. 200, note 5.

6. Spartien, Niger, 6 (cf. Sévère, 9), est en désaccord avec Dion :
« Hujus caput circumlatum pilo Romam missum. » — 7. Rsk. : « Ver-

ensuite taillés en pièces, ils prirent la fuite; puis, courant çà et là en désordre, ils se mirent à errer chacun cherchant son salut.

8. Il y eut, dans cette guerre, un grand carnage; car vingt mille hommes périrent du côté de Niger. C'était ce que signifiait le songe du prêtre : tandis que Sévère était en Pannonie, le prêtre de Jupiter vit en songe un homme noir qui se jetait sur le camp de Sévère et qui périssait sous ses coups. En effet, en traduisant en grec le nom de Niger, on reconnut que c'était lui qui était l'homme noir. Antioche ayant été prise peu de temps après, Niger s'en échappa pour se retirer vers l'Euphrate, dans l'intention de s'enfuir chez les barbares; mais il fut pris par ceux qui le poursuivaient et il eut la tête coupée. Sévère, l'ayant envoyée à Byzance, la fit attacher à une croix, afin d'exciter, par ce spectacle, les habitants à se ranger de son parti. Après cela, il mit en jugement ceux qui avaient favorisé Niger. [Sévère, parmi les villes et les particuliers, punit les uns et récompensa les autres; quant aux sénateurs romains, il n'en fit mourir aucun, mais il les dépouilla presque tous de leurs biens et les re-

---

bum δικαιοῦν non solum *punire* notat, sed in universum *ex justo et merito tractare.* Patet e sequentibus : τοὺς μὲν ἐκόλαζε, τοὺς δὲ ἡμεί-6ετο. »

3. Rm. et St. : Καί, au lieu de Ὅτι ὁ Σεου῏ρος. — 9. Spartien, Sévère, 9 : « Neque quemquam senatorum qui Nigri partium fuerant, præter unum , supplicio affecit... In multos animadvertit, præter ordinem senatorium, qui Nigrum fuerant secuti.... Eos senatores occidit qui cum Nigro militaverant ducum vel tribunorum nomine. »

R.p.1256

σίας ἀφείλετο, καὶ ἐς νήσους κατέκλεισεν.] Ἠργυρολόγησέ
τε δεινῶς· τά τε γὰρ ἄλλα, καὶ ὅσα τῷ Νίγρῳ καὶ ἰδιῶταί
τινες καὶ δῆμοι, οὐχ ὅτι ἑκούσιοι, ἀλλὰ καὶ ἀναγκαστοὶ
ἐδεδώκεσαν, τετραπλάσια ἐπεσέπραξε. Καὶ ἠσθάνετο μέν
που καὶ αὐτὸς τοῦτο[1]· πολλῶν δὲ δὴ χρημάτων χρῄζων,
ἐν οὐδενὶ λόγῳ τὰ θρυλούμενα ἐποιεῖτο.]

9. Κάσσιος δὲ Κλήμης βουλευτὴς παρ' αὐτῷ τῷ
Σεουήρῳ[2] κρινόμενος, οὐκ ἀπεκρύψατο τὴν ἀλήθειαν, ἀλλ'
ὡδέ πως[3] ἐπαῤῥησιάσατο· «Ἐγὼ, ἔφη, οὔτε σὲ οὔτε Νίγρον ἠπιστάμην· καταληφθεὶς δὲ δὴ ἐν τῇ ἐκείνου μερίδι,
τὸ παρὸν ἀναγκαίως ἐθεράπευσα, οὐχ ὡς σοὶ πολεμήσων,
ἀλλ' ὡς Ἰουλιανὸν καταλύσων. Οὔτ' οὖν ἐν τούτῳ τι ἠδί-
κησα, τὰ αὐτά σοι κατ' ἀρχὰς σπουδάσας, οὔθ' ὅτι μὴ
πρὸς σὲ ὕστερον, καταλιπὼν ὃν ἅπαξ ὑπὸ τοῦ[4] δαιμονίου ἔλαβον[5], μετέστην· οὐδὲ γὰρ οὐδὲ σὺ τῶν παρακαθη-
μένων σοι καὶ συνδικαζόντων τούτων οὐδένα ἂν ἠθέλησας
προδόντα σὲ πρὸς ἐκεῖνον αὐτομολῆσαι. Ἐξέταζε οὖν μὴ τὰ
σώματα ἡμῶν, μηδὲ τὰ ὀνόματα, ἀλλ' αὐτὰ τὰ πράγματα. Πᾶν γὰρ ὅ τι ἂν ἡμῶν καταγνῷς, τοῦτο καὶ σεαυ-
τοῦ καὶ τῶν σῶν ἑταίρων καταψηφιῇ· καὶ γὰρ εἰ τὰ μάλιστα μήτε δίκῃ μήτ' ἀποφάσει τινὶ ἁλώσῃ, ἀλλὰ τῇ παρὰ
τοῖς ἀνθρώποις φήμῃ, ἧς ἐς ἀΐδιον μνήμη καταλελείψε-

---

1. Rm. : « Quædam omissa videntur ante verba καὶ ἠσθάνετο μέν που
καὶ αὐτὸς τοῦτο, quæ ad hominum iniqua judicia referri recte vidit Valesius. » Rsk. : μισούμενος [Bkk., qui reproduit en note cette conjecture,
ajoute entre parenthèses : κακηγορούμενος*] διὰ τοῦτο. J'ai traduit avec

légua dans des îles. Il amassa aussi de l'argent avec âpreté; entre autres mesures, toutes les sommes données à Niger par des particuliers ou des peuples, volontairement ou par force, furent exigées d'eux au quadruple. Il sentait bien lui-même que par là il s'attirait la haine, mais un besoin immense d'argent l'empêchait de tenir aucun compte des bruits publics.]

9. Il y eut un sénateur, Cassius Clémens, qui, cité devant le tribunal de Sévère, loin de dissimuler la vérité, lui adressa ces paroles pleines de hardiesse : « Je ne te connaissais, dit-il, non plus que Niger; mais, me trouvant pris dans son parti, j'ai obéi à la nécessité du moment, non pour le dessein de te faire la guerre, mais pour celui de renverser Julianus. Je n'ai donc en cela commis aucun crime, puisque dans le principe je poursuivais le même but que toi, et que si, dans la suite, je n'ai pas abandonné le chef que les dieux m'avaient donné pour passer dans tes rangs, toi, non plus, tu n'aurais pas voulu qu'aucun de ceux qui siégent à tes côtés pour me juger te trahît pour se ranger du parti de ton rival. Examine donc moins nos personnes et nos noms que les choses en elles-mêmes. Tout ce que tu décideras contre nous sera un décret contre toi-même et contre tes amis; car, bien que tu ne sois condamné par aucun tribunal, par aucun jugement, néanmoins la renommée, qui laissera parmi les

---

cette addition. — 2. Les *Excerpta Vat.* : παρὰ Σεϐήρου. — 3. *c, k,* Lncl., Bkk. et Ddf; vulg. : ὧδί πως. — 4. Rsk., approuvé par St.; vulg., Bkk. et Ddf: ἐγκαταλιπὼν ἅπαξ ὃν παρὰ τοῦ. — 5. Bkk., en note, propose ἔλαχον, conjecture ingénieuse, mais qui ne peut être reçue à cause de ὑπὸ τοῦ δαιμονίου.

ται[1], δόξεις ταῦτα[2] ἐφ' οἷς σὺ ἐνέγῃ ἑτέροις[3], ἐγκαλεῖν. »
Τοῦτον μὲν οὖν ὁ Σεουῆρος τῆς παρρησίας θαυμάσας, τὴν
ἡμίσειαν αὐτῷ τῆς οὐσίας ἔχειν συνεχώρησεν. [Ὅτι συχνοὶ ὡς[4] καὶ τὰ τοῦ Νίγρου φρονήσαντες, καὶ τῶν οὔτ'
ἰδόντων ποτὲ αὐτὸν, οὔτε συναραμένων, οἱ ἐπηρεάσθησαν[5].]
[Ὅτι ὁ Σεουῆρος ἐπεχείρησε τοὺς[6] τιμωρουμένους ὑπ' αὐτοῦ . . . .[7] τῷ Κλάρῳ τῷ Ἐρυκίῳ[8] μηνυτῇ κατ' αὐτῶν
χρήσασθαι, ἵνα τόν τε ἄνδρα διαβάλῃ, καὶ τὸν ἔλεγχον
ἀξιοχρεώτερον πρός τε τὸ γένος αὐτοῦ, καὶ πρὸς τὴν δόξαν ποιεῖσθαι νομισθείη· καὶ τήν γε σωτηρίαν[9] τήν τε
ἄδειαν αὐτῷ δώσειν ὑπέσχετο. Ἐπεὶ δὲ ἐκεῖνος ἀποθανεῖν
R.p.1251 μᾶλλον, ἢ τοιοῦτόν τι ἐνδεῖξαι εἵλετο, πρὸς τὸν Ἰουλιανὸν ἐτράπετο, καὶ τοῦτον ἀνέπεισεν. Καὶ διὰ τοῦτ' αὐτὸν
ἀφῆκεν, ὅσον γε μήτ' ἀποκτεῖναι, μήτ' ἀτιμάσαι· ταῖς

1. St., d'après Rm., Bkk. et Ddf; vulg. : καταλείψεται.
2. Rm. et St. : ταὐτά, sans nécessité; Rsk. voudrait lire σοι ταῦτά et
ajouter κολασθῆναι après οἷς.
3. Bkk.; vulg. et Ddf : οἷ; συνέβη ἑτέροις.
4. Rm. et St. : Συχνοὶ [avec suppression de Ὅτι] δὲ ὡς. — 5. Rm. dit
dit que le ms. porte ἐπηρεάθησαν; les notes de M. Gros n'en parlent pas.
6. Rm. et St. : Ἐπεχείρησε [avec suppppession de Ὅτι] δὲ ὁ Σεβῆρος τούς.
Valois donne ce fragment comme le premier du livre LXXV. — 7. Rm. :
« Pro τοὺς τιμωρουμένους ὑπ' αὐτοῦ, etc., κατ' αὐτῶν χρήσασθαι, videtur di-
cendum fuisse κατὰ τῶν τιμωρουμένων ὑπ' αὐτοῦ, etc., χρήσασθαι, vel χρησάμενος, δικαιῶσαι. » Rsk. conjecture : τοὺς τιμωρουμένους ὑπ' αὐτοῦ ὑπά-
γειν τῇ δίκῃ μέλλων, τῷ Κλάρῳ, etc. Toutes ces corrections s'écartent
trop de la lettre des mss.; j'ai préféré voir ici, avec Bkk. et Ddf, une
lacune, que le premier de ces deux savants propose de combler par les
mots διελέγξαι βουλόμενος, empruntés aux *Excerpta Vat.*; j'ai traduit
avec cette addition. Remarquons, toutefois, que le passage des palimpsestes est relatif aux partisans d'Albinus et non à ceux de Niger, et que
le sénateur a nom Vivianus. Voici le passage : Ὅτι ὁ Σεουῆρος τοὺς βου-

hommes un souvenir éternel, dira que tu nous as fait un
crime d'actes où tu as eu ta part. » Sévère, admirant cette
liberté, lui accorda la moitié de ses biens. [Plusieurs
furent calomnieusement accusés d'avoir favorisé Niger,
qui ne l'avaient jamais vu et qui ne lui avaient prêté
aucun secours.] [Sévère, voulant convaincre ceux qu'il
punissait, essaya de suborner contre eux Érycius Clarus comme délateur, afin de décrier ce personnage et
de se servir de sa noblesse et de sa réputation pour donner une plus grande autorité au jugement, et il lui promit la vie et l'impunité. Celui-ci ayant préféré mourir
plutôt que de se prêter à un tel compromis, Sévère s'a-
dressa à Julianus et le décida à se charger de l'affaire.
Ce fut pour cette raison qu'il lui fit grâce de la mort et
de l'infamie, car il l'interrogea soigneusement sur tous

λευτὰς τοὺς γράψαντας κατ' αὐτοῦ πρὸς Ἀλϐῖνον διελέγξαι βουλόμενος, ἠϐου-
λήθη [Bkk. : ἐϐουλήθη] καὶ Βιϐιανὸν, ἄνδρα ὑπατευκότα καὶ τὰ Ἀλϐίνου
δοκοῦντα φρονεῖν, ὑποφθεῖραι, ἵνα τῇ μαρτυρίᾳ αὐτοῦ χρώμενος κατὰ τῶν
βουλευτῶν ἀξιόπιστον τὴν κατηγορίαν ποιήσῃ· ὁ δὲ εἵλετο σφαγῆναι ἢ πρᾶξαί
τι ἐλευθερίας ἀλλότριον· Ἰουλιανὸν οὖν εὑρὼν, πρὸς τοῦτο ἀνέπεισε, καὶ κα-
τηγόρῳ ἐχρήσατο. « Sévère, voulant convaincre les sénateurs qui avaient
« écrit à Albinus contre lui, voulut faire périr aussi Vivianus, person-
« nage consulaire et qui passait pour partisan d'Albinus, afin de se ser-
« vir de son témoignage pour rendre croyable l'accusation intentée aux
« autres sénateurs; mais celui-ci préféra se laisser égorger plutôt que
« de rien faire d'indigne d'un homme libre. C'est pourquoi Sévère, ayant
« trouvé Julianus, le décida à se charger de cette commission et l'em-
« ploya comme accusateur. »
  8. Erycius Clarus avait été consul l'année précédente (cf. LXXII, 22);
on suppose qu'il était fils de celui sous le consulat duquel naquit Sévère, suivant Spartien, 1, et dont parle Aulu-Gelle, VI, 5. Spartien,
13, le cite dans une liste de personnages mis à mort sans procès par Sévère. — 9. Rsk. : τήν τε ou τὴν μὲν σωτηρίαν.

γὰρ δὴ βασάνοις ἰσχυρῶς πάντα ὑπ' αὐτοῦ[1] ἠκρίβωσεν, ἐν
οὐδενὶ λόγῳ τὸ ἀξίωμα τὸ τότε αὐτοῦ ποιησάμενος.]

10. Οἱ δὲ δὴ Βυζάντιοι, καὶ ζῶντος τοῦ Νίγρου καὶ
τελευτήσαντος, πολλὰ καὶ θαυμαστὰ ἔδρασαν. Ἡ δὲ πόλις
αὐτῶν ἐν καιρῷ[2] πάνυ καὶ τῶν ἠπείρων καὶ τῆς διὰ
μέσου σφῶν θαλάσσης κεῖται, τῇ τε τοῦ χωρίου ἅμα καὶ
τῇ τοῦ Βοσπόρου φύσει ἰσχυρῶς παρεσκευασμένῃ. Αὐτή τε
γὰρ ἐπὶ μετεώρου πεπόλισται, προέχουσα ἐς τὴν θάλασ-
σαν· καὶ ἐκείνη χειμάρρου δίκην ἐκ τοῦ Πόντου κατα-
θέουσα, τῇ τε ἄκρᾳ προσπίπτει, καὶ μέρει μέν τινι ἐς τὰ
δεξιὰ ἀποτρέπεται, κἀνταῦθα τόν τε κόλπον καὶ τοὺς λι-
μένας ποιεῖ· τῷ δὲ δὴ πλείονι πρὸς τὴν Προποντίδα παρ'
αὐτὴν τὴν πόλιν πολλῇ σπουδῇ χωρεῖ. Καὶ μέντοι καὶ τὰ
τείχη καρτερώτατα εἶχον. Ὅ τε γὰρ θώραξ αὐτῶν λίθοις
τετραπέδοις παχέσι συνῳκοδόμητο, πλαξὶ χαλκαῖς συν-
δουμένοις, καὶ τὰ ἐντὸς αὐτοῦ καὶ χώμασι καὶ οἰκοδομή-
μασιν ὠχύρωτο· ὥστε καὶ ἓν τεῖχος παχὺ τὸ πᾶν εἶναι
δοκεῖν, καὶ ἐπάνωθεν αὐτοῦ περίδρομον καὶ στεγανὸν καὶ
εὐφύλακτον ὑπάρχειν. Πύργοι τε πολλοὶ[3] καὶ μεγάλοι ἔξω
τε ἐκκείμενοι, καὶ θυρίδας πέριξ ἐπαλλήλους[4] ἔχοντες

1. St. : « An unquam sic scripserit Græcus, valde dubito. Magis proba-
rem ἀπ', vel ἐξ, vel παρ' αὐτοῦ. »
2. Du Cange, *Constantinople chrétienne*, p. 1, propose de lire εὐκαίρως, conjecture qu'on peut appuyer sur ce passage de Polybe, IV, 38 : Βυζάντιοι εὐκαιρότατον οἰκοῦσι τόπον. Rm. pense qu'on pourrait cependant,
avec Procope, *Édifices*, I, 5, lire καλῷ, employé par Dion (XLI, 44)
dans un passage semblable, et il renvoie aux *Ellipses* de Lambert Bo,
au mot τόπος. Le même savant propose aussi ἐν καιρίῳ (s. e. μέρει),

les points au milieu de violentes tortures, sans tenir alors aucun compte de sa dignité.]

10. Les Byzantins firent, du vivant de Niger et après sa mort, beaucoup de choses merveilleuses. Leur ville est située juste à l'endroit le plus favorable des terres fermes et de la mer qui les sépare, fortifiée par la nature même du lieu et par celle du Bosphore. Elle est bâtie sur une hauteur d'où elle s'avance dans la mer, qui, accourant du Pont comme un torrent, se jette sur le promontoire, détourne une portion de ses eaux à droite, où elle forme un golfe et des ports, puis se hâte d'aller en décharger la plus grande partie dans la Propontide, devant la ville même. Byzance avait aussi des murailles très-fortes. Le parapet était d'épaisses pierres carrées, reliées par des plaques d'airain; l'intérieur était fortifié par des chaussées et par des édifices, en sorte que l'ensemble semblait ne former qu'un mur épais, derrière lequel se trouvait un chemin couvert, facile à garder, qui longeait l'enceinte. Il y avait aussi, à l'extérieur, quantité de grandes tours avec des fenêtres se correspondant les unes aux autres tout à l'entour, de

---

renvoyant au même ouvrage; mais, bien que cette correction soit celle qui se rapproche le plus de la lettre des mss., ce n'est pas celle qu'il préfère. St. croit que ἐν καιρῷ est bon, pourvu qu'on écrive ensuite ἕνεκα τῶν ἠπείρων. Pour moi, je ne vois dans la vulgate rien qui soit de nature à choquer, et je la maintiens.

3. Elles étaient au nombre de vingt-sept, suivant Codinus.

4. Zn., Bkk. et Ddf; vulg. : ἐπαλλήλας.

ἦσαν· ὥστε τοὺς προσβάλλοντας τῷ κύκλῳ ἐντὸς αὐτῶν
ἀπολαμβάνεσθαι· δι' ὀλίγου τε γὰρ καὶ οὐ κατευθὺ, ἀλλ'
οἱ μὲν τῇ, οἱ δὲ τῇ, σχολιώτερον ᾠκοδομημένοι, πᾶν τὸ
προσπῖπτον σφίσιν ἐνεκυκλοῦτο. Τοῦ δὲ δὴ περιβόλου τὰ
μὲν πρὸ τῆς ἠπείρου ἐς μέγα ὕψος ἦρτο[1], ὥστε καὶ τοὺς
τυχόντας ἀπ' αὐτῶν ἀμύνασθαι· τὰ δὲ πρὸς τῇ θαλάττῃ,
ἧττον ὑψοῦτο[2]· αἵ τε γὰρ πέτραι ἐφ' ὧν ἐπῳκοδόμηντο,
καὶ ἡ τοῦ Βοσπόρου δεινότης, θαυμαστῶς σφίσι συνεμά-
χουν. Οἵ τε λιμένες ἐντὸς τείχους[3], ἀμφότεροι κλειστοὶ
ἀλύσεσιν ἦσαν[4], καὶ αἱ χηλαὶ αὐτῶν πύργους ἐφ' ἑκάτερα
πολὺ προέχοντας ἔφερον, ὥστ' ἄπορον τῷ πολεμίῳ τὸν
πρόσπλουν ποιεῖν. Τὸ δ' ὅλον, ὁ Βόσπορος σφᾶς μέγιστα
ὠφελεῖ· ἀνάγκη γὰρ πᾶσα, ἂν ἅπαξ τις ἐς τὸ ῥεῦμα ἐμ-
πέσῃ, καὶ ἄκοντα αὐτὸν πρὸς τὴν γῆν ἐκπεσεῖν[5]. Τοῦτο
δὲ τῷ μὲν φίλῳ ἥδιστόν ἐστιν, τῷ δὲ ἐναντίῳ ἀπορώ-
τατον.

11. Οὕτω μὲν οὖν τὸ Βυζάντιον ἐτετείχιστο· καὶ
προσέτι καὶ μηχαναὶ κατὰ παντὸς τοῦ τείχους ποικιλώτα-
ται ἦσαν. Τοῦτο μὲν γὰρ, ἐπὶ τοὺς πλησιάζοντας καὶ πέ-
τρας καὶ δοκοὺς ἐνέβαλλον· τοῦτο δὲ, ἐπὶ τοὺς ἀφεστηκό-

R.p.1252

---

1. Zn., approuvé par St., Bkk. et Ddf; vulg. om. : ἦρτο et ἐς; Lncl. s'était
déjà aperçu qu'il manquait quelque chose, et proposait d'ajouter εἶχον soit
ici, soit après ἧττον. — 2. Zn., approuvé par St., Bkk. et Ddf; vulg. om.
3. Rm. : « Sinus Ceratinus, τὸ κέρας τὸ Βυζάντιον, seu κόλπος ἐοικὼς
ἐλάφου κέρατι, ut ait Strabo, VII, p. 31 sq. εἰς πλείστους σχίζεται κόλ-
πους ὡς ἂν κλάδους τινάς, in plures ramos seu minores sinus finditur.
Hinc pluribus portubus aptus, quorum Dionysius Byzantius tres By-

sorte que les assaillants se trouvaient pris dans l'intérieur du cercle formé par elles ; ces tours, en effet, construites à peu de distance les unes des autres, non en ligne droite, mais obliquement, celles-ci sur une ligne, celles-là sur une autre, enserraient tout ce qui tentait d'approcher. Quant à l'enceinte, la partie du côté de la terre ferme s'élevait à une grande hauteur qui permettait d'en écarter tout assaillant ; la partie du côté de la mer était moins haute, car les rochers sur lesquels elle était bâtie et l'impétuosité du Bosphore étaient d'admirables défenses. Les deux ports, à l'intérieur des murailles, étaient fermés par des chaînes, et les anfractuosités des môles portaient de chaque côté des tours qui, par leur position avancée, rendaient l'abord difficile à l'ennemi. En somme, le Bosphore est d'une grande utilité pour Byzance : car, une fois engagés dans le courant, les navires étaient forcément poussés malgré eux vers la terre. C'était pour les amis chose très-agréable, mais très-incommode pour les ennemis.

11. Telles étaient les fortifications de Byzance ; de plus, partout sur la muraille se voyaient les machines les plus diverses. Ici, elles lançaient des rocs et des pièces de bois sur ceux qui approchaient ; là, elles dé-

---

zantio adscribit. Cangius vero ex hoc Dionis loco colligit, tertium ante Severi tempora velut inutilem exaggeratum fuisse. » — 4. Rm., contrairement à Du Cange, qui (ch. 6) ne voit ici qu'une seule chaîne partant de la citadelle de Byzance et allant s'attacher, de l'autre côté, au fort Galata, établit que chaque port était fermé par une chaîne particulière suspendue à des môles de pierre. — 5. Rsk., St., Bkk. et Ddf ; vulg. : ἐμπεσεῖν.

τας καὶ λίθους, καὶ βέλη, δόρατά τε ἠφίεσαν· ὥστε ἐντὸς
πολλοῦ χωρίου μηδένα αὐτῶν ἀκινδύνως πελάσαι δύνασ-
θαι· ἁρπάγας τε ἕτεραι ἔχουσαι, καὶ κατίεντο ἐξαπιναίως,
καὶ ἀνέσπων διὰ βραχέος καὶ πλοῖα καὶ μηχανήματα.
Πρίσκος πολίτης ἐμὸς τὰ πλείω αὐτῶν ἐτεχτήνατο· καὶ
διὰ τοῦτο θανάτου[1] τε ἅμα ὦφλε καὶ ἐσώθη· ὁ γὰρ Σεουῆρος, τὴν τέχνην αὐτοῦ μαθὼν, ἐκώλυσεν αὐτὸν ἀποθανεῖν·
κἀκ τούτου ἔς τε ἄλλα τινὰ αὐτῷ ἐχρήσατο, καὶ ἐς τὴν
τῶν Ἄτρων πολιορκίαν[2]· καὶ μόνα γε τὰ ἐκείνου μηχανήματα οὐκ ἐκαύθη ὑπὸ τῶν βαρβάρων. Καὶ πλοῖα δὲ τοῖς
Βυζαντίοις πεντακόσια, τὸ μὲν πλεῖστον[3] μονήρη, ἔστι δ'
ἃ καὶ δίκροτα κατεσκεύαστο, ἐμβόλους[4] ἔχοντα· καί τινα
αὐτῶν ἑκατέρωθεν καὶ ἐκ τῆς πρύμνης καὶ ἐκ τῆς πρώρας
πηδαλίοις ἤσκητο· καὶ κυβερνήτας ναύτας τε διπλοῦς εἶχεν, ὅπως αὐτοὶ μὴ μεταστρεφόμενοι[5] καὶ ἐπιπλέωσι καὶ
ἀναχωρῶσι, καὶ τοὺς ἐναντίους καὶ ἐν τῷ πρόσπλῳ[6] καὶ ἐν
τῷ ἀπόπλῳ σφῶν σφάλλωσι.

12. Πολλὰ μὲν οὖν καὶ ἔδρασαν καὶ ἔπαθον οἱ Βυζάντιοι, ἅτε τοῖς ἐκ τῆς οἰκουμένης, ὡς εἰπεῖν, στόλοις ἐπὶ
ὅλον τριετῆ χρόνον πολιορκούμενοι[7]· λελέξεται δὲ ὀλίγα

---

1. Rm. préférerait et St. adopte θάνατον, quoi qu'on puisse, comme le
fait Slbg. dans son *Index*, défendre θανάτου par l'ellipse bien connue de
δίκη. — 2. Cf. LXXV, 11.

3. Zn. : τὰ μὲν πλεῖστα. — 4. *a, b* : ἐμβολάς.

5. Suidas, au mot δίκορτα, leçon préférable suivant Kuster, et adoptée
par Bkk. et Ddf; vulg. : ἀναστρεφόμενοι.

6. Suidas : παράπλῳ ; Zn. : ἐν τε πρόσπλῳ καὶ τῷ ἀπόπλῳ αὐτῶν σφά-
λωσι. — 7. Hérodien, III, 6, dit que Sévère marcha contre Albinus dans

cochaient des pierres, des traits et des javelots contre ceux qui se tenaient au loin, en sorte que personne ne pouvait s'avancer sans danger qu'à une assez grande distance; d'autres machines, munies de harpons, descendaient à l'improviste et enlevaient promptement les vaisseaux et les engins des ennemis. C'est Priscus, mon compatriote, qui avait construit la plus grande partie de ces machines, ce qui lui valut d'être condamné à mort et d'avoir la vie sauve; car Sévère, instruit de son habileté, empêcha qu'on le fît mourir, et, depuis, l'employa, entre autres occasions, au siége d'Atra, où les machines de Priscus résistèrent seules aux feux des barbares. Les Byzantins s'étaient, de plus, construit cinq cents vaisseaux, la plupart à un seul rang de rames, quelques-uns à deux rangs, avec des éperons; certains étaient, à chaque bout, à la poupe et à la proue, munis d'un gouvernail et avaient deux pilotes et deux équipages, afin de n'avoir à évoluer ni pour avancer ni pour reculer, et de surprendre l'ennemi par la marche en avant comme par la marche en arrière.

12. Les Byzantins donc firent et souffrirent beaucoup de choses, attendu qu'ils furent trois ans entiers assiégés par les flottes, pour ainsi dire, de tout l'univers. Je vais rapporter un certain nombre de leurs ex-

le même temps où il envoya d'autres troupes assiéger Byzance. Albinus dura jusqu'à l'an de Rome 950, et Sévère resta en Mésopotamie jusqu'à ce que la ville fût entièrement réduite; c'est pendant ce temps qu'il fit la guerre aux Osroéniens, aux Adiabéniens et aux Arabes. Il est faux encore, ajoute Rm., que la prise de Byzance ait eu lieu, comme le veut la chronologie vulgaire, la cinquième année du règne de Sévère; car, au commencement de cette année, il avait déjà vaincu Albinus, contre qui il ne marcha qu'après la prise de Byzance.

καὶ τὰ ἐχόμενά τινος θαύματος. Ἧρουν μὲν γὰρ πλοῖά τινα
παραπλέοντα, εὐκαίρως ἐπιτιθέμενοι· ἧρουν δὲ καὶ τριήρεις τῶν ἐν τῷ ὅρμῳ τῶν ἐναντίων οὐσῶν· τὰς γὰρ ἀγκύ-
ρας αὐτῶν ὑφύδροις κολυμβηταῖς ὑποτέμνοντες, καὶ ἥλους
ἐς τοὺς ταρσοὺς σφῶν, καλωδίοις ἐκ τῆς φιλίας ἐκδεδεμέ-
νους ἐμπηγνύντες, ἐπεσπῶντο· ὥστ᾽ αὐτὰς ἐφ᾽ ἑαυτῶν αὐ-
τομάτας προσπλεούσας ὁρᾶσθαι, μήτε ἐρέτου μήτ᾽ ἀνέμου
μηδενὸς ἐπισπέρχοντος. Ἤδη δὲ καὶ ἐθελονταί τινες ἔμπο-
ροι, ὡς καὶ ἄκοντες, ὑπ᾽ αὐτῶν ἡλίσκοντο· καὶ τὰ ἀγώγιμα
μεγάλων χρημάτων πωλήσαντες, ἐξέπλεον, ἐκδιδράσκον-
τες. Ἐπεὶ δὲ πάντων αὐτοῖς ἐκδαπανηθέντων τῶν ἔνδον,
ἐς τὸ στενὸν κομιδῇ τῶν τε πραγμάτων καὶ τῶν ἐλπίδων
τῶν ἐπ᾽ αὐτοῖς ἐληλύθεσαν, πρότερον μέν, καίπερ πάνυ
πιεζόμενοι, ἅτε καὶ τῶν ἔξω πάντων ἀποκεκλεισμένοι, ὅμως
ἀντεῖχον, καὶ ἔς τε [1] τὰς ναῦς τοῖς τε ξύλοις τοῖς ἐκ τῶν
οἰκιῶν, καὶ ταῖς θριξὶ ταῖς τῶν γυναικῶν [2], σχονία ἀπ᾽
αὐτῶν πλέκοντες, ἐχρῶντο· καὶ ὁπότε τινὲς τῷ τείχει
προσβάλοιεν, τούς τε λίθους σφίσι τοὺς ἐκ τῶν θεάτρων,
καὶ ἵππους χαλκοῦς καὶ ἀνδριάντας ὅλους [3] ἐπερρίπτουν·
ἐπεὶ δὲ καὶ ἡ τροφὴ σφᾶς ἐπέλιπεν ἡ νενομισμένη, καὶ
δέρματα διαβρέχοντες ἤσθιον· εἶτα ἐπεὶ [4] καὶ ταῦτα [5] κα-
τανάλωθη, οἱ μὲν πλείους ἐξέπλευσαν, τηρήσαντες ζά-
λην καὶ καταιγίδα, ὥστε μηδένα ἀνταναχθῆναι σφίσιν,

R.p.1258

---

1. St. : « Ἐς μέν R., ut respondeat δέ, in verbis ἐπεὶ δὲ καὶ ἡ τροφή. »
2. Vulg. : θριξὶ ταῖς ἐκ τῶν γυναικῶν; Bkk. met ἐκ entre crochets,
avec Ddf, je supprime ce mot. — 3. Bkk.; vulg. : χαλκοῦς καὶ ἀνδριάντας
χαλκοῦς ὅλους. — 4. ƒ om. — 5. St. : « Scribendum εἶτα ἐπεὶ καὶ ταῦτα,

ploits les plus remarquables. Ils prirent plusieurs vaisseaux qui faisaient voile dans leur voisinage par l'à-propos avec lequel ils les attaquèrent ; ils prirent aussi des trirèmes ennemies à leur mouillage, car, faisant couper les cordes des ancres par des plongeurs et planter des clous dans les flancs des navires, ils les entraînaient au moyen de câbles attachés à leur rivage, en sorte qu'on voyait les vaisseaux marcher d'eux-mêmes et de leur propre mouvement, sans qu'ils fussent poussés ni par les rames ni par le vent. En outre, des navires marchands se laissaient volontairement capturer par eux, tout en faisant mine de résistance ; puis, après avoir vendu à grand prix leur cargaison, ils s'enfuyaient à toutes voiles. Mais, lorsque les Byzantins eurent consommé tout ce qu'ils avaient dans l'intérieur de leur ville et que leurs affaires ainsi que leurs espérances furent réduites à l'étroit, d'abord, bien que vivement pressés, attendu que toutes les communications avec le dehors étaient interceptées, ils n'en continuèrent pas moins la lutte, et se servirent des bois de leurs maisons pour réparer leurs vaisseaux, et des cheveux de leurs femmes pour tisser des cordages ; et, quand l'ennemi donnait l'assaut aux remparts, ils jetaient sur lui des pierres détachées de leurs théâtres, des chevaux et des statues de bronze tout entières ; puis, lorsque les vivres ordinaires vinrent à leur faire défaut, ils détrempèrent des cuirs pour les manger ; ensuite, ces ressources épuisées, la plupart des habitants se mirent en mer à la faveur d'un temps d'orage et de tempête,

An de Rome 949.
Domitius Dexter consul II et Valérius Messala consul I.

L.; εἶτα ὡς καὶ ταῦτα, R. Sane tali quadam particula opus est. » J'ai adopté la conjecture de Lncl.; vulg. om. : ἐπεί. Peut-être cependant le ἐπεί, qui est plus haut, retombe-t-il aussi sur ce membre de phrase, et peut-on se dispenser de le répéter.

ἵν' ἢ ἀπόλωνται, ἢ ἐπισιτίσωνται· καὶ προσπίπτοντες
ἀπροσδοκήτως τοῖς ἀγροῖς, πάνθ' ὁμοίως ἐλῇζοντο [1]· οἱ δ'
ὑπολειπόμενοι, δεινότατον ἔργον ἔδρασαν. ἐπεὶ γὰρ ἐν τῷ
ἀσθενεστάτῳ ἐγένοντο, ἐπ' ἀλλήλους ἐτράποντο καὶ ἀλλήλων ἐγεύοντο [2].

13. Οὗτοι μὲν οὖν ἐν τούτοις ἦσαν· οἱ δ' ἄλλοι [3],
ἐπεὶ τὰ σκάφη καὶ ὑπὲρ τὴν δύναμιν αὐτῶν κατεγέμισαν,
ἦραν, χειμῶνα μέγαν καὶ τότε ἐπιτηρήσαντες. Οὐ μὴν καὶ
ὤναντό γε αὐτοῦ· οἱ γὰρ Ῥωμαῖοι, καταβαρεῖς αὐτοὺς καὶ
βραχὺ πάνυ τοῦ [4] ὕδατος ὑπερέχοντας ἰδόντες, ἀντανή-
χθησαν· καὶ αὐτοῖς ἐσκεδασμένοις ὥς που καὶ ὁ ἄνεμος καὶ
ὁ κλύδων ἦγε προσπίπτοντες, ναυμαχίας μὲν οὐδὲν ἔργον
ἔσχον, τὰ δὲ δὴ πλοῖα αὐτῶν ἀφειδῶς ἔκοπτον, πολλὰ μὲν
τοῖς κοντοῖς ὠθοῦντες, πολλὰ δὲ καὶ τοῖς ἐμβόλοις ἀναρρη-
γνύντες, ἔστι δ' ἃ καὶ αὐτῇ τῇ προσβολῇ σφῶν ἀνατρέπ-
οντες. Καὶ ἐκεῖνοι δρᾶσαι μὲν οὐδὲν, οὐδ' εἰ τὰ μάλιστα
ἤθελον, ἠδύναντο· διαφυγεῖν δέ πη πειρώμενοι, οἱ μὲν ὑπὸ
R.p.1254 τοῦ πνεύματος, ἀπλήστως αὐτῷ χρώμενοι, ἐβαπτίζοντο·
οἱ δ' ὑπὸ τῶν ἐναντίων καταλαμβανόμενοι, διώλλυντο.
Θεώμενοι δὲ ταῦτα οἱ ἐν τῷ Βυζαντίῳ, τέως μὲν ἐθεοκλύ-
τουν, καὶ ἐπεβόων ἄλλοτε ἄλλοις τοῖς γινομένοις, ὡς
ἑκάστῳ τι τῆς θέας ἐκείνης ἢ τοῦ πάθους προσέπιπτεν·
ἐπεὶ δὲ πασσυδὶ [5] αὐτοὺς ἀπολλυμένους εἶδον, τότε δὴ

---

1. Bkk. et Ddf; vulg. : ἐληζοντο. — 2. Hérodien, III, 6, dit que la
ville fut prise par famine.

3. a, b : οἱ δὲ ἄλλοι

afin de ne pas rencontrer d'ennemis en route, dans l'intention de mourir ou de se procurer des vivres, et, fondant à l'improviste sur la campagne, ils enlevèrent tout sans aucune distinction. Quant à ceux qui étaient restés dans la ville, ils firent un acte horrible : réduits à une extrême faiblesse, ils se tournèrent les uns contre les autres et se mangèrent.

13. Telle était la position de ces derniers ; les autres, ayant rempli outre mesure leurs embarcations, levèrent l'ancre, alors encore à la faveur d'une violente tempête. Mais ils n'en tirèrent aucun profit, car les Romains, les voyant chargés et s'élevant à peine au-dessus de l'eau, marchèrent à leur rencontre, et, fondant sur eux tandis qu'ils étaient dispersés au gré du vent et des flots, n'eurent pas à combattre ; ils frappèrent les embarcations sans merci, poussant les unes avec des crocs, perçant les autres avec leurs éperons, en renversant même quelques-unes rien que par le choc. Ces malheureux, malgré tout leur désir, ne purent rien y faire ; et, dans leur tentative de fuite, les uns furent submergés par la violence du vent, auquel ils s'abandonnaient sans réserve, les autres périrent en tombant entre les mains de l'ennemi. A cette vue, ceux qui étaient dans Byzance imploraient d'abord les dieux, et poussaient des cris tantôt pour un accident tantôt pour un autre, suivant ce qui, dans ce spectacle de désastre, s'offrait aux regards de chacun ; mais, quand ils virent que les leurs avaient péri sans ressource, alors ils

---

4. *f* om. : οἱ γὰρ... πάνυ τοῦ.

5. St., Bkk. et Ddf ; vulg. : πανουδεί. Sur ces deux formes, cf. la note de Rm. et l'addition de St.

ἀθρόοι καὶ ἀνώμωξαν[1] καὶ ἀνεθρήνησαν· κἀκ τούτου τό τε
λοιπὸν τῆς ἡμέρας καὶ τὴν νύκτα πᾶσαν ἐπένθουν. Τοσαῦτα γὰρ τὰ πάντα ναυάγια ἐγένετο, ὥστε καὶ ἐς τὰς
νήσους καὶ ἐς τὴν Ἀσίαν ἐξενεχθῆναί τινα, καὶ ἀπ' αὐτῶν
καὶ τὴν ἧτταν σφῶν, καὶ πρὶν ἀκουσθῆναι, γνωσθῆναι[2].
Καὶ τῇ ὑστεραίᾳ τοῖς Βυζαντίοις ἐπὶ μεῖζον τὸ δεινὸν ηὐ-
ξήθη· ὡς γὰρ ὁ κλύδων ἐστόρεστο, πᾶσα ἡ θάλασσα, ἡ
πρὸς τῷ Βυζαντίῳ, καὶ τῶν νεκρῶν καὶ τῶν ναυαγίων καὶ
τοῦ αἵματος ἐπληρώθη, πολλὰ δὲ καὶ ἐς τὴν γῆν ἐξε-
βράσθη· ὥστε καὶ χαλεπώτερον ἐκ τῆς ὄψεως σφῶν τὸ
δεινὸν αὐτοῦ τοῦ ἔργου φανῆναι.

14. Παρέδοσαν μὲν οὖν αὐτίκα τὴν πόλιν καὶ ἄκοντες
οἱ Βυζάντιοι· Ῥωμαῖοι δὲ τοὺς μὲν στρατιώτας καὶ τοὺς
ἐν τέλει διεχρήσαντο πάντας, πλὴν τοῦ πύκτου, ὃς πολλὰ
τοὺς Βυζαντίους ὠφέλησε, καὶ τοὺς Ῥωμαίους ἔβλαψεν·
οὗτος γὰρ παραχρῆμα πύξ τε παίσας τῶν στρατιωτῶν
τινα, καὶ ἑτέρῳ λὰξ ἐνθορὼν[3], ὅπως ὀργισθέντες διαφθεί-
ρωσιν αὐτὸν, προαπώλετο[4]. Ὁ δὲ Σεουῆρος οὕτως ἥσθη
ἐπὶ τῇ ἁλώσει τοῦ Βυζαντίου, ὡς καὶ πρὸς τοὺς στρατιώτας, ἐν τῇ Μεσοποταμίᾳ τότε ὤν, αὐτὸ τοῦτο εἰπεῖν,
«Εἵλομεν δὲ καὶ τὸ Βυζάντιον.» Ἔπαυσε δὲ τὴν πόλιν

1. Rm. (*Addenda*), St., Bkk. et Ddf; vulg. : ἀνώμοξαν.
2. ƒ om.
3. Rm. : « Ἐνθορῶν. Sic HS ed. maj. et L. et Mer. alia manu [et *a, b*]
pro ἐνθηρῶν, quod extat apud Pal [ƒ] RS. et HS. ed. min. [et *c*]. Est
autem vera emendatio Wolfii et Sylburgii, in Indice, quanquam uterque
ἐνθορών scribi maluit, atque ita edidit Sylb. in Scriptoribus Græcis hist.
Rom., p. 404, 12 adde Bkk. et Ddf]. » — 4. Rm. : « Hos solos inter-

éclatèrent tous ensemble en lamentations et en gémissements, et ils ne cessèrent de les pleurer le reste de ce jour
et la nuit tout entière. Les débris de vaisseaux furent si
nombreux que quelques-uns furent portés jusque dans les
îles et jusqu'en Asie, et qu'ils y firent connaître la défaite
des Byzantins avant que la nouvelle y fût parvenue. La
journée du lendemain augmenta encore le malheur des
assiégés ; car, la tourmente étant apaisée, la mer, au-devant de Byzance, était tout entière couverte de cadavres,
de débris de vaisseaux et de sang, et une foule de ces
objets étaient poussés à terre, ce qui rendait la vue de
ce malheur plus affreuse que la chose elle-même.

14. Les Byzantins donc, bien que malgré eux, rendirent la ville aussitôt ; les Romains mirent à mort les
soldats et tous ceux qui occupaient une charge, et, en
plus, un athlète au pugilat qui avait rendu de nombreux
services aux Byzantins et fort incommodé les Romains ;
cet athlète, en effet, ayant sur-le-champ asséné un coup
de poing à un soldat et lancé un coup de pied à un
autre, pour les exciter à le tuer, mourut avant tous.
Quant à Sévère, qui était alors en Mésopotamie, il eut
une si grande joie de la prise de Byzance qu'il dit à
ses soldats : « Nous avons enfin pris Byzance aussi. »
Il priva cette ville de sa liberté et de ses droits poli-

fectos intellige, præterea neminem, nisi pugilem illum. Nam apud Suidam in Σεβῆρος legitur fragmentum nonneminis, quod Severum venientem Byzantium testatur a cæde civium, fausta precantium et delicti
veniam petentium abstinuisse. Clarius credo hæc dixerat Dio, verbis
quæ vel exciderunt, vel nimio contrahendi studio omissa sunt a Xiphilino, forte sic.... διεχρήσαντο τοὺς δ' ἄλλους διέσωσαν πάντας, πλὴν τοῦ
πύκτου... »

τῆς τε ἐλευθερίας[1] καὶ τοῦ ἀξιώματος τοῦ πολιτικοῦ· καὶ
δασμοφόρον ἀποφήνας, τάς τε οὐσίας τῶν πολιτῶν δημεύσ-
σας, αὐτήν τε καὶ τὴν χώραν αὐτῆς Περινθίοις ἐχαρίσατο[2],
καὶ αὐτῇ ἐκεῖνοι οἷα κώμῃ χρώμενοι οὐδὲν ὅ τι οὐχ ὕβριζον. Ταῦτα μὲν οὖν δικαίως πως ποιῆσαι ἔδοξε· τὰ δὲ δὴ
R.p.1255 τείχη τῆς πόλεως διαλύσας[3], ἐκείνους μὲν οὐδὲν πλέον τῆς
στερήσεως τῆς δόξης, ἣν ἐκ τῆς ἐπιδείξεως αὐτῶν ἐκαρποῦντο, ἐλύπησε· τῶν δὲ δὴ Ῥωμαίων μέγα καὶ φυλακτή-
ριον καὶ ὁρμητήριον πρὸς τοὺς ἐκ τοῦ Πόντου καὶ τῆς Ἀσίας
βαρβάρους καθεῖλε[4]. Καὶ εἶδον ἐγὼ τά τε τείχη πεπτω-
κότα, ὥσπερ ὑπὸ ἄλλων τινῶν, ἀλλ' οὐχ ὑπὸ Ῥωμαίων
ἑαλωκότα· ἐτεθεάμην δὲ αὐτὰ καὶ ἑστηκότα, καὶ ἠκηκόειν
αὐτῶν καὶ λαλούντων. Ἑπτὰ μὲν γὰρ ἀπὸ τῶν Θρακίων
πυλῶν πύργοι καθήκοντες πρὸς τὴν θάλασσαν ἦσαν. Τούτων δ' εἰ μὲν τις ἄλλῳ τῳ προσέμιξεν, ἥσυχος ἦν· εἰ δὲ
δὴ[5] τῷ πρώτῳ ἐνεβόησέ τινα, ἢ καὶ λίθον ἐνέρριψεν, αὐτός τε ἤχει καὶ ἐλάλει, καὶ τῷ δευτέρῳ τὸ αὐτὸ τοῦτο
ποιεῖν παρεδίδου· καὶ οὕτω διὰ πάντων ὁμοίως ἐχώρει,
οὐδὲ ἐπετάραττον ἀλλήλους, ἀλλ' ἐν τῷ μέρει πάντες,
παρὰ τοῦ πρὸ αὐτοῦ ὁ ἕτερος[6], τήν τε ἠχὴν καὶ τὴν φωνὴν διεδέχοντό τε καὶ παρεπέμποντο. Τοιαῦτα μὲν τὰ τῶν
Βυζαντίων τείχη ἦν.

---

1. Les Byzantins (Du Cange, *Constantinople chrétienne*, I, 16, p. 20)
avaient obtenu la liberté de se gouverner d'après leurs propres lois, en
récompense des services qu'ils avaient rendus à Rome dans la guerre de
Mithridate; sous Caius, leur ville fut honorée du titre de métropole.
2. Périnthe (cf. p. 200, note 6) était la rivale de Byzance. — 3. Suivant

tiques; après lui avoir imposé un tribut et confisqué
les biens des citoyens, il fit don de la ville et de son
territoire aux Périnthiens qui la traitèrent comme une
bourgade, en usant à son égard avec toute sorte d'in-
solences. Sévère, dans cette occasion, parut agir avec
justice; mais, en renversant les murs de leur ville, il ne
causa aux Byzantins aucune affliction plus grande que
la privation de la gloire qu'ils se faisaient de les montrer,
tandis qu'il ruina une forteresse importante d'où les Romains se défendaient et d'où ils marchaient contre
les barbares du Pont et de l'Asie. J'ai vu les remparts abattus comme si d'autres que les Romains s'en
fussent emparés; je les avais aussi vus debout, et je les
avais entendus parler. Il y avait, en effet, sept tours
occupant l'espace des portes de Thrace à la mer. Si l'on
s'adressait à l'une quelconque de ces tours, elle gardait
le silence; mais, si l'on poussait un cri, ou si l'on jetait
un caillou dans la première, elle parlait elle-même et
transmettait à la seconde la faculté d'en faire autant,
de manière que le son circulait par toutes les tours pareillement, sans qu'elles se troublassent les unes les autres; toutes, à tour de rôle, recevaient et renvoyaient,
après celle qui la précédait, les sons et les paroles. Telles
étaient les murailles de Byzance.

Hérodien, III, 6, la ville fut complétement détruite; mais Dion ne parlant que des murailles, on peut, dit Rm., attribuer la destruction du reste
aux Périnthiens. — 4. Sévère (cf. la note de Rm.) releva la ville dans la
suite, ou, tout au moins, il commença à la relever. — 5. Hldbg. om.

6. Hldbg. et Ddf; vulg. om. : ό; Bkk. en note : « Ἕκαστος an ἕτερος?* »

ΤΩΝ
ΔΙΩΝΟΣ
ΙΣΤΟΡΙΩΝ ΡΩΜΑΙΚΩΝ

ΤΟ ΕΒΔΟΜΗΚΟΣΤΟΝ ΠΕΜΠΤΟΝ ΒΙΒΛΙΟΝ.

1. Σεουῆρος δὲ, ἐν ᾧ ταῦτα ἐπολιορκεῖτο[1], κατὰ τῶν βαρβάρων, ἐπιθυμίᾳ δόξης[2], ἐστράτευσε, τῶν τε Ὀσροηνῶν καὶ τῶν Ἀδιαβηνῶν καὶ τῶν Ἀραβίων. [Ὅτι οἱ Ὀσροηνοὶ[3] καὶ οἱ Ἀδιαβηνοὶ ἀποστάντες, καὶ Νίσιβιν πολιορκοῦντες, καὶ ἡττηθέντες ὑπὸ Σεουήρου, ἐπρεσβεύσαντο πρὸς αὐτὸν μετὰ τὸν τοῦ Νίγρου θάνατον, οὐχ ὅπως ὡς καὶ ἠδικηκότες τι παραιτούμενοι, ἀλλὰ καὶ εὐεργεσίαν ἀπαιτοῦντες, ὡς καὶ ὑπὲρ αὐτοῦ τοῦτο πεποιηκότες· τοὺς γὰρ στρατιώτας τὰ τοῦ Νίγρου φρονήσαντας ἔλεγον

---

1. Hérodien, III, 6, prétend que Sévère marcha contre Albinus durant le siége de Byzance, et qu'il différa la guerre contre les Atréniens et les Parthes jusqu'au moment où il fut débarrassé d'Albinus. Mais Spartien, 9 et 10, d'accord avec Dion, rapporte qu'après avoir vaincu les Arabes, les Adiabéniens et les Parthes, Sévère revint à Rome, où il reçut la nouvelle du soulèvement d'Albinus. Cf. LXXIV, 12. — 2. Spartien, 15 : « Erat in sermone vulgari, Parthicum bellum affectare Septimium Seve-

HISTOIRE ROMAINE

DE DION.

LIVRE SOIXANTE-QUINZIÈME.

———◦———

An de
Rome
948.

Scapula
Tertullus
et
Tineius
Clémens
consuls.

1. Pendant le siége de Byzance, Sévère, poussé par
la passion de la gloire, porta ses armes contre les barbares Osroéniens, Adiabéniens et Arabes. [Les Osroéniens et les Adiabéniens, qui avaient fait défection et
assiégé Nisibis, vaincus par Sévère, lui envoyèrent,
après la mort de Niger, une ambassade, non pour demander grâce de leurs offenses, mais pour réclamer
ses faveurs, sous prétexte qu'ils avaient, en cela, agi
dans ses intérêts; ils avaient, en effet, disaient-ils, à
cause de lui, mis à mort les soldats partisans de Niger.

rum gloriæ cupiditate, non aliqua necessitate deductum. » Le prétexte
mis en avant fut que ces peuples (Spartien, 9; Hérodien, III, 5 et 9)
avaient fait cause commune avec Niger : Barsénios, roi des Atréniens,
avait envoyé des archers à son secours, et le roi des Parthes (Hérodien, III, 1) avait commandé à ses satrapes de lui fournir des troupes.

3. Fragment emprunté à *n* et à *q*. Rm. et St. : Οἱ μὲν [Rsk. veut
ajouter γάρ] Ὀσροηνοί [Ddf : Ὀρροηνοί], avec omission de Ὅτι.

ἐκείνου ἕνεκα ἐφθαρκέναι. Καί τινα καὶ δῶρα αὐτῷ ἔπεμψαν, τούς τε αἰχμαλώτους καὶ τὰ λάφυρα τὰ περιόντα
ἀποδώσειν ὑπέσχοντο. Οὐ μέντοι οὔτε τὰ τείχη, ἃ ᾑρή-
κεσαν, ἐκλιπεῖν, οὔτε φρουροὺς λαβεῖν[1] ἤθελον, ἀλλὰ καὶ
τοὺς λοιποὺς ἐξαχθῆναι ἐκ τῆς[2] χώρας ἠξίουν. Διὰ ταῦτα
ὁ πόλεμος οὗτος συνέστη.] [Ὅτι οἱ Ἀράβιοι[3], ἐπειδὴ μηδεὶς σφίσι τῶν πλησιοχώρων βοηθῆσαι ἠθέλησε, πρὸς Σεουῆρον αὖθις ἐπρεσβεύσαντο, ἐπιεικέστερά τινα προτεινόμε-
νοι. Οὐ μέντοι καὶ ἔτυχον ὧν ἐβούλοντο, ἐπειδὴ μὴ καὶ
αὐτοὶ ἦλθον.]

2. Ἐπεὶ δὲ τὸν Εὐφράτην διαβὰς ἐς τὴν πολεμίαν
ἐσέβαλεν, ἀνύδρου τῆς χώρας οὔσης, ἄλλως τε δὴ[4] καὶ
τότε πλέον ὑπὸ τοῦ θέρους ἐξιχμασμένης[5], ἐκινδύνευσε
παμπληθεῖς στρατιώτας ἀποβαλεῖν· κεκμηκόσι γὰρ αὐτοῖς
ἐκ τῆς πορείας καὶ τοῦ ἡλίου, καὶ κονιορτὸς ἐμπίπτων
ἰσχυρῶς ἐλύπησεν, ὥστε μήτε βαδίζειν, μήτε λαλεῖν ἔτι
δύνασθαι, τοῦτο δὲ μόνον φθέγγεσθαι, « Ὕδωρ, ὕδωρ. »
Ἐπεὶ δὲ ἀνεφάνη μὲν ἰκμὰς, ἐξ ἴσου δὲ τῷ μὴ εὑρεθέντι[6]
ἀρχὴν ὑπὸ τῆς ἀτοπίας ἦν, ὁ Σεουῆρος κύλικά τε ᾔτησε,

1. Bkk. et Ddf; vulg. : φόρους λαβεῖν. Rsk. : « Vulgata si bene habeat,
erit idem atque τὴν ἐπιταγὴν τῶν φόρων ἀναδέχεσθαι, *necessitati penden-
dorum vectigalium se submittere*. » Suivant St., le même savant propose de remplacer λαβεῖν par τελεῖν. — 2. *n* om.
3. Fragment tiré de *n* et de *q*. Rm. et St. : Οἱ δὲ Ἀράβιοι avec omission de Ὅτι.
4. Proposé par Rm., approuvé par St., et adopté par Bkk. et Ddf;
vulg. : δέ. — 5. St. : « Suidas : Ἐξιχμασμένη. ἐξηραμμένη. Ἄλλως τε ἐν
ξηρᾷ χώρᾳ ὑπὸ τοῦ θέρους ἐξιχμασμένη, δεινῶς ἐσπάνισεν ὕδατος. Zonaras
in Lexico, p. 780 : Ἐξιχμασμένη· ἐξηραμμένη, ἰκμάδα καὶ ὑγρότητα μὴ

Ils envoyèrent aussi des présents à Sévère et promirent de rendre les captifs et ce qui restait des dépouilles. Néanmoins, ils ne voulaient ni abandonner les places qu'ils avaient prises, ni recevoir de garnisons ; loin de là, ils exigeaient la retraite de tous les soldats laissés dans leur pays. C'est pour ces motifs que la guerre fut entreprise contre eux.] [Les Arabes, au secours desquels ne voulut venir aucun des peuples limitrophes, envoyèrent une nouvelle ambassade à Sévère, proposant des conditions plus équitables. Néanmoins, ils n'obtinrent pas ce qu'ils désiraient, parce qu'ils ne vinrent pas eux-mêmes.]

2. Lorsqu'après le passage de l'Euphrate, il eut fait irruption sur le territoire ennemi, le manque d'eau, naturel au pays, alors augmenté par la sécheresse de l'été, faillit lui faire perdre une grande partie de ses troupes ; fatiguées de la marche et du soleil, elles furent si fort incommodées par une poussière qui s'éleva, qu'elles ne pouvaient plus ni avancer ni parler, et ne faisaient entendre que ces mots : « De l'eau ! de l'eau ! » De l'eau s'étant enfin présentée, mais d'une qualité si détestable que c'était absolument comme si on n'en avait pas trouvé du tout, Sévère demanda une coupe, et, après l'avoir

ἔχουσα. Ἄλλως τε et cætera ut Suidas. Ubi Tittmannus dubitat, Dionis verba sint, an Plutarchi. » — 6. f, approuvé par Wolf, Slbg. et Lncl. (ce dernier, de plus, en marge : εὑρόντι) ἀποτίας sans article. Wolf croit à une lacune après ἀρχήν. Blancus traduit : *qui (Severus) antequam inveniretur, laborabat cum ceteris;* Xld. : *Severus initio, perinde ac si ea non reperta esset, anxius;* Lncl. : *perinde potus ob inopiam adfectus erat Severus, ac si nihil prorsus invenisset.* Rm. adopterait ἀποτίας, *quæ bibi non posset,* si Suidas, citant ce passage, n'expliquait ἀτοπίας par κακίας. La seule différence entre cet auteur et Dion, c'est qu'on y lit ἐπιφάνη, qui s'accorde mieux avec τῷ μὴ εὑρεθέντι.

καὶ τοῦ ὕδατος πληρώσας, ἁπάντων ὁρώντων ἐξέπιε. Καὶ
τότε μὲν οὕτω καὶ ἄλλοι τινὲς προσπιόντες ἀνερρώσθησαν.
Μετὰ δὲ ταῦτα ἐς τὴν Νίσιβιν ὁ Σεουῆρος ἐλθὼν, αὐτὸς μὲν
ἐνταῦθα ὑπέμεινε· Λατερανὸν δὲ καὶ Κάνδιδον καὶ Λαῖτον[1] ἐς τοὺς προειρημένους βαρβάρους ἄλλον ἄλλη ἀπέ-
στειλε· καὶ ἐπερχόμενοι οὗτοι, τήν τε χώραν τῶν βαρβάρων ἐδῄουν, καὶ τὰς πόλεις ἐλάμβανον. Μέγα δὲ καὶ ἐπὶ
τούτῳ τῷ Σεουήρῳ φρονοῦντι, ὡς καὶ πάντας ἀνθρώπους
καὶ συνέσει καὶ ἀνδρείᾳ ὑπερβεβηκότι, πρᾶγμα παραδοξό-
τατον συνηνέχθη· Κλαύδιος γάρ τις λῃστὴς, καὶ τὴν Ἰου-
δαίαν καὶ τὴν Συρίαν κατατρέχων, καὶ πολλῇ διὰ τοῦτο
σπουδῇ ζητούμενος, προσῆλθέ τε αὐτῷ ποτε μεθ' ἱππέων,
ὡς καὶ χιλίαρχός τις ὢν, καὶ ἠσπάσατο αὐτὸν καὶ ἐφίλησε·
καὶ οὔτε εὐθὺς ἐφωράθη, οὔθ' ὕστερον[2] συνελήφθη.

3. Ἐν δὲ τῷ καιρῷ τούτῳ τοὺς Σκύθας πολεμησείοντας
βρονταί[3] τε καὶ ἀστραπαὶ μετ' ὄμβρου, καὶ κεραυνοὶ βουλευομένοις σφίσιν ἐξαίφνης ἐμπεσόντες, καὶ τοὺς πρώτους
αὐτῶν τρεῖς ἄνδρας ἀποκτείναντες, ἐπέσχον. Ὁ δὲ Σεουῆρος
αὖθις τρία τέλη τοῦ στρατοῦ ποιήσας, καὶ τὸ μὲν τῷ Λαίτῳ,
τὸ δὲ τῷ Ἀνυλίνῳ, καὶ τῷ Πρόβῳ[4] δοὺς, ἐπὶ τὴν Ἀρχὴν[5]

1. Ap. Claudius Latéranus fut consul deux ans plus tard ; Candidus et
Anulinus sont les mêmes qui ont (LXXIV, 6 et 7) vaillamment combattu
contre les troupes de Niger ; Lætus (ch. 9) enleva Nisibis aux Parthes et
fut enfin mis à mort (ch. 10) par Sévère.—2. Bkk. et Ddf ; vulg. : μήτ' ὕστερον (sic). — 3. ƒ om. — 4. L'un des deux gendres de Sévère qui, aussitôt
arrivé à l'empire (Spartien, 8), l'avait nommé consul avec son autre gendre
Aëtius. — 5. La leçon Ἀρχὴν est suspecte à Wolf ; Slbg. propose de lire Ἀρ-
χην, ville dont parle Lampride (Alexandre) ; Lncl., trouvant que l'expres-

remplie, la vida à la vue de tous. D'autres, alors, ayant
bu après lui, reprirent des forces. Sévère alla ensuite
à Nisibis, où il demeura. Il envoya Latéranus, Candidus
et Lætus contre les barbares dont j'ai parlé, l'un d'un
côté, l'autre d'un autre. Ceux-ci, ayant attaqué l'ennemi, ravagèrent le territoire des barbares et s'emparèrent des villes. Tandis que Sévère s'abandonnait à
l'orgueil à cause de ce succès, comme s'il eût surpassé
tous les hommes en prudence et en valeur, il lui arriva
un accident étrange : un brigand, nommé Claudius,
qui dévastait la Judée et la Syrie, et que, pour cette
raison, on recherchait activement, vint un jour le trouver à la tête d'une troupe de cavaliers, comme s'il eût
été tribun militaire, le salua et l'embrassa sans avoir été
reconnu sur le moment ni arrêté depuis.

3. Pendant ce temps, les Scythes, ayant eu dessein de
prendre les armes, en furent détournés par des tonnerres et des éclairs mêlés de pluie, et par des foudres
qui tombèrent pendant leur délibération et tuèrent trois
des principaux d'entre eux. Sévère, ayant de nouveau
divisé son armée en trois corps, et ayant donné le
commandement de l'un à Lætus, celui d'un autre à Anulinus, enfin, celui du troisième à Probus, envoya ces

sion τριχῇ ἐσβαλόντες; se rapporte plutôt à un pays qu'à une ville, propose
Ἀνατολήν, *in Orientem*, ce qui, dit-il, s'accorde avec le récit d'Hérodien ;
Rm., à son tour et avec raison, juge Ἀνατολήν trop compréhensif par
rapport à ἐχειροῦτο, qui suit ; il propose Ἀδιαβηνήν (approuvé par Wagner) ou Ἀτρηνήν, régions dont il est parlé au ch. 1, et renvoie à Hérodien, III, 9, à moins qu'on ne préfère voir une lacune après ἀρχήν. Bkk.
donne en note les deux premières conjectures de Rm. J'ai traduit avec
Ἀδιαβηνήν.

ἐξέπεμψε. Καὶ οἱ μὲν ταύτην, τριχῇ ἐσβαλόντες, οὐκ ἀμογητὶ ἐχειροῦντο· ὁ δὲ Σεουῆρος, ἀξίωμα τῇ Νισίβει δοὺς [1], ἱππεῖ ταύτην ἐπέτρεψεν· ἔλεγέ τε μεγάλην τέ τινα χώραν προσκεκτῆσθαι, καὶ πρόβολον αὐτὴν τῆς Συρίας πεποιῆσθαι. Ἐλέγχεται δὲ ἐξ αὐτοῦ τοῦ ἔργου, καὶ πολέμων ἡμῖν συνεχῶν [2], ὡς καὶ δαπανημάτων πολλῶν, αἰτία οὖσα· δίδωσι μὲν γὰρ ἐλάχιστα, ἀναλίσκει δὲ παμπληθῆ· καὶ πρὸς ἐγγυτέρους καὶ τῶν Μήδων καὶ τῶν Πάρθων προσεληλυθότες, ἀεὶ τρόπον τινὰ ὑπὲρ αὐτῶν μαχόμεθα [3].

R.p.1258

4. Τῷ δὲ Σεουήρῳ πόλεμος αὖθις, μήπω ἐκ τῶν βαρβαρικῶν ἀναπνεύσαντι, ἐμφύλιος πρὸς τὸν Ἀλβῖνον τὸν Καίσαρα συνηνέχθη. Ὁ μὲν γὰρ οὐδὲ τὴν τοῦ Καίσαρος αὐτῷ ἔτι ἐδίδου τιμήν, ἐπειδὴ τὸν Νίγρον ἐκποδὼν ἐποιήσατο, τά τε ἄλλα τὰ ἐνταῦθα ὡς ἐβούλετο κατεστήσατο· ὁ δὲ καὶ τὴν αὐτοῦ τοῦ αὐτοκράτορος ἐζήτει ὑπεροχήν [4]. Συγκινουμένης οὖν διὰ ταῦτα τῆς οἰκουμένης, ἡμεῖς μὲν οἱ

---

1. Il lui donna la dignité de métropole et de colonie. — 2. Cf. ch. 9.

3. On ne peut pas, suivant Rm., traduire : *ad Medos finitimos Parthosque progressi;* la grécité réclamerait : Μήδους καὶ Πάρθους ; il pense donc qu'il faut lire προσεληλυθότων, *quodque nos, quando finitimos seu Medi, seu Parthi aggrediuntur,* et remplacer αὐτῶν par αὐτῆς. Rsk., approuvé sur ce point par St., fait remarquer que προσέρχεσθαι est rare dans le sens de *obviam procedere, occurrere cum armis,* et veut refondre ainsi le passage : καὶ πρὸς τοὺς ἐγγυτέρω καὶ τῶν Μήδων...... προσεληλυθότας μαχόμενοι, ἀεί, etc., *pugnantes adversus Medorum et Parthorum illos, qui propius ad Nisibin accedunt, semper quodammodo pro ipsis pugnamus.* Mais προσέρχομαι me semble répondre ici au latin *congredi,* les latinismes n'étant pas rares

généraux contre l'Adiabénie. Ceux-ci, ayant envahi cette contrée de trois côtés, la soumirent non sans peine ; quant à Sévère, il accorda des priviléges à Nisibis, dont il confia le gouvernement à un chevalier, et il se vanta d'avoir ajouté un vaste territoire à l'empire, et d'avoir fait de cette ville le boulevard de la Syrie. Mais les événements ont suffisamment montré que cette acquisition a été pour nous la cause de guerres continuelles, ainsi que de frais nombreux, car elle rapporte peu et dépense beaucoup, et nous, étant aux prises avec les Mèdes et les Parthes, nos voisins, nous combattons à chaque instant, pour ainsi dire, pour la défense de ce territoire.

4. Sévère n'avait pas encore eu le temps de respirer au sortir de ses guerres avec les barbares, lorsqu'il fut de nouveau engagé dans la guerre civile contre le César Albinus. Sévère, en effet, ne lui accordait plus les honneurs d'un César, depuis qu'il s'était débarrassé de Niger et qu'il avait réglé là toutes les affaires à son gré ; celui-ci, de son côté, aspirait à s'élever au rang d'empereur. Tandis que l'univers était ébranlé par ces dissen-

An de Rome 949.

Domitius Dexter et Valérius Messala consuls.

dans Dion. Quant au changement de αὐτῶν en αὐτῆς il n'est pas nécessaire, αὐτῶν peut très-bien s'expliquer par une syllepse.

4. Les médailles (conf. le recueil de Cohen) lui continuent le titre de César jusqu'à l'an de Rome 949, où il se déclara Auguste. Hérodien, III, 5, ne parle pas de ce titre, mais il représente Albinus comme tranchant du souverain, recevant des lettres des sénateurs les plus qualifiés qui l'exhortaient à venir s'emparer de Rome pendant que Sévère était absent ; car les patriciens auraient préféré avoir pour empereur Albinus, qui était d'une illustre famille et d'un naturel doux. Sévère, continue Hérodien, essaya de s'en défaire sans bruit et par quelque artifice. Capitolin, 7 et 8, est d'accord avec Hérodien ; mais Spartien, 9 et 10, accuse Albinus d'ingratitude et d'hostilité à l'égard de Sévère.

βουλευταὶ ἡσυχίαν ἤγομεν, ὅσοι μὴ, πρὸς τοῦτον ἢ ἐκεῖνον
φανερῶς ἀποκλίναντες, ἐκοινώνουν[1] σφίσι καὶ τῶν κινδύνων καὶ τῶν ἐλπίδων· ὁ δὲ δῆμος οὐκ ἐκαρτέρησεν, ἀλλ'
ἐκφανέστατα κατωδύρατο. Ἦν μὲν γὰρ ἡ τελευταία πρὸ
τῶν Κρονίων ἱπποδρομία· καὶ συνέδραμεν ἐς αὐτὴν[2] ἄπλε-
τόν τι χρῆμα ἀνθρώπων· παρῆν δὲ καὶ ἐγὼ τῇ θέᾳ, διὰ
τὸν ὕπατον φίλον μου ὄντα, καὶ πάντα τὰ λεχθέντα
ἀκριβῶς ἤκουσα· ὅθεν καὶ γράψαι τι περὶ αὐτῶν ἠδυνήθην. Ἐγένετο δὲ ὧδε. Συνῆλθον μὲν, ὥσπερ εἶπον, ἀμύθη-
τοι, καὶ τὰ ἅρματα ἑξαχῶς ἁμιλλώμενα[3] ἐθεάσαντο, ὅπερ
που καὶ ἐπὶ τοῦ Κλεάνδρου ἐγεγόνει[4], μηδὲν[5] μηδένα παράπαν ἐπαινέσαντες, ὅπερ εἴθισται[6]· ἐπειδὴ δὲ ἐκεῖνοί τε
οἱ δρόμοι ἐπαύσαντο[7], καὶ ἔμελλον οἱ ἡνίοχοι ἑτέρου ἄρ-
ξασθαι, ἐνταῦθα σιγάσαντες ἀλλήλους ἐξαίφνης, τάς τε
χεῖρας πάντες ἅμα συνεκρότησαν, καὶ προσεπεβόησαν, εὐ-
τυχίαν[8] τῇ τοῦ δήμου σωτηρίᾳ αἰτούμενοι. Εἶπόν τε τοῦτο·
R.p.1259 καὶ μετὰ τοῦτο τὴν Ῥώμην καὶ Βασιλίδα καὶ Ἀθάνατον
ὀνομάσαντες, « Μέχρι πότε τοιαῦτα πάσχομεν; » ἔκραξαν,
καὶ « Μέχρι ποῦ πολεμούμεθα; » Εἰπόντες δὲ ἄλλα τινὰ
τοιουτότροπα, τέλος ἐξεβόησαν ὅτι « Ταῦτά ἐστι· » καὶ

1. Rsk. : ἐκοινωνοῦμεν.
2. Lncl. en marge, conjecture donnée en note par Bkk. : αὐτήν; Slbg. : ἐς ταὐτό, in unum; vulg. : αὐτό.
3. Il était fort rare que plus de quatre chars luttassent à la fois (cf. Bulenger, le Cirque, ch. 14, dans les Trésors de Grévius, t. IX, p. 625); cependant il y avait au cirque six portes voûtées, ou carceres, d'où, à un signal donné, s'élançaient les chars.
4. Cf. LXXII, 13. — 5. c om.

sions , nous autres sénateurs nous demeurâmes en
repos, à l'exception de ceux qui, ayant ouvertement
incliné vers l'un ou vers l'autre, partageaient ses périls
et ses espérances ; mais le peuple ne se contint pas, il
manifesta sa douleur sans détour. C'était le dernier
jour des jeux du cirque avant les Saturnales, et il s'était,
à cette occasion, rassemblé une multitude innombrable ;
j'assistais moi-même aux jeux par intérêt pour le consul,
qui était mon ami, et j'ai parfaitement entendu tout ce
qui s'y est dit, de sorte que j'ai pu en écrire le récit. Voici
comment la chose se passa. Il se rassembla, je l'ai dit, une
multitude innombrable, et elle regarda les chars courant
six contre six, comme cela était arrivé du temps de
Cléander, sans que le moindre éloge se fît entendre
suivant la coutume ; ces tours achevés, au moment où
les conducteurs allaient commencer une nouvelle course,
alors, tous à la fois s'imposant silence les uns aux autres,
frappèrent des mains et demandèrent, avec de grandes
clameurs, le bonheur pour le salut du peuple. Ils dirent
cette parole, et ensuite, donnant à Rome les titres de
Reine et d'Immortelle, « Jusques à quand, enfin, souffri-
rons-nous ces misères ? s'écrièrent-ils. Jusques-à quand
soutiendrons-nous la guerre ? » Après d'autres paroles
encore du même genre, ils finirent par laisser échapper les mots « Et voilà ! » puis ils revinrent aux courses

---

6. Rm. entend par là les acclamations et les encouragements adressés
par les spectateurs aux cochers des diverses factions ; Rsk., dans ses notes
sur le Cérémonial de Constantin, p. 26, explique : *Nulli Cæsarum* (neque
Albino neque Severo) *dicebant laudes in Circo* ; c'est-à-dire, ne souhai-
taient à l'un ou à l'autre un empire heureux, ce qu'on appelait εὐφημεῖν.

7. Après avoir, dans la première course, fait sept tours le long de
l'Épine du cirque.

8. Peut-être : ἡσυχία, « la paix pour le salut du peuple ».

πρὸς τὸν ἀγῶνα τῶν ἵππων ἐτράποντο[1]. Οὕτω μὲν ἔκ
τινος θείας ἐπιπνοίας ἐνεθουσίασαν· οὐ γὰρ ἂν ἄλλως το-
σαῦται μυριάδες ἀνθρώπων οὔτε ἤρξαντο τὰ αὐτὰ ἅμα
ἀναβοᾶν, ὥσπερ τις ἀκριβῶς χορὸς δεδιδαγμένος, οὔτ᾽
εἶπον αὐτὰ ἀπταίστως ὡς καὶ μεμελετημένα. Ταῦτά τε
οὖν ἔτι καὶ μᾶλλον ἡμᾶς ἐτάραττε, καὶ πῦρ αἰφνίδιον[2]
νυκτὸς ἐν τῷ ἀέρι τῷ πρὸς βορρᾶν τοσοῦτον ὤφθη, ὥστε
τοὺς μὲν τὴν πόλιν ὅλην, τοὺς δὲ καὶ τὸν οὐρανὸν αὐτὸν
καίεσθαι δοκεῖν. Ὁ δὲ δὴ μάλιστα θαυμάσας ἔχω, ψεκὰς
ἐν αἰθρίᾳ ἀργυροειδὴς ἐς τὴν τοῦ Αὐγούστου ἀγορὰν κα-
τερρύη. Φερομένην μὲν γὰρ αὐτὴν οὐκ εἶδον, πεσούσης δὲ
αὐτῆς ᾐσθόμην, καὶ κέρματά τινα ἀπ᾽ αὐτῆς χαλκᾶ κα-
τηργύρωσα· ἃ καὶ ἐπὶ τρεῖς ἡμέρας τὴν αὐτὴν ὄψιν εἶχε·
τῇ γὰρ τετάρτῃ πᾶν τὸ ἐπαλειφθὲν αὐτοῖς[3] ἠφανίσθη.

5. Νουμεριανὸς δέ[4] τις γραμματιστὴς τῶν τὰ παιδία
γράμματα διδασκόντων, ἐκ τῆς Ῥώμης ἐς τὴν Γαλατίαν,
οὐκ οἶδ᾽ ὅ τι δόξαν αὐτῷ, ἀφορμηθείς, βουλευτής τε εἶναι
τῶν Ῥωμαίων πλασάμενος, καὶ ἐπὶ στρατιᾶς ἄθροισιν ὑπὸ
τοῦ Σεουήρου πεμφθῆναι, συνήγαγέ τινα βραχεῖαν πρῶτον
ἰσχὺν, καί τινας τῶν τοῦ Ἀλβίνου ἱππέων διέφθειρε[5], καὶ
ἄλλα τινὰ ὑπὲρ τοῦ Σεουήρου ἐνεανιεύσατο. Ἀκούσας δὲ ὁ
Σεουῆρος, καὶ νομίσας ὄντως τινὰ τῶν βουλευτῶν εἶναι,
ἐπέστειλεν ἐπαινῶν τε αὐτὸν, καὶ δύναμιν κελεύων πλείονα

---

1. *f, i, k*, Bkk. et Ddf; vulg. : ἐξετράποντο.
2. Lncl. en marge : καὶ ὅτι πῦρ; Rsk. : ταῦτά τε οὖν ἡμᾶς ἐτάραττε καὶ
ἔτι καὶ μᾶλλον πῦρ, ὃ ἀφνίδιον. — 3. Rsk. : αὖθις.

de chevaux. Telle fut la force de l'enthousiasme que les dieux inspirèrent à cette multitude; car ce ne fut pas par un pur hasard que tant de milliers d'hommes se mirent à pousser tous à la fois les mêmes exclamations, comme un chœur bien instruit, et qu'ils les prononcèrent sans hésiter, comme s'ils les eussent étudiées. Une chose nous troubla davantage encore : on vit tout à coup, la nuit, dans les airs, du côté du Nord, un feu si grand que Rome, aux yeux des uns, le ciel même, aux yeux des autres, parut enflammé. Mais ce qui m'a le plus surpris, c'est une pluie couleur d'argent qui, par un ciel serein, tomba dans le Forum d'Auguste. Je ne l'ai pas vue tomber, mais je l'ai examinée après sa chute, et j'en ai argenté quelques pièces de monnaie d'airain, qui conservèrent le même aspect pendant trois jours, car, au quatrième, toute la couleur dont je les avais enduites disparut.

5. Un de ces petits grammairiens qui apprennent à lire aux enfants, nommé Numérianus, étant parti de Rome, je ne sais dans quel dessein, pour aller en Gaule, se donnant pour être un sénateur romain chargé par Sévère de lever une armée, rassembla d'abord quelques troupes peu nombreuses, défit des escadrons de cavalerie du parti d'Albinus, et fit, en faveur de Sévère, quelques autres actes audacieux. Sévère, instruit de cette conduite, et croyant que Numérianus était réellement sénateur, lui écrivit pour le féliciter et l'exhor-

---

4. Henri Étienne, *a*, *b*; vulg. om. — 5. Albinus (Hérodien, III, 7) était passé de la Bretagne dans les Gaules, afin de demander des secours aux gouverneurs des provinces voisines.

προσλαβεῖν· καὶ ὃς, λαβὼν πλείονα δύναμιν, ἄλλα τε θαυμαστὰ ἐπεδείξατο, καὶ χιλίας καὶ ἑπτακοσίας καὶ πεντήκοντα μυριάδας δραχμῶν ἑλὼν, τῷ Σεουήρῳ ἔπεμψε. Νι-
κήσαντος δὲ τοῦ Σεουήρου, πρὸς αὐτὸν ἐλθὼν, οὔτ' ἀπε-
κρύψατό τι, οὔτ' ᾔτησεν ὡς ἀληθῶς· βουλευτὴς γενέσθαι·
καὶ τιμαῖς μεγάλαις πλούτῳ τε ἂν αὐξηθῆναι δυνηθείς, οὐκ
ἠθέλησεν, ἀλλ' ἐν ἀγρῷ τινι, σμικρόν τι ἐφ' ἡμέραν λαμβάνων παρ' αὐτοῦ, διεβίω. [Ὅτι[1] διὰ τὸ τοὺς Καληδονίους
R.p.1260 μὴ ἐμμεῖναι ταῖς ὑποσχέσεσι, τοῖς Μαιάταις παρεσκευα-
σμένους ἀμῦναι, καὶ διὰ τὸ τότε τὸν Σεουῆρον τῷ παροίκῳ
πολέμῳ προσκεῖσθαι, κατηναγκάσθη ὁ Λοῦπος[2] μεγάλων
χρημάτων τὴν εἰρήνην παρὰ τῶν Μαιατῶν ἐκπρίασθαι[3],
αἰχμαλώτους τινὰς ὀλίγους ἀπολαβών.]

6. Ὁ δὲ δὴ ἀγὼν τῷ τε Σεουήρῳ καὶ τῷ Ἀλβίνῳ πρὸς
τῷ Λουγδούνῳ[4] τοιόσδε ἐγένετο. Πεντεκαίδεκα μὲν μυριάδες στρατιωτῶν συναμφοτέροις[5] ὑπῆρχον· παρῆσαν δὲ
καὶ ἀμφότεροι τῷ πολέμῳ[6], ἅτε περὶ ψυχῆς θέοντες, καίτοι τοῦ Σεουήρου μηδεμιᾷ πω μάχῃ ἑτέρᾳ[7] παραγεγονό-
τος. Ἦν δὲ ὁ μὲν Ἀλβῖνος καὶ τῷ γένει καὶ τῇ παιδείᾳ
προήκων[8], ἅτερος δὲ τὰ[9] πολέμια κρείττων καὶ δεινὸς

---

1. Fragment emprunté à *p* et à *q*, qui, de plus, donnent, au lieu de
ἐμμεῖναι, correction de Lncl. adoptée par les éd. subsq., *p* : ἐμμένοντας ;
q : ἐμμείναντας. Lncl., Rm. et St., supprimant Ὅτι, écrivent « nexus
causa » : Τότε δὴ καὶ ἐν Βρεταννίᾳ, διὰ τὸ... ἐμμεῖναι. — 2. Correction
d'Ursinus, suivie par les éd. subsq.; les mss : Λούπιος. Virius Lupus,
gouverneur de la Bretagne, ne doit pas être confondu avec Lupus, général de Sévère (cf. ch. 6), tué dans le premier combat en Gaule.
3. Rm. (*Addenda*), St., Bkk. et Ddf; vulg. : ἐκπριᾶσθαι.
4. D'après Spartien, 11, l'affaire eut lieu à Tiburtium, près de Lyon.

ter à se procurer des troupes plus nombreuses; celui-ci, ayant accru son armée, entre autres choses surprenantes qu'il exécuta, ramassa dix-sept millions sept cent cinquante mille drachmes qu'il envoya à Sévère. L'étant ensuite venu trouver après la victoire, il ne lui cacha rien et ne lui demanda pas à être fait véritablement sénateur; et, bien qu'il fût en son pouvoir d'être comblé d'honneurs et de richesses, il ne le voulut pas et alla vivre à la campagne d'une petite somme qu'il recevait tous les jours du prince. [Les Calédoniens, au mépris de leurs promesses, se préparant à défendre les Méates, et Sévère étant alors occupé à une guerre sur les frontières, Lupus fut forcé d'acheter à grand prix la paix des Méates en ne recouvrant qu'un petit nombre de captifs.]

An de
Rome
950.
Latéranus
et
Rufinus
consuls.

6. Quant à la bataille entre Sévère et Albinus, près de Lyon, voici de quelle manière elle fut donnée. Il y avait cent cinquante mille hommes de chaque côté; les deux chefs assistaient en personne à la lutte, attendu qu'il y allait de leur vie, bien que Sévère n'eût encore pris part à aucun autre combat. Albinus était supérieur en noblesse et en instruction, Sévère l'emportait par la science militaire, et il excellait à conduire une armée.

---

5. Bkk. et Ddf, vulg. : σὺν ἀμφοτέροις, en deux mots.

6. Hérodien, III, 7, dit qu'Albinus demeura à Lyon.

7. Rsk. : « Hoc de solis prœliis accipi debet, quibus de summo imperio dimicabatur. Nam ab illo, quo Niger cecidit, aberat Severus. »

8. Tous les historiens sont d'accord sur la noblesse d'Albinus; Capitolin (Alb., 4 et 5) le représente comme médiocrement instruit dans les lettres grecques et latines, ayant montré de bonne heure un goût prononcé pour l'art militaire. —9. Rsk., non [désapprouvé par St., Bkk. et Ddf; vulg. om.

στρατηγῆσαι. Συνέβη δὲ τὸν Ἀλβῖνον προτέρᾳ μάχῃ νικῆσαι τὸν Λοῦπον τῶν τοῦ Σεουήρου στρατηγῶν ὄντα[1],
καὶ πολλοὺς τῶν σὺν αὐτῷ διαφθεῖραι στρατιωτῶν. Ὁ δὲ
τότε ἀγὼν πολλὰς ἔσχεν ἰδέας τε καὶ τροπάς. Τὸ μὲν γὰρ
λαιὸν κέρας τοῦ Ἀλβίνου ἡττήθη τε καὶ κατέφυγεν ἐς τὸ
ἔρυμα· καὶ οἱ Σεουήρειοι στρατιῶται διώκοντες συνεσέπε-
σον, καὶ ἐκείνους τε ἐφόνευον, καὶ τὰς σκηνὰς διήρπαζον[2].
Ἐν δὲ τούτῳ οἱ περὶ τὸ δεξιὸν κέρας τεταγμένοι τοῦ Ἀλβίνου στρατιῶται, κρυπτὰς τάφρους ἔχοντες πρὸ αὐτῶν, καὶ
ὀρύγματα γῇ ἐπιπολαίως κεκαλυμμένα, μέχρι μὲν ἐκείνων
προῄεσαν καὶ ἠκόντιζον πόῤῥωθεν, περαιτέρω δὲ οὐ προεχώ-
ρουν· ἀλλὰ καὶ ὡς δεδιότες ἀνέστρεφον, ὅπως ἐπισπά-
σωνται τοὺς ἐναντίους ἐς δίωξιν· ὃ δή ποτε καὶ ἐγένετο.
Ἀγανακτήσαντες γὰρ οἱ Σεουήρειοι πρὸς τὴν δι' ὀλίγου αὐτῶν ἐξόρμησιν, καὶ καταφρονήσαντες αὖ πρὸς τὴν ἐκ βραχέος ἀνάφευξιν, ὥρμησαν ἐπ' αὐτοὺς, ὡς καὶ παντὸς τοῦ
μεταιχμίου σφῶν ἐμβατοῦ ὄντος· καὶ γενόμενοι κατὰ τὰς
τάφρους, παθήματι δεινῷ συνηνέχθησαν· οἵ τε γὰρ πρω-
τοστάται, καταῤῥαγέντων εὐθὺς τῶν ἐξ ἐπιπολῆς[3] ἐπικειμένων, ἐς τὰ ὀρύγματα ἐνέπεσον, καὶ οἱ ἐπιτεταγμένοι
σφίσιν, ἐμπίπτοντες αὐτοῖς, ἐσφάλλοντο καὶ κατέπιπτον·
καὶ οἱ λοιποὶ δείσαντες ἀνεχώρουν ὀπίσω· καὶ ἅτε ἐξαί-

---

1. Spartien (Sévère, 10) et Capitolin (Albinus, 9) rapportent également
que les généraux de Sévère furent d'abord vaincus par ceux d'Albinus; Hérodien, III, 7, prétend qu'il n'y eut que des escarmouches avant
la bataille de Lyon. — 2. Suivant Hérodien, au contraire, les historiens
qui ont écrit sans flatterie, mais en vue de la vérité, rapportent que l'aile

Or il arriva que, dans la première affaire, Albinus vainquit Lupus, un des généraux de Sévère, et lui tua un grand nombre de soldats. Mais le combat d'alors présenta des vicissitudes et des aspects divers. L'aile gauche d'Albinus fut vaincue et se réfugia dans ses retranchements ; les soldats de Sévère, en les poursuivant, s'y jetèrent avec eux, en firent un grand carnage et pillèrent les tentes. Pendant ce temps, les soldats placés par Albinus à l'aile droite, ayant pratiqué en avant d'eux des fosses secrètes et des trous recouverts de terre à la superficie, s'avancèrent jusque sur les bords de ces ouvrages et lancèrent de loin des javelots, mais n'allèrent pas au-delà ; au contraire, ils firent retraite comme s'ils avaient peur, afin d'attirer l'ennemi à leur poursuite, ce qui arriva en effet. Les gens de Sévère, indignés du peu de durée de l'attaque, et pleins de mépris pour une fuite si prompte, s'élancèrent contre eux, comme si tout le terrain qui séparait les deux armées eût été solide sous leurs pas, mais arrivés aux fossés, ils éprouvèrent une perte considérable ; les premières files, entraînées par la rupture subite des objets placés à la superficie, tombèrent dans les trous, et celles qui venaient à leur suite, se heurtant contre elles, chancelèrent et tombèrent à leur tour ; le reste, saisi de crainte, recula ; mais la

de l'armée d'Albinus opposée à celle que commandait Sévère eut un avantage si grand que Sévère prit la fuite, tomba de cheval et jeta au loin son vêtement impérial, afin de ne pas être reconnu.

3. St. : « Male sic [ἐξ ἐπιπολῆς] dici ait Phrynichus, p. 126, veteres ἐπιπολῆς dixisse. Vide ibi Lobeck. »

φνης ἀναστρεφόμενοι, αὐτοί τε ἔπταιον, καὶ τοὺς οὐρα-

R.p.1261

γοῦντας ἀνέτρεπον, ὥστε καὶ ἐς φάραγγα αὐτοὺς βα-
θεῖαν συνῶσαι. Ἐγένετο δὴ τούτων τε καὶ τῶν ἐς τὰς
τάφρους πεσόντων φόνος πολὺς ἀναμὶξ ἵππων τε καὶ ἀνδρῶν. Ἐν δὲ τῷ θορύβῳ τούτῳ, καὶ οἱ μεταξὺ τῆς τε
φάραγγος καὶ τῶν τάφρων, βαλλόμενοί τε καὶ τοξευό-
μενοι διεφθείροντο. Ἰδὼν δὲ ταῦτα ὁ Σεουῆρος, ἐπεκού-
ρησε μὲν αὐτοῖς μετὰ τῶν δορυφόρων· τοσούτου δὲ ἐδέη-
σεν αὐτοὺς ὠφελῆσαι, ὥστε καὶ τοὺς δορυφόρους ὀλίγου
δεῖν προσαπώλεσε, καὶ αὐτὸς τὸν ἵππον ἀποβαλὼν ἐκινδύνευσεν[1]. Ὡς δὲ εἶδε φεύγοντας πάντας τοὺς ἑαυτοῦ,
τὴν χλαμύδα περιρρηξάμενος, καὶ τὸ ξίφος σπασάμενος,
ἐς τοὺς φεύγοντας ἐσεπήδησεν, ὅπως ἢ αἰσχυνθέντες ὑπο-
στέψωσιν, ἢ καὶ αὐτὸς αὐτοῖς συναπόληται. Ἔστησαν
οὖν[2] τινες τοιοῦτον αὐτὸν ἰδόντες, καὶ ὑπέστρεψαν· κἂν
τούτῳ τοῖς ἐφεπομένοις σφίσιν ἐναντίοι ἐξαίφνης φανέντες, συχνοὺς μὲν ἐκείνων, ὡς καὶ Ἀλβινείους, κατέκοψαν,
πάντας δὲ τοὺς ἐπιδιώκοντας σφᾶς ἔτρεψαν. Καὶ αὐτοῖς
ἐνταῦθα ἱππεῖς ἐκ πλαγίου οἱ μετὰ τοῦ Λαίτου ἐπιγενό-
μενοι, τὸ λοιπὸν ἐξειργάσαντο. Ὁ γὰρ Λαῖτος, ἕως μὲν
ἀγχωμάλως ἠγωνίζοντο, περιεωρᾶτο[3], ἐλπίζων ἐκείνους τε
ἀμφοτέρους ἀπολεῖσθαι, καὶ ἑαυτῷ τὸ κράτος τοὺς λοιποὺς
στρατιώτας ἑκατέρωθεν δώσειν· ἐπεὶ δὲ εἶδεν ἐπικρατέσ-

---

1. Spartien, 11 : « Quum quidem ingens periculum equi casu adiit,
ita ut mortuus ictu plumbeæ crederetur, ita ut alius jam pene imperator
ab exercitu deligeretur. »

précipitation de la retraite produisit un choc parmi eux
et jeta le désordre dans les derniers rangs, de sorte qu'ils
se trouvèrent acculés dans un ravin profond. Il s'en fit
alors un grand carnage, ainsi que de ceux qui étaient
tombés dans les fosses, hommes et chevaux indistinctement. Dans ce tumulte, ceux qui étaient entre le ravin
et les fosses périrent sous les coups des javelots et des
flèches. A cette vue, Sévère vint à leur secours à la
tête des prétoriens ; loin de leur être d'aucun secours,
il faillit perdre les prétoriens, et courut lui-même des
dangers, son cheval ayant été abattu. Mais, lorsqu'il vit
les siens fuir sur toute la ligne, déchirant ses vêtements
et tirant son épée, il s'élança au milieu des fuyards,
afin ou de les ramener à la charge par la honte, ou de
mourir avec eux. Quelques-uns, voyant cette résolution,
s'arrêtèrent et revinrent à la charge, et, sur ces entrefaites, rencontrant plusieurs des leurs qui marchaient
derrière eux, ils les taillèrent en pièces comme s'ils eussent été du parti d'Albinus, et mirent en déroute tous les
ennemis qui les poursuivaient. Alors la cavalerie, com-
mandée par Lætus, ayant exécuté une charge par le flanc,
acheva le reste. Lætus, en effet, tant que les chances du
combat se balancèrent, était resté spectateur, dans l'espérance que les deux rivaux se détruiraient mutuellement et
que les soldats qui survivraient de part et d'autre lui don-
neraient l'empire ; mais, lorsqu'il vit que Sévère était le

---

2. Bkk. et Ddf ; vulg. : γοῦν. — 3. St., Bkk. et Ddf ; vulg. : περιωρᾶτο.
Hérodien, III, 7, dit que Lætus ne s'avança que lorsqu'on vint lui dire
que Sévère (cf. la note 1) était tué.

τερα τὰ τοῦ Σεουήρου γενόμενα, προσεπελάβετο τοῦ ἔργου.
Ὁ μὲν δὴ Σεουῆρος οὕτως ἐνίκησεν.

7. Ἡ δὲ δύναμις ἡ τῶν Ῥωμαίων ἰσχυρῶς ἔπταισεν,
ἅτε ἀμφοτέρωθεν ἀναριθμήτων πεσόντων. Καὶ πολλοὶ καὶ
τῶν κρατησάντων ὠλοφύραντο τὸ πάθος· τό τε γὰρ πεδίον
πᾶν, μεστὸν νεκρῶν καὶ ἀνδρῶν καὶ ἵππων ἑωρᾶτο[1]· καὶ
αὐτῶν οἱ μὲν τραύμασι πολλοῖς κατακεκομμένοι, καὶ οἷα[2]
κρεουργηθέντες, ἔκειντο, οἱ δὲ καὶ ἄτρωτοι ἐσεσώρευντο·
τά τε ὅπλα ἔρριπτο, καὶ τὸ αἷμα πολὺ ἐρρύη, ὥστε καὶ ἐς
τοὺς ποταμοὺς ἐσπεσεῖν. Ὁ δ' Ἀλβῖνος καταφυγὼν ἐς οἰ-
κίαν τινὰ πρὸς τῷ Ῥοδανῷ κειμένην, ἐπειδὴ πάντα τὰ
πέριξ φρουρούμενα ᾔσθετο, ἑαυτὸν ἀπέκτεινε[3]· λέγω γὰρ
οὐχ ὅσα ὁ Σεουῆρος ἔγραψεν[4], ἀλλ' ὅσα ἀληθῶς ἐγένετο.
Ἰδὼν δ' οὖν τὸ σῶμα αὐτοῦ[5], καὶ πολλὰ μὲν τοῖς ὀφθαλμοῖς,
πολλὰ δὲ τῇ γλώττῃ χαρισάμενος, τὸ μὲν ἄλλο ῥιφῆναι
ἐκέλευσε, τὴν δὲ κεφαλὴν ἐς τὴν Ῥώμην πέμψας ἐνεσταύ-
ρωσεν[6]. Ἐφ' οἷς δῆλος γενόμενος, ὡς οὐδέν οἱ ἐνείη[7] αὐτό-
κράτορος ἀγαθοῦ, ἔτι μᾶλλον ἡμᾶς τε καὶ τὸν δῆμον,
οἷς ἐπέστειλεν, ἐξεφόβησεν[8]· ἅτε γὰρ παντὸς ἤδη τοῦ

R.p.1262

---

1. Cf. Hérodien, III, 7. Spartien, 11 : « Senatorum deinde, qui in bello
erant interempti, cadavera dissipari jussit. »

2. Bkk. et Ddf; vulg. et les mss. : οἱ, que Rm. propose de corriger en
ὡς, et Rsk,. suivi par St., en οἷον.

3. Capitolin (Alb., 9) : « Albinus fugit, et, ut multi dicunt, se ipse
percussit ; ut alii, a servo suo percussus, semivivus ad Severum de-
ductus est... Multi praeterea dicunt a militibus, cujus nece a Severo
gratiam requirebant. » — 4. Spartien, 18 : « Vitam suam privatam publi-
camque ipse composuit ad fidem, solum tamen vitium crudelitatis excu-
sans. » Dion semble ne pas avoir une grande confiance dans ces mémoires.

plus fort, il prit part à l'action. Ce fut ainsi que Sévère
remporta la victoire.

7. La puissance romaine éprouva là un rude échec,
attendu que des deux côtés il tomba une quantité innombrable de combattants. Plusieurs même des vainqueurs pleurèrent la défaite ; car on voyait la plaine entière couverte de cadavres d'hommes et de chevaux, et,
parmi eux, les uns étaient étendus criblés de blessures,
les chairs comme en lambeaux, les autres, bien que sans
blessures, étaient ensevelis sous un monceau de cadavres ; les armes étaient jetées çà et là, et le sang était
répandu en telle abondance qu'il coulait jusque dans les
fleuves. Albinus, réfugié dans une maison près du
Rhône, quand il se vit investi, se donna lui-même la
mort ; car je raconte ici, non ce que Sévère a écrit, mais
ce qui s'est réellement passé. A la vue du corps, après
avoir, par son regard et par ses paroles, témoigné toute
la grandeur de sa joie, il ordonna de jeter le tronc et
envoya la tête à Rome au bout d'une pique. Bien qu'il
eût, par cette conduite, montré qu'il n'y avait en lui
aucune des qualités d'un bon prince, il nous effraya
davantage encore, nous et le peuple, par ses lettres :

5. D'après Hérodien, on apporta à Sévère la tête d'Albinus, qui avait
été tranchée. Spartien (Sév. 11) et Capitolin (cf. la note 3 ci-contre)
s'accordent avec Dion ; le dernier ajoute même que Sévère fit mettre à
mort et jeter ensuite dans un fleuve les fils de son ennemi avec leur mère.

6. Vulg. et Ddf : οὐδὲν εἴη, que Slbg. corrige : οὐδὲν εἶχε ou οὐδέν οἱ
εἴη ; Rsk. : ὡς οὐδὲν αὐτῷ μετείη ou προσείη ; Bkk. : οὐδέν οἱ ἐνείη, que j'a-
dopte, ou οὐδὲν ἔχει. — 7. Cf. Spartien, 11 ; Capitolin, 9 ; Hérodien, III, 8.

8. Capitolin, 12, rapporte la lettre de ce prince au sénat ; Hérodien fait
mention d'une lettre, également menaçante, adressée au peuple. Dans
Spartien, 11, il est parlé de ces lettres.

ὡπλισμένου κεκρατηκὼς, ἐξέχεεν ἐς τοὺς ἀνόπλους πᾶν
ὅσον ὀργῆς ἐς αὐτοὺς ἐκ τοῦ πρὶν χρόνου ἠθροίκει. Μάλιστα
δ' ἡμᾶς ἐξέπληξεν, ὅτι τοῦ τε Μάρκου υἱὸν, καὶ τοῦ Κόμ-
μόδου ἀδελφὸν ἑαυτὸν ἔλεγε [1] · τῷ τε Κομμόδῳ, ὃν πρώην
ὕβριζεν, ἡρωϊκὰς ἐδίδου τιμάς [2].

8. Πρός τε τὴν βουλὴν λόγον ἀναγινώσκων, καὶ τὴν
μὲν Σύλλου καὶ Μαρίου [3] καὶ Αὐγούστου αὐστηρίαν τε καὶ
ὠμότητα ὡς ἀσφαλεστέραν ἐπαινῶν, τὴν δὲ Πομπηΐου καὶ
Καίσαρος ἐπιείκειαν, ὡς ὀλεθρίαν αὐτοῖς ἐκείνοις γεγενημένην, κακίζων, ἀπολογίαν τινὰ ὑπὲρ τοῦ Κομμόδου ἐπήγαγε,
καθαπτόμενος τῆς βουλῆς, ὡς οὐ δικαίως ἐκεῖνον ἀτιμα-
ζούσης, εἴγε καὶ αὐτῆς οἱ πλείους αἴσχιον βιοτεύουσιν [4].
« Εἰ γὰρ τοῦτο ἦν, ἔφη, δεινὸν, ὅτι αὐτοχειρίᾳ ἐφόνευεν
ἐκεῖνος θηρία, ἀλλὰ καὶ ὑμῶν τις χθὲς καὶ πρώην ἐν
Ὠστίοις [5], ὑπατευκὼς γέρων, δημοσίᾳ μετὰ πόρνης πάρδα-
λιν μιμουμένης ἔπαιζεν. Ἀλλ' ἐμονομάχει, νὴ Δία. Ὑμῶν
δ' οὐδεὶς μονομαχεῖ [6]; Πῶς οὖν καὶ ἐπὶ τί τάς τε ἀσπίδας
αὐτοῦ καὶ τὰ κράνη τὰ χρυσᾶ ἐκεῖνα ἐπρίαντό τινες [7]; »
Ἀναγνοὺς δὲ ταῦτα, τριάκοντα μὲν καὶ πέντε ἀπέλυσε
τῶν τὰ Ἀλβίνου φρονῆσαι αἰτιαθέντων, καὶ ὡς μηδεμίαν τὸ

---

1. Sévère devait beaucoup à Marc-Antonin et à Commode. Suivant
Spartien (1 à 9), il avait reçu de Marc-Antonin le laticlave, le tribunat,
la préture, le gouvernement de la Lyonnaise (4); Commode lui avait
donné, avec le pouvoir proconsulaire, le commandement de la Sicile et
des armées de Germanie. Aussi, de tous les empereurs, Antonin fut-il le
seul qu'il honora ; il voulut être appelé Antonin, lui et ses fils, et faire désormais de ce nom un nom commun à tous, comme celui d'Auguste.
2. Spartien, 12 : « Commodum in senatu et concione laudavit, deum

maître désormais de tous ceux qui avaient pris les armes, il déversait sur des gens sans armes tout ce qu'il avait auparavant amassé de colère contre eux. Mais ce qui nous épouvanta le plus, c'est qu'il se dit fils de Marc-Antonin et frère de Commode, et qu'après avoir naguère flétri Commode, il lui décerna les honneurs divins.

8. Dans un discours qu'il lut au sénat, et où il louait la sévérité et la cruauté de Sylla, de Marius et d'Auguste, comme offrant une sûre défense, et blâmait la douceur de Pompée et de César, comme ayant causé leur perte, il entreprit l'apologie de Commode, reprochant au sénat de l'avoir injustement noté d'infamie, attendu que la plupart de ses membres vivaient d'une manière plus infâme. « Si on trouve étrange, dit-il, qu'il ait tué des bêtes de sa propre main, l'un de vous, hier et avant-hier, personnage consulaire et avancé en âge, jouait en public avec une courtisane qui imitait la panthère. Mais, par Jupiter, vous direz qu'il s'est battu en gladiateur. Personne de vous, sans doute, ne se fait gladiateur! Comment donc alors et pour quelle raison ses boucliers et ses casques d'or ont-ils eu des acheteurs? » A la suite de cette lecture, il fit grâce à trente-cinq personnes ac-

appellavit, infamibus displicuisse dixit. » — 3. Spartien (Niger, 6) : « Tunc enim innumeros senatores interemit Severus, et ab aliis Syllæ Punici, ab aliis Marii nomen accepit. » — 4. *f* : βιωτεύωσιν (*sic*).

5. Bkk. et Ddf; vulg. : Ὀστίοις. — 6. Ponctuation de Bkk. et Ddf., confirmée par le δ' qui vient après ὑμῶν; Rm. et St. : ἐμονομάχει; Νὴ Δία, ὑμῶν δ' οὐδεὶς μονομαχεῖ; il faudrait alors traduire : « il se battait en gladiateur! Par Jupiter, aucun de vous, etc. » — 7. Allusion à la vente qu'en avait fait (LXXIII, 5) Pertinax.

παράπαν αἰτίαν ἐσχηκόσιν αὐτοῖς προσεφέρετο (ἦσαν δὲ ἐν
τοῖς πρώτοις τῆς γερουσίας), ἐννέα δὲ καὶ εἴκοσιν ἄνδρων
θάνατον κατεψηφίσατο, ἐν οἷς ἄρα καὶ Σουλπικιανὸς ὁ τοῦ
Περτίνακος πενθερὸς ἠριθμεῖτο[1].

R.p.1263

9. Μετὰ δὲ ταῦτα ὁ Σεουῆρος ἐκστρατεύει κατὰ τῶν
Πάρθων[2]· ἀσχολουμένου γὰρ αὐτοῦ ἐς τοὺς ἐμφυλίους
πολέμους, ἐκεῖνοι ἀδείας λαβόμενοι, τήν τε Μεσοποταμίαν εἷλον, στρατεύσαντες παμπληθεὶ, καὶ μικροῦ καὶ τὴν
Νίσιβιν ἐχειρώσαντο[3], εἰ μὴ Λαῖτος αὐτὴν, πολιοκρούμενος
ἐν αὐτῇ, διεσώσατο. Καὶ ἀπ' αὐτῆς ἐπὶ πλεῖον ἐδοξάσθη,
ὢν καὶ ἐς τὰ ἄλλα καὶ τὰ ἴδια[4] καὶ τὰ δημόσια, καὶ ἐν
τοῖς πολέμοις καὶ ἐν τῇ εἰρήνῃ, ἄριστος. Ἀφικόμενος δὲ
ἐς τὴν προειρημένην Νίσιβιν ὁ Σεουῆρος, ἐνέτυχε σοὶ μεγί-
γίστῳ· ἱππέα τε γὰρ ἔκτεινεν ὁρμήσας, καταβαλεῖν αὐτὸν
πειρώμενον, καὶ τῇ ἑαυτοῦ ἰσχύϊ θαρρήσαντα, μόλις δὲ

---

1. Spartien, 13, donne une liste de quarante-et-un personnages mis à
mort, parmi lesquels tous ne faisaient peut-être pas partie du sénat ou
ne furent pas tués en même temps. Hérodien, III, 8, parle de meurtres
de sénateurs et d'autres citoyens commis en province, et les attribue à
l'avarice de l'empereur; mais il ne faut pas oublier sa cruauté et son
désir de vengeance, dont Dion a parlé, LXXIV, 2. Quant à Sulpicianus,
cf. LXXIII, 7 et 11. On lit dans les *Excerpta Vat.* : Ὅτι πάντες μὲν
ἐπλάττοντο τὰ Σεουήρου [Bkk., blâmé par Van Herwerden : τὰ τοῦ Σεουή-
ρου] φρονεῖν · ἐλέγχοντο δὲ ἐν ταῖς αἰφνιδίαις ἀπαγγελίαις, μὴ δυνάμενοι ἐπι-
καλύπτειν τὸ ἐν τῇ ψυχῇ κεκρυμμένον · τῆς γὰρ ἀκοῆς ἐξαπίνης αὐτοῖς
προσπιπτούσης, ἀφυλάκτως ἐκινοῦντο, καὶ ὑπὸ τούτων καὶ ὑπὸ τῆς ὄψεως
καὶ τῶν ἠθῶν ὡς ἕκαστοι κατάδηλοι ἐγένοντο · τινὲς δὲ καὶ ἐκ τοῦ σφόδρα
προσποιεῖσθαι πλέον ἐγινώσκοντο. « Tous feignaient d'être du parti de
« Sévère; mais les messages subits venaient les convaincre de faus-
« seté, attendu qu'ils ne pouvaient dissimuler le sentiment caché au fond
« de leurs âmes ; et en effet la nouvelle arrivant à l'improviste frapper

cusées d'avoir favorisé le parti d'Albinus, et se conduisit à leur égard (ils étaient des principaux du sénat) comme s'ils n'avaient jamais été accusés, et il en condamna vingt-neuf à mort, entre lesquels on comptait Sulpicianus, beau-père de Pertinax.

9. Sévère, après cela, tourna ses armes contre les Parthes : car, tandis qu'il était occupé à la guerre civile, ils avaient profité de l'impunité pour se rendre maîtres de la Mésopotamie en marchant contre elle avec des troupes innombrables, et ils auraient presque pris Nisibis, sans Lætus qui, assiégé dans la ville, la sauva. Cette défense accrut la réputation de Lætus, homme d'ailleurs excellent pour les affaires privées et pour les affaires publiques, à la guerre et dans la paix. A son arrivée dans la susdite Nisibis, Sévère trouva un énorme sanglier ; ce sanglier avait d'un bond tué un cavalier qui avait entrepris de l'abattre, et qui s'en était fié à ses

An de
Rome
952.
Anulinus
et
Fronton
consuls

« leurs oreilles, ils faisaient imprudemment un mouvement, et par là, « ainsi que par leurs visages et par leurs mœurs, ils se mettaient à dé- « couvert ; quelques-uns même se trahissaient mieux encore par leur seule « affectation. » On peut rapprocher aussi un fragment cité LXXIV, 9 : Ὅτι καὶ πολλῶν εἰς τιμὴν αὐτοῦ ψηφισθέντων παρὰ τῆς συγκλήτου, ὀλίγα ἐδέξατο, εἰπὼν αὐτοῖς, ὅτι « Ταῖς ψυχαῖς με φιλεῖτε καὶ μὴ τοῖς ψηφίσμασιν.» « Un grand nombre de décrets ayant été rendus en son honneur par le « sénat, il n'en accepta que peu, disant : Ayez mon amour dans vos « cœurs, et non dans vos décrets. »

2. Cf. la note 1 de ce livre. — 3. Sévère (ch. 3) avait délivré Nisibis assiégée par les Osroéniens et les Adiabéniens. Ces peuples, ou les Parthes, avaient donc profité de l'absence de Sévère pour attaquer de nouveau cette ville.

4. Peir., Bkk. et Ddf; vulg. : τὰ ἄλλα [Peir. : τ' ἄλλα] τά τε πολιτικά καὶ τὰ ἴδια. Rsk. : « Τά τε πολιτικά abesse debet, aut verba infra sequen-tia, καὶ ἐν τῇ εἰρήνῃ. Nam utrumque idem dicit. »

ὑπὸ πολλῶν στρατιωτῶν συλληφθείς τε καὶ σφαγεὶς,
τριάκοντα τὸν ἀριθμὸν ὄντων τῶν συλλαβόντων αὐτὸν,
τῷ Σεουήρῳ προσεκομίσθη. Τῶν Πάρθων οὐ μεινάντων αὐτὸν, ἀλλ' οἴκαδε[1] ἀναχωρησάντων (ἦρχε δὲ αὐτῶν Οὐολόγαισος, οὗ ἀδελφὸς συνῆν τῷ Σεουήρῳ[2]), πλοῖα κατασκευά-
σας ὁ Σεουῆρος ἐν τῷ Εὐφράτῃ, καὶ πλέων τε καὶ βαδί-
ζων παρ' αὐτὸν, διὰ τὸ εἶναι ὀξύτατα καὶ λίαν[3] ταχινὰ καὶ
εὖ ἐσταλμένα, τῆς παρὰ τὸν Εὐφράτην ὕλης, καὶ τῶν
ἐκεῖσε χωρίων, ἄφθονον διδούσης αὐτῷ τὴν τῶν ξύλων χορηγίαν, τὰ κατασκευασθέντα, ταχέως τήν τε Σελεύκειαν
καὶ τὴν Βαβυλῶνα ἐκλειφθείσας ἔλαβε. Καὶ μετὰ τοῦτο καὶ
τὴν Κτησιφῶντα ἑλὼν ἐκείνην τε πᾶσαν διαρπάσαι τοῖς
στρατιώταις ἐφῆκε[4], φόνον τε ἀνθρώπων πλεῖστον εἰργάσατο, καὶ ζῶντας ἐς δέκα μυριάδας εἷλεν. Οὐ μέντοι οὔτε
τὸν Οὐολόγαισον ἐπεδίωξεν, οὔτε τὴν Κτησιφῶντα κατέσχεν, ἀλλ' ὥσπερ ἐπὶ τοῦτο μόνον ἐστρατευκὼς ἵν' αὐτὴν[5]
διαρπάσῃ, ᾤχετο, τὸ μὲν ἀγνοίᾳ τῶν χωρίων, τὸ δ'
ἀπορίᾳ τῶν ἐπιτηδείων· ὑπέστρεψε δὲ καθ' ἑτέραν ὁδόν·

R. p. 1264

---

1. Bkk. et Ddf; St. : « Οἴκοι pro οἴκαδε Xiphilino permittatur. »

2. Artaban, fils de Sanatruces, disputait le trône à son frère Vologèse
et il y parvint après sa mort. Suivant Hérodien, III, 9, Artaban régnait
en ce moment, et il échappa, non sans peine, aux mains de Sévère qui
l'assiégeait dans Ctésiphon, sa capitale. — 2. Construction embarrassée,
comme on en rencontre parfois dans notre auteur. Les transpositions
proposées par Lncl. ont l'inconvénient de bouleverser la phrase sans
profit. Slbg. voudrait joindre ταχέως à καὶ εὖ ἐσταλμένα qui précède;
Rm. met τῆς... χορηγίαν entre parenthèses, et cherche par sa ponctuation (c'est celle que j'ai suivie ici) à remédier au désordre de la phrase;
de plus, il voudrait, et je me suis rangé à son avis, transposer λίαν après
καί, au lieu de le laisser devant ὀξύταια.

propres forces, et ce fut avec peine que, pris et tué par plusieurs soldats réunis, il fut apporté à Sévère par les trente personnes qui avaient aidé à le prendre. Les Parthes, sans attendre l'empereur, s'étant retirés chez eux (ils avaient pour chef Vologèse, dont le frère était avec Sévère), celui-ci, à l'aide de bateaux qu'il construisit sur l'Euphrate, s'avançant par le fleuve et par terre le long de ses bords, ne tarda pas, grâce à la rapidité, à la vitesse et au bon aménagement de ces constructions, pour lesquelles la forêt qui borde l'Euphrate et les régions voisines lui fournissaient le bois en abondance, à se rendre maître de Séleucie et de Babylone qui avaient été abandonnées. Il s'empara aussi de Ctésiphon, dont il permit le pillage à ses soldats, il y fit un grand carnage, et prit vifs environ cent mille hommes. Néanmoins, il ne poursuivit pas Vologèse et ne conserva pas Ctésiphon ; mais, comme si son expédition n'avait eu d'autre but que le pillage de cette ville, il s'en alla, tant parce qu'il ne connaissait pas le pays, que parce qu'il manquait du nécessaire ; il revint par un autre che-

---

3. Spartien, 16 : « Ctesiphontem, pulso rege, pervenit. . . . . . oppidum cepit et regem fugavit, ac plurimos interemit, et Parthicum nomen meruit. Ob hoc etiam filium ejus Bassianum Antoninum, qui Cæsar jam appellatus fuerat, annum decimum tertium agentem, participem imperii dixerunt milites. Getam quoque, minorem filium, Cæsarem dixerunt, eumdem Antoninum, ut plerique in litteras, tradunt, appellantes. » Hérodien continue d'être en désaccord avec Dion. Il serait trop long de relever ici les différences des deux récits ; Rm., qui l'a fait (notes 52 et 53), conclut contre Hérodien qu'il accuse de n'avoir aucune connaissance des lieux ; il y revient encore dans sa note 57.

4. Cf. Hérodien, III, 10, et Spartien, 16. — 5. Bkk. et Ddf ; vulg. : ἵνα αὐτήν.

τά τε γὰρ σιτία[1] καὶ ὁ χόρτος ὁ ἐν τῇ προτέρᾳ[2] εὑρεθεὶς
κατανάλωτο· καὶ οἱ μὲν αὐτῷ τῶν στρατιωτῶν πεζῇ ἄνω
παρὰ τὸν Τίγριν, οἱ δὲ καὶ ἐπὶ πλοίων ἀνεπορεύθησαν.
[Ὅτι τῷ Οὐολογαίσῳ[3] τῷ Σανατρούχου παιδὶ, ἀντιπαρα-
ταξαμένῳ τοῖς περὶ Σεουῆρον, καὶ διακωχὴν πρὶν συμμίξαι
σφίσιν αἰτήσαντι, καὶ λαβόντι, πρέσβεις τε ἀπέστειλε[4],
καὶ μέρος τι τῆς Ἀρμενίας ἐπὶ τῇ εἰρήνῃ ἐχαρίσατο[5].]

10. Καὶ μετὰ τοῦτο ὁ Σεουῆρος τὴν Μεσοποταμίαν
διαβὰς, ἐπειράθη μὲν καὶ τῶν Ἄτρων οὐ πόρρω ὄντων,
ἐπέρανε δ' οὐδὲν[6]· ἀλλὰ καὶ τὰ μηχανήματα κατεκαύθη,
καὶ στρατιῶται συχνοὶ μὲν ἀπώλοντο, πάμπολλοι δὲ καὶ
ἐτρώθησαν. Ἀπανέστη οὖν ἀπ' αὐτῶν καὶ ἀνέζευξεν ὁ Σεουῆρος. Ἐν ᾧ δὲ ἐπολέμει, δύο ἄνδρας τῶν ἐπιφανῶν ἀπέκτεινεν, Ἰούλιον Κρίσπον χιλιαρχοῦντα τῶν δορυφόρων, ὅτι
ἀχθεσθεὶς τῇ τοῦ πολέμου κακώσει, ἔπος τι τοῦ Μάρωνος
τοῦ ποιητοῦ παρεφθέγξατο, ἐν ᾧ ἐνῆν στρατιώτης τις τῶν
μετὰ Τούρνου τῷ Αἰνείᾳ ἀντιπολεμούντων, ὀδυρόμενος
καὶ λέγων ὅτι, « Ἵνα δὴ τὴν Λαουϊνίαν ὁ Τοῦρνος ἀγάγη-

1. Rsk., conjecture reproduite en note par Bkk. : « Pro ξύλα forte σιτία
scribendum. » J'adopte cette conjecture.

2. Bkk. et Ddf (sous-entendu ὁδῷ) ; vulg. : προτεραία. Slbg. : « Quum
parum subaudiri possit ἡμέρα, interpres, eo vocabulo in duo dirempto,
legit τῇ προτέρᾳ πορείᾳ seu τῇ προτέρᾳ ἐπιστρατείᾳ. »

3. Fragment tiré de p et de q. Rm. et St. : Τῷ δὲ Βολογαίσῳ, avec
omission de Ὅτι.

4. p : πρέσβεις πρὸς αὐτὸν ἀπέστειλε.

5. Rm. : « Quod Vologæsum Parthum hic rursus Severo occurren-
tem inducit Theodosii ex Dione fragmentum, id forte de Sanatruce, patre
Vologæsi, copiis adjuto verius dixerat Dio. Is enim Σανατρούχης Ἀρμενίων

min, attendu qu'il avait consommé les vivres et les
pâturages qu'il avait trouvés sur le premier; ses soldats
prirent leur route en remontant, les uns par terre le
long du Tigre, les autres à bord de bateaux. [Vologèse,
fils de Sanatrucès, qui avait présenté la bataille à Sévère, ayant, avant d'en venir aux mains, demandé et
obtenu une trêve, l'empereur lui envoya des ambassadeurs, et lui fit don d'une partie de l'Arménie pour obtenir la paix.]

10. Sévère, étant ensuite passé en Mésopotamie, fit
une tentative contre Atra, qui n'était pas éloignée, mais
il échoua; ses machines furent brûlées et il eut un
grand nombre de soldats tués et une multitude d'autres
blessés. Il leva donc le siége et décampa. Pendant cette
guerre, il fit mourir deux hommes illustres, Julius Crispus, tribun de la garde prétorienne, pour avoir, accablé
des ennuis de la guerre, prononcé un vers du poëte
Virgile, où un soldat, combattant dans les rangs de Turnus contre Énée, déplore son malheur et dit : « Pour
que Turnus épouse Lavinie, nous périssons sans qu'on

βασιλεύς, Armeniæ rex fuit, ut est apud Suidam, fragmento, si Valesium
audimus in Exc. Peir., p. 776, ex Dione petito : et Herodianus, III, 9,
quanquam ordinem rerum gestarum perturbans, Armeniæ regem refert
antevertisse invasioni Severi, missisque obsidibus et muneribus, pacem
et amicitiam suppliciter petiisse. »

6. Nous avons vu que Trajan (LXVIII, 31) avait éprouvé le même sort,
lorsqu'à son retour du pays des Parthes, il essaya, en passant par la
Mésopotamie, d'emporter cette place. Atra, en effet, était fortifiée par
la nature et par l'art. Elle était (Hérodien, III, 9) située sur le sommet
d'une montagne, enceinte d'une haute et bonne muraille, et remplie
d'archers.

ται, ἡμεῖς ἐν οὐδενὶ λόγῳ παραπολλύμεθα[1]. » Καὶ τὸν
καταγορήσαντα αὐτοῦ στρατιώτην Οὐαλέριον, χιλίαρχον
ἀντ᾽ αὐτοῦ ὁ Σεουῆρος ἀπέδειξεν. Ἀπέκτεινε δὲ καὶ τὸν Λαῖτον[2], ὅτι τε φρόνημα εἶχε, καὶ ὅτι ὑπὸ τῶν στρατιωτῶν
ἠγαπᾶτο, καὶ οὐκ ἄλλως στρατεύσειν ἔλεγον, εἰ μὴ Λαῖτος
αὐτῶν ἡγοῖτο. Καὶ τούτου τὸν φόνον, διότι οὐκ εἶχε φανε-
ρὰν αἰτίαν, εἰ μὴ τὸν φθόνον, τοῖς στρατιώταις προσῆ-
πτεν, ὡς[3] παρὰ γνώμην αὐτοῦ τοῦτο τετολμηκόσιν.

11. Αὐτὸς δὲ πάλιν ἐπὶ τὰ Ἄτρα ἐστράτευσε, πολλὰ
μὲν σιτία παρασκευάσας, πολλὰ δὲ καὶ μηχανήματα ἑτοι-
μασάμενος· καὶ γὰρ δεινὸν ἐποιεῖτο, τῶν ἄλλων κεχειρω-
μένων, μόνην ταύτην ἐν μέσῳ κειμένην ἀντέχειν. Καὶ ἀπώ-
λεσε καὶ χρήματα πλεῖστα, καὶ τὰ μηχανήματα πάντα,
πλὴν τῶν Πρισκείων, ὡς ἀνωτέρω ἔφην[4]· καὶ σὺν τούτοις
καὶ στρατιώτας πολλούς. Συχνοὶ μὲν γὰρ καὶ ἐν ταῖς προ-
νομαῖς ἐφθείροντο, τῆς βαρβαρικῆς ἵππου (φημὶ δὴ τῆς
τῶν Ἀραβίων) πανταχοῦ ὀξέως τε[5] καὶ σφοδρῶς ἐπιπι-
πτούσης αὐτοῖς· καὶ οἱ Ἀτρηνοὶ ἐξικνοῦντο μὲν καὶ ταῖς
τοξείαις ἐπὶ μακρότατον (καὶ γὰρ ἐκ μηχανῶν βέλη τινὰ
ἐξέκρουον, ὥστε πολλοὺς καὶ τῶν τοῦ Σεουήρου ὑπασπισ-

R.p.1265

---

1. Virgile, Én., XI, 371 :

> Scilicet, ut Turno contingat regia conjux,
> Nos animæ viles, inhumata infletaque turba,
> Sternamur campis.

Peut-être faut-il voir une allusion à ces meurtres dans le passage suivant de Spartien, 14 : « Multos inter hæc causis vel veris vel simulatis
occidit. Damnabantur autem plerique cur jocati essent, alii cur tacuis-

tienne nul compte de nous. » Sévère nomma tribun, à la place de Crispus, Valérius, soldat qui avait été son accusateur. Il fit aussi mourir Lætus, parce qu'il avait des sentiments élevés et qu'il était aimé des soldats, qui prétendaient ne marcher que sous sa conduite. Comme le meurtre de ce général n'avait d'autre cause manifeste que la jalousie, il l'imputa aux soldats, alléguant qu'il s'étaient, contre son gré, portés à cet attentat.

11. Sévère marcha une seconde fois en personne contre Atra, après avoir fait de grandes provisions de vivres et rassemblé de nombreuses machines; car il trouvait insupportable que, lorsque toutes les autres étaient soumises, cette ville seule résistât. Il y perdit des sommes considérables et toutes ses machines, à l'exception de celles de Priscus, comme je l'ai dit plus haut; en outre, il perdit un grand nombre de soldats. Beaucoup, en effet, en fourrageant tombaient sous les coups de la cavalerie barbare (je veux dire de la cavalerie des Arabes), qui fondait partout sur eux avec promptitude et rapidité; de plus, les Atréniens lançaient des traits jusque fort loin (des machines décochaient des javelots qui atteignirent plusieurs des gardes de Sé-

sent, alii cur pleraque figurata dixissent. » — 2. Nous avons vu Lætus (6) ne prendre part à la bataille de Lyon que lorsque la victoire se fut déclarée pour Sévère. Celui-ci se vengeait peut-être de la trahison de son général. — 3. *a, b*; vulg., Bkk. et Ddf : ὥσπερ. Spartien, 15 : « Quum occisi essent nonnulli, Severus se excusabat, et, post mortem, negabat fieri se jussisse quod factum est ; quod de Læto præcipue Marius Maximus dicit. » — 4. Cf. LXXIV, 11. — 5. Slbg., St., Bkk. et Ddf ; vulg.; πανταχοῦ τε ὀξέως.

τῶν βαλεῖν, σύνδυό τε αὐτῶν βέλη ὑπὸ τὴν αὐτὴν ῥύμην ἱέντων, πολλαῖς τε ἅμα χερσὶ καὶ πολλοῖς τοξεύμασι βαλλόντων)· πλεῖον δὲ ὅμως ἐκάκωσαν αὐτοὺς, ἐπειδὴ τῷ τείχει προσέμιξαν, καὶ πολὺ πλεῖστον[1] ἐπεὶ καὶ διέρρηξάν τι αὐτοῦ· τά τε γὰρ ἄλλα, καὶ τὸ νάφθα τὸ ἀσφαλτῶδες ἐκεῖνο, περὶ οὗ ἄνω μοι γέγραπται[2], ἀφιέντες σφίσι, τά τε μηχανήματα καὶ τοὺς στρατιώτας πάντας, οἷς ἐπεβλήθη, κατέπρησαν. Καὶ αὐτὰ ὁ Σεουῆρος ἀπὸ βήματος ὑψηλοῦ ἐθεώρει.

12. Πεσόντος δέ πη τοῦ ἔξωθεν περιβόλου, καὶ τῶν στρατιωτῶν πάντων προθυμουμένων ἐς τὸν λοιπὸν ἐσβιάσασθαι, ἐκώλυσεν αὐτοὺς ὁ Σεουῆρος τοῦτο[3] πρᾶξαι, τορῶς πανταχόθεν τὸ ἀνακλητικὸν σημανθῆναι κελεύσας· δόξα τε γὰρ τοῦ χωρίου, ὡς καὶ πάμπολλα τά τε ἄλλα χρήματα καὶ τὰ τοῦ Ἡλίου ἀναθήματα ἔχοντος[4], μεγάλη ἦν· καὶ προσεδόκησεν ἐθελοντὶ τοὺς Ἀραβίους, ἵνα μὴ βίᾳ ἁλόντες ἀνδραποδισθῶσιν, ὁμολογήσειν. Μίαν γοῦν διαλιπὼν ἡμέραν, ὡς οὐδεὶς αὐτῷ ἐπεκηρυκεύσατο, προσέταξεν αὖθις τοῖς στρατιώταις τῷ τείχει, καίπερ ἀνοικοδομηθέντι νυκτὸς, προσβαλεῖν· καὶ αὐτῷ τῶν μὲν Εὐρωπαίων, τῶν δυναμένων τι κατεργάσασθαι, οὐδεὶς ἔτ' ὀργῇ ὑπήκουσεν, ἕτεροι δὲ δὴ Σύροι, ἀναγκασθέντες ἀντ' αὐτῶν προσβαλεῖν, κακῶς ἐφθάρησαν. Καὶ οὕτω θεὸς, ὁ ῥυσάμενος τὴν πόλιν, τοὺς μὲν στρατιώτας, δυνηθέντας ἂν ἐς αὐτὴν ἐσελ-

1. Avec Bkk. et Ddf, je transpose entre eux πλεῖον et πλεῖστον.
2. Cf. le fragment CCCXXX, 2, dans la présente édition. — 3. Rsk.

vère, attendu que deux traits partaient ensemble par
une même impulsion, et que plusieurs bras et plusieurs
arcs frappaient à la fois); cependant la perte fut plus
grande encore lorsqu'on approcha des remparts; elle
fut à son comble, lorsqu'une partie du mur fut abattue;
car, alors, les assiégés, lançant sur les Romains la na-
phthe asphaltique dont j'ai parlé plus haut, brûlèrent
toutes les machines et tous les soldats sur qui elle fut
jetée. Sévère contemplait cet accident du haut d'une
estrade élevée.

12. Une portion de l'enceinte extérieure étant tombée, lorsque les soldats étaient tous pleins d'ardeur
pour forcer le reste, Sévère les empêcha de le faire en
ordonnant de sonner à grand bruit la retraite sur toute
la ligne; car il croyait fortement que ce pays renfer-
mait d'immenses richesses et, entre autres, les offrandes
au Soleil; il espérait de plus que les Arabes, dans la
crainte d'être réduits en servitude, si la place était em-
portée de vive force, capituleraient volontairement.
Après avoir donc laissé passer un jour, comme personne
ne parlait de se rendre, il donna de nouveau l'ordre
d'attaquer le mur, bien qu'il eût été relevé pendant la
nuit, et, comme les soldats d'Europe, qui pouvaient lui
être de quelque utilité, refusaient, dans leur colère,
de lui obéir, des Syriens, que l'on força de monter à
l'assaut à leur place, éprouvèrent de grosses pertes.
C'est ainsi que le dieu, qui délivra la ville, fit rappeler
par Sévère les soldats au moment où ils pouvaient y

(« quamvis, dit St., defendi vulgata [τοῦ] possit »), Bkk. et Ddf. — 4. Atra
(LXVIII, 31) était consacrée au Soleil.

θεῖν, διὰ τοῦ Σεουήρου ἀνεκάλεσε, καὶ τὸν Σεουῆρον αὖ,
βουληθέντα αὐτὴν μετὰ τοῦτο λαβεῖν, διὰ τῶν στρατιωτῶν ἐκώλυσεν. Οὕτω γοῦν ὁ Σεουῆρος ἐπὶ τούτοις διηπο-
ρήθη, ὥστε τινὸς τῶν ἀμφ' αὐτὸν ὑποσχομένου αὐτῷ, ἐάν
γε αὐτῷ δῷ[1] πεντακοσίους καὶ πεντήκοντα μόνους τῶν
Εὐρωπαίων στρατιωτῶν, ἄνευ τοῦ τῶν ἄλλων κινδύνου τὴν
πόλιν ἐξαιρήσειν, ἔφη, πάντων ἀκουόντων, « Καὶ πόθεν
τοσούτους στρατιώτας ἔχω; » πρὸς τὴν ἀπείθειαν τῶν
στρατιωτῶν τοῦτο εἰπών.

13. Εἴκοσι δ' οὖν ἡμέρας τῇ πολιορκίᾳ προσεδρεύσας,
R.p.1266 ἐς τὴν Παλαιστίνην μετὰ τοῦτο ἦλθε[2], καὶ τῷ Πομπηΐῳ
ἐνήγισεν[3]. Καὶ ἐς τὴν Αἴγυπτον, [τὴν ἄνω[4] διὰ τοῦ Νείλου ἀνέπλευσε, καὶ εἶδε πᾶσαν αὐτὴν, πλὴν βραχέων· οὐ
γὰρ ἠδυνήθη πρὸς τὰ τῆς Αἰθιοπίας μεθόρια διὰ λοιμώδη
νόσον ἐσβαλεῖν.] Καὶ ἐπολυπραγμόνησε πάντα καὶ τὰ πάνυ
κεκρυμμένα[5]· ἦν γὰρ οἷος μηδὲν μήτε ἀνθρώπινον μήτε
θεῖον ἀδιερεύνητον καταλιπεῖν[6]· κἀκ τούτου τά τε βιβλία
πάντα τὰ ἀπόρρητόν τι ἔχοντα, ὅσα καὶ εὑρεῖν ἠδυνήθη,

1. Ddf; vulg. : δώσῃ. St. : « Δώσει, Pal. (Br.) [ƒ, k]. Futurum subjunc-
tivo caret. Sylbg. Indice. Est ab aoristo ἔδωσα pro ἔδωκα. Re. Certe con-
junctio ἐάν postulat conjunctivum. Itaque vel δόῃ scripserim, quod ab
Homero, Il., II, 83, ὑποτακτικῶς dictum esse auctor est Phrynichus, Epit.,
p. 345, edit. Lobeck., vel δῷ [Bkk. propose également δῷ en note], sicut
supra [XLIII, 20] ἀποδῷ pro ἀποδώῃ reposui. »
2. Spartien, 14, nous apprend que les Juifs avaient embrassé la cause
de Niger, et que Sévère alla en Palestine pour en tirer vengeance; mais
on peut conclure de ses paroles que la guerre fut peu importante : « Pa-
læstinis pœnam remisit, quam ob causam Nigri meruerant. » Le triomphe
de Judée n'en fut pas moins décrété à son fils. — 3. Nous avons déjà vu
offrir des sacrifices funèbres aux grands hommes sur leur tombeau (cf.

entrer, et arrêta, par ses soldats, Sévère qui voulut ensuite
s'en emparer. Sévère, à la suite de cet échec, éprouva
une telle détresse, qu'un de ses généraux promettant,
s'il lui donnait seulement cinq cent cinquante soldats
européens, de se rendre maître de la ville sans exposer
les autres, il répondit en présence de tous, « Et où pren-
drais-je tant de soldats? » faisant, par cette parole,
allusion à leur désobéissance.

13. Après être demeuré vingt jours devant cette
place, il alla en Palestine, et offrit un sacrifice funèbre
à Pompée. Il fit ensuite voile pour la [Haute-]Égypte [en
remontant le Nil, et la visita tout entière, à l'exception
de quelques localités; une maladie pestilentielle l'empêcha, en effet, d'entrer sur les confins de l'Éthiopie].
Il rechercha curieusement tout, jusqu'aux choses les
plus cachées, car il n'y avait aucun mystère humain ou
divin qu'il se résignât à ne pas scruter; aussi enleva-t-il
de tous les sanctuaires, pour ainsi dire, tous les livres
contenant quelque doctrine secrète qu'il put y décou-

An de
Rome
953.
Claudius
Sévérus
et
Aufidius
Victorinus
consuls.

notamment LXVIII, 30, et LXIX, 11). Mais le désir d'abréger fait retrancher à Xiphilin des circonstances nécessaires à rapporter. Le sacrifice n'a
pu être offert en Palestine (il n'y avait aucune raison pour cela), mais
sur les confins de l'Égypte, au pied du mont Casius où était le tombeau
de Pompée.

4. Fragment emprunté à Suidas (au mot Σεβῆρος) et à Peir.; Xiph.
donne seulement : ἐλθὼν δὲ καὶ ἐς τὴν Αἴγυπτον, πᾶσάν τε εἶδε, καὶ ἐπολυπραγμόνησε κ. τ. λ. — 5. Spartien, 17 : « Jucundam sibi pegrinationem
hanc propter religionem dei Serapidis et propter novitatem animalium
vel locorum fuisse Severus ipse postea semper ostendit. Nam et Memphim
et Memnonem et pyramides et labyrinthum diligenter inspexit. »

6. Peir. et Suidas : ἐᾶν, au lieu de καταλιπεῖν.

ἐκ πάντων, ὡς εἰπεῖν[1], τῶν ἀδύτων ἀνεῖλε, καὶ τῷ τοῦ
Ἀλεξάνδρου μνημείῳ συνέκλεισεν[2], ἵνα μηδεὶς ἔτι μήτε τὸ
τούτου σῶμα ἴδῃ, μήτε τὰ ἐν ἐκείνοις γεγραμμένα ἀνα-
λέξηται. Καὶ ὁ μὲν ταῦτ' ἐποίει· ἐγὼ δὲ τὰ μὲν ἄλλα τῆς
Αἰγύπτου οὐδὲν δέομαι γράφειν· ὁ δὲ δὴ περὶ τοῦ Νείλου
πολλαχόθεν ἀκριβώσας ἔχω, δικαιότατός εἰμι εἰπεῖν[3]. Ἐκ
γὰρ τοῦ Ἄτλαντος τοῦ ὄρους σαφῶς ἀναδίδοται. Τοῦτο
δέ ἐστιν ἐν τῇ Μαχεννίτιδι παρ' αὐτῷ τῷ Ὠκεανῷ πρὸς
ἑσπέραν, καὶ ὑπεραίρει πολὺ πλεῖστον ἁπάντων ὀρῶν· ὅθεν
οἱ ποιηταὶ κίονα αὐτὸν τοῦ οὐρανοῦ εἶναι ἔφησαν· οὔτε
γὰρ ἀνέβη ποτέ τις ἐπ' ἄκρον αὐτοῦ, οὔτε τὰς κορυφὰς
αὐτοῦ εἶδε. Χιόνος τε οὖν ἀεὶ διὰ ταῦτα πεπλήρωται,
καὶ τὸ ὕδωρ ἐξ αὐτῆς παμπληθὲς ὑπὸ τὸ θέρος ἀφίησιν.
Ἔστι μὲν γὰρ καὶ ἄλλως ἑλώδη πάντα τὰ περὶ τοὺς πρό-
ποδας αὐτοῦ, τότε δὲ ἐπὶ μᾶλλον πληθύνεται, καὶ ἐκ

---

1. Peir. om. : ὡς εἰπεῖν.

2. Rm. : « Hanc insignem emendationem loci Dionei debemus Suidæ.
Vulgo enim [et Peir.] : καὶ τὸ τοῦ Ἀλεξάνδρου μνημεῖον συνέκλεισεν [Rsk.] :
συγκατέκλεισεν], ut inde quid in libris arcanis factum sit, non appareat,
ac propemodum secum eos abstulisse Severus videri possit, id quod
falsum. Nam hæc ipsa arcana respiciunt τὰ ἐν ἐκείνοις (βιβλίοις) γεγραμμένα. »

3. Ce n'est que de nos jours que les sources du Nil ont été décou-
vertes. On me permettra donc ne pas citer ce qui a été dit ou fait anté-
rieurement. Malgré cela, je ne saurais passer sous silence l'abrégé du
passage de Dion sur le Nil, qui se lit dans un des manuscrits de la Lau-
tine à Florence (codex Mediceus 45, pluteus 57). Le fragment est écrit
deux fois dans le ms., la première fois d'une écriture assez petite et
remplie d'abréviations; la main est du XIV* ou du XV* siècle, dit
M. Gros; le passage forme huit lignes et demie. La seconde fois, le
morceau est transcrit un peu au-dessous et forme dix lignes d'une

vrir, et les renferma dans le tombeau d'Alexandre, afin que personne désormais ne visitât le corps de ce prince ou ne lût ce qui était écrit dans ces livres. Telle fut la conduite de Sévère. Quant à moi, je n'ai nullement besoin de décrire les autres parties de l'Égypte; mais, pour ce qui est du Nil, comme j'ai étudié avec soin cette question sous plusieurs aspects, il est juste que j'en parle ici. Le Nil tire visiblement sa source du mont Atlas. Ce mont est dans la Macennitide, près de l'Océan, du côté du couchant; il s'élève beaucoup plus que les autres montagnes, ce qui a fait dire aux poëtes qu'il était une colonne du ciel; car personne n'est jamais monté au sommet et n'a vu sa cime. Aussi est-il constamment couvert d'une neige d'où se forme, l'été, une quantité prodigieuse d'eau. D'ailleurs, toute la partie qui environne le pied de la montagne est marécageuse, et cet état s'augmente encore alors et produit, dans cette

écriture plus grosse et plus nette. Le voici : Εἰρήσθω δ' ὡς ἐν παρόδῳ καὶ ὅσα τὸν Δίωνα περὶ τοῦ Νείλου λέγοντα εὕρομεν · ὅθεν τε ἀναδίδοται, καὶ διὰ τί κατὰ τὸ θέρος ποίηται τὴν ἀνάβασιν. Λέγει τοίνυν, ὡς ἐκ τοῦ Ἄτλαντος ἀναδίδοται· τὸν δὲ Ἄτλαντα ὄρος εἶναι ἐν τῇ Μακεδονίτιδι παρ' αὐτῷ τῷ Ὠκεανῷ πρὸς ἑσπέραν· καὶ ὁρῶν ἁπάντων ὑπερανίστασθαι, ὥστε διὰ τὸ ὕψος καὶ κίονα αὐτὸν παρὰ τῶν ποιητῶν κληθῆναι τοῦ οὐρανοῦ · μήτε γὰρ ἀναβῆναί τινά ποτε εἰς ἄκρον αὐτοῦ, μήτ' ἰδέσθαι τὰς [St.; cet article manque dans la copie de M. Gros] αὐτοῦ κορυφάς, χιόνος ἀεὶ [St.; M. Gros : δὲ] πληθούσας, ἐξ ἧς πολὺ καταῤῥεῖ τὸ ὕδωρ ὑπὸ τὸ θέρος · καὶ διὰ τοῦτο τότε τὸν Νεῖλον πληθύνεσθαι. Λέγει δὲ ταῦτα Ῥωμαίοις ἀκριβωθῆναι ἐκ τῶν τῆς κάτω Μαυριτανίας ἀνθρώπων, προσοίκων ὄντων τῇ Μακεδονίτιδι, καὶ πολλοὺς Ῥωμαίων ἀφικέσθαι [M. Gros fait observer que, dans le texte primitif, il y a un δέ qui embarrasse la phrase; St. (addition à la note 70 de Rm.) avait déjà signalé cette particule comme devant être supprimée] καὶ πρὸς τὸν Ἄτλαντα. Ταῦτα μὲν οὖν περὶ τούτου ἱστόρηται.

τούτου τὸν Νεῖλον τὴν ὡραίαν ἐπαύξει· πηγὴ γάρ ἐστιν
αὐτοῦ, ὥσπερ πού καὶ τοῖς κροκοδείλοις καὶ ἄλλοις ἑκατέρωθι ὁμοίως γεννωμένοις τεκμηριοῦται. Καὶ θαυμάσῃ
μηδεὶς, εἰ τὰ τοῖς ἀρχαίοις Ἕλλησιν ἄγνωστα ἐξευρήκα-
R.p.1267 μεν [1]· πλησίον γὰρ οἱ Μακεννῖται τῇ Μαυριτανίᾳ τῇ κάτω
οἰκοῦσι, καὶ πολλοὶ τῶν ἐκεῖ στρατευομένων καὶ πρὸς τὸν
Ἄτλαντα ἀφικνοῦνται. Τοῦτο μὲν οὕτως ἔχει.

14. Πλαυτιανὸς δὲ παραδυναστεύων τῷ Σεουήρῳ, καὶ
τὴν ἐπαρχικὴν ἔχων ἐξουσίαν, πλεῖστά τε ἀνθρώπων καὶ
μέγιστα δυνηθεὶς, πολλοὺς μὲν τῶν ἐλλογίμων ἀνδρῶν
καὶ ὁμοτίμων αὐτῷ ἐθανάτωσε [2]· [ἀποκτείνας δὲ τὸν Αἰ-
μίλιον τὸν Σατορνῖνον [3], τῶν ἄλλων, τῶν μετ' αὐτὸν [4]
ἀρξάντων [5] τοῦ δορυφορικοῦ, πάντα τὰ ἰσχυρότατα πε-
ριέκοψεν, ὅπως μηδεὶς φρόνημα ἀπὸ τῆς προστασίας αὐτῶν [6] σχὼν, τῇ τῶν σωματοφυλάκων ἡγεμονίᾳ ἐφεδρεύσῃ·
ἤδη γὰρ οὐχ ὅπως μόνος, ἀλλὰ καὶ ἀθάνατος ἔπαρχος εἶναι ἤθελεν.] Πάντων δὲ ἐπεθύμει, καὶ πάντα παρὰ πάντων ᾔτει, καὶ πάντα ἐλάμβανε· καὶ οὔτε ἔθνος οὐδὲν οὔτε
πόλιν οὐδεμίαν ἀσύλητον εἴασεν· ἀλλὰ πάντα δὴ καὶ
πανταχόθεν ἥρπαζε καὶ συνεφόρει· καὶ πολὺ πλείονα αὐτῷ
ἢ τῷ Σεουήρῳ πάντες [7] ἔπεμπον. Καὶ τέλος, ἵππους Ἡλίῳ

---

1. Conjecture de Rm., adoptée par Bkk. et Ddf; vulg. : ἐξειρήκαμεν.
2. L'histoire accuse ce Plautianus d'avoir été l'auteur de la plupart
des cruautés de Sévère.
3. Bkk. et Ddf; vulg. : Σατουρνῖνον, avec omission de τόν.
4. Peir. : αὐτῶν.

saison, la crue du Nil; car c'est de ces marécages qu'il
sort, comme en sont un témoignage le crocodile et les autres animaux qui y naissent aussi bien que dans le fleuve.
Que personne ne soit surpris, si j'ai découvert ce qui
était inconnu aux anciens Grecs; c'est que les Macen-
nites habitent le voisinage de la Mauritanie-Inférieure et
que plusieurs des soldats qui servent dans ce pays vont
jusqu'à l'Atlas. Voilà ce que j'avais à dire sur ce
sujet.

14. Plautianus, qui jouissait de beaucoup de crédit auprès de Sévère, qui avait la charge de préfet du prétoire,
qui, de tous les hommes, avait l'autorité la plus grande et
la plus étendue, Plautianus mit à mort plusieurs personnages considérables et ses égaux en dignité ; [après
avoir tué Æmilius Saturninus, il retrancha à ceux qui
commandèrent après lui la garde prétorienne tout ce
qui faisait leur force, pour empêcher que cette élévation, inspirant à quelques-uns de la fierté, les poussât à
ambitionner d'être à la tête des gardes du corps; car
il voulait être désormais non-seulement leur unique préfet, mais encore l'être éternellement.] Il convoitait tout,
demandait tout à tous et prenait tout; il ne laissait aucune province, aucune ville à l'abri de ses déprédations;
il ravissait et enlevait tout partout; et tout le monde
lui envoyait beaucoup plus qu'à Sévère. Il finit même
par dépêcher des centurions pour dérober au Soleil,

5. Rm. propose de lire ἀρξόντων, au lieu de ἀρξάντων, maintenu par
Bkk. et Ddf. le futur au lieu de l'aoriste. Les deux leçons pouvant se défendre, j'ai cru devoir ne rien changer.

6. Rsk. : αὐτοῦ, c'est-à-dire τοῦ δορυφορικοῦ.

7. c : ἅπαντες.

τιγροειδεῖς[1] ἐκ τῶν ἐν τῇ Ἐρυθρᾷ θαλάσσῃ νήσων, πέμψας
ἑκατοντάρχους, ἐξέκλεψεν· ἐν γὰρ[2] τούτῳ εἰπὼν, πᾶσαν
αὐτοῦ τὴν περιεργίαν καὶ τὴν ἀπληστίαν δεδηλωκέναι νο-
μίζω. Καίτοι καὶ ἐκεῖνο προσθήσω, ὅτι ἀνθρώπους ἑκατὸν
εὐγενεῖς[3] Ῥωμαίους ἐξέτεμεν οἴκοι[4], καὶ τοῦτο οὐδεὶς
ἡμῶν πρὸ τοῦ τελευτῆσαι αὐτὸν ᾔσθετο· πᾶσαν γὰρ ἐκ
τούτου[5] τήν τε παρανομίαν αὐτοῦ καὶ ἐξουσίαν[6] ἄν τις
καταμάθοι. Ἐξέτεμε δὲ οὐ παῖδας μόνον, οὔτε μειράκια,
ἀλλὰ καὶ ἄνδρας, καὶ ἔστιν οὓς αὐτῶν καὶ γυναῖκας ἔχοντας, ὅπως ἡ Πλαυτίλλα[7] ἡ θυγάτηρ αὐτοῦ, ἣν ὁ Ἀντωνῖνος μετὰ ταῦτ' ἔγημε[8], δι' εὐνούχων τήν τε ἄλλην θερα-
πείαν, [καὶ τὰ περὶ τὴν μουσίκην, τήν τε λοιπὴν θεωρίαν]
ἔχῃ. Καὶ εἴδομεν τοὺς αὐτοὺς ἀνθρώπους εὐνούχους τε καὶ
ἄνδρας, καὶ πατέρας καὶ ἀόρχεις, ἐκτομίας τε καὶ[9] πω-
γωνίας. Ἀφ' οὗ δὴ οὐκ ἀπεικότως ὑπὲρ πάντας τὸν Πλαυτιανὸν, καὶ ἐς αὐτοὺς τοὺς αὐτοκράτορας, ἰσχύσαι ἄν τις
εἴποι. Τά τε γὰρ ἄλλα καὶ ἀνδριάντες αὐτοῦ καὶ[10] εἰκόνες
οὐ μόνον πολλῷ πλείους, ἀλλὰ καὶ μείζους τῶν ἐκείνων,
οὐδ' ἐν ταῖς ἄλλαις πόλεσι μόνον, ἀλλὰ καὶ ἐν αὐτῇ τῇ
Ῥώμῃ, οὐδ' ὑπὸ ἰδιωτῶν μόνον ἢ δήμων[11], ἀλλὰ καὶ ὑπ'
αὐτῆς τῆς γερουσίας ἀνετίθεντο· τήν τε τύχην αὐτοῦ πάν-

II.p.1268

---

1. Rsk. (Bkk. reproduit en note cette conjecture) et St. : Ἡλίῳ ἱεροὺς
τιγριβοειδεῖς. St. justifie ainsi cette forme : « Non τίγρος, τίγρου, sed τίγρις,
τίγριδος dicitur. Vid. Chœroboscus in Bekkeri Anecdot. Græc., vol. III,
p. 1423. Infra tamen [LXXXVII, 6] τίγριν et ἱππότιγριν legi non ignora-
bam. »

2. Peir. om. — 3. Peir. : συγγενεῖς.

4. La chose se fit en secret, parce que, depuis Domitien (LXVII, 2),

dans une des îles de la mer Rouge, des chevaux semblables à des tigres ; il me suffit, je pense, de citer ce
seul vol, pour montrer ses excès et son insatiable avarice. J'ajouterai néanmoins le trait suivant : il fit castrer
chez lui cent Romains de naissance libre, et cette entreprise ne fut connue d'aucun de nous qu'après sa
mort ; elle peut donner idée de ses crimes et de sa
puissance. Ce ne furent pas seulement des enfants et des
jeunes gens, qu'il fit castrer, mais aussi des hommes,
dont quelques-uns même avaient des femmes, afin que
sa fille Plautilla, qu'Antonin épousa dans la suite, eût
des eunuques tant pour la servir [que pour lui enseigner
la musique et tous les autres arts]. Nous avons vu les
mêmes hommes eunuques et maris, pères et privés de
testicules, castrats et barbons. Il n'est donc pas dérai-
sonnable de dire, d'après cela, que Plautianus surpassait
en pouvoir tous les particuliers et les empereurs eux-
mêmes. On en peut juger, entre autres, par les statues
et les images que lui consacrèrent, bien plus nombreuses
et bien plus grandes que celles des empereurs, non-
seulement dans les autres villes, mais aussi dans Rome
même, non-seulement les particuliers ou les peuples,
mais encore le sénat lui-même ; les soldats et les séna-

---

elle était défendue. — 5. Peir. : γὰρ καὶ ἐκ τούτου. — 6. Peir. : καὶ τὴν
ἐξουσίαν.

7. *a, b* : Πλαντία. — 8. Antonin Caracallus (cf. chap. suiv.). Peir. : μετὰ
ταῦτα ἔγημε. — 9. *c, f, i, k* om. : ἄνδρας... τε καί, le copiste a sauté du
premier τε καί au second.

10. Slbg. et Ddf; vulg. et Bkk. om..

11. *c, f, k, m*, Bkk. et Ddf; vulg. : ἰδιωτῶν ἤδη μόνον.

τες οἱ στρατιῶται καὶ οἱ βουλευταὶ ὤμνυσαν[1], καὶ ὑπὲρ
τῆς σωτηρίας αὐτοῦ δημοσίᾳ ἅπαντες ηὔχοντο.

15. Αἴτιος δὲ τούτων αὐτὸς ὁ Σεουῆρος μάλιστ᾽ ἐγέ-
νετο· ὃς οὕτως αὐτῷ ὑπεῖχεν ἐς πάντα, ὥστ᾽ ἐκεῖνον μὲν ἐν
αὐτοκράτορος, αὐτὸν δὲ ἐν ἐπάρχου μοίρᾳ εἶναι· τά τε γὰρ
ἄλλα, καὶ ὁ μὲν πάνθ᾽ ἁπλῶς, ὅσα ὁ Σεουῆρος καὶ ἔλεγε
καὶ ἔπραττεν, ᾔδει[2]· τῶν δὲ δὴ τοῦ Πλαυτιανοῦ ἀπορρήτων
οὐδεὶς οὐδὲν ἠπίστατο. Τήν τε θυγατέρα αὐτοῦ τῷ υἱεῖ
ἐμνήστευσε[3] πολλὰς καὶ σεμνὰς κόρας παραλιπών· ὕπα-
τόν τε ἀπέδειξε[a], καὶ διάδοχον τῆς αὐταρχίας, ὡς εἰπεῖν,
ἔχειν ηὔξατο· καί ποτε καὶ ἐπέστειλε, «Φιλῶ τὸν ἄνδρα,
ὥστε καὶ εὔχεσθαι προαποθανεῖν αὐτοῦ.» Ἠνείχετο γέ τοι
ὁρῶν καὶ ἐν ταῖς καταλύσεσιν αὐτὸν ταῖς κρείττοσιν αὐλι-
ζόμενον, καὶ τὰ ἐπιτήδεια καὶ ἀμείνω καὶ ἀφθονώτερα
αὐτοῦ ἔχοντα· ὥστε δεηθείς ποτε ἐν τῇ Νικαίᾳ τῇ πατρίδι
μου κεστρέως[5] οὓς ἡ λίμνη μεγάλους ἐκτρέφει, παρ᾽ ἐκείνου μετεπέμψατο. Ὅθεν εἰ καί τι ἐπὶ μειώσει τῆς δυνα-
στείας αὐτοῦ ποιεῖν ἐδόκει, ἀλλ᾽ ἔκ γε[6] τῶν ἐναντίων,
πολὺ καὶ μειζόνων καὶ λαμπροτέρων ὄντων, καὶ ἐκεῖνο
πᾶν ἀπημβλύνετο. Ποτὲ γοῦν τοῦ Σεουήρου ἐν Τυάνοις νο-

---

1. Cela s'était déjà (LVIII, 2) pratiqué pour Séjan.

2. *a*, *b*, Bkk. et Ddf; vulg. : ἔπραττε, ᾔδει.

3. Malgré son fils, à qui, au témoignage d'Hérodien, III, 10, il fit presque violence.

4. Comme Séjan, qui fut consul l'an de Rome 784. La chose n'en était
pas moins extraordinaire, car, depuis Auguste, les préfets du prétoire
n'étaient pris ordinairement que dans les rangs des chevaliers. Cependant

teurs juraient tous par sa fortune et tous faisaient des
vœux publics pour sa conservation.

15. La cause en était principalement à Sévère qui lui
cédait tout, au point que Plautianus remplissait le rôle
d'empereur et Sévère celui de préfet. Plautianus, en effet, était exactement informé de toutes les paroles et de
toutes les actions de Sévère, tandis que personne ne savait rien des secrets de Plautianus. L'empereur maria
son fils à la fille de son favori, laissant de côté pour elle
plusieurs jeunes personnes de bonnes familles; il le
nomma consul et souhaita presque l'avoir pour successeur; il écrivit même un jour dans une lettre : « J'aime
cet homme au point de souhaiter mourir avant lui. » Il
souffrait que, sous ses yeux, dans les endroits où on
descendait en voyage, Plautianus se choisît des logis
plus commodes et qu'il eût des provisions meilleures et
plus abondantes que lui; au point qu'un jour, à Nicée,
ma patrie, ayant désiré manger un mulet, poisson qui
devient très-gros dans notre lac, il le fit prendre chez
Plautianus. Aussi, tout ce qu'il semblait faire pour amoin-
drir le crédit de Plautianus était-il complétement éclip-
sé par des actes contraires bien plus grands et bien plus
éclatants. C'est ainsi qu'étant allé le voir pendant une

Adrien (Spartien, 8) avait fait sénateur Tatianus, après lui avoir donné les
ornements du consulat; Arrétinus Clémens (Tacite, Hist., IV, 68), qui était
de l'ordre sénatorial, avait été mis par Mucien à la tête de la garde prétorienne, et Titus avait rempli ces mêmes fonctions sous son père; mais ce
fut Alexandre Sévère (Lampride, 21) qui attacha la dignité de sénateur à
la préfecture du prétoire.

5. *a*, *b* : κάστρεως; *c* : κεστέρεως. — 6. Rsk., St., Bkk. et Ddf; vulg. : τε.

σήσαντα αὐτὸν ἐπισκεπτομένου, οἱ στρατιῶται οἱ περὶ τὸν
Πλαυτιανὸν ὄντες, οὐκ εἴασαν τοὺς ἀκολουθοῦντας αὐτῷ
συνεσελθεῖν· ὅ τε τὰς δίκας τὰς ἐπ' αὐτοῦ λεγομένας διατάττων, κελευσθείς ποτε ὑπὸ τοῦ Σεουήρου ἀργοῦντος δίκην τινὰ ἐσαγαγεῖν, οὐκ ἠθέλησεν, εἰπὼν ὅτι· « Οὐ δύναμαι τοῦτο ποιῆσαι, ἂν μὴ Πλαυτιανός μοι κελεύσῃ. »Καὶ
οὕτω καὶ ἐς τὰ ἄλλα πάντα ὁ Πλαυτιανὸς [1] αὐτοῦ κατε-
κράτει, ὥστε καὶ τὴν Ἰουλίαν τὴν Αὔγουσταν [2] [πολλὰ καὶ
δεινὰ ἐργάσασθαι· πάνυ γὰρ αὐτῇ ἤχθετο, καὶ σφόδρα αὐ-
τὴν] πρὸς τὸν Σεουῆρον ἀεὶ διέβαλλεν [3], ἐξετάσεις τε κατ'
αὐτῆς, καὶ βασάνους κατ' εὐγενῶν γυναικῶν ποιούμενος.
Καὶ ἡ μὲν αὐτή τε φιλοσοφεῖν διὰ ταῦτ' ἤρξατο [4], καὶ
σοφισταῖς συνημέρευεν [5]· ὁ δὲ δὴ Πλαυτιανὸς ἀσωτότατός
τε [6] ἀνθρώπων γενόμενος, ὥστε καὶ εὐωχεῖσθαι ἅμα καὶ
ἐμεῖν, ἐπεὶ μηδὲν ὑπὸ τοῦ πλήθους τῶν τε [7] σιτίων καὶ τοῦ
οἴνου πέψαι ἠδύνατο [8]· καὶ τοῖς μειρακίοις ταῖς τε κό-
ραις οὐκ ἄνευ διαβολῆς χρώμενος, τῇ γυναικὶ τῇ ἑαυτοῦ [9]
οὔθ' ὁρᾶν τινα οὔθ' ὁρᾶσθαι τὸ παράπαν, οὐδ' ὑπὸ τοῦ [10]
Σεουήρου ἢ [11] τῆς Ἰουλίας, [μήτι γε ἑτέρων τινῶν,] ἐπέ-
τρεπεν.

R. p.1269

---

1. *f* om. : μοι... ὁ Πλαυτιανός. — 2. Sur le mariage de Sévère avec
Julia, cf. LXXIV, 3, et la note sur le passage.

3. Spartien, 18, dit que Julia se déshonora par ses adultères et qu'elle
trempa dans une conjuration contre l'empereur.

4. Peir. : ταῦτα ἤρξατο. — 5. Peir., *i*, *k*, Bkk. et Ddf ; vulg. : συνημέ-
ρευσεν. Lucien, *des Gens de lettres à la solde des grands*, ch. 6, dit que
les Romaines se faisaient gloire d'être appelées philosophes. Dans Philostrate (*Sophistes*, II, 30), Caracallus est appelé ὁ τῆς φιλοσόφου παῖς Ἰουλίας ;

maladie, à Tyanes, les soldats qui entouraient Plautianus
ne permirent pas à la suite de Sévère d'entrer avec lui ;
que l'officier chargé de classer les procès qui se plai-
daient devant l'empereur refusa d'obéir à un ordre que
lui donnait le prince, alors oisif, d'appeler une cause, en
disant : « Je ne saurais le faire, à moins que Plautianus
ne m'en donne l'ordre. » Au reste, Plautianus exerçait
tant d'empire sur Sévère qu'il alla jusqu'à [tourmenter
de mille manières] Julia Augusta, [car il était fort irrité contre elle] et ne cessait de [l']accuser [vivement]
auprès de Sévère, employant contre elle les informations
judiciaires et la torture contre des femmes nobles. C'est
pour ce motif que Julia se mit à s'occuper de philosophie
et qu'elle passa ses jours dans le commerce des sophistes ; tandis que Plautianus devenait le plus intempérant
des hommes, au point de se livrer à la bonne chère et
de se faire vomir, attendu que son estomac ne pouvait
digérer les viandes et le vin, tant il le chargeait, et s'a-
bandonnait à l'amour des jeunes garçons et des jeunes
filles, non sans un scandale public, bien qu'il ne laissât
à sa femme la liberté de voir qui que ce fût, pas même
Sévère ni Julia, [ni, à plus forte raison, d'autres per-
sonnes].

le même Philostrate (Apollonius, I, 3) rapporte que Julia mit en meilleur style les Commentaires de Damis sur Apollonius ; il soumet (*Lettres*,
13) au jugement de cette impératrice son ouvrage sur les *Sophistes*.

6. Peir. om. — 7. Peir. om.

8. Bkk. : ἐδύνατο.

9. Peir. : τῇ αὐτοῦ.

10. Bkk. et Ddf ; vulg. : οὔθ' ὑπό.

11. Peir. om.

16. Ἐγένετο δ' ἐν ταύταις ταῖς ἡμέραις καὶ ἀγὼν γυναικῶν [1]· ἐν ᾧ τοσοῦτον πλῆθος ἀθλητῶν ἀναγκασθὲν συν-
ῆλθεν, ὥσθ' ἡμᾶς θαυμάσαι, πῶς αὐτοὺς τὸ στάδιον ἐχώ-
ρησε. Καὶ γυναῖκες δὲ ἐν τῷ ἀγῶνι τούτῳ ἀγριώτατα ἀλώμεναι [2] ἐμαχέσαντο, ὥστε καὶ ἐς τὰς ἄλλας πάνυ ἐπιφανεῖς ἀπ' αὐτῶν ἀποσκώπτεσθαι· καὶ διὰ τοῦτ' ἐκωλύθη
μηκέτι μηδεμίαν γυναῖκα μηδαμόθεν μονομαχεῖν. Εἰκόνων
δέ ποτε πολλῶν τῷ Πλαυτιανῷ γενομένων (ἄξιον γὰρ ἀφη-
γήσασθαι τὸ πραχθὲν), δυσχεράνας πρὸς τὸ πλῆθος ὁ
Σεουῆρος, τινὰς αὐτῶν συνεχώνευσε [3]· καὶ ἐς τὰς πόλεις
ἐκ τούτου θροῦς διῆλθεν, ὡς καὶ καθήρηται καὶ διέφθαρ-
ται· καί τινες συνέτριψαν εἰκόνας αὐτοῦ, ἐφ' ᾧ ὕστερον ἐκο-
λάσθησαν [4]· ἐν οἷς ἦν καὶ ὁ τῆς Σαρδοῦς ἄρχων Ῥάκιος
Κώνστας, ἀνὴρ ἐλλογιμώτατος. Ἀλλ' οὐ χάριν τούτων
ἐμνήσθην [5], ὅτι τοῦ ῥήτορος, ὃς τοῦ Κώνσταντος κατη-
γόρησε, καὶ τοῦτο πρὸς τοῖς ἄλλοις εἰπόντος, « Θᾶσσον ἂν
τὸν οὐρανὸν συμπεσεῖν ἢ Πλαυτιανόν τι ὑπὸ Σεουήρου πα-
R.p.1270 θεῖν, καὶ μᾶλλον ἂν εἰκότως ἐκείνῳ τῷ λόγῳ, εἴπερ τι

1. On avait déjà vu pareillement des femmes (LVII, 8) combattre sous
le règne de Domitien.

2. Slbg. : « Pro ἀλώμεναι, *palantes*, P [*f*, adde et *k*] habet ἀλάμεναι, *sal-
tantes* [item *a*, *b*]. » Rsk. : « Num Ἀλαμάνναι, *mulieres Alamannicæ?*
Credibile enim est, ludis illis non Romanas solummodo, sed nationum
omnium feminas pugnasse. »

3. Spartien, 14 : « Plautianum ex amicissimo, cognita ejus vita, ita
odio habuit ut et hostem publicum appellaret, et, depositis statuis
ejus per orbem terræ, gravi eum insigniret injuria, iratus præcipue quod
inter propinquorum et affinium Severi simulacra suam statuam ille po-
suisset. »

4. Spartien, 14 : « Postea iterum cum Plautiano in gratiam rediit, et

16. Il y eut aussi, en ces jours-là, une lutte de femmes, où se trouva réuni par contrainte un si grand nombre d'athlètes, que nous fûmes surpris que la lice pût les contenir. Les femmes, dans cette lutte, courant en groupes désordonnés, combattirent avec tant d'acharnement qu'elles furent l'occasion d'injures à l'adresse des matrones les plus illustres; ce qui fit qu'on défendit qu'aucune femme, à l'avenir, quelle que fût son origine, combattît en gladiateur. Les statues de Plautianus étant devenues nombreuses (le fait mérite d'être rapporté), Sévère, importuné de leur multitude, en fit fondre quelques-unes; de là, le bruit se répandit dans les villes qu'il était disgracié et renversé; plusieurs même brisèrent ses statues, ce dont ils furent punis depuis; parmi les coupables fut Racius Constans, gouverneur de Sardaigne, homme distingué. Ce qui m'engage à rapporter ce fait, c'est que, l'orateur qui accusait Constans ayant, entre autres paroles, dit que « le ciel tomberait plutôt que Plautianus ne serait maltraité par Sévère, et qu'avec raison on croirait plutôt à quelque récit de la chute du

veluti ovans urbem ingressus Capitolium petiit : quamvis et ipsum procedenti tempore occiderit. Hi qui hostem publicum Plautianum dixerant deportati sunt. »

5. Slbg. : « Pro relativo οὗ, vulgata lectio habet negativum οὐ ; perperam, subaudiendum autem cum relativo hoc commation, redditivum istud, τοῦτό ἐστι. » Avec Bkk. et Ddf, je me range à cette opinion. Lncl. prétend qu'on doit lire : ἐλλογιμώτατος ἄλλως, οὗ χάριν.... ou supprimer ἀλλά. Rm., suivi par St., après avoir constaté que οὗ, qu'il adopte, se lit aussi dans k [et dans a, b], se contente de remplacer par une virgule le point qui est après ἐλλογιμώτατος; il ne serait cependant pas trop éloigné de substituer, plus bas, ὥστε à ὅτι qui suit, ce que je n'approuve dans aucun cas.

τοιοῦτον ἐλέχθη, πιστεῦσαί τινα[1]·» ταῦτα τοῦ ῥήτορος εἰπόντος, καὶ προσέτι καὶ αὐτοῦ[2] τοῦ Σεουήρου νεανιευσα-
μένου[3] πρὸς ἡμᾶς τοὺς συνδικάζοντας αὐτῷ καὶ φήσαν-
τος, ὅτι «Ἀδύνατόν ἐστι κακόν τι ὑπ' ἐμοῦ Πλαυτιανῷ
γενέσθαι,» οὐδ' ἀπηνιαύτισεν[4] αὐτὸς οὗτος ὁ Πλαυτιανός·
ἀλλ' ἐσφάγη, καὶ αἱ εἰκόνες αὐτοῦ σύμπασαι διεφθάρησαν.
Πρὸ δὲ τούτου κῆτος ὑπερμέγεθες ἐς τὸν τοῦ Αὐγούστου
ἐπίκλην λιμένα ἐξώκειλε[5], καὶ ἑάλω, καὶ τὸ μίμημα αὐτοῦ
ἐς τὸ κυνηγέσιον ἐσαχθὲν πεντήκοντα ἄρκτους ἔσω ἐδέξατο[6]. Ὤφθη δὲ ἐπὶ πολλὰς ἡμέρας καὶ κομήτης ἀστὴρ
ἐν τῇ Ῥώμῃ, καὶ οὐκ αἴσιόν τι σημαίνειν ἐλέγετο.

1. Avec Rsk., Bkk. et Ddf, je ferme seulement ici les guillemets, au
lieu de les fermer, avec Rm. et St., après παθεῖν. Malgré cela, Rsk. :
« Videtur hæc ferme sententia fuisse : καὶ μᾶλλον ἂν εἰκότως τῇ τοῦ
Σεβήρου πρὸς αὐτὸν φιλίᾳ, ἢ ἐκείνῳ τῷ λόγῳ, adeoque multo majori
aliquem Severi erga Plautianum amori, quam asperiori illi dicto, si
modo unquam a Severo projectum fuerit, confidere. Quod autem
appellat asperius dictum, id significat mandatum, de quo paulo ante,
de tollendis et conflandis aliquot Plautiani imaginibus statuisve. » J'ai
préféré, comme plus simple, le sens exprimé dans ma traduction ;
ἐκείνῳ τῷ λόγῳ représente, pour moi, οὐρανὸν συμπεσεῖν ; je n'ignore pas
cependant que la régularité grammaticale voudrait λεχθείη au lieu de
ἐλέχθη ; mais Xph. est loin d'être d'une pureté irréprochable, et j'ai cru
que la syntaxe pouvait fléchir ici.

2. ƒ : αὐτόν.

ciel, » et bien que Sévère, à ces paroles de l'orateur, se fût vanté à nous, qui étions assis à côté de lui pour rendre la justice, et nous eût dit : « Il est impossible que je fasse aucun mal à Plautianus » , ce même Plautianus ne se maintint pas une année : il fut égorgé, et toutes ses statues renversées. Avant cela, une baleine d'une prodigieuse grandeur vint s'échouer dans le port appelé du nom d'Auguste et fut prise ; une figure qui la représentait, amenée dans l'amphithéâtre, reçut cinquante ours dans ses flancs. On vit aussi, à Rome, pendant plusieurs jours, une comète, et on répéta que c'était un présage funeste.

---

3. *a, b* : νεανιευσάμενος. — 4. Bkk. et Ddf. Rm. (de même St.) : « Ἀπεναύτισεν ex Pal. [*f*] restituit Sylbg. et sequentes. Nam ἀπενιαύτησεν perperam HS. edit. minor. Sed rectius ediderat RS. et sic Coisl. [*i*; atque *a, b, c*]. » — 5. Le port d'Ostie, construit par Claude (LX, 11), et dont César (Suétone, Claude, 20) avait déjà conçu le projet. Peut-être, dit Rm. (cf. sa note 91), Auguste avait-il commencé ce port, bien que nous ne trouvions rien dans les historiens sur ce fait comme sur tant d'autres qui ne nous sont connus que par les médailles et les inscriptions. Le nom d'Auguste, donné à ce port, est attesté par une inscription du recueil d'Orelli, n° 6520 du Supplément de Henzen , par une médaille de Néron et par une autre qui se trouve dans Médiobarbus, p. 90, etc. — 6. Comme on se servait parfois de vaisseaux s'entr'ouvrant d'eux-mêmes (cf. LXI, 12, et LXXVI, 1) en guise de cages. La forme ἔσω, pour εἴσω, est donnée par Ddf, seul de tous les éditeurs.

ΤΩΝ

ΔΙΩΝΟΣ

ΙΣΤΟΡΙΩΝ ΡΩΜΑΙΚΩΝ

ΤΟ ΕΒΔΟΜΗΚΟΣΤΟΝ ΕΚΤΟΝ ΒΙΒΛΙΟΝ.

1. Ὁ δὲ Σεουῆρος ἐπὶ τῆς δεκετηρίδος[1] τῆς ἀρχῆς αὐτοῦ ἐδωρήσατο τῷ τε ὁμίλῳ παντὶ τῷ σιτοδοτουμένῳ καὶ τοῖς στρατιώταις τοῖς δορυφόροις ἰσαρίθμους τοῖς τῆς ἡγεμονίας ἔτεσι χρυσοῦς[2]. Ἐφ' ᾧ καὶ μέγιστον ἠγάλλετο· καὶ γὰρ ὡς ἀληθῶς[3] οὐδεὶς πώποτε τοσοῦτον αὐτοῖς ἀθρόοις[4] ἐδεδώκει· ἐς γὰρ τὴν δωρεὰν ταύτην πεντακισ-

1. Que la dixième année du règne de Sévère se rapporte à l'an de Rome 955, comme le veulent quelques savants, ou à l'an 956 aux calendes de juin, comme le veulent quelques autres, l'ensemble de ce chapitre montre assez que les fêtes et les présents à l'occasion de la période décennale sont joints aux fêtes célébrées pour son retour et pour ses victoires, d'autant plus qu'il est prouvé que les empereurs ont quelquefois anticipé des anniversaires. Telle est la conclusion de la note 1 de Rm., où on peut voir les diverses opinions auxquelles a donné lieu l'expression ἐπὶ δεκετηρίδος.

2. L'*aureus* valant 25 drachmes ou 100 sesterces (environ 20 francs 38 centimes), les 10 font 1,000 sesterces ou 250 drachmes.

HISTOIRE ROMAINE

DE DION.

LIVRE SOIXANTE-SEIZIÈME.

1. Sévère, à l'occasion du dixième anniversaire de son règne, fit don à la multitude qui recevait du blé de l'État, ainsi qu'aux soldats prétoriens, d'autant d'*aurei* qu'il y avait d'années qu'il était au pouvoir. Ce fut pour lui une occasion de montrer la grandeur de sa vanité ; personne n'avait, en vérité, tant donné à tous à la fois ;

An de Rome 955.

Septime Sé-vère Auguste consul III et Antonin Auguste consul I

3. Ce n'était pas une prétention mise en avant par Sévère, comme celle de Pertinax dans le sénat (LXXIII, 8) ; l'argent avait été véritablement donné.

4. Cf. Hérodien, III, 10 ; sur la libéralité, dont il vient d'être parlé, envers le peuple, cf. le même, II, 14, et III, 8. Reimarus ajoute : « A Commodo tamen congiarium datum Lampridius, c. 16, dicit denarios 725 seu aureos 29, quod Lipsius Magn. Rom. II, 14, t. III. p. 417, cum præsenti loco sic conciliat ut vocabulum ἀθρόοις urgeat, *populo et militibus simul* nunquam totidem tributa fuisse. Mihi Lampridii fides suspecta. » Rsk., changement dont on ne voit pas bien le motif, veut lire ici ἀθρόον ou ἀθρόως ; avec Bkk. et Ddf, je maintiens la vulgate.

χίλιαι μυριάδες δραχμῶν ἀναλώθησαν[1]. Ἐποιήθησαν δὲ
κ.p.1272 καὶ οἱ γάμοι τοῦ τε Ἀντωνίνου τοῦ Σεουήρου καὶ τῆς
Πλαυτίλλης τῆς τοῦ Πλαυτιανοῦ θυγατρός[2]· καὶ τοσαῦτα
τῇ θυγατρὶ οὗτος ἔδωκεν[3], ὅσα καὶ πεντήκοντα γυναιξὶ
βασιλίσσαις ἤρκεσεν ἄν[4]. Εἴδομεν δὲ αὐτὰ διὰ τῆς ἀγορᾶς
ἐς τὸ παλάτιον κομιζόμενα. Εἰστιάθημεν δὲ ἐν τῷ ἅμα[5]
τὰ μὲν βασιλικῶς, τὰ δὲ βαρβαρικῶς, ἐφθά τε πάντα ὅσα
νομίζεται, καὶ ὠμὰ, ζῶντά[6] τε ἄλλα λαβόντες. Ἐγένοντο
δὲ καὶ θέαι τηνικαῦτα παντοδαπαὶ, ἐπί τε τῇ ἀνακομιδῇ
τοῦ Σεουήρου, καὶ ἐπὶ τῇ δεκετηρίδι αὐτοῦ, καὶ ἐπὶ ταῖς
νίκαις. Ἐν ταύταις ταῖς θέαις καὶ σύες τοῦ Πλαυτιανοῦ
ἑξήκοντα ἄγριοι ἐπάλαισαν ἀλλήλοις ὑπὸ παραγγέλματος,
ἐσφάγησαν δὲ ἄλλα τε πολλὰ θηρία, καὶ ἐλέφας, καὶ κο-
ροκότας[7]· τὸ δὲ ζῶον τοῦτο Ἰνδικόν τέ ἐστι, καὶ τότε
πρῶτον ἐς τὴν Ῥώμην, ὅσα καὶ ἐγὼ ἐπίσταμαι[8], ἐσήχθη·
ἔχει δὲ χροιὰν μὲν λεαίνης τίγριδι μεμιγμένην[9], εἶδος δὲ
ἐκείνων τε καὶ κυνὸς καὶ ἀλώπεκος ἰδίως πως συγκεκρα-
μένον. Τῆς δὲ δεξαμενῆς ἁπάσης τῆς ἐν τῷ θεάτρῳ ἐς

1. C'est-à-dire (cf. la note 2, p. 276) deux mille *aurei*, 200,000,000 de
sesterces ; or, en donnant 1,000 sesterces à chacun, on aura une somme
suffisante pour 200,000 hommes, pour le peuple et pour les prétoriens.
— 2. Cf. LXXV, 15 ; Hérodien, III, 10 ; Spartien, 14. — 3. Bkk. et Ddf ;
vulg. : δέδωκεν. — 4. Sur les richesses de Plautianus, cf. LXXV, 14 et 15 ;
et Hérodien, III, 10. — 5. Rm. : « Ἐν αὐτῷ, Xyl. et interpres, *in quo*
Sylb., nisi post ἐν τῷ lacuna est, ut desideretur locus ubi senatui et forte
uxoribus epulum datum ; vel ἐν ταύτῳ ἅμα scribendum. » Je vois dans
ἐν τῷ ἅμα une locution analogue à ἐν τῷ τότε et à tant d'autres du même
genre. — 6. St. : « In nuptiis magnatum nostri ævi fercula non omnia
esui apta mensis inferuntur, sed bona pars spectaculo solum servit, etiam
nonnunquam viva inferuntur animantia, ut subito exsilientia convivis

car cinquante millions de drachmes furent dépensés pour ce don. On célébra aussi les noces d'Antonin, fils de Sévère, et de Plautilla, fille de Plautianus ; la dot donnée par celui-ci était assez forte pour suffire à cinquante filles de rois. Nous la vîmes porter au palais à travers le Forum. On nous fit également un festin qui tenait à la fois et de la magnificence des rois et de la grossièreté des barbares, festin où on nous donna tout ce qu'on a coutume de servir cuit et cru, et même des animaux vivants. Il y eut aussi alors des spectacles de toute sorte, à l'occasion du retour de Sévère, de la dixième année de son règne et de ses victoires. Dans ces jeux luttèrent entre eux, au commandement, soixante sangliers appartenant à Plautianus ; on y égorgea quantité d'autres bêtes, ainsi qu'un éléphant et un corocotas ; ce dernier animal vient de l'Inde, et ce fut alors la première fois, que je sache, qu'il fut amené à Rome ; sa couleur est un mélange de celle de la lionne et de celle du tigre, sa figure est un composé tout particulier de ces animaux, du chien et du renard. La cage entière, construite dans l'amphithéâtre en forme

blandum timorem faciant. Hæc Barthius, Adversarr., I, 7. » — 7. Suivant Hésychius, c'est un quadrupède originaire d'Éthiopie ; suivant Strabon (XVI, d'après Artémidore), c'est un mélange du loup et du chien ; suivant Pline, VIII, 30, c'est un animal féroce, ayant à peu près la grandeur de l'âne, les jambes du cerf, le cou, la queue et la poitrine du lion, la tête du blaireau, la gueule fendue jusqu'aux oreilles, et, au lieu de dents, un os qui n'a pas de fin ; au ch. 30, il ajoute : « Hyænæ coitu leæna Æthiopica parit corocottam. »

8. Antonin le Pieux (Capitolin ; 10) avait déjà fait voir cet animal à Rome ; aussi Dion s'exprime-t-il ici avec réserve.

9. Conjecture de Bkk., pour correspondre à συγχεχραμένον ; vulg. et Ddf : μεμιγμένης.

πλοίου σχῆμα κατασκευασθείσης[1] ὡς τετρακόσια θηρία καὶ
δέξασθαι καὶ ἀφεῖναι ἀθρόως, ἔπειτα ἐξαίφνης διαλυθεί-
σης, ἀνέθορον ἄρκτοι, λέαιναι, πάνθηρες, λέοντες, στρου-
θοὶ, ὄναγροι, βίσωνες[2] (βοῶν τι τοῦτο εἶδος, βαρβαρικὸν
τὸ γένος καὶ τὴν ὄψιν), ὥστε ἑπτακόσια τὰ πάντα καὶ
θηρία καὶ βοτὰ ὁμοῦ καὶ διαθέοντα ὀφθῆναι καὶ σφαγῆναι·
πρὸς γὰρ τὸν τῆς ἑορτῆς ἀριθμὸν ἑπταημέρου γεγονυίας,
καὶ ἐκεῖνα ἑπτάκις ἑκατὸν ἐγένετο.

2. Ἐν δὲ τῷ Βεσβίῳ τῷ ὄρει πῦρ τε πλεῖστον ἐξέ-
λαμψε[3], καὶ μυκήματα μέγιστα ἐγένετο, ὥστε καὶ ἐς τὴν
Καπύην, ἐν ᾗ, ὁσάκις ἂν ἐν τῇ Ἰταλίᾳ οἰκῶ, διάγω, ἐξα-
κουσθῆναι· τοῦτο γὰρ τὸ χωρίον ἐξειλόμην τῶν τε ἄλλων
ἔνεκα, καὶ τῆς ἡσυχίας ὅτι μάλιστα, ἵνα σχολὴν ἀπὸ τῶν
ἀστικῶν πραγμάτων ἄγων, ταῦτα γράψαιμι. Ἐδόκει οὖν,
ἐκ τῶν περὶ τὸ Βέσβιον γεγονότων, νεοχμόν τι[4] ἔσεσθαι·
καὶ μέντοι καὶ τὰ περὶ τὸν Πλαυτιανὸν αὐτίκα ἐνεοχμώθη.
Π.p.1273 Μέγας μὲν γὰρ ὡς ἀληθῶς ὁ Πλαυτιανὸς καὶ ὑπέρμεγας
ἐγεγόνει, ὥστε καὶ τὸν δῆμον ἐν τῷ ἱπποδρόμῳ ποτὲ εἰπεῖν, « Τί τρέμεις; τί δὲ ὠχριᾷς; πλεῖον τῶν τριῶν κέκτη-
σαι. » Ἔλεγον δὲ τοῦτο οὐ πρὸς ἐκεῖνον δῆθεν, ἀλλ' ἄλλως·
τρεῖς δὲ ἐνέφαινον τόν τε Σεουῆρον καὶ τοὺς υἱέας αὐτοῦ
Ἀντωνῖνον καὶ Γέταν· ὠχρία δὲ ἀεὶ καὶ ἔτρεμεν ἔκ τε τῆς

---

1. Cf. LXXV, 16, et la note y relative. — 2. Vulg. βίσσωνες ; ƒ : βίσσωνες (sic). Rm. : « Rectius βίσωνες vel βίστωνες. Salm. ad Solin. p. 163,
a, A. Miscellan. Obss. in veteres et recentiores, vol. II, p. 358. » Avec
Bkk. et Ddf, j'ai adopté βίσωνες.

de vaisseau, de manière à recevoir quatre cents bêtes et à les lâcher tout d'un coup, s'étant subitement ouverte, il s'en élança des ours, des lionnes, des panthères, des lions, des autruches, des onagres, des bisons (espèce de bœuf barbare de nature et d'aspect), en sorte qu'on vit courir à la fois et égorger tous les sept cents animaux, tant sauvages que domestiques ; car leur nombre, en raison des sept jours que dura la fête, se monta à sept cents.

2. Au mont Vésuve il y eut éruption de feux avec des mugissements si forts qu'on les entendait jusqu'à Capoue, où je fais ma demeure toutes les fois que j'habite en Italie ; car j'ai choisi ce séjour à cause de ses autres commodités, mais surtout pour y être tranquille, afin de pouvoir, quand les affaires de la ville me laissent du loisir, écrire cette histoire. Ce qui se passa au Vésuve semblait annoncer un changement, et ce changement eut bientôt lieu dans la fortune de Plautianus. Plautianus, en effet, était véritablement grand, et même grand à l'excès, si bien que le peuple, un jour, lui dit au cirque : « Pourquoi trembler ? pourquoi pâlir ? tu possèdes plus qu'eux trois. » Ces paroles, en apparence, ne s'adressaient pas à lui, et semblaient dites sans intention déterminée ; or les trois personnes désignées étaient Sévère et ses fils Antonin et Géta ; quant à la pâleur et au tremblement con-

---

3. Cf. (LXVI, 21) l'éruption du Vésuve sous Titus.

4. *a*, *b*, *c*. *k*, Bkk. et Ddf ; vulg. : νεοχμήν τι. Henri Étienne : « An νεοχμόν τι, an νεοχμήν aut νεοχμίαν τινά scribendum est ? Primum illud malo. » Rm. ajoute : « Vel νεοχμῆς τι ? »

διαίτης ἣν διῃτᾶτο, καὶ ἐκ τῶν ἐλπίδων ὧν ἤλπιζε, καὶ ἐκ τῶν φόβων ὧν ἐφοβεῖτο. Οὐ μὴν ἀλλὰ τέως μὲν ἤτοι ἐλάνθανε τὰ πλείω αὐτὸν τὸν Σεουῆρον, ἢ καὶ εἰδὼς αὐτὰ οὐ προσεποιεῖτο· ἐπεὶ δὲ ὁ ἀδελφὸς αὐτῷ Γέτας[1] τελευτῶν πάντα τὰ κατὰ τὸν Πλαυτιανὸν, ἅτε καὶ μισῶν αὐτὸν, καὶ μηκέτι φοβούμενος, ἐμήνυσεν, ἐκεῖνόν τε χαλκοῦν ἐν τῇ ἀγορᾷ ἔστησε, καὶ τοῦτον οὐκέθ' ὁμοίως ἐτίμησεν, ἀλλὰ καὶ τῆς δυνάμεως τῆς πολλῆς παρέλυσεν. Ὅθεν ὁ Πλαυτιανὸς δεινῶς ἠγανάκτησε, καὶ τὸν Ἀντωνῖνον καὶ πρότερον διὰ τὴν θυγατέρα ἀτιμαζομένην[2] ὑπ' αὐτοῦ μισῶν, τότε δὴ καὶ μάλιστα ἤχθαιρεν, ὡς αἴτιον τῆς ἀτιμίας ἐκείνης αὐτῷ, καὶ τραχύτερον αὐτῷ προσφέρεσθαι ἤρξατο.

3. Δι' οὖν ταῦτα ὁ Ἀντωνῖνος τῇ τε γυναικὶ, ἀναιδεστάτῃ οὔσῃ, ἀχθόμενος, καὶ αὐτῷ ἐκείνῳ, ὅτι ἐπί τε πάντα ὅσα ἔπραττεν ἐπολυπραγμόνει, καὶ ὅτι ἐπὶ πᾶσιν αὐτῷ ἐπετίμα, βαρυνόμενος, ἀπαλλαγῆναι τρόπον τινὰ αὐτοῦ ἐπεθύμησε. Κἀκ τούτου δι' Εὐόδου, τοῦ τροφέως αὐτοῦ, Σατορνῖνόν τινα[3] ἑκατόνταρχον καὶ ἄλλους δύο ὁμοίους αὐτῷ ἔπεισεν ἐσαγγεῖλαί οἱ, ὅτι δέκα τισὶν ἑκατοντάρχοις, ἐξ ὧν καὶ αὐτοὶ ἦσαν, ὁ Πλαυτιανὸς κεκελευ-

---

1. Une inscription, dans Orelli, n° 117, nous apprend qu'il s'appelait Publius Septimius Géta et qu'il fut préteur de la Crète et de Cyrène. Sévère (Spartien, 10), afin de lui ôter l'espérance de régner, créa César son fils aîné, à Viminatium, pendant sa marche contre Albinus.

2. Suivant Hérodien, III, 10, Antonin n'avait épousé Plautilla que malgré lui ; il ne pouvait supporter ni son beau-père ni sa femme ; il n'habitait même pas avec elle, et il lui disait souvent, dans ses emportements, que, d'abord qu'il serait le maître, il la ferait mourir avec son

tinuels de Plautianus, ils tenaient à la manière de vivre qu'il observait, aux espérances qu'il caressait, aux craintes dont il était agité. La plupart de ses projets étaient cependant encore inconnus à Sévère, ou, s'il les connaissait, il ne faisait semblant de rien ; mais lorsque, sur le point de mourir, son frère Géta, satisfaisant sa haine et n'ayant plus rien à craindre, lui eut révélé toute la conduite de Plautianus, Sévère éleva sur le Forum une statue de bronze à son frère, et, au lieu d'honorer son ministre comme devant, diminua sa grande puissance. Aussi Plautianus en fut-il vivement irrité et en conçut-il plus que jamais contre Antonin, qu'il haïssait déjà auparavant, à cause du peu d'estime qu'il témoignait à sa fille, une violente inimitié, comme si le prince eût été l'auteur de cette disgrâce, et il commença à mettre de l'aigreur dans ses rapports avec lui.

An de Rome 956. Septimius Géta consul I et Fulvius Plautianus consul II.

3. Aussi, tant ennui de l'insolence de sa femme que de l'inquisition exercée par Plautianus sur tout ce qu'il faisait, et aussi de ses censures, Antonin résolut de se débarrasser de lui n'importe de quelle manière. C'est pourquoi il décida par l'entremise d'Évhodus, son père nourricier, le centurion Saturninus et deux autres de ses pareils, à déclarer que dix centurions, du nombre desquels ils faisaient partie, avaient reçu de Plautia-

---

père. Elle avertit son père de l'aversion et des menaces de son mari ; de là, l'exaspération de Plautianus, qui, voyant que Sévère était déjà vieux et sujet à de grandes maladies, appréhendant de tomber entre les mains de ce jeune prince violent et emporté, résolut de prévenir, par quelque coup hardi, l'effet de ses menaces. L'ambition aussi avait beaucoup de part dans cette entreprise.

3. Personnage différent d'Æmilius Saturninus, préfet du prétoire, que Plautianus (LXXV, 14) fit périr.

κῶς εἴη καὶ τὸν Σεουῆρον καὶ τὸν Ἀντωνῖνον κτεῖναι [1] · καί
τινα καὶ γραφὴν, ὡς καὶ ἐπ' αὐτῷ τούτῳ εἰληφότες, ἀνε-
γίνωσκον. Ἐξαίφνης δὲ ταῦτ' ἐν ταῖς θεωρίαις, ταῖς ἐν τῷ
R.p.1274 παλατίῳ ἥρωσι πεποιημέναις [2], τῆς τε θέας ἀφειμένης,
καὶ δείπνου μέλλοντος ἔσεσθαι, ἐγίνετο [3]. Ὅθεν οὐχ ἥκιστα
τὸ σκευώρημα κατεφάνη· οὐ γὰρ ἂν οὔτε ἑκατοντάρχοις
δέκα ἅμα, οὔτε ἐν τῇ Ῥώμῃ, οὔτε ἐν τῷ παλατίῳ, οὔτε
ἐκείνῃ τῇ ἡμέρᾳ, οὔτε ἐκείνῃ τῇ ὥρᾳ τοιοῦτό τι ὁ Πλαυτιανὸς, ἄλλως τε καὶ γράψας, προστάξαι ἐτετολμήκει.
Ὅμως πιστὸν αὐτὸ ἔδοξε τῷ Σεουήρῳ, ὅτι τῇ νυκτὶ τῇ προ-
τεραίᾳ τὸν Ἀλβῖνον ὄναρ ζῶντά τε καὶ ἐπιβουλεύοντα αὐτῷ
ἑωράκει [4].

4. Σπουδῇ οὖν, ὡς καὶ ἐπ' ἄλλο τι, τὸν Πλαυτιανὸν
μετεπέμψατο. Καὶ ὃς οὕτως ἠπείχθη, μᾶλλον δὲ οὕτως
αὐτῷ τὸν ὄλεθρον τὸ δαιμόνιον προεμήνυσεν, ὥστε τὰς
ἡμιόνους, τὰς ἀγούσας αὐτὸν, πεσεῖν ἐν τῷ Παλατίῳ. Καὶ
αὐτὸν ἐσιόντα οἱ θυρωροὶ, οἱ ἐπὶ τῶν κιγκλίδων [5], μόνον
ἐσεδέξαντο, οὐδ' εἴασαν οὐδένα αὐτῷ συνεσελθεῖν· ὅπερ
ποτὲ αὐτὸς περὶ τὸν Σεουῆρον ἐν τοῖς Τυάνοις ἐπεποιήκει [6].
Καὶ ὑπώπτευσε μέν τι ἐκ τούτου, περίφοβός τε ἐγένετο·

<hr>

1. Hérodien, III, 11, s'écarte complétement du récit de notre auteur.
Selon lui, Plautianus conçut réellement (conf. p. 282, note 2) le dessein
de s'emparer de l'empire. Il donna commission au tribun (sic) Saturninus, qu'il croyait dévoué à ses intérêts, d'assassiner Sévère et Antonin.
Cet officier feignit d'entrer dans le complot, et découvrit tout à Sévère.
Plautianus, mandé au palais par le tribun, comme si ses ordres avaient
été exécutés, fut convaincu et mis à mort. — 2. Les jeux Palatins,
d'abord institués par Livie (LVI, 46) en l'honneur d'Auguste.

nus l'ordre d'assassiner Sévère et Antonin ; ces hommes lurent même une lettre qu'ils soutenaient avoir reçue de lui à ce sujet. Ces choses se passèrent tout à coup dans les jeux célébrés au palais en l'honneur des héros, au moment où les spectateurs venaient de se retirer, à l'heure du souper. Ces circonstances suffisaient pour démontrer l'artifice; car Plautianus n'aurait pas osé donner une telle commission, ni à dix centurions à la fois, ni dans Rome, ni dans le palais, ni pour un pareil jour, ni à cette heure, et surtout par écrit. Néanmoins l'avis parut à Sévère digne de croyance, parce que, la nuit précédente, il avait vu en songe Albinus vivant et lui tendant un piége.

4. Il manda donc Plautianus en diligence, comme pour une autre affaire. Celui-ci se hâta tellement, ou plutôt il reçut des dieux un tel avertissement de sa perte, que les mules qui le conduisaient s'abattirent sur le Palatin. A son arrivée, les portiers qui gardaient les grilles le reçurent seul, sans permettre à personne d'entrer avec lui, comme il l'avait fait autrefois à Tyanes pour Sévère. Ce traitement lui donna de la défiance et de la crainte; mais, comme il n'y avait pas moyen de re-

---

3. Bkk.; vulg. et Ddf : ἐγίνοντο.

4. Sévère (LXXII, 23, et LXXIV, 3) ajoutait beaucoup de foi aux songes.

5. Rm. : « Κιγκλίδες sunt θύραι δικτυωταί, *fores ex lignis reticulatim dispositis*, quas postea ex latino καγγέλλους vel καγκέλλους vocarunt.... Hujusmodi fores non tantum dicasteriis, sed et secretis principum in palatio prætendebantur, et Dio infra τῆς κιγκλίδος τῆς τελευταίας meminit... Ad hos cancellos stabant janitores, ancellarii postea vocati, sicut ad vela, pariter cubiculis prætensa, velarii. — 6. Cf. LXXV, 15. »

οὐ μέντοι ἔχων ὅπως ἀναχωρήσει, ἐσῆλθε. Καὶ ὁ Σεουῆρος
καὶ πάνυ πράως αὐτῷ διελέχθη· « Τί τε τοῦτο ἔδοξέ σοι
ποιῆσαι, καὶ διὰ τί ἀποκτεῖναι ἡμᾶς ἠθέλησας; » λόγον τε
αὐτῷ ἔδωκε, καὶ παρεσκευάζετο ὡς καὶ ἀπολογουμένου
αὐτοῦ ἀκούσων. Ἀλλ' ὁ Ἀντωνῖνος, ἀρνούμενόν τε αὐτὸν
καὶ θαυμάζοντα τὰ λεγόμενα, τό τε ξίφος προσπηδήσας
ἀφείλετο, καὶ πὺξ ἔπαισε· καὶ ἠθέλησε μὲν καὶ αὐτοχειρίᾳ
σφάξαι, εἰπόντα, ὅτι « Ἔφθης με κτεῖναι· » ὑπὸ δὲ τοῦ
πατρὸς κωλυθείς, ἐκέλευσέ τινι τῶν ὑπηρετῶν φονεῦσαι
αὐτόν. Καὶ αὐτόν τις τῶν τριχῶν τοῦ γενείου ἐκτίλας[1], τῇ
τε Ἰουλίᾳ καὶ τῇ Πλαυτίλλῃ προσήνεγκεν ὁμοῦ οὔσαις,
πρὶν καὶ ὁτιοῦν αὐτὰς ἀκοῦσαι· καὶ εἶπεν, « Ἴδετε τὸν
Πλαυτιανὸν ὑμῶν· » κἀκ τούτου τῇ μὲν πένθος, τῇ δὲ χα-
ρὰν ἐνέβαλεν[2]. Ἐκεῖνος μὲν καὶ μεγίστον τῶν ἐπ' ἐμοῦ[3]
ἀνθρώπων δυνηθείς, ὥστε καὶ αὐτῶν τῶν αὐτοκρατόρων[4]
μᾶλλον πάντας καὶ φοβεῖσθαι αὐτὸν καὶ τρέμειν, καὶ ἐπὶ
μειζόνων ἐλπίδων αἰωρηθείς, οὕτως ὑπό τε τοῦ γαμβροῦ
R.p.1275 ἐσφάγη, καὶ ἄνωθεν ἀπὸ τοῦ παλατίου ἐς ὁδόν τινα ἐρ-
ρίφη· μετὰ ταῦτα γὰρ καὶ ἀνῃρέθη καὶ ἐτάφη, τοῦ Σεουήρου κελεύσαντος.

5. Καὶ ὁ Σεουῆρος μετὰ ταῦτα συνήγαγε μὲν τὴν βουλὴν ἐς τὸ συνέδριον· οὐ μέντοι καὶ κατηγόρησέ τι τοῦ

1. Rsk. : « Ἐκτίλας non id significat hic loci, quod vi verborum debet,
et quod proinde interpres exhibuit, sed e *pilis menti protractum*, ut
Mercurius Trimalcionem mento sublevatum in cœlum rapit apud Petro-
nium. Ἐκτίλας posuit parum emendate pro ἐκσύρας. »
2. Julia (LXXV, 15) avait été en butte aux injures et aux accusations

culer, il entra. Sévère lui parla avec beaucoup de douceur : « Qui t'a, dit-il, inspiré ce dessein ? Pourquoi
veux-tu nous ôter la vie ? » puis il lui donna la parole et
il se disposa à écouter sa justification. Comme Plautianus niait la chose et se montrait surpris de ces paroles,
Antonin, se jetant impétueusement sur lui, lui ôta son
épée et lui donna un coup de poing ; il voulait même l'é-
gorger de sa propre main en disant : « Tu as cherché le
premier à m'assassiner ; » mais, en ayant été empêché par
son père, il commanda à un licteur de le mettre à mort.
Un autre, lui ayant tiré des poils de la barbe, les porta
à Julia et à Plautilla, qui étaient alors ensemble, avant
qu'elles eussent rien appris, et leur dit : « Voilà votre
Plautianus ; » parole qui causa de la douleur à l'une
et de la joie à l'autre. C'est ainsi que Plautianus, l'homme
le plus puissant de mon temps, Plautianus qui était arrivé à être plus redouté que les empereurs eux-mêmes
et à faire trembler devant lui, après s'être élevé à de
plus hautes espérances, fut massacré par son gendre, et
précipité du haut du palais dans un chemin ; plus tard
cependant on l'enleva, par ordre de Sévère, et on lui
donna la sépulture.

5. Sévère assembla ensuite le sénat dans la curie :
au lieu d'accuser Plautianus, il déplora la faiblesse na-

---

de Plautianus, et c'était par crainte de Sévère et de son ministre qu'elle
faisait semblant de cultiver l'amitié de Plautilla. — 3. Bkk. et Ddf, d'a-
près Henri Étienne ; vulg. : ἐμέ, condamné par Rm. : « Nisi quis, dit
Étienne, ἐπ' ἐμέ posse exponi credat *ad mea usque tempora*. Sed quo-
modo a Dione affirmari hoc posset ? »

4. Bkk. et Ddf, d'après Henri Étienne ; vulg. : ἀναχρατόρων.

Πλαυτιανοῦ, ἀλλ' αὐτὸς μὲν τήν τε φύσιν τὴν ἀνθρωπίνην, ὡς μὴ δυναμένην τιμὰς ὑπερόγκους στέγειν, ὠδύρατο, καὶ ἑαυτὸν ᾐτιάσατο, ὅτι οὕτως αὐτὸν ἐτετιμήκει καὶ ἐπεφι- λήκει· τοὺς δὲ δὴ μηνύσαντάς οἱ τὴν ἐπιβουλὴν[1] αὐτοῦ πάνθ' ἡμῖν εἰπεῖν ἐκέλευσεν, ἐκβαλὼν ἐκ τοῦ συνεδρίου τοὺς οὐκ ἀναγκαίους, ἵν' ἐκ τοῦ μηδὲν διηγήσασθαι ἐνδείξηται, ὅτι οὐ πάνυ σφίσι πιστεύει. Πολλοὶ μὲν οὖν διὰ τὸν Πλαυ- τιανὸν ἐκινδύνευσαν, καί τινες καὶ ἀπέθανον· ὁ μέντοι Κοίρανος ἔλεγε μὲν, οἷά που πλεῖστοι πρὸς τοὺς εὐτυχοῦν- τας πλάττονται ἀεὶ, ἑταῖρός τε αὐτοῦ εἶναι, καὶ ὁσάκις γε ἐκεῖνοι πρὸ τῶν ἄλλων τῶν ἀσπαζομένων αὐτὸν ἐσεκα- λοῦντο, συνεφείπετο σφίσι μέχρι τῆς κιγλίδος[2] τῆς τελευ- ταίας· οὐ μέντοι καὶ ἐκοινώνει τῶν ἀπορρήτων, ἀλλ' ἐν τῷ μεταιχμίῳ διατρίβων, Πλαυτιανῷ μὲν ἔξω, τοῖς δὲ ἔξω ἔνδον ἐδόκει εἶναι· καὶ διά τε[3] τοῦτο πλέον ὑπωπτεύθη, καὶ διότι ὄναρ ποτὲ τοῦ Πλαυτιανοῦ ἰδόντος ἰχθῦς τινας ἐκ τοῦ Τιβέριδος ἀναβάντας πρὸς τοὺς πόδας αὐτοῦ προσ- πεπτωκέναι, ἔφη καὶ τῆς γῆς αὐτὸν καὶ τοῦ ὕδατος ἄρ- ξειν[4]. Ἀλλ' οὗτος[5], ἐπὶ ἑπτὰ ἔτη ἐν νήσῳ περιορισθεὶς, κατήχθη τε μετὰ τοῦτο, καὶ ἐς τὴν γερουσίαν πρῶτος Αἰ- γυπτίων κατελέχθη, καὶ ὑπάτευσε[6], μηδεμίαν ἄλλην ἀρ- χὴν προάρξας, ὥσπερ ὁ Πομπήϊος. Καικίλιος μέντοι Ἀγρι-

1. Bkk. et Ddf, d'après Slbg. (*Index*); vulg. βουλήν; Blancus : *consi- lium et insidias.*

2. Cf. p. 285, note 5.

3. Conjecture de Bkk., conforme à la manière habituelle de Dion vulg. et Ddf om. : τε.

turelle à l'homme, qui ne peut supporter des honneurs extraordinaires, et il s'accusa lui-même d'avoir accordé à ce favori tant d'honneurs et tant d'affection ; il ordonna aussi à ceux qui lui avaient découvert le complot de nous en faire le récit complet, après avoir renvoyé de l'assemblée ceux qui n'y étaient pas nécessaires, afin de montrer, par l'insignifiance du récit, qu'il n'ajoutait pas grande foi à l'accusation. Plusieurs coururent des dangers à l'occasion de Plautianus, quelques-uns même perdirent la vie. Cœranus, suivant l'usage de la plupart des gens à l'égard de ceux qui sont en faveur, se vantait d'être dans ses bonnes grâces ; il est vrai que, toutes les fois que les amis de Plautianus étaient introduits avant les autres, venus aussi pour le saluer, Cœranus les accompagnait jusqu'à la dernière grille ; malgré cela, il n'avait point de part à leurs secrets ; mais, comme il se tenait dans l'intervalle des grilles, aux yeux de Plautianus, il était dehors, tandis qu'aux yeux de ceux qui étaient dehors, il était dedans ; il n'en fut que plus suspect, et aussi parce que Plautianus, ayant vu en songe des poissons sortis du Tibre tomber à ses pieds, Cœranus avait prédit qu'il régnerait sur la terre et sur la mer. Cœranus, néanmoins, après avoir été sept ans relégué dans une île, fut rappelé par la suite ; il fut le premier des Égyptiens admis dans le sénat et fut consul, comme Pompée, sans avoir exercé aucune autre charge auparavant. Quant à Cæcilius Agricóla, qui avait été au

4. Auguste (XLIX, 5) ayant eu un songe pareil, les augures lui avaient prédit l'empire. — 5. Bkk. propose d'ajouter μέν après οὗτος. — 6. Il fut consul subrogé on ne sait en quelle année, les Fastes se taisent sur ce point. Il est probable qu'il fut rappelé du vivant même de Sévère, au bout de ses sept ans d'exil.

κόλας, ἐν τοῖς πρώτοις τῶν κολάκων αὐτοῦ ἀριθμούμενος, πονηρίᾳ δὲ καὶ ἀσελγείᾳ οὐδένος ἀνθρώπων δεύτερος ὢν ,[1] κατεψηφίσθη ἀποθανεῖν· ἐλθὼν δὲ οἴκαδε, καὶ οἴνου ἐψυγμένου ἐμπλησθεὶς, τό τε ποτήριον, ὃ πέντε μυριάδων ἐώνητο, συνέτριψε, καὶ ἐπαπέθανεν αὐτῷ, τὰς φλέβας τεμών.

6. Σατορνῖνος μέντοι καὶ Εὔοδος τότε μὲν ἐτιμήθησαν, ὕστερον δὲ ὑπὸ τοῦ Ἀντωνίνου ἐθανατώθησαν[2]. Ψηφιζομένων δὲ ἡμῶν ἐπαίνους τινὰς τῷ Εὐόδῳ, ὁ Σεουῆρος ἐκώλυσεν, εἰπὼν, « Αἰσχρόν ἐστιν ἐν δόγματι ὑμῶν τοιοῦτό τι περὶ Καισαρείου ἀνδρὸς γεγράφθαι. » Καὶ οὐ τοῦτον μόνον, ἀλλὰ καὶ τοὺς ἄλλους ἄπαντας τοὺς βασιλικοὺς ἀπελευθέρους οὔθ' ὑβρίζειν, οὔθ' ὑπεραυχεῖν εἴα· ἐφ' ᾧ καὶ καλῶς ἤκουεν. Ἡ δ' αὖ γερουσία, ὑμνοῦσά ποτε αὐτὸν, καὶ αὐτὸ τοῦτο ἄντικρυς ἐξεβόησεν, ὅτι[3] « Πάντες πάντα[4] καλῶς ποιοῦσιν, ἐπειδὴ σὺ καλῶς ἄρχεις. » Πλαυτίλλα δὲ καὶ Πλαύτιος, οἱ τοῦ Πλαυτιανοῦ υἱεῖς[5], τότε μὲν ἐσώθησαν ἐς Λιπάραν ἐξορισθέντες[6], ἐπὶ δὲ Ἀντωνίνου[7] ἀπώλοντο[8]· καίτοι καὶ ζῶντες, ἔν τε δέει καὶ ταλαιπωρίᾳ πολλῇ, τῶν τε ἀναγκαίων οὐκ εὐπορίᾳ διῆγον.

---

1. Peir. : Ὅτι ὁ Πρίσκος οὐδενὸς ἀνθρώπου οὔτε πονηρίᾳ οὔτε ἀσελγείᾳ δεύτερος ἦν, « unde nescio, dit Rm., an cognomen Agricolæ huic Prisci fuisse recte suspiceris. » — 2. Pour la mort d'Evhodus, cf. LXXVII, 1.

3. Hldbg : ὑμνοῦσα ποτὲ τὸν Σεβῆρον, εἶπεν ὅτι.

4. Hldbg : πάντως.

5. Bkk. propose en note de lire ὁ τοῦ Πλαυτιανοῦ υἱός, le mot υἱεῖς ne s'applique pas aux filles.

nombre des principaux flatteurs de Plautianus et qui ne le cédait à personne en méchanceté et en intempérance, il fut condamné à mort ; rentré chez lui et s'étant gorgé de vin rafraîchi, il brisa sa coupe qu'il avait achetée cinquante mille drachmes et mourut sur ses débris après s'être ouvert les veines.

6. Saturninus et Évhodus reçurent pour le moment des honneurs, mais, dans la suite, il furent mis à mort par Antonin. Comme nous décrétions des éloges à Évhodus, Sévère nous en empêcha en disant : « Il serait honteux que pareille chose à l'égard d'un Césarien fût consignée dans un décret de vous. » Ce ne fut pas seulement celui-là, mais aussi tous les autres affranchis des empereurs qu'il empêcha de se livrer à leur insolence et à l'excès de leur orgueil ; cette conduite lui valut l'approbation générale. Aussi, un jour, le sénat, célébrant les louanges du prince, s'écria-t-il sans détour : « Tous se conduisent bien en tout, parce que tu gouvernes bien. » Plautilla et Plautius, enfants de Plautianus, bannis à Lipari, eurent, pour le moment, la vie sauve, mais ils furent mis à mort sous le règne d'Antonin ; du reste, ils menaient là une existence remplie de crainte et de calamités, manquant du nécessaire.

6. Hérodien prétend qu'ils furent exilés en Sicile avec tout ce qui était nécessaire pour vivre dans l'abondance, Sévère imitant le traitement fait par Auguste aux enfants d'Antoine. Mais on choisissait de préférence, pour y envoyer ceux qu'on exilait, des endroits incultes et peu fertiles, comme l'était Lipari.

7. Bkk. : δ' Ἀντωνίνου.

8. Cf. LXXVII, 1.

7. Οἱ δὲ τοῦ Σεουήρου παῖδες, ὅ τε Ἀντωνῖνος καὶ ὁ
Γέτας, οἷον παιδαγωγοῦ τινος ἀπηλλαγμένοι τοῦ Πλαυτιανοῦ, οὐδὲν[1] ὅ τι οὐκ ἐποίουν. Καὶ γὰρ καὶ γυναῖκας
ᾔσχυνον, καὶ παῖδας ὕβριζον· χρήματά τε παρεξέλεγον,
καὶ τοὺς μονομάχους τούς τε ἁρματηλάτας προσηταιρί-
ζοντο, τῇ μὲν ὁμοιότητι τῶν ἔργων ζηλοῦντες ἀλλήλους,
τῷ δὲ ἀντισπουδάζειν στασιάζοντες· εἰ γάρ τῳ ὁ ἕτερος
προσέθετο, πάντως αὐτῷ[2] τὸ ἐναντίον[3] ὁ ἕτερος ἀνθῃρεῖτο.
Καὶ τέλος συμβαλόντες[4] ἐν γυμνασίᾳ τινὶ ἵππων σμικρῶν
ζεύγεσιν, ἐς μεγάλην φιλονεικίαν ἤλασαν, ὥστε τὸν Ἀντωνῖνον πεσεῖν τε ἐκ τοῦ δικύκλου, καὶ τὸ σκέλος κατεάξαι[5].
[Παθόντος δὲ αὐτοῦ[6] τοῦτο καὶ νοσηλευομένου, ὁ Σεουῆρος οὐδὲν τῶν ἀναγκαίων τὸ παράπαν ἐξέλιπεν, ἀλλὰ καὶ
ἐδίκαζε καὶ πάντα τὰ τῇ ἀρχῇ προσήκοντα διῴκει. Καὶ
ἐπὶ μὲν[7] τούτῳ καὶ ἐπῃνεῖτο· τὸν δὲ δὴ Κύντιλλον τὸν
Πλαυτιανὸν φονεύσας, αἰτίαν ἔσχεν. Ἀπέκτεινε δὲ καὶ
ἄλλους πολλοὺς βουλευτάς, τοὺς μὲν κατηγορηθέντας παρ᾽
αὐτῷ καὶ ἀπολογησαμένους καὶ ἁλόντας. Ὅτι Κύντιλλος[8]]
R.p.1277 εὐγενέστατός τε ὢν, καὶ ἐπὶ πλεῖστον ἐν τοῖς πρώτοις τῆς
βουλῆς ἀριθμηθείς, ἔν τε ταῖς τοῦ γήρως πύλαις ἑστὼς,
καὶ ἐν ἀγρῷ ζῶν, καὶ οὔτε πολυπραγμονῶν τι, οὔτε παραπράσσων, ὅμως καὶ ἐσυκοφαντήθη καὶ ἀνῃρέθη[9]. Μέλλων
δ᾽ οὖν τελευτήσειν, ᾔτεσε τὰ ἐντάφια, ἃ πρὸ πολλοῦ πα-

---

1. Peir.: Ὅτι ὁ Σεβῆρος καὶ ὁ Ἀντωνῖνος μετὰ θάνατον Πλαυτιανοῦ, ὡς παιδαγωγοῦ τινος ἀπηλλαγμένοι, οὐδέν. — 2. Peir.; St.: αὖ; vulg., Bkk. et Ddf:
ἄν. — 3. Peir.: τοὐναντίον. Rm. préférerait τὸ ἐναντίον. — 4. Peir., i, k,
Bkk. et Ddf; vulg.: συμβάλλοντες. — 5. Dd: κατάξαι. — 6. Peir.: αὐτό.

7. Cependant Antonin et Géta, fils de Sévère, délivrés de Plautianus comme d'un pédagogue, se livrèrent
à tous les excès. Ils déshonoraient les femmes et outra-
geaient les enfants ; ils ramassaient de l'argent par des
voies iniques, et faisaient leur société des gladiateurs et
des conducteurs de chars, émules l'un de l'autre par la
similitude de leur conduite, mais rivaux par la contrariété
de leurs prétentions ; car, si l'un s'attachait à un parti,
c'était raison immanquable pour que l'autre soutînt le
parti opposé. Enfin, dans un gymnase, sur des chars
attelés de petits chevaux, ils engagèrent une lutte où ils
se laissèrent aller si fort à une altercation, qu'Antonin tomba et se rompit la cuisse. [Tandis qu'à la suite
de cet accident, on soignait la blessure d'Antonin, Sévère ne négligea absolument aucun des soins réclamés
par les affaires ; il rendit la justice et s'acquitta de tous
les devoirs de l'administration. Cette conduite lui valut
des éloges, mais la mort de Quintillus Plautianus lui
attira le blàme. Il fit périr aussi plusieurs autres sénateurs qui avaient été cités devant son tribunal, s'étaient
défendus et avaient été convaincus. Quant à Quintillus,]
personnage d'une haute naissance, qui avait été longtemps au nombre des principaux du sénat, qui était
arrivé aux portes de la vieillesse, qui vivait à la campagne, ne s'occupait pas des affaires et ne cherchait à
rien entraver, il fut calomnieusement accusé et mis à
mort. Au moment de mourir, il demanda les objets

---

7. Bkk.; vulg. om. — 8. Rm. et St. : Ὁ δὲ δὴ Κύντιλλος, avec omission de
Ὅτι Xph. : κατεάξαι. Ὁ μέντοι Σεουῆρος ἐπὶ πολλοῖς ἐπιφανῶν φόνοις, καὶ δὴ
καὶ ἐπὶ τῷ τοῦ Πλαυτιανοῦ αἰτίαν ἔσχεν· οὗτος γὰρ εὐγενέστατος. — 9. Peir.,
simplement : παραπράσσων, ἐσφάγη.

ρεσκεύσατο· καὶ ἐπειδὴ διερρυηκότα αὐτὰ ὑπὸ τοῦ χρόνου εἶδε, « Τί τοῦτο; ἔφη. Ἐβραδύναμεν [1].» Καὶ μετὰ τοῦ [2] λιβανωτοῦ θυμιάσας εἶπεν ὅτι, « Τὴν αὐτὴν εὐχὴν εὔχομαι, ἣν καὶ Σερουϊανὸς ἐφ' Ἀδριανῷ [3] ηὔξατο [4].» Ἐκεῖνός τε οὖν ἀπώλετο, καὶ μονομάχων ἀγῶνες ἐγένοντο, ἐν οἷς τά τε ἄλλα καὶ τίγριδες δέκα ἅμα ἐσφάγησαν.

8. Καὶ μετὰ τοῦτο τὰ περὶ τὸν Ἀπρωνιανὸν ἐτελέσθη, παράδοξα ὄντα καὶ ἀκουσθῆναι. Ἔσχε γὰρ αἰτίαν, ὅτι ποτὲ ἡ τήθη [5] αὐτοῦ ὄναρ ἑωρακέναι ἐλέχθη, ὡς βασιλεύσει, καὶ ὅτι μαγείᾳ τινὶ ἐπὶ τούτῳ χρήσασθαι ἔδοξε· καὶ ἀπὼν ἐν τῇ ἀρχῇ τῆς Ἀσίας κατεψηφίσθη. Ἀναγινωσκομένων οὖν ἡμῖν τῶν βασάνων τῶν περὶ αὐτοῦ γενομένων, καὶ τοῦτ' ἐνεγέγραπτο, ὅτι ὁ μέν τις ἐπύθετο τῶν ἐπὶ τῆς ἐξετάσεως τεταγμένων, τίς τε διηγήσατο τὸ ὄναρ, τίς τε ἤκουσεν· ὁ δέ τις ἔφη τά τε ἄλλα, καὶ ὅτι « Φαλακρόν τινα βουλευτὴν παρακύψαντα εἶδον.» Ἀκούσαντες δὲ τοῦθ' ἡμεῖς, ἐν δεινῷ πάθει ἐγενόμεθα· ὄνομα μὲν γὰρ οὐδενὸς οὔτε ἐκεῖνος εἰρήκει, οὔτε ὁ Σεουῆρος ἐγεγράφει· ὑπὸ δὲ ἐκπλήξεως καὶ οἱ μηδεπώποτε ἐς τοῦ Ἀπρωνιανοῦ πεφοιτηκότες, οὐχ ὅτι οἱ φαλακροί, ἀλλὰ καὶ οἱ ἄλλως ἀναφαλαντίαι [6] ἔδεισαν. Καὶ ἐθάρσει μὲν οὐδείς, πλὴν τῶν πάνυ κομώντων· πάντες δὲ τοὺς τοιούτους περιεβλέπομεν, καὶ ἦν θροῦς, « Ὁ

1. Ponctuation de Bkk. et Ddf; Rm. et St. : Τί τοῦτο, ἔφη, ἐβραδύναμεν; Le passage se lit ainsi dans Hldbg : Ὅτι Κυιντιλῖνός τις, ἀνὴρ εὐγενέστατος, περὶ τὰ τελευταῖα τοῦ βίου ἐσυκοφαντήθη. Καὶ μέλλων ἀναιρεῖσθαι, ᾔτησε τὰ ἐντάφια, ἃ πρὸ πολλοῦ παρεσκεύασατο. Καὶ ἐπεὶ εἶδε διερρυηκότα ὑπὸ τοῦ χρόνου, « Τί τοῦτο, ἔφη, ἐβραδύναμεν; » f om. : αὐτὰ ὑπὸ... Καί.

qu'il avait depuis longtemps préparés pour sa sépulture, et les voyant gâtés par le temps : « Qu'est-ce que cela ? dit-il. Nous avons bien tardé. » Puis, faisant brûler l'encens dans un sacrifice, il dit : « Je demande aux dieux la même faveur que Servianus demanda pour Adrien. » Quintillus fut mis à mort, et il y eut des combats de gladiateurs où, parmi les autres animaux, on égorgea dix tigres à la fois.

8. Après cela eut son cours l'affaire concernant Apronianus, affaire dont le récit même a quelque chose d'étrange. Apronianus, en effet, fut accusé parce que sa nourrice avait, disait-on, autrefois vu en songe qu'il arriverait à l'empire et parce qu'il passait pour se livrer, dans cette intention, à des pratiques de magie; il fut condamné, en son absence, pendant qu'il était en Asie en qualité de gouverneur. Lorsqu'on nous lut les pièces de l'instruction, nous y trouvâmes consigné qui avait présidé aux informations, qui avait raconté le songe, qui l'avait entendu, et, de plus, qu'un témoin avait répondu, entre autres choses : « J'ai vu un sénateur chauve qui se penchait pour regarder. » A ces mots, nous fûmes dans les transes, car le témoin n'avait prononcé le nom de personne et Sévère n'en avait écrit aucun. La surprise fut telle, que la crainte s'empara même de ceux qui n'avaient jamais eu de rapports avec Apronianus, et non-seulement de ceux dont le sommet de la tête était dégarni de cheveux, mais encore de ceux qui n'en avaient pas sur le front. Personne n'était rassuré, à l'exception de ceux qui avaient une chevelure abondante; tous, nous regardions autour de nous ceux qui avaient cet avantage, et on répétait tout bas : « C'est un tel; non, c'est un tel. »

2. Peïr., *a*, *b*, Rm. et St.; vulg., Bkk. et Ddf : τοῦτο. — 3. Cf. LXIX, 27. *a*, *b* : ἐπ' Ἀδριανοῦ. — 4. Peir. : εὔξατο. — 5. *k*, Bkk., Ddf; vulg. : τίτθη.
6. Rm. : Φαλακροὶ.... ἀναφαλαντίαι, quid differant, docet Aristoteles, Hist. Anim. III, 11, t. II, Duvailli, p. 251; E : Ἡ μὲν οὖν κατὰ κορυφὴν λειότης φαλακρότης καλεῖται, ἡ δὲ κατὰ τὰς ὀφρύας ἀναφαλαντίασις. »

δεινά ἐστιν· οὐκ, ἀλλ᾽ ὁ δεῖνα.» Οὐκ ἀποκρύψομαι τὸ
R.p.1278 τότε μοι συμβὰν[1], εἰ καὶ γελοιότατόν ἐστι· τοσαύτη γὰρ
ἀμηχανίᾳ συνεσχέθην, ὥστε καὶ τῆς κεφαλῆς τὰς τρίχας
τῇ χειρὶ ζητῆσαι. Τὸ δ᾽ αὐτὸ τοῦτο καὶ ἕτεροι πολλοὶ
ἔπαθον. Καὶ πάνυ γε εἰς τοὺς φαλακροειδεῖς ἀφεωρῶμεν,
ὡς καὶ ἐς ἐκείνους τὸν ἑαυτῶν κίνδυνον ἀπωθούμενοι, πρὶν
δὴ προσανεγνώσθη, ὅτι ἄρα περιπόρφυρον ἱμάτιον ὁ φαλα-
κρὸς ἐκεῖνος εἶχε. Λεχθέντος γὰρ τούτου, πρὸς Βαίβιον
Μαρκελλῖνον ἀπείδομεν· ἠγορανομήκει γὰρ τότε, καὶ ἦν
φαλακρότατος[2]. Ἀναστὰς γοῦν καὶ παρελθὼν ἐς μέσον,
«Πάντως που γνωριεῖ με, εἰ ἑώρακεν,» ἔφη. Ἐπαινεσάν-
των δὲ τοῦτο ἡμῶν, ἐσήχθη τε ὁ μηνυτὴς[3], καὶ χρόνον
πολὺν ἐσιώπησε παρεστῶτος αὐτοῦ, περιβλέπων ὃν γνω-
ρίσειε· τέλος δὲ, νεύματί τινος ἀφανεῖ προσχὼν[4] ἔφη τοῦτον ἐκεῖνον εἶναι.

9. Καὶ οὕτω καὶ ὁ Μαρκελλῖνος ἑάλω φαλακροῦ παρα-
κύψεως, ἐξήχθη τε ἐκ τοῦ βουλευτηρίου ὀλοφυρόμενος.
Καὶ διὰ τῆς ἀγορᾶς διεξελθὼν, οὐκέτ᾽ ἠθέλησε περαιτέρω
προχωρῆσαι, ἀλλ᾽ αὐτοῦ ταύτῃ τὰ τέκνα, τέσσαρα ὄντα,
ἀσπασάμενος, λόγον εἶπε περιπαθέστατον· ἔφη γὰρ, «Ἕν με
τοῦτο λυπεῖ, τέκνα, ὅτι ὑμᾶς ζῶντας καταλείπω.» Καὶ ὁ
μὲν οὕτω τὴν κεφαλὴν ἀπετμήθη, πρὶν τὸν Σεουῆρον μαθεῖν ὅτι καὶ κατεψηφίσθη· τῷ μέντοι τὴν αἰτίαν αὐτῷ τοῦ

---

1. *f* om. : οὐκ, ἀλλ᾽ ὁ . . . . συμβάν.
2. L'édile n'était pas le seul magistrat qui portât la prétexte ; cette
indication n'aurait donc pas suffi pour faire reconnaître Bæbius, si on n'y

Je ne dissimulerai pas ce qui m'arriva en cette occasion, quelque ridicule que soit la chose ; j'étais en proie à un trouble si grand que je cherchai de la main mes cheveux sur ma tête. D'autres aussi éprouvèrent cette même inquiétude. Nos regards se portaient vivement sur ceux qui présentaient une apparence de calvitie, comme pour nous décharger sur eux de notre propre danger, jusqu'au moment où le lecteur ajouta que ce chauve était revêtu de la prétexte. Cette particularité énoncée, nos yeux se tournèrent vers Bæbius Marcellinus, qui était édile alors, et qui était fort chauve. Celui-ci, se levant aussitôt et s'avançant au milieu de l'assemblée, dit : « Il me reconnaîtra nécessairement, s'il m'a vu. » Ces paroles ayant reçu notre approbation, le délateur fut introduit et resta longtemps sans parler auprès de Marcellinus debout, cherchant des yeux celui qu'il désignerait : à la fin, sur un signe obscur qu'on lui fit, il dit que c'était lui.

9. C'est ainsi que Marcellinus fut convaincu d'être l'homme chauve qui avait regardé ; il fut emmené hors du sénat, déplorant son malheur. Après avoir traversé le Forum, il refusa d'aller plus loin ; là, en embrassant ses quatre enfants, il leur adressa ces paroles dignes d'inspirer la pitié : « Je n'ai qu'un seul regret, mes enfants, leur dit-il, c'est de vous laisser en vie. » C'est ainsi qu'il eut la tête tranchée, avant que Sévère fût instruit de sa condamnation ; cependant Pollénius Sében-

---

avait joint celle de la calvitie. — 3. *a*, *b* : ὅμως νυκτός, au lieu de ὁ μηνυτής.

4. *a*. *b* et Ddf ; vulg. et Bkk. : προσσχών.

θανάτου παρασχόντι Πολληνίῳ Σεβεννῷ δίκη τιμωρὸς
ἀπήντησεν. Ἐκδοθεὶς γὰρ ὑπὸ Σαβίνου τοῖς Νωρικοῖς, ὧν
ἄρξας οὐδὲν χρηστὸν ἐπεποιήκει, αἴσχιστα πέπονθε· καὶ
εἴδομεν αὐτὸν ἐπί τε τῆς γῆς κείμενον, καὶ ἱκετεύοντα
οἰκτρῶς, καὶ εἰ μὴ διὰ τὸν Ἄσπακα τὸν θεῖον αὐτοῦ φει-
δοῦς ἔτυχε, κἂν ἀπολώλει οἰκτρῶς. Ὁ δὲ δὴ Ἄσπαξ οὗτος
δεινότατος ἀνθρώπων ἐγένετο σκῶψαι, στωμύλασθαι, πάντων ἀνθρώπων καταφρονῆσαι, φίλοις χαρίσασθαι, ἐχθρὸν
ἀμύνασθαι. Καὶ αὐτοῦ πολλὰ μὲν καὶ πρὸς ἄλλους πικρὰ
καὶ ἀστεῖα ἀποφθέγματα φέρεται, πολλὰ δὲ καὶ πρὸς τὸν
Σεουῆρον αὐτόν. Ὧν ἓν καὶ τοῦτο· ἐς γὰρ τὸ γένος αὐτοῦ
τὸ τοῦ Μάρκου ἐγγραφέντος, «Συγχαίρω σοι, Καῖσαρ, ἔφη,
ὅτι πατέρα εὗρες·» ὡς καὶ ἀπάτορος αὐτοῦ τὸν ἔμπροσθεν
χρόνον ὑπ' ἀφανείας ὄντος[1].

10. Ἐν δὲ τῷ καιρῷ τούτῳ Βούλλας τις, Ἰταλὸς ἀνήρ,
λῃστήριον συστησάμενος[2] ὡς ἑξακοσίων ἀνδρῶν, ἐλῄζετο[3]
τὴν Ἰταλίαν ἐπὶ ἔτη δύο, παρόντων μὲν τῶν αὐτοκρατόρων[4], παρόντων δὲ καὶ στρατιωτῶν τοσούτων. Ἐδιώκετο
μὲν γὰρ ὑπὸ συχνῶν ἀνδρῶν, φιλοτίμως αὐτὸν ἀνιχνεύον-
τος τοῦ Σεουήρου· οὔτε δὲ ἑωρᾶτο ὁρώμενος, οὔτε εὑρίσκετο εὑρισκόμενος· οὔτε κατελαμβάνετο ἁλισκόμενος· τοσαύτῃ καὶ μεγαλοδωρίᾳ καὶ σοφίᾳ ἐχρῆτο. Ἐμάνθανε γὰρ
πάντας τούς τε ἀπὸ τῆς Ῥώμης ἐξιόντας, καὶ τοὺς ἐς τὸ
Βρεντέσιον καταίροντας, τίνες τε καὶ πόσοι εἰσὶ, καὶ τίνα

R.p.1279

---

1. Son père selon la nature était (Spartien, 1) Géta, et sa mère Fulvia
Pia, personnages obscurs; de là le mot d'Aspax. — 2. Rsk., Rm. (*Ad-*

nus, qui avait causé sa mort, en rencontra une juste punition. Livré par Sabinus aux Noriciens, à qui il n'avait rien fait de bon pendant qu'il était leur gouverneur, il eut à supporter les plus grands outrages : nous l'avons vu étendu à terre et recourant misérablement aux prières; et sans Aspax, son oncle paternel, qui obtint qu'on l'épargnât, il aurait péri misérablement. Cet Aspax était l'homme du monde de l'humeur la plus mordante et la plus enjouée, le plus méprisant, le plus obligeant de tous les hommes pour ses amis, le plus dangereux pour ses ennemis. On rapporte de lui quantité de mots amers et ingénieux à l'adresse de diverses personnes, plusieurs même à celle de Sévère. Voici un de ces derniers : lorsque cet empereur se fut fait inscrire dans la famille de Marc-Antonin, « Je te félicite, César, dit-il, d'avoir trouvé un père, » comme si le prince n'avait pas eu de père auparavant, à cause de l'obscurité de sa naissance.

10. Vers ce temps, un Italien, nommé Bullas, ayant réuni une troupe de six cents hommes, mit, pendant deux ans, l'Italie au pillage, malgré la présence des empereurs et de tant de soldats. Il était poursuivi par un grand nombre de gens, attendu que Sévère se piquait d'ambition à sa recherche : mais, quand on le voyait, on ne le voyait pas; quand on le trouvait, on ne le trouvait pas; quand on le saisissait, il n'était pas pris; tant il savait user de largesse et de ruse. Il s'informait de ceux qui partaient de Rome et de ceux qui abordaient à Brundusium, de leur qualité, de leur nombre, de la nature et de la valeur de

denda); Bkk. et Ddf, vulg. : στησάμενος. — 3. Bkk. et Ddf; vulg. : ἐληί-ζετο. — 4. Cf. p. 253, note 3.

καὶ ὁπόσα κέκτηνται· καὶ τοὺς μὲν ἄλλους, μέρος ἄν[1] τι
παρ' αὐτῶν ὧν εἶχον λαβὼν, εὐθὺς ἠφίει· τοὺς δὲ δὴ τε-
χνίτας κατεῖχε χρόνον τινὰ, καὶ χρησάμενος σφίσιν, εἶτα
καὶ προσδούς τι ἀπέλυε. Καί ποτε δύο λῃστῶν αὐτοῦ
ἁλόντων, καὶ θηρίοις δοθήσεσθαι μελλόντων, πρός τε τὸν
δεσμοφύλακα ἦλθε[2], πλασάμενος ὡς τῆς πατρίδος ἄρχων,
καί τινων ἀνθρώπων τοιούτων δεόμενος· καὶ οὕτω λαβὼν
αὐτοὺς ἔσωσε. Τῷ δὲ ἑκατοντάρχῳ τῷ τὸ λῃστικὸν[3] καθ-
αιροῦντι[4] προσελθὼν, κατηγόρησεν αὐτὸς ἑαυτοῦ, ὥσπερ
ἄλλος τις ὤν· καὶ ὑπέσχετο, εἰ ἀκολουθήσει αὐτῷ, παρα-
δοῦναί οἱ τὸν λῃστήν· καὶ οὕτως αὐτὸν εἰς κοῖλόν τινα
καὶ λοχμώδη τόπον, ὡς καὶ ἐπὶ τὸν Φήλικα ἀγαγὼν (καὶ
τοῦτο γὰρ αὐτὸς προσωνόμαστο), ῥᾳδίως συνέλαβε. Καὶ
μετὰ τοῦτ' ἐπὶ τὸ βῆμα ἀνέβη, σχῆμα ἄρχοντος ἀναλα-
βών· καὶ καλέσας τὸν ἑκατόνταρχον, τῆς κεφαλῆς ἀπεξύ-
ρησε[5], καὶ ἔφη, «Ἄγγελλε τοῖς δεσπόταις σου, Ὅτι[6], τοὺς
δούλους ὑμῶν τρέφετε, ἵνα μὴ λῃστεύωσι.» Πλείστους γὰρ
ὅσους τῶν Καισαρείων εἶχε, τοὺς μὲν ὀλιγομίσθους, τοὺς
δὲ καὶ παντελῶς ἀμίσθους γεγονότας. Ταῦτ' οὖν ὁ Σεουῆρος ὡς ἕκαστα πυνθανόμενος, ὀργῇ ἔφερεν, ὅτι ἐν τῇ Βρεττανίᾳ τοὺς πολέμους[7] δι' ἑτέρων νικῶν, αὐτὸς ἐν τῇ Ἰταλίᾳ λῃστοῦ ἥττων ἐγένετο· καὶ τέλος, χιλίαρχον ἐκ τῶν
σωματοφυλάκων σὺν ἱππεῦσι πολλοῖς ἔστειλε, δεινὰ ἄττα

1. St. : « Istud ἄν delendum puto. » — 2. Proposé par Bkk., et adopté
par Ddf; vulg. κατῆλθε. — 3. St. et Ddf; vulg. et Bkk. : λῃστρικόν, ici
et à la fin du chapitre.
4. Ddf : καθαίροντι.

leurs biens : il renvoyait aussitôt les voyageurs après avoir pris une partie de ce qu'ils possédaient ; mais les ouvriers, il les retenait quelque temps, et, après s'être servi d'eux, il les laissait libres de s'en retourner comblés de présents. Une fois, deux voleurs de sa troupe ayant été pris et étant sur le point d'être livrés aux bêtes, il alla trouver le gardien de la prison en faisant semblant d'être le gouverneur du pays et d'avoir besoin de gens de cette espèce, et, se les faisant ainsi remettre, il leur sauva la vie. Une autre fois, étant venu auprès du centurion chargé d'exterminer la bande, il se fit auprès de lui son propre accusateur, comme s'il eût été un autre, et promit de lui livrer le voleur s'il voulait le suivre ; puis, l'ayant, de cette façon, amené dans un lieu creux et couvert, comme s'il l'eût conduit vers Félix (Bullas prenait aussi ce nom), il se rendit aisément maître de lui. Après cela, il monta sur un tribunal, revêtu du costume de magistrat, et, après avoir cité le centurion, il lui fit raser la tête et lui dit : « Va dire à tes maîtres : Nourrissez vos esclaves, afin qu'ils ne volent pas. » Il avait, en effet, avec lui un grand nombre de Césariens qui s'étaient vus ne recevoir, les uns qu'une faible solde, les autres absolument rien. Sévère, instruit de ces circonstances, conçut une grande colère de ce qu'après avoir, à la guerre, remporté en Bretagne des victoires par ses lieutenants, il était, lui, en Italie, tenu en échec par un voleur, et il envoya un tribun de ses gardes du corps à la tête d'une nombreuse cava-

---

5. Comme à un captif qu'on réduit en servitude. Rsk. : τὴν κεφαλήν.

6. Slbg. : « Pro ὅτι Wolfius cum interprete reponit ἵνα. Sed ὅτι hoc etiam in loco est pleonastica, ut supra [LXXV, 4] et alibi passim. »

7. Rm. voudrait lire ici πολεμίους.

αὐτῷ ἀπειλήσας, ἂν μὴ ζῶντα αὐτὸν ἀγάγῃ. Καὶ οὕτως
ἐκεῖνος μαθὼν, ὅτι γυναικί τινι ἀλλοτρίᾳ χρῷτο, ἀνέπεισεν αὐτὴν διὰ τοῦ ἀνδρὸς ἐπ᾽ ἀδείᾳ[1] συνάρασθαι σφίσι.
Κἀκ τούτου ἐν σπηλαίῳ τινὶ καθεύδων συνελήφθη. Καὶ
αὐτὸν ὁ Παπινιανὸς ὁ ἔπαρχος ἀνήρετο[2], «Διὰ τί ἐλή-
στευσας;» καὶ αὐτὸς ἀπεκρίνατο, «Διὰ τί σὺ ἔπαρχος εἶ;»
Καὶ θηρίοις μετὰ τοῦτο ὑπὸ κηρύγματος ἐδόθη, καὶ αὐτοῦ καὶ τὸ λῃστικὸν διελύθη· οὕτω που ἐν ἐκείνῳ πᾶσα ἡ
τῶν ἑξακοσίων ἰσχὺς ἦν.

R.p.1280 11. Ὁ δὲ δὴ Σεουῆρος ἐπὶ Βρεττανίαν ἐστράτευσε[3],
τούς τε παῖδας ἐκδιαιτωμένους ὁρῶν, καὶ τὰ στρατεύματα
ὑπὸ ἀργίας ἐκλυόμενα, καίπερ εἰδὼς ὅτι οὐκ ἀνακομισθή-
σεται. Ἤδει δὲ τοῦτο μάλιστα μὲν ἐκ τῶν ἀστέρων ὑφ᾽ ὧν[4]
ἐγεγέννητο (καὶ γὰρ ἐς τὰς ὀροφὰς αὐτοὺς τῶν οἴκων τῶν
ἐν τῷ παλατίῳ, ἐν οἷς ἐδίκαζεν, ἐνέγραψεν· ὥστε πᾶσι,
πλὴν τοῦ μορίου τοῦ τὴν ὥραν, ὥς φασιν, ἐπισκοπήσαν-
τος, ὅτε ἐς τὸ φῶς ἐξῄει, ὁρᾶσθαι· τοῦτο γὰρ οὐ τὸ αὐτὸ
ἑκατέρωθι ἐνετύπωσεν)· ᾔδει δὲ καὶ παρὰ μάντεων ἀκούσας. Ἀνδριάντι γὰρ αὐτοῦ πρὸς ταῖς πύλαις, δι᾽ ὧν ἐκ-
στρατεύσειν ἔμελλεν, ἑστῶτι, καὶ πρὸς τὴν ὁδὸν τὴν ἐκεῖσε
φέρουσαν ἀποβλέποντι, σκηπτὸς ἐμπεσὼν, τρία ἀπὸ τοῦ

---

1. Rsk., St. (attendu, dit-il, que «ἐπ᾽ ἀδείας est *secure*»), et Ddf;
Bkk. conserve la vulgate.

2 Le préfet du prétoire interrogeait les coupables, et c'est ce que fait
ici Papianus. — 3. Les barbares (Hérodien, III, 14) ravageaient le pays;
notamment les Méates, qui habitaient le long de la muraille (cf. LXXV,
5, passage tiré de *p* et de *q*). Comme, malgré la victoire des armées ro-

lerie, avec des menaces terribles s'il ne lui amenait pas vif le voleur. Le tribun, ayant eu avis que Bullas entretenait des relations avec la femme d'un autre, décida cette femme, par le moyen de son mari, en lui promettant l'impunité, à leur prêter son concours. C'est ainsi que Bullas fut pris dans une grotte où il s'était endormi. Papinianus, préfet du prétoire, lui demanda : « Pourquoi t'es-tu fait voleur ? » celui-ci lui répondit : « Pourquoi es-tu préfet ? » Bullas fut ensuite livré aux bêtes au cri du héraut, et sa bande fut dispersée, car en lui était toute la force des six cents.

11. Sévère tourna alors ses armes contre la Bretagne, parce qu'il voyait ses fils mener une vie intempérante et les légions s'amollir dans l'oisiveté, et cela, bien qu'il sût qu'il n'en reviendrait pas. Il le savait surtout d'après la connaissance des astres sous lesquels il était né (il les avait fait peindre sur les plafonds des salles de son palais où il rendait la justice ; en sorte qu'excepté le moment précis qui se rapportait à l'heure où il était venu au jour, à son horoscope, comme on dit, tout le monde pouvait les voir, car ce moment n'était pas figuré de même de chaque côté) ; il le savait encore pour l'avoir entendu de la bouche des devins. En effet, sur la base d'une statue de lui, placée près de la porte par où il devait faire sortir son armée, et regardant sur la rue qui y conduisait, il y avait eu trois lettres de son nom effacées par la foudre, qui

An de
Rome
961.

Antonin
consul III
et
Géta
consul II.

maines (ch. précéd.), le légat de Bretagne écrivait qu'il était besoin de forces plus considérables et de la présence du prince, Sévère saisit l'occasion et partit. — 4. St. : « Scribo ἐφ' ὧν, HS. Sed fortassis ὑφ' ὧν ferri potest. Saltem ὑπό etiam cum genitivo interdum valet *sub*. Sic [XXXIX, 20] θόρυϐος ὑπὸ γῆς ἐξηχούσθη [et LIII, 25] τὴν πεδιάδα τὴν ὑπ' αὐτοῦ [Ddf : αὐτὸ] οὖσαν. »

ὀνόματος αὐτοῦ γράμματα ἀπήλειψε[1]· καὶ διὰ τοῦθ' ὡς
οἱ μάντεις ἀπεφήναντο, οὐκ ἐπανῆκεν, ἀλλὰ καὶ τρίτῳ
ἔτει μετὰ τοῦτο μετήλλαξε. Καὶ χρήματα δὲ πάμπολλα
συνεξήγαγε

12. Δύο δὲ γένη τῶν Βρεττανῶν μέγιστά εἰσι, Καληδόνιοι καὶ Μαιᾶται· καὶ ἐς αὐτὰ καὶ τὰ τῶν ἄλλων
προσρήματα, ὡς εἰπεῖν, συγκεχώρηκεν. Οἰκοῦσι δὲ οἱ μὲν
Μαιᾶται πρὸς αὐτῷ τῷ διατειχίσματι, ὃ τὴν νῆσον διχῇ
τέμνει[2]· Καληδόνιοι δὲ μετ' ἐκείνους. Καὶ νέμονται ἑκάτεροι ὄρη ἄγρια καὶ ἄνυδρα, καὶ πεδία ἔρημα καὶ ἑλώδη,
μήτε τείχη, μήτε πόλεις, μήτε γεωργίας ἔχοντες, ἀλλ' ἔκ
τε νομῆς καὶ θήρας, ἀκροδρύων τέ τινων ζῶντες· τῶν γὰρ
ἰχθύων, ἀπείρων καὶ ἀπλέτων ὄντων, οὐ γεύονται[3]. Διαι-
τῶνται δὲ ἐν σκηναῖς γυμνοὶ[4] καὶ ἀνυπόδετοι[5], ταῖς γυ-
ναιξὶν ἐπικοίνοις χρώμενοι[6], καὶ τὰ γεννώμενα πάντα ἐκ-
τρέφοντες. Δημοκρατοῦνταί τε ὡς πλήθει, καὶ λῃστεύουσιν
ἥδιστα. Στρατεύονται δὲ ἐπί τε ἁρμάτων, ἵππους ἔχοντες
μικροὺς καὶ ταχεῖς· καὶ πεζοὶ δέ εἰσι, καὶ δραμεῖν ὀξύτα-
τοι, καὶ συστῆναι παγιώτατοι. Τὰ δὲ ὅπλα αὐτῶν ἀσπίς,

R.p.1281

---

1. St. : « Intelligi videntur litteræ ΣΕΒ [diphthongus vero OY idem
valet ac simplex B] , quibus e Severi nomine deletis remanent ΗΡΟΣ, id
est ἥρως. » — 2. Cf. LXXII, 8. Ce mur est celui d'Adrien, que Sévère
avait réparé, ou plutôt parallèlement auquel il en avait élevé un nouveau
en pierre, attendu que celui d'Adrien était en gazon, comme le démontre
Gordon, Itinéraire septentrional de la Grande-Bretagne.

3. Il n'est guère vraisemblable que des peuples habitant le littoral
aient dédaigné un aliment que leur offrait la nature elle-même. Peut-être
les paroles de Dion, comme celles de César (Guerre des Gaules, V, 14 :
« Interiores plerique frumenta non serunt, sed carne et lacte vivunt »),

tomba dessus ; et c'est pour cette raison que, ainsi que l'avaient déclaré les devins, il ne revint pas, et mourut trois ans après. Il emporta, dans cette expédition, des sommes considérables.

12. Il y a en Bretagne deux nations très-importantes, les Calédoniens et les Méates, et c'est à eux que se rapportent les noms, pour ainsi dire, de tous les autres peuples. Les Méates demeurent le long de la muraille qui divise l'île en deux parties, les Calédoniens sont derrière eux ; les uns et les autres habitent sur des montagnes sauvages et arides, ou des plaines désertes et marécageuses, sans murailles, ni villes, ni terres labourées, ne mangeant que de l'herbe, du gibier et du fruit de certains arbres ; car ils ne goûtent jamais de poisson, bien qu'ils en aient en quantité innombrable. Ils passent leur vie sous des tentes, sans vêtements et sans chaussures, usant des femmes en commun et élevant tous les enfants qui naissent. Le gouvernement de la plupart de ces peuples est populaire, et ils se livrent volontiers au brigandage. Ils vont à la guerre sur des chars où ils attellent des chevaux bas et vites ; ils ont aussi une infanterie fort légère à la course et très-solide pour combattre de pied

ne s'appliquent-elles qu'aux peuples habitant dans l'intérieur des terres. Mais alors comment expliquer ἀπείρων καὶ ἀπλέτων ὄντων ?

4. Cf. Hérodien, III, 14. César, cité dans la note précédente : « Pellibus sunt vestiti. » Mais César parle de la partie la plus voisine du continent ; les peuples plus au Nord étaient nus, ainsi qu'en témoigne une médaille qu'on rapporte aux temps de Claude (voir le recueil de Cohen), et qui représente un homme nu, armé seulement d'un poignard, combattant contre un soldat romain couvert de son bouclier.

5. Ddf : ἀνυπόδητος.

6. Cf. ci-après ch. 16, et ci-devant LXXII, 39.

καὶ δόρυ βραχὺ, μῆλον χαλκοῦν ἐπ' ἄκρου τοῦ στύρακος
ἔχον, ὥστε σειόμενον κτυπεῖν πρὸς κατάπληξιν τῶν ἐναν-
τίων· εἰσὶ[1] δ' αὐτοῖς καὶ ἐγχειρίδια. Δύνανται δὲ καὶ λιμὸν
καὶ ψῦχος καὶ ταλαιπωρίαν πᾶσαν ὑπομένειν· ἔς τε γὰρ τὰ
ἕλη καταδυόμενοι καρτεροῦσιν ἐπὶ πολλὰς ἡμέρας, τὴν
κεφαλὴν μόνον ἔξω τοῦ ὕδατος ἔχοντες, καὶ ἐν ταῖς ὕλαις
τῷ τε φλοιῷ καὶ ταῖς ῥίζαις διατρέφονται, καὶ περὶ πάντα
παρασκευάζουσί τι[2] βρῶμα, ἀφ' οὗ κυάμου τι μέγεθος ἐμ-
φαγόντες, οὔτε πεινῶσιν, οὔτε διψῶσι[3]. Τοιαύτη μέν τις
νῆσος ἡ Βρεττανία ἐστὶ, καὶ τοιούτους οἰκήτορας ἥ γε
πολεμία ἔχει. Νῆσος γάρ ἐστι, καὶ τότε[4] σαφῶς, ὥσπερ
εἶπον, ἐλήλεγκται[5]. Καὶ αὐτῆς τὸ μὲν μῆκος στάδιοι ἑπτα-
κισχίλιοι καὶ ἑκατὸν τριάκοντα δύο εἰσί· τοῦ δὲ δὴ πλάτους
τὸ μὲν πλεῖστον δέκα καὶ τριακόσιοι καὶ δισχίλιοι, τὸ δὲ
ἐλάχιστον τριακόσιοι· καὶ τούτων ἡμεῖς οὐ πολλῷ τινι τῆς
ἡμισείας ἔλαττόν τι ἔχομεν.

13. Ὁ δ' οὖν Σεουῆρος, πᾶσαν αὐτὴν καταστρέψασθαι
θελήσας, ἐσέβαλεν ἐς τὴν Καληδονίαν[6]· καὶ διϊὼν αὐτὴν,
ἀμύθητα πράγματα ἔσχε, τάς τε ὕλας τέμνων, καὶ τὰ
μετέωρα κατασκάπτων, τά τε ἕλη χωννύων, καὶ τοὺς πο-

---

1. Bkk. propose de lire ἐστι; le singulier est plus usité avec un substantif neutre, cependant nous avons vu plus haut, au commencement de ce
ch. : Δύο δὲ γένη ... εἰσι. — 2. Vulg. (de même Bkk. et Ddf) : περὶ πάντα
σκινάζουσί τι, οὺ πάντα a absorbé le παρά qui le suivait. Rsk. : « Τι aut
delendum est, aut cum ἐς mutandum. » — 3. Sibbald, *l'Écosse illustrée*
(Édimbourg, 1684, in-fol.), P. I, livre I, c. 17, 18, 19, montre que, de
son temps encore, les Écossais mâchaient certaines racines appelées par
eux *karemyle*, ayant un goût analogue à celui de la réglisse, pour trom-

ferme. Leurs armes sont un bouclier, une lance courte, munie, à l'extrémité inférieure, d'une pomme de cuivre pour produire, lorsqu'on l'agite, un bruit qui effraye les ennemis; ils ont aussi des poignards. Ils sont capables de supporter la faim, le froid et toute sorte de misères : ils restent, en effet, plusieurs jours plongés dans les marais, la tête seule hors de l'eau; et, quand ils sont dans les forêts, ils se nourrissent d'écorces et de racines, ils se préparent pour tous les cas un mets qui, lorsqu'ils en ont pris la grosseur d'une fève, leur ôte la faim et la soif. Telle est l'île de Bretagne, tels sont les habitants de la contrée en guerre avec nous. Car c'est une île, et on l'a alors clairement connu, je l'ai dit. Son étendue est de sept mille cent trente stades; sa plus grande largeur est de deux mille trois cent dix, sa plus petite, de trois cents; nous en possédons un peu moins de la moitié.

13. Sévère donc entra dans la Calédonie, voulant la soumettre tout entière; il eut, en la traversant, des fatigues innombrables à soutenir pour abattre des forêts, pour couper des montagnes, pour combler des marais,

---

per la faim et la soif. — 4. Rsk. : « Fort. καὶ οὖσα τότε. » — 5. *a, b* : ἐλήλεκται. Allusion à ce passage (XXXIX, 50) de notre auteur, à propos de César : Προϊόντος δὲ δὴ τοῦ χρόνου, πρότερόν τε ἐπ' Ἀγρικόλου ἀντιστρατήγου [LXVI, 20], καὶ νῦν ἐπὶ Σεουήρου αὐτοκράτορος, νῆσος οὖσα σαφῶς ἐλήλεγκται.

6. Suivant Hérodien, III, 14, il entra en Calédonie avec Antonin, et laissa Géta dans la Bretagne-Inférieure pour régler les affaires civiles; les Bretons lui avaient envoyé demander la paix, il la refusa.

ταμοὺς ζευγνύων[1]· οὔτε γὰρ μάχην τινὰ ἐμαχέσατο, οὔτε πολέμιόν τινα ἐν παρατάξει εἶδε. Πρόβατα δὲ καὶ βοῦς, προβαλλομένων αὐτῶν ἐξεπίτηδες, οἱ στρατιῶται ἥρπαζον, ὅπως ἐπὶ πλεῖον ἀπατώμενοι τρύχωνται· καὶ γὰρ ὑπὸ τῶν ὑδάτων[2] δεινῶς ἐκακοῦντο, καὶ ἀποσκεδαννύμενοι ἐπεβουλεύοντο. Εἶτ' ἀδυνατοῦντες βαδίζειν, ὑπ' αὐτῶν τῶν οἰκείων ἐφονεύοντο, ἵνα μὴ ἁλίσκωνται· ὥστε ἐς πέντε μυριάδας ὅλας τελευτῆσαι. Οὐ μέντοι ἀπέστη γε πρὶν τῷ ἐσχάτῳ τῆς νήσου πλησιάσαι· ὅπου γε τὰ μάλιστα τήν τε τοῦ ἡλίου παράλλαξιν[3], καὶ τὸ τῶν ἡμερῶν τῶν τε νυκτῶν καὶ τῶν θερινῶν καὶ τῶν χειμερινῶν μέγεθος[4], ἀκριβέστατα κατεφώρασε. Καὶ ὁ μὲν οὕτω διὰ πάσης, ὡς εἰπεῖν, τῆς πολεμίας κομισθεὶς (ἐκομίσθη γὰρ ὡς ἀληθῶς ἐν σκιμποδίῳ καταστέγῳ τινὶ τὰ πολλὰ διὰ τὴν ἀσθένειαν[5]), ἐς τὴν φιλίαν ἐπανῆλθεν, ἐς ὁμολογίαν τοὺς Βρεττανοὺς, ἐπὶ τῷ χώρας οὐκ ὀλίγης ἐκστῆναι, ἀναγκάσας ἐλθεῖν[6].

14. Ἐξέπληττε δὲ αὐτὸν ὁ Ἀντωνῖνος, καὶ ἐς φροντίδας ἀνηνύτους καθίστη, ὅτι τε ἀκολάστως ἔζη, καὶ ὅτι καὶ τὸν ἀδελφὸν δῆλος ἦν, εἰ δυνηθείη, φονεύσων, καὶ τὸ

---

1. Hérodien dit que ce prince eut soin de faire construire des ponts afin que les soldats pussent combattre de pied ferme dans les marais qui se forment des inondations de l'Océan, et que les barbares passaient facilement ou à la nage ou à gué. — 2. Rsk. : « Ὑπὸ τῶν ὑδάτων notat *e paludibus*, quæ non sinebant eos conferto agmine ire. »

3. Tacite, Agric., 12 : « Dierum spatia ultra orbis nostri mensuram, et nox clara, et extrema Britanniæ parte brevis, ut finem atque initium lucis exiguo discrimine internoscas. Quod si nubes non efficiant, aspic per noctem solis fulgorem, nec occidere et exsurgere, sed transire affir-

pour jeter des ponts sur les fleuves; car il ne livra point de combats et ne vit point d'ennemis rangés en bataille. Des moutons et des bœufs, exposés à dessein par les Bretons, étaient enlevés par nos soldats qu'on écrasait en les attirant au loin par cette fraude sur un terrain où ils étaient fortement gênés par les eaux, et, dispersés, tombaient dans des embuscades. Quelques-uns, ne pouvant plus marcher, se faisaient tuer par leurs camarades, afin de n'être pas pris vifs, en sorte qu'il périt cinquante mille hommes. Sévère n'abandonna pas pourtant son entreprise avant d'être arrivé à l'extrémité de l'île, où, avant tout, il observa fort exactement le soleil, qui passe à peine au-delà de l'horizon, et la longueur des jours et des nuits tant d'été que d'hiver. Après s'être ainsi fait porter, pour ainsi dire par tout le territoire ennemi (la plupart du temps, en effet, il se fit, à cause de ses infirmités, porter dans une litière découverte), il revint en pays ami, ayant forcé les Bretons à conclure un traité en vertu duquel ils lui abandonnaient une portion notable de leur territoire.

14. Antonin aussi l'inquiétait et lui causait des soucis inextricables, tant par les désordres de sa vie que par l'intention manifeste de tuer son frère aussitôt qu'il le

---

mant.» (Cf. Pline, II, 76, et IV, 16.) Ces paroles de Tacite sont le commentaire de notre passage. Remarquons néanmoins que les paroles de Tacite ne s'appliquent sans doute pas à toute l'année. Il faut encore ajouter que l'historien affirme de la Grande-Bretagne ce qui n'est vrai que des contrées plus septentrionales.

4. Henri Étienne : τὸ μέγεθος; f : καὶ μέγεθος. — 5. Cf. Hérodien, III, 14. Sévère (ch. 16 ci-après) avait la goutte ; suivant d'autres, une arthrite.

6. Spartien, 22 : « ... Non solum victor, sed etiam in æternum pace fundata.... »

τελευταῖον, ὅτι καὶ αὐτῷ ἐκείνῳ ἐπεβούλευσε[1]. Ποτὲ μὲν
γὰρ ἐξεπήδησεν ἐξαίφνης ἐκ τοῦ σκηνώματος, βοῶν καὶ
κεκραγὼς, ὡς ὑπὸ τοῦ Κάστορος ἀδικούμενος· οὗτος δὲ
ἀνὴρ ἄριστος τῶν περὶ τὸν Σεουῆρον Καισαρείων ἦν[2], καὶ
ἐπεπίστευτο τήν τε γνώμην αὐτοῦ καὶ τὸν κοιτῶνα[3]. Καὶ
συνέστησαν μέν τινες ἐπὶ τούτῳ στρατιῶται προπαρεσκευα-
σμένοι, καὶ συνεβόησαν· κατελήφθησαν δὲ δι' ὀλίγου, αὐτοῦ τε τοῦ Σεουήρου ἐπιφανέντος σφίσι, καὶ τοὺς ταραχω-
δεστέρους κολάσαντος. Ἄλλοτε δὲ προσήλαυνον μὲν ἀμφότεροι πρὸς τοὺς Καληδονίους, ἵνα τά τε ὅπλα παρ' αὐτῶν
λάβωσι, καὶ περὶ τῶν ὁμολογιῶν διαλεχθῶσιν· ὁ δ' Ἀντωνῖνος, ἀποκτεῖναι αὐτὸν ἄντικρυς αὐτοχειρίᾳ ἐπεχείρησεν.
Ἦεσαν μὲν γὰρ ἐπὶ ἵππων, καὶ ὁ Σεουῆρος, καίπερ καὶ τοὺς
ταρσοὺς ὑπὸ ἀσθενείας ὑποτετμηκὼς[4], ὅμως ἵππευσε καὶ
αὐτὸς, καὶ τὸ ἄλλο στράτευμα συνεφείπετο, τό τε τῶν
πολεμίων καὶ αὐτὸ συνεωρᾶτο· κἄν τῷ καιρῷ τούτῳ, τῇ
τε σιγῇ καὶ τῷ κόσμῳ τὸν ἵππον ὁ Ἀντωνῖνος ἀναχαιτί-
σας, ἐσπάσατο τὸ ξίφος, ὡς καὶ κατὰ νώτου τὸν πατέρα

---

1. Hérodien raconte que Sévère, déjà fort âgé, tomba dans une maladie
qui le mit hors d'état de commander son armée en personne. Il fut forcé
de s'en remettre à son fils Antonin, qui, se souciant fort peu de presser
les barbares, ne pensa qu'à gagner les soldats et à décrier son frère dans
leur esprit, pour l'exclure de la part qu'il avait à l'empire. Son père
traînant trop à son gré, il tâcha, mais en vain, d'engager quelqu'un de ses
médecins ou de ses officiers à l'en débarrasser promptement.

2. Il le fit mourir plus tard , LXXVII, 1.

3. St. : « Vulgaris magis quam urbani sermonis proprium habitum fuit
hoc vocabulum, pro quo Attici δωμάτιον dixere. Vid. Lobeck. ad Phryni-
chi Ecl. p. 253. »

pourrait, et, enfin, par les trames qu'il avait ourdies
contre lui. Un jour, en effet, Antonin était sorti tout à
coup de sa tente en criant à tue-tête que Castor lui avait
fait outrage ; or, ce Castor était le plus homme de bien
des Césariens qui environnaient Sévère, il était son con-
fident et le gardien de sa chambre. Quelques soldats,
apostés à cet effet, prirent parti pour Antonin et répondirent à ses cris ; mais ils ne tardèrent pas à être arrêtés,
Sévère en personne s'étant montré à eux et ayant puni
les plus turbulents. Une autre fois, ils allaient tous les
deux chez les Calédoniens pour recevoir leurs armes et
conférer sur les conditions de la paix ; Antonin essaya
ouvertement de le tuer de sa propre main. Ils étaient à
cheval ; car Sévère, bien qu'ayant la plante des pieds
entamée par la maladie, n'en était pas moins monté à
cheval, leur armée les accompagnait, celle de l'ennemi
était même en vue ; en ce moment, Antonin, arrêtant son
cheval en silence et sans affectation, tira son épée comme
pour en donner à son père un coup dans le dos. A cette

4. Rsk. : « Fort. ὑποτετμημένος. Neque hoc ad litteram, sed figurate est
accipiendum, id est, passum idem quod illi, quibus suffragines aut cal-
canei sunt succisi ἐκλελυμένος, παρειμένος. » Peut-être ὑποκεκμηκώς, *sub æ-
grotans* (?). Spartien, 18, mêle ici la fable et l'histoire : « Idem [Severus]
quum pedibus æger bellum moraretur, idque milites anxie ferrent, ejusque
lium Bassianum [Antoninum], qui una erat, Augustum fecissent, tolli se
atque in tribunal ferri jussit : adesse deinde omnes tribunos, centuriones,
duces, et cohortes, quibus auctoribus id acciderat : sisti deinde filium, qu
Augusti nomen acceperat. Quumque animadverti in omnes auctores facti
præter filium, juberet ; rogareturque omnibus ante tribunal prostratis,
caput manu contingens, ait : Tandem sentitis caput imperare, non pedes. »

πατάξων. Ἰδόντες δὲ τοῦτο οἱ ἄλλοι οἱ συνιππεύοντες, ἐξεβόησαν· καὶ οὕτως ἐκεῖνός τε ἐκπλαγεὶς, οὐκέτι οὐδὲν ἔδρασε. Καὶ ὁ Σεουῆρος μετεστράφη μὲν πρὸς τὴν βοὴν

R.p.1283

αὐτῶν, καὶ εἶδε τὸ ξίφος, οὐ μέντοι καὶ ἐφθέγξατό τι, ἀλλ᾽ ἀναβὰς ἐπὶ τὸ βῆμα, καὶ τελέσας ὅσα ἐχρῆν, ἐς τὸ στρατήγιον ἐπανῆλθε. Καὶ καλέσας τόν τε υἱὸν καὶ τὸν Παπινιανὸν καὶ τὸν Κάστορα, ξίφος τέ τι τεθῆναι ἐς τὸ μέσον ἐκέλευσε, καὶ ἐγκαλέσας αὐτῷ, ὅτι τε ἄλλως τοιοῦτόν τι ἐτόλμησε, καὶ ὅτι πάντων ὁρώντων τῶν τε συμμάχων καὶ τῶν πολεμίων, τηλικοῦτον κακὸν δράσειν ἔμελλε, τέλος ἔφη, « Ἀλλ᾽ εἴγε ἀποσφάξαι με ἐπιθυμεῖς, ἐνταῦθά με κατάχρησαι· ἔρρωσαι γὰρ, ἐγὼ δὲ καὶ γέρων εἰμὶ, καὶ κεῖμαι. Ὡς εἴγε τοῦτο μὲν οὐκ ἀναδύῃ, τὸ δὲ αὐτόχειρ μου γενέσθαι ὀκνεῖς, παρέστηκέ σοι Παπινιανὸς ὁ ἔπαρχος, ᾧ δύνασαι κελεῦσαι ἵνα με ἐξεργάσηται· πάντως γάρ που πᾶν τὸ κελευσθὲν ὑπό σου, ἅτε καὶ αὐτοκράτορος ὄντος, ποιήσει. » Τοιαῦτα εἰπὼν, ὅμως οὐδὲν δεινὸν αὐτὸν ἔδρασε, καίπερ πολλάκις μὲν τὸν Μάρκον αἰτιασάμενος, ὅτι τὸν Κόμμοδον οὐχ ὑπεξεῖλε, πολλάκις δὲ καὶ αὐτὸς τῷ υἱεῖ ἀπειλήσας τοῦτο ποιήσειν [1]. Ἀλλ᾽ ἐκεῖνα μὲν ὀργιζόμενος ἀεί ποτε ἔλεγε· τότε δὲ φιλότεκνος μᾶλλον ἢ φιλόπολις ἐγένετο· καίτοι καὶ τὸν ἕτερον ἐν τούτῳ παῖδα προέδωκε, σαφῶς εἰδὼς τὰ γενησόμενα.

15. Ἀποστάντων δὲ τῶν ἐν τῇ νήσῳ αὖθις, καλέσας

_____

1. Spartien (Caracallus, 11) : « .... Severus dicitur animo volutasse, ut

vue, ceux qui étaient à cheval à côté des princes poussèrent un cri, et Antonin, effrayé, n'acheva pas. Sévère se retourna à leur cri et vit l'épée, mais il ne prononça pas une parole; loin de là, étant monté sur son tribunal et ayant expédié les affaires les plus nécessaires, il rentra au *prœtorium*. Appelant alors son fils, Papianus et Castor, il fit mettre une épée au milieu d'eux, et, après des reproches à son fils sur l'inutilité d'une pareille audace et sur la grandeur de la faute qu'il avait été sur le point de commettre en présence de tous, alliés et ennemis, il finit en lui disant : « Si tu as envie de m'assassiner, tue-moi ici ; tu es plein de vigueur ; moi, je suis vieux et abattu. Si tu recules devant cette responsabilité, si tu crains d'employer ta main, tu as à tes côtés le préfet du prétoire, Papinianus, à qui tu peux commander de m'achever ; il exécutera en tout tous les ordres qui lui seront donnés par toi, puisque tu es empereur. » Malgré ces paroles, il ne le traita pas avec rigueur, bien qu'il eût souvent blâmé Marc-Antonin de ne s'être pas défait de Commode, et que lui-même il eût plus d'une fois menacé son fils de le faire mourir. Mais ce n'était jamais que quand il était en colère qu'il tenait ce langage; en cette occasion il montra plus d'amour de ses enfants que de la patrie, bien que, par cette conduite, il trahît son autre fils, puisqu'il savait, à n'en pas douter, ce qui devait arriver.

15. Les insulaires ayant de nouveau fait défection, Sévère, convoquant ses soldats, leur ordonna d'entrer

An de
Rome
963.

Acilius
Faustinus
et
Triarius
Rufinus
consuls.

et hunc [Antoninum] occideret, nisi repugnassent præfecti ejus graves viri. »

τοὺς στρατιώτας, ἐκέλευσεν ἐς τὴν χώραν αὐτῶν ἐμβαλεῖν, καὶ οἷς ἂν ἐντύχωσιν ἀποκτεῖναι, αὐτὸ τοῦτο εἰπών·

> Τῶν μή τις ὑπεκφύγοι αἰπὺν ὄλεθρον
> Χεῖράς θ᾽ ὑμετέρας· μηδ᾽ ὅντινα γαστέρι μήτηρ,
> Κοῦρον ἐόντα, φέροι, μηδ᾽ ὃς φύγοι αἰπὺν ὄλεθρον[1].

Γενομένου δὲ τούτου, καὶ τῶν Καληδονίων προσαποστάντων
τοῖς Μαιάταις, ἡτοιμάζετο μὲν ὡς καὶ αὐτὸς αὐτοῖς πο-
λεμήσων· καὶ αὐτὸν περὶ τοῦτ᾽ ἔχοντα ἡ νόσος τῇ τετάρτῃ τοῦ Φεβρουαρίου ἀπήνεγκε[2], συνεργασαμένου τι πρὸς
τοῦτο καὶ τοῦ Ἀντωνίνου, ὡς λέγεται[3]. Πρὶν γοῦν[4] μετ-
αλλάξαι, τάδε λέγεται τοῖς παισὶν εἰπεῖν (ἐρῶ γὰρ αὐτὰ
τὰ λεχθέντα, μηδὲν ὅ τι καλλωπίσας)· « Ὁμονοεῖτε[5], τοὺς
στρατιώτας πλουτίζετε, τῶν ἄλλων πάντων καταφρονεῖτε[6]. » Ἐκ δὲ τούτου τό τε σῶμα αὐτοῦ στρατιωτικῶς
κοσμηθὲν ἐπὶ πυρὰν ἐτέθη, καὶ τῇ τε τῶν στρατιωτῶν καὶ
τῇ τῶν παίδων περιδρομῇ ἐτιμήθη· τά τε δῶρα τὰ στρατιωτικὰ οἵ τι τῶν παρόντων ἔχοντες ἐς αὐτὴν ἐνέβαλον,
καὶ τὸ πῦρ οἱ υἱεῖς ἐνῆκαν. Καὶ μετὰ τοῦτο τὰ ὀστᾶ, ἐς
ὑδρίαν πορφύρου[7] λίθου ἐμβληθέντα, ἔς τε τὴν Ῥώμην ἐκο-

R. p. 1284 (margin)

---

1. La répétition αἰπὺν ὄλεθρον n'est pas dans Homère (Il., VI, 57),
mais, suivant la remarque de Rm., Sévère aura légèrement changé les
expressions du poëte en se les appropriant, et, tout en disant ὑμετέρας,
il aura, par emphase, répété αἰπὺν ὄλεθρον. — 2. Tous les historiens
s'accordent à faire mourir Sévère à York ou près d'York. — 3. Cf. p. 310,
note 1.

4. Bkk. propose de lire δ᾽ οὖν.

5. Spartien, 21 : « Divinam Sallustii orationem, qua Micipsa filios ad
pacem hortatur, ingravatus morbo misisse filio dicitur majori. » Notre auteur a déjà parlé de ces dissensions aux ch. 7 et 14 ; Hérodien, III, 13, de

dans le pays et de faire main basse sur tout ce qui se présenterait devant eux, en leur répétant ces vers :

Que personne n'échappe au trépas funeste, non plus qu'à votre bras ; non, que l'enfant même porté par la mère dans son sein n'échappe point au trépas funeste.

Ces ordres ayant été exécutés, et les Calédoniens s'étant joints aux Méates dans leur défection, il se préparait à leur faire la guerre en personne ; mais, au milieu de ses dispositions, il fut emporté par une maladie, le 4 février, non sans qu'Antonin eût, dit-on, contribué à sa mort. Avant de mourir, on rapporte qu'il dit à ses fils (je cite ses propres paroles, sans y ajouter aucun ornement) : « Vivez en bonne intelligence, enrichissez les soldats et méprisez tous les autres. » Son corps, paré à la manière militaire, fut ensuite porté sur le bûcher, et les soldats, ainsi que ses fils, défilèrent autour par honneur ; ceux des assistants qui avaient des récompenses militaires les jetèrent sur le bûcher, et le feu y fut mis par ses fils. Après cela, les os, renfermés dans une urne de porphyre, furent conduits à Rome et dé

An de
Rome
964.
Q. Lollianus
et
Pomponius
Bassus
consuls

son côté, raconte que Sévère faisait depuis longtemps ses efforts pour rétablir la bonne intelligence entre ses deux fils. — 6. Zn., au contraire : τῶν ἄλλων μὴ καταφρονεῖτε, ce qui est moins conforme au caractère de ce prince, porté à complaire en tout aux soldats.

7. Bkk., en note, propose de lire πορφυρίτου ; l'urne était d'albâtre, suivant Hérodien, III, 16. Spartien, 24 : « Corpus ejus a Britannia Romam usque cum magna provincialium reverentia susceptum est : quamvis aliqui urnulam auream tantum fuisse dicant, Severi reliquias continentem, eamdemque Antoninorum sepulcro illatam, quum Septimius Pertinax Severus illic ubi vita functus, esset incensus. »

μίσθη, καὶ ἐς τὸ Ἀντωνινεῖον ἀπετέθη[1]. Λέγεται δὲ τὴν ὑδρίαν ὀλίγον πρὸ τοῦ θανάτου μεταπέμψασθαί τε αὐτὸν, καὶ ἐπιψηλαφήσαντα εἰπεῖν· « Χωρήσεις ἄνδρα ὃν ἡ οἰκουμένη οὐκ ἐχώρησεν. »

16. Ἦν δὲ τὸ σῶμα βραδὺς[2] μὲν, ἰσχυρὸς δὲ, καίπερ ἀσθενέστατος ὑπὸ τῆς ποδάγρας γενόμενος· τὴν δὲ δὴ ψυχὴν καὶ[3] δριμύτατος καὶ ἐρρωμενέστατος· παιδείας μὲν γὰρ ἐπεθύμει μᾶλλον, ἢ ἐπετύγχανε[4], καὶ διὰ τοῦτο πολυγνώμων[5] μᾶλλον ἢ πολύλογος ἦν. Φίλοις οὐκ ἀμνήμων, ἐχθροῖς βαρύτατος, ἐπιμελὴς μὲν πάντων ὧν πρᾶξαι ἤθελεν, ἀμελὴς δὲ τῶν περὶ αὐτοῦ[6] λογοποιουμένων· καὶ διὰ τοῦτο καὶ χρήματα ἐξ ἅπαντος τρόπου, πλὴν καθόσον οὐδένα ἕνεκα αὐτῶν ἀπέκτεινε[7], [πορίζων, πάντα μὲν τὰ ἀναγκαῖα ἐδαπάνα ἀφθονώτατα· καὶ πλεῖστά γε[8] καὶ τῶν ἀρχαίων οἰκοδομημάτων ἀνεκτήσατο, καὶ σφίσι τὸ ἑαυτοῦ ὄνομα, ὡς καὶ ἐκ καινῆς αὐτὰ καὶ ἐξ ἰδίων χρημάτων κατεσκευακὼς, ἐπέγραψε[9]· πολλὰ δὲ καὶ μάτην ἔς τε ἐπισκευὰς καὶ κατασκευὰς ἑτέρων ἀνάλωσεν·] ὅς γε καὶ τῷ Διονύσῳ καὶ τῷ Ἡρακλεῖ νεὼν ὑπερμεγέθη ᾠκοδομήσατο. Καίτοι δὲ πάμπλειστα δαπανήσας, ὅμως οὐκ εὐαριθμήτους τινὰς

<hr>

1. Il paraîtrait que Sévère, en prenant le nom d'Antonin, aurait pris en même temps, pour lui et pour les siens, le tombeau de cette famille.

2. Peir., *f, k, m* et Bkk. : βραχύς, leçon contraire au portrait qu'en fait Spartien, 19 : « Ipse decorus, ipse ingens.... » De plus, il y a opposition entre τὸ σῶμα βραδύς et τὴν ψυχὴν δριμύτατος, *comme entre* ἀσθενέστατος *et* ἐρρωμενέστατος.

3. *a, b* om. — 4. Cf. LXXV, 6.

posés dans le monument des Antonins. On rapporte encore que, peu d'instants avant sa mort, Sévère fit venir cette urne, et que, la touchant de ses mains, il dit : « Tu contiendras un homme que l'univers n'a pas contenu. »

16. Il avait le corps lourd, mais robuste, malgré la goutte qui l'avait beaucoup affaibli, l'esprit pénétrant et plein de vigueur; il aimait les lettres plus qu'il n'y avait d'habileté; aussi était-il plus fort en pensées qu'en paroles. Reconnaissant envers ses amis et redoutable à ses ennemis, appliqué à tout ce qu'il voulait faire et indifférent aux discours qu'on semait sur lui; [se procurant], par suite, de l'argent sans s'inquiéter des moyens, sinon qu'il ne fit mourir personne pour ce motif, [il dépensait largement tout ce qui était nécessaire : il répara un grand nombre d'anciens édifices et il y fit graver son nom, comme s'il les avait rebâtis de fond en comble et de ses propres deniers; il sacrifia aussi sans nécessité de fortes sommes pour restaurer ou reconstruire les œuvres des autres;] c'est ainsi qu'il bâtit à Bacchus et à Hercule un temple d'une grandeur démesurée. Malgré ces dépenses si considérables, il laissa, non quelques

<hr>

5. Peir. : καὶ πολυγνώμων. — 6. Peir. : αὐτόν. — 7. Spartien, 12, et Hérodien III, 8, adressent à Sévère le même reproche; le dernier même, contrairement à Dion, attribue à l'avarice un grand nombre des meurtres commis par ce prince. — 8. Rsk. : πλεῖστα μέν.

9. Spartien, 23, contredisant Dion : « Romæ omnes ædes publicas, quæ vitio temporum labebantur, instauravit, nusquam prope suo nomine adscripto, servatis tamen ubique titulis conditorum. »

μυριάδας δραχμῶν καταλέλοιπεν, ἀλλὰ καὶ πάνυ πολλάς[1].

Καὶ ἐνεκάλει μὲν τοῖς μὴ σωφρονοῦσιν, ὡς καὶ περὶ τῆς μοιχείας νομοθετῆσαί τινα[2] · καὶ διὰ τοῦτο γραφαὶ αὐτῆς ὅσαι πλεῖσται ἐγένοντο (τρισχιλίας γοῦν ὑπατεύων εὗρον ἐν τῷ πίνακι ἐγγεγραμμένας)· ἐπεὶ δὲ ὀλίγοι πάνυ αὐταῖς ἐπεξῄεσαν, οὐκέτι οὐδὲ αὐτὸς ἐπολυπραγμόνει. Ὅθεν καὶ μάλα ἀστείως Ἀργεντοκόξου τινὸς γυνὴ Καληδονίου πρὸς τὴν Ἰουλίαν τὴν Αὔγουσταν, ἀποσκώπτουσάν τι πρὸς αὐτὴν, μετὰ τὰς σπονδὰς[3], ἐπὶ τῇ ἀνέδην σφῶν πρὸς τοὺς ἄρρενας συνουσίᾳ[4], εἰπεῖν λέγεται, ὅτι « Πολλῷ ἄμεινον ἡμεῖς τὰ τῆς φύσεως ἀναγκαῖα ἀποπληροῦμεν ὑμῶν τῶν Ῥωμαΐκῶν· ἡμεῖς γὰρ φανερῶς τοῖς ἀρίστοις ὁμιλοῦμεν, ὑμεῖς δὲ λάθρα ὑπὸ τῶν κακίστων μοιχεύεσθε[5]. » Τοῦτο μὲν ἡ Βρεττανὶς εἶπεν.

17. Ἐχρῆτο δὲ ὁ Σεουῆρος καταστάσει τοῦ βίου, εἰρήνης οὔσης, τοιᾷδε. Ἔπραττέ τι πάντως νυκτὸς ὑπὸ τὸν ὄρθρον, καὶ μετὰ τοῦτ' ἐβάδιζε, καὶ λέγων καὶ ἀκούων τὰ τῇ ἀρχῇ πρόσφορα· εἶτ' ἐδίκαζε, χωρὶς εἰ μή τις ἑορτὴ μεγάλη εἴη. Καὶ μέντοι καὶ ἄριστα αὐτὸ ἔπραττε· καὶ γὰρ τοῖς δικαζομένοις ὕδωρ ἱκανὸν ἐνέχει, καὶ ἡμῖν τοῖς συνδικάζουσιν αὐτῷ παρρησίαν πολλὴν ἐδίδου. Ἔκρινε δὲ μέχρι μεσημβρίας· καὶ μετὰ τοῦθ' ἵππευεν, ἐφ' ὅσον ἂν ἐδυ-

---

1. Spartien : « Moriens septem annorum canonem, ita ut quotidiana septuaginta quinque millia modiorum expendi possent, reliquit : olei vero tantum, ut per quinquennium non solum urbis usibus, sed et totius Italiæ, quæ oleo egeret, sufficeret. »

2. Sévère (Spartien, 2) avait été lui-même, dans les temps antérieurs

mille drachmes faciles à compter, mais bien des milliers
de drachmes. Il poursuivit l'incontinence au point de porter des règlements contre l'adultère ; il s'ensuivit quantité d'accusations (étant consul, j'en ai trouvé trois mille
inscrites au tableau) ; mais, comme fort peu de gens
poursuivaient ces délits, il cessa lui-même de s'en occuper.
Aussi y a-t-il bien de l'agrément dans cette réponse que
fit, après la conclusion du traité, la femme d'un Calédo-
nien nommé Argentocoxos à Julia Augusta, qui la raillait
du manque de retenue des femmes de son pays dans leur
commerce avec les hommes : « Nous satisfaisons aux né-
cessités de la nature bien mieux que vous autres Romaines ; car nous, c'est au grand jour que nous nous
donnons aux braves, tandis que vous, vous vous souillez
par des adultères cachés avec les plus méprisables des
hommes. » Telle fut la réponse de la Bretonne.

17. Au reste, voici la manière de vivre que Sévère observait pendant la paix. Il se livrait à une occupation quelconque la nuit vers la pointe du jour ; puis il marchait à pied,
parlant ou entendant parler des affaires de l'État ; ensuite il rendait la justice, excepté les jours de grande
fête. Une pratique louable de sa part, c'était de verser
assez d'eau aux parties et de nous laisser, à nous, qui
siégions à côté de lui, une grande liberté pour donner
nos avis. Il siégeait jusqu'à midi ; après quoi il allait à

à son élévation, accusé d'adultère et absous. On trouve dans le Digeste
(XLVIII, titre 5, loi 2, § 6, et loi 13, § 3) un rescrit et un jugement de
Sévère relatifs à ce crime. — 3. Cf. ch. 13. — 4. Cf. ch. 12.

5. Julia (Spartien, 18 ; Aurél. Victor, Césars, XX, 23) s'était rendue
fameuse par ses adultères, ce qui donne au mot plus de portée.

νήθη[1]· εἶτ' ἐλοῦτο, γυμνασάμενός τινα τρόπον. Ἠρίστα δὲ ἢ καθ' ἑαυτὸν, ἢ μετὰ τῶν παίδων, οὐκ ἐνδεῶς. Εἶτ' ἐκάθευδεν, ὡς πλήθει· ἔπειτ' ἐξαρθεὶς[2] τά τε λοιπὰ προσδιώκει, καὶ λόγοις καὶ Ἑλληνικοῖς καὶ Λατίνοις συνεγίνετο ἐν περιπάτῳ. Εἶθ' οὕτω πρὸς ἑσπέραν ἐλοῦτο[3] αὖθις, καὶ ἐδείπνει μετὰ τῶν ἀμφ' αὑτόν· ἥκιστά τε γὰρ ἄλλον τινὰ συνέστιον ἐποιεῖτο, καὶ ἐν μόναις ταῖς πάνυ ἀναγκαίαις ἡμέραις τὰ πολυτελῆ δεῖπνα συνεκρότει. Ἐβίω δὲ ἔτη ἑξή-

R.p.1286 κοντα πέντε[4], καὶ μῆνας ἐννέα, καὶ ἡμέρας πέντε καὶ εἴκοσι[5] (τῇ γὰρ ἑνδεκάτῃ τοῦ Ἀπριλλίου ἐγεγέννητο)· ἀφ' ὧν ἦρξεν ἔτη ἑπτακαίδεκα, καὶ μῆνας ὀκτὼ, καὶ ἡμέρας τρεῖς[6]. Τό τε σύμπαν οὕτως ἐνεργὸς ἐγένετο, ὥστε καὶ ἀποψύχων ἀναφθέγξασθαι, « Ἄγετε, δότε[7], εἴ τι πρᾶξαι ἔχομεν. »

1. Bkk. : ἡδυνήθη. — 2. Slbg. : « Ad pedum imbecillitatem relatum excusari potest; alioqui convenientius cum interprete legeremus ἐξεγερθείς, ut apud Z. ἀναστάς. » — 3. Bkk. et Ddf, comme plus haut; St. reconnaît que la forme λούομαι est plus fréquente dans Dion que la forme λοῦμαι, approuvée par Phrynichus (Ecl., p. 188); mais, comme les auteurs les plus anciens ont fait indifféremment usage de l'une et de l'autre, il maintient la vulg. : ἐλούετο, en renvoyant aux notes de Lobeck, p. 189.

4. Tous les auteurs, à l'exception de Spartien (Sévère, 22, et Niger, 5),

cheval aussi longtemps que possible ; puis il se mettait au bain, à la suite d'un exercice quelconque. Il prenait, soit seul, soit avec ses enfants, un dîner assez copieux. Ensuite il dormait la plupart du temps ; puis, lorsqu'on l'avait éveillé, il s'entretenait, tout en se promenant, d'études grecques et latines. Ainsi arrivé au soir, il se mettait de nouveau au bain, et soupait avec ceux qui l'entouraient, car il n'admettait aucun autre convive et réservait les festins somptueux pour les jours où la chose était absolument nécessaire. Il vécut soixante-cinq ans neuf mois vingt-cinq jours (il était né le 11 avril), sur lesquels il régna dix-sept ans huit mois trois jours. En somme, il avait tant d'énergie qu'en expirant il s'écria : « Allons, voyez si nous avons quelque chose à faire. »

qui le fait vivre quatre-vingt-neuf ans, sont d'accord avec Dion. — 5. Zn. : ἐννέα καὶ εἴκοσι.

6. Sévère étant arrivé à l'empire aux calendes de juin 946 et mort le 4 février 964, le calcul de Dion est exact. Pour les quelques différences, assez légères d'ailleurs, entre Dion et les autres historiens, je renvoie à la note de Rm.

7. Spartien, 23 : « Jussit signum tribuno dari, *Laboremus*; quia Pertinax, quando in imperium adscitus est, signum dederat *Militemus.* »

ΤΩΝ

ΔΙΩΝΟΣ

ΙΣΤΟΡΙΩΝ ΡΩΜΑΙΚΩΝ

ΤΟ ΕΒΔΟΜΗΚΟΣΤΟΝ ΕΒΔΟΜΟΝ ΒΙΒΛΙΟΝ.

ι. Μετὰ δὲ ταῦτα ὁ Ἀντωνῖνος πᾶσαν τὴν ἡγεμονίαν ἔλαβε· λόγῳ μὲν γὰρ μετὰ τοῦ ἀδελφοῦ[1], τῷ δὲ δὴ ἔργῳ μόνος εὐθὺς ἦρξε. Καὶ πρὸς μὲν τοὺς πολεμίους κατελύσατο[2], καὶ τῆς χώρας αὐτοῖς ἐξέστη, καὶ τὰ φρούρια ἐξέλιπε· τοὺς δὲ δὴ οἰκείους τοὺς μὲν ἀπήλλαξεν, ὧν καὶ Παπινιανὸς ὁ ἔπαρχος[3] ἦν· τοὺς δὲ καὶ ἀπέκτεινεν, ὧν ἦν καὶ Εὔοδος, ὁ τροφεὺς αὐτοῦ[4], καὶ[5] ὁ Κάστωρ[6], ἥ τε γυνὴ αὐτοῦ ἡ Πλαυτίλλα, καὶ ὁ ταύτης ἀδελφὸς Πλαύτιος[7]. Καὶ ἐν τῇ Ῥώμῃ δὲ αὐτῇ ἄνδρα ἄλλως μὲν οὐκ ἐλ-

---

1. Sévère avait laissé l'empire à ses deux fils. Ṣpartien, 20 : « Legisse me apud Ælium Maurum, Phlegontis Tralliani libertum, memini, Septimium Severum immoderatissime, quum moreretur, lætatum, quod duos Antoninos pari imperio reipublicæ relinqueret, exemplo Pii, qui Verum et Marcum Antoninos [cf. LXIX, 21. et LXX, 2], per adoptionem filios, reipublicæ reliquit ; hoc melius, quod ille filios per adoptionem, hic per se genitos, rectores Romanæ reipublicæ daret, Antoninum scilicet Bassianum.... et Getam.... » — 2. Cf. Hérodien, III, 15.

HISTOIRE ROMAINE

DE DION.

LIVRE SOIXANTE-SEPTIÈME.

1. Après cela, Antonin prit l'autorité souveraine tout entière ; en apparence, il gouverna de concert avec son frère, mais, en réalité, il gouverna seul dès ce moment. Il conclut la paix avec les ennemis, se retira de leur territoire et abandonna les places fortes ; il congédia aussi quelques-unes des personnes attachées à sa maison, au nombre desquelles fut Papinianus, préfet du prétoire, et en mit d'autres à mort, au nombre desquelles furent Évhodus, son père nourricier, Castor, Plautilla, sa femme, et Plautius, frère de Plautilla. A Rome même, il fit périr un homme qui n'était remar-

An de
Rome
964.

Q. Lollianus
et
Pomponius
Bassus
consuls.

3. Il a déjà été parlé de ce Papinianus, LXXVI, 10 et 14. Suivant Spartien (Carac., 8) : « Papinianum amicissimum fuisse imperatori Severo, et, ut aliqui loquuntur, affinem etiam per secundam uxorem, memoriæ traditur, et huic præcipue utrumque filium a Severo commendatum. »
4. Cf. LXXVI, 3 et 6.
5. Rsk., Bkk. et Ddf; vulg. om.
6. Cf. LXXVI, 14. — 7. Cf. LXXVI, 6. Suivant Hérodien, IV, 6, Plautilla ne fut mise à mort qu'après le meurtre de Géta.

λόγιμον, διὰ δὲ τὴν ἐπιτήδευσιν ἐπιφανέστατον ἐξειργά-
R. p. 1288 σατο · τὸν γὰρ Εὐπρεπῆ τὸν ἁρματηλάτην, ἐπειδὴ[1] τἀναντία αὐτῷ ἐσπούδαζεν, ἀπέκτεινε. Καὶ ὁ μὲν οὕτως ἐν γήρᾳ
ἀπέθανε[2], πλείστοις ἀγῶσιν ἵππων στεφανωθεὶς (δύο γὰρ
καὶ ὀγδοήκοντα καὶ ἑπτακοσίους ἀνείλετο[3]) ὅσους οὐδεὶς
ἄλλος[4]. Τὸν δὲ ἀδελφὸν ἠθέλησε μὲν καὶ ζῶντος ἔτι τοῦ
πατρὸς φονεῦσαι, οὐκ ἠδυνήθη δὲ οὔτε τότε δι' ἐκεῖνον,
οὔθ' ὕστερον ἐν τῇ ὁδῷ[5] διὰ τὰ στρατεύματα · πάνυ γὰρ
εὔνοιαν αὐτοῦ εἶχον[6], ἄλλως τε καὶ ὅτι[7] τὸ εἶδος ὁμοιό-
τατος τῷ πατρὶ ἦν. Ἐπεὶ δὲ ἐν τῇ Ῥώμῃ ἀνῆλθε[8], καὶ
τοῦτον κατειργάσατο. Προσεποιοῦντο μὲν γὰρ καὶ φιλεῖν
ἀλλήλους, καὶ ἐπαινεῖν · πάντα δὲ τὰ ἐναντιώτατα ἔδρων[9],
καὶ ἦν οὐκ ἄδηλον ὅτι δεινόν τι παρ' αὐτῶν γενήσοιτο.
Ὅπερ που καὶ πρὶν πρὸς τὴν Ῥώμην αὐτοὺς ἐλθεῖν προε-
γνώσθη · θύειν τε γὰρ ὑπὲρ τῆς ὁμονοίας αὐτῶν τοῖς τε
ἄλλοις θεοῖς καὶ αὐτῇ τῇ Ὁμονοίᾳ ψηφισθὲν ὑπὸ τῆς

1. Lncl., en marge, St., Bkk. et Ddf. St. : « Hanc certissimam emendationem recepi. Nam ἐπειδάν cum indicativo ne Xiphilinum quidem jun-
xisse mihi persuadeo, neque de tempore præterito, aut pro *quoniam*,
quod Sylb. volebat, illud dici solet. » — 2. La vieillesse était rare chez
les cochers, qui, la plupart, comme en témoignent les inscriptions,
mouraient jeunes.

3. P. Faber (Agonist., I, 18) ajoute στεφάνους, et Rm. croit cette addition à peu près indispensable ; mais St. fait remarquer, et avec raison,
que ce mot est implicitement contenu dans le participe στεφανωθείς, qui
précède. Ne pourrait-on pas encore expliquer : ἀνείλετο ἀγῶνας ?

4. Rm. : « Sed apud Jo. Bapt. Ferretium in Musis lapidariis, lib. III,
Memoria 43, in veteri marmore est M. AVRELIVS POLINICES. QVI. VICIT.
PALMAS. DCCXXXVII, at connumerati conficiunt DCCLXXIX, imo apud
Onuphrium Hisponis palmæ ∞ CCCLVIII, t. IX Græv. p. 137 et 146, et
Gruter. CCCXLII. » — 5. Hérodien, IV, 1, raconte les différends des deux

quable à aucun autre titre que par sa profession où il s'était illustré : il mit à mort le cocher Euprépès parce qu'il était de la faction contraire à celle qu'il favorisait. C'est ainsi qu'Euprépès mourut dans un âge avancé, après avoir été couronné dans un nombre de courses de chevaux plus grand (il avait remporté sept cent quatre-vingt-deux couronnes) qu'aucun autre lutteur. Antonin avait voulu tuer son frère pendant que son père vivait encore, mais il en avait été empêché par lui, comme il le fut après, en route, par l'armée ; car elle aimait beaucoup Géta, d'autant plus qu'il ressemblait tout à fait de figure à son père. Mais, dès qu'il fut de retour à Rome, il se défit de lui. Les deux frères faisaient semblant de s'aimer et de se donner réciproquement des éloges ; mais leurs actions étaient tout l'opposé, et on ne doutait pas qu'ils ne se portassent à quelque crime. Ce malheur fut prévu même avant leur arrivée à Rome : le sénat ayant décrété que, pour obtenir la concorde entre les deux princes, on offrirait un sacrifice aux dieux et à la Con-

frères pendant la route. — 6. Irmisch, dans ses notes sur Hérodien, III, 15, t. II, p. 782, pense qu'on doit lire ici εὔνοιαν αὐτῶν εἶχεν, *benevolentiam ipsorum* exercituum *habuit*. St. défend la vulgate : εὔνοια τινός signifie souvent l'amour que l'on porte à quelqu'un ; εἶχον peut se joindre soit à στρατεύματα, Xph. ne craignant pas de mettre le verbe au pluriel avec un nominatif pluriel neutre (on peut en voir deux exemples, entre autres, LXXVI, 12 : Δύο δὲ γένη τῶν Βρεττανῶν μέγιστά εἰσι, et Εἰσὶ δ' αὐτοῖς καὶ ἐγχιρίδια), soit à στρατιῶται, implicitement contenu dans στρατεύματα.

7. Slbg., Bkk. et Ddf; vulg. : ἄλλως τε ὅτι καὶ τὸ εἶδος.

8. Hérodien, racontant l'arrivée des deux princes à Rome et les honneurs qu'ils rendirent à leur père, ajoute qu'ils se retirèrent dans le palais, dont ils firent condamner toutes les portes de communication, ayant chacun leurs gardes à part, et ne se voyant que pour quelques moments, lorsqu'il fallait se montrer en public.

9. Cf. LXXVI, 7, et Hérodien, IV, 3 et 4.

βουλῆς[1], οἱ μὲν ὑπηρέται τὸ τῇ Ὁμονοίᾳ τεθυσόμενον
ἱερεῖον ἡτοίμασαν, καὶ ὁ ὕπατος ὡς καὶ βουθυτήσων ἀφί-
κετο· οὔτε δὲ οὗτος ἐκείνους, οὔθ' οἱ ὑπηρέται τὸν ὕπατον
εὑρεῖν ἠδυνήθησαν· ἀλλὰ διετέλεσαν πᾶσαν, ὡς εἰπεῖν, τὴν
νύκτα ζητοῦντες ἀλλήλους. ὥστε μὴ δυνηθῆναι τότε τὴν
θυσίαν γενέσθαι. Καὶ τῇ ὑστεραίᾳ δύο λύκοι ἐς τὸ Καπιτώλιον ἀναβάντες, ἐκεῖθεν ἐξεδιώχθησαν· καὶ ὁ μὲν ἐν τῇ
ἀγορᾷ που καταληφθείς, ὁ δὲ μετὰ ταῦτα ἔξω τοῦ πωμη-
ρίου, ἐσφάγη. Καὶ τοῦτο καὶ περὶ ἐκείνους ἐγένετο.

2. Ἐβουλήθη μὲν οὖν ἐν τοῖς Κρονίοις τὸν ἀδελφὸν ὁ
Ἀντωνῖνος φονεῦσαι, οὐκ ἠδυνήθη δέ· καὶ γὰρ ἐκφανέστερον ἤδη τὸ κακὸν, ἢ ὥστε συγκρυβῆναι, ἐγεγόνει· καὶ ἐκ
τούτου πολλαὶ μὲν μάχαι αὐτῶν, ὡς καὶ ἐπιβουλευόντων
ἀλλήλοις, πολλαὶ δὲ καὶ ἀντιφυλακαὶ συνέβαινον. Ἐπεὶ
οὖν καὶ στρατιῶται καὶ γυμνασταὶ, καὶ ἔξω καὶ οἴκοι, καὶ
μεθ' ἡμέραν καὶ νύκτωρ, συχνοὶ τὸν Γέταν ἐφρούρουν,
ἔπεισε τὴν μητέρα μόνους σφᾶς ἐς τὸ δωμάτιον, ἐφ' ᾧ καὶ
συναλλάξουσι, μεταπέμψασθαι· καὶ οὕτω πιστεύσαντος
R.p.1289 τοῦ Γέτα, ἐσῆλθε μὲν μετ' αὐτοῦ· ἐπεὶ δὲ ἔσω ἐγένοντο,
ἑκατόνταρχοί τινες ἐσεπήδησαν ἀθρόοι, παρὰ τοῦ Ἀντωνίνου προπαρεσκευασμένοι· καὶ αὐτὸν πρός τε τὴν μητέρα,
ὡς εἶδε σφᾶς, προκαταφυγόντα, καὶ ἀπό τε τοῦ αὐχένος

---

1. Les tentatives de Julia pour rapprocher ses deux enfants ayant été
inutiles, ils crurent (Hérodien, IV, 3) que le seul moyen qui leur restait
pour se mettre en sûreté l'un et l'autre, c'était de se séparer pour jamais, afin de n'être plus exposés dans Rome à des soupçons et à des em-

corde elle-même, les serviteurs apprêtèrent la victime
qui devait être immolée à la Concorde, et le consul partit pour aller faire le sacrifice ; mais, ni le consul ne put
trouver les serviteurs, ni les serviteurs le consul, et ils
passèrent toute la nuit, pour ainsi dire, à se chercher
mutuellement, en sorte que le sacrifice ne put avoir lieu
alors. Le lendemain, deux loups étant montés au Capitole, en furent chassés ; ils furent mis à mort, l'un dans
le Forum, où on le prit, l'autre, plus tard, hors du Po-
mœrium. Ce présage aussi se rapportait aux empereurs.

2. Antonin avait eu l'intention d'assassiner son frère
pendant les Saturnales, mais il ne le put pas, parce que
le crime aurait été trop manifeste pour être caché ; à
partir de ce moment, il y eut entre eux des combats
semblables à ceux de gens qui cherchent à se surprendre
mutuellement, beaucoup de précautions prises pour se
garantir contre son rival. Mais, comme des soldats et

An de
Rome
965.
Caius Julius
Asper
et
Publius
Julius Asper
consuls.

des gladiateurs en grand nombre gardaient Géta nuit
et jour, tant au dehors que dans sa maison, Antonin
persuada à sa mère de les convoquer tous les deux,
seuls, dans sa chambre, afin d'amener une réconcilia-
tion. Géta, s'étant laissé persuader par cette offre, vint
avec son frère; mais ils ne furent pas plutôt entrés qu'une
troupe de centurions, apostés par Antonin, s'élança
et massacra Géta qui, à leur vue, s'était réfugié auprès

bûches réciproques. Ils proposèrent donc, en présence de leur mère et
des amis de leur père assemblés, qu'Antonin restât maître de l'Europe,
et que Géta eût pour lui toutes les provinces d'Asie, etc.; mais Julia les
empêcha de mettre ce projet à exécution.

αὐτῆς ἐξαρτηθέντα, καὶ τοῖς στήθεσι τοῖς τε μαστοῖς προσφύντα, κατέκοψαν, ὀλοφυρόμενον καὶ βοῶντα, « Μῆτερ μῆτερ, τεκοῦσα τεκοῦσα, βοήθει, σφάζομαι. » Καὶ ἡ μὲν οὕτως ἀπατηθεῖσα, τόν τε υἱὸν ἐν τοῖς ἑαυτῆς[1] κόλποις ἀνοσιώτατα ἀπολλύμενον ἐπεῖδε, καὶ τὸν θάνατον αὐτοῦ ἐς αὐτὰ τὰ σπλάγχνα τρόπον τινά, ἐξ ὧν ἐγεγέννητο, ἐσεδέξατο· καὶ γὰρ τοῦ αἵματος πᾶσα ἐπλήσθη, ὡς ἐν μηδενὶ λόγῳ τὸ τῆς χειρὸς τραῦμα, ὃ ἐτρώθη, ποιήσασθαι. Οὔτε δὲ πενθῆσαι, οὔτε θρηνῆσαι τὸν υἱὸν, καίπερ πρόωρον οὕτως οἰκτρῶς ἀπολωλότα, ὑπῆρξεν αὐτῇ (δύο γὰρ καὶ εἴκοσιν ἔτη καὶ μῆνας ἐννέα ἐβίω), ἀλλ' ἠναγκάζετο, ὡς καὶ ἐν μεγάλῃ τινὶ εὐτυχίᾳ οὖσα, χαίρειν καὶ γελᾶν[2]· οὕτω που πάντα ἀκριβῶς καὶ τὰ ῥήματα αὐτῆς καὶ τὰ νεύματα τά τε χρώματα ἐτηρεῖτο· καὶ μόνη ἐκείνη τῇ Αὐγούστῃ, τῇ τοῦ[3] αὐτοκράτορος γυναικὶ, τῇ τῶν αὐτοκρατόρων μητρὶ, οὐδ' ἰδίᾳ που ἐπὶ τηλικούτῳ παθήματι δακρῦσαι ἐξῆν.

3. Ὁ δ' Ἀντωνῖνος, καίπερ ἑσπέρας οὔσης, τὰ στρατόπεδα κατέλαβε, διὰ πάσης τῆς ὁδοῦ κεκραγὼς ὡς ἐπιβεβουλευμένος καὶ κινδυνεύων[4]. Ἐσελθὼν δὲ εἰς τὸ τεῖχος, « Χαίρετε, εἶπεν, ὦ ἄνδρες συστρατιῶται, καὶ γὰρ ἤδη ἔξεστί μοι εὐεργετεῖν ὑμᾶς[5]. » Καὶ πρὶν πάντα ἀκοῦσαι,

1. c om.; f : ἑαυτοῖς.
2. Spartien (Caracallus, 3, et Géta, 7) dit qu'il voulut tuer sa mère, parce qu'elle pleurait. — 3. Slbg. : « Articulus τοῦ rectius expungetur, ut scilicet non regnantis, sed defuncti imperatoris uxor intelligatur. »

de sa mère, et, suspendu à son cou, attaché à sa poitrine et à son sein, poussait des cris lamentables : « Mère, ô ma mère, toi, ô toi qui m'as enfanté, viens à mon secours, on m'égorge. » Julia, ainsi abusée, eut la douleur de voir son fils tué entre ses bras par le crime le plus impie, et elle reçut, pour ainsi dire, la mort dans ces mêmes entrailles où elle lui avait donné le jour; car elle fut couverte tout entière de son sang, en sorte qu'elle compta pour rien une blessure qui lui avait été faite à la main. Elle n'eut pas la liberté de pleurer ni de plaindre le sort de ce fils prématurément enlevé d'une façon si déplorable (il ne vécut que vingt-deux ans neuf mois); elle était, de plus, forcée de se réjouir et de rire, comme si elle avait été au comble du bonheur, tellement on observait avec soin toutes ses paroles, tous ses gestes et jusqu'à la couleur de son visage; seule, cette Augusta, femme et mère d'empereurs, n'eut pas la permission de verser des larmes, même en son particulier, sur un malheur si affreux.

3. Quant à Antonin, bien que ce fût le soir, il ne laissa pas d'aller trouver les soldats, criant tout le long de la route qu'on avait tramé un complot contre lui et qu'il courait de grands dangers. Lorsqu'il fut entré dans le camp : « Salut, dit-il, compagnons d'armes, il m'est désormais permis de vous faire du bien. » Et, avant qu'ils

---

4. Hérodien, IV, 4; Spartien (Caracallus, 2, et Sévère, 21), ainsi que Philostrate (Sophistes, II, 24, § 2) nous ont rapporté quelques-unes de ces imputations calomnieuses.

5. Cf. les paroles que lui prête Hérodien.

ἐνέφραξε σφῶν τὰ στόματα τοσαύταις καὶ τηλικαύταις ὑποσχέσεσιν [1], ὥστε μήτ' ἐννοῆσαι, μήτε φθέγξασθαί τι αὐτοὺς εὐσεβὲς δυνηθῆναι. « Εἷς γὰρ, ἔφησεν, ἐξ ὑμῶν εἰμὶ, καὶ δι' ὑμᾶς μόνους ζῆν ἐθέλω, ἵν' ὑμῖν πολλὰ χαρίζωμαι· ὑμέτεροι γὰρ οἱ θησαυροὶ πάντες εἰσί. » Καὶ δὴ καὶ τοῦτο εἶπεν ὅτι, « Μάλιστα μὲν μεθ' ὑμῶν ζῆν, εἰ δὲ μὴ, ἀλλὰ μεθ' ὑμῶν γε ἀποθανεῖν εὔχομαι. Οὔτε γὰρ ἄλλως δέδια τὸν θάνατον, καὶ ἐν πολέμῳ τελευτῆσαι βούλομαι [2]· ἢ γὰρ
R.p.1290 ἐνταῦθα δεῖ τὸν ἄνδρα ἀποθνήσκειν, ἢ μηδαμοῦ. » Πρὸς δὲ τὴν σύγκλητον [3] τῇ ὑστεραίᾳ ἄλλα τέ τινα διελέχθη [4], καὶ μετὰ τὸ ἐκ τοῦ βάθρου ἐξαναστῆναι, καὶ πρὸς τῇ θύρᾳ γενέσθαι, « Ἀκούσατέ μου, εἶπε, μέγα πρᾶγμα· ἵνα πᾶσα ἡ οἰκουμένη χαρῇ, πάντες οἱ φυγάδες, οἱ καὶ ἐφ' ὁτῳοῦν ἐγκλήματι καὶ ὁπωσοῦν καταδεδικασμένοι, κατελθέτωσαν [5]. » Τὰς μὲν οὖν νήσους, οὕτω τῶν φυγάδων κενώσας, καὶ τοῖς κακίστοις τῶν καταδεδικασμένων ἄδειαν δεδωκὼς, εἶτ' οὐ πολλῷ ὕστερον ἀνεπλήρωσε [6].

1. Hérodien dit qu'il promit deux mille cinq cents drachmes attiques à chaque soldat et doubla la mesure de blé qu'on leur distribuait. Spartien (Caracallus, 2) : « Pars militum apud Albam, Getam occisum ægerrime accepit, dicentibus cunctis, duobus se fidem promisisse liberis Severi, duobus servare debere : clausisque portis, diu imperator non admissus, nisi delinitis animis, non solum querelis de Geta et criminationibus editis, sed enormitate stipendii militibus, ut solet, placatis. » Dans la Vie de Géta, 6, Spartien se sert à peu près des mêmes expressions.

2. Suivant Hérodien, il feignait d'être un homme de guerre.

3. Il y vint, si l'on en croit Spartien (Caracallus, 3, et Géta, 6) et Hérodien (IV, 5), couvert d'une cuirasse et entouré de soldats.

4. Cf. le discours qu'Hérodien lui fait tenir dans le sénat. Les *Excerpta Vat.* : Ὅτι Ἀντωνῖνος μετὰ τὴν ἀναίρεσιν Γέτα πρὸς τὸ συνέδριον πολλὰ

eussent tout entendu, il leur ferma la bouche par tant et de si belles promesses, qu'ils ne purent plus avoir ni pensée ni parole pieuses. « Je suis l'un de vous, continua-t-il, je veux ne vivre que pour vous, afin de vous combler de bienfaits; tous les trésors vous appartiennent. » Puis il ajouta : « Je désire avant tout vivre avec vous; sinon, mourir avec vous. Je n'appréhende pas la mort d'ailleurs, et je veux finir ma vie à la guerre; c'est là, en effet, ou nulle part, qu'un homme de cœur doit succomber. » Le lendemain, dans le sénat, il prononça quelques paroles; puis, après s'être levé de son banc et être arrivé près de la porte : « Écoutez de ma bouche, dit-il, une grande chose : Afin que tout l'univers soit en joie, que tous les exilés qui ont été condamnés, n'importe pour quel crime et n'importe comment, rentrent dans leurs foyers. » Après avoir ainsi dépeuplé les îles d'exilés, en accordant l'impunité aux plus grands scélérats condamnés à cette peine, il ne tarda pas à les remplir de nouveau.

ἄτοπα εἰπὼν, καὶ τοῦτο ἐφθέγξατο ὅτι « Μᾶλλον μὲν μεθ' ὑμῶν ζῆν βούλομαι· εἰ δὲ μὴ τοῦτο, ἀνθ' ὑμῶν ἀποθανεῖν. » Καὶ πρωῒ εἰς τὸ βουλευτήριον εἰσελθὼν παρεκάλει συγγνώμην, οὐχ ὅτι τὸν ἀδελφὸν ἀπέσφαξεν, ἀλλ' ὅτι βραγχᾷ καὶ οὐ βούλεται δημηγορῆσαι. « Antonin, après le meurtre de son frère, « dit au sénat, entre autres absurdités, cette parole : Je veux en premier « lieu vivre avec vous, sinon mourir pour vous. Le matin, étant entré « dans la curie, il s'excusa, non d'avoir tué son frère, mais d'être atteint « d'une bronchite et de désirer ne point prendre la parole. »

5. Cf. Spartien, Caracallus, 3. Les *Excerpta Vat.* mettent une restriction à cette faveur : .... πλὴν οἱ ὑπὸ τοῦ ἐμοῦ μὲν θείου, ὑμετέρου δὲ πατρὸς, πεφυγαδευμένοι εἶεν, « à l'exception de ceux qui ont été exilés par « celui qui est mon divin père et le vôtre. » — 6. Rm. croit qu'il manque ici un mot, tel que κρατίστοις, opposé à κακίστοις.

4. Τῶν δὲ δὴ Καισαρείων, τῶν τε στρατιωτῶν τῶν
μετὰ τοῦ Γέτα[1] γενομένων, καὶ ἐς δύο μυριάδας παραχρῆμα ἀπέκτεινεν[2], ἄνδρας ἁπλῶς καὶ γυναῖκας, ὥς πού
τις καὶ ἔτυχεν ἐν τῷ βασιλείῳ ὤν· ἐκ δὲ τῶν ἐπιφανῶν
ἀνδρῶν ἄλλους τε, καὶ τὸν Παπινιανόν[3]. Καὶ τῷ γε τὸν
Παπινιανὸν φονεύσαντι ἐπετίμησεν, ὅτι ἀξίνῃ αὐτὸν, καὶ
οὐ ξίφει διεχρήσατο[4]. Τὸν δὲ δὴ Κίλωνα τὸν τροφέα,
τὸν εὐεργέτην, τὸν ἐπὶ τοῦ πατρὸς αὐτοῦ πεπολιαρχηκότα,
ὃν καὶ πατέρα πολλάκις ἐκεκλήκει[5], ἠβουλήθη μὲν ἀπο-
στερῆσαι τοῦ ζῆν· καὶ οἱ στρατιῶται οἱ πεμφθέντες ἐπ'
αὐτὸν, τὰ μὲν ἀργυρώματα καὶ τὰ ἱμάτια, τά τε χρήματα,
καὶ τὰ ἄλλα πάντα τὰ ἐκείνου διήρπασαν· αὐτὸν δὲ ἀνή-
γαγον διὰ τῆς Ἱερᾶς ὁδοῦ, ὡς καὶ ἐς τὸ παλάτιον κομιοῦν-
τες, κλάπας τε ὑποδεδεμένον (ἐν βαλανείῳ γὰρ ὢν ἔτυχε)
καὶ χιτωνίσκον ἐνδεδυμένον[6], ὡς καὶ ἐκεῖ που καταχρη-
σόμενοι. Καὶ τήν τε ἐσθῆτα αὐτοῦ περιέρρηξαν, καὶ τὸ
πρόσωπον ἠκίσαντο, ὥστε καὶ τὸν δῆμον καὶ τοὺς στρατιώ-

1. Peir. : μετὰ τὸν Γέταν.

2. Peir. : ἀπέσφαξεν. Suivant Spartien, 8, et Aurélius Victor, les Césars, XX, 33, Caracallus aurait demandé à Papinianus de lui rédiger une
apologie du meurtre de Géta, et celui-ci aurait répondu qu'il était plus
facile de commettre un fratricide que de l'excuser. Ces auteurs aussi
traitent de fable le récit qui suppose que Papinianus refusa, sous prétexte que cela ne regardait pas le préfet du prétoire, de composer une
invective contre Géta.

3. On lit dans les *Excerpta Vat.* : ῞Οτι Ἀντωνῖνος Παπιανὸν καὶ Πε-
τρώνιον [correction d'A. Mai, adoptée par les éd. subséq., au lieu de Πα-
τρωῖνιον, donné par le ms.], τῶν δορυφόρων ἐπί τισι κατηγορησάντων αὐτῶν
[le ms. : αὐτὸν], ἐπέτρεψεν ἀποκτεῖναι αὐτούς, εἰπὼν κἀκεῖνο, ὅτι « Ἐγὼ
ὑμῖν καὶ οὐκ ἐμαυτῷ [sic Bkk.; le ms. et les éd. : ἐμαυτοῦ] ἄρχω · καὶ

4. Il fit mourir immédiatement les Césariens et les soldats partisans de Géta, au nombre de vingt mille, hommes et femmes indistinctement, selon que chacun se trouva dans le palais, ainsi que plusieurs hommes illustres, entre autres Papinianus. Il reprocha au meurtrier de Papinianus d'avoir employé la hache au lieu d'avoir employé l'épée pour son exécution. Il voulut aussi enlever la vie à Cilon, son gouverneur et son bienfaiteur, qui avait été préfet de Rome sous son père, et à qui il avait plusieurs fois donné ce titre; les soldats envoyés contre lui pillèrent sa vaisselle d'argent, ses habits, son argent et tout le reste de ses meubles; puis ils l'emmenèrent à travers la voie Sacrée, dans l'intention de le conduire au palais, chaussé de sandales (Cilon, dans le moment, était au bain) et vêtu d'une méchante tunique, afin de l'y mettre à mort. Ils lui déchirèrent ses vêtements et le frappèrent au visage, en

---

διὰ τοῦτο καὶ πείθομαι ὑμῖν καὶ ὡς κατηγόροις καὶ ὡς δικασταῖς. « Antonin « permit aux gardes du prétoire de tuer Papinianus et Pétronius, qu'ils « accusaient de certains crimes, disant : C'est pour vous et non pour moi « que je règne; aussi je vous obéis comme à mes accusateurs et à mes « juges. »

4. La mort par la hache était réputée ingnominieuse.

5. Les empereurs donnaient souvent (conf. Brisson, des Formules, livre III, p. 314, et Saumaise, notes sur les Écrivains de l'histoire Auguste, t. II, p. 292) le nom de père au préfet de Rome et au préfet du prétoire, ainsi qu'aux grands magistrats. Commode (LXXII, 14) le donnait à Julianus; Antonin a donc pu le donner à Cilon, qui avait été son gouverneur.

6. ∫ om. : ἐν βαλανείῳ... ἐνδεδυμένον.

τας τοὺς ἀστικοὺς ὑποθορυβῆσαι· καὶ τοῦτο καὶ τὸν Ἀντωνῖνον, καὶ αἰδεσθέντα αὐτοὺς καὶ φοβηθέντα, ἀπαντῆ-
σαι σφίσι, καὶ τῇ χλαμύδι (τὴν γὰρ στρατιωτικὴν ἐσθῆτα
εἶχε) περιβαλόντα αὐτὸν εἰπεῖν, «Μήτε τὸν πατέρα ὑβρί-
ζετε, μήτε τὸν τροφέα παίετε.» Ὁ δὲ δὴ χιλίαρχος ὁ
κελευσθεὶς αὐτὸν φονεῦσαι, καὶ οἱ στρατιῶται οἱ συμπεμ-
φθέντες αὐτῷ, ἀνῃρέθησαν, λόγῳ μὲν ὡς ἐπιβουλεύσαντες,
τὸ δ' ἀληθὲς, ὅτι μὴ κατέσφαξαν αὐτόν.

5. [Ὅτι τὸν Κίλωνα τοσοῦτον ἀγαπᾷ ὁ Ἀντωνῖνος,
ὥστε εἰπεῖν ὅτι[1], «Οἱ τούτῳ ἐπιβεβουλευκότες, ἐμοὶ ἐπιβε-
βουλεύκασιν.» Ἐφ' ᾧ δὴ ἐπαινούμενος ὑπὸ τῶν προσεστη-
κότων, ἔφη, «Ἐμὲ μήθ' Ἡρακλέα, μήτ' ἄλλον θεόν τινα
ἐπικαλεῖτε[2]·» οὐχ ὅτι οὐκ ἐβούλετο θεὸς ὀνομάζεσθαι,
ἀλλ' ὅτι οὐδὲν ἄξιον θεοῦ πράττειν ἤθελεν. Ἔμπληκτος γὰρ
φύσει πρὸς πάντα τὰ πράγματα ὢν, καὶ ἐτίμα τινὰς μεγάλως, καὶ ἠτίμαζεν ἐξαίφνης τοὺς αὐτοὺς[3] ἀλογώτατα·
ἔσωζέ τε οὓς ἥκιστα ἐχρῆν, καὶ ἐκόλαζεν οὓς οὐκ ἄν τις
προσεδόκησεν.] [Ὅτι τὸν Ἄσπρον τὸν Ἰούλιον[4], οὐδ' ἄλλως
εὐκαταφρόνητον, καὶ διὰ παιδείαν, καὶ διὰ φρόνημα[5],
ὄντα, ἐξάρας, ὁμοίως[6] καὶ τοὺς υἱοὺς αὐτοῦ, καὶ ἐν πολ-

---

1. Rm. (de même St.) : Ἀλλὰ τὸν Κίλωνα τοσοῦτον ἀγαπᾷν ὁ Ἀντωνῖνος
δοκεῖν ἐβούλετο, ὥστε εἰπεῖν ὅτι, omettant le Ὅτι en tête de l'Extrait :
« Ne Dioni secum adversa fronte pugnaret, verba ejus, forte in Excerptis
male a nexu reliquorum avulsa, per eamdem simulationem, de qua
paulo ante, interpretatus sum. » — 2. Peir. : ἐπικαλεῖσθαι. Spartien, 5 :
« Deorum sane se nominibus appellari vetuit, quod Commodus fecerat,
quum illi eum, quod leonem aliasque feras occidisset, Herculem dice-
rent. »

sorte que le peuple et la garde urbaine s'en émurent, et qu'Antonin, tant par respect que par crainte, vint au-devant d'eux, et (il avait alors l'habit militaire) enveloppant Cilon de sa chlamyde, leur dit : « N'outragez pas mon père, ne frappez pas mon gouverneur. » Quant au tribun et aux soldats envoyés avec le tribun, ils furent mis à mort sous prétexte de conspiration, mais en réalité pour n'avoir pas tué Cilon.

5. [Antonin avait tant d'amour pour Cilon qu'il disait : « Conspirer contre lui, c'est conspirer contre moi. » Loué de cette parole par les assistants, il ajouta : « Ne me donnez ni le nom d'Hercule, ni celui d'aucun autre dieu. » Ce n'est pas qu'il n'eût point l'intention d'être appelé dieu, mais il ne voulait rien faire de digne d'un dieu. Naturellement emporté par un mouvement de folie dans tous ses actes, il accordait à certaines personnes de grands honneurs, et tout aussitôt il les outrageait sans motif; il accordait la vie à des gens à qui il n'aurait dû l'accorder à aucun titre, et punissait ceux qu'on prévoyait le moins.] [Julius Asper, homme distingué par son instruction et par la noblesse de ses sentiments, après avoir été, ainsi que ses fils, élevé bien haut par lui, et vu pompeusement accom-

---

3. Peir.; vulg., Bkk. et Ddf. om. : τοὺς αὐτούς. — 4. Rm. et St. : Καὶ γὰρ τὸν Ἄσπρον τὸν Ἰούλιον [Peir. : Ἰουλιανόν), avec omission de Ὅτι. Deux inscriptions, dans Noris (Époques syro-macédoniennes, III, 4, p. 184), dit Rm., et une pierre citée par Fabretti, p. 494, montrent assez qu'il faut lire ici Ἰούλιον, nom qui lui est d'ailleurs attribué (LXXIX, 4) par notre auteur lui-même.

5. Rsk. voudrait ajouter ἐπιφανέστερον. — 6. Peir. : ὁμοίους.

λαῖς¹ τοσαύταις ῥάϐδοις ὁμοῦ ἐμπομπεύσαντα, προεπηλά-
κισε παραχρῆμα δεινῶς, καὶ ἐς τὴν πατρίδα μεθ' ὕϐρεως καὶ
μετὰ δέους ἰσχυροῦ ἀπέπεμψεν.] [Ὅτι τὸν Λαῖτον² ἠτιμά-
κει ἂν ἢ καὶ ἀπεκτόνει, εἰ μὴ κακῶς ἐνόσει· καὶ τὴν ἀῤῥωστίαν αὐτοῦ ἀσεϐῆ παρὰ τοῖς στρατιώταις ὠνόμασεν, ὅτι
μὴ καὶ περὶ ἐκεῖνον ἀσεϐῆσαι αὐτῷ ἐπέτρεψεν.] [Ὅτι³ καὶ
Θρασέαν Πρίσκον, ἄνδρα οὐδενὸς οὔτε γένει οὔτε φρονήσει
δεύτερον⁴, κατεχρήσατο.] [Ὅτι⁵ καὶ ἄλλους πολλοὺς καὶ
φίλους τὸ πρότερον ὄντας ἀπέκτεινεν.]

6. Πάντας δ' οὐκ ἂν ἐγὼ μυθήσομαι, οὐδ' ὀνομήνω⁶,

R.p.1292 ὅσους τῶν ἐπιφανῶν οὐδεμιᾷ δίκῃ ἀπέκτεινεν⁷ Ὁ μὲν γὰρ
Δίων, ἅτε γνωριμωτάτων κατ' ἐκείνους τοὺς καιροὺς τῶν
πεφονευμένων ὄντων, καὶ ἐξ ὀνόματος αὐτῶν ποιεῖται κα-
τάλογον· ἐμοὶ δ' εἰπεῖν ἐξαρκεῖ, ὅτι πάντας ὁμοίως, οὓς
ἤθελε, κατεχειρίζετο, ὥστ' αἴτιος, ὥστε καὶ οὐχί· καὶ ὅτι
τὴν Ῥώμην ἠκρωτηρίασεν, ἀγαθῶν ἀνδρῶν στερήσας αὐ-
τήν⁸. Ἐκ δὲ τῶν φόνων ἐς τὰς παιδιὰς ἀποκλίνων, οὐδὲν
ἧττον καὶ ἐν ταύταις ἐφόνα. Ἐλέφαντα μὲν γὰρ, καὶ ῥινο-
κέρωτα, καὶ τίγριν, καὶ ἱππότιγριν ἐν οὐδενὶ λόγῳ θείη⁹

---

1. Le mot πολλαῖς semble, à juste titre, superflu à Valois; Rsk. propose ἐν πανηγύρεσι ou ἡγεμονίαις πολλαῖς. Le sens, d'après Valois, est que
les deux fils d'Asper furent consuls en même temps; on trouve, en
effet, dans les fastes de Cassiodore, l'an de Rome 965, deux Aspers
portés comme consuls. — 2. Rm. et St. : Καὶ τὸν Λαῖτον, avec omission
de Ὅτι. C'est ce Lætus qu'Antonin (Spartien, 3) « ad mortem coëgit,
misso a se veneno : ipse enim inter suasores Getæ mortis primus fuerat, qui et primus interemptus est. »
3. Rm. et St. om. — 4. On croit qu'il était de la famille d'Helvidius
Priscus, gendre de Thraséas. — 5. Rm. et St. om. — 6. *a*, *b*, Ddf et

pagné d'un si grand nombre de faisceaux, reçut tout à coup un grave affront, et fut renvoyé avec injure, non sans être saisi d'une forte crainte, dans sa patrie.] [Il aurait noté d'infamie ou même fait mourir Lætus, si ce Lætus n'eût été en proie à une maladie dangereuse; il traita, devant les soldats, cette maladie d'impiété, parce qu'elle ne lui permettait pas de commettre une impiété envers lui aussi.] [Il fit tuer Priscus Thraséas, qui ne le cédait à personne ni en naissance ni en savoir.] [Il fit encore périr plusieurs personnes qui avaient été auparavant ses amis.]

6.   Je ne les dirai tous, et je tairai les noms

d'une foule d'hommes illustres qu'il mit à mort sans jugement. Dion, attendu que, de son temps, les victimes étaient bien connues, en donne la liste nominale; pour moi, je me contenterai de dire qu'il fit périr tous ceux qu'il lui plut, coupables ou non, et qu'il mutila Rome en la privant de gens de bien. Il détourna ensuite son esprit des meurtres pour le porter vers les divertissements sans pour cela cesser de tuer. Qu'il ait massacré un éléphant, un rhinocéros, un tigre, un hippotigre dans l'amphithéâtre, on pourrait compter la chose pour

Homère (Il., II, 488); vulg. et Bkk. : μυθήσωμ', οὐδ' ὀνομήνω. — 7. Cf. Spartien, 3; Hérodien, IV, 6. — 8. Rm. et St. intercalent ici un Extrait du ms. Peir., où ils suppriment le ῞Οτι et ajoutent μὲν γάρ après le premier mot. Bien que viennent à la suite, dans le ms., d'autres Extraits se rapportant aux ch. 7 et 9, je crois, avec Bkk. et Ddf, que celui dont il est en ce moment question se trouve beaucoup mieux à sa place ch. 10, où je le donne en note.

9. St. : « Sic certe Dio non scripsit, qui semper medio uti solet. Sed nihil mutavi, quia saltem alii scriptores nonnunquam activum sic ponunt. »

ἄν τις φονευομένους ἐν τῷ θεάτρῳ· ὁ δὲ καὶ μονομάχων
ἀνδρῶν ὅτι πλείστων[1] ἔχαιρεν αἵμασι· καὶ ἕνα γε αὐτῶν
Βάτωνα τρισὶν ἐφεξῆς ἀνδράσιν ὁπλομαχῆσαι τῇ αὐτῇ
ἡμέρᾳ ἀναγκάσας, ἔπειτα ἀποθανόντα ὑπὸ τοῦ τελευταίου,
περιφανεῖ ταφῇ ἐτίμησε[2].

7. Περὶ δὲ τὸν Ἀλέξανδρον οὕτω τι ἐπτόητο[3], ὥστε
καὶ ὅπλοις τισὶ καὶ ποτηρίοις, ὡς καὶ ἐκείνου γεγονόσι,
χρῆσθαι, καὶ προσέτι καὶ εἰκόνας αὐτοῦ πολλὰς καὶ ἐν τοῖς
στρατοπέδοις, καὶ ἐν αὐτῇ τῇ Ῥώμῃ στῆσαι· φάλαγγά τέ
τινα ἐκ μόνων τῶν Μακεδόνων ἐς μυρίους καὶ ἑξακισχι-
λίους συντάξαι[4], καὶ αὐτὴν Ἀλεξάνδρου τε ἐπονομάσαι,
καὶ τοῖς ὅπλοις, οἷς ποτε ἐπ᾽ ἐκείνου ἐκέχρηντο, ὁπλίσαι·
ταῦτα δ᾽ ἦν, κράνος ὠμοβόειον, θώραξ λινοῦς τρίμιτος,
ἀσπὶς χαλκῆ, δόρυ μακρὸν, αἰχμὴ βραχεῖα, κρηπῖδες,
ξίφος. Καὶ οὐδὲ ταῦτα μέντοι αὐτῷ ἐξήρκεσεν, ἀλλὰ καὶ
ἑαυτὸν ἐκεῖνον Ἑῷον Αὔγουστον ἐπεκαλεῖτο[5]· καί ποτε
καὶ τῇ βουλῇ ἔγραψεν[6], ὅτι ἐς τὸ σῶμα αὖθις τὸ τοῦ
Αὐγούστου ἐσῆλθεν[7], ἵνα, ἐπειδὴ[8] ὀλίγον τότε χρόνον ἐβίω,

---

1. Bkk. et Ddf; vulg. : πλεῖστον. — 2. Rm. : « Monumentum ejus mar-
moreum ex hortis Pamphiliis ad viam Aureliam producit Fabrettus ad
Col. Traj., p. 258. »

3. Suivant Spartien, 2, il ne parlait que d'Alexandre le Grand de Macédoine et de ses exploits, et se flattait de l'égaler. Ce fut surtout (Hérodien, IV, 8, et Suidas) lorsqu'il partit des bords de l'Ister pour se rendre
en Thrace et en Macédoine que cette folie s'empara de lui.

4. Néron (Suétone, 19) avait déjà institué une phalange composée de
soldats italiens; mais sa phalange n'était que d'une seule légion, c'est-
à-dire de six mille hommes, tandis que la vieille phalange des Macédoniens (Tite-Live, XXXIII, 4, XXXVII, 40; et Appien, Affaires de Syrie,
32) en avait seize mille. Hérodien ajoute que tous les chefs de la phalange

rien; mais il aimait à voir couler le sang d'un aussi grand nombre de gladiateurs qu'il se pouvait. L'un d'eux, nommé Baton, qu'il avait forcé de se battre, le même jour, contre trois adversaires successifs, ayant succombé sous les coups du dernier, il lui fit un enterrement magnifique.

7. Il avait pour Alexandre une passion telle, qu'il se servait de certaines armes et de certaines coupes comme si elles eussent appartenu à ce prince, et, de plus, lui dressa de nombreuses statues dans le camp et même à Rome; qu'il composa une phalange de seize mille hommes tous Macédoniens, la nomma phalange d'Alexandre, l'arma des armes en usage dans le temps de ce prince, c'est-à-dire d'un casque en cuir de bœuf cru, d'une cuirasse de lin en triple tissu, d'un bouclier d'airain, d'une longue lance, d'un trait court, de sandales et d'une épée. Cela ne lui suffit pas; il se fit appeler l'Auguste d'Orient; il écrivit même un jour au sénat que l'âme d'Alexandre était entrée de nouveau dans le corps de l'Auguste, afin d'y trouver une nouvelle exis-

eurent ordre de prendre des noms de généraux d'Alexandre. — 5. Bkk., en note, comme conjecture : ἑαυτὸν μὲν Ἑσπέριον Ἀλέξανδρον, ἐκεῖνον δ' Ἐῷον Αὔγουστον, conjecture fort ingénieuse. Dans Peir., ce passage se lit ainsi : Ὅτι ὁ Ἀντωνῖνος ἄλλα ἄττα ποιῶν διετέλει φιλαλέξανδρος ὢν καὶ ἑαυτὸν [mot qu'avec Bkk. et Ddf je substitue dans le texte à la vulgate αὐτόν] ἐκεῖνον...... « quæ priora, dit Rm., auctor Exceptorum suo stilo videtur præmisisse, ut nexus dicendorum appareret. »

6. Peir. : ἔλεγεν, au lieu de ἔγραψεν.

7. Antonin se désigne lui-même sous son titre d'Auguste. Hérodien, IV, 8, dit avoir vu, outre des images et des statues d'Alexandre posées partout, des peintures ridicules, représentant, sur un seul corps, les figures d'Antonin et d'Alexandre. — 8. Peir. : ἵν' ἐπειδή.

πλείονα αὖθις[1] δι' ἐκείνου ζήσῃ. Καὶ δὴ καὶ τοὺς φιλοσόφους τοὺς Ἀριστοτελείους ὠνομασμένους τά τε ἄλλα[2] δεινῶς
ἐμίσει, ὥστε[3] καὶ τὰ βιβλία αὐτοῦ κατακαῦσαι ἐθελῆσαι,
καὶ τὰ συσσίτια, ἃ ἐν τῇ Ἀλεξανδρείᾳ εἶχον, τάς τε λοιπὰς
ὠφελείας, ὅσας ἐκαρποῦντο, ἀφείλετο[4], ἐγκαλέσας σφίσιν,
ὅτι[5] συναίτιος[6] τῷ Ἀλεξάνδρῳ τοῦ θανάτου Ἀριστοτέ-
λης γεγονέναι ἔδοξε[7]. Ταῦτα μὲν οὕτως ἐποίησε, καί, νὴ
Δία[8], καὶ ἐλέφαντας πολλοὺς συμπεριήγετο, ὅπως καὶ ἐν
τούτῳ τὸν Ἀλέξανδρον, μᾶλλον δὲ[9] τὸν Διόνυσον μιμεῖσθαι[10] δόξῃ.

8. Οὕτω δ' οὖν διὰ τὸν Ἀλέξανδρον καὶ τοὺς Μακεδό-
νας ἐφίλει, ὥστε ποτὲ χιλίαρχον Μακεδόνα ἐπαινέσας ὅτι
κούφως ἐπὶ τὸν ἵππον ἀνεπήδησεν, ἐπύθετο αὐτοῦ τὸ μὲν
πρῶτον, « Πόθεν εἶ; » ἔπειτα, μαθὼν ὅτι Μακεδὼν εἴη,
ἐπανήρετο, « Τίς δὲ ὀνομάζῃ; » καί, μετὰ τοῦτο, ἀκούσας
ὅτι Ἀντίγονος, προσεπανήρετο, « Τίς δέ σου ὁ πατὴρ ἐκαλεῖτο; » ὡς δὲ καὶ οὗτος Φίλιππος ὢν εὑρέθη, « Πάντ' ἔχω,
φησίν, ὅσα ἤθελον· » καὶ εὐθύς τε αὐτὸν ταῖς λοιπαῖς στρατείαις ἐσέμνυνε, καὶ μετ' οὐ πολὺ ἐς τοὺς βουλευτὰς τοὺς
ἐστρατηγηκότας κατέταξεν. Ἕτερον δέ τινα, τῇ μὲν Μα-

---

1. Peir. : πλεῖον αὖθις. — 2. Peir. om. : ὠνομασμένους τά τε ἄλλα.
3. Peir. : ὡς.
4. Il s'agit d'une institution des premiers rois d'Égypte, maintenue par
les empereurs romains, par laquelle les savants de tout genre étaient
nourris dans le Musée d'Alexandrie aux frais de l'État, et jouissaient
des autres commodités de la vie. Ce sont ces priviléges qu'Antonin ravit
d'abord aux sectateurs d'Aristote ; plus tard (ch. 23), il les supprimera
pour tous. — 5. Peir. : σφίσι, ὅτι. — 6. Peir. συναίτια.

tence plus longue, sa première vie ayant eu peu de durée.
Il avait une si forte haine pour les philosophes appe-
lés Aristotéliens, qu'il voulut brûler les livres de leur
maître, supprima leur banquet à Alexandrié et les
autres priviléges dont ils jouissaient, leur reprochant,
entre autres griefs, la tradition qui faisait Aristote complice de la mort d'Alexandre. Telle était sa conduite,
et, de plus, par Jupiter, il eut l'idée de mener avec lui
un grand nombre d'éléphants, afin de passer pour imiter
Alexandre ou plutôt Bacchus.

8. Sa vénération pour Alexandre lui inspirait tant
d'amour pour les Macédoniens, qu'ayant un jour loué
un tribun militaire macédonien de la légèreté avec laquelle il avait sauté sur un cheval, il lui demanda tout
d'abord : « De quel pays es-tu ? » puis, quand il eut appris que cet officier était de la Macédoine, il lui fit cette
question : « Quel est ton nom ? » ensuite, lorsqu'il sut de
sa bouche qu'il avait nom Antigone, il ajouta : « Comment s'appelait ton père ? » et ce père s'étant trouvé
être un Philippe : « C'est, dit-il, tout ce que je désirais, »
et il éleva immédiatement ce tribun aux autres grades
militaires, puis, peu après, le mit au rang des sénateurs
ayant exercé la préture. Une autre personne, compléte-

---

7. On a prétendu qu'Alexandre, sur la fin de sa vie, s'étant refroidi
pour Aristote, à cause du zèle que celui-ci avait mis à l'apologie de Callis-
thène, Aristote, de son côté, avait été complice de l'empoisonnement de
son ancien disciple par Antipater. — 8. Peir. om. : καὶ νὴ Δία.

9. Peir. : μᾶλλον καί. — 10. Peir. : ζηλοῦν, au lieu de μιμεῖσθαι. Bacchus, dans son expédition des Indes, s'était surtout emparé des éléphants
comme butin.

κεδονίᾳ μηδὲν προσήκοντα, πολλὰ δὲ καὶ δεινὰ[1] δεδρα-
κότα, καὶ διὰ τοῦτο παρ' αὐτοῦ ἐξ ἐκκλήτου[2] δίκης κρι-
νόμενον, ἐπειδὴ Ἀλέξανδρός τε ἐκαλεῖτο, καὶ ὁ κατηγορῶν
αὐτοῦ ῥήτωρ συνεχῶς ἔλεγεν, «Ὁ μιαιφόνος Ἀλέξανδρος,
ὁ θεοῖς ἐχθρὸς Ἀλέξανδρος,» ὠργίσθη τε ὡς καὶ αὐτὸς κακῶς ἀκούων, καὶ ἔφη, «Εἰ μὴ ἀρκέσει σοι ὁ Ἀλέξανδρος,
ἀπόλλυσαι[3].»

R.p.1294   9. Οὗτος οὖν ὁ φιλαλεξανδρότατος Ἀντωνῖνος ἐς μὲν
τοὺς στρατιώτας[4] φιλαναλωτὴς ἦν, τοὺς δὲ λοιποὺς πάντας ἀνθρώπους ἔργον εἶχε περιδύειν, ἀποσυλᾶν, ἐκτρύχειν[5],
οὐχ ἥκιστα τοὺς συγκλητικούς[6]. [Χωρὶς γὰρ τῶν στεφάνων
τῶν χρυσῶν, οὓς ὡς καὶ πολεμίους τινὰς ἀεὶ νικῶν πολλάκις ᾔτει (λέγω δὲ οὐκ αὐτὸ τοῦτο τὸ τῶν στεφάνων ποίημα·
πόσον γὰρ τοῦτό γέ ἐστιν; ἀλλὰ τὸ τῶν χρημάτων πλῆθος

1. *i*, *k*, Bkk. et Ddf; Wolf, Rm. et St. : πολλὰ δὲ δεινά; les éd. antér. :
πολλὰ καὶ δεινά, que Lncl. corrige : καὶ πολλὰ δεινά. — 2. Bkk. et Ddf,
avec Lncl., qui, de plus, voudrait lire παρ' αὐτῷ au lieu de παρ' αὐτοῦ.
Rm. : « Ἐγκλήτου defendi possit ex Suida : Ἔγκλητον λέγοντες δικαστήριον, ἐγκαλέσασθαι οὐ λέγουσι. »

3. Slbg. : « Ἀπολελύσαι, terminatione præteriti, accentu futuri temporis.
Interpres legit ἀπόλωλας [*Nisi tibi satis, erit de Alexandro dictum*],
periisti, » c'est-à-dire : « *Nisi te tuebitur Alexander, absolutus es,
seu actum est de te,* » dit Rm. qui propose d'écrire simplement ἀπόλλυσαι. Mais St. renvoie à l'explication suivante de Rsk. : « Ἀπολέλυ-
σαι significat *absolutus es*, hoc est, *dimissus esto, facesse te hinc.
Nihil te opus habemus*, jubeo te protinus hinc facessere ; nisi satis ha-
bueris Alexandrum absque alio prædicato invidioso nominare. » Bkk., en
note, comme conjecture : Εἰ μὴ ἀρέσκει... ἀπολέλυται. J'ai adopté la conjecture de Rm.; elle s'écarte fort peu de la leçon des mss et donne un sens
satisfaisant.

4. Après ce mot στρατιώτας, Bkk. et Ddf insèrent, en remplaçant Ὅτι par
οὕς, le premier des deux passages ci-dessous, empruntés à Peir.; Rm. et

ment étrangère à la Macédoine, et coupable de crimes nombreux, à raison desquels sa cause venait en appel devant l'empereur, avait pour adversaire un orateur qui, attendu que l'accusé s'appelait Alexandre, ne cessait de répéter « cet homicide Alexandre, cet Alexandre ennemi des dieux ». Antonin s'en irrita comme si les injures se fussent adressées à sa personne, et s'écria : « Si Alexandre ne te secourt pas, tu es perdu. »

9. Cet Antonin, ce grand philalexandre, ne reculait pas devant les dépenses lorsqu'il s'agissait de ses soldats; quant aux autres hommes, il ne s'occupait d'eux que pour les piller, les dépouiller, les tourmenter, et surtout les sénateurs. [En effet, indépendamment des couronnes d'or qu'il demandait à chaque instant, comme s'il n'eût cessé de remporter des victoires (je ne parle pas seulement des couronnes qui furent fabriquées,

St. les insèrent tous les deux à la suite de Ἀντωνῖνος. Voici le premier : Ὅτι πάνυ πολλοὺς ἀμφ' αὐτὸν εἶχε, προφάσεις ἐκ προφάσεων, πολέμους ἐκ πολέμων σκηπτόμενος. « Il avait autour de lui une foule de gens, alléguant « prétextes sur prétextes, guerres sur guerres. » Voici le second; Bkk. et Ddf le rejettent en note : Ὅτι δεινότατόν που [Rm. et St. : Δεινότατον δέ που, avec omission de Ὅτι] καὶ τοῦτο εἶχεν, ὅτι μὴ μόνον ἐς τοὺς σρατιώτας φιλαναλωτὴς [Rm. et St. ajoutent ἦν], ἀλλὰ καὶ ἐς τἄλλα [le ms. : τὰ ἄλλα] πάντα καὶ ἥκιστα αὐτῷ ἦν [Rm. et St. om. : καὶ ἥκιστα αὐτῷ ἦν, parce que, dit le premier de ces deux savants, « nullius sensus sunt, et forte huc translata ex iis quæ sequuntur apud Xiph., sicut et Valesio visum esse ex versione ejus judico. »], ἐφ' ἓν τοῦτο μόνον, τὸ τοὺς ἀνθρώπους πάντας περιδύειν. « Ce qu'il y avait encore de redoutable chez lui, c'est que, ne « reculant pas devant la dépense, non-seulement lorsqu'il s'agissait des « soldats, mais encore dans tout le reste, il...(?)... il ne s'occupait des « autres personnes que pour les dépouiller. »

5. Peir. : καὶ ἐκτρύχειν.

6. Rsk. : οὐχ ἥκιστα δὲ τοὺς συγκλητικούς. Peir. om. : οὐχ ἥκιστα τοὺς συγκλητικούς.

τῶν ἐπ' ὀνόματι αὐτοῦ[1] διδομένων, οἷς στεφανοῦν αἱ πόλεις τοὺς αὐτοκράτορας εἰώθασιν)· τῶν τε ἐπιτηδείων, ἃ
πολλὰ καὶ πανταχόθεν, τὰ μὲν προῖκα, τὰ δὲ καὶ προσ-
αναλίσκοντες ἐσεπρασσόμεθα, ἃ[2] πάντα ἐκεῖνος τοῖς στρατιώταις ἐχαρίζετο, ἢ καὶ ἐκαπήλευε· καὶ τῶν δώρων ἃ καὶ
παρὰ τῶν ἰδιωτῶν τῶν πλουσίων καὶ παρὰ τῶν δήμων
προσήτει· τῶν τε τελῶν, τῶν τε ἄλλων ἃ καινὰ προσκα-
τέδειξε[3], καὶ τοῦ τῆς δεκάτης, ἣν ἀντὶ τῆς εἰκοστῆς ὑπέρ
τε τῶν ἀπελευθερουμένων, καὶ ὑπὲρ τῶν καταλειπομένων
τισὶ κλήρων, καὶ δωρεᾶς ἐποίησε πάσης[4], τάς τε διαδο-
χὰς καὶ τὰς ἀτελείας τὰς ἐπὶ τούτοις[5], τὰς δεδομένας τοῖς
πάνυ προσήκουσι τῶν τελευτώντων, καταλύσας (οὗ ἕνεκα
R.p.1295 καὶ Ῥωμαίους πάντας τοὺς ἐν τῇ ἀρχῇ αὐτοῦ, λόγῳ μὲν
τιμῶν, ἔργῳ δὲ ὅπως πλείω αὐτῷ καὶ ἐκ τοῦ τοιούτου
προσίῃ[6], διὰ τὸ τοὺς ξένους τὰ πολλὰ αὐτῶν μὴ συντε-
λεῖν[7], ἀπέδειξεν)· |ἔξω δὴ τούτων ἁπάντων,] καὶ οἰκίας
αὐτῷ παντοδαπὰς, ἐπειδὴ τῆς Ῥώμης ἐξώρμησε, καὶ κατα-
λύσεις πολυτελεῖς ἐν μέσαις ταῖς[8] ὁδοῖς καὶ ταῖς βραχυ-
τάταις, οἰκείοις δαπανήμασι κατασκευάζειν ἠναγκαζόμε-

---

1. Rsk. : αὐτῶν, c'est-à-dire, στεφάνων. St. : « Per se αὐτοῦ, quum ad
ποίημα referre liceat, defenderim. Sed propter sequentia, οἷς στεφανοῦν
Reiskio assentiendum puto. » Si l'on rapporte οἷς à χρημάτων et αὐτοῦ à
ποίημα, il n'y aura rien à changer.

2. Peir. om.

3. Le résumé des diverses questions d'histoire, de droit, de législa-
tion, de jurisprudence, soulevées par ce chapitre occupe trois pages de
notes dans l'édition de Sturz; je n'ai pas cru devoir m'engager sur ce
terrain. — 4. Saumaise, de Modo usurarum, p. 854, montre qu'ici δια-
δοχὰς doit s'entendre des successions *ab intestat*, τῶν κλήρων des

quelle importance a cela? mais des sommes immenses
que les villes ont coutume de donner aux empereurs sous
le nom d'or coronaire); des nombreux approvisionnements pour lesquels on nous mettait de toute part à
contribution, tantôt à titre gratuit, tantôt en nous imposant des dépenses, approvisionnements qu'il distribuait
tous en largesses aux soldats, ou leur vendait comme
un cabaretier; des présents qu'il réclamait des particuliers riches et des peuples; des impôts, tant des nouveaux
qu'il établit, que de celui du dixième en remplacement
de celui du vingtième, dont il frappa les affranchissements, les legs, les donations de toute nature par l'a-
bolition des successions *ab intestat* et des immunités
accordées, dans ces circonstances, aux proches parents
des défunts (c'est pour cela que tous les habitants de l'empire furent, sous apparence d'honneur, mais, en réalité
pour plus de revenu à l'empereur, attendu que les étrangers étaient exempts de la plupart de ces taxes, déclarés
citoyens romains); [en dehors, dis-je, de tout cela,] nous
étions contraints, lorsqu'il sortait de Rome, de lui préparer, à nos propres frais, des demeures de toute sorte
et des lieux de repos somptueux au milieu des routes,
même les plus courtes, dans des endroits où non-seu-

---

legs, et δωρεάν de toute donation, soit entre vifs, soit après décès. On
peut consulter aussi Burmann, des Impôts, p. 173. — 5. Rm. : « Forte
ἐπὶ ταύταις, scil. διαδοχαῖς. » — 6. Rsk., non blâmé par Rm., Bkk. et
Ddf; vulg. : προσῇ. — 7. Valois : « Verbi gratia, vicesimam eorum, qui
manumitterentur, non solvebant peregrini. Lex enim ea ad eas solas ma-
numissiones pertinebat, quibus manumissi civitatem Rom. consequeban-
tur. Similiter vectigal vicesimæ hereditatum peregrini non pendebant.
Hereditates quoque peregrinorum non subjacebant legi caducariæ, et
ratio est, quia peregrini non tenentur jure civili. »
    8. Peir. om.

θα[1]· ἐν αἷς οὐχ ὅσον οὐκ ἐνῴκησέ ποτε, ἀλλ᾽ οὐδὲ ὄψεσθαι αὐτῶν τινα ἔμελλε[2]. Προσέτι[3] καὶ θέατρα κυνηγετικὰ, καὶ ἱπποδρόμους πανταχοῦ[4], ὅπου περ καὶ ἐχείμασεν ἢ καὶ χειμάσειν ἤλπισε, κατεσκευάσαμεν, μηδὲν παρ᾽ αὐτοῦ λαβόντες. Καὶ αὐτίκα πάντα κατεσκάφη[5]· οὕτω πως διὰ τοῦτό μόνον[6] ἐγένετο[7], ἵν᾽ ἡμεῖς ἐπιτριβῶμεν[8].

10. Αὐτὸς δὲ τὰ χρήματα ἔς τε τοὺς στρατιώτας, ὡς ἔφαμεν, καὶ ἐς θηρία, ἵππους τε ἐδαπάνα, πάμπολλα γάρ τοι καὶ θηρία καὶ βοτὰ[9], τὰ μὲν πλεῖστα παρ᾽ ἡμῶν καὶ ἀνάγκῃ λαμβάνων, ἤδη δέ τινα καὶ ὠνούμενος, ἀπεκτίννυε· καί ποτε ἑκατὸν ὗς ἅμα αὐτοχειρίᾳ ἔσφαξεν. Ἡρματηλάτει τε τῇ οὐενετίῳ στολῇ χρώμενος. Ἦν γὰρ ἐς πάντα καὶ θερμότατος καὶ κουφότατος· πρὸς δὲ τούτοις εἶχε καὶ τὸ πανοῦργον τῆς μητρὸς καὶ τῶν Σύρων, ὅθεν ἐκείνη ἦν[10]. Ἀγωνοθέτην δὲ ἢ τῶν ἐξελευθέρων τινὰ ἢ τῶν ἄλλων τῶν πλουσίων ἐκάθιζεν, ἵνα καὶ ἐν τούτῳ

---

1. Peir. : οἰκοδομῆσαι ἠναγκάσθημεν, au lieu de κατασκευάζειν ἠναγκαζόμεθα [ƒ : ἀναγκαζόμεθα]. — 2. Peir. : ἀλλ᾽ οὐδὲν εἶδεν αὐτάς, au lieu de ἀλλ᾽ οὐδὲ... ἔμελλε. — 3. Peir. om.

4. Peir. om. — 5. Peir. : ἃ κατεσκάφη, au lieu de καὶ αὐτίκα πάντα κατεσκάφη. — 6. Peir. om.

7. Peir. : γινόμενα, au lieu de ἐγένετο.

8. Rm. (*Addenda*). ἐπιτριβώμεθα; mais, comme l'observe Rsk., ἐπιτρίβωμεν est l'aor. 2 subj. pass. et n'a pas besoin d'être changé.

9. Vulg. : θηρία, ἵππους τε καὶ βοτά. Rm. : « Ἵππους τε. Hæc in codice Br. [*k*] parenthesi inclusa et lineola subducta notantur, quasi delenda : quod non absurdum. » St. voit avec raison dans ces mots une répétition due à l'inadvertance du copiste; il est d'autant mieux fondé à les supprimer que plusieurs fois on rencontre dans notre auteur θηρία opposé à βοτά. Avec Bkk. et Ddf, j'adopte cette suppression, confirmée

lement il ne s'arrêta jamais, mais dont il y avait quelques-uns qu'il ne devait même pas voir. De plus, nous construisions des amphithéâtres et des cirques partout où il passait ou espérait passer l'hiver, sans recevoir de lui aucune indemnité. Le tout était aussitôt abattu, tellement il n'avait en cela d'autre intention que de nous ruiner.

10. Quant à lui, il dépensait de grosses sommes pour les soldats, nous l'avons dit, pour les bêtes et pour les chevaux ; car il tua un grand nombre de bêtes sauvages et domestiques, bêtes dont nous étions contraints de lui fournir la plus grande partie et dont quelques-unes étaient achetées par lui ; un jour, il alla jusqu'à égorger en une seule fois cent sangliers de sa propre main. Il conduisait aussi des chars, revêtu de l'habit vert. En effet, il était plein de feu et de légèreté pour toutes choses, et il avait, en outre, la fourberie de sa mère et des Syriens, dans le pays desquels elle était née. Il donnait l'intendance des jeux soit à un de ses affranchis, soit à d'autres personnes riches, afin que, là encore, il se fît de

---

d'ailleurs encore par *a, b, c.* — 10. Malgré Rm. (suivi par St.) : « Hoc membrum de feritate, levitate et calliditate Antonini Syriaca ex matre, videtur Xiphilinus alieno loco intrusisse. Est enim decerptum ex fragmento quod attulimus [c. 6, cf. la note 8, p. 337], et hic tuto omitti potuisset. », je rapporte ici, avec Bkk. et Ddf, l'Extrait Peir. suivant : Ὅτι τρισὶν ἔθνεσιν ὁ Ἀντωνῖνος προσήκων ἦν· καὶ τῶν μὲν ἀγαθῶν αὐτῶν οὐδὲν τὸ παράπαν, τὰ δὲ κακὰ πάντα συλλαβὼν ἐκτήσατο· τῆς μὲν Γαλατίας τὸ κοῦφον καὶ τὸ δειλὸν καὶ τὸ θρασὺ, τῆς Ἀφρικῆς τὸ τραχὺ καὶ ἄγριον, τῆς Συρίας, ὅθεν πρὸς μητρὸς ἦν, τὸ πανοῦργον. « Antonin appartenait à trois nations ; il n'avait pris d'elles « absolument aucune de leurs bonnes qualités, mais il possédait la réu- « nion de toutes leurs mauvaises : caractère léger, lâche et téméraire de « la Gaule ; esprit rude et sauvage de l'Afrique, joint à la fourbe de la « Syrie, d'où il tirait son origine maternelle. »

R.p.1296 ἀναλίσκηται· προσεκύνει τε αὐτοὺς κάτωθεν τῇ μάστιγι[1]·
καὶ χρυσοῦς ὥσπερ τις τῶν ταπεινοτάτων ᾔτει[2]. Καὶ ἔλεγε
κατὰ τὸν ἥλιον τῇ ἁρματηλασίᾳ χρῆσθαι, καὶ ἐσεμνύνετο
ἐπ' αὐτῇ. Οὕτω δὲ παρὰ πάντα τὸν τῆς ἀρχῆς αὐτοῦ χρόνον πᾶσα ἡ γῆ ἡ ὑπακούουσα αὐτῷ ἐπορθήθη, ὥστε τοὺς
Ῥωμαίους ποτὲ ἐν ἱπποδρομίᾳ ἄλλα τε συμβοῆσαι, καὶ ὅτι
« Τοὺς ζῶντας ἀπολοῦμεν[3], ἵνα τοὺς τεθνεῶτας θάψωμεν. »
Καὶ γὰρ ἔλεγε πολλάκις, ὅτι « Οὐδένα ἀνθρώπων, πλὴν
ἐμοῦ, ἀργύριον ἔχειν δεῖ, ἵν' αὐτὸ[4] τοῖς στρατιώταις χαρί-
ζωμαι. » Καί ποτε τῆς Ἰουλίας ἐπιτιμώσης[5] αὐτῷ, ὅτι
πολλὰ ἐς αὐτοὺς ἀνήλισκε, καὶ εἰπούσης ὅτι « Οὐκέθ' ἡμῖν
οὔτε δίκαιος οὔτ' ἄδικος πόρος ὑπολείπεται, » ἀπεκρίνατο,
τὸ ξίφος δείξας, ὅτι, « Θάρσει, μῆτερ· ἕως γὰρ ἂν τοῦτ'
ἔχωμεν, οὐδὲν ἡμᾶς ἐπιλείψει χρήματα[6]. »

11. Καὶ μέντοι καὶ τοῖς κολακεύουσιν αὐτὸν καὶ κτήματα καὶ χρήματα ἀπένεμεν. Ἰουνίῳ γοῦν Παυλίνῳ[7] πέντε

1. Voici l'explication que Saumaise, dans ses notes sur Capitolin (Vérus, p. 424), donne de ce passage : « Hæc significant, Caracallum aurigæ
habitu, manu flagellum tenentem ex inferiore parte adorasse agonothe-
tas et aurum postulasse. Hoc est enim τῇ μάστιγι προσκυνεῖν, flagello
ori admoto sic adorare; quod alii sola manu labris admota faciebant, at
aurigæ nunquam sine flagello. Quum igitur adorare vellent, flagellum ori
admovebant. Κάτωθεν autem ex inferiore loco, quum agonothetæ essent
in superiori. »

2. Les cochers victorieux demandaient des *aurei* aux spectateurs,
mais (scholiaste de Juvénal, VII, 243) ils ne pouvaient aller au-delà de
cinq. Antonin semble s'en être contenté ὥσπερ τις τῶν ταπεινοτάτων, ce
que fit plus tard Élégabale (LXXIX, 14), mais que n'avait pas fait
(LXXII, 19) Commode. — 3. Les *Excerpta Planudea*, leçon substituée
par Bkk. et reproduite en note par Ddf : ἀποδύομεν.

4. Bkk. et Ddf; vulg. : ἵνα αὐτό. — 5. Slbg., pour se conformer à la

la dépense ; il les saluait d'en bas avec le fouet, et leur demandait des pièces d'or comme le dernier des cochers. Il disait qu'en conduisant des chars il imitait le soleil et se faisait gloire d'en conduire. Tous les pays soumis à son autorité furent, pendant tout le temps de son règne, tellement pillés, qu'un jour, aux jeux du cirque, les Romains, entre autres cris, laissèrent éclater ces mots : « Nous ferons périr les vivants pour donner la sépulture aux morts. » Il répétait, en effet, à chaque instant : « Personne ne doit avoir d'argent que moi, pour en faire des largesses aux soldats. » Julia le reprenant un jour de ses profusions à leur égard, et lui disant : « Il ne nous reste plus aucun revenu, juste ou injuste, » il lui répondit en montrant son épée : « Prends courage, ma mère ; tant que nous aurons ceci, l'argent ne nous manquera pas. »

11. Néanmoins, il donnait à ses flatteurs des terres et de l'argent. Il fit don de deux cent cinquante mille

grammaire, St., Bkk. et Ddf; vulg. : ἐπιτιμούσης ; *a*, *b* : ἐπιτιμησάσης ; *f* : ἐπιτιμησήσης. — 6. Zn., approuvé par Slbg, om. : χρήματα; Rm. propose de prendre ici οὐδέν simplement pour οὐ. Slbg : « Si χρήματα retineamus, pro οὐδέν legendum fuerit οὐδέποθ', id est, *nunquam nos deficient pecuniæ.* » St. attribue cette conjecture à Rsk. — 7. Henri Etienne, Glandorp, Bkk. et Ddf; vulg. : Παλλίνῳ. Les *Excerpta Vaticana* : Ὅτι ὁ Ἰούλιος Παῦλος, ὑπατικὸς ἀνὴρ, ψίθυρος καὶ σκωπτικὸς, καὶ οὐδὲ τῶν αὐτοκρατόρων ἀπεχόμενος, ὃν καὶ ὁ Σεουῆρος φυλακῇ ἀδέσμῳ παραδέδωκεν, ὡς δὲ [Ddf met ce mot entre crochets] ἐν φρούραις· ὧν ἀπέσκωπτεν ἐς τοὺς βασιλεῖς· μεταπεμψάμενος ὁ Σεουῆρος ὤμνυ τὴν κεφαλὴν αὐτοῦ ἐκτεμεῖν [Bkk. et Van Herwerden proposent de lire ἀποτεμεῖν]. Ὁ δὲ ἀπεκρίνατο· « Ἐντεμεῖν αὐτὴν δύνασαι [*sic* Bkk. ; le ms. et les éd. : δύνασθαι], ἐφ' ὅσον δὲ αὐτὴν ἔχω, οὔτε σὺ οὔτε ἐγὼ κατεσχεῖν αὐτῆς [*sic* Bkk. et Ddf ; vulg. : αὐτὴν] δύναμαι [Bkk. : δυνάμεθα] · γελάσαντα τὸν Σεουῆρον ἀπολῦσαι αὐτόν. « Julius Paulus, personnage consulaire, babillard et railleur, qui

καὶ εἴκοσι μυριάδας ἐχαρίσατο, ὅτι καὶ ἄκων διασιλλῶσαί
τι αὐτὸν, σκωπτόλης ὢν, προήχθη· ἔφη γὰρ αὐτὸν ὀργιζο-
μένῳ Πανὶ[1] ἐοικέναι, ἐπεὶ πρὸς τὸ θυμοειδέστερόν πως ἑαυτὸν ἐσχημάτιζεν. Οὐδὲν γὰρ τῶν καλῶν ἐλογίζετο· οὐδὲ
γὰρ ἔμαθέ τι αὐτῶν, ὡς καὶ αὐτὸς ὡμολόγει· διόπερ καὶ
ἐν ὀλιγορίᾳ ἡμᾶς, τούς τι παιδείας ἐχόμενον εἰδότας,
ἐποιεῖτο. Ὁ μὲν γὰρ Σεουῆρος καὶ πάνυ πᾶσι τοῖς ἐς ἀρετὴν
τείνουσι καὶ κατὰ τὸ σῶμα καὶ κατὰ τὴν ψυχὴν ἤσκησεν
αὐτὸν, ὥστε καὶ αὐτοκράτορα ἤδη ὄντα καὶ διδασκάλοις
συνεῖναι, καὶ τὸ πολὺ τῆς ἡμέρας φιλοσοφεῖν· ἐξηραλοί-
φει[2] τε, καὶ ἵππευε καὶ ἐς πεντήκοντα καὶ ἑπτακοσίους
σταδίους· καὶ προσέτι καὶ νήχεσθαι καὶ ἐν κλύδωνι ἠσκεῖτο.
Ὁ δὲ ἐκ μὲν τούτων τρόπον τινὰ ἐρρώσθη, τῆς δὲ δὴ παι-
δεύσεως, ὡς οὐδὲ τοὔνομα αὐτῆς πώποτε ἀκηκοὼς, ἐπελά-
θετο. Οὐ μέντοι καὶ κακορρήμων ἢ[3] κακογνώμων ἦν, ἀλλὰ
καὶ συνίει τὰ[4] πολλὰ ὀξύτατα, καὶ ἔφραζεν[5] ἑτοιμότατα·
τῇ τε γὰρ ἐξουσίᾳ καὶ τῇ προπετείᾳ, τῷ πάνθ' ὁμοίως τὰ

« n'épargnait pas même les princes, avait été mis par Sévère en garde
« libre; comme, malgré son emprisonnement, il raillait les empereurs,
« Sévère, l'ayant appelé près de lui, jura de lui faire couper la tête. Ce-
« lui-ci répondit : Tu peux la faire couper, mais, tant que je l'ai en-
« core, ni toi ni moi ne pouvons en être maîtres; si bien que Sévère,
« s'étant pris à rire, le relâcha. » Ὅτι τὸν αὐτὸν Ἀντωνῖνος μεταμεμψά-
μενος, ἐπέτρεψεν αὐτῷ γράψαι στίχους ἐς αὐτόν· ὁ δὲ τεχνικῶς ἔσκωψεν·
εἶπε γὰρ αὐτὸν ἐν παντὶ καιρῷ ἐοικέναι θυμουμένῳ. Καὶ τοῦτο ὡς σκώπτων
εἶπεν, ἐκεῖνον δὲ σφόδρα ἐθεράπευσεν· ἤθελε γὰρ δεινὸς, καὶ ἄγριος, καὶ
ἀπότομος ἀεὶ φαίνεσθαι· καὶ διὰ τοῦτο αὐτῷ εἴκοσι μυριάδας [ἐχαρίσατο (ce
mot est ainsi entre crochets dans toutes les éditions)]. « Antonin ayant
« mandé ce même Paulus, lui commanda de composer des vers contre
« lui; celui-ci le railla avec art : il dit que le prince ressemblait en tout

drachmes à Junius Paulinus, parce qu'avec son caractère railleur, ce personnage, s'était, malgré lui, laissé emporter à un sarcasme contre le prince : Paulinus, en effet, avait dit que l'empereur ressemblait à Pan irrité, attendu qu'il composait son extérieur de façon que son visage parût toujours en courroux. Antonin, en effet, n'avait nul souci des sciences ; il n'en avait appris aucune, comme il l'avouait lui-même ; aussi faisait-il peu de cas de nous autres qui nous étions adonnés à l'étude. Sévère l'avait cependant formé, sans exception, à tous les exercices corporels et intellectuels, qui contribuent à la vertu, au point qu'étant déjà empereur il s'entretenait avec des maîtres et s'occupait de philophie la plus grande partie du jour ; il pratiquait les onctions à sec, et faisait à cheval jusqu'à sept cent cinquante stades ; de plus, il s'était exercé à nager dans les flots agités. De cette façon, il avait accru ses forces sous un rapport ; mais, pour les sciences, il les avait oubliées comme si jamais il n'eût même entendu prononcer leur nom. Il ne manquait pourtant de justesse ni dans ses paroles ni dans ses idées ; il avait, la plupart du temps, de la promptitude à concevoir et de la facilité à s'exprimer ; car, avec la liberté et la précipitation qui lui faisaient dire

« temps à un homme en courroux. Cette parole de sa part était une raillerie, mais Antonin en fut singulièrement flatté, car il voulait paraître « toujours terrible, farouche et dur ; aussi lui [donna-t-il] deux cent « cinquante mille drachmes. »

1. Meineke (d'après Théocrite, I, 16), Bkk. (*Errata*) et Ddf ; vulg. : τινί.

2. Cette onction, dite onction à sec, consistait à se frotter d'huile sans prendre de bain ; elle faisait partie du régime militaire qui interdisait les bains aux soldats. — 3. Les mots κακορρήμων ἤ ne sont pas dans Robert ni dans Henri Etienne (*ed. minor*), non plus que dans *a* et *b* ; ils ont été ajoutés dans les autres éditions d'après Suidas. Rsk., que St. ne semble pas désapprouver, veut les rejeter comme une glose ; mais alors on détruit la symétrie de la phrase, κακορρήμων correspondant à ἔφραζεν, et κακογνώμων à συνίει. — 4. Suidas et Peir. om. — 5. *a*, *b* : ἔκραζεν ; Peir. : ἔσφαζεν.

B.p.1279 ἐπελθόντα οἱ ἀπερισκέπτως ἐκλαλεῖν, καὶ τῷ μηδὲν αὐτῶν
ἐκφαίνειν αἰσχύνεσθαι, καὶ ἐπιτυχίᾳ τινὶ πολλάκις περιέπιπτε[1]. [Ὅτι[2] ὁ αὐτὸς αὐτογνωμονῶν[3] πολλὰ ἐσφάλη·
πάντα τε γὰρ οὐχ ὅτι εἰδέναι, ἀλλὰ καὶ μόνος εἰδέναι ἤθελε·
καὶ πάντα οὐχ ὅτι δύνασθαι, ἀλλὰ καὶ μόνος δύνασθαι
ἠβούλετο[4]· καὶ διὰ τοῦτο οὔτε τινὶ συμβούλῳ ἐχρῆτο, καὶ
τοῖς χρηστόν τι εἰδόσιν ἐφθόνει. Ἐφίλησε μὲν γὰρ οὐδένα
πώποτε, ἐμίσησε δὲ πάντας τοὺς προφέροντας ἔν τινι,
μάλιστα δὲ οὓς μάλιστα ἀγαπᾶν προσεποιεῖτο· καὶ αὐτῶν
συχνοὺς καὶ διέφθειρε τρόπον τινά. Ἐφόνευσε μὲν γὰρ καὶ
ἐκ τοῦ φανεροῦ πολλούς· ἤδη δὲ καὶ πέμπων τινὰς ἐς
ἔθνη μὴ ἐπιτήδεια σφίσιν, ἀλλ'[5] ἐναντίαν[6] τῇ τοῦ σώματος αὐτῶν καταστάσει τὴν τοῦ ἀέρος ἀκρασίαν ἔχοντα,
οὕτως αὐτοὺς ὡς καὶ πάνυ τιμῶν ὑπεξῄρει, τοὺς μὲν καύ-
μασι, τοὺς δὲ ψύχεσιν ἀκράτοις, οἷς οὐκ ἔχαιρεν[7], ἐκδι-
δούς. Εἰ δ' οὖν καὶ ἐφείδετό τινων μὴ ἀποκτεῖναι σφᾶς,
ἀλλ' ἐπίεζέ γε αὐτοὺς ὥστε καὶ κηλιδοῦσθαι[8].]

12. Τὸ μὲν οὖν σύμπαν, τοιοῦτος ἦν· ἐν δὲ τοῖς πολέμοις[9] ὁποῖος, ἐροῦμεν[10]. Ἠπατηκὼς γὰρ τὸν βασιλέα τῶν

---

1. Après περιέπιπτε, Peir. ajoute : Τὸ μὲν οὖν σύμπαν τοιοῦτος ἦν.

2. Rm. et St. remplacent Ὅτι par Ἀλλ'. — 3. Peir. : αὐτογνωμῶν.

4. Bkk. : ἐβούλετο. — 5. Peir. : σφίσι, ἀλλ'. — 6. Conjecture de Rm.
adoptée par Bkk. et Ddf.; vulg. : ἐναντία. — 7. Rm. propose de lire
ἔχαιρον, mais ἔχαιρεν a pour sujet ἡ κατάστασις τοῦ σώματος, et il n'y a
rien à changer.

8. Rsk. : « Κηλιδοῦσθαι non intelligo, et liquet pravum esse: Cogitavi
aliquando ὥστε καὶ ἐκκενοῦσθαι eos, ut spongiam, *ita exprimebat ut bonis
omnibus nudarentur*. Sed videtur aliud quid latere. » St. : « Interpres
Latinus, quum verterit *ut parte aliqua corporis debilitarentur*, legisse

inconsidérément toutes les choses, sans distinction, qui se présentaient à son esprit et ne rougir d'en produire aucune, il lui arrivait souvent de frapper heureusement le but. [Le même prince, pour s'en être rapporté à son inspiration personnelle, commit beaucoup de fautes ; car il voulait non-seulement tout savoir, mais savoir seul, et il prétendait non-seulement tout pouvoir, mais pouvoir seul ; aussi n'employait-il le conseil de personne, et portait-il envie à ceux qui avaient quelque connaissance utile. Jamais il n'aima personne, et il poursuivit de sa haine ceux qui se distinguaient en quoi que ce soit, et surtout ceux qu'il faisait semblant d'aimer le plus ; il en mit plusieurs à mort de diverses manières. Quelques-uns, en effet, furent tués ouvertement ; d'autres, envoyés dans des provinces dont le climat, loin de convenir à leur tempérament, lui était contraire, se trouvaient, sous l'apparence d'un grand honneur, enlevés, les uns par des chaleurs, les autres par des froids excessifs auxquels il se plaisait à les exposer. Ceux donc qu'il s'abstenait de tuer, il les tourmentait de telle sorte que leurs corps se couvraient de plaies.]

12. Tel était, en somme, le caractère de ce prince ; nous allons dire comment il se comportait à la guerre.

---

videtur ὥστε καὶ κολοβοῦσθαι. Sed nec hoc mihi placet. » Le *Thesaurus* (éd. Didot), citant ce passage, donne au mot κηλιδοῦσθαι la signification de *maculare*. Ne peut-on pas lui donner le sens de κηλίς, *plaie, blessure*, le εἰ δ'οὖν rappelant l'idée de faire périr d'une manière quelconque ? — 9. Un Extrait Peir., cité dans les notes du ch. 9, le représente πολέμους ἐκ πολέμων σκηπτόμενος. D'après Spartien, 5, Antonin se rendit d'abord en Gaule, où il bouleversa tout ; il se disposa ensuite à partir pour l'Orient ; mais, renonçant à ce voyage, il s'arrêta dans la Dacie, détruisit un grand nombre de barbares aux environs de la Rhétie, soumit les Germains et prit le surnom de *Germanicus* ; traversa la Thrace pour se ren-

Ὀσροηνῶν Αὔγαρον, ὡς δὴ παρὰ φίλον αὐτὸν ἥκειν [1], ἔπειτα
συλλαβὼν ἔδησε, καὶ τὴν Ὀσροηνὴν οὕτω ἀβασίλευτον οὖσαν λοιπὸν ἐχειρώσατο. Τὸν δὲ τῶν Ἀρμενίων βασιλέα δια-
φερόμενον μετὰ τῶν ἰδίων παίδων [2], ἐκάλεσε μὲν φιλικοῖς
γράμμασιν, ὡς δὴ εἰρηνεύσων αὐτούς· ἔδρασε δὲ καὶ περὶ
τούτους ἃ καὶ περὶ τὸν Αὔγαρον. Οὐ μὴν καὶ οἱ Ἀρμένιοι
προσεχώρησαν αὐτῷ, ἀλλ' ἐς ὅπλα ἐχώρησαν, καὶ οὐκέτ'
οὐδεὶς αὐτῷ [3] τὸ παράπαν οὐδὲν ἐπίστευσεν· ὥστε καὶ ἔργῳ
R.p.1298 αὐτὸν ἐκμαθεῖν, ὅσον αὐτοκράτορι ζημίωμά ἐστι, τό τι
ἀπατηλὸν πρὸς φίλους πρᾶξαι [4]. Οὐκ ὤκνησε δὲ γράψαι

---

dre en Asie, et fit la guerre aux Arméniens et aux Parthes, après avoir
fait un horrible massacre dans Alexandrie. On voit, par ce résumé, que
notre auteur ne suit pas ici l'ordre chronologique.

1. Rm. et St. intercalent ici l'Extrait Peir. suivant, en supprimant
Ὅτι ; mais, comme ce fragment est « abruptum nimis », ils mettent un
astérique au commencement et à la fin : Ὅτι ὁ Αὔγαρος, ὁ τῶν Ὀσροηνῶν
βασιλεύς, ἐπειδὴ ἅπαξ ἐγκρατὴς τῶν ὁμοφύλων ἐγένετο, οὐδὲν ὅ τι τῶν δει-
νοτάτων τοὺς προέχοντας αὐτῶν οὐκ ἐξειργάσατο. Λόγῳ μὲν ἐς τὰ τῶν Ῥωμαίων ἤθη μεθίστασθαι ἠνάγκαζεν, ἔργῳ δὲ τῆς κατ' αὐτῶν ἐξουσίας, ἀπλήστως ἐνεφορεῖτο. « Augaros ne fut pas plutôt le maître dans son pays, qu'il
« n'épargna aucun tourment aux principaux d'entre eux. En apparence,
« il les forçait d'adopter les coutumes des Romains, mais, en réalité, il
« abusait sans mesure de sa puissance sur eux. » Augaros, au témoignage
d'Hérodien, III, 9, avait quitté le parti de Niger pour celui de Sévère,
à qui il avait donné ses enfants en ôtages et envoyé des archers, ce qui
lui avait valu d'être reçu à Rome avec magnificence par ce prince, ainsi
que notre auteur (LXXIX, 16) y fait allusion dans ce passage : Αὐρήλιος
Ζωτικὸς..... ἀνήχθη τε ἐς τὴν Ῥώμην ὑπὸ πομπῆς ἀπλέτου, καὶ ὅσην οὔτε
Αὔγαρος ἐπὶ τοῦ Σεουήρου. ...... ἔσχεν. — 2. Ce roi, suivant Rm. (note
67), est Sanatruce, ami (Hérodien, III, 9) de Sévère et des Romains. Ses
fils étaient : Vologèse III, roi des Parthes, à qui Sévère (LXXV, 9) donne
une partie de l'Arménie afin d'obtenir la paix ; Artabanos, qui disputait
le trône à Vologèse et l'obtint seul après la mort de ce dernier (LXXVIII,
26); Tiridate, qui s'était joint à Sévère contre Vologèse (LXXVIII, 19),
et enfin Arsace, que son frère Artabanos avait nommé roi d'Arménie.

Après avoir perfidement décidé Augaros, roi des Osroéniens, à venir le trouver comme un ami et s'être ensuite saisi de sa personne, il le jeta dans les fers et s'empara ainsi de l'Osroène qui n'avait plus de roi. Quant au roi d'Arménie, qui était en différend avec ses propres enfants, il le manda également, par des lettres amicales, sous prétexte de rétablir la concorde entre eux, et les traita comme il avait traité Augaros. Néanmoins les Arméniens, loin de se ranger à son parti, coururent aux armes, et aucun d'eux n'eut plus la moindre confiance en lui, de façon qu'il apprit par expérience combien il est nuisible à un empereur d'agir avec perfidie à l'égard de ses amis. Il ne craignit pas non plus d'écrire au sé-.

Il y avait donc dissension entre Sanatruce et ses enfants, et ces derniers étaient également en désaccord entre eux ; Sanatruce et Tiridate favorisant les Romains, et Vologèse, ainsi que, plus tard, Artabanos, convoitant l'Arménie. Sanatruce, comme on l'infère de ce qui suit, et sa femme, vinrent à Rome, confiant dans l'amitié d'Antonin ; du moins est-il certain qu'ils y vinrent à plusieurs reprises. Ἔδρασε δὲ καὶ περὶ τούτους... Tiridate fut de ce nombre, puisqu'il est dit plus loin (ch. 18) qu'il abandonna les Romains pour s'enfuir auprès de son frère Vologèse, à qui Antonin le réclama.

3. Conjecture de Rm., suivie par Bkk., vulg. et Ddf. : αὐτῶν.

4. Rm. et St., omettant Ὅτι, intercalent ici l'Extrait Peir. suivant : Ὅτι ὁ αὐτὸς μέγιστον ἐμεγαλοφρόνει [Ddf., sans motif que je sache, écrit (ἐμεγαλο)φρόνει], ὅτι τοῦ Οὐολογαίσου τοῦ τῶν Πάρθων βασιλέως τελευτήσαντος, οἱ παῖδες περὶ τῆς βασιλείας ἐμάχοντο· [Il y a ici une faute d'histoire. Après la mort de Vologèse, ce ne furent pas entre ses fils, mais entre ses frères, comme le dit Xph., qu'éclata la mésintelligence. Artabanos, successeur de Vologèse, était frère et non fils de ce prince. Aussi Rm. pense-t-il qu'on aurait dû écrire : τοῦ Σανατρούχου τελευτήσαντος, οἱ παῖδες] ὡς ἐξ ἰδίας παρασκευῆς τὸ κατὰ τύχην συμβὰν γεγονὸς προσποιούμενος. Οὕτω που σφόδρα ἀεὶ καὶ τῷ ἔργῳ καὶ τῇ διχοστασίᾳ τῇ τῶν ἀδελφῶν, καὶ τῇ τῶν ἀλλοτρίων ἀλληλοφονίᾳ ἔχαιρεν. « Le même tirait vanité de ce que, Volo- « gèse, roi des Parthes, étant mort, ses enfants se disputaient le trône, « attribuant à ses desseins personnels ce qui était l'œuvre du hasard ; « tellement il se complaisait à voir les frères en dissension et les étran- « gers se massacrer mutuellement. »

πρὸς τὸ συνέδριον καὶ περὶ τῶν ἐν Πάρθοις βασιλευόντων,
ἀδελφῶν τε ὄντων καὶ πρὸς ἀλλήλους στασιαζόντων, ὅτι
ἡ τῶν ἀδελφῶν διαφορὰ μέγα τι κακὸν τὸ κοινὸν τῶν
Πάρθων ἐργάσεται[1]· ὥσπερ πού τῶν βαρβαρικῶν μὲν[2]
πραγμάτων φθαρῆναι διὰ τοῦτο δυναμένων, τῶν δὲ Ῥω-
μαϊκῶν σεσωσμένων, ἀλλ' οὐκ ἄρδην τρόπον τινὰ ἀνατε-
τραμμένων, οὐ κατ' ἐκεῖνο μόνον, ὅτι ἐπὶ μεγάλῳ τῶν ἀνθρώπων κακῷ τοσαῦτα καὶ τοιαῦτα τῆς τοῦ ἀδελφοῦ σφα-
γῆς ἐπιφόνια[3] τοῖς στρατιώταις ἐδεδώκει, ἀλλ' ὅτι καὶ
πάμπολλοι ἐσυκοφαντήθησαν, οὐχ ὅπως οἱ ἐπιστείλαντές
τι ἢ δωροφορήσαντες[4] αὐτῷ, ἢ Καίσαρι ἔτι ὄντι, ἢ καὶ
αὐτοκράτορι γενομένῳ, ἀλλὰ καὶ οἱ λοιποὶ οἷς μηδεπώποτε
πρᾶγμα πρὸς αὐτὸν ἐγεγόνει. Καὶ εἴ γέ τις ἔγραψε τὸ
ὄνομα τὸ τοῦ Γέτα μόνον, ἢ εἶπε μόνον, εὐθὺς ἀπώλετο[5].
Ὅθεν οὐδ' ἐν ταῖς κωμῳδίαις οἱ ποιηταὶ ἔτι αὐτῷ ἐχρῶντο·
καὶ γὰρ καὶ οὐσίαι πάντων, ὧν ἐν ταῖς διαθήκαις αὐτοῦ τὸ
ὄνομα γεγραμμένον εὑρέθη, ἐδημοσιώθησαν. [Ὅτι[6] πολλὰ
καὶ ἀργυρολογίας ἕνεκα ἐποίει.] [Ὅτι[7] καὶ μῖσος πρὸς τὸν
τετελευτηκότα ἀδελφὸν ἐπεδείκνυτο[8], καταλύσας τὴν τῶν
γενεσίων[9] αὐτοῦ τιμὴν, καὶ τοῖς τὰς εἰκόνας αὐτοῦ βαστά-

1. Bkk. et Ddf; vulg. : ἐργάσηται. — 2. Bkk.; vlg. et Ddf om.
3. Rsk.; vulg., Bkk. et Ddf : ὑποφόνια. Sur le fait, cf. ch. 3. — 4. Correction de Rm., St. (*Addenda*), Bkk. et Ddf; vulg. : δορυφορήσαντες, mais
les gardes de Géta (ch. 4) avaient été depuis longtemps déjà mis à mort.
Wagner cependant défend la vulgate, qu'il entend dans le sens de *flatteurs.* — 5. *a*, *b*, *c*, *f.* : ἀπώλυτο. — 6. Rm. et St. : Πολλὰ γὰρ καὶ, avec
omission de Ὅτι. — 7. Rm. et St. om. — 8. Spartien, au contraire (Caracallus, 3) : « Eumque et imaginem ejus honoravit. » (Géta, 2) : « De-

nat touchant les rois des Parthes, qui étaient frères et en dissension entre eux, que la mauvaise intelligence de ces frères causerait de grands malheurs au royaume des Parthes ; comme si cette mauvaise intelligence, qui pouvait causer la perte d'un État barbare, était le salut de l'empire romain, lorsqu'il l'avait ruiné de fond en comble, non-seulement pour avoir, au grand détriment des citoyens, donné aux soldats, à l'occasion du meurtre de son frère, tant et de si fortes sommes, mais aussi pour avoir suscité un très-grand nombre d'accusations calomnieuses, tant contre ceux qui lui avaient écrit ou qui lui avaient offert des présents, soit lorsqu'il n'était encore que César, soit depuis qu'il était devenu empereur, que contre le reste de ceux qui n'avaient jamais eu de rapports avec lui. C'était assez, en effet, de mettre le nom de Géta dans un écrit, ou seulement de le prononcer pour être aussitôt perdu. Aussi les poëtes ne s'en servaient plus dans leurs comédies ; car les biens de tous ceux dans le testament desquels on trouva ce nom écrit furent confisqués. [Il faisait beaucoup de choses pour se procurer de l'argent.] [Il montra sa haine contre son frère défunt, en abolissant les jeux célébrés pour son jour natal ; il s'irrita contre les pierres qui portaient ses

nique eum inter divos retulit, atque ideo utcunque rediit cum fama in gratiam parricida. » (Ibid., 7) : « Mirum sane omnibus videbatur, quod mortem Getæ toties ipse etiam fleret, et quoties nominis ejus mentio fieret, et quoties imago videretur aut statua. » Mais ce qui suit suffit pour concilier les deux historiens : « Varietas autem tanta fuit Antonini Bassiani imo tanta sitis cædis, ut modo fautores Getæ, modo inimicos occideret, quos fors obtulisset. » — 9. Γενέσια s'applique au jour natal des morts, γενέθλια à celui des vivants.

σασι λίθοις ὠργίζετο, καὶ τὸ νόμισμα τὸ προφέρον[1] αὐτὸν
συνεχώνευσε. Καὶ οὐδὲ ταῦτα ἀπέχρησεν αὐτῷ· ἀλλὰ καὶ
τότε μάλιστα ἀνοσιουργεῖν ἐπετήδευσε, καὶ τοὺς ἄλλους
μιαιφονεῖν ἠνάγκαζεν, ὥσπερ τινὰ ἐναγισμὸν ἐτήσιον τῷ
ἀδελφῷ ποιούμενος.]

R.p.129. 13. Ἐν μέντοι ταῖς ἀναγκαίαις[2] καὶ κατεπειγούσαις
στρατείαις λιτὸς ἦν καὶ ἀπέριττος, τὰ μὲν διακονικὰ ὑπη-
ρετήματα καὶ πάνυ ἀκριβῶς ἐξ ἴσου τοῖς ἄλλοις διαπονού-
μενος (καὶ γὰρ συνεβάδιζε τοῖς στρατιώταις, καὶ συνέ-
τρεχε, μὴ λουτρῷ χρώμενος[3], μὴ τὴν ἐσθῆτα ἀλλάσσων,
ἀλλὰ καὶ πᾶν ἔργον συνεργαζόμενος, καὶ πᾶσαν τροφὴν τὴν
αὐτὴν ἐκείνοις αἱρούμενος[4]· καὶ πολλάκις καὶ πρὸς τοὺς
προέχοντας τῶν πολεμίων πέμπων, προεκαλεῖτο αὐτοὺς ἐς
μονομαχίαν)· τὰ δὲ δὴ στρατηγικὰ, ὧν πέρ που καὶ μάλιστα διαπεφυκέναι αὐτὸν ἐχρῆν, ἥκιστα καλῶς μεταχειρι-
ζόμενος, ὡς ἂν τῆς νίκης ἐν ἐκείνοις τοῖς ὑπηρετήμασιν,
ἀλλ' οὐκ ἐν ταύτῃ τῇ ἐπιστήμῃ οὔσης. [Ὅτι τοιαῦτα ἐπὶ
τῷ ἐκείνου φόνῳ φρονῶν καὶ πράττων, ἔχαιρε[5] τῇ τῶν
βαρβάρων[6] διχοστασίᾳ, ὡς καὶ μέγα τι κακὸν ἐκ τούτου
τῶν Πάρθων πεισομένων[7]. Οὐ μέντοι καὶ τὰ Κελτικὰ
ἔθνη[8], οὔθ' ἡδονὴν[9], οὔτε σοφίας ἢ ἀνδρείας προσποίησιν

---

1. Peut-être προφαῖνον? Le copiste aurait écrit, par une faute d'orthographe, προφεμον. — 2. Rsk., Bkk. et Ddf; vulg.: ἀνάγκαις.
3. Les bains chauds étaient pour les soldats malades; les autres n'en
usaient pas, excepté dans les temps de relâchement de la discipline.
4. Cf. Hérodien, IV, 7. Caracallus ne le faisait que dans les cas de nécessité ou par ostentation; car il était (ch. 18) gourmand. — 5. Bkk. et

statues, et fit fondre toute la monnaie frappée à son effigie. Cependant cela ne lui suffit pas ; c'était ce jour-là où il se livrait de préférence à des actes abominables, et forçait les autres à commettre des meurtres, comme pour offrir tous les ans une sorte de sacrifice funèbre aux mânes de son frère.]

13. Néanmoins, à la guerre, dans les cas de nécessité et d'urgence, il était frugal et simple ; supportant les fatigues de services subalternes sur le pied d'une égalité parfaite avec les soldats (il marchait et courait avec eux, sans se baigner, sans changer de vêtement, partageant tous leurs travaux, et ne prenant d'autres aliments que ceux qu'ils prenaient eux-mêmes ; souvent même il envoyait provoquer à un combat singulier les plus vaillants parmi les ennemis), mais s'acquittant fort mal des devoirs de général, auxquels il aurait dû surtout s'attacher, comme si la victoire eût dépendu de pareils services et non de la science militaire. [Avec de telles pensées et de telles actions au sujet de ce meurtre, il se réjouissait de la discorde de frères barbares, comme si elle devait attirer aux Parthes quelque grand désastre. Néanmoins les nations germaniques ne lui apportèrent ni joie ni occasion de faire l'habile et le courageux ; elles

An de
Rome
966.
Antonin
consul IV
et
Celius
Balbinus
consul I.

Ddf; le ms.: χαίρειν. — 6. Bkk. et Ddf ajoutent ἀδελφῶν. — 7. Rm. et St. om. : Ὅτι τοιαῦτα.... πεισομένων.

8. A son retour de Gaule, Antonin, suivant Hérodien, IV, 7, et Spartien, 5, s'arrêta en Dacie, sur les bords du Danube, d'où il entreprit une expédition en Rhétie, contre les Cenni ou Chattes. — 9. St. : « Pro οὐδ' ἡδονήν, R. conjicit οὔτε πίστεως; vel οὐδ' ἁπλότητος, quia apponitur ἀπα-

τινα ἤνεγκεν, ἀλλὰ καὶ πάνυ, καὶ ἀπατεῶνα, καὶ εὐήθη, καὶ δειλότατον αὐτὸν ἐξήλεγξεν ὄντα.] [Ὅτι[1] ὁ Ἀντωνῖνος ἐς τοὺς Ἀλαμαννοὺς[2] στρατεύσας, διέταττεν εἴ πού τι χωρίον ἐπιτήδειον πρὸς ἐνοίκησιν εἶδεν · «Ἐνταῦθα φρούριον τειχισθήτω · ἐνταῦθα πόλις οἰκοδομηθήτω[3].» Καὶ ἐπωνυμίας γέ τινας τοῖς τόποις ἀφ' ἑαυτοῦ ἐπωνόμαζε, τῶν ἐπιχωρίων μὴ ἀλλοιουμένων[4] · οἱ μὲν γὰρ ἠγνόουν, οἱ δὲ παίζειν αὐτὸν ἐδόκουν. Ἐξ οὗ δὴ καταφρονήσας αὐτῶν, οὐδὲ ἐκείνων ἀπέσχετο, ἀλλ' οἷς συμμαχήσων ἀφῖχθαι ἔλεγε, τούτους τὰ τῶν πολεμιωτάτων ἔδρασε · συνεκάλεσε γὰρ τὴν ἡλικίαν αὐτῶν, ὡς καὶ μισθοφορήσουσαν, καὶ πᾶσαν, ἀπὸ παραγγέλματος, αὐτὸς τὴν ἀσπίδα ἀναδείξας, ἐνεκυκλώσατο καὶ κατέκοψε, καὶ τοὺς λοιποὺς, περιπέμψας ἱππέας, συνέλαβε.] [Ὅτι ὁ Ἀντωνῖνος Πανδίονα, ἄνδρα πρότερον μὲν ἡνιόχων ὑπηρέτην γενόμενον, ἐν δὲ τῷ πολέμῳ τῷ πρὸς Ἀλαμαννοὺς ἁρματηλατοῦντα αὐτῷ, καὶ κατὰ τοῦτο καὶ ἑταῖρον ὄντα καὶ συστρατιώτην, ἐπήνει τέ[5] ἐν τῇ γερουσίᾳ διὰ γραμμάτων, ὡς καὶ ἐκ κινδύνου τινὸς ἐξαισίου ὑπ' αὐτοῦ σωθείς · οὐδ' ἠσχύνθη πλείονα ἐκείνῳ χάριν ἢ τοῖς στρατιώταις, οὓς καὶ ἡμῶν ἀεὶ κρείττους ἦγεν, ἔχων[6].] [Ὅτι τῶν ἐλλογιμωτάτων οὓς ἔσφαξεν ὁ Ἀντωνῖνος ἀτά-

R.p 1300

τέων. Sententiam putat esse : In illis gentibus non potuit Caracalla servare fidei simulationem, qua alias utebatur, sed eam posuit aut perdidit. » En traduisant ἤνεγκε par *attulerunt*, au lieu de *tolerare potuerunt*, toute difficulté disparaît. Bkk. propose d'ajouter οἱ après ἡδονήν; cette addition préciserait davantage le sens, mais on peut s'en passer.

1. Rm. et St. : Καὶ γάρ, au lieu de Ὅτι. — 2. Bkk. et Ddf; Rm. et St., avec Valois : Ἀλαμβαννούς; les autres : Ἀλβανούς.

le convainquirent, au contraire, de n'être qu'un trompeur, un niais et un lâche.] [Antonin, dans une expédition contre les Alamans, ne cessait, toutes les fois qu'il voyait un endroit propre à être habité, de répéter cette prescription : « Qu'on y construise une forteresse, qu'on y bâtisse une ville. » Il donna aussi à certains lieux des surnoms empruntés à ses noms, sans que les habitants du pays s'y opposassent ; car les uns ignoraient le changement, les autres pensaient que l'empereur plaisantait. Plein de mépris pour eux à cause de cette patience, il ne les épargna plus, et traita comme ses plus redoutables ennemis ceux qu'il était venu, disait-il, secourir : il convoqua leur jeunesse sous prétexte de l'incorporer parmi les troupes mercenaires, la fit tout entière entourer à un signal qu'il donna en élevant son bouclier, la tailla en pièces, et se saisit du reste par le moyen de cavaliers envoyés dans toutes les directions.] [Antonin, dans un message au sénat, donna des éloges à Pandion, qui avait d'abord servi les cochers, puis qui, pour avoir conduit son char dans la guerre contre les Alamans, était devenu son ami et son compagnon d'armes, prétextant qu'il avait été sauvé par lui d'un grand danger ; il ne rougit pas de lui accorder plus de faveur qu'aux soldats qu'il préférait constamment à nous-mêmes.] [Antonin faisait

---

3. Toutes les éd. précédentes om. : ἐνταῦθα πόλις οἰκοδομηθήτω.

4. Bkk. propose de lire ἐναντιωμένων.

5. Bkk. et Ddf ; vulg. : ἐπηγεῖτο. St. : « Ἐπήνει τε R. recte, nisi medium explicandum est laudari jussit. » — 6. Bkk. ; vulg : κρείττους εἶχεν. Rm. : « Deest verbum, quod ad χάριν pertineat, v. g. ἀπονέμειν, γινώσκειν, aut simile. » Ddf. : κρείττους...., ἔχων, correction qui ne remédie à rien.

φους τινὰς ῥίπτεσθαι ἐκέλευε[1].] [Ὅτι τὸ τοῦ Σύλλου[2] μνημεῖον ἀναζητήσας ἐπεσκεύαζε, τῷ τε Μεσομήδει[3] τῷ τοὺς
κιθαρῳδικοὺς νόμους συγγράψαντι κενοτάφιον ἔχωσε· τῷ
μὲν ὅτι καὶ κιθαρῳδεῖν[4] ἐμάνθανεν, ἐκείνῳ δὲ, ὅτι τὴν
ὠμότητα αὐτοῦ ἐζήλου.]

14. Ἐπολέμησε δὲ καὶ πρός 'τινας Κέννους, Κελτικὸν
ἔθνος· οὓς λέγεται μετὰ τοσούτου θυμοῦ προσπεσεῖν τοῖς
Ῥωμαίοις, ὥστε καὶ 'τὰ βέλη, οἷς ὑπὸ τῶν Ὀσρῳηνῶν ἐτι-
τρώσκοντο, τοῖς στόμασιν ἐκ τῶν σαρκῶν ἀποσπᾶν, ἵνα μὴ
τὰς χεῖρας ἀπὸ τῶν σφαγῶν αὐτῶν ἀποδιατρίβωσιν. Οὐ
μέντοι ἀλλὰ καὶ αὐτοὶ τὸ τῆς ἥττης ὄνομα πολλῶν χρημάτων ἀποδόμενοι, συνεχώρησαν αὐτῷ ἐς τὴν Γερμανίαν[5]
ἀποσωθῆναι. Τούτων γυναῖκες, ἁλοῦσαι ὑπὸ τῶν Ῥωμαίων,
ἐρωτήσαντος αὐτὰς τοῦ Ἀντωνίνου, πότερον πραθῆναι[6] ἢ
φονευθῆναι βούλονται, τοῦθ' εἵλοντο· ἔπειτ' ἀπεμπολυθεῖ-
σαι[7], πᾶσαι μὲν ἑαυτὰς[8], εἰσὶ δ' αἳ[9] καὶ τὰ τέκνα[10]
ἀπέκτειναν. [Ὅτι[11] πολλοὶ καὶ τῶν παρ' αὐτῷ τῷ Ὠκεανῷ
περὶ τὰς τοῦ Ἄλβιδος ἐκβολὰς οἰκούντων ἐπρεσβεύσαντο

---

1. Peir. ; vulg. : ἐκέλευσε. Après ce mot finit dans le ms le f° 144 v°,
et le fragment Ὅτι τὸ τοῦ Σύλλου se trouve au f° 331 r°.

2. De tous les généraux, c'étaient Sylla et Annibal qu'il admirait le plus,
et, au témoignage d'Hérodien, IV, 8, il leur éleva des statues. Suivant Spartien, 4 et 5, il déclara souvent, dans ses édits et dans ses discours, qu'il
voulait devenir un autre Sylla ; dans les harangues ou les largesses qu'il
fit à ses soldats, en Rhétie, il les traita comme s'ils eussent été les soldats de Sylla. — 3. Il vivait du temps d'Antonin le Pieux, suivant Capitolin, 7, et Eusèbe, Chronique, An. 2140 ; du temps d'Adrien, selon Suidas au mot Μεσομήδης. — 4. Rsk. : καὶ αὐτὸς κιθαρῳδεῖν.

5. Rsk. : Ἰταλίαν. Le nom des Osroéniens permet de supposer quelque

jeter sans sépulture le corps des plus illustres citoyens égorgés par lui.] [Il rechercha, afin de le restaurer, le monument de Sylla, et dressa un cénotaphe à Mésomède qui avait écrit des nomes pour la lyre : à l'un, parce qu'il apprenait à chanter sur la lyre, à l'autre parce qu'il imitait sa cruauté.]

An de Rome 965.
C. Julius Asper et P. Julius Asper consuls.

14. Il fit la guerre aux Cenni, peuplade celtique, qui fondaient, dit-on, avec tant d'impétuosité sur les Romains, qu'ils arrachaient de leurs chairs avec leurs dents les traits dont ils avaient été blessés par les Osroéniens, afin que leurs bras ne cessassent point de tuer les Romains. Malgré cela, eux aussi, après lui avoir vendu à grand prix une défaite nominale, lui permirent de se retirer en Germanie. Leurs femmes, prisonnières des Romains, répondirent à Antonin, qui leur demandait lequel des deux elles préféraient d'être vendues ou d'être égorgées, en choisissant ce dernier parti ; puis, lorsqu'elles eurent été vendues, elles se donnèrent toutes la mort, quelques-unes même tuèrent leurs enfants. [Plusieurs des peuples qui habitent les bords mêmes de l'Océan, vers l'embouchure de l'Elbe, envoyèrent des ambassadeurs

confusion : il se peut qu'Antonin se soit trouvé dans une position telle que le retour en Germanie était pour lui une voie de salut. Je n'ose donc rien changer. — 6. Rm. et St. entremêlent ici de la manière suivante un Extrait Peir., qu'avec Bkk. et Ddf, je crois devoir renvoyer en note : Τούτων οὖν αἱ γυναῖκες [καὶ τῶν Ἀλαμβανῶν οὐ μὴν] ὅσαι γε ἑάλωσαν [δουλοπρεπές τι ὑπέμειναν· ἀλλ'] ἐρωτήσαντος κ.τ.λ. Voici maintenant le texte de Peir. : Ὅτι τῶν Χάττων αἱ γυναῖκες καὶ τῶν Ἀλαμαννῶν, οὐ μὴν ὅσαι γε καὶ ἑάλωσαν, δουλοπρεπές τι ὑπέμειναν ἀλλὰ πυθομένου τοῦ Ἀντωνίνου πότερόν ποτε πραθῆναι κ. τ. λ.— 7. Peir. et Ddf : ἔπειτα ἀπεμπολληθεῖσαι.

8. Peir. : αὐταὶ ἑαυτάς. — 9. Peir. : εἰσὶ δὲ αἱ.
10. Peir. : παιδία. — 11. Rm. et St. om.

πρὸς αὐτὸν, φιλίαν αἰτοῦντες, ἵνα χρήματα λάβωσιν·
ἐπειδὴ γὰρ οὕτως ἐπεπράχει[1], συχνοὶ αὐτῷ ἐπέθεντο, πολεμήσειν ἀπειλοῦντες, οἷς πᾶσι συνέθετο. Καὶ γὰρ εἰ παρὰ[2]
γνώμην αὐτοῖς ἐλέγετο, ἀλλ' ὁρῶντες τοὺς χρυσοῦς ἐδου-
λοῦντο· ἀληθεῖς γὰρ τοὺς χρυσοῦς αὐτοῖς ἐδωρεῖτο. Τοῖς
δὲ δὴ Ῥωμαίοις κίβδηλον καὶ τὸ ἀργύριον καὶ τὸ χρυσίον παρεῖχεν.] Τὸ μὲν γὰρ ἐκ μολίβδου καταργυρούμενον,
τὸ δὲ καὶ ἐκ χαλκοῦ καταχρυσούμενον ἐσκευάζετο[3].

B p.1301 15. [Ὅτι[4] ὁ αὐτὸς τὰ μὲν ἄντικρυς, ὡς καὶ καλὰ καὶ
ἐπαίνου ἄξια, καὶ τὰ αἴσχιστα ἐφανέρου· τὰ δὲ καὶ ἄκων
δι' αὐτῶν ὧν ἀντικατεσκεύαζεν ἐξέφαινεν, ὥσπερ που καὶ
περὶ τῶν χρημάτων.] [Ὅτι πᾶσαν μὲν τὴν[5] γῆν, πᾶσαν δὲ
τὴν θάλασσαν ἐπόρθησεν ὁ Ἀντωνῖνος[6], καὶ οὐδὲν ὅ τι τῶν
ἁπάντων ἀκάκωτον κατέλιπεν.] [Ὅτι τὸν Ἀντωνῖνον[7] ἔκφρονα καὶ παραπλῆγα αἱ τῶν πολεμίων ἐπῳδαὶ ἐπεποιή-
κεσαν· ἀκούοντες γάρ τινες τῶν Ἀλαμαννῶν, ἔφασαν ὅτι
μαγγανείαις τισὶν ἐπ' ἐκπλήξει τῶν φρενῶν αὐτοῦ κεχρῆν-
ται.] Ἐνόσει μὲν γὰρ[8] καὶ τῷ σώματι, τὰ μὲν ἐμφανέσι,
τὰ δὲ καὶ ἀῤῥήτοις[9] ἀῤῥωστήμασιν· ἐνόσει δὲ καὶ τῇ ψυχῇ

1. Peir.: ἐπεπράγει. — 2. Peir.: εἰ καὶ παρά. — 3. Peir. om.
4. Érasme Frœlich (Essai sur la monnaie des anciens, p. 366), approuvé
par Rm., croit ce passage corrompu, et propose de le corriger par la transposition des deux participes, « quando, dit-il, plumbum pondere suo ac
mollitie aptius est, ut auri bracteola obductum, solidi loci obtrudatur; tum
denarii adulterini, qui magno numero, ad Caracallæ præcipue et vicina
tempora pertinentes habentur, omnes sub argenti pellicula, quod ego vi-
derim, æs Cyprium abscondunt. » A. Mai assigne le ch. 14 pour place au
passage suivant des *Excerpta Vat.*: Ὅτι Ἀντωνῖνος πᾶσιν ἐπετίμα καὶ ἐνεκάλει ὅτι οὐδὲν αὐτὸν ᾔτουν· καὶ ἔλεγε πρὸς πάντας· « Δῆλόν ἐστιν ὅτι οὐ θαῤῥεῖτέ

lui demander son amitié afin d'obtenir de l'argent de lui ; car, avec la conduite qu'il tenait, un grand nombre l'attaquait, menaçant de lui faire la guerre, et il composait avec tous. Bien qu'il leur dît des choses déplaisantes, la vue de l'or les asservissait, attendu que c'était de l'or véritable qu'il leur donnait. Pour les Romains, il ne leur fournissait que de l'or et de l'argent de mauvais aloi.] Il avait, en effet, fabriqué une monnaie de plomb argenté et de cuivre doré.

15. [Le même prince dévoilait publiquement quelques-uns de ses actes les plus honteux, comme s'ils eussent été beaux et qu'ils eussent mérité des éloges ; il révélait les autres par les précautions mêmes qu'il prenait, comme il arriva pour la monnaie.] [Antonin pilla toute la terre et toute la mer, il n'y laissa aucun endroit où il n'eût causé des dommages.] [Les enchantements des ennemis rendirent Antonin fou et furieux ; des Alamans, en effet, en apprenant son état, avouèrent qu'ils avaient usé de magie pour le frapper de démence.] Il était malade physiquement, en proie à des indispositions, les unes visibles, les autres cachées ; il était malade aussi moralement,

μοι, ἐξ ὧν μὴ αἰτεῖτέ με. Εἰ δὲ ὑποπτεύετε, φοβεῖσθε· εἰ δὲ φοβεῖσθε, μισεῖτε.» Ταῦτα δὲ πρόφασιν ἐπιβουλῆς ἐποιεῖτο. « Antonin accusait tous les citoyens « et leur reprochait de ne rien lui demander ; il disait, en s'adressant à « tous : Il est évident que vous n'avez pas confiance en moi, puisque vous « ne me demandez rien. Or, si vous me soupçonnez, vous me craignez ; « et si vous me craignez, vous me haïssez. Ce raisonnement lui servit « de prétexte pour imaginer un complot. » — 5. Rm. et St. : πᾶσαν γὰρ τήν, avec omission de Ὅτι. — 6. Rm. et St. om. ὁ Ἀντωνῖνος. — 7. Rm. et St. : Ἔκφρονα τὸν Ἀντωνῖνον, et, de plus, omettent Ὅτι. — 8. a, b om. : μὲν γάρ. — 9. c. om.

πικροῖς τισι φαντάσμασι, καὶ πολλάκις γε[1] καὶ ἐλαύ-
νεσθαι ὑπό τε τοῦ πατρὸς ὑπό τε τοῦ ἀδελφοῦ ξιφηρῶν[2] ἐδόκει. Καὶ διὰ ταῦτα ἐψυχαγώγησε μὲν[3], ὅπως τινὰ ἄκεσιν
αὐτῶν λάβῃ, ἄλλας τέ τινας καὶ τὴν τοῦ πατρὸς τοῦ τε
Κομμόδου[4] ψυχήν· εἶπε δ' οὖν οὐδεὶς αὐτῷ οὐδὲν[5], πλὴν
τοῦ Κομμόδου· [τῷ γὰρ Σεουήρῳ καὶ ὁ Γέτας, ὥς φασι,
καὶ ἄκλητος ἐφέσπετο. Οὐ μὴν οὐδὲ ἐκεῖνος ἐξέφηνέ τι
μᾶλλον ὠφελῆσαν αὐτόν, ἀλλὰ καὶ πᾶν τοὐναντίον, ὥστε
καὶ προσεκφοβῆσαι]· ἔφη γὰρ ταῦτα·

Βαῖνε[6] δίκης ἄσσον, [θεοί ἦν σ' αἰτοῦσι Σεουήρῳ[7].]

εἶθ' ἕτερόν τι, καὶ ἐπὶ τελευτῆς·

Ἐν[8] κρυφίοισι τόπεισιν ἔχων δυσαλθέα νοῦσον[9].

[Ἐπὶ μὲν δὴ τούτοις δημοσιευθεῖσι πολλοὶ ἐπηρεάσθησαν·
ἐκείνῳ δὲ οὐδεὶς οὐδὲ τῶν θεῶν οὐδὲν, οὔτε ἐς τὴν τοῦ
σώματος, οὔτε[10] ἐς τὴν τῆς ψυχῆς ἴασιν φέρον, καίτοι πάντας τοὺς ἐπιφανεστάτους θεραπεύσαντι, ἔχρησεν. Ἀφ' οὗπερ ἐναργέστατα διεδείχθη, ὅτι μήτε τοῖς ἀναθήμασι,

1. Peir.: τε. — 2. Peir.: ξιφηφορῶν. — 3. Peir. om. — 4. Peir.: τοῦ πατρὸς Κομμόδου. — 5. Peir.: εἶπεν δ' οὐδεὶς οὐδὲν αὐτῷ.
6. Peir., Rm., St. et Ddf; Bkk., avec Zn. et Xph.: στεῖχε [a, b : στίχε
(sic)]. — 7. Ce second hémistiche est emprunté à Peir. où il se lit : θοῦ
[pour θεοί] δίκης αἰτοῦσι Σεβήρῳ ; Valois essaye de corriger : σε δίκας
αἰτοῦσι Σεβήρῳ, ambo Severi, pater et filius, a te pœnas exposcunt.
Mais cette explication ne le satisfait pas, attendu qu'il faudrait, dans ce
cas, παρὰ σοῦ et non σέ. Fabricius propose de remplacer θεοῦ δίκης (leçon
de Rm., St., Bkk. et Ddf) par θεοί ἦν. Rsk. pense qu'il ne faut pas s'in-

tourmenté par de sombres fantômes, et souvent il lui
semblait que son père et son frère le poursuivaient l'épée
à la main. Aussi évoqua-t-il, entre autres âmes, afin de
trouver quelque soulagement, celle de son père et celle
de Commode; aucune d'elles, à l'exception de celle de
Commode, ne lui répondit rien; [Géta, sans être appelé,
avait, dit-on, suivi Sévère. Mais Commode ne lui répondit rien qui pût lui être de quelque utilité; bien loin de
là, il le remplit de terreur;] il lui dit :

Approche de la justice [que les dieux réclament de toi pour Sévère] ;

puis, dans une autre réponse, il termina par :

Toi qui as, dans les endroits cachés, une maladie difficile à guérir.

[La publication de ces réponses exposa plusieurs citoyens à des accusations calomnieuses; quant à lui, aucun dieu ne lui fit une réponse favorable à la guérison
de son corps ou de son esprit, bien qu'il se fût adressé
à tous les plus célèbres. C'est ce qui montre bien claire-

quiéter de la mesure, souvent négligée dans les dictons populaires, et qu'on
ne doit pas être surpris de la voir violée par un Grec moderne, si le conte
est de Xph., comme il semble l'être en effet; il propose donc : θεοὶ δίκας
σ' αἰτοῦσι; mais, dans les *Nova Acta Eruditorum* (année 1752, p. 636),
ce même savant approuve comme certaine la correction de Fabricius à
la condition d'ajouter σε après ἤν. J'ai adopté cette conjecture; Bkk. la
reproduit en note. — 8. Bkk; vulg. et Ddf om. — 9. c : τόπιος. Slbg. croit
que, pour la mesure, il serait mieux de lire : τόποισιν ἔχων κρυφίοισι δυσαλθέα νοῦσον. — 10. Peir. : οὐδὲ... οὐδέ.

μήτε ταῖς θυσίαις, ἀλλὰ τοῖς βουλήμασι καὶ ταῖς πράξε-
R. p. 1202 σιν αὐτοῦ προσεῖχον. Οὔτε γὰρ ὁ Ἀπόλλων ὁ Γράννος[1],
οὔθ' ὁ Ἀσκληπιὸς, οὔθ' ὁ Σάραπις, καίπερ πολλὰ μὲν[2]
ἱκετεύσαντι αὐτῷ πολλὰ δὲ καὶ προσκαρτερήσαντι, ὠφέλησεν. Ἔπεμψε γὰρ αὐτοῖς καὶ ἀποδημῶν, καὶ εὐχὰς, καὶ
θυσίας, καὶ ἀναθήματα· καὶ πολλοὶ καθ' ἑκάστην οἱ[3]
τοιοῦτό τι φέροντες διέθεον· ἦλθε δὲ καὶ αὐτὸς ὡς καὶ τῇ
παρουσίᾳ τι ἰσχύσων, καὶ ἔπραξε πάνθ' ὅσα οἱ θρησκεύον-
τες ποιοῦσιν[4]· ἔτυχε δ' οὐδενὸς τῶν ἐς ὑγείαν τεινόντων.]

ιϛ. [Ὅτι λέγων εὐσεβέστατος[5] πάντων ἀνθρώπων εἶναι, περιττότητι μιαιφονίας ἐχρήσατο[6],] τῶν ἀειπαρθένων[7] τέσσαρας ἀποκτείνας, ὧν μίαν αὐτὸς, ὅτε[8] γε καὶ
ἐδύνατο[9], ἠσχύγκει[10]· ὕστερον γὰρ ἐξησθένησεν αὐτῷ πᾶσα[11]
ἡ περὶ τὰ ἀφροδίσια ἰσχύς. Ἀφ' οὗπερ καὶ ἕτερόν τινα τρόπον αἰσχρουργεῖν ἐλέγετο, [καὶ ἀπ' αὐτοῦ καὶ ἕτεροι τῶν
ὁμοιοτρόπων, οἳ οὐχ ὅτι ὡμολόγουν τοιοῦτό τι ποιεῖν,
ἀλλὰ καὶ ὑπὲρ τῆς σωτηρίας δὴ τῆς ἐκείνου πράττειν ταῦτα
ἔφασκον.] Ἡ δὲ δὴ κόρη αὕτη, περὶ ἧς λέγω, Κλωδία
Λαῖτα ὠνομάζετο· ἥτις καὶ μέγα βοῶσα, «Οἶδεν αὐτὸς
Ἀντωνῖνος, ὅτι παρθένος εἰμί, [οἶδεν αὐτὸς ὅτι καθα-

---

1. Apollon Grannus était particulièrement honoré en Germanie, où commença la maladie de l'empereur, et en Dacie ; mais, comme on ne cite
aucun oracle en cet endroit, Valois pense qu'il faut lire Apollon Grynien
(Γρύνειος), de Grynée en Éolide.
2. Bkk., addition conforme au style de notre auteur ; vulg. et Ddf om.
3. Conjecture de Rm., adoptée par Bkk. et Ddf.; vulg.: ὅτι.—4. Bkk.; vulg.

ment qu'ils faisaient attention, non à ses offrandes et à ses
sacrifices, mais à ses pensées et à ses actions. En effet, ni
Apollon Grannus, ni Esculape, ni Sérapis, malgré toutes
ses prières et toutes les nuits passées dans leurs temples,
ne lui furent d'aucune utilité. Il leur envoya de loin des
vœux, des victimes et des offrandes ; beaucoup de gens
couraient tous les jours pour leur porter quelque chose
de ce genre ; il y vint aussi en personne, dans la pensée
que sa présence aurait une certaine force, et il y accom-
plit toutes les prescriptions imposées aux adorateurs,
mais sans rien obtenir pour sa santé.

16. [Bien qu'il se vantât d'être le plus pieux des
hommes, il usa d'une cruauté superflue,] en mettant
à mort quatre Vestales, dont une avait été violée par lui-
même, dans le temps où il le pouvait encore, car, dans
la suite, toutes ses forces pour les plaisirs de Vénus s'é-
puisèrent. Ce fut, dit-on, la cause pour laquelle il se
livra à des infamies d'un autre genre, [ainsi que d'autres,
à son imitation, qui non-seulement avouaient s'y livrer,
mais encore prétendaient le faire pour le salut du prince.]
Or, la Vestale dont je parle avait nom Clodia Læta ;
bien qu'elle répétât à grands cris « Antonin lui-même
sait que je suis vierge, il sait lui-même que je suis pure, »]

---

et Ddf : θρησκεύοντές τι ποιοῦσιν. St. : « T¦delendum. R. Ego potius δή vel
τινα reponendum putem. » — 5. Rm. et St. : Λέγων δ' εὐσεβέστατος, avec
omission de Ὅτι. — 6. Peir. : μιαιφονίαν κατεχρήσατο. — 7. Peir., Bkk.
et Ddf ; vulg. : τέσσαρας τῶν ἀειπαρθένων. — 8. Peir., Bkk. et Ddf ; vulg. :
μίαν βίᾳ, ὅσα γε. — 9. Peir. et Bkk. ; vulg. et Ddf : ἠδύνατο.
10. Bkk. et Ddf ; vulg. : ᾐσχύνει. — 11. Peir. : πᾶσα αὐτῷ.

ρεύω, »] ζῶσα κατωρύγη. [Καὶ συνεκοινώνησαν αὐτῇ καὶ
ἕτεραι τρεῖς τῆς καταδίκης· ὧν αἱ μὲν δύο, Αὐρηλία τε
Σεουῆρα καὶ Πομπωνία Ῥουφῖνα, ὁμοίως ἀπέθανον, Κα-
νουτία δὲ Κρησκεντῖνα ἑαυτὴν ἄνωθεν ἀπὸ τῆς οἰκίας ἔρ-
ριψεν.] [Ὅτι[1] καὶ περὶ τῶν μοιχευόντων τὸ αὐτὸ ἐποίει·
μοιχικώτατος γὰρ ἀνδρῶν, ἐς ὅσον γε καὶ ἠδυνήθη, γενόμενος, τοὺς ἄλλους τοιαύτην αἰτίαν ἔχοντας καὶ ἤχθαιρε
καὶ ἐφόνευε παρὰ τὰ νενομισμένα[2]. Καὶ πᾶσι τοῖς ἀγαθοῖς
ἀνδράσιν ἀχθόμενος τιμᾶν τινας αὐτῶν ἀποθανόντας ἐπλάττετο.] [Ὅτι νεανίσκος τις[3] ἱππεὺς νόμισμα τὴν εἰκόνα αὐτοῦ δεῖξαν ἐς πορνεῖον ἐσήνεγκεν[4]· ἐφ' ᾧ δὴ τότε μὲν
ὡς καὶ θανατωθησόμενος ἐδέθη, ὕστερον δὲ τελευτῆσαι
φθάσαντος αὐτοῦ, ἀπελύθη.] [Ὅτι[5] ἐς τὴν Θρᾴκην ἀφίκετο ὁ Ἀντωνῖνος, μηδὲν ἔτι τῆς Δακίας φροντίσας· καὶ

1. Rm. et St. om. — 2. La loi n'édictait pas la peine de mort contre
l'adultère.

3. Avec Bkk. et Ddf, je transpose ici cet Extrait, afin de ne pas inter-
rompre le récit du supplice des Vestales, et les réflexions sur l'adultère,
qui en font partie. Rm. et St. le placent entre ἔφασκον] et Ἡ δὲ κόρη ; ils
lisent Νεανίσκος δέ τις, en supprimant Ὅτι.

4. Valois traduit ἔδειξαν (vulg.) par *delatus est*. Rm. blâme cette traduction non-seulement comme forcée, mais encore comme laissant incom-
plet ce qui précède, attendu qu'on ne sait avec quel mot joindre ἔδειξαν ;
il propose d'y remédier par une transposition accompagnée d'un léger
changement : νόμισμα τὴν εἰκόνα αὐτοῦ δεῖξαν ἐς πορνεῖον ἐσήνεγκεν. Rsk.
refait ainsi le passage : εἰκόνα αὐτοῦ ἔχον εἰς τὸ πορνεῖον εἰσήνεγκεν, ὃ ἰδόντες τινὲς ἐνέδειξαν. Bkk. a reçu ἐνέδειξαν dans son texte. Cette correction
lèverait toute difficulté, si le sujet était exprimé. J'adopte la conjecture
de Rm. Cependant δείκνυμι dans ce sens paraît d'une grécité douteuse.

5. Rm. et St. : Εἶτα, au lieu de Ὅτι. Bkk. intercale entre cet Extrait et le précédent le passage suivant des *Excerpta Vat.*, que je rejette dans cette note pour me conformer à ce qui a été fait depuis que

elle fut enterrée vive. [Trois autres partagèrent son supplice ; deux, Aurélia Sévéra et Pomponia Rufina périrent de la même mort qu'elle ; quant à Canutia Crescentina, elle se précipita elle-même du haut de la maison. Il agissait de même à l'égard de ceux qui commettaient des adultères ; car, lui qui, tant que ses forces le lui permirent, en commettait plus que personne, il haïssait et mettait à mort, contrairement aux lois, ceux qui étaient accusés de ce crime. A charge à tous les gens de bien, il feignait de révérer quelques-uns d'entre eux qui étaient morts.] [Un jeune chevalier porta dans un *lupanar* une pièce de monnaie à l'effigie de l'empereur ; sur le moment, on le jeta dans les fers pour le livrer au supplice ; mais, plus tard, la mort d'Antonin étant survenue dans l'intervalle, il fut remis en liberté.] [Antonin arriva en Thrace, ne songeant plus à la Dacie, et après avoir traversé l'Hellespont,

---

nous avons un texte suivi : Ὅτι Ἀντωνῖνος Κορνιφικίαν μέλλων ἀναιρεῖν [pour avoir pleuré (Hérodien, IV, 11) Géta avec sa mère], ὡς δῆθεν τιμῶν, ἐκέλευσεν αὐτὴν ἑλέσθαι θάνατον ὃν βούλεται ἀποθανεῖν. Ἡ δὲ κλαύσασα πολλὰ καὶ μνησθεῖσα τοῦ πατρὸς Μάρκου, καὶ τοῦ πάππου Ἀντωνίνου, καὶ τοῦ ἀδελφοῦ Κομμόδου, τέλος ἐπήγαγεν ταῦτα· « Ὦ δυστυχὲς ψυχίδιον, ἐν πονηρῷ σώματι καθειργμένον, ἔξελθε, ἐλευθερώθητι· δεῖξον αὐτοῖς ὅτι Μάρκου θυγάτηρ εἶ [cf. Fronton, Lettres, I, 1] κἂν [Ddf. : καὶ ἐὰν] μὴ ἐθέλωσι [sic] Bkk. ; vulg. : θέλωσι]. Καὶ ἀποθεμένη πάντα τὸν κόσμον, ὃν περιεβέβλητο, καὶ εὐθετήσασα ἑαυτὴν, τὰς φλέβας ἀπέτεμε καὶ ἀπέθανεν. « Antonin, ayant « résolu de se défaire de Cornificia, lui donna, sous prétexte de lui rendre honneur, le choix de la mort dont elle voulait mourir. Celle-ci, « fondant en larmes et rappelant le souvenir de son père Marc-Antonin, « de son aïeul Antonin et de son frère Commode, finit par ajouter : « Malheureuse petite âme, enfermée dans un corps misérable, sors, « mets-toi en liberté ! Fais leur voir que tu es, lors même qu'ils « le voudraient pas, la fille de Marc-Antonin. Déposant alors tous « les ornements dont elle était parée et s'apprêtant elle-même, elle « se fit ouvrir les veines, et mourut. »

τὸν Ἑλλήσποντον οὐκ ἀκινδύνως διαβαλών[1], τόν τε Ἀχιλ-

R.p.1303 λέα καὶ ἐναγίσμασι, καὶ περιδρομαῖς ἐνοπλίοις καὶ ἑαυτοῦ
καὶ τῶν στρατιωτῶν ἐτίμησε· καὶ ἐπὶ τούτῳ ἐκείνοις τε,
ὡς καὶ μέγα τι κατωρθωκόσι, καὶ τὸ Ἴλιον ὡς ἀληθῶς
αὐτὸ τὸ ἀρχαῖον ᾑρηκόσι, χρήματα ἔδωκε, καὶ αὐτὸν τὸν
Ἀχιλλέα χαλκοῦν ἔστησεν.]

17. Ἐδίκαζε μὲν οὖν ἤ τι, ἢ οὐδέν· τὸ δὲ δὴ πλεῖστον
τοῖς τε ἄλλοις καὶ τῇ φιλοπραγμοσύνῃ[2] ἐσχόλαζε. Πάντα
γὰρ δὴ οἱ πανταχόθεν καὶ τὰ βραχύτατα ἀνηγγέλλετο·
καὶ διὰ τοῦτο καὶ τοὺς στρατιώτας, τοὺς ὠτακουστοῦν-
τάς τε καὶ διοπτεύοντας αὐτὰ[3], προσέταξεν ὑπὸ μηδενὸς
πλὴν ὑφ' ἑαυτοῦ κολάζεσθαι. Καὶ ἐγίνετο κατὰ τοῦτο οὐδὲν χρηστόν, ἀλλ' ἐτυράννησαν ἡμῶν καὶ ἐκεῖνοι. Καὶ ὅ γε
μάλιστα καὶ ἀσχημονέστατον καὶ ἀναξιώτατον καὶ τῆς γερουσίας καὶ τοῦ δήμου Ῥωμαίων ἐγένετο, καὶ εὐνοῦχος
ἡμῶν, τὸ γένος Ἴβηρ, τὸ δὲ ὄνομα Σεμπρώνιος Ῥοῦφος,
τὸν δὲ δὴ τρόπον φαρμακεὺς καὶ γόης, ἐφ' ᾧ δὴ καὶ ὑπὸ
Σεουήρου ἐς νῆσον κατεκέκλειστο, κατεκράτησε. Καὶ ὁ μὲν
ἔμελλέ που δίκην ἐπὶ τούτῳ δώσειν, ὥσπερ καὶ οἱ ἄλλοι οἱ
ἐνδείξαντές τινας· ἐκεῖνος δὲ ἐπήγγελλε μὲν, ὡς καὶ μετὰ
τὴν ἕω αὐτίκα δικάσων, ἢ καὶ ἄλλο τι δημόσιον πράξων·

---

1. Spartien, 5 : « Inde quum in Asiâm trajiceret, naufragii periculum
adiit, antenna fracta, ita ut in scapham cum protectoribus descenderet.
Unde in triremem a præfecto classis receptus, evasit. »

2. Cf. Hérodien, IV, 12, Bkk., s'appuyant sur ce passage (LXXVIII,
15).... τοῦ Καρακάλλου.... πρὸς τὰς ἀνοσίους πολυπραγμοσύνας ὑπηρε-

non sans courir des dangers, il honora Achille en lui offrant des sacrifices funèbres et en exécutant, lui et ses soldats, des courses en armes autour de son tombeau ; à cette occasion, il donna de l'argent à ses troupes, comme si elles avaient remporté un grand succès et qu'elles eussent véritablement pris l'antique Ilion, et il dressa une statue de bronze à Achille.]

17. Il rendait peu la justice, ou ne la rendait pas du tout ; la plupart du temps, il se livrait à ses occupations et à sa curiosité. On lui rapportait de toutes parts jusqu'aux plus petites choses ; aussi avait-il défendu que les soldats chargés d'écouter et d'inspecter fussent punis par aucun autre que par lui. Cela n'amena rien de bon, car ils devinrent pour nous des tyrans. Mais ce qu'il y eut de plus honteux, de plus indigne du sénat et du peuple romain, c'est qu'un eunuque, Espagnol de nation, nommé Sempronius Rufus, ayant les mœurs d'un empoisonneur et d'un magicien, et que Sévère avait, pour ce motif, enfermé dans une île, domina sur nous. Il devait avoir sa punition comme les autres délateurs ; quant à l'empereur, il avait coutume de nous faire avertir que, dès la pointe du jour, il rendrait la justice ou vaquerait aux affaires publiques, et nous tenait jusqu'à plus de midi

---

τῆσαι, propose (Rm., qui cite le texte d'Hérodien, n'aurait pas de répugnance pour cette correction) de lire ici πολυπραγμοσύνῃ, et, plus bas, ἐπολυπραγμόνει.

3. Sur ces sortes d'espions, cf. les notes de Casaubon et de Saumaise sur Spartien (Adrien, 11).

παρέτεινε δὲ ἡμᾶς καὶ ὑπὲρ τὴν μεσημβρίαν, καὶ πολλάκις
καὶ μέχρι τῆς ἑσπέρας, μηδὲ ἐς τὰ πρόθυρα ἐσδεχόμεν-
νος, ἀλλὰ ἔξω που ἑστῶτας· ὀψὲ γάρ ποτε ἔδοξεν αὐτῷ
μηκέτι μηδ' ἀσπάζεσθαι ἡμᾶς ὡς πλήθει. Ἐν δὲ τούτῳ τά
τε ἄλλα ἐφιλοπραγμόνει, ὥσπερ εἶπον, καὶ ἅρματα ἤλαυνε,
θηρία τε ἔσφαζε, καὶ ἐμονομάχει, καὶ ἔπινε, καὶ ἐκραι-
πάλα, καὶ τοῖς στρατιώταις, τοῖς τὴν ἔνδον αὐτοῦ φρουρὰν ἔχουσι, καὶ κρατῆρας πρὸς τῇ ἄλλῃ τροφῇ ἐκεράν-
νυε, καὶ κύλικας, παρόντων καὶ ἡμῶν[1] καὶ ὁρώντων, διέ-
πεμπε· καὶ μετὰ τοῦτο ἔστιν ὅτε καὶ ἐδίκαζε.

18. Ταῦτά τε ἐν τῇ Νικομηδείᾳ χειμάσας ἔπραξε· καὶ
τὴν φάλαγγα τὴν Μακεδονικὴν ἐξήσκησε, μηχανήματά τε
δύο μέγιστα πρός τε τὸν Ἀρμενικὸν καὶ πρὸς τὸν Παρθικὸν πόλεμον κατεσκεύασεν, ἵνα διαλύσας αὐτὰ, ἐπὶ πλοίων
ἐς τὴν Συρίαν ἀποκομίσῃ. Τὰ δὲ ἄλλα ἐμιαιφόνει καὶ παρηνόμει, καὶ τὰ χρήματα κατανήλισκεν. Οὐδὲ ἐπείθετο,
οὔτε περὶ τούτων οὔτε περὶ τῶν ἄλλων, τῇ μητρὶ πολλὰ
καὶ χρηστὰ παραινούσῃ· καίτοι καὶ τὴν τῶν βιβλίων τῶν
τε ἐπιστολῶν ἑκατέρων[2], πλὴν τῶν πάνυ ἀναγκαίων, διοί-
κησιν αὐτῇ ἐπιτρέψας, καὶ τὸ ὄνομα αὐτῆς ἐν ταῖς πρὸς
τὴν βουλὴν ἐπιστολαῖς ὁμοίως τῷ τε ἰδίῳ καὶ τῷ τῶν

R.p.1304

---

1. Slbg. : « Rectius fortasse : παρόντων τε ἡμῶν » ; Lncl. en marge : καὶ
παρόντων ἡμῶν. — 2. Rm. : « Bene Gutherius de Officiis domus Aug. lib. III,
c. 5, p. 456, laudato præsenti loco : Hoc ita intelligendum est, ut Caracallæ mater epistolarum et libellorum lectioni operam daret, quum a
scriniariis legerentur : atque hac in re vice filii principis ageret, non tamen magistrorum officio fungeretur. Vide lib. seq. [c. 4]. » Quant à l'ex-

et souvent jusqu'au soir, sans même nous recevoir sous
son vestibule, tous debout dans un lieu quelconque;
car ce ne fut que plus tard qu'il jugea enfin convenable
de ne presque plus jamais nous admettre à le saluer.
Dans l'intervalle, il se livrait, comme je l'ai déjà dit, à des
occupations futiles, conduisait des chars, égorgeait des
bêtes, combattait en gladiateur, buvait, s'enivrait, mé-
langeait le vin dans les cratères pour ajouter à la nourriture des soldats chargés, à l'intérieur, de la garde de sa
personne, et leur en envoyait des coupes en notre présence et sous nos yeux; après cela, il rendait quelquefois la justice.

18. Voilà à quoi il passa l'hiver à Nicomédie; de
plus, il fit faire des exercices à la phalange Macédo-
nienne, et construisit, en vue de la guerre contre les
Arméniens et de la guerre contre les Parthes, deux grandes machines, faites de manière à se démonter pour être
transportées en Syrie sur des bateaux. Il commettait
des meurtres et des illégalités, et dilapidait l'argent. Il
n'écoutait pas en cela, non plus que dans les autres occasions, les nombreux et sages conseils de sa mère, bien
qu'il lui eût confié le soin de ses registres et de ses lettres, tant grecques que latines, à la réserve des plus
nécessaires, et que, dans les messages qu'il écrivait au

---

pression ἑκατέρων, cf. (LXIX, 3) φιλόλογος ἐν ἑκατέρᾳ γλώσσῃ, en parlant
d'Adrien. Bien que les Romains entendissent également les deux langues,
le latin et le grec, il y avait à la cour des empereurs un emploi distinct
pour chacune d'elles. Voir dans les Mémoires d'histoire ancienne et de
philologie (1863), par M. Egger, les Recherches sur les fonctions de secrétaire dans l'antiquité.

στρατευμάτων, ὅτι σώζεται[1], μετ᾽ ἐπαίνων πολλῶν ἐγ-
γράφων. Τί γὰρ δεῖ λέγειν, ὅτι καὶ ἠσπάζετο δημοσίᾳ
πάντας τοὺς πρώτους, καθάπερ καὶ ἐκεῖνος; Ἀλλ᾽ ἡ μὲν
καὶ μετὰ τούτων[2] ἔτι μᾶλλον ἐφιλοσόφει· ὁ δὲ ἔλεγε μὲν
μηδενὸς ἔξω τῶν ἀναγκαίων προσδεῖσθαι, καὶ ἐπὶ τούτῳ
καὶ ἐσεμνύνετο, ὡς ὅτι εὐτελεστάτῃ τῇ διαίτῃ χρῆσθαι δυνάμενος[3]· ἦν δὲ οὐδὲν οὐκ ἐπίγειον, οὐ θαλάττιον, οὐκ
ἀέριον, ὃ μὴ οὐκ ἰδίᾳ καὶ δημοσίᾳ αὐτῷ παρείχομεν. [Καὶ
ἀπ᾽ αὐτῶν ἐλάχιστα μὲν τοῖς φίλοις τοῖς συνοῦσίν οἱ ἀνήλισκεν, οὐδὲ γὰρ συσσιτεῖν ἔθ᾽ ἡμῖν ἤθελε· τὰ δὲ δὴ πλείω
μετὰ τῶν ἐξελευθέρων ἐδαπάνα.] Τοῖς δὲ μάγοις καὶ γόη-
σιν οὕτως ἔχαιρεν, ὡς καὶ Ἀπολλώνιον τὸν Καππαδόκην[4],
τὸν ἐπὶ τοῦ Δομιτιανοῦ ἀνθήσαντα, ἐπαινεῖν καὶ τιμᾶν,
ὅστις καὶ γόης καὶ μάγος ἀκριβὴς ἐγένετο, καὶ ἡρῷον αὐτῷ
κατασκευάσαι.

19. Ἐκστρατεύσαντι δὲ αὐτῷ κατὰ τῶν Πάρθων πρό-
φασις τοῦ πολέμου ἦν, ὅτι Οὐολόγαισος τόν τε Τιριδάτην[5],
καὶ Ἀντίοχόν[6] τινα μετ᾽ αὐτοῦ, ἐξαιτήσαντι αὐτῷ οὐκ
ἐξέδωκεν. Ὁ δὲ Ἀντίοχος ὁ αὐτόμολος Κίλιξ μὲν ἦν, καὶ
φιλοσοφεῖν κυνηδὸν τὰ πρῶτα ἐπλάττετο, καὶ πλεῖστά γε
ἐκ τούτου τοὺς στρατιώτας ἐν τῷ πολέμῳ ὠφέλησεν· ἀπαλ-
γοῦντας γὰρ αὐτοὺς ὑπὸ τοῦ πολλοῦ ῥίγους ἐπερρώννυεν,

____

1. Nous avons vu (LXIX, 14) la formule dont se servaient les empereurs; Antonin la modifiait sans doute ainsi : « Si vos liberique vestri va-
letis, bene est ; ego et mater et exercitus valemus. » On a un exemple
en grec de cette formule dans une lettre d'Octave aux Mylasiens, qui

sénat, il mît, en y ajoutant force éloges, le nom de cette impératrice avec le sien et avec celui l'armée, pour annoncer qu'il était en bonne santé. Qu'est-il besoin, en effet, de dire qu'elle recevait officiellement, comme l'empereur lui-même, les principaux citoyens à la saluer? Mais elle, malgré cela, n'en montrait que plus d'amour pour la philosophie; lui, au contraire, il répétait qu'il n'avait besoin que du nécessaire, et il s'en glorifiait, prétendant pouvoir se contenter de la manière de vivre la plus frugale; et cependant il n'y avait rien sur la terre, dans la mer et dans les airs, que nous ne lui fournissions en notre privé nom et au nom de l'État. [De cela, il dépensait peu pour les amis qui l'entouraient, car il ne voulait plus nous recevoir à sa table; la plus grande partie était consommée avec ses affranchis.] Il aimait si fort les magiciens et les sorciers qu'il accorda des éloges et des honneurs à Apollonius de Cappadoce, qui avait fleuri sous Domitien, lequel n'était qu'un véritable sorcier et un magicien, et lui éleva un sanctuaire.

19. Le prétexte de la guerre, dans son expédition contre les Parthes, fut que Vologèse avait refusé, malgré ses réclamations, de lui livrer Tiridate, ainsi qu'un certain Antiochos. Antiochos, le transfuge, était originaire de Cilicie, et avait, dans les premiers temps, fait semblant de professer la philosophie cynique, ce qui l'avait mis à portée de rendre, pendant la guerre, de nombreux services aux soldats; il les avait fortifiés contre le désespoir causé par la rigueur du froid, en se

est au Louvre, n° 72 du Catalogue Fröhner. — 2. Rsk. : « Forte καὶ τότε, καὶ μετὰ ταῦτα. » — 3. Cf. ch. 13. — 4. Le fameux Apollonius de Tyane, dont Philostrate a écrit une Vie. — 5. Frère de Vologèse; cf. ch. 12 et une note sur ce sujet.—6. Pour plus de détails, cf. Philostrate, les Sophistes, II, 4.

ἔς τε τὴν χιόνα ῥίπτων ἑαυτὸν[1], καὶ ἐν αὐτῇ καλινδού-
μενος · ὅθενπερ καὶ χρημάτων καὶ τιμῶν καὶ παρὰ τοῦ[2]
Σεουήρου καὶ παρ' αὐτοῦ τοῦ Ἀντωνίνου[3] ἔτυχεν · ἐπαρθεὶς
δὲ ἐπὶ τούτοις, τῷ Τιριδάτῃ συνεξητάσθη, καὶ μετ' αὐτοῦ
πρὸς τὸν Πάρθον ηὐτομόλησε. Πρὶν δὲ ἀπᾶραι ἀπὸ Νικο-
μηδείας, ἀγῶνα μονομαχίας ἐν αὐτῇ ἐπὶ τοῖς ἑαυτοῦ γενεθλίοις ἐποίησεν · οὐδὲ γὰρ ἐν ἐκείνῃ τῇ ἡμέρᾳ τῶν φόνων
ἀπείχετο. Ἔνθα λέγεται, ἡττηθέντος τινὸς, καὶ ἱκετεύον-
τος αὐτὸν ὅπως σωθῇ[4], τὸν Ἀντωνῖνον εἰπεῖν, « Ἄπελθε,
καὶ τοῦ ἀντιπάλου δεήθητι · ἐμοὶ γὰρ οὐκ ἔξεστί σου φεί-
σασθαι. » Καὶ οὕτως ὁ ἄθλιος, τάχ' ἂν ὑπὸ τοῦ ἀνταγω-
νιστοῦ σωθεὶς, εἰ μὴ τοῦτο εἴρητο, διεφθάρη · οὐ γὰρ
ἐτόλμησεν αὐτὸν ἀφεῖναι, ἵνα μὴ καὶ φιλανθρωπότερος τοῦ
αὐτοκράτορος εἶναι δόξῃ.

20. Καὶ μέντοι τοιαῦτα ποιῶν, καὶ ἐν τῇ Ἀντιοχείᾳ
τρυφῶν, ὥστε καὶ τὸ γένειον πάνυ ψιλίζεσθαι[5], αὐτός τε
ὠδύρετο, ὡς ἐν μεγάλοις δή τισι καὶ πόνοις καὶ κινδύνοις
ὤν · καὶ τῇ γερουσίᾳ ἐπετίμα, τά τε ἄλλα, ῥαστωνεύειν
σφᾶς λέγων, μήτε συνιέναι προθύμως, καὶ[6] μήτε κατ' ἄνδρα τὴν γνώμην διδόναι. Καὶ τέλος ἔγραψεν ὅτι, « Οἶδα
μὲν ὅτι οὐκ ἀρέσκει τὰ ἐμὰ ὑμῖν · διὰ τοῦτο μέντοι καὶ
ὅπλα καὶ στρατιώτας ἔχω, ἵνα μηδὲν[7] τῶν λογοποιουμέ-

B.p.1305

---

1. Peir. om. — 2. *a*, *b* om. — 3. Rsk. ; vulg., Bkk. et Ddf : παρ' αὐτοῦ
τοῦ Σεουήρου καὶ παρὰ τοῦ Ἀντωνίνου.

4. Les gladiateurs vaincus pouvaient abaisser leurs armes et implorer
la pitié du peuple et même celle de l'empereur, qui avaient droit de leur

précipitant dans la neige et en s'y roulant ; ce qui lui
avait valu des présents et des honneurs de la part de Sévère et de celle d'Antonin lui-même ; mais la vanité qu'il
en conçut le décida à se joindre à Tiridate et à passer
avec lui au roi des Parthes. Avant de partir de Nicomédie, Antonin y donna un combat de gladiateurs à
l'occasion de son jour natal ; car, même ce jour-là, il ne
s'abstenait pas de répandre le sang. Dans ce combat,
dit-on, un gladiateur vaincu lui ayant demandé la vie,
Antonin lui répondit : « Va demander à ton adversaire ;
car, pour moi, il ne m'est pas permis de te faire grâce. »
C'est ainsi que périt ce malheureux, à qui, peut-être,
sans cette parole, son adversaire eût sauvé la vie ; car
il n'osa pas le lâcher, de peur de passer pour plus clé-
ment que l'empereur.

20. Malgré cette conduite, et bien qu'il fût, à Antioche, plongé dans les voluptés au point de se faire raser
complétement le menton, il se plaignait d'être exposé à
de grandes fatigues et à de grands dangers ; il adressait
des reproches au sénat, l'accusant de s'abandonner à l'oisiveté, de ne pas mettre de zèle à se réunir, et de ne pas
voter par tête. Il finit même par lui écrire : « Je sais
que mes exploits ne vous plaisent pas ; aussi ai-je des
armes et des soldats, afin de n'avoir pas à m'inquié-

An de
Rome
969.

C. Attius
Sabinus
et
Cornélius
Anullinus
consuls.

faire grâce et de leur accorder leur congé. — 5. Depuis Adrien
(LXVIII, 15) les empereurs laissaient croître leur barbe. — 6. Bkk. et
Ddf ; vulg. om.

7. Les *Excerpta Vat.* : μή.

νων ἐπιστρέφωμαι. » [Ὅτι ὁ Ἀντωνῖνος[1] ἑαυτὸν διέβαλε,
φάσκων ὅτι τῶν Κελτῶν τὴν θρασύτητα καὶ τὴν ἀπληστίαν, τήν τε ἀπιστίαν, ἀνάλωτον οὖσαν βίᾳ, ἀπατήσας
εἰλήφει.] [Ὅτι[2] ὁ αὐτὸς τὸν μὲν[3] Λουσκῖνον τὸν Φαβρίκιον
ἐπῄνει, ὅτι μὴ ἠθέλησε τὸν Πύῤῥον διὰ τοῦ φίλου αὐτοῦ[4]
δολοφονῆσαι· ἐμεγαλοφρόνει δὲ ἐπὶ τῷ τοὺς Οὐανδίλους
καὶ τοὺς Μακρομάνους φίλους ὄντας ἀλλήλοις συγκεκρου-
κέναι· καὶ ὅτι καὶ τὸν τῶν Κουάδων βασιλέα Γαϊοβόμαρον
κατηγορηθέντα ἀπεκτόνει· καὶ ὅτι τῶν συνόντων τις[5] συγ-
κατηγορουμένων αὐτῷ προαπήγξατο, ἐπέτρεψε τοῖς βαρβάροις τὸν νεκρὸν αὐτοῦ κατατρῶσαι, ἵν' ὡς καὶ καταδε-
δικασμένος ἐσφάχθαι, ἀλλὰ μὴ ἑκουσίως, ὅπερ εὔδοξον
παρ' αὐτοῖς ἐνομίζετο, τετελευτηκέναι νομισθείη.] [Ὅτι
Καικίλιον Αἰμιλιανὸν[6] τῆς Βαιτικῆς ἄρξαντα, ὡς καὶ τῷ
Ἡρακλεῖ τῷ ἐν τοῖς Γαδείροις χρησάμενον, ἀπέκτεινεν.]

R.p.1306 21. Τοῦ δὲ Πάρθου φοβηθέντος, καὶ τὸν Τιριδάτην καὶ
τὸν Ἀντίοχον ἐκδόντος, ἀφῆκε τὴν στρατείαν ἐν τῷ παραυτίκα. Ἐς δὲ τοὺς Ἀρμενίους στείλας τὸν Θεόκριτον μετὰ
στρατιᾶς, ἰσχυρῶς ἔπταισε[7] παρ' αὐτῶν ἡττηθείς. Ἦν δὲ
ὁ Θεόκριτος ἐκ δούλου γεγονώς, καὶ τῇ ὀρχήστρᾳ ἐμπαι-

1. Rm. et St. : Ὁ δὲ Ἀντωνῖνος, avec omission de Ὅτι.
2. Rm. et St. om. Ὅτι, suivant leur habitude en pareil cas. Rsk. voudrait lire soit Ὁ δὲ αὐτὸς, soit Ὃς αὐτὸς, soit Ὅπου αὐτός.
3. Bkk. et Ddf; vulg. om.
4. Rm. : « Ita scripsi pro ἑαυτοῦ quod est apud Valesium. » D'après les
notes laissées par M. Gros, αὐτοῦ est la leçon du ms.
5. Avec Rm. et St. je ne mets qu'un point en haut devant le καί, faisant ainsi dépendre ce qui suit de ἐμεγαλοφρόνει. Rm. voudrait remplacer

ter des bruits que l'on répand sur moi. » [Antonin
se trahissait lui-même en disant que l'audace, la cu-
pidité et la perfidie des Celtes, dont on ne pouvait venir à bout par la force, il l'avait vaincue par la ruse.]
[C'est lui qui louait Fabricius Luscinus de n'avoir pas
voulu laisser Pyrrhus périr par la trahison de son ami,
et qui se glorifiait d'avoir brouillé entre eux les Vandales et les Marcomans, auparavant amis; d'avoir mis
à mort Gaïobomaros, roi des Quades, accusé devant son
tribunal; et aussi, de ce qu'un des compagnons de ce
prince, accusé comme lui, s'étant étranglé avant le jugement, il avait commandé aux barbares de percer de
coups son cadavre, pour faire croire qu'il était mort
égorgé et non, ce qui, chez ce peuple, est réputé ho-
norable, qu'il s'était donné lui-même la mort.] [Cæ-
cilius Æmilianus, qui avait été gouverneur de la Bé-
tique, fut, pour avoir, à Gadès, consulté l'oracle d'Hercule, livré au supplice.]

21. Le Parthe, effrayé, ayant livré Tiridate et Antiochos, Antonin renonça aussitôt à son expédition. Mais,
ayant envoyé Théocritos avec une armée contre les Arméniens, il fut vaincu par ce peuple, qui lui fit éprouver
un rude échec. Ce Théocritos, né d'un esclave et ayant,
dès l'enfance, dansé sur la scène, parvint à un tel degré

ὅτι par ὅτε; je ne vois pas la nécessité de cette correction.

6. Rm. et St. : Καικίλιόν δὲ Ἀιμιλιανόν, avec omission de Ὅτι. Rm. :
« Nexus forte est, quod Æmilianum propter consultum Herculem Gadi-
tanum morte affecerit, quum ipse omnes deos, etiam peregrinos, con-
suluerit et veneratus sit. » Hercule (Philostrate, V, 4, et Strabon, III,
p. 169) avait à Gadès un temple célèbre où l'on voyait un olivier d'or
dont les baies étaient d'émeraude.

7. a, b : ἔπαυσε, au lieu de ἔπταισε.

δοτριβηθεὶς[1], ἐς τοσαύτην μέντοι[2] ἤλασε δυναστείαν παρ'
Ἀντωνίνῳ, ὡς μηδὲν εἶναι ἄμφω πρὸς αὐτὸν τοὺς ἐπάρχους. Τὰ δ' ἴσα αὐτῷ[3] καὶ Ἐπάγαθος[4], Καισάρειος καὶ
αὐτὸς ὤν, καὶ ἠδύνατο[5] καὶ παρηνόμει. Ὁ γοῦν[6] Θεόκριτος (διεφοίτα γὰρ ἄνω καὶ κάτω, τῆς τῶν ἐπιτηδείων καὶ
παρασκευῆς καὶ καπηλείας ἕνεκεν) συχνοὺς διά τε ταῦτα
καὶ ἄλλως ἀπέκτεινε· μεθ' ὧν καὶ Τιτιανὸς Φλάουϊος[7] ἐφονεύθη. Ἐπιτροπεύων γὰρ ἐν τῇ Ἀλεξανδρίᾳ, προσέπταισέ
τι αὐτῷ· κἀκεῖνος ἀναπηδήσας ἐκ τοῦ βάθρου, τὸ ξίφος
ἐσπάσατο· ἐφ' ᾧ ὁ Τιτιανὸς «Καὶ τοῦτο, εἶπεν, ὡς ὀρχη-
στὴς ἐποίησας[8].» Ὅθεν ἐκεῖνος ὑπεραγανακτήσας ἀποσφαγῆναι αὐτὸν ἐκέλευσεν.

22. Ὁ δὲ Ἀντωνῖνος, καίτοι τὸν Ἀλέξανδρον ὑπεραγα-
πᾶν φάσκων, τοὺς ἐκείνου πολίτας μικροῦ δεῖν πάντας ἄρδην ἀπώλεσεν. Ἀκούων γὰρ ὅτι διαβάλλοιτο καὶ σκώπ-
τοιτο[9] παρ' αὐτῶν ἐπί τε τοῖς ἄλλοις, καὶ οὐχ ἥκιστα τῇ
ἀδελφοκτονίᾳ, ὥρμησεν ἐπὶ τὴν Ἀλεξάνδρειαν, ἐπικρυπτό-

1. Rm. et St. intercalent ici, à partir de ἐμπαιδοτριβηθείς, le fragment
suivant, emprunté à Peir. : Ὅτι ὁ Θεόκριτος ὁ Καισάρειος [commencement
omis par Rm. et St.], δι' οὗ ὀρχεῖσθαι ὁ Ἀντωνῖνος μεμάθηκε, καὶ παιδικὰ
τοῦ Σαωτέρου [cubiculaire de Commode, cf. LXXII, 12] ἐγεγόνει, καὶ κατὰ
τοῦτο καὶ ἐς τὸ τῶν Ῥωμαίων θέατρον ἐσήκτο. Ἐπεὶ δὲ κακῶς ἐν αὐτῷ ἐφέρετο,
ἐκ μὲν τῆς Ῥώμης ἐξέπεσεν, ἐς δὲ τὸ Λούγδουνον ἐλθών, ἐκείνους ἅτε καὶ
ἀγροικοτέρους ἔτερπε· καὶ ἐκ δούλου καὶ ἐξ ὀρχηστοῦ καὶ στρατιάρχης καὶ
ἔπαρχος ἐγένετο. « Théocritos, le Césarien, qui avait enseigné la danse à
« Antonin, avait été le mignon de Saoter, et s'était ainsi produit sur le
« théâtre à Rome. Mais, n'y ayant pas réussi, il abandonna Rome, et,
« s'étant retiré à Lyon, il en charma les grossiers habitants ; et, d'esclave
« et de danseur, il devint chef de la milice et préfet du prétoire. »
2. Rm. et St. : γάρ, au lieu de μέντοι.

de puissance auprès d'Antonin, que les deux préfets du prétoire n'étaient rien comparés à lui. Un autre Césarien aussi, Épagathos, l'égala en pouvoir et en insolence. Théocritos donc (il se donnait mainte peine pour s'enrichir et pour trafiquer) mit à mort, pour ce motif et pour d'autres, plusieurs citoyens ; parmi les victimes fut Flavius Titianus. Titianus, en effet, lorsqu'il était procurateur à Alexandrie, l'avait offensé, et Théocritos s'était élancé de son banc vers lui l'épée à la main, ce qui fit dire à Titianus : « C'est là agir en danseur. » Piqué au vif de cette parole, Théocritos donna l'ordre d'égorger le railleur.

22. Bien qu'Antonin prétendît pousser jusqu'à l'excès son amour pour Alexandre, peu s'en fallut qu'il ne ruinât complétement les Alexandrins. Car, ayant appris qu'ils le critiquaient et le raillaient de plusieurs crimes, et surtout du meurtre de son frère, il partit pour Alexandrie, cachant sa colère et feignant de désirer séjour-

3. Bkk. et Ddf. Rm. :« Τὰ δ'ἴσα δ'αὐτῷ, RS. et HS. edit. min., redundante priori aut posteriori δέ. » Il s'est décidé pour la suppression du premier, leçon confirmée par *a, b*. — 4. Macrin (LXXVIII, 39) voulut se servir de cet affranchi pour envoyer, après sa défaite, son fils chez Artabanos, roi des Parthes ; Alexandre Sévère (LXXX, 2) le livra au supplice. — 5. Bkk. : ἐδύνατο. — 6. Bkk. propose δ'οὖν, au lieu de γοῦν. — 7. Flavia Titiana, fille de Flavius Sulpicianus, était la femme de Pertinax ; ce qui donne lieu à Rm. de penser que ce Flavius était de la même famille. — 8. Les danseurs portaient des bâtons recourbés ou des épées, suivant la remarque de Juste-Lipse (Elect., I, 28, t. I de ses OEuvres, p. 228), d'après Apulée et Plutarque (Éduc. des Enf., 4).. — 9. Pour le caractère railleur des Alexandrins, cf. LXVI, 8 ; pour leurs railleries contre Antonin, cf. Hérodien, IV, 9, Jean d'Antioche (Extr. Peir., p. 826) et Suidas.

μενος τὴν ὀργὴν[1], καὶ ποθεῖν αὐτοὺς προσποιούμενος. Ἐπεὶ δὲ ἐς τὸ προάστειον ἦλθε, τοὺς μὲν πρώτους αὐτῶν μεθ' ἱερῶν τινων ἀπορρήτων ἐλθόντας δεξιωσάμενος, ὡς καὶ συνεστίους ποιῆσαι, ἀπέκτεινε[2]· μετὰ δὲ τοῦτο πάντα τὸν στρατὸν ἐξοπλίσας, ἐς τὴν πόλιν ἐνέβαλε, πᾶσι μὲν τοῖς τῇδε ἀνθρώποις προπαραγγείλας οἴκοι μένειν, πάσας δὲ τὰς ὁδοὺς, καὶ προσέτι καὶ τὰ τέγη, προκατασχών.

Γ.p.1307 Καὶ, ἵνα τὰς κατὰ μέρος συμφορὰς, τὰς τότε κατασχούσας τὴν ἀθλίαν πόλιν, παρῶ, τοσούτους κατέσφαξεν, ὥστε μηδὲ εἰπεῖν περὶ τοῦ πλήθους αὐτῶν τολμῆσαι, ἀλλὰ καὶ τῇ βουλῇ γράψαι, ὅτι οὐδὲν διαφέρει, πόσοι σφῶν, ἢ τίνες ἐτελεύτησαν· πάντες γὰρ τοῦτο παθεῖν ἄξιοι ἦσαν. Τῶν δὲ χρημάτων τὰ μὲν διηρπάσθη, τὰ δὲ διεφθάρη.

23. Συναπώλοντο δ' οὖν αὐτοῖς καὶ τῶν ξένων πολλοὶ, καὶ συχνοί γε τῶν μετὰ τοῦ[3] Ἀντωνίνου ἐλθόντων ἀγνοίᾳ συνδιεφθάρησαν· τῆς τε γὰρ πόλεως μεγάλης οὔσης, καὶ τῶν ἀνθρώπων ἐν πάσῃ ἅμα αὐτῇ καὶ νύκτωρ καὶ μεθ' ἡμέραν φονευομένων, οὐδένα, οὐδὲ εἰ πάνυ τις ἐβούλετο, διακρῖναι ἠδύνατο[4]· ἀλλὰ καὶ ἔθνησκον ὥς που ἔτυχον,

---

1. Cf. Hérodien, IV, 9.

2. Spartien, 6, s'écarte un peu de notre auteur : « Inde Alexandriam petiit : in gymnasium populum convocavit, eumque objurgavit : legi etiam validos ad militiam præcepit. Eos autem, quos legerat, occidit exemplo Ptolemæi Evergetis, qui octavus hoc nomine appellatus est. Dato præterea signo militibus ut hospites suos occiderent, magnam cædem Alexandriæ fecit. » Hérodien, IV, 5 et 8 ; Jean d'Antioche et Suidas s'écartent bien plus encore de Dion. Selon eux, Antonin, après avoir offert des sacrifices à Sérapis et visité le tombeau d'Alexandre, célébra des réjouissances pu-

rer parmi eux. Mais, à l'approche de la ville, après avoir accueilli avec bienveillance, jusqu'à les recevoir à sa table, les principaux citoyens venus au-devant de lui avec certains objets mystérieux de leur culte, il les mit à mort; faisant, à la suite de cela, prendre les armes à toute son armée, il se précipita dans la ville, après avoir ordonné à tous les habitants de rester chez eux et, de plus, occupé à l'avance toutes les rues et tous les toits. Pour passer sous silence le détail des calamités qui vinrent alors s'abattre tour à tour sur cette malheureuse ville, le massacre fut tel, qu'il n'osa pas avouer le nombre des victimes, et qu'il écrivit au sénat que peu importait la quantité et la qualité de ceux qui avaient péri, attendu que tous auraient mérité le même sort. Leurs biens furent partie pillés, partie dévastés.

23. Avec les habitants périrent plusieurs étrangers et un certain nombre de gens de la suite d'Antonin, qui ne furent pas reconnus; car, la ville étant grande et la tuerie ne cessant ni nuit ni jour, personne ne pouvait, même avec la meilleure volonté du monde, discerner qui que ce fût; on mourait selon la chance des ren-

bliques qui attirèrent de tous les lieux circonvoisins une grande multitude de peuple. Puis il publia un édit qui portait que toute la jeunesse de la ville eût à se rendre dans une plaine; il voulait, disait-il, créer une nouvelle phalange en l'honneur d'Alexandre. Ceux-ci, n'ayant pas lieu de se défier de ses promesses, obéirent; alors il les fit entourer et massacrer par son armée. Il est à peine besoin de dire que Dion, qui accompagna l'empereur dans son voyage, mérite plus de confiance.

3. Bkk.; vulg. et Ddf om.

4. Bkk. : ἐδύνατο.

καὶ τὰ σώματα σφῶν αὐτίκα ἐς τάφρους βαθείας ἐνεβάλ-
λετο[1], ὅπως ἀφανὲς ᾖ τοῖς λοιποῖς τὸ μέγεθος τῆς συμφορᾶς. Ταῦτα μὲν οἱ ἐπιχώριοι ἔπαθον· οἱ δὲ δὴ ξένοι πάντες
ἐξηλάθησαν, πλὴν τῶν ἐμπόρων· καὶ δῆλον ὅτι καὶ τὰ
ἐκείνων πάντα διηρπάσθη· καὶ γὰρ καὶ ἱερά τινα ἐσυλήθη.
Καὶ τούτων τὰ μὲν πλείω αὐτὸς ὁ Ἀντωνῖνος παρὼν καὶ
ὁρῶν ἐποίει, τὰ δὲ καὶ ἐκ τοῦ Σεραπείου προσέταττέ τι-
σιν· ἐν γὰρ τῷ τεμένει διῃτᾶτο, κἀν ταῖς τῶν μιαιφονιῶν
αὐτῶν νυξὶ καὶ ἡμέραις[2]. Καὶ τί τοῦτο εἶπον[3], ὁπότε[4]
καὶ τὸ ξίφος, δι' οὗ τὸν ἀδελφὸν ἀπεκτόνει, ἀναθεῖναι τῷ
θεῷ ἐτόλμησεν[5]; Ἐκ δὲ τούτου τάς τε θέας καὶ τὰ συσσίτια[6] τῶν Ἀλεξανδρέων καταλύσας, τὴν Ἀλεξάνδρειαν
διοικισθῆναί τε καὶ φρουρίοις διατειχισθῆναι[7] ἐκέλευσεν,
ὅπως μηκέτ' ἀδεῶς παρ' ἀλλήλους φοιτῶεν. Τοιαῦτα περὶ
τὴν ταλαίπωρον Ἀλεξάνδρειαν ἔδρασεν ὁ Αὐσόνιος θὴρ, ὡς
τὸ ἀκροτελεύτιον τοῦ περὶ αὐτοῦ χρησμοῦ τοῦτον ὠνόμα-

---

1. Bkk.; vulg. et Ddf : ἐνεβάλλοντο. Les mss. de Xph. fournissent quelques exemples d'un verbe au pluriel avec un sujet au neutre, mais ce
sont des exceptions; on pourrait aussi sous-entendre στρατιῶται, mais
ainsi la construction serait embarrassée. — 2. Rm. et St. insèrent ici,
à partir de ἀπέστειλε, en changeant Ὅτι en καί, afin de former une suture, l'Extrait suivant emprunté à Peir. : Ὅτι τοὺς Ἀλεξανδρεῖς ἀποσφάτ-
των ὁ Ἀντωνῖνος, καὶ ἐν τῷ τεμένει διαιτώμενος, ἐπέστειλε τῇ γερουσίᾳ, ὅτι
ἤγνευσεν ἐν αὐταῖς, ἐν αἷς τά τε βοσκήματα ἅμα τῷ θεῷ καὶ τοὺς ἀνθρώπους
ἑαυτῷ [sic Bkk. et Ddf; Rsk. : ἐν ταὐτῷ, dans le même lieu; le ms. :
ἐν αὐτῷ] ἔθυεν. « Antonin, égorgeant les Alexandrins et demeurant dans
« l'enceinte sacrée, écrivit au sénat qu'il avait conservé la pureté pen-
« dant ces jours où il avait à la fois sacrifié des animaux en l'honneur
« du dieu et des hommes en son propre honneur. »
3. Peir. om. : Καὶ τί τοῦτο εἶπον. — 4. Peir. : Ὅτι καί, au lieu de

contres, et les corps étaient aussitòt jetés dans des fosses profondes, afin de dérober aux autres l'étendue du malheur. Voilà ce qu'eurent à souffrir les habitants ; quant aux étrangers, ils furent tous chassés, à la réserve des marchands, dont les biens, cela va sans dire, furent aussi pillés, attendu qu'on alla jusqu'à dépouiller plusieurs temples. Antonin, en personne, présidait et surveillait la plupart de ces exécutions ; il y en eut d'autres qu'il ordonna du temple de Sérapis ; car il demeura dans son enceinte, même pendant les nuits et les jours où il fit couler le sang. Mais à quoi bon rapporter ce détail, quand il osa consacrer au dieu l'épée avec laquelle il avait tué son frère ? Dès lors, supprimant les jeux et le banquet des Alexandrins, il ordonna qu'Alexandrie serait divisée en deux parties et que des forts y seraient construits, afin que désormais les citoyens ne pussent communiquer sans crainte entre eux. Tel fut le traitement infligé à la malheureuse Alexandrie par le monstre Ausonien, nom qui lui avait été donné par un oracle à la fin

ὁπότε. — 5. Peir. : ἀνέθηκε τῷ θεῷ, au lieu de ἀναθεῖναι ἐτόλμησε. De même Caius Caligula, après la mort de Lépidus (LIX, 22), envoie à Rome trois poignards pour y être consacrés à Mars Vengeur ; Néron (Tacite, Ann., XV, 74. Cf. Suétone, Calig., 24), échappé à la conjuration de Pison, consacre son poignard à Jupiter Vengeur ; Vitellius (Suétone, 10) consacre à Mars le poignard dont Othon s'est frappé.

6. Cf. ch. 7 et la note sur ce sujet. — 7. Bkk. et Ddf ; vulg. : διατειχισθῆναί τε καὶ φρούροις διατειχισθῆναι. Rm. résume ainsi les diverses corrections tentées sur ce passage : « Priore loco scribendum censeo τειχισθῆναι. HS. Pro posteriore διατειχισθῆναι substituendum διαληφθῆναι, διαφυλαχθῆναι, aut simile quid. Sylb. Posteriore loco ponendum simplex τειχισθῆναι. Priore enim admitti non potest, quum Alexandria jam ante munita fuerit. L. cui facile assentior. » St. a reçu cette dernière conjecture.

σεν, ᾧ καὶ χαίρειν ἔφασαν αὐτὸν τῇ τοῦ θηρὸς κλήσει καλ-
λωπιζόμενον[1]· εἰ καὶ πολλοὺς προφάσει τοῦ χρησμοῦ ἐφόνευσεν, ὡς προενεγκαμένους αὐτόν.

24. [Ὅτι ὁ[2] αὐτὸς τοῖς στρατιώταις ἆθλα τῆς στρατείας, τοῖς μὲν ἐν[3] τῷ δορυφορικῷ τεταγμένοις ἐς χιλίας
διακοσίας πεντήκοντα, τοῖς δὲ πεντακισχιλίας λαμβάνειν[4], . . .]

R.p.1303 [Ὅτι[5] ὁ σώφρων ἐκεῖνος, ὥς γε καὶ ἔλεγεν, ὁ τῆς τῶν
ἄλλων ἀσελγείας ἐπιτιμητὴς, αἰσχίστου τε ἅμα καὶ δεινο-
τάτου τολμήματος γενομένου, ἔδοξε μὲν ὀργὴν πεποιῆ-
σθαι· τῷ δὲ δὴ μήτ'[6] ἐκείνῳ[7] κατ' ἀξίαν ἐπελθεῖν, καὶ
τοῖς νεανίσκοις προσεπιτρέψαι ποιεῖν, ἃ μηδεὶς μέχρι τότε
ἐτετολμήκει, πολὺ σφίσιν ἐλυμήνατο, μιμησαμένοις[8] τὰ

---

1. On lit, dans les *Excerpta Vat.*, le passage suivant dont le commencement est assez embrouillé : 1° On attendrait plutôt Ἀντωνίνου παραγε-
νομένου, au lieu du nominatif absolu ; 2° les mots καί τινων ἀμφισβητούντων sembleraient mieux à leur place devant ἔλεγεν, la suppression de
l'un des deux καί n'offrant aucune difficulté ; 3° au lieu de περιφέρειν, la
grammaire voudrait περιφέρεσθαι. J'ai traduit d'après ces corrections : Ὅτι
εἰς Πέργαμον ὁ Ἀντωνῖνος παραγενόμενος, καί τινων ἀμφισβητούντων, δοξεν
ἔκ τινος μαντείου ἔπος τοιοῦτον περιφέρειν· Τηλεφίης γαίης ἐπιβήσε-
ται Αὐσόνιος θήρ. Καὶ ὅτι μὲν θὴρ ἐπεκλήθη, ἔχαιρε καὶ ἐσεμνύνετο,
καὶ πολλοὺς πάνυ ἀθρόως ἀνεῖλεν· ὁ δὲ τὸ ἔπος ποιήσας ἐγέλα, καὶ ἔλεγεν
ὅτι αὐτὸς τὸ ἔπος ἐποίησεν, ἐνδεικνύμενος ὅτι παρὰ πεπρωμένην οὐκ ἄν τις
ἀποθάνοι [A. Mai : ἀποθάνῃ]. Ἀλλ' ἔστιν ἀληθὲς τὸ δημῶδες, ὅτι ψεῦσται
καὶ ἀπατεῶνες, οὐδ' ἂν ἀληθὲς [Van Herwerden : « Imo τἀληθές »] εἴπωσι
ποτε, πιστεύονται. « Antonin étant arrivé à Pergame, on crut devoir
« mettre en circulation ce vers d'un oracle : *Sur la terre de Télèphe*
« *marchera le monstre d'Ausonie*. Ce nom de monstre lui plut, il s'en
« glorifia et fit périr en masse un grand nombre de personnes. Pendant
« ce temps-là, l'auteur du vers riait et répétait que c'était lui qui en

de sa réponse, oracle qui, dit-on, lui plaisait, attendu qu'il se glorifiait d'être appelé monstre ; ce qui ne l'empêcha pas de mettre à mort plusieurs personnes, sous prétexte qu'elles avaient propagé cet oracle.

24. [C'est lui qui *établit*, pour les soldats, des prix militaires : ceux qui servaient dans les cohortes prétoriennes devaient recevoir environ mille deux cent cinquante drachmes, et les autres cinq mille. ...]

[Ce prince sage, comme il s'en vantait, ce censeur des désordres des autres, en présence d'un acte d'une audace honteuse et horrible, sembla se montrer irrité ; mais en ne le punissant pas selon sa gravité, et en permettant aux jeunes gens de faire des choses que nul n'avait osées jusque-là, il fit beaucoup de tort à ces

« était l'auteur, montrant ainsi que personne ne mourait contrairement « à sa destinée. Mais il est bien vrai, le dicton populaire : Menteurs et « trompeurs, lors même qu'ils disent la vérité, ne sont pas crus. »

2. Rm. et St. om.

3. Bkk. propose de lire μὴ ἐν. Valois (cf. sa note, insérée [124] dans Rm.) transpose les chiffres, attendu que, dans toutes les largesses faites aux troupes, les cohortes prétoriennes recevaient toujours beaucoup plus que les autres. — 4. Rm. : « Deest verbum ἔθηκε aut simile, quod antecedentibus adjungatur : ἆθλα ἔθηκε. » Bkk. propose προύθηκε. Je traduis d'après cette conjecture, mais je mets le verbe *établit* en italiques pour marquer qu'il n'est pas dans le grec.

5. Rm. et St. om.

6. Bkk. et Ddf; vulg. : μή. — 7. St. (*Addenda*) : « Scribendum judico ἐκείνῳ. Toto enim loco diligenter perlecto quisque perspiciet pronomen non ad ὀργήν referri posse, sed ad nomen τολμήματος pertinere. » Bkk. et Ddf conservent la vulg. : ἐκείνῃ. — 8. Correction proposée par Rm., et suivie par St., Bkk. et Ddf; vulg. : μιμησαμένων, qu'il me semble dur d'expliquer par un génitif absolu.

τῶν ἑταίρων γυναικῶν, καὶ τὰ τῶν ἀνδρῶν τῶν γελωτο-
ποιῶν.]

[Ὅτι ἐπὶ τῇ θέᾳ τῇ Κουλήνῃ[1] ἐπηγορία πολλὴ οὐχ ὅτι
τοῖς ποιοῦσιν ἐκεῖ τι τῶν εἰωθότων, ἀλλὰ καὶ τοῖς ὁρῶσιν
ἐγίγνετο.]

---

1. On ne sait rien sur ces jeux ; le mot même semble douteux. Valois
pense que peut-être ces jeux se célébraient à Alexandrie et non à Rome.

jeunes gens, qui avaient imité les gestes des courtisanes et des bouffons.]

[Aux jeux Culéniens, une grande infamie s'attachait non-seulement à ceux qui y donnaient quelqu'un des spectacles habituels, mais même à ceux qui n'étaient que simples spectateurs.]

Il s'appuie sur ces mots (ch. 23) : τὰς θέας καὶ τὰ συσσίτια τῶν Ἀλεξανδρέων καταλύσας.

ΤΩΝ
ΔΙΩΝΟΣ
ΙΣΤΟΡΙΩΝ ΡΩΜΑΙΚΩΝ

ΤΟ ΕΒΔΟΜΗΚΟΣΤΟΝ ΟΓΔΟΟΝ ΒΙΒΛΙΟΝ.

1. Μετὰ δὲ ταῦτα ἐς τοὺς Πάρθους στρατεύσας[1], πρόφασιν ὅτι οὐκ ἠθέλησεν αὐτῷ ὁ Ἀρτάβανος[2] τὴν θυγατέρα
μνηστευσαμένῳ συνοικίσαι[3] (καὶ γὰρ εὖ ἠπίστατο, ὅτι
λόγῳ μὲν ἐκείνην γῆμαι, ἔργῳ δὲ τὴν τῶν Πάρθων βασιλείαν παρασπάσασθαι ἐπεθύμει), πολλὰ μὲν τῆς χώρας
τῆς περὶ τὴν Μηδίαν[4], ἅτε καὶ ἐξαπιναίως ἐμπεσὼν ἐς αὐτὴν, ἐκάκωσε, πολλὰ δὲ καὶ τείχη ἐπόρθησε, τά τε Ἄρ-
βηλα παρεκτήσατο, καὶ τὰ μνημεῖα τὰ βασιλικὰ τῶν
Πάρθων ἀνορύξας, τὰ ὀστᾶ ἔρριψεν· οἱ γὰρ Πάρθοι, οὐδὲ

---

1. Déjà, du vivant de Vologèse, il avait eu l'intention d'attaquer les
Parthes, parce que Tiridate et Antiochos avaient passé de leur côté
(LXXVII, 19); mais la reddition de ces deux transfuges (LXXVII, 21) l'y
avait fait renoncer. — 2. Cf. LXXVII, 12, la note sur les rois parthes.
3. Le récit d'Hérodien (IV, 9 et 10) diffère sensiblement. D'après lui,

HISTOIRE ROMAINE

DE DION.

LIVRE SOIXANTE-DIX-HUITIÈME.

An de
Rome
969.

C. Attius
Sabinus
et
Pomponius
Anullinus
consuls.

1. Menant, après cela, son armée contre les Parthes, sous prétexte qu'Artabanos ne voulait pas lui donner sa fille, dont il avait demandé la main (Artabanos, en effet, savait bien que l'intention de l'empereur était, en apparence, d'épouser sa fille, mais, en réalité, de s'emparer du royaume des Parthes), Antonin dévasta une grande partie de la contrée qui entoure la Médie, attendu la soudaineté de son attaque, renversa des murailles, prit Arbèles, et, ouvrant les tombeaux des rois parthes, dispersa leurs ossements, car les Parthes n'en vinrent

le Parthe refusa d'abord la demande d'Antonin, mais il se laissa séduire ensuite par les dons et les serments de l'empereur, et le reçut avec magnificence dans ses États. Celui-ci en profita pour attaquer à l'improviste et dévaster le pays. — 4. Spartien, 6 : « Per Cadusios fines et Babylonios ingressus. »

ἐς χεῖρας αὐτῷ ἦλθον. Οὔκουν οὐδὲ ἔσχον τι ἐξαίρετον περὶ
R.p 1310 τῶν τότε πραχθέντων συγγράψαι, πλὴν ὅτι δύο στρατιῶται, ἀσκὸν οἴνου ἁρπάσαντες, προσῆλθον αὐτῷ, ἰδιούμενος
ὅλον ἑκάτερος τὸ λάφυρον, καὶ κελευσθέντες ὑπ᾽ αὐτοῦ νείμασθαι τὸν οἶνον [1], τά τε ξίφη ἐσπάσαντο, καὶ τὸν ἀσκὸν
διέτεμον, ὡς καὶ ἐξ ἡμισείας αὐτὸν μετὰ τοῦ οἴνου ληψό-
μενοι. Οὕτω γὰρ καὶ τὸν αὐτοκράτορα σφῶν ᾐδοῦντο,
ὥστ᾽ αὐτῷ καὶ περὶ τῶν τοιούτων ἐνοχλεῖν· καὶ φρονήσει
ἐχρῶντο, ὡς καὶ τὸν ἀσκὸν καὶ τὸν οἶνον ἀπολέσαι. Οἱ μὲν
οὖν βάρβαροι ἐς τὰ ὄρη, καὶ ὑπὲρ τὸν Τίγριν ἀπέφυγον [2],
ἵνα παρασκευάσωνται· ὁ δὲ δὴ Ἀντωνῖνος τοῦτο μὲν ἀπε-
κρύπτετο, ὡς δὲ δὴ καὶ παντελῶς αὐτῶν, οὓς μηδὲ ἑωράκει [3], κεκρατηκὼς, ἐσεμνύνετο καὶ μάλιστα ὅτι λέων τις
ἐξαίφνης ἐξ ὄρους καταδραμὼν, συνεμάχησεν αὐτῷ, ὡς
αὐτὸς ἐπέστειλεν.

2. Οὐ μόνον δὲ τὰ ἄλλα ἐκδιητᾶτο καὶ παρηνόμει, καὶ
ἐν αὐταῖς ταῖς στρατείαις [*... ἀλλ᾽ ἀλήθεια [4], καὶ γὰρ τῷ

---

1. Rm. : « Si jussisset νείμασθαι τὸν ἀσκόν (ut forte fecit), majorem
speciem habuisset ridicula militum cavillatio. »

2. Rm. voudrait lire : τὰ ὄρη τὰ ὑπὲρ τὸν Τίγριν ἀπέφυγον, attendu
qu'Arbèles, la Médie et la Parthie elle-même sont situées au-delà du
Tigre ; mais le changement n'est pas nécessaire, le καί est emphatique.

3. Ddf : ἑοράκει.

4. Ici commence le ms. du Vatican, n° 1288. Pour me conformer à la
marche suivie dans cette édition, je mets entre [ ] les passages qui ne se
trouvent que dans ce ms. ; mais, comme il y aurait confusion avec les Extraits Peiresc, je les distingue de ces derniers par une étoile placée au commencement. J'ai indiqué les restitutions de Bkk. et Ddf par un caractère

même pas aux mains avec lui. Aussi n'ai-je rien de particulier à raconter sur les événements d'alors, sinon le fait de deux soldats qui, ayant volé une outre de vin, se rendirent devant Antonin avec la prétention, chacun, de s'approprier le butin tout entier, et qui, sur son ordre de partager le vin, tirèrent leurs épées et coupèrent l'outre en deux pour en avoir la moitié avec celle du vin. Tel était, en effet, leur respect pour leur empereur qu'ils l'importunaient pour de pareilles contestations; tel était aussi leur esprit, qu'ils perdirent et l'outre et le vin. Les barbares donc se retirèrent dans les montagnes au-delà du Tigre, afin de se préparer à la défense; Antonin cacha cette retraite, et se vanta d'avoir complétement défait ceux qu'il n'avait même pas vus, d'autant plus qu'un lion, descendu tout à coup d'une montagne, avait combattu pour lui, ainsi qu'il l'écrivit.

2. Ce n'était pas seulement dans les autres circonstances qu'il s'écartait des coutumes et des lois de son pays, même dans les expéditions [. . . . . vérité, car j'ai

plus petit. Dans les notes, où j'aurai plus d'une fois à relever des inexactitudes de Falcon (A. Mai a le premier appelé l'attention sur ce point), je désignerai le ms. par la lettre V, et Falcon par la lettre F. Il va sans dire que mes observations sur ce sujet sont tirées des papiers de M. Gros. Rm. (suivi par St.) : « Litteras aliquot prope evanescentes μ... ὀήθεσαν........ καί nescio quam recte, divinavit Falco, cujus fide mihi hic standum est; » on lit très-distinctement : ΜΑΑΛΗΘΕΙΑΙΟ, et moins distinctement I, peut-être N. A. Mai avait déjà relevé cette inexactitude; il lit comme Bkk., qui a de nouveau collationné le ms., et Ddf : ἀλλ' ἀλήθεια · καὶ γὰρ τῷ βιβλίῳ. J'ai cru devoir suivre la leçon donnée par ces savants. Xph. : ἀλλὰ [ch. 3 :] καί τινα ἰδίαν. . . . . .

βιβλίῳ τῷ περὶ αὐτοῦ γραφέντι οἱ[1] ἐνέτυχον. Οὕτω γάρ
που πρὸς πάντας τοὺς βουλευτὰς διακείμενος[2] συνῄδει,
ὥστε μηδ᾽ ἐγκαλουμένων[3] τι πολλῶν[4] τούς τε δούλους καὶ
τοὺς ἐξελευθέρους, τούς τε φίλους αὐτῶν τοὺς πάνυ συλ-
λαμβάνεσθαί τε ὑπ᾽ αὐτοῦ, καὶ διὰ βασάνων ἐρωτᾶσθαι εἰ ἄρα[5]
ὁ δεῖνά με φιλεῖ, ἢ ὁ δεῖνά με μισεῖ. Καὶ μέντοι κατὰ
τῶν[6] ἀστέρων διαγράμματα, καθ᾽ ἃ ἐγεγέννητό[7] τις τῶν
πρώτων, τῶν παρ᾽ αὐτῷ[8], ἐτεκμαίρετο, ὡς ἔλεγεν[9], τόν
R.p 1311 τε οἰκείως οἱ καὶ τὸν ἀλλοτρίως ἔχοντα, καὶ πολλοὺς καὶ
ἐκ τούτων, τοὺς μὲν ἐτίμα, τοὺς δὲ ἀπώλλυεν.

3. Τῶν δ᾽ οὖν Πάρθων, τῶν τε Μήδων δεινῶς ἐφ᾽ οἷς
ἐπεπόνθεσαν ἀγανακτησάντων[10] καὶ χεῖρα πολλὴν[11] παρασκευα-
ζομένων[12] ἐν παντὶ δέους ἐγένετο[13]· θρασύτατος μὲν ἀπει-
λῆσαί τι καὶ προπετέστατος, δειλότατος δὲ διακινδυνεῦ-
σαί πῃ, καὶ ἀσθενέστατος πονῆσαι ἦν[14]. Οὕτω[15] γὰρ οὔτε

1. Il s'agit des Commentaires d'Antonin, envoyés (ch. 16) plus tard
par Macrin an sénat, avec ses lettres, afin de le rendre odieux.
2. La fin du mot est douteuse; mais la trace des lettres paraît indiquer plutôt ON que OC; le N est presque indubitable.
3. Urs., Rm. et St. : μηδὲ εἰς [mot omis par F]... μένων. Il n'y a de
clair que μηδὲ... μένων; la trace obscure des autres lettres pourrait au-
toriser ΜΗΔΕ [Ε.....ΟΥ] ΜΕΝΩΝ. — 4. Les mots τι πολλῶν se voient
nettement; les éd. (par ce mot, j'entends les éditions antérieures à Bkk. et
à Ddf) : τῷ ὅλλωντι, que Rm. déclare avec raison une niaiserie; Urs. om. :
μένων... jusqu'à πονῆσαι ἦν (ch. suiv.). — 5. A Mai, Bkk. et Ddf; les éd. :
πᾶσαν τῶν ἐρω [lacune] ορας. Dans V, la ligne commence par N, dernière
lettre de πᾶσαν; puis ΩΝΕΡΩ, très-clair; vient ensuite T, assez manifeste, ainsi que N avant ΟΡΑΣ. Entre le T et le N, il y a un espace
blanc; la dernière lettre est plutôt O que C. — 6. Bkk. et Ddf : Καὶ γάρ

lu le livre qu'il a écrit sur ce sujet. Il avait tellement conscience de ses dispositions à l'égard de tous les sénateurs, qu'il se saisissait des esclaves de beaucoup d'entre eux qui ne murmuraient même pas, de leurs affranchis et de leurs plus intimes amis, et qu'il les interrogeait par la torture pour savoir si un tel l'aimait ou si un tel le haïssait. Car, selon les figures formées par les astres au moment de la naissance des principaux citoyens qui l'entouraient, il jugeait, disait-il, de l'affection ou de l'aversion qu'on avait pour lui, et plusieurs durent à cela, les uns des honneurs, les autres la mort.

3. Les Parthes et les Mèdes, irrités des traitements qu'on leur faisait subir, ayant rassemblé une nombreuse armée, Antonin fut dans les dernières transes; car, s'il était audacieux à menacer et prompt à oser, il était lâche pour combattre et faible pour résister aux fatigues. Il ne pouvait plus supporter ni la chaleur ni les

An de Rome 970.

Bruttius Præsens et Messius Extricatus consuls.

τοι και τὰ τῶν; Peir. : Ὅτι καὶ τῶν. Dans V, Καί et τοι sont certains; la place n'est pas suffisante pour μέν, qui se lit dans les éd.

7. Rsk. : ἀστέρων διαγράμμασι, καθ' οὓς ἐγεγέννητο.

8. Peir. et V (mots évidents) : πχρ' αὐτῶν.

9. Peir. om : ὡς ἔλεγεν.

10. Les éd. : δο... τ' ἐπέπονθες δη... ματοσάντων. Au lieu de δο, V porte plutôt ΔΕΙ, et, au lieu de δή, plutôt ΑΙ; M. Gros croit deviner ΑΚΑΤΑ...

11. Bkk. et Ddf; V et les éd. : χειμ...

12 Les éd. indiquent une lacune après ce mot. — 13 Restitution proposée par Rm. et adoptée par Bkk et Ddf; dans V : δεο....ντο.

14. Peir. omet ici ἦν, mais il le donne en tête de son Extrait : Ὅτι ὁ Ἀντωνῖνος ἦν θρασύτατος. — 15. Peir., Bkk. et Ddf; les éd., avec V : Οὔτε.

τὸ καῦμα, οὔθ' ὅπλα φέρειν ἔτι[1] ἐδύνατο· ὥστε καὶ τοὺς
χειριδωτοὺς χιτῶνας, ἐς θώρακος[2] τρόπον τινὰ εἶδος πε-
ποιημένους ἐνδύνειν[3], ἵνα τὴν[4] τῶν ὅπλων[5] δόξαν, χωρὶς
τοῦ βάρους αὐτῶν ἔχων[6], μήτε ἐπιβουλεύηται καὶ θαυμάζηται. Καὶ αὐτοῖς καὶ ἄνευ[7] μάχης πολλάκις ἐχρῆτο. Χλαμύδα τε τοτὲ[8] μὲν ὁλοπόρφυρον, τοτὲ δὲ μεσόλευκον,
ἔστι δ' ὅτε καὶ μεσοπόρφυρον[9], ὥσπερ καὶ ἐγὼ εἶδον[10],
ἐφόρει. Ἐν γὰρ τῇ Συρίᾳ, τῇ τε Μεσοποταμίᾳ, Κελτικοῖς καὶ ἐσθήμασι, καὶ ὑποδήμασιν ἐχρήσατο[11].] Καί τινα
ἰδίαν ἔνδυσιν, βαρβαρικῶς πως κατακόπτων[12] καὶ συρ-
ράπτων ἐς μανδύης[13] τρόπον, προσεξεῦρεν· καὶ αὐτός τε
συνεχέστατα αὐτὴν ἐνέδυνεν[14], ὥστε καὶ Καράκαλλος διὰ
τοῦτο ἐπικληθῆναι[15], καὶ τοὺς στρατιώτας μάλιστα ἀμφιέν-
νυσθαι ἐκέλευσεν[16]. Αὐτόν τε οὖν τοιοῦτον οἱ βάρβαροι

1. Peir. om. — 2. V (l'o au-dessus du x), St., Bkk. et Ddf; les éd. :
θώρακας. — 3. Peir., V (mot évident), Bkk. et Ddf; les éd. : ἐνδύνεσθαι.
4. Lncl. : ἵνα καὶ τήν. — 5. F, Lncl., Rm. et St.; Bkk. et Ddf : τοῦ
ὅπλου. Urs. et Peir. : τοῦ ἁπλοῦ. — 6. Lncl., Rm. et St.; Bkk. et Ddf,
avec Peir. et Urs. : αὐτοῦ. — 7. Peir. om.

8. Bkk. et Ddf; les éd. : τότε... τότε.

9. Le mot μεσόλευκον est fort bien expliqué par Pline, Hist. Nat.
(XXXVII, 10), parlant des pierres précieuses : « Mesoleucos est, me-
diam gemmam candida distinguente linea. Mesomelas est, nigra vena
colorem secante per medium... » et (XXVII, 11) : « Leuce mercuriali
similis, nomen ex causa accepit, per medium folium candida linea trans-
currente : quare mesoleucon quidam vocant. » Μεσοπόρφυρον est une
couleur quelconque, mais surtout la blanche, avec une bande de pourpre.

10. Bkk. et Ddf, au lieu de ἐρυθράν, faute de copiste amenée par ὁλοπόρφυρον... μεσόλευκον... μεσοπόρφυρον, les soldats ne portant que du
brun.

11. Antonin, pour plaire aux peuples chez qui il se trouvait (Hérodien IV, 7), prenait souvent leur costume. — 12. Zn. : συγκόπτων;

armes, à tel point qu'il était vêtu de tuniques à manches, faites en forme de cuirasse, de manière que, paraissant avoir des armes, sans en supporter le poids, on ne conspiràt pas contre lui et on l'admiràt. Il faisait souvent usage de ces tuniques, lors même qu'il n'y avait pas de bataille. Il portait une chlamyde, tantôt entièrement de pourpre, tantôt avec une bande blanche au milieu ; parfois même, je lui ai vu une chlamyde blanche avec une bande de pourpre au milieu. En effet, en Syrie et en Mésopotamie, il fit usage de l'habit et de la chaussure des Celtes.] Il imagina une sorte de vêtement d'une coupe barbare, composé de morceaux cousus en forme de lacerne ; il s'en revêtit fréquemment, ce qui lui valut le surnom de Caracallus, et ordonna que les soldats surtout en fussent couverts. Les barbares voyant cette

Urs. : ..εγας κόπτων ; le temps, selon lui, a mangé la trace des deux lettres précédentes.

13. Par ce mot μανδύη, Dion entend ici le vêtement que les Romains appelaient *lacerna*, espèce de toge quadrangulaire longue, beaucoup moins ample que la toge véritable, et s'attachant sur la poitrine avec une boucle. Elle était en usage comme manteau militaire dans les premiers siècles de Rome, et remplaça souvent la toge, du temps des empereurs, dès le règne d'Auguste. — 14. Urs. : ἐνέδυεν ; Xph. : ἐνέδυσεν ; Zn. : ἐνεδύετο ; Slbg. préférerait : ἐνέδυ.

15. Aurél. Victor, Epit., XXI, 2 : « Quum e Gallia vestem plurimam devexisset, talaresque Caracallus fecisset, coëgissetque plebem ad se salutandum indutam talibus introire, de nomine hujusce vestis Caracallus cognominatus est. » Spartien, 9 : « Ipse Caracalli nomen accepit a vestimento quod populo dederat demisso ad talos, quod ante non fuerat, unde hodieque Antoninianæ dicuntur caracallæ hujusmodi, in usu maxime Romanæ plebis frequentatæ. » C'est ce que (cf. les notes de Saumaise sur Spartien) nous appelons aujourd'hui une casaque.

16. Zn. : ἐκέλευεν.

ὁρῶντες ὄντα, καὶ ἐκείνους[1] ἐκλελυμένους[2] ἀκούοντες εἶναι ἐκ τῆς[3] προτέρας τρυφῆς (τά τε γὰρ ἄλλα, καὶ ἐν οἰ-
κίαις ἐχείμαζον[4], πάντα τὰ τῶν ξενοδοκούντων[5] σφᾶς, ὡς
καὶ[6] ἴδια ἀναλίσκοντες), [καὶ ἐκ τῶν πόνων, τῆς τε τα-
λαιπωρίας, τῆς τότε αὐτοῖς παρούσης, οὕτω καὶ τὰ σώματα τετρυχωμένους, καὶ τὰς ψυχὰς τεταπεινωμένους[7],
ὥστε μηδὲν τῶν[8] λημμάτων ἔτι, ἃ πολλὰ ἀεὶ[9] παρ' αὐτοῦ ἐλάμβανον[10], προτιμᾶν, αἰσθόμενοι,] ἐπήρθησαν[11], ὡς
καὶ συναγωνιστὰς αὐτοὺς, ἀλλ' οὐ πολεμίους ἕξοντες,
[*κ... μάζοντος...[12].]

4. Ὁ δὲ δὴ Ἀντωνῖνος[13] ἀντιπαρεσκευάζετο[14]· οὐ μέντοι καὶ πολεμῆσαι[15] αὐτῷ ἐξεγένετο· ἀλλ' ἐν μέσοις τοῖς
στρατιώταις, οὓς μάλιστα ἐτίμα, καὶ οἷς ἰσχυρῶς ἐθάρρει,
κατεσφάγη[16]. Ἐπειδὴ γὰρ μάντις τις[17] ἐν τῇ Ἀφρικῇ εἶπεν,
ὥστε καὶ δημοσιευθῆναι, ὅτι καὶ τὸν Μακρῖνον τὸν ἔπαρ-

Ii. p. 3112

1. Urs. : ἐκείνῳ; Xph. : στρατιώτας.
2. F, Urs., Bkk. et Ddf : πολλοὺς μέν, au lieu de ἐκλελυμένους, donné
par Lncl., Rm. et St. Les notes de M. Gros se taisent ici; on doit donc
supposer qu'il a lu ἐκλελυμένους dans V, sa collation ayant été faite sur
l'édition Tauchnitz, qui n'est que la reproduction du texte de Rm.
3. Peir. : Ὅτι οἱ Ἀντωνίνου στρατιῶται ἐκ τῆς.
4. Rien dans les notes de M. Gros; Rm. : « Secutus sum Exc. Peir. Ἐν
οἰκίᾳ, Urs., Pal., Coisl. [q, f, i]. Et sic edidit unus Sylb.; ἐνοίκια ce-
teræ editiones Xiph.; ἐν οἰκείᾳ, Rom. [F]; ἰκία, codex, deficiente nimi-
rum prima et ultima littera vocis OIKIAIC. » Les troupes romaines,
depuis longtemps déjà (cf. Juste-Lipse, Milice romaine, V, Dialogue, 1,
OEuvres, t. III, p. 137), se retiraient, l'hiver, dans des constructions
élevées à cet effet, différentes cependant des maisons, et n'ayant ni la
mollesse ni le luxe des villes. — 5. Bkk. et Ddf, avec Xph (excepté a, b),
« quæ est forma [dit St.], antiqua et Attica. V. Phrynich. Epit, p. 307,
ibique Lobeck. »; vulg., Urs. et F : ξενοδοχούντων. — 6. a, b om.

conduite d'Antonin, apprenant que ses soldats étaient
énervés par la mollesse à laquelle ils s'étaient auparavant abandonnés (entre autres choses, ils passaient
l'hiver dans des maisons, consommant le bien de leurs
hôtes comme s'il leur eût appartenu), [sentant que la
fatigue et la misère présente avait tellement brisé les
corps et abattu les âmes, que cette armée était devenue indifférente aux nombreuses largesses qu'elle recevait à chaque instant de l'empereur], les barbares prirent
courage, persuadés qu'ils auraient en elle des alliés et
non des ennemis, [*. . . . . . .]

4. Antonin se préparait aussi de son côté; mais il ne
lui fut pas donné de faire la guerre, car il fut tué au
milieu des soldats qu'il estimait tant et en qui il avait
une si grande confiance. Un devin ayant prédit, en
Afrique, de façon que la prédiction se répandît dans
le public, que Macrin, préfet du prétoire, et son fils

7. Bkk. et Ddf; vulg. : τεταλαιπωρημένους. — 8. F et Urs. : μηδ' ἐκ
τῶν. — 9. Peir. om. — 10. Il suivait en cela (LXXVI, 15) les conseils
de son père. — 11. Peir. om. : προτιμᾶν· αἰσθόμενοι ἐπήρθησαν.

12. Bkk. et Ddf : χα.....μάζοντος. Au reste, toute la première colonne de la page 2, c'est-à-dire depuis δόξαν χωρίς jusqu'à πεπρωμένον
(chap. 5), ne renferme que des mots tronqués. Rm. propose de combler
la lacune par καὶ ἔτι χειμάζοντος ἐπεχείρησαν ; Rsk. par καὶ ὀνομάζοντες ;
Bkk., en note, par ἔφοδον ἡτοιμάζοντο.

13. a, b : Καὶ ὁ Ἀντωνῖνος.

14. Les Parthes et les Mèdes (cf. le ch. précédent) se préparaient à
venger les injures qu'il leur avait faites. — 15. Slbg. préférerait διαπο-
λεμῆσαι. — 16. Xph. : ἀνῃρέθη, au lieu de κατεσφάγη. — 17. Xph. (excepté a, b) om. : μάντις τις. Bkk. : ᾳ τις incertum. »

χον [1], καὶ τὸν υἱὸν αὐτοῦ Διαδουμενιανὸν [2] αὐταρχῆσαι
δεῖ, καὶ τοῦτο μὲν καὶ ἐς [3] τὴν Ῥώμην ἀναπεμφθεὶς [4],
Φλαουίῳ Ματερνιανῷ [5], τῶν [6] ἐν αὐτῇ στρατιωτῶν [7]
[*σ...εις.....] ἄρχοντι, ἐξέφηνε [*...ος τῶν...]
καὶ ὃς παραχρῆμα τῷ Ἀντωνίνῳ [8] ἐπέστειλεν. Καὶ συνέβη
ταῦτα μὲν [9] τὰ γράμματα ἐς τὴν Ἀντιόχειαν [10] πρὸς τὴν
μητέρα τὴν [11] Ἰουλίαν παραπεμφθῆναι· ἐπειδὴ ἐκεκέλευστο
αὐτῇ (Iulia) [12] πάντα τὰ ἀφικνούμενα διαλέγειν, ἵνα μὴ μάτην
αὐτῷ (Caracalla) ὄχλος γραμμάτων, ἐν τῇ πολεμίᾳ ὄντι, πέμπηται·
ἕτερα [13] δὲ ὑπὸ Οὐλπίου Ἰουλιανοῦ, τοῦ τότε τὰς τιμήσεις
ἐγκεχειρισμένου [14], δι' ἄλλων γραμματηφόρων [15] ὀρθὴν [16] πρὸς
τὸν Μακρῖνον, δηλοῦντα τὰ γιγνόμενα [17], ἀφικέσθαι· καὶ κατὰ

1. Le présage était tiré de la mort de Papinianus ; il est ainsi rapporté dans Spartien, 8 : « Fertur quidem Papinianum, quum raptus a
militibus ad palatium traheretur occidendus, prædivinasse, dicentem,
Stultissimum fore qui in suum subrogaretur locum, nisi appetitam crudeliter præfecturam vindicaret. Quod factum est : nam Macrinus Antoninum occidit. » — 2. F, Hérodien, Bkk. et Ddf (de même Spartien);
vulg. : Διαδουμενόν; *f, i, m,* dit Slbg. (*Index*) : Δουμενιανόν; *c* :
Δουμενίανον. — 3. Bkk. et Ddf; vulg. : τοῦτο μὲν ἐς. Rm. : « Μέν deest
apud Xiph. [non autem in *a, b*] ; μὲν καὶ τήν, Rom. [F] ubi τε delendum esse visum est; vel ob lacunam supplendum εὐθὺς τότε. »

4. Bkk. et Ddf ; vulg. : πεμφθείς ; F : προπεμφθείς.

5. Suivant Hérodien, IV, 12, Antonin', agité par les soupçons et habi-
tué à consulter les mages, écrivit à Maternianus, qu'il avait chargé des
affaires de Rome, d'en rassembler de toute part et de lui signaler ceux
qui conspiraient contre lui ; Maternianus dénonça ainsi Macrin.

6. Bkk. et Ddf : τῷ τότε τῶν.

7. Slbg. : « Concinnius, duplicato articulo, τῷ τῶν ἐν αὐτῇ. » Bkk. et
Ddf : ἐν τῷ ἄστει. De plus, ils suppriment les deux passages entre crochets, ce qui donne une phrase ainsi restituée : καὶ τοῦτο ἱκανός τε ἐς τὴν
Ῥώμην ἀναπεμφθεὶς Φλαουίῳ Ματερνιανῷ τῷ τότε τῶν ἐν τῷ ἄστει στρατιωτῶν ἄρχοντι ἐξέφηνε, καὶ ὃς Ἀντωνίνῳ παραχρῆμα ἀπέστειλεν. J'ai traduit
d'après leur texte. — 8. F : αὐτῷ, au lieu de τῷ Ἀντωνίνῳ.

Diaduménianus devaient arriver à l'empire, et ayant été, pour ce motif, envoyé à Flavius Maternianus, qui commandait alors à Rome les soldats de la ville, lui découvrit le complot; et celui-ci en écrivit à l'instant à Antonin. Les circonstances voulurent que cette lettre, faisant un détour, fût envoyée à Antioche à Julia [mère de l'empereur], attendu qu'elle avait ordre de trier toutes les dépêches, afin de ne pas incommoder inutilement, en les lui envoyant, le prince, occupé en pays ennemi; cependant une autre lettre, venant de la part d'Ulpius Julianus, alors chargé du cens, lettre où il l'instruisait de ce qui se passait, arrivait, portée par d'autres courriers, droit à Macrin; de sorte que la lettre à

9. F om. — 10. Antioche, sur les bords de l'Oronte, séjour habituel des empereurs en Orient, ville de délices et commode pour recevoir des nouvelles de Rome. Julia s'y trouvait en ce moment (Hérodien, IV, 13) et Antonin était en quartiers d'hiver à Édessa, d'où il partait pour aller à Carrhes (Spartien, 6) célébrer les fêtes du dieu Lune. Il fut tué dans le trajet. — 11. Bkk. et Ddf; les éd. : μητέρα αὐτοῦ. Rm. : « Μητέρα αὐτοῦ ex conjectura sua, ad supplendum vacuum in codice spatium, addidit Falco. » — 12. Bkk. et Ddf; vulg. : αὐτῇ. Sur ces fonctions confiées par l'empereur à sa mère, cf. LXXVII, 15. — 13. Wolf : ἑτέρων.

14. Saumaise, dans ses notes sur Spartien (Adrien) : « Illud docemur ex Dione, magistrum census eumdem fuisse, qui et frumentariorum præpositus, eique hanc curam incubuisse, ut per frumentarios vel γραμματηφόρους imperatorem de omnibus certiorem faceret. » Les empereurs, ajoute Rm., depuis qu'ils ne prenaient plus le titre de censeurs, déléguaient parfois à de simples particuliers quelques-unes des fonctions de la censure, suivant la remarque de Philippe de la Tour, Monuments antiques d'Antium, P. I, ch. 3, p. 48. — 15. St. : « Mallem γραμματοφόρων, quod in reliquis Xiphilini, et vero etiam Dionis, locis legitur. Nihil vero videtur hoc in genere definiri a quoquam posse. Conf. Lobeckii Parerga ad Phrynichum, p. 682. » — 16. Wolf, justement blâmé par Slbg., voit une lacune après ce mot. — 17. Ddf; vulg. et Bkk. : γινόμενα.

τοῦτο τοῖς μὲν πρὸς τὸν αὐτοκράτορα γραφεῖσι διατριβὴν
R.p.1313 γενέσθαι[1], τὰ δὲ ἐκείνῳ ἐπισταλέντα φθῆναι ἀναγνωσθέντα[2]
αὐτῷ. Φοβηθεὶς[3] ὁ Μακρῖνος, μὴ καὶ διαφθαρῇ ὑπ’ αὐτοῦ
διά τε[4] τοῦτο, καὶ ὅτι[5] Σεραπίων τις Αἰγύπτιος ἄντικρυς
τῷ Ἀντωνίνῳ πρὸ ὀλίγων ἡμερῶν εἰρήκει, ὅτι τε ὀλιγο-
χρόνιος ἔσοιτο, καὶ ὅτι ἐκεῖνος αὐτὸν διαδέξοιτο, [* οὐκ
ἀνεβάλετο. Ὁ μὲν γὰρ Σεραπίων ἐπὶ τούτῳ τὸ μὲν πρῶτον[6]]
λέοντι παραβληθεὶς, ἐπεὶ δ’ οὐχ ἥψατο αὐτοῦ, τὴν χεῖρα
μόνον, ὥς φασι, προτείναντος, ἐφονεύθη, δυνηθεὶς ἂν[7],
ὥς γε ἔφη, μηδὲ τοῦτο παθεῖν, δαιμόνων τινῶν ἐπικλήσει,
εἰ μίαν ἡμέραν ἐβεβιώκει[8].

5. Ὁ δὲ δὴ Μακρῖνος[9] [* ἔπαθε μὲν οὐδὲν ἔσπευσε δ’,]
ὑποπτεύσας ἀπολεῖσθαι[10] · ἄλλως τε καὶ ὅτι[11] τοὺς ἑταίρους
αὐτοῦ [* τοὺς συνόντας[12]] ὁ Ἀντωνῖνος [* ἐξαίφνης, τῶν
αὐτοῦ γενεθλίων[13].....] ἄλλον κατ’ ἄλλην πρόφασιν, ὡς
καὶ τιμῶν, ἀπεῶστο. [*..... ἀλλ’....[14] τῆς .....
ιτη..... ου..... πεπρωμένον αὐτῷ λήψεσθαι προσ-

---

1. Bkk. en note : ἐγγενέσθαι.

2. Lncl. : « Scribendum arbitror equidem φθῆναι ἀναγνωσθέντα, sic tamen, ut contendendum non‡ putem, si quis aliter censeat. » Avec Bkk.
et Ddf, j’ai suivi la conjecture de Lncl. — 3. F, Zn., Rm., St.; Bkk.
et Ddf, avec Xph. : ἐφοβήθη, avec addition de τε, ce qui les oblige, plus
bas, à insérer καὶ devant οὐκ. Rm. voudrait lire : Φοβηθεὶς οὖν.

4. Bkk. et Ddf; vulg. om.

5. Slbg. désirerait lire ὅτι καὶ.

6. F : πρῶτος. — 7. F : δυνηθεὶς δ’ ἄν. — 8. Rsk. conjecture : παθεῖν, οὐ δαιμόνων τινῶν ἐπικλήσει, ἀλλ’ εἰ μίαν μόνον ἡμέραν ἐπεβεβιώκει.

9. Xph. : Διὰ ταῦτά οὖν ὁ Μακρῖνος. — 10. Voici comment tout ce
commencement se lit dans Rm. et St. : Ὁ δὲ δὴ Μακρῖνος φοβηθεὶς

l'empereur subit un retard, tandis que la lettre envoyée
à Macrin fut lue par lui auparavant. Craignant donc
d'être mis à mort par l'empereur à cause de cette prédiction, et aussi parce qu'un Égyptien, nommé Sérapion,
avait, quelques jours auparavant, dit en face à Antonin
que sa vie ne serait plus de longue durée et que Macrin lui succéderait, [Macrin ne différa plus. Sérapion,
en effet, d'abord] exposé à un lion, n'ayant pas été
touché par l'animal à qui il se contenta, dit-on, de tendre
la main, fut tué, bien que, à ce qu'il prétendit, il eût
pu échapper aussi à ce supplice en invoquant certaines
divinités, s'il eût vécu seulement un jour de plus.

5. Quant à Macrin, [il n'éprouva aucun mal, mais il
se hâta], pensant qu'il était perdu, d'autant plus qu'Antonin avait [tout à coup, la veille de son jour natal,]
écarté, l'un sous un prétexte, l'autre sous un autre,
comme pour leur donner des honneurs, [les amis qui
l'entouraient. [. . . .

[*.... μὲν οὐδὲν....] καὶ ὑποτοπεύσας ἀπολεῖσθαι, οὐκ ἀνεβάλετο. Les
mots φοβηθεὶς et οὐκ ἀνεβάλετο ont été ajoutés par Rm. d'après Xph.
« quoniam alias sensu carent, quæ ex codice Vat. adjecit mutila Falco. »
J'ai préféré la restitution de Bkk. et Ddf. — 11. Correction proposée par
Slbg. et adoptée par Bkk. et Ddf; vulg. : ὅτι καί. — 12. Bkk. et Ddf;
vulg. : καὶ τοὺς συνόντας; de plus, Bkk., en note, propose d'ajouter οἱ
après ce dernier mot. — 13. Bkk. et Ddf : πρὸ μιᾶς τῶν γενεθλίων αὐτοῦ, et suppriment la lacune; je traduis d'après eux. Rm. explique la
vulg. par l'ellipse de γενομένων. Antonin était né le 8 des ides d'avril,
suivant Spartien (ch. 6), ou, suivant Dion (6), le 4 ou le 6 du même mois,
l'an de Rome 969. — 14. Bkk. et Ddf lisent Οὐ μήν devant ce mot.
Ddf seul met une apostrophe après ἀλλ'.

δοκῶν, καὶ τὸ παρωνύμιον[1] ἀπ' αὐτοῦ τούτου ἐπεποίητο.]
Κἀκ τούτου, δύο τε χιλιάρχους[2] τῶν ἐν τῷ δορυφορικῷ τεταγμένων, [* Νεμεσιανόν τε καὶ Ἀπολλινάριον[3],
ἀδελφοὺς Αὐρηλίους[4], καὶ Ἰούλιον Μαρτιάλιον[5], ἔν τε
τοῖς ἀνακλήτοις στρατευόμενον,] καὶ ὀργὴν οἰκείαν τῷ
Ἀντωνίνῳ ἔχοντα[6], [* ὅτι[7] ἑκατονταρχίαν αἰτήσαντι, οὐκ
ἐδεδώκει,] παρασκευάσας, ἐπεβούλευσεν αὐτῷ. Ἐπράχθη
δὲ ὧδε. Τῇ ὀγδόῃ τοῦ Ἀπριλλίου[8] ἐξορμήσαντά τε αὐτὸν
ἐξ Ἐδέσσης ἐς Κάρρας[9], καὶ κατελθόντα ἀπὸ τοῦ ἵππου[10],

R.p.1314 ὅπως ἀποπατήσει[11], προσελθὼν ὁ Μαρτιάλιος, ὥς γε εἰπεῖν[12] τι δεόμενος, ἐπάταξε ξιφιδίῳ μικρῷ. Καὶ αὐτὸς μὲν
αὐτίκα ἀπέφυγε[13], καὶ διέλαθεν ἂν[14], εἰ τὸ ξίφος ἀπερρίφει·
νῦν δὲ γνωρισθεὶς ἀπ' αὐτοῦ[15] ὑπό τινος τῶν Σκυθῶν[16] τῶν

---

1. Bkk., en note : « Παρωνύμιον. Nonne Diadumeniani, cui promissum
erat diadema ? »

2. V : χιλιάρχους.

3. V : Ἀπολινάριον.

4. Urs. voudrait Αὐρηλιανόν; mais, dit Rm., « obstat additum ἀδελ-
φούς, et quod Aurelianus hic intrusus plane non describeretur quis
fuerit. » Spartien, 6, s'exprimè ainsi : « Conscii cædis ejus fuerunt
Nemesianus et frater ejus Apollinaris, Retianusque qui præfectus legionis secundæ Parthicæ militabat, et qui equitibus extraordinariis præerat,
non ignorantibus Martio Agrippa, qui classi præerat et præterea ple-
risque officialium, impulsu Martialis. » — 5. Hérodien, IV, 13, ne parle
que de Martialis et l'appelle centurion des gardes du corps d'Antonin ; il
était, dit-il, irrité du supplice de son frère et d'avoir été lui-même traité de
lâche et d'ami de Macrin. Ce récit semble contredire les paroles de Dion :
ὅτι ἑκατονταρχίαν αἰτήσαντι οὐκ ἐδεδώκει. Mais si l'on songe que les *Evocati* portaient le cep de vigne comme les centurions, conduisaient souvent des files et faisaient sentinelle près de la chambre du prince, et que
quelques historiens (cf. Juste-Lipse, Milice romaine, I, Dialogue 8)
donnent aux *Evocati* le nom de centurions, on ne verra rien d'étonnant à
ce que Martialis, qui, par rapport aux autres soldats, avait le titre de centu-

persuadé que le destin le lui réservait, et il avait pris de cela même un surnom.] S'étant, par suite, entendu avec deux tribuns des cohortes prétoriennes, [les deux frères Aurélius Némésianus et Aurélius Apollinaris, ainsi qu'a-vec Julius Martialis, qui servait dans les vétérans], et était personnellement irrité contre Antonin, [qui lui avait re-fusé le grade de centurion], il ourdit un complot. Voici de quelle manière l'entreprise fut exécutée. Le 8 avril, Antonin étant parti d'Édessa pour aller à Carrhes, et étant descendu de cheval pour satisfaire à une nécessité de la nature, Martialis, s'approchant de lui comme s'il eût eu besoin de lui parler, le frappa d'un petit poignard. Il prit aussitôt la fuite, et il n'aurait pas été découvert, s'il avait jeté son arme ; au lieu que, cette arme l'ayant fait reconnaître, il fut percé d'un coup de javelot par

rion et en remplissait les fonctions, ait demandé ce grade dans le corps des *Evocati* ou dans celui des prétoriens. — 6. Xph. : Καὶ διὰ ταῦτα πα-ρασκευάσας τῶν στρατιωτῶν τινὰς δύο, ἐν τῷ δορυφορικῷ χιλιαρχοῦντας καὶ ὀργήν τινα ἰδίαν [mot omis dans *a* et dans *b*] τῷ Ἀντωνίνῳ ἔχοντας, ἐπε-βούλευσεν αὐτῷ.

7. V, Bkk. et Ddf ; les éd. om.

8. Cf. p. 405, note 13.

9. Zn. : Ἐδέσης, Κάρας, quelques éd. de Xph., et *a*, *b*, portent aussi Κάρας. Antonin y allait (Spartien, 7) pour visiter le temple du dieu Lune.

10. Xph. : ἐκ τοῦ ἵππου.

11. V, Bkk. et Ddf ; vulg. : ἀποπατήσῃ. Aurél. Victor, Epit., XXI, 7 : « Quum Carris iter faceret, apud Edessam secedens ad officia naturalia, a milite, qui quasi ad custodiam sequebatur, interfectus est. »

12. Zn. et *a*, *b* : ὡς καὶ εἰπεῖν.

13. *q* : ἀπέφευγε. — 14. V : Ā (*sic*). — 15. Xph. : ὑπ' αὐτοῦ ; ces mots sont omis dans *f* et Slbg. approuve cette omission, à moins qu'on ne lise, comme ici, ἀπ' αὐτοῦ.

16. Lncl. : Κελτῶν et, plus loin, Κέλτης ; mais Dion fait encore mention au ch. suiv. de Scythes composant la garde d'Antonin.

συνόντων Ἀντωνίνῳ[1], κατηκοντίσθη· ἐκεῖνον δὲ[2] οἱ χι-
λίαρχοι, ὡς καὶ βοηθοῦντες, κατέσφαξαν. [* Ὁ δὲ δὴ Σκύ-
θης οὗτος, οὐχ[3] ὡς καὶ συμμαχῶν αὐτῷ μόνον, ἀλλ' ὡς
καὶ φρουρὰν αὐτοῦ τρόπον τινὰ ἔχων, συνῆν.

6. Καὶ γὰρ Σκύθας καὶ Κελτοὺς, οὐ μόνον ἀπελευθέρους, ἀλλὰ καὶ δούλους, καὶ παίδων[4], καὶ γυναικῶν ἀφελόμενος, ὥπλίκει, καὶ περὶ αὐτὸν εἶχεν, ὡς καὶ μᾶλλον
αὐτοῖς ἢ τοῖς[5] στρατιώταις θαρσῶν· τά τε γὰρ ἄλλα,
καὶ ἑκατονταρχίαις σφᾶς ἐτίμα, λέοντας τε ἐκάλει. Καὶ
δὴ καὶ τοῖς πρέσβεσι τοῖς ἐκ τῶν[6] ἐθνῶν αὐτῷ[7] πεμπο-
μένοις καὶ διελέγετο[8] πολλάκις, μηδενὸς ἄλλου, πλὴν
τῶν ἑρμηνέων, παρόντος, καὶ ἐνετέλλετο, ὅπως, ἄν τι
πάθῃ, ἔς τε τὴν Ἰταλίαν ἐσβάλωσι, καὶ ἐπὶ τὴν Ῥώμην
λαύνωσι, ὡς καὶ εὐαλωτοτάτην οὖσαν· καὶ ἵνα δὴ[9] μηδὲν
ἐξ αὐτῶν ἐς ἡμᾶς ἐκφοιτήσῃ, τοὺς ἑρμηνέας εὐθὺς ἐφόνευεν.
Οὐ μὴν ἀλλὰ τοῦτό τε[10] ἀπ' αὐτῶν τῶν βαρβάρων ὕστερον ἐμάθομεν, καὶ τὸ τῶν φαρμάκων, παρὰ τοῦ Μακρίνου·]
πολλὰ γὰρ καὶ ποικίλα παρὰ τῶν ἐν τῇ ἄνω Ἀσίᾳ ἀνθρώπων, τὰ μὲν μετεπέμψατο, τὰ δὲ καὶ[11] ἐπρίατο, ὥστε ἐπτα-
κοσίας[12] καὶ πεντήκοντα μυριάδας ἐς αὐτὰ[13] ἀριθμηθῆναι,

---

1. V, Urs. et Bkk.; vulg. et Ddf: σὺν Ἀντωνίνῳ ὄντων. Le mot Ἀντωνίνῳ, dans V, a été ajouté entre les deux lignes par une autre main
et à l'encre rouge. Bkk. en note : « τωσυνοντωνενακιοντωνκατ. prima
manus : altera αντωνινω supra scripsit. » Après συνόντων, on lit :
ΕΝΩΙΟΝΤΩΝ (sic).

2. Dans V, après ἐκεῖνον δέ, il y a un mot effacé. Peut-être τότε, dit
M. Gros ; la place est suffisante et la trace de OTE est, pour ainsi dire,
empreinte dans la déchirure même du parchemin.

un des Scythes qui accompagnaient Antonin. Les tribuns, sous prétexte de porter secours à l'empereur, l'égorgèrent. [Or ce Scythe n'accompagnait pas le prince seulement à titre d'allié, mais encore comme chargé, pour ainsi dire, de sa garde.

6. Antonin, en effet, avait donné des armes à des Scythes et à des Celtes, tant libres qu'esclaves, qu'il avait enlevés à leurs enfants et à leurs femmes, et il les tenait autour de sa personne, ayant plus de confiance en eux que dans les soldats ; aussi, entre autres faveurs, il leur accordait des grades de centurion et les appelait des lions. Il donnait souvent audience aux ambassadeurs envoyés par les nations étrangères, sans que, à l'exception des interprètes, il y eût d'autres assistants que ces gardes, et il leur donnait pour instruction, au cas où lui arriverait quelque chose, de marcher sur Rome, dont, selon lui, il était très-facile de s'emparer, et, pour que rien de cela ne transpirât jusqu'à nous, il faisait tuer sur-le-champ les interprètes. Malgré cette précaution, nous avons appris, dans la suite, ce fait de la bouche des barbares eux-mêmes, et de celle de Macrin ce qui avait rapport aux poisons;] car Antonin s'en était, soit par réquisition, soit par achat, procuré auprès des habitants de la Haute-Asie une si grande quantité et une si grande variété, que l'on compta sept millions cinq cent cinquante mille drachmes dépensées pour cela,

---

3. Urs, om. ; dans V, cette négation est ajoutée en marge par une autre main et à l'encre rouge.

4. Lncl., approuvé par F (notes), Rm. et St.; vulg., F (texte), Bkk. et Ddf : ἀνδρῶν. — 5. Rsk., Bkk. et Ddf ; vulg. om.

6. V : τοῖς ὨΝ (sic) ἐκ τῶν. — 7. V : αὐτῶν. — 8. V : ἐλέγετο.

9. Bkk. et Ddf; vulg. : τε. — 10. Bkk. et Ddf; vulg. : μέν.

11. Urs. om. — 12. Urs. : ἑπτακοσία, faute corrigée par Lncl.

13. Urs. : αὐτήν.

ἵνα καὶ παμπόλλους, ὅσους ἂν θελήσῃ[1], καὶ διαφόρως δο-
λοφονήσῃ. Καὶ ἐκεῖνα μὲν ἐν τῷ βασιλικῷ μετὰ ταῦθ᾽[2] εὑρεθέντα[3], σύμπαντα[4] κατεκαύθη · [* τότε δὲ[5] οἱ στρατιῶται, καὶ διὰ τοῦτο[6], καὶ[7], πρὸς τοῖς ἄλλοις, τῷ τοὺς βαρβάρους σφῶν προτιμᾶσθαι, δυσχεραίνοντες, οὔτ᾽ ἄλλως
ἔτι ὁμοίως ἔχαιρον αὐτῷ[8], καὶ ἐπιβουλευθέντι οὐκ ἐβοή-
θησαν.] Τοιούτῳ[9] μὲν τέλει ἐχρήσατο[10], βιούς τε ἔτη ἐννέα καὶ εἴκοσι[11], [* καὶ ἡμέρας τέσσαρας (τῇ γὰρ τετάρτῃ[12]
τοῦ Ἀπριλλίου ἐγεγέννητο) ·] καὶ αὐταρχήσας ἔτη[13] ἓξ καὶ
μῆνας δύο, καὶ ἡμέρας δύο[14].

Π.p.1315 7. Καί μοι καὶ ἐνταῦθα τοῦ λόγου θαυμάσαι πάμπολλα
ἐπέρχεται. Ὅ τε γὰρ πατὴρ αὐτοῦ μέλλοντί οἱ ἐκ τῆς Ἀντιοχείας[15] τὴν τελευταίαν ἔξοδον ποιήσασθαι[16], ξιφήρης
ὄναρ ἐπέστη, λέγων· ὅτι « Ὡς σὺ τὸν ἀδελφὸν ἀπέκτεινας,
καὶ ἐγώ σε ἀποσφάξω. » καὶ οἱ μάντεις εἶπον αὐτῷ τὴν
ἡμέραν ἐκείνην φυλάσσεσθαι, τούτῳ τῷ ῥήματι ἄντικρυς
χρησάμενοι, ὅτι « Αἱ τοῦ ἥπατος τοῦ ἱερείου πύλαι κέκλειν-

---

1. Xph. (mais non *a*, *b*) et Ddf : οὓς ἐθελήσῃ, que F, dit Rm., regarde
comme une faute de copiste. — 2. Les éd. de Xph. (mais non *a*, *b*) om. :
ἐν τῷ βασιλικῷ μετὰ ταῦτα.

Υ
3. V : ΕΡΕΘΕΤΑ (*sic*), l'υ ajouté par une autre main et à l'encre
rouge. — 4. V, F et Urs. om.

5. Lncl., Bkk. et Ddf; vulg. : δή.

6. Ce mot semble se rapporter à l'état malheureux des soldats,
dont il est question à la fin du ch. 3. — 7. Bkk. voudrait supprimer
ce καί. — 8. V : οὕτω, au lieu de αὐτῷ. — 9. V : Τοιούτων, avec une
barre transversale sur le ν.

10. Xph. : Ἀντωνῖνος ἐχρήσατο.

dans l'intention de faire périr en secret et de manières diverses un aussi grand nombre de personnes qu'il le voudrait. Plus tard ces poisons, ayant été trouvés dans le palais, furent tous brûlés ; [pour le moment, les soldats, irrités de cet état malheureux, et, entre autres motifs encore, de ce qu'on leur préférait les barbares, cessèrent de porter au prince une vaine affection, et, lorsqu'un complot s'ourdit contre lui, ils ne le secoururent pas.] Ainsi finit Antonin, après une vie de vingt-neuf ans [quatre jours (il était né le 4 avril)], et un règne de six ans deux mois et deux jours.

7. A cet endroit de mon histoire, s'offrent en foule à mon esprit des circonstances qui sont pour moi un sujet d'étonnement. Au moment où il allait sortir d'Antioche pour la dernière fois, son père se présenta en songe devant lui, tenant une épée à la main, et lui disant : « De même que tu as tué ton frère, de même je t'égorgerai ; » et les aruspices l'avertirent de prendre garde à ce jour, en employant sans détour l'expression : « Les portes du foie de la victime sont fermées. » Après cet

11. Aur. Victor, Epitome, XXI, 7 : « Vixit annis ferme triginta. » Les autres historiens le font vivre quarante-trois ans. Spartien, qui est de ce nombre (ch. 4, 9 et 16), n'est pas partout d'accord avec lui-même. Casaubon donne comme cause probable de la différence chronologique entre Dion et les autres auteurs, que ces derniers font Antonin fils non de Julia, mais de Martia, première femme de Sévère. — 12. Bkk., en note : τετράδι. — 13. Lncl. et Rm., blâmés par Sl., ajoutent τε après ἔτη, mot omis par tous les autres éditeurs. — 14. V, Urs., Lncl. et les éd. subséq.; les éd. et les mss. de Xph. om. : δύο; Zn. : ἡμέραις τισί.

15. Urs. : Ἀντιοχίας.

16. Xph. : μέλλοντι γὰρ αὐτῷ ἐκ τῆς Ἀντιοχείας τὴν τελευταίαν ἔξοδον ποιήσασθαι ὁ πατὴρ αὐτοῦ....

ται[1]. » Ἀφ' οὗ δὴ[2] καὶ διὰ θύρας τινὸς ἐξῆλθε, μηδὲν μηδὲ τοῦ λέοντος, ὃν καὶ[3] Ἀκινάκην ὠνόμαζε, καὶ ὁμοτράπεζον, ὁμόκλινόν τε ἐποιεῖτο, φροντίσας, ὅτι καὶ ἐκράτησεν αὐτὸν ἐξιόντα, καὶ τὴν ἐσθῆτα αὐτοῦ προσκατέρρηξεν· ἔτρεφε μὲν[4] γὰρ καὶ ἄλλους λέοντας πολλούς, καὶ ἀεί τινας περὶ αὐτὸν εἶχεν[5], ἐκεῖνον δὲ καὶ δημοσίᾳ πολλάκις κατεφίλει. Ταῦτά τε[6] οὖν οὕτως ἔσχε· καὶ ὀλίγον πρὸ[7] τοῦ θανάτου αὐτοῦ, ἔν τε τῇ Ἀλεξανδρείᾳ πῦρ ἐξαίφνης[8] πολύ, ὥς γε καὶ ἤκουσα, πάντα τὸν τοῦ Σαράπιδος[9] ναὸν ἔνδοθεν κατασχόν, ἄλλο μὲν οὐδὲν τὸ παράπαν[10] ἐλυμήνατο· τὸ δὲ δὴ[11] ξίφος ἐκεῖνο, ᾧ τὸν ἀδελφὸν ἀπεσφάκει[12], μόνον ἔφθειρε· [* καὶ μετὰ τοῦτο παυσαμένου αὐτοῦ, ἀστέρες πολλοὶ ἐφάνησαν[13].] καὶ ἐν[14] τῇ Ῥώμῃ [* δαίμων τις, ἀνθρώπου σχῆμα ἔχων, ὄνον ἔς τε τὸ Καπιτώλιον, καὶ μετὰ τοῦτο ἐς τὸ[15] Παλάτιον ἀνήγαγεν, ζητῶν τὸν δεσπότην αὐτοῦ, ὥς γε καὶ[16] ἔφασκεν, καὶ λέγων ἐκεῖνον μὲν ἀπολωλέναι, τὸν δὲ Δία ἄρχειν. Συλληφθεὶς[17]

χϛ
1. V : κλινται ; la syllabe χε est d'une autre main et à l'encre rouge ; Urs. : κέκλινται, venant de κλίνω ; a, b, f : κέκληται. Quant à cette expression ἥπατος πύλαι, elle appartient à la langue des aruspices. Voici un passage de Cicéron (Nat. des dieux, II, 55) qui l'explique : « Ex intestinis succus is, quo alimur, permanat ad jecur per quasdam a medio usque ad portas jecoris, sic enim appellant, ductas et directas vias. » On connaît la veine *Porte*. — 2. a. b om

3. Xph. (mais non a, b) om. — 4. V : ἔτρεφεν μέν. — 5. Xph. (mais non a, b), Bkk. (en note) et Ddf; V, Urs., Lncl., Rm., St. et Bkk. (dans le texte) : ἔσχεν.

6. Xph. (mais non a, b) om.

7. V, q : πρός, corrigé en marge par Ursinus.

avertissement, il passa par une porte sans faire cas de rien, même du lion qu'il appelait Acinacès (*cimeterre*), son compagnon de table et de lit, qui le retint à sa sortie et lui déchira son vêtement ; car il nourrissait plusieurs autres lions et il en avait toujours quelques-uns autour de lui ; mais celui-là, il l'embrassait, souvent même en public. Voilà ce qui eut lieu ; de plus, un peu avant sa mort, à Alexandrie, comme je l'ai entendu raconter, le feu, ayant subitement envahi avec violence tout l'intérieur du temple de Sérapis, n'endommagea absolument aucun autre objet que l'épée dont l'empereur avait tué son frère ; [ensuite, le feu s'étant arrêté, des étoiles se montrèrent en grand nombre ;] à Rome, [un génie, revêtu de la forme humaine, mena un âne au Capitole et ensuite au palais, cherchant, disait-il, le maître de l'animal, et ajoutant que ce maître avait péri et que c'était Jupiter qui régnait. Saisi, à raison de ce fait et

---

8. Urs. : ἐξεφάνη, corrigé par lui à la marge ; F prétend que ce savant a mal lu.

9. Cf. LXXVII, 23. *a*, *b* : Σεράπιδος. — 10. V, Urs.; Xph. om. V : τοπαρα (abréviation de τὸ παράπαν), Rm. se trompe donc ici en disant que le ms. ne donne que τὸ παρά. — 11. Urs. om. — 12. V : απεσφαχε (*sic*), l'ι d'une autre main et à l'encre rouge) ; *f* : ἀπεσφάγει ; Slbg. : « Rectius fortassis ἀπεσφάχει, [ainsi écrit dans Slbg et dans Rm.] præterito activo. » — 13. V : εφθαρησαν (*sic*), le ν d'une autre main et à l'encre rouge. — 14. Xph. : ἐν δὲ δή, au lieu de καὶ ἐν. — 15. Rsk., St., Bkk. et Ddf ; vulg. et les ms : ἔς τε τό.

16. Urs. : ὥσπερ καί ; F : ὥστε καί. — 17. V : συλλημφθείς (*sic*).

τε ἐπὶ τούτῳ, καὶ πρὸς τὸν Ἀντωνῖνον ὑπὸ τοῦ Ματερ-
νιανοῦ[1] πεμφθείς, «Ἀπέρχομαι μὲν, ἔφη, ὡς κελεύεις[2],
ἀφίξομαι δὲ οὐ πρὸς τοῦτον τὸν αὐτοκράτορα, ἀλλὰ πρὸς
ἕτερον·» καὶ μετὰ τοῦτο ἐς τὴν Καπύην ἐλθὼν, ἀφανὴς
ἐγένετο.

8. Τοῦτο μὲν ζῶντος ἔτι αὐτοῦ συνηνέχθη·] τῇ δὲ ἱπποδρομίᾳ, [* τῇ τῆς τοῦ Σεουήρου[3] ἀρχῆς ἕνεκα ποιου-
μένῃ, κατέπεσε μὲν καὶ τὸ[4] τοῦ Ἄρεος[5] ἄγαλμα πομπεῦον[6]· ἀλλὰ τοῦτο μὲν ἧττον ἄν τις θαυμάσειε· τὸ δὲ δὴ
μέγιστον, ἡττημένοι[7] οἱ πράσινοι στασιῶται[8], ἔπειτα
κολοιὸν ἐπ' ἄκρου τοῦ ὀβελίσκου[9] πάνυ[10] σφόδρα κρώ-
ζοντα[11] ἰδόντες, πάντες τε πρὸς αὐτὸν ἀπέβλεψαν, καὶ
πάντες ἐξαίφνης, ὡς καὶ ἐκ συγκειμένου τινὸς, ἀνεβόησαν·
«Μαρτιάλιε, χαῖρε[12]· Μαρτιάλιε, διὰ χρόνου σε ἑωράκα-
μεν[13].» οὐχ ὅτι καὶ ὁ κολοιός ποτε οὕτως ὠνομάσθη, ἀλλ'
ὅτι δι' ἐκείνου τὸν Μαρτιάλιον τὸν τοῦ Ἀντωνίνου φονέα,
ὡς καὶ ἐξ ἐπιπνοίας τινὸς θείας, ἠσπάσαντο. Ἤδη δέ τισι

1. Chef des troupes présentes à Rome (cf. ch. 4). — 2. V, Urs. et
Lncl. : κελευσθείς ; dans V, les lettres ϹΘ ont été barrées par le copiste.
3. Bkk. et Ddf; vulg. om. : τῆς ; Rsk. change τοῦ en τῆς. Rm. :
« Σεουήρου, Rom. [F] et Urs. » V écrit Σεβήρου, s'il faut s'en rapporter
à M. Gros, qui n'indique ici aucune trace de variante.
4. Xph. : Ἐν δὲ δὴ τῇ Ῥώμῃ ἱπποδρομίας γενομένης, κατέπεσε τὸ...,
avec omission des intermédiaires.
5. F : Ἀρέως, blâmé par Rm. — 6. Au mot πομπεῦον, d'après
M. Gros, à la syllabe μα, finale de ἄγαλμα, suivant Bkk. et Ddf, jusqu'a-
près γενομένῳ (à la fin du ch.), il y a une lacune dans V (p. 4, 2ᵉ col.);
la première colonne manquait, elle a été remplacée par un papier blanc.
7. F : ἡττόμενοι.

envoyé à Antonin par Maternianus : « Je m'en vais,
dit-il, comme tu me l'ordonnes, mais ce ne sera pas à
l'empereur actuel, ce sera à nn autre que j'arriverai ; »
puis, parvenu à Capoue, il disparut.

8. Ce fait se passa tandis qu'il vivait encore.] Aux
jeux du cirque, [célébrés en l'honneur du règne de Sévère,] la statue de Mars, qu'on y portait en pompe,
tomba; mais cette circonstance est la moins importante :
la plus importante, c'est que ceux de la faction des
Bleus, ayant, après avoir été vaincus, aperçu un geai
qui faisait entendre avec grande force des cris sinistres,
dirigèrent tous sur lui leurs regards, et tous, comme de
concert, s'écrièrent à l'instant : « Bonjour, Martialis;
Martialis, il y a longtemps que nous ne t'avons vu ; »
non que jamais le geai eût été ainsi nommé, mais parce
que, comme s'ils eussent obéi à une inspiration, ils sa-
luaient, en cet oiseau, Martialis, le meurtrier d'Antonin. Antonin aussi sembla lui-même à quelques-uns avoir

---

8. *a*, *b*, Lncl. et les éd. subséq.; vulg. et F : στρατιῶται. On a vu
(LXXVII, 10) qu'Antonin était partisan de la faction des Verts, auxquels
les Bleus étaient opposés.

9. Cf. LXIII, 21.

10. *a*, *b*, Bkk. et Ddf; vulg. om. — 11. Mot qui s'appliquait aux cris
des oiseaux de mauvais augure. F : χράζοντα, à tort.

12. *a*, *b*, F om. : Μαρτιάλιε, χαῖρε. Il a pu se faire, dit Rm., que la
statue de Mars étant tombée un instant auparavant, ce qui était un présage sinistre, on ait vu dans l'apparition de cet oiseau un signe de la
colère de Mars, et que la faction opposée à celle que favorisait l'empereur
en ait conçu de la joie, espérant le renversement de ce prince.

13. Ddf : ἑοράκαμεν.

καὶ αὐτὸς ἑαυτῷ ὁ Ἀντωνῖνος τὴν τελευτὴν προδηλῶσαι
ἔδοξεν, ἐπειδὴ ἐν τῇ ἐπιστολῇ, ἣν τελευταίαν τῇ γερουσίᾳ ἔπεμψεν, ἔφη ὅτι « Παύσασθε εὐχόμενοί με ἑκατὸν
ἔτεσι μοναρχῆσαι· » τὸ μὲν γὰρ ἐπιβόημα τοῦτο ἀεὶ καὶ
ἀπ᾽ ἀρχῆς αὐτῷ ἐγίγνετο[1], ἐκεῖνος δὲ τότε πρῶτον καὶ
μόνον ᾐτιάσατο αὐτό· λόγῳ μὲν ἐγκαλῶν σφίσιν ὡς καὶ
ἀδύνατα εὐχομένοις, ἔργῳ δὲ προδηλῶν ὅτι οὐκέτ᾽ οὐδένα χρόνον ἄρξει. Καὶ ἐπειδή γε ἅπαξ τοῦτό τινες ἐπεση-
μήναντο, καὶ ἐμοὶ ἐνθύμιον ἐγένετο, ὅτι ἐν τῇ Νικομηδείᾳ
τοῖς Κρονίοις[2] ἑστιῶν ἡμᾶς, καὶ πολλὰ ἄττα, οἷα ἐν συμ-
ποσίῳ εἰκὸς ἦν, εἰπὼν, ἔπειτ᾽ ἐξανισταμένων ἡμῶν, προσ-
καλεσάμενος[3] ἔφη, « Κάλλιστα, ὦ Δίων, καὶ ἀληθέστατα
ὁ Εὐριπίδης εἰρήκει[4] ὅτι

> Πολλαὶ μορφαὶ τῶν δαιμονίων,
> Πολλὰ δ᾽ ἀέλπτως κραίνουσι θεοί,
> Καὶ τὰ δοκηθέντ᾽ οὐκ ἐτελέσθη,
> Τῶν δ᾽ ἀδοκήτων πόρον εὗρεν θεός.
> Τοιόνδ᾽ ἀπέβη τόδε πρᾶγμα[5].

Παραχρῆμα μὲν γὰρ ἄλλως ἀπολεληρηκέναι τοῦτο τὸ ἔπος
ἔδοξεν· ἐπειδὴ δὲ[6] οὐκ ἐς μακρὰν ἀπώλετο, καὶ τελευταίαν ταύτην[7] φωνὴν πρὸς ἐμὲ ἔρρηξε, καὶ πάνυ κεχρησ-

---

1. Bkk. et Ddf; vulg. et F : ἐγίνετο; Xph. : ἐγένετο. — 2. *a*, *b*, St.,
Bkk. et Ddf; vulg. : Κρονείοις. — 3. Rm. voudrait lire : ἐμὲ προσκαλεσά-
μενος.

4. F om. Euripide termine ainsi trois de ses tragédies, Hélène, Andro-
maque et les Bacchantes, ainsi que deux autres, Alceste et Médée, avec
quelques variantes. — 5. Blancus regardait cette fin comme une addition
de l'auteur; F l'a insérée dans la citation d'Euripide dont elle fait partie,

annoncé sa fin en disant dans la dernière lettre qu'il écrivit au sénat : « Cessez de souhaiter que mon règne dure cent ans ; » c'était, en effet, une acclamation toujours répétée depuis qu'il était parvenu à l'empire, et ce fut alors la première et la seule fois qu'il la blâma, reprochant en paroles aux sénateurs de souhaiter l'impossible, et, en réalité, annonçant que son règne n'aurait plus aucune durée. Comme un jour quelques personnes tiraient un présage de cette défense, cela me rappela, pour ma part aussi, qu'à Nicomédie, au festin qu'il nous donna pour les Saturnales, après une foule de propos du genre de ceux qu'on tient d'ordinaire à table, l'empereur, quand nous fûmes levés, m'appelant à lui, me dit : « Euripide, ô Dion, a dit avec autant d'élégance que de vérité, que

Les destinées se manifestent sous bien des formes différentes ; les dieux accomplissent beaucoup de choses contre notre attente, et celles que nous attendions n'arrivent pas ; mais un dieu fraye la voie aux événements imprévus. Ce qui vient de se passer en est une preuve éclatante. »

Sur le moment, cette citation sembla une niaiserie sans portée ; mais comme il périt peu après, et que ce fut la dernière parole qu'il prit la peine de m'adresser, on

ainsi qu'en avaient averti déjà Slbg. et Lncl. F et Lncl. (suivis par l'éd. Tauchnitz qui, d'habitude, est en tout conforme à celle de Rm.) lisent : καὶ τόδε πρᾶγμα ; Rm. et St. : καὶ τότε πρᾶγμα ; Xph. : τὸ πρᾶγμα ; l'addition de καί, dit Rm., ne manque pas d'une certaine emphase qui v bien ici ; cependant, avec Euripide, Bkk. et Ddf, j'ai préféré lire : τόδε πρᾶγμα, sans καί. — 6. F. om. : ἐπειδὴ δέ.

7. Robert Étienne et Henri Étienne (*ed. minor*) om.

μῳδηκέναι τρόπον τινὰ τὰ συμβησόμενα αὐτῷ ἐνομίσθη·
ὥσπερ καὶ ὁ Ζεὺς, ὁ Βῆλος ὀνομαζόμενος [1] καὶ ἐν τῇ Ἀπα-
μείᾳ τῆς Συρίας [2] τιμώμενος· καὶ γὰρ ἐκεῖνος τῷ Σεουήρῳ
πρότερον, ἰδιωτεύοντι ἔτι, τὰ ἔπη [3] ταῦτα εἰρήκει.

R.p.1317

Ὄμματα καὶ κεφαλὴν ἴκελος [4] Διὶ τερπικεραύνῳ,
Ἄρεϊ δὲ ζώνην, στέρνον [5] δὲ Ποσειδάωνι·

καὶ μετὰ ταῦτα, αὐτοκράτορι γενομένῳ [6], ταῦτ᾽ εἶπε [7] χρωμένῳ, ὅτι

Οἶκος δέ σοι πᾶς [8] βήσεται [9] δι᾽ αἵματος [10].

9. [*Τοῦ δ᾽ οὖν [11] Ἀντωνίνου τό τε [12] σῶμα ἐκαύθη, καὶ
τὰ ὀστᾶ ἐν τῷ Ἀντωνινείῳ [13], κρύφα νυκτὸς ἐς τὴν Ρώμην
κομισθέντα, ἐτέθη· πάνυ γὰρ πάντες οἱ βουλευταὶ καὶ οἱ
ἰδιῶται, καὶ ἄνδρες καὶ γυναῖκες, ἰσχυρότατα αὐτὸν ἐμί-
σησαν, ὥστε καὶ λέγειν, καὶ ποιεῖν πάντ᾽ ἐπ᾽ αὐτῷ, ὡς
καὶ πολεμιωτάτῳ. Δόγματι μὲν γὰρ οὐκ ἠτιμώθη [14] διὰ τὸ
τοὺς στρατιώτας τῆς μὲν εἰρήνης, ἧς ἀντήλπισαν παρὰ τοῦ
Μακρίνου λήψεσθαι, μὴ τυχεῖν· τῶν δὲ δὴ κερδῶν, ὧν
παρ᾽ ἐκείνου ἐλάμβανον [15], στερομένους, πάλιν αὐτὸν ποθῆ-

---

1 Le même que Baal, Élabélus, Aglibolus, divinité principale de l'O-
rient. Cf. Selden, *de Diis Syriæ syntagma*, II, 1. — 2. On comptait sept
villes du nom d'Apamée, sans parler de plusieurs autres peu importantes.
Celle dont il est ici question était sur l'Oronte; elle avait été bâtie par
Séleucus Nicator. — 3. Homère, Iliade, II, 478.

4 ί : εἴκελος.

5. *a*, *b*, *i* : στέρνα. — 6. Avec ce mot finit la lacune signalée plus
haut dans V. -- 7. Urs., Bkk. et Ddf; vulg : ταῦτα εἶπε; Xph. (mais
non *a*, *b*) om. — 8. *a*, *b*, *f*, *i*, Urs. et V : Σὸς δ᾽οἶκος πᾶς; dans Euripide
(Phéniciennes, 20), à qui ce vers est emprunté : Καὶ πᾶς σὸς οἶκος, la

jugea qu'il avait en quelque sorte prophétisé ce qui devait lui arriver, à l'exemple de Jupiter surnommé Bélus, qui est adoré à Apamée de Syrie; ce dieu, en effet, adressa ces paroles à Sévère, lorsqu'il était encore simple particulier :

Semblable, pour les yeux et la tête, à Jupiter, qui se plaît au bruit de la foudre, à Mars, pour la ceinture, et à Neptune pour la poitrine.

Plus tard, lorsque Sévère fut devenu empereur, il lui rendit cet oracle :

Ta famille tout entière nagera dans le sang.

9. [Le corps d'Antonin fut alors brûlé, et ses os, apportés secrètement, la nuit, à Rome, furent déposés dans le monument des Antonins; car tout le monde, sénateurs et particuliers, hommes et femmes, étaient animés contre lui d'une haine tellement forte, que, dans toutes leurs paroles et dans toutes leurs actions, ils le traitaient comme le plus grand ennemi de l'État. S'il ne fut pas flétri par un décret, ce fut à cause des soldats, qui, n'ayant pas obtenu la paix dont ils espéraient être récompensés par Macrin, et privés des gains qu'ils faisaient sous le prince défunt, se prirent à le regretter et

---

leçon suivie ici est celle de Rm., St., Bkk. et Ddf. Bkk., en note : ὅτι σα-
βσαιδοιχος πας θησεται. — 9. V : θησεται (sic), le β d'une autre main et à l'encre rouge. — 10. A la suite de ce vers, Xph. insère quelques mots sur les poisons d'Antonin (cf. 6) : Τελευτήσαντος δὲ τοῦ Ἀντωνίνου καὶ τὸ τῶν φαρμάκων διεγνώσθη.... σύμπαντα κατεκαύθη. — 11. Bkk. et Ddf; vulg. : Τὸ δ' οὖν ; V : ΔΟΥ.

12. Bkk. et Ddf; vulg. : τότε. — 13. V : Ἀντωνίνῳ, corrigé par F d'après Urs., qui donne : Ἀντωνι*νῳ.

14. Urs, : ἠτιμήθη. — 15. Cf. ch. 3.

σαι, ἀλλὰ καὶ ἐς τοὺς ἥρωας μετὰ τοῦτ', ἐκνικησάντων[1] αὐτῶν, ἐσεγράφη[2]· καὶ τοῦτο καὶ τῇ βουλῇ δῆλον ὅτι[3]
ἐψηφίσθη.] Ἄλλως δὲ[4] πολλὰ καὶ κακὰ ὑπὸ πάντων ἤκουεν
ἀεί· οὐδὲ γὰρ Ἀντωνῖνον ἔτ'[5] αὐτὸν ἐπεκάλουν[6], ἀλλ'
[* οἱ[7] μὲν Βασσιανὸν, τὸ ἀρχαῖον ὄνομα[8], οἱ δὲ] Καράκαλλον, ὥσπερ εἶπον[9], [* οἱ δὲ] καὶ Ταραύταν[10], ἐκ μονομάχου τινὸς προσηγορίας[11], [* τό τ' εἶδος,] καὶ σμικροτάτου, καὶ κακοειδεστάτου[12], καὶ [* τὴν ψυχὴν, καὶ θρα-
συτάτου καὶ] μιαιφονωτάτου.

10. Καὶ τὰ μὲν ἐκείνου, ὅπως ποτ' ἂν καὶ ὀνομάσῃ τις
αὐτὸν, οὕτως ἔσχεν· ἐμοὶ δὲ δὴ, καὶ πρὶν ἐς[13] τὴν μοναρχίαν καταστῆναι[14], προεδηλώθη τρόπον τινὰ παρὰ τοῦ
πατρὸς αὐτοῦ, ὅτι καὶ ταῦτα γράψοιμι. Ἐν γὰρ πεδίῳ
μεγάλῳ τινὶ πᾶσαν τὴν τῶν Ῥωμαίων δύναμιν ἐξωπλισμέ-

---

1. Rm. et St. : τοῦτο ἐκνικησάντων; Urs. : ἐκινησάντων, et, en marge
ἐκνικησάντων; F prétend que ce savant a mal lu et qu'il donne comme
sa conjecture la leçon du ms.

2. V : οεεγράφη (sic), l'ε supérieur ajouté d'une autre main et à
l'encre rouge. Spartien, 11 : « Hic tamen... a Macrino, qui eum occiderat, timore, ac maxime prætorianorum, inter deos relatus est. »

3. V : δηλονετη (sic), le ὅτι d'une autre main et à l'encre rouge.
4. Bkk. et Ddf; vulg. : τε. Xph., terminant à κατεκαύθη le récit de
l'affaire des poisons, continue : Καὶ διὰ ταῦτα μέντοι τὸ τῶν ἀνθρώπων
μῖσος ἐς αὐτὸν ἐπλεόνασε, καὶ πολλὰ καὶ κακὰ ἤκουε παρὰ πάντων. « Aussi
« la haine publique déborda-t-elle contre lui, et fut-il de toute part en
« butte aux injures de tous. »

5. V et Urs. om. — 6. Xph. : ἐκάλουν. — 7. Urs. : ἄλλοι, moins
bien.

parvinrent à le faire mettre au nombre des héros ; il est clair que cette décision fut sanctionnée par un sénatus-consulte.] Du reste, les paroles outrageantes de tous à son égard ne tarissaient pas ; on ne l'appelait plus Antonin ; [les uns l'appelaient Bassianus, de son ancien nom, les autres] Caracallus, comme je l'ai dit, [d'autres encore] Tarautas, du surnom d'un gladiateur qui à la petitesse et à la laideur de son extérieur joignait [une âme audacieuse et] sanguinaire.

10. Voilà, quelque nom qu'on lui donne, quelles furent les actions de ce prince : pour moi, avant même qu'il fût arrivé au pouvoir, son père m'avertit en quelque sorte que j'aurais à écrire aussi ces événements. Dans une grande plaine, je crus voir toute l'armée romaine sous les armes, comme Sévère était déjà mort,

8. Il s'appelait Marcus Aurélius Antoninus Bassianus Caracallus ; il porta le nom de Bassianus (cf. LXXVI, 15, un passage de Spartien cité en note) jusqu'à son arrivée à l'empire, après la mort de son père ; quant au surnom de Caracallus, on peut voir, ch. 3, d'où il tire son origine.

9. V, Bkk. et Ddf ; M. Gros signale ici la forme particulière du ν final, ressemblant à un H dont le trait transversal est remonté presque jusqu'au haut de la lettre. Rm. : « Ταράντα, Urs. Ταράντα, Z. et Xph. omnes perpetuo cum ν sicut et Pal. [f]. Sola ed. Rom [F] : Ταραῦταν, Taras, Tarantus, Tarantum, nota sunt etiam Latinis nomina ; Tarautus ignotum, quantum scio. »

10. Xph. : ἐκ μοναμάχου προσηγορίας τινός.

11. Xph. : εἰδεχθεστάτου καὶ σμικροτάτου ; Zn. : ἐκ μονομάχου τινὸς εἰδεχθεστάτου. La petite taille d'Antonin nous est également attestée par Hérodien, V, 2. — 12. Urs. et Xph. om.

13. V : εἰς.

14. Bkk. en note : Καταστῆναι αὐτόν ? *

νην ὁρᾶν, τεθνηκότος αὐτοῦ ἤδη [1], ἔδοξα [2]. καὶ [* ἐνταῦθα [3]] τὸν Σεουῆρον [4] [* ἐπί τε γηλόφου, καὶ] ἐπὶ βήματος ὑψηλοῦ καθήμενον διαλέγεσθαί τι αὐτοῖς. Καί με προσ-
στάντα [5] ἰδὼν, ὅπως τῶν λεγομένων ἀκούσω, « Δεῦρο, ἔφη,
R.p.1318 Δίων, ἐνταῦθα, πλησίον πρόσελθε, ἵνα πάντα, καὶ τὰ
λεγόμενα, καὶ τὰ γιγνόμενα [6], καὶ μάθῃς ἀκριβῶς, καὶ
συγγράψῃς [7]. » Τοιοῦτος μὲν ὁ τοῦ Ταραύτου [8] καὶ βίος
καὶ ὄλεθρος ἐγένετο· [* καὶ αὐτῷ ἐπαπώλοντο μὲν καὶ οἱ
τῆς κατ' αὐτοῦ ἐπιβουλῆς μετασχόντες, οἱ μὲν εὐθὺς, οἱ
δ' οὐ πολλῷ ὕστερον· προσδιεφθάρησαν [9] δὲ οἱ πάνυ ἑταῖ-
ροι αὐτοῦ, καὶ οἱ Καισάρειοι [10]· οὕτω που φονικῷ [11] δαί-
μονι, καὶ ἐς τοὺς ἐχθροὺς, καὶ ἐς τοὺς φίλους συνεκεκλή-
ρωτο.]

11. Ὁ δὲ δὴ Μακρῖνος, τὸ μὲν γένος [12] Μαῦρος, ἀπὸ
Καισαρείας [13], γονέων ἀδοξοτάτων ἦν, [* ὥστε καὶ σφόδρα εἰκότως αὐτὸν τῷ ὄνῳ ἐς τὸ Παλάτιον ὑπὸ τοῦ δαι-

---

1. Slbg., avec *f*, indique ici une lacune. En effet, il y a ici contradic-
tion avec πρὶν ἐς τὴν μοναρχίαν καταστῆναι. — 2. V : ἔδοξε, l'α d'une
autre main et à l'encre rouge. — 3. V : ἐνταῦτα (*sic*).

4. V : σεουηρον (*sic*). — 5. V : προσαντα (*sic*), le τ ajouté d'une
autre main et à l'encre rouge ; Rsk. : πρόσω στάντα, *procul stantem*,
correction peu nécessaire, suivant St. — 6. Ddf; vulg. et Bkk. : καὶ τὰ
γινόμενα, mots qui, dans V, ont été ajoutés en marge par une autre
main et à l'encre rouge. — 7. Urs. : γράφῃς, avec omission de καί.

8. V, Bkk. et Ddf; Urs. : Ταράντου; Xph. : Τάραντος. — 9. Urs. :
προσδιεφθήρησαν. Hérodien, V, 2, nous apprend qu'à Rome tous les délateurs et les esclaves furent envoyés au gibet, et une partie des scélérats furent, les uns livrés au supplice, les autres exilés.

10. Urs., F : Καισάριοι.

et, [dans cette plaine], le prince assis [sur une colline et] sur une haute tribune, parlant aux soldats. Quand il me vit, debout en sa présence, écouter ce qu'il disait, il m'adressa ces mots : « Approche, Dion, afin de connaître exactement, pour l'écrire, tout ce qui se dit et se fait ici. » Telles furent la vie et la mort de Tarautas; [à sa suite périrent ceux qui avaient pris part au complot, les uns sur-le-champ, les autres un peu plus tard; en outre, ses familiers et les Césariens furent mis à mort; tellement le destin avait attaché à sa personne un génie meurtrier et pour ses ennemis et pour ses amis.]

11. Macrin était Maure de naissance, originaire de Césarée, fils de parents tellement obscurs, [qu'on l'a comparé, avec beaucoup de justesse, à l'âne conduit par le génie dans le palais;] il avait, d'ailleurs, une oreille

11. Urs., F : φονικῷ. — 12. Urs. croit qu'il y a ici une lacune; il y avait, selon lui, en cet endroit, un portrait de Macrin; mais, comme le fait remarquer Rm., τῇ δὴ ἐπιεικείᾳ est opposé à ce qui précède, et il n'y a pas lieu de supposer une lacune. — 13. V : Καισαρίας. Xph. : Μαῦρος ἀπὸ Σικελίας Καισαρείας, leçon absurde et que Slbg. essaye de corriger : ἀπὸ τῆς ἐν Σιτιφίᾳ Καισαρείᾳ, et Lncl. : ἀπὸ Σιτιφείας Καισαρείας; Casaubon, dans ses notes sur Capitolin (Macrin, 2) : ἀπὸ Ἰουλίας Καισαρείας, conjecture que Bkk. a reproduite en note; Zn. om. : Καισαρείας. Il y avait plusieurs villes de ce nom situées dans divers pays; pourquoi donc ne pas voir ici Césarée de Mauritanie (la même que Tingis), capitale de la Mauritanie Césarienne, et ne pas considérer (cf. la note 53 dans Rm.) les mots ἀπὸ Σικελίας comme une altération de ἀπὸ Κιλικίας, où se trouvait aussi une ville du nom de Césarée? D'abord glose marginale, ces mots seront ensuite passés dans le texte. Cette opinion s'appuie d'ailleurs sur des mss. antérieurs à Xiphilin.

μονίου ἐσαχθέντι[1], εἰκασθῆναι[2].] τά τε γὰρ ἄλλα, καὶ
τὸ οὖς τὸ ἕτερον, κατὰ τὸ [* τοῖς πολλοῖς] τῶν Μαύρων
ἐπιχώριον, διετέτρητο[3]· τῇ δὲ[4] ἐπιεικείᾳ, καὶ ἐκεῖνο συνε-
σκίαζε[5]· τά τε νόμιμα[6] οὐχ οὕτως ἀκριϐῶς ἠπίστατο,
ὡς πιστῶς μετεχειρίζετο[7]. [* Κἀκ τούτου καὶ[8] τῷ Πλαυτιανῷ διὰ φίλου τινὸς συνηγόρημα[9] γνωρισθεὶς, τὸ μὲν
πρῶτον τῶν ἐκείνου χρημάτων ἐπετρόπευσεν[10], ἔπειτα συνα-
πολέσθαι[11] οἱ κινδυνεύσας, καὶ παρὰ δόξαν ὑπὸ τοῦ Κί-
λωνος[12] ἐξαιτησαμένου αὐτὸν σωθεὶς, πρὸς μὲν τοῦ Σεουήρου τοῖς ὀχήμασι[13], τοῖς κατὰ τὴν Φλαμινίαν ὁδὸν δια-
θέουσιν, ἐπετάχθη·] πρὸς[14] δὲ τοῦ Ἀντωνίνου [* ὀνόματά
τινα ἐπιτροπείας[15] ὀλιοχρονίου λαϐὼν,] ἔπαρχος ἀπεδείχθη, καὶ διῴκησε[16]· τὰ τῆς ἡγεμονίας ταύτης ἄριστα καὶ

1. Cf. ch. 7. — 2. V : ιχασθηναι ; l'ε , qui manque au commencement,
a été ajouté en marge par une autre main et à l'encre rouge.

3. La chose se pratiquait, à l'égard des esclaves, chez plusieurs peuples de l'Orient, et notamment chez les Libyens, ainsi que l'atteste un
passage de Macrobe (Saturn., VII , 8). Aussi Aurél. Victor, cité par Capitolin (4), l'appelle-t-il : « Libertinum hominem prostibulum, servili-
bus officiis occupatum in domo imperatoria, venali fide, vita sordida
sub Commodo, a Severo remotum a miserrimis officiis, relegatumque in
Africam. »

4. Urs. : τε. — 5. V , a , b : συνεσκίαζεν. — 6. V : νομ$\overset{μι}{α}$ (sic), la syllabe μι d'une autre main et à l'encre rouge. — 7. Les autres historiens
donnent un peu plus de science à ce prince. Capitolin, 13, s'exprime
ainsi sur son compte : « Fuit in jure non incallidus, adeo ut statuisset
omnia rescripta veterum principum tollere, ut jure non rescriptis age-
retur..... » Cf. Hérodien, IV, 12. — 8. Rsk., St., Bkk. et Ddf ; vulg. :
τούτου τε καί. — 9. Capitolin, 4, citant les paroles d'Aurél. Victor,
dit que Macrin apprit à lire et plaida de petites causes.

10. Urs. : ἐπετρόπευεν. Les autres historiens ne donnent rien de positif
sur les progrès de la fortune de Macrin. — 11. V : συναποκαλέσασθαι (sic).

percée à la façon de [la plupart] des Maures ; mais sa
modération couvrait la bassesse de son extraction ; quant
aux lois, il était moins habile dans leur connaissance
que fidèle à les faire appliquer. [Aussi la défense d'un
ami en justice lui ayant valu la connaissance de Plautianus, il fut d'abord son intendant ; puis, après avoir
failli périr avec lui et avoir été sauvé contre toute
attente par Cilon, qui le réclama, il fut préposé aux
postes de Sévère sur la voie Flaminia ;] enfin, [après
avoir reçu pour peu de temps], d'Antonin, [le titre
de procurateur,] il fut nommé préfet du prétoire et
remplit cette charge avec habileté et justice [dans tout

---

12. Sur ce personnage, cf. LXXVII, 4. — 13. Rm. : « Πρὸς μὲν τοῖς
τοῦ Σεθήρου ὀχ.] Πρὸς μὲν τοῖς τοῦ Σεθήσου τοῖς ὀχ. Rom. [F], ubi alterum τοῖς redundat. Malui cum L. posterius, quam prius, ut Urs. et R. »
La leçon que je donne est celle de V, suivi par Bkk. et Ddf. Quant à
l'emploi dont parle ici Dion, il répond à ce que nous appellerions aujourd'hui maître de postes. On ne sait pas au juste (cf. les auteurs cités
par Rm , note 59) en quoi consistaient les fonctions de celui qui en avait
la direction. Ce qu'il y a de certain, c'est que ce service fut établi par
Auguste, comme le prouve, entre autres , ce passage de Suétone (49) :
« Et quo celerius ac sub manum annunciari cognoscique posset quid in
« provincia quaque gereretur, juvenes primo modicis intervallis per mili-
« tares vias, dehinc vehicula, disposuit. » — 14. Bkk. et Ddf, pour con-
formité avec πρὸς μὲν τοῦ Σεουήρου. qui précède. — 15. V : ἐπιτροπίας. Il
fut, sous Antonin (Capitolin, 2 et 7), procurateur de la fortune particulière
de ce prince et procurateur du grand trésor (Lampride, Diadumén., (4),
receveur ou maître des comptes, selon la traduction qu'on adoptera du
mot latin rationalis. Quant au peu de durée de ces fonctions, la chose,
suivant la remarque de Saumaise, est confirmée par Lampride (Alex. Sévère, 45) : « Rationales cito mutabat, ita ut nemo nisi annum comple-
ret. » — 16. Xph. : Ἀποδειχθεὶς δὲ ὑπὸ τοῦ Ἀντωνίνου ἔπαρχος, διῴκησε.

R.p.1319 δικαιότατα[1], [* ὅσα γε[2] καὶ αὐτογνωμονήσας ἔπραξεν.
Τοιοῦτος δή τις ὢν, καὶ οὕτως αὐξηθείς, ἔς τε τὸν νοῦν
τὴν τῆς αὐταρχίας ἐλπίδα, ζῶντος ἔτι τοῦ Ταραύτου[3],
δι' ὅπερ εἶπον[4], ἐνεβάλετο·] καὶ τελευτήσαντος αὐτοῦ[5],
[* φανερῶς μὲν, οὔτ' ἐκείνῃ τῇ ἡμέρᾳ, οὔτε ταῖς ἔπειτα
ταῖς δύο, ἐπεβάτευσεν αὐτῆς, ἵνα μὴ καὶ[6] ἐπὶ τοῦτ' αὐτὸν
ἀπεκτονέναι δόξῃ[7]· ἀλλ' ἄναρκτα παντελῶς τὸν χρόνον
ἐκεῖνον ἀπ' αὐτοτελοῦς ἄρχοντος τὰ τῶν Ῥωμαίων πράγματα, οὐδ' εἰδότων[8] αὐτῶν τοῦτο, διεγένετο· πέμψας
δὲ ὡς ἑκασταχόσε πρὸς τοὺς στρατιώτας, τοὺς ἐν μὲν[9] τῇ
Μεσοποταμίᾳ διὰ τὸν πόλεμον, μὴ μέντοι καθ' ἓν ὄντας[10],
ἀλλ' ἄλλους ἄλλῃ διεσπασμένους[11], προσηταιρίσατο[12] αὐτοὺς[13] διὰ τῶν ἐπιτηδείων οἳ[14]·] τά τε ἄλλα ἐπαγγειλάμενος[15], καὶ τοῦ πολέμου, ᾧ μάλιστα ἐβαρύνοντο, ἀπαλ-
λάξειν ἐπελπίσας[16]. Καὶ οὕτω τῇ τετάρτῃ ἡμέρᾳ, [ᾗ[17] τὰ[18]
τοῦ Σεουήρου γενέθλια ἦν[19],] αὐτοκράτωρ τε ὑπ' αὐτῶν,
[* ὡς καὶ καταβιασθείς,] ᾑρέθη[20].

1. Macrin, dans une lettre adressée au sénat, que lui prête Hérodien, V, 1, se vante lui-même de ces qualités ; mais Capitolin, ch. 5, 12,
est loin de se montrer aussi favorable.

2. Lncl. et les éd. subséq.; V et Urs. : τε. — 3. V : Παραύτου, le T d'une
et 13, autre main et à l'encre rouge. — 4. Cf. ch. 4.

5. Xph. : φονευθέντος δὲ ἐκείνου.

6. V, Bkk. et Ddf ; vulg. om.

7. Capitolin, 4 : « Antoninum Caracallum, imperatorem suum, interemit tanta fictione [cf. c. 7], ut ab eo non videretur occisus..... » Hérodien, IV, 13, rapporte la même chose.

8. Bkk. et Ddf ; vulg. : οὐδὲ εἰδότων ; V : οὔτ' [Urs. : οὔτε] εἰδότων.

9. V, Urs., Bkk. et Ddf ; vulg. : μὲν ἐν ; Rsk. voudrait supprimer

ce qu'il fit de son propre chef. Avec un tel caractère, parvenu à une si grande élévation, il conçut dans son esprit, du vivant même de Tarautas, pour la raison que j'ai dite, l'espoir d'être empereur]; et, après la mort du prince, [ce ne fut, ni le jour même, ni les deux suivants, qu'il envahit ouvertement le pouvoir, de peur de sembler l'avoir tué dans ce dessein; il laissa les affaires des Romains, pendant ce temps, marcher sans être dirigées par un chef absolu et sans qu'eux-mêmes eussent connaissance de cette vacance : des amis, envoyés partout aux soldats campés en Mésopotamie à cause de la guerre, mais qui, au lieu d'être réunis dans un seul endroit, étaient dispersés çà et là, les lui concilièrent,] d'autant plus qu'entre autres promesses, il leur donnait l'espérance de les débarrasser d'une guerre dont ils étaient surtout accablés. C'est ainsi que le quatrième jour, [qui était le jour natal de Sévère,] il fut [comme un homme à qui l'on fait violence,] élu empereur par ces troupes.

---

le μέν. — 10. Lncl. change l'ordre des mots : μὴ μέντοι διὰ τὸν πόλεμον καθ' ἓν ὄντας, « quæ mutatio, dit Rm., non omnino inconcinna est. »

11. F, Bkk. et Ddf; vulg., V et Urs. : διεσπαρμένους. — 12. F : προσαιτηρίσατο. — 13. Lncl. : αὐτῷ. — 14. Bkk. et Ddf; vulg. et V, Urs. : ἐπιτηδείων · ὡς [Urs. : ὅς], Rsk. veut supprimer ce dernier mot.

15. Xph., cité note 5 ci-contre, continue : τοῖς στρατιώταις ἄλλα τε ἐπαγγειλάμενος. — 16. V, Urs., a, b, Lncl. et les éd. subséq.; vulg. : ἐλπίσας.

17. Bkk. et Ddf; vulg. : ῇ.

18. V, Bkk. et Ddf; vulg. om.

19. Sévère était né le 11 avril (LXXVI, 17); Antonin fut tué le 8 avril. Il était d'usage de célébrer tous les ans, par les jeux du cirque, le jour natal des empereurs vivants et des empereurs décédés. — 20. Xph. : ἐλπίσας [note 16], ἔλαβε τὴν ἡγεμονίαν μετὰ τετάρτην ἡμέραν.

12. [* Καὶ πολλὰ μὲν καὶ χρηστὰ ἐκείνοις ἐδημηγό-
ρησε[1], πολλὰ δὲ ἀγαθὰ τοῖς ἄλλοις ἀνθρώποις ὑπετείνατο[2].
τούς τε ἐπ' ἀσεβείᾳ τινὶ, οἷα γε ἡ ἀσέβεια αὕτη, ἢ ἐς τοὺς
αὐτοκράτορας λέγεται γίγνεσθαι[3], τιμωρίαν τινὰ ἔμβιον
ὠφληκότας ἀπαλλάξας τῆς καταδίκης, καὶ τοὺς ἐγκαλουμένους τι τοιοῦτον ἀπολύσας· τά τε περὶ τοὺς κλήρους,
R p.1320 καὶ τὰ[5] περὶ τὰς ἐλευθερίας[6] καταδειχθέντα[7] ὑπὸ τοῦ
Καρακάλλου παύσας, καὶ τὸν Αὐρηλιανὸν ἐξαιτηθέντα[8]
ὑπ' αὐτῶν . . .

1. τατωνσφισι[9]	7. λυεξεγενετο
2. στρατιαιστ	8. δραγαθη. ω
3. γεγονοταπα	9. τεαυρηλιαν
4. νοςωςουχ	10. νησανταλλ
5. λευτηντινα	11. σαιτιεπι
6. κτειναιουμεντοι[10]	12. στρατιωτας

1. Suivant Capitolin, 5, il donna aux troupes une plus forte paye que
de coutume. En outre, ajoute Lampride (Diadum., 1), comme les soldats,
affligés de voir un Antonin enlevé à la république, pensaient que l'empire romain allait périr avec lui, il craignit que quelqu'un des généraux alliés à Antonin le Pieux qui étaient dans l'armée ne s'emparât de
l'esprit des soldats, et il s'empressa de donner le nom d'Antonin à son
fils encore enfant. Alors il distribua trois *aurei* pour l'empire et cinq
pour le nom d'Antonin, tout en doublant les promotions ordinaires.
2. V : ὑπετίνατο (*sic*). — 3. : Bkk. et Ddf; vulg : γίνεσθαι.
4. Urs. : ἔνβιον. — 5. F om. — 6. L'impôt (LXXVII, 9) du dixième,
au lieu du vingtième, sur les héritages et les affranchissements. Cf. Burmann, des Impôts, p. 172, 180 et 181. — 7. Rm., ce dont je ne trouve
aucune mention dans les notes de M. Gros : « Pro καταδειχθέντα, codex
habet καὶ τὰ δειχθέντα. Ursinus autem emendatius edidit, probante
Falcone. »
8. Bkk. propose en note, comme conjecture, d'ajouter οἷα ἀπιχθέστα-

12. Dans sa harangue aux soldats, il leur dit une foule de choses agréables, et fit concevoir aux autres citoyens l'espérance de nombreux avantages, en relevant ceux qui avaient encouru une peine à vie pour quelque impiété (je parle de ce qu'on appelle impiété à l'égard des empereurs) de la condamnation prononcée contre eux ; en relâchant ceux qui étaient accusés des crimes de ce genre ; en révoquant les règlements de Caracallus en matière de testament et d'affranchissement, et Aurélianus qu'ils réclamaient. . . . . .

1. τατων σφίσιν ἐν πολλαῖς
2. στρατείαις ταῖς πρόσθεν
[Bkk. : πρόσθε]
3. γεγονότα παραιτησάμε-
4. νος ὡς οὐχ ὅσιον ὂν βου-
5. λευτήν τινα ἀπο-
6. κτεῖναι. Οὐ μέντοι καὶ
ἐπὶ πο-

7. λὺ ἐξεγένετο αὐτῷ ἀν-
8. δραγαθίσασθαι.....
9. τε Αὐρηλιανο........
10. νησανταλλ...... .
11. σαι τι ἐπιγ........
12. στρατιώτας........

τον, ce qui, avec les restitutions tentées par lui, donnerait, en supprimant τατων qui suit, une phrase ainsi conçue : « ayant demandé la grâce d'Aurélianus, dont ils réclamaient le supplice comme s'étant attiré leur haine dans plusieurs expéditions précédentes, attendu qu'il n'était, disait-il, pas permis de mettre à mort un sénateur. » Ici le ms. ne présente que des lignes incomplètes. Falcon a essayé de séparer les mots et y a joint « nescio quid versionis Latinæ, » suivant l'expression de Rm. Bkk. a tenté une nouvelle restitution, reproduite par Ddf ; je la donne ici en regard du texte du ms., avec les quelques notes mises par Bkk. au bas de son texte. Cela ne m'empêche pas de donner aussi la leçon de Rm. (éd. de St.) toutes les fois qu'elle m'a paru se rapprocher davantage des linéaments du ms. J'ai coupé les lignes de façon à correspondre aussi exactement que possible à celles du ms. ; des chiffres indiquent cette correspondance. Ces observations s'appliquent à tous les passages analogues. — 9. P. 5 du ms., col. 3.

10. P. 5 du ms., col. 3.

13.	αματουτο	36.	σασιδρα[5]
14.	υπαυτου	37.	αυτονως[6]
15.	καιαναδο[1]	38.	σφων
16.	δεδουλευτ	39.	ταως
17.	αυτ αρχοντ[2]	40.	του
18.	οργηιτεο	41.	προ
19.	σιχακαιλω[3]	42.	μπολλακαι[7]
20.	τηχονταδρ	43.	ικτηματατων
21.	πλειοντιδ	44.	νωςδουδε
22.	δεδεικτον[4]	45.	ατουςστρατι
23.	φοβηθεις	46.	ρκειταιςεν
24.	τοναυρηλ	47.	ιαχονπροσ
25.	μονονου	48.	ξατοκαιμεν
26.	τευχοτων	49.	νδουλευτων
27.	ολωςβουλε	50.	ναποκτει
28.	παροντααπ	51.	ηδενααλλες
29.	υποχρημα	52.	ιναςεμβαλων
30.	εσαυτοντην	53.	φοντονευ
31.	τουθα	54.	αιτων
32.	καρακαλλου	55.	ιππε
33.	τρεψαςτο	56.	ξελευθερων
34.	καιπεριτο	57.	ισαριωνκαι
35.	ταςτιεπο	58.	ιχωντωντε

1. Bkk. et Ddf : καὶ ἀνάλοι...; Rm. : καὶ ἀναδοχήν... [Bkk. : « λοι δοχ Falconius. »] — 2. Bkk. et Ddf : αὐτάρχόν τε [ε non certum]... F : αὐτάρχοντ... — 3. Restitution de Rm. : σιχά, καὶ λω. — 4. Bkk. et Ddf : κατέδειχτό τι [ι dubium] ; Rm. : ἐνεδέδειχτο ν.....

13. αμα τοῦτον........ 36. σας παρα..........·
14. ὑπ' αὐτοῦ το...... 37. τονως.............·
15. καὶ ἀναλοι....... 38. σφῶν.............·
16. δε βουλευς........ 39. τα ὡς............··
17. αὐταρχόν τε........ 40. τοῦ...............···
18. ὀργῇ τε ο......... 41. προ ....·····
19. σι καὶ διακοσίας καὶ πεν- 42. πάμπολλα καὶ ἔπιπλα
                            κα-
20. τήκοντα δραχμὰς.... 43. ἰ κτήματα τῶν αὐτοκρα-
                            τόρω
21. πλεῖόν τι δοῦναι κατε- 44. ν. Ὡς δ' οὐδὲ ταῦτα δι-
22. δέδεικτο τι...... 45. ὰ τοὺς στρατιώτας ἐξή-
23. φοβηθεὶς μὴ........ 46. ρχει ταῖς ἐν.........δ-
24. τὸν Αὐρηλιανὸν τὸν καὶ 47. ιακῶν προσ........
25. μόνον οὐχ ὅπως τῶνὑπα- 48. ξατο καὶ μὲν ....
26. τευχότων ἀλλὰ καὶ τῶν 49. ν βουλευτῶν.......α
27. ὅλως βουλευόντων τότε 50. ν ἀποκτει........μ-
28. παρόντα ἀπ........ 51. ηδένα ἀλλ' ἐς φυλακήν τ-
29. ὑπὸ χρημάτων...... 52. ινας ἐμβαλὼν........ υ-
30. ἐς αὐτὸν τηνι....αἰτίαν 53. φον τὸν ευ.......
31. τοῦ θανάτου τοῦ 54. αι τῶν
32. Καρακάλλου ἀγαπητῶς 55. ἱππέων καὶ τῶν ἐ-
33. τρέψας τὸ δ......... 56. ξελευθέρων καὶ τῶν Κα-
34. καὶ περὶ το........ 57. ισαρείων καὶ... τ-
35. τας τι επο........ 58. ικῶν τῶν τε...... το-

5. Bkk. et Ddf : σας παρα.... [F : ιδρα]. — 6. Bkk. et Ddf : τονως simplement.

7. P, 6, col. 1. M. Gros a lu ΑΙΠΟΛΛΑΚΑΙ, au lieu de μπολλακαι, la confusion de M et de ΑΙ explique facilement la différence.

59. υςκαιοτουν	66. παραυτου[2]
60. νταςκολα	67. προαχθεντων.[3]
61. τιναςωστεπασι[1]	68. τετωναγωνων
62. νοναυτων	69. νπληθοςην
63. ταςτεεπιτρο	70. ςταςτεδωρε
64. αςπεριττας	71. ηντισινεδε
65. ταπυλλατων	. . . . .

R. p. 1321 συλλέξας καὶ μηδεμίαν,[5] εἰκόνα αὐτοῦ, μήτε ἀργυρᾶν ὑπὲρ πέντε λίτρας, μήτε χρυσῆν ὑπὲρ τρεῖς, γίγνεσθαι ἐκέλευσε....

1. [* τοτεμεγιστον	5. εουηρ
2. φοραντων	6. εθε
3. χωιστρα	7. ιτου·
4. εστοτα	

13. ... ην ἐπαινούμενος,[6] ἰσοστάσιόν πως[7] αὐτοῖς αἰτίαμα[8] παρὰ τῶν ἐμφρόνων ἔσχεν, ὅτι ἔς τε τοὺς ὑπατευκότας τινὰς ἐνέγραψε[9], καὶ εὐθὺς ἀρχαῖς ἐθνῶν προσέταξε[10]· καίτοι μὴ θελήσας δεύτερον δὴ τῷ ἐπιόντι ἔτει

---

1. Bkk. et Ddf restituent cette ligne et la précédente : ἁμαρτάνοντας κολασθῆναι ποιῆσαι; ὥστε πᾶσι...; Rm. : ...ντας κολασθῆναί τε τινάς, ὥστε πᾶσι. — 2. Bkk. et Ddf : πρῴην ὑπὸ τοῦ Ταραύτου; Rm. : παρ' αὐτοῦ.

3. Bkk. et Ddf : αὐτοῖς ἐπιταχθέντων. — 4. Bkk. et Ddf ne tiennent pas compte de τε.

5. Xph. fait précéder ces mots de ceux-ci, qui peuvent être considérés comme un sommaire du passage mutilé dans V : Γενόμενος δὲ αὐτοκράτωρ, ἄλλα τε πρὸς τὸν ἐναντίον ζῆλον τοῦ Ἀντωνίνου διετέξατο, καὶ καλῶς ἔπραξε· καὶ μηδεμίαν... « Devenu empereur, il s'appliqua, et cette conduite « lui fit honneur, à mettre dans les affaires un ordre opposé à celui « d'Antonin; il défendit..... »

59. υς καὶ ὁτιοῦν ἁμαρτάνο- 66. Ταραύτου αὐτοῖς
60. ντας κολασθῆναι 67. ἐπιταχθέντων....
61. ποιήσας ὥστε πᾶσι..... 68. το τῶν ἀγώνων...... ω-
62. νον αὐτῶν......... 69. ν πλῆθος ην........
63. τάς τε ἐπιτροπείας καὶ τ- 70. ς, τάς τε δωρεὰς αὖ ἃς
64. ἃς περιττὰς δαπάνας καὶ μάτ-
65. τὰ πολλὰ τῶν πρῴην ὑπὸ 71. ην τισὶν ἐδεδώρητο
τοῦ

. . . . . ; il défendit aussi qu'on lui érigeât aucune statue du poids de plus, soit de cinq livres en argent, soit de trois livres en or.

1. Τό τε μέγιστον τὴν μι- 3. ικῷ στρατευομένων.....
σθο- 4. ἐς τὸ ταχθὲν...ὑπὸ τοῦ Σ-
2. φορὰν τῶν ἐν τῷ δορυ- 5. εουήρου.........
φορ- 6. εθε.........

13 .... éloges, il s'attira de la part des gens sensés un blâme presque aussi grand que pour avoir mis certains personnages au rang des consulaires, et les avoir aussitôt envoyés gouverner des provinces, bien que, pour avoir reçu les ornements consulaires, il eût refusé de figurer, l'année suivante, comme consul pour

6. Rm. propose de suppléer ainsi le commencement de ce chapitre : Περὶ τούτων γε μὴν ἐπαινούμενος ; Bkk. et Ddf : Οὐ μὴν ἀλλ' ἐπὶ τούτοις ὑπό τινων οὐ μάτην ἐπαινούμενος, rapportant ainsi au ch. 13 ιτου, que la vulg. rapporte au ch. 12.

7. Lncl. : δέ πως. — 8. V : ετιαμα (sic), αι d'une autre main et à l'encre rouge. — 9. En accordant les ornements consulaires à des particuliers, Macrin n'aurait fait que suivre une coutume pratiquée par les empereurs précédents, et Dion ne la signalerait pas ; il faut donc, dit Rm. avec raison, sinon lire avec Xph., du moins entendre ἀναξίους τινάς.

10. V, Bkk, et Ddf : προσέταξεν.

ὑπατεύειν δόξαι[1], ὅτι τὰς[2] τῶν ὑπατευκότων τιμὰς ἐσχή-
κοι[3], ὅπερ ἐπὶ τοῦ Σεουήρου ἀρξάμενον[4], καὶ ὁ υἱὸς αὐτοῦ
ἐπεποιήκει. Τοῦτο γὰρ δὴ νομιμώτατα[5] καὶ περὶ ἑαυτοῦ
καὶ περὶ τοῦ Ἀδουέντου[6] πράξας, ἀλογώτατα Μάρκιόν τε
Ἀγρίππαν[7], πρότερον μὲν ἐς Παννονίαν, εἶτ' ἐς Δακίαν
ἡγεμονεύσοντα ἔπεμψε[8]· τοὺς γὰρ ἄρχοντας αὐτῶν, τόν
τε Σαβῖνον, καὶ τὸν Καστῖνον[9], λόγῳ μὲν ὡς καὶ τῆς
συνουσίας σφῶν[10] δεόμενος, ἔργῳ δὲ τό τε πάνυ φρόνημα,
καὶ τὴν φιλίαν αὐτῶν τὴν πρὸς τὸν Καράκαλλον φοβηθείς,
εὐθὺς μετεπέμψατο. Τόν τε οὖν Ἀγρίππαν ἐς τὴν Δακίαν,
R.p.1322 καὶ Δέκιον[11] Τρικκιανὸν ἐς τὴν Παννονίαν ἔστειλεν· ἐκεῖνον

1. Restitution de Rm., approuvée par Wagner et adoptée par St., Bkk.
et Ddf; vulg., V et Urs. : δεύτερον δὴ τῷ εἰπόντι ἔτι ὑπατεύειν δόξαι ; Lncl. :
δεύτερον ὑπατεύειν δόξαι τὸν εἰπόντα, transposition que Rm. approuvait
d'abord, tout en pensant qu'il fallait conserver δή et ἔτι ; le cardinal Quirini (lettre Ire), de plus, se refusait au changement de εἰπόντι en
εἰπόντα ; Scipion Maffei proposa une autre correction , le changement de
τῷ εἰπόντι en τῷ ὄντι, *eliamsi reputari noluerit, iterum re vera consulem esse, qui consulatum gerentium honores obtinuerat*, entendant τῶν ὑπατευκότων τιμὰς des consuls subrogés, comme s'il n'y avait
de consuls véritables que ceux qui entraient en charge au commencement de l'année ; ce changement , néanmoins , montra où devait porter
la correction. Macrin, homme nouveau, aussitôt après avoir usurpé l'empire en 970, est élevé au rang des patriciens et reçoit le pouvoir proconsulaire (Capitolin, 7) avec la puissance tribunitienne, et aussi, comme Dion
nous l'apprend , les ornements consulaires. Il ne semble pas qu'il ait
obtenu d'autres honneurs cette année, mais la suivante (971) il fut
nommé consul avec Adventus ; il aurait donc dû, d'après l'usage introduit
par Sévère, être réputé consul pour la seconde fois, ainsi qu'Adventus,
qui avait été mis au rang des consuls l'année précédente (Dion, ch. 14),
en qualité de préfet de Rome, ce qui était une charge consulaire. Macrin
ici affecte une modestie qui n'empêcha pas le sénat de lui décerner en
réalité le titre de consul pour la seconde fois. Des médailles, en effet, le
lui donnent, ainsi que plusieurs autres qu'il avait refusés; d'ailleurs,

la seconde fois, exemple qui, introduit par Sévère, avait été imité par son fils. Si, en cela, Macrin agit à son égard et à celui d'Adventus d'une manière conforme à l'usage, il ne laissa pas que de commettre une grave inconséquence en envoyant Marcius Agrippa commander d'abord en Pannonie, puis en Dacie, tandis que Sabinus et Castinus, gouverneurs de ces provinces, étaient, en apparence parce qu'il avait besoin de s'entretenir avec eux, en réalité parce qu'il redoutait l'élévation de leurs sentiments et leur amitié pour Caracallus, aussitôt mandés près de lui. Il délégua donc Agrippa en Dacie, et Décius Triccianus en Pannonie; le premier, ancien esclave chargé de la

Dion ne dit pas qu'on ait renoncé à la pratique introduite par Sévère.

2. Bkk. et Ddf; vulg. om. — 3. V, Urs., Lncl., Bkk. et Ddf; vulg. : ἐσχήκει. — 4. Cf. XLVI, 46. — 5. Rsk. : « Fort. ἐξετετηρήκει....... φρονιμώτατα. Sequitur enim ἀλογώτατα, aut si recte habet νομιμώτατα, legendum erit ἀνομώτατα. »

6. Q. M. Coclatinus Adventus semble être le même qu'Hérodien (IV, 12), qui l'appelle Audentus, dit avoir été collègue de Macrin comme préfet du prétoire. C'est à lui que Macrin remet le soin de rendre les honneurs funèbres à Antonin, afin d'écarter (Capitolin, 5) celui qu'il redoutait comme rival à l'empire. Adventus fut alors nommé sénateur et consulaire, et en même temps préfet de Rome (cf. la note 1 ci-contre), et consul l'année suivante. — 7. Personnage différent, à ce que l'on croit, de Marcius Agrippa, qui, suivant Capitolin (Ant., 6), commandait la flotte et fut complice de la mort d'Antonin. — 8. V, Bkk. et Ddf : ἔπεμψεν. — 9. Sabinus fut rappelé de Pannonie et Castinus de Dacie. Rm. croit, de plus, que ce Sabinus est le même dont il est question dans ce passage de Lampride (Héliogabale, 16) : « Sabinum, consularem virum, ad quem libros Ulpianus scripsit, vocato centurione, mollioribus verbis jussit occidi. Sed centurio, aure surdior, imperari sibi credidit ut Urbe pelleretur; itaque fecit; » et qui se trouve mentionné de nouveau au nombre des conseillers (Lampride, 67) d'Alexandre Sévère.

10. Urs. : αὐτῶν.

11. V : Δέκκιον.

μὲν, δοῦλόν τε κομμώτην[1] γυναικός τινος γεγονότα, καὶ
διά τε τοῦτο[2] κριθέντα ὑπὸ τοῦ Σεουήρου, καίτοι καὶ τῷ
βασιλικῷ συνδεδικηκότα, καὶ ἐπὶ προδοσίᾳ πράγματός τινος
ἐς νῆσον ἐκπεσόντα[3], καὶ μετὰ τοῦτο ὑπὸ τοῦ Ταραύτου
σὺν τοῖς ἄλλοις καταχθέντα[4], τάς τε διαγνώσεις αὐτοῦ, καὶ
τὰς ἐπιστολὰς διοικήσαντα[5], καὶ τὸ[6] τελευταῖον ἐς τοὺς
βουλευτὰς τοὺς ἐστρατηγηκότας ἀπωσθέντα[7], ὅτι μειράκια
ἔξωρα ἐς τὴν στρατιὰν ἐπῆκτο· τὸν δὲ δὴ Τριχχιανὸν, ἔν
τε τῷ πλήθει τῷ Παννονικῷ ἐστρατευμένον[8], καὶ θυρωρόν
ποτε τοῦ ἄρχοντος αὐτῆς γεγονότα, καὶ τότε τοῦ Ἀλβα-
νίου στρατοπέδου[9] ἄρχοντα.

14. Ταῦτά τε οὖν αὐτοῦ πολλοὶ ᾐτιῶντο, καὶ ὅτι καὶ
τὸν Ἄδουεντον, ἐν τοῖς διόπταις τε καὶ ἐρευνηταῖς[10] με-
μισθοφορηκότα, καὶ τὴν ἐν αὐτοῖς τάξιν λελοιπότα, ἔς τε
τοὺς γραμματοφόρους τελέσαντα, καὶ πρόκοιτον ἀποδειχ-

---

1. Selon qu'on dérive ce mot de κόμη avec Pollux, II, 31, et VII, 165; ou
de κόμπος ou de κόπτω avec Suidas, au mot κομμωτής (orthographe adoptée par Ddf), il s'écrit par un ou par deux μ. Peut-être serait-il plus vrai
de le faire venir de κομμῶσαι, employé par les anciens, dit Rm., pour
κοσμῆσαι. Spanheim, dans ses notes sur Julien (les Césars), soutient
qu'on doit écrire κομμῶται et non κομμωταί. Lncl. y voit un nom propre;
mais l'emploi est attesté par les lexiques cités et par des inscriptions,
c'est le *servus a mundo muliebri*. — 2. Rsk. : τοιοῦτον.
3. Bkk. et Ddf, vulg. : ἐμπεσόντα. — 4. F et Urs. : καταλεχθέντα. La correction de Lncl., conforme à V, a été suivie par les éd. subséq. ; elle
est d'ailleurs confirmée par (LXVII, 3) les paroles de l'empereur lui-
même. — 5. Rm. : « Διοικήσαντα scripsi pro vulgato διοικήσοντα. »
6. Lncl. om. — 7. On a blâmé Macrin d'avoir mis des personnes indignes au rang des consulaires et de les avoir aussitôt envoyées gouverner des provinces; l'auteur cite ici, comme exemple, Agrippa qui est
ignominieusement rabaissé du rang des citoyens ayant été consuls au

parure d'une femme et appelé en justice sous Sévère à raison de ce fait ; puis, bien qu'attaché au fisc, relégué, pour malversation, dans une île, ensuite rappelé avec les autres exilés par Tarautas, maître des requêtes et secrétaire de ce prince, et, enfin, rabaissé au rang des sénateurs n'ayant exercé que la préture, pour avoir amené à l'armée des jeunes gens hors d'âge ; Triccianus, qui avait servi comme simple soldat en Pannonie, autrefois portier du gouverneur de cette province, et alors commandant la légion Albanienne.

14. Voilà ce que beaucoup reprochaient à Macrin, et aussi sa conduite envers Adventus, ayant fait partie du corps mercenaire des éclaireurs et espions, ayant abandonné ce service, puis exercé l'emploi de greffier, devenu tabellaire, puis cubiculaire et ensuite promu au grade de procurateur ; Adventus, nommé par lui

rang de ceux qui ont passé par la préture. — 8. Bkk. et Ddf ; vulg. : στρατευόμενον.

9. Soldats prétoriens, tirant leur nom du mont Albain, près de Rome, où ils campaient habituellement. Il en est fait mention plusieurs fois dans Dion (notamment LXXIX, 4) ; Spartien (Carac., 2) ; Hérodien, VIII, 5. L'origine de ce corps semble remonter à Septime Sévère, qui, en triplant le nombre des prétoriens et en leur permettant de prendre femme, avait dû, pour qu'ils ne s'incommodassent pas eux-mêmes par leur multitude en demeurant dans un seul camp, et qu'étant divisés ils formassent moins de conspirations, tout en restant prêts à obéir au moindre signe de l'empereur, établir pour eux plusieurs résidences, mais peu éloignées de Rome. Le mont Albain remplissait ces conditions. Or il n'y a rien de surprenant qu'un corps en quelque sorte isolé ait pris le nom du lieu où il tenait garnison. — 10. V : εραυνηταις (sic), l's d'une autre main et à l'encre rouge. Il y a, ici, entre διόπταις et έρευ-

θέντα, καὶ μετὰ τοῦτο ἐς[1] ἐπιτρόπευσιν[2] προαχθέντα, καὶ
βουλευτὴν, καὶ συνύπατον, καὶ πολίαρχον, μήθ' ὁρᾶν[3] ὑπὸ
γήρως, μήτ' ἀναγινώσκειν ὑπ' ἀπαιδευσίας[4], μήτε πράττειν τι[5] ὑπ' ἀπειρίας δυνάμενον, ἀπέφηνε[6]. Ἐτετολμήκει[7] μὲν γὰρ ὁ Ἄδουεντος τοῖς στρατιώταις, μετὰ τὸν
τοῦ[8] Καρακάλλου θάνατον, εἰπεῖν ὅτι « Ἐμοὶ μὲν ἡ μο-
ναρχία, ἅτε καὶ πρεσβεύοντι τοῦ Μακρίνου, προσήκει·
ἐπεὶ[9] δ' ὑπέργηρώς εἰμι, ἐκείνῳ αὐτῆς ἐξίσταμαι· » λη-
ρεῖν δέ πως ἔδοξεν, ὥσπερ που[10] καὶ ὁ Μακρῖνος τὸ μέγιστον τῆς γερουσίας ἀξίωμα τοιούτῳ ἀνδρὶ δοὺς, ὅστις οὐδὲ
διαλεχθῆναί τινι ἐν τῷ συνεδρίῳ καλῶς, ὑπατεύων, ἠδυνήθη[11].
καὶ διὰ τοῦτο τῇ τῶν ἀρχαιρεσιῶν ἡμέρᾳ νοσεῖν προσεποιήσατο. Ὅθεν οὐκ ἐς[12] μακρὰν τῷ Μαξίμῳ τῷ Μαρίῳ τὴν
τῆς πόλεως προστασίαν ἀντ' αὐτοῦ[13] προσέταξε[14], καθάπερ
ἐπὶ τοῦτο μόνον πολίαρχον αὐτὸν ποιήσας, ἵνα μιάνῃ τὸ
βουλευτήριον, οὐ κατ' ἐκεῖνο μόνον ὅτι ἐν τῷ μισθοφορικῷ
ἐστράτευτο[15], καὶ τὰ τῶν δημίων[16] ἔργα, καὶ προσκόπων,

R.p.1325

νηταῖς la même différence que celle qui existe, en latin, entre *specula-
tor* et *explorator;* le premier est un éclaireur qui va devant l'armée
pour examiner les forces de l'ennemi, le second est un espion qui se
mêle parmi les ennemis pour reconnaître ce qui s'y passe.

1. St., Bkk. et Ddf; vulg. :| εἰς. — 2. Urs., St., Bkk. et Ddf;
F croit que ἐπιτρόπευσις n'est pas du style de Dion (il se trouve cependant dans
le Fragment XLVI, t. I, de la présente édition), et Rm. propose de le
remplacer par ἐπιτροπείαν ou ἐπιτροπήν, bien que, ajoute-t-il, εἰς ἐπιτροπεύειν
(leçon de V) puisse se défendre si l'on fait de ce mot un substantif par
l'addition de τό. Adventus, à ce que l'on croit, avait été chargé de l'administration du domaine privé, comme (ch. 11) Macrin auparavant.

3. F : μεθ' ὡρᾶν.
4. V : ἀπαιδευσείας.
5. Urs. om. : τι; Lncl. transporte ce mot après ἀπειρίας.

sénateur, son collègue au consulat, et préfet urbain, quand la vieillesse l'empêchait de voir, le manque d'instruction de lire, le défaut d'expérience de s'occuper des affaires. Adventus avait osé, après la mort de Caracallus, dire aux soldats : « C'est à moi, attendu que je suis l'aîné de Macrin, qu'appartient l'empire, mais, comme je suis accablé d'ans, je le lui cède; » il sembla être en proie à une sorte de délire, de même que Macrin donnant la plus haute dignité du sénat à un homme qui, consul, ne put adresser à personne dans la compagnie une parole convenable, et qui, le jour des comices, fit, pour ce motif, semblant d'être malade. Aussi Macrin ne tarda-t-il pas à le remplacer dans la préfecture de Rome par Maximus Marius, comme s'il n'avait eu d'autre intention, en le nommant préfet, que d'avilir le sénat, non-seulement parce qu'Adventus avait servi comme mercenaire, qu'il avait rempli les fonctions de bourreau, d'éclaireur, de centurion, mais encore

6. V : ἀπέφηνεν, mais non ἀπέφενεν, comme le dit Rm.

7. Ddf; vulg. et Bkk. : τετολμήκει ; V : τετολμήσει (*sic*).

8. Urs. om.

9. F : ἐπί. — 10. Lncl. om. : ὥσπερ που.

11. Urs. : ἐδυνήθη.

12. Bkk. et Ddf; vulg. : εἰς. — 13. Rm., à partir de cet endroit, cite plusieurs fois un *specimen* du ms. V, qui lui a été expédié dans une lettre par le cardinal Quirini. Ce *specimen* présentant assez souvent des différences avec le déchiffrement de Falcon, avec la collation de Bkk., ainsi qu'avec la lecture de M. Gros, j'ai cru devoir en rendre compte au lecteur : je le désigne par *Sp*. — 14. V : προσέταξεν.

15. F : ἐστρατεύετο.

16. Les éclaireurs remplissaient parfois l'office de bourreaux. Voir les notes de Juste-Lipse sur Tacite (Hist., I, note 67), et Ann. (XV, note 146).

καὶ ἑκατοντάρχων ἐπεποιήκει, ἀλλ' ὅτι καὶ τὴν τῆς πόλεως
ἀρχὴν, πρὸ τοῦ τῆς ὑπατείας[1] ἔργου εἰλήφει · τοῦτ' ἔστι[2]
πολίαρχος πρότερον ἢ βουλευτὴς ἐγεγόνει. Ταῦτα γὰρ περὶ
αὐτὸν, ὥσπερ τὰ καθ' ἑαυτὸν, ὅτι τὴν αὐτοκράτορα ἀρχὴν,
ἱππεύων ἔτι, ἡρπάκει[3], ἐπηλυγασόμενος[4] ἔπραξεν.

15. Ἐκεῖνά τε οὖν τινες αὐτοῦ οὐκ ἀπεικότως ἐμέμ-
φοντο καὶ ὅτι ἐπάρχους τόν τε Ἰουλιανὸν τὸν Οὔλπιον[5]
καὶ Ἰουλιανὸν Νέστορα ἀπέδειξε[6], μήτ'[7] ἄλλην τινὰ ἀρετὴν ἔχοντας, μήτε ἐν πολλαῖς πράξεσιν ἐξητασμένους[8],
ἀλλὰ καὶ πάνυ περιβοήτους ἐπὶ πονηρίᾳ ἐν τῇ τοῦ Καρακάλλου ἀρχῇ γενομένους, διὰ τὸ πολλὰ αὐτῷ, τῶν ἀγγελιαφόρων[9] σφᾶς ἡγουμένους, πρὸς τὰς[10] ἀνοσίους πολυπραγμοσύνας ὑπηρετῆσαι. Ἀλλὰ ταῦτα μὲν ὀλίγοι ἐλογί-
ζοντο, καὶ ἀπ' αὐτῶν οὐ καθαρῶς ἐθάρσουν· οἱ δὲ δὴ
πλείους τῶν ἰδιωτῶν, πρός τε τὴν διὰ βραχέος[11] παρ'
ἐλπίδα τοῦ Ταραύτου ἀπαλλαγὴν[12], καὶ πρὸς τὴν ἐκείνου
παραπλησίαν, ἐξ ὧν ὑποδεδείχει σφίσι[13], πρὸς πάντα καὶ
τὰ λοιπὰ προσδοκίαν[14], οὐκ ἔσχον καιρὸν δι' ὀλίγου οὕτως

1. F et *Sp.* : ὑπατίας. — 2. Bkk. et Ddf; V : τουτέστιν; vulg. : τού·
τεστι. — 3. Macrin, d'après Capitolin (4) avait reçu de Sévère l'anneau
d'or des chevaliers; pour arriver à l'empire, il a dû être élevé par le
sénat à l'ordre des patriciens. — 4. Rsk., approuvé par St., Bkk. et Ddf;
vulg. : ἀπηλυγασάμενος. — 5. Il avait été (ch. 4) chargé du cens, peut-
être avec Nestor Julianus. — 6. V : ἀπέδειξεν. — 7. F prétend, à tort,
que V porte μετ'. — 8. *Sp.* : ἐξετασμένους. — 9. Les ἀγγελιαφόροι ou γραμματοφόροι étaient
soumis au *magister census;* c'était par eux que se faisait la capitation.
Leurs fonctions étaient plus élevées que celles des διόπται, qui semblent

parce qu'il avait reçu le commandement de la ville avant l'exercice du consulat, c'est-à-dire, qu'il avait été préfet urbain avant d'être sénateur. Il tint cette conduite à l'égard d'Adventus dans l'espérance de couvrir, par ce moyen, la sienne à lui, qui avait ravi l'empire n'étant encore que chevalier.

15. Voilà ce dont on l'accusait avec raison, et aussi d'avoir nommé préfets du prétoire Julianus Ulpius et Julianus Nestor, hommes dépourvus de tout mérite, ne s'étant signalés par aucune action, mais s'étant acquis une grande réputation pour leur scélératesse sous le règne de Caracallus, en lui prêtant souvent, lorsqu'ils étaient à la tête des messagers, leur ministère pour ses curiosités impies. Peu, cependant, faisaient ces réflexions et n'avaient pas une confiance sans réserve ; la plupart des particuliers, promptement délivrés de Tarautas contre leur attente, et espérant que Macrin se conduirait dans tout le reste d'après les exemples qu'il avait montrés, n'eurent pas le temps, dans un si court

être les mêmes que les ἐρευνηταί. Pour plus de détails, cf. Saumaise, notes sur Spartien (Adrien) p. 105 ; et Fabretti, *Syntagma ad columnam Trajanam*, p. 34 et suiv. — 10. Urs. : παρὰ τά;. Saumaise, notes sur Spartien (Adrien, 11), veut lire : σφᾶς γενομένους περὶ τά;, que Rm. soupçonne être une faute typographique pour ἡγουμένους, le commentateur traduisant *frumentariorum præfectum*.

11. Urs. : βραχέως.

12. Cf. Capitolin, 2 et 7 ; Hérodien, V, 2.

13. V : σφίσιν.

14. *Sp.* : προσδοκίας;.

αὐτοῦ[1] καταγνῶναι[2]· καὶ διὰ τοῦτ' ἰσχυρῶς ἀποθανόντα
ἐπόθησαν, ὃν πάντως ἂν, εἴπερ ἐπὶ πλεῖον ἐβεβιώκει[3], διὰ
μίσους ἐσχήκεισαν[4].] Καὶ γὰρ τρυφερώτερόν πως ζῆν ἤρξατο[5], [* καὶ τῶν διαμεμφομένων τι αὐτοῦ ἀπεστρέφετο[6].
Τὸν μὲν γὰρ Ματερνιανὸν[7], τόν τε Δάτον, οὐκ εὐλόγως μὲν
(τί[8] γὰρ ἠδικήκεσαν, τὸν αὐτοκράτορα σφῶν περ[9]

R.p.1324
1. μεντοικαι
2. θρωπινο
3. κινδυνων
4. γονειδιεχ
5. αλλοιστοι]

τοῖς[10] τὴν δυσγένειαν αὐτοῦ, καὶ τὴν παράλογον τῆς μοναρχίας κτῆσιν[11], δυσχεραίνειν ὑποπτευομένοις, οὐχ ὀρθῶς
ἐπεξήει[12]. Πάντα γάρ που τἀναντία[13] αὐτὸν ἐχρῆν ποιεῖν[14],
εἰδότα, ὅστις τε ἀρχὴν ἐπεφύκει, καὶ ὅστις τότε ἦν· μήθ'
ὑφερφρονεῖν, [* ἀλλὰ μετρίως π[15] . . . . . μονατονο . . . . .

1. *Sp.* : αὐτόν.
2. Rsk. : « Recte abest χαιρόν a codice Romano [Rsk. aurait dû dire
ab editione Rom., car le mot est dans le ms. et dans l'éd. d'Ursinus].
Οὐκ ἔσχον καταγνῶναι, ut Latine non *habebant condemnare*, pro *non
poterant condemnare.* » St. ne voit pas ce qui peut choquer Rsk. ; cette
formule (et il en cite deux exemples) n'est pas rare, même dans Dion.
D'ailleurs, l'idée de temps exprimée par χαιρόν est d'autant moins déplacée
ici, qu'immédiatement après vient la formule δι' ὀλίγου.
3. *Sp.* : ἐβεβαιώκει.
4. *Sp.* : ἐσχήκειαν.
5. Cf. Hérodien, V, 2 ; Capitolin, 13. Xph. : Ἤρξατο δὲ καὶ τρυφερώτερον
ζῆν, καὶ σοβαρώτερον χρῆσθαι τῇ ἐξουσίᾳ, τὰ τῆς δυσγενείας ἐντεῦθεν
[*a*, *b* : ἐνταῦθα] συγκαλύπτειν οἰόμενος. « Il se mit à vivre dans la mollesse
« et à user avec insolence de son pouvoir, pensant, par ces moyens,
« couvrir la bassesse de sa naissance. » — 6. Urs. et *Sp.* : ἐπεστρέφετο,
leçon approuvée par Rsk., qui traduit : *animadvertebat in reprehen-
sores suos;* Rm. prétend que cette leçon est aussi dans Peir., mais
M. Gros n'en parle pas ; Bkk. la donne en note.

délai, de le condamner ; aussi regrettèrent-ils vivement, après sa mort, un prince qu'ils n'auraient pas manqué de haïr s'il avait vécu davantage. Macrin, en effet, se mit à vivre dans la mollesse, [et prit en aversion ceux qui lui adressaient des remontrances. Maternianus et Datus furent sans motif (quel crime, en effet, avaient-ils commis en défendant leur empereur?)......

1. οὐ μέντοι καὶ ἀπὸ τοῦ ἀν-
2. θρωπίνου τρόπου, ἐπεὶ
3. κινδύνων πλησίον ἐγε-
4. γόνει, διεχρήσατο· τοῖς δ'
5. ἄλλοις]

ceux qu'il soupçonnait de voir d'un œil mécontent la bassesse de sa naissance et son usurpation inattendue, étaient l'objet de rigueurs insensées. Il aurait dû faire le contraire, sachant et quelle était son origine et quelle était, dans le moment, sa fortune ; au lieu de se laisser emporter à l'orgueil, [se conduire avec modération

7. Sur Maternianus, cf. ch. 4. Quant à Datus, on ignore ce qu'il était ; on peut supposer cependant, d'après ce passage, qu'il remplissait quelque fonction assez relevée pour avoir mérité les sévérités de Macrin.

8. Rsk. : καὶ γάρ, au lieu de τί γάρ. — 9. A ce mot σφῶν commence, dans V, la 3ᵉ col. de la p. 7. Bkk. et Ddf complètent le mot περ, qui suit : περιέποντες. J'ai traduit avec ce mot qui finit le sens de la parenthèse.

10. Urs. et F : τοῖς δ' ἄλλοις τοῖς (de même Bkk. et Ddf) ; Xph., suite du passage cité plus haut : Ὅθεν καὶ τοῖς.

11. F et Sp. : σφίσιν, variante citée également par Bkk., mais non mentionnée par M. Gros. — 12. Xph. ajoute : ἐκποδὼν ποιούμενος « en se débarassant d'eux. » — 13. Rm. : « Horum vestigia sunt in specimine cod. Vat..... τχγαρπου .. πᾶν γὰρ τοὐναντίον. Xph. eodem sensu. Τὰ γάρ που τοὐναντίον, Rom. [F] sed minus apte. »

14. Xph. : ἐχρῆν αὐτόν.

15. Avec Bkk. et Ddf, j'ajoute, pour la traduction, πράττειν, ce qui me donne un sens complet. Voici, du reste, comment ces deux savants restituent tout le passage : μετρίως πράττειν καὶ τόν τε δαίμονα τὸν ὁμέστιον ἐκθεραπεύειν καὶ τοὺς ἀνθρώπους.

θεραπευο . . . . . .] καὶ τοὺς ἀνθρώπους τῇ τε εὐεργεσία, καὶ τῇ τῆς ἀρετῆς, διὰ πάντων ὁμοίως, ἐπιδείξει, παρα- μυθεῖσθαι.

16.   1. [* Τ αυταμεν [1]   21. αστοιςστρα

2. καταυτονα,   22. μολογησαν   ος

3. ρηταιμοις   23. εμαυτωιπολ

4. ωςεκας   24. πεποιηκοται

5. μηςτινος   25. ιετριψενδε

6. κεινωιες   26. στοληικαισα

7. κρατωρμεν   27. καιαυτοκρα

8. ραιςωσπερ   28. εουηρονπρος

9. λογωιπαρα   29. κρινουονο

10. τηναρχην   30. σεβηκαιευ

11. παντοςμα   31. υτουςτονκα

12. νοςαυτης   32. ναμενωντι

13. τωνωνδιελ   33. ωνψηφι

14. στρατιωταις   34. λενδεουκη

15. απεδειχθ   35. σαυτακαιτη

16. καιεπαινου   36. ηματααυτος

17. κολιγου   37. μειουουδε

18. ετολμησεν   38. ηςονομα

19. επιστειλαιλ [2]   39. νδορυφορων

20. τιευηπιστα [3]   40. ροντινες

1. Rm. : « Ταῦτα μέν, Rom. [F], ed. specimen cod. habet Ταυταμον... quasi Ταῦτα μόνα. »

........................], et consoler ses sujets
par toute sorte de bienfaits et en se montrant vertueux
en toute circonstance pareillement.

16.   1. Ταῦτα μὲν........
2. κατ᾽ αὐτὸν ας...... εἴ-
3. ρηταί μοι ἐν.........
4. ὡς ἕκαστα.........
5. μης τινος..........
6. κεινωνες...... αὐτο-
7. κράτωρ μεν......
8. ραις ὥσπερ......
9. λόγῳ παρὰ πᾶσαν αὐτοῦ
10. τὴν ἀρχὴν........
11. παντὸς μα..........
12. νος αὐτῆς ο........
13. των ὧν διελέγετο τοῖς
14. στρατιώταις......
15. ἀπεδείχθη ......
16. καὶ ἐπαίνους ἑαυτοῦ οὐ-
17. κ ὀλίγους μὲν ἀνειπεῖν
18. ἐτόλμησεν, ἔτι δὲ πλείους
19. ἐπιστεῖλαι, λέγων ἄλλα
     τε καὶ ὅ-
20. τι εὖ ἠπιστάμην καὶ ὑμ-
21. ᾶς τοῖς στρατεύμασι συ-
     νο-

22. μολογήσειν [F : ἐξωμολόγη-
     σαν], συνειδὼς
23. ἐμαυτῷ πολλὰ καὶ καλὰ
24. πεποιηκότι τὸ κοινόν.
25. Ἐνέγραψεν [F : ι· ἔτριψε δὲ
     cf. Rm., note 88] δὲ τῇ ἐπι-
26. στολῇ Καίσαρα θ᾽ ἑαυτὸν
27. καὶ αὐτοκράτορα καὶ Σ-
28. εουῆρον, προσθεὶς τῷ Μα-
29. κρίνου ὀνόματι τὸν Εὐ-
30. σεβῆ καὶ Εὐτυχῆ
31. καὶ Αὔγουστον καὶ Περ-
     τίνακα, οὐκ ἀ-
32. ναμένων τι, ὡς εἰκὸς ἦν,
     παρ᾽ ἡμ-
33. ῶν ψήφισμα. Ἐπέστελ-
34. λεν δὲ οὐκ ἠγνοηκὼς το-
35. σαῦτα καὶ τηλικαῦτα ῥ-
36. ήματα αὐτὸς ἀναδεξά-
37. μενος οὐδὲ......
38. ης ὄνομα..........
39. ν δορυφόρων ὡς καὶ πρότε-
40. ρόν τινες......

2. Ici se termine la 2e col. de la p. 7. M. Gros lit επιστειαλια.
3. P. 8, 1re col

41.	ουμεναλ	51.	εγραψεναπλως
42.	ουτωσεγρα	52.	οτουχαρα
43.	τηναρχην	53.	τοχρατορες
44.	εμονμα	54.	οχαιταπαν
45.	νβαρβαρων	55.	σοιτοτησε
46.	ημονπρος	56.	πομνηματα
47.	παισιον	57.	ατιωταις
48.	θηειπαρον	58.	ουτωσεχει
49.	ετονδρασω	59.	επιχολα
50.	ητητεεπι	60.	τωνχαιου.

R p.1325 . . . . . . εἰ δὲ λέγεσθαι ὑπώπτευσαν[1], ὥστε καὶ δημοσιευθῆναι αὐτὰ ἀξιῶσαι[2], ἔπεμψεν ἡμῖν, ἅτινα καὶ αὐτὰ ὁ ταμίας, ὥσπερ καὶ ἕτερα αὖθις τῶν ὁμοίων, ἀνέγνω. Καὶ στρατηγὸς δέ τις τὰ αὐτοῦ ποτε τοῦ Μαχρίνου γράμματα, τῷ συγλητόν[3] τε τότε τὴν βουλὴν γενέσθαι[4], καὶ μηδένα τῶν ταμιῶν[5] παρεῖναι, ἐπελέξατο.

17. Τῆς δ' οὖν πρώτης ἐπιστολῆς ἀναγνωσθείσης, καὶ ἐκείνῳ, ὅσα εἰκὸς ἦν, καὶ τῷ υἱεῖ αὐτοῦ ἐπεψηφίσθη· εὐπατρίδης τε γὰρ[6], καὶ πρόκριτος τῆς νεότητος, Καῖσάρ

---

1. Ici commence la 2ᵉ col. de la ᵖ. 8. Bkk. et Ddf restituent : εἰωθότων καὶ οὐκ ἐπὶ ἀληθείας λέγεσθαι. Rm. fait sur le passage la note suivante : « Εἰ δὲ λέγεσθαι, Rom. [F] ; * είας λέγεσθαι, Urs., p. 424, quem similitudine litterarum..... A et Δ, item C et Є deceptum ait Falco. »

2. Rm. : « Refero ad ὑπομνήματα, Commentaria Caracalli plena suspicionum et irarum in senatores, ut supra dīxerat Dio initio libri [c. 2]. Hæc ad senatum Macrinus misit vulganda et legenda per quæstorem, quo magis omnium odia in Antoninum exardescerent. Quæstor autem

41. οὐ μὴν ἀλλ............
42. οὕτως ἔγρα...........
43. τὴν ἀρχὴν........ πόλ-
44. εμον μάλιστα....... ω-
45. ν βαρβάρων...........ρ-
46. ημον προς... ...... ν
47. πλησίον [F : ἀπαίσιον]...η-
48. θειπ αρον........
49. στον [F : ετον] δρασω.....
50. η τῇ τε ἐπιστολῇ ἐν-
51. ἔγραψεν ἁπλῶς ὥσπερ οἱ
    πρ-
52. ὁ τοῦ Καρακάλλου αὐ-

53. τοκράτορες, καὶ δὴ τοῦτ-
54. ο καὶ διὰ παντὸς [F : ο καὶ
    τὰ πάντα]
55. τοῦ ἔτους ἐποίησε [F :
    ἔσοιτο τῇς ε].......ὑ-
56. πομνήματα τὰ παρὰ τοῖς
    στρ-
57. ατιώταις γενόμενα.
58. Οὕτως ἔχει......... τῶν
59. ἐπὶ κολακείᾳ εἰωθό-
60. των καὶ οὐκ
61. ἐπὶ ἀληθείας.......

. . . . s'imaginèrent. . . . .
au point de vouloir qu'on les publiât; il nous envoya
aussi des documents qui, ainsi que d'autres semblables
dans la suite, furent lus par le questeur. Néanmoins,
un jour, ce fut un préteur qui, attendu que le sénat
était alors assemblé et qu'il ne s'y trouvait aucun questeur présent, donna lecture des messages de Macrin lui-
même.

17. Après la première lettre lue, on lui décerna, à
lui et à son fils tout ce que de droit; il fut déclaré patricien, prince de la jeunesse et César. Macrin accepta les

recitare solebat missa et scripta a principe ad senatum [LIV, 25; LX, 2];
extraordinarium autem annotat Dio, quod Macrini litteras aliquando
legerit prætor. » — 3. c. Rm. : « Τῶν σύγκλητον, codex [M. Gros n'en
parle pas], quod τὸν σύγκλητον, emendasse se scribit Falco, atque
ita edidit : sane perperam. Forte ΤΩΙ, cum iota adscripto, in codice
positum, ei errori ansam dedit. »
4. Rsk. : οὐ γενέσθαι *quod senatus ille ex indicto coactus non esset.*
5. Bkk. et Ddf; vulg. : ταμειῶν; St. : ταμιειῶν. — 6. Urs. om.

τε ἀπεδείχθη. Καὶ ὃς τὰ μὲν ἄλλα προσεδέξατο, τὴν δὲ
δὴ ἱπποδρομίαν, τὴν ἐπὶ τῇ ἀρχῇ τῆς ἡγεμονίας αὐτοῦ ψη-
φισθεῖσαν, παρῃτήσατο· εἰπὼν αὐτάρκως αὐτὴν τῇ τῶν
Σεουήρου γενεσίων[1] θέᾳ τετιμῆσθαι. Τοῦ μέντοι[2] Ταραύτου οὐδεμίαν οὔτ᾽ ἄτιμον, τότε γε, οὔτ᾽ ἔντιμον, ἐποιήσατο[3], πλὴν καθ᾽ ὅσον αὐτοκράτορα αὐτὸν ὠνόμασεν·
οὔτε γὰρ ἥρωα, οὔτε πολέμιον ἀποδεῖξαι ἐτόλμησεν, ὡς
μὲν ἐγὼ δοκῶ, ὅτι τὸ μὲν διά τε τὰ πραχθέντα αὐτῷ,
καὶ διὰ τὸ πολλῶν[4] ἀνθρώπων μῖσος[5], τὸ δὲ διὰ τοὺς
στρατιώτας[6] ὤκνησε πρᾶξαι· ὡς δέ τινες ὑπώπτευσαν, ὅτι
τῆς τε γερουσίας καὶ τοῦ δήμου τὴν ἀτιμίαν αὐτοῦ ἔργον
γενέσθαι μᾶλλον ἢ ἑαυτοῦ, ἄλλως τε καὶ ἐν τοῖς στρατεύμασιν ὄντος[7], ἠθέλησε[8]. Τοῦ τε γὰρ πολέμου αἰτιώτατον[9] αὐτὸν ἐξ ἀδικίας γεγονέναι, καὶ τὸ δημόσιον ἰσχυρῶς, τῇ τῶν χρημάτων τῶν[10] τοῖς βαρβάροις διδομένων[11]
αὐξήτει, βεβαρηκέναι ἔφη· ἰσάριθμα γὰρ αὐτὰ τῇ τῶν στρατευομένων μισθοφορίᾳ εἶναι. Οὐ μέντοι καὶ ἐτόλμησέ τις
δημοσίᾳ τι τοιοῦτο κατ᾽ αὐτοῦ θρασύνασθαι[12], ὥστε καὶ
πολέμιον αὐτὸν ψηφίσασθαι, δεδιὼς μὴ καὶ παραυτίκα ὑπὸ
τῶν ἐν τῇ πόλει στρατευομένων φθαρῇ· ἀλλ᾽ ἄλλως[13] μὲν[14]

1. St., Bkk. et Ddf; vulg.: γενεσιῶν. Macrin avait été proclamé empereur (ch. 11) le jour de la naissance de Sévère. — 2. Bkk. et Ddf;
V: μεντου; Lncl., Rm. et St.: μέν. — 3. Bkk. et Ddf; vulg.: μνείαν
τότε γε, οὔτ᾽ ἄτιμον, οὔτ᾽ ἔντιμον, ἐποιήσατο. Les mots τότε γε οὔτ᾽ ἄτιμον,
omis dans V, sont dans Urs. et dans F. Capitolin, 6, rapporte une
lettre de Macrin au sénat, dans laquelle il décerne les honneurs divins à
Antonin, et demande qu'ils lui soient confirmés. Hérodien (V, 1), d'un
autre côté, en rapporte une où il est parlé assez outrageusement de ce
prince.

autres honneurs, mais refusa les jeux du cirque, qui avaient été décrétés à l'occasion de son avénement, prétendant qu'il avait été suffisamment honoré par le spectacle donné le jour natal de Sévère. Il ne fit aucune mention de Tarautas, ni en mal ni en bien, sinon qu'il lui donnait le titre d'empereur; car il n'osa le déclarer ni dieu ni ennemi : selon moi, ce fut parce qu'il craignait de prendre le premier parti à cause des forfaits de ce prince et de la haine que lui portait une foule de citoyens, le second, à cause des soldats; selon d'autres, ce fut parce qu'il aimait mieux que la déclaration d'infamie fût l'œuvre du sénat et du peuple plutôt que la sienne, attendu surtout qu'il était au milieu des camps. Il prétendait, en effet, qu'Antonin avait été, par son injustice, le principal auteur de la guerre, qu'il avait fortement grevé le trésor public en augmentant les sommes payées aux barbares, sommes qui, ajoutait-il, égalaient la solde des troupes. Néanmoins personne n'osa se montrer assez hardi contre le prince défunt pour le déclarer ennemi public, craignant d'être sur-le-champ mis à mort par les soldats qui étaient dans la ville; mais on l'outragea d'une autre manière,

4. Rsk. : πολὺ τῶν, conjecture ingénieuse. — 5. V et Urs. : μεῖσος. 6. V, F : δι' αὐτοὺς στρατιώτας. Cf. Hérodien, IV, 13 et 14. 7. V, Urs. et F : ἐντός. — 8. Bkk. et Ddf : ἠθέλησεν; Urs. : ἐθέλεσε. 9. F : τούτου γὰρ πολέμου αἰτιώτατον. En attaquant perfidement les Parthes et en renversant les tombeaux de leurs rois. Cf. ch. 1, et Hérodien IV, 14. — 10. Rsk., Bkk. et Ddf; vulg. om. — 11. Cf. LXXVII, 14 (Extrait Peir.). — 12. Lncl., Rm. et St. : θρασύνεσθαι. — 13. F, Urs., Bkk. et Ddf; vulg. : ἀλλὰ ἄλλως. — 14. Rsk. : « Particulæ μέν respondent οὐ μὴν οὔτε ἐκείνῳ [c. sq.]. »

καὶ ἐλοιδόρουν αὐτὸν, καὶ ὕβριζον, ὅσα ἐδύναντο, τάς τε μιαιφονίας αὐτοῦ ὀνομαστὶ[1] καταλέγοντες, καὶ πρὸς πάντας αὐτὸν τοὺς πώποτε κακῶς τυραννήσαντας σφῶν παραδεικνύντες· τήν τε ἱπποδρομίαν τὴν τοῖς γενεθλίοις αὐτοῦ τελουμένην καταλυθῆναι, καὶ τοὺς ἀνδριάντας τούς τε χρυσοῦς καὶ τοὺς ἀργυροῦς πάντας ἁπλῶς δι’ ἐκεῖνον[2] συγχωνευθῆναι, τούς τε μεμηνυκότας τι αὐτῷ[3] πολλῇ σπουδῇ καὶ φανερωθῆναι καὶ κολασθῆναι δεόμενοι[4]· πολ- R.p.1326 λοὶ γὰρ οὐχ ὅτι δοῦλοί τε[5], καὶ ἐξελεύθεροι, καὶ στρατιῶ- ται, καὶ Καισάρειοι[6], ἀλλὰ καὶ ἱππεῖς, βουλευταί τε, καὶ γυναῖκες[7] τῶν ἐπιφανεστάτων[8] συχναὶ καὶ ἐνδείξεις λα- θρίους[9] ἐπ’ αὐτοῦ[10] πεποιῆσθαι, καὶ σεσυκοφαντηκέναι τινὰς ἐνομίζοντο.

18. Οὐ μὴν[11] οὔτε ἐκείνῳ τὸ τοῦ πολεμίου ὄνομα προσέ- θεσαν, καίτοι τὸν Μαρτιάλιον[12], ἐπὶ προσχήματι τῆς πρὸς τὸν Ἄρεα αὐτοῦ[13] ὁμωνυμίας, καὶ ἐπαίνοις[14] καὶ ἀγάλμασι τιμηθῆναι δεῖν ἀεί ποτε ἐπιβοῶντες· οὔτε τῷ Μακρίνῳ, ὡς καὶ ἀχθόμενοί τι, τότε ἐνεδείξαντο[15].] Αἴτιον

---

1. Suivant Rm., V porterait ὀνομαστεί; M. Gros n'en parle pas.
2. Rm. : « Credo δι’ ἐκείνου. » Rsk. : « Fort. : δι’ ἐκείνου ἱδρυθέντας συγχωνευθῆναι. » Capitolin (6) dit, au contraire, que Macrin demanda au sénat l'érection de deux statues équestres, de deux statues pédestres, de deux en costume militaire et de deux autres le représentant assis et revêtu du costume civil. Mais, si Macrin avait fait une pareille demande, le sénat n'aurait pas osé ordonner d'envoyer à la fonte les statues déjà érigées en l'honneur d'An'onin. Or (cf. p. 454) Macrin avait fait enlever en secret les statues de ce prince. — 3. Lncl. et les éd. subséq.; V et Urs. : αὐτῶν. — 4. Ils furent (Hérodien, V, 2) mis en croix ou chassés de Rome par ordre du sénat. — 5. Urs. : γε.

autant qu'il était possible, en citant par leurs noms les victimes de sa cruauté, en le comparant à tous ceux qui avaient, n'importe à quelle .époque, exercé leur perversité tyrannique sur Rome; en demandant la suppression des jeux du cirque qui se célébraient pour l'anniversaire de sa naissance, l'envoi pur et simple à la fonte de toutes ses statues d'or et d'argent, la recherche active et la punition des délateurs du règne précédent; car un grand nombre, non-seulement d'esclaves, d'affranchis, de soldats et de Césariens, mais encore des chevaliers, des sénateurs et des femmes de personnages illustres, passaient pour avoir fait secrètement des dénonciations sous ce règne et pour avoir calomnié des citoyens.

18. Cependant on ne lui donna pas le nom d'ennemi public, bien que sans cesse, sous prétexte que le nom de Martialis se rapportait à celui de Mars, on criât que Martialis devait être honoré d'éloges et de statues sacrées; on ne fit non plus voir alors à Macrin rien qui signifiât qu'on était irrité contre lui.] La cause en fut que, les

---

6. F et Urs. : Καισάριοι. — 7. Rm. : « Forte melius : ἱππεῖς τε, καὶ βουλευταὶ, καὶ γυναῖκες. In codice ἱππῆς legitur. » St., si l'on n'adopte pas la correction proposée par Rm., est d'avis de supprimer τε avec Rsk.

8. Bkk. et Ddf; vulg. : τῶν τε ἐπιφανεστάτων.

9. Dion emploie habituellement λαθραίους. — 10. V et Urs. : αὐτούς.

11. Rm. et St. commencent le ch. plus haut à τήν τε ἱπποδρομίαν; pour moi, je n'ai pas cru pouvoir le commencer au milieu d'une phrase.

12. Celui qui (ch. 4) avait tué Antonin. — 13. Lncl. et les éd. subséq.; V et Urs, : αὐτῶν. — 14. V : ἐπαινους (sic), l'ι d'une autre main et à l'encre rouge. — 15. Rsk. : τότε γε ἐνεδείξαντο.

δ' ὅτι[1], προκαταληφθέντες τῇ διὰ τὸν τοῦ Ταραύτου[2] θάνατον χαρᾷ, οὐδὲ ἐννοῆσαί τι περὶ τῆς ταπεινότητος αὐτοῦ ἐσχόλασαν, ἀλλ' ἀγαπητῶς αὐτὸν ἐς τὴν ἀρχὴν ἐδέξαντο· οὐχ οὕτως ᾧτινι[3] δουλεύσουσιν[4], ὡς οὗ ἐστέρηντο[5], ἐνθυμούμενοι, καὶ πάντα τινὰ, καὶ τὸν τυχόντα, αἱρετώτερον αὐτοῦ νομίζοντες[6] ἔσεσθαι. [*Καί τι αὐτούς, καὶ ἡ[7] τῶν ἐπί τε τῶν ὑπ' ἐκείνου[8] καταδειχθέντων κατάλυσις (πάντα γὰρ, ὅσα ποτὲ παρὰ τὸ κατεσθηκὸς, οὐχ ὅτι ἐκ τοῦ δημοσίου τοῦ τῶν Ῥωμαίων, ἀλλὰ καὶ οἴκοθέν τισιν, καὶ ἐξ ἐπιτροπῆς[9] αὐτοῦ πρός τινων[10] δήμων ἀνηλίσκετο[11], ἀνετάγη[12])· καὶ ἡ ἐς τὸ ἔπειτα μηδὲν ὅμοιον αὐτοῖς προστεθήσεσθαι[13] ἐλπὶς, ἀνέπεισε[14] στέρξαι τοῖς παροῦσιν.

19. Ὡς μέντοι τόν τε Αὐρηλιανὸν τεθνηκότα[15], καὶ τὸν Διαδουμενικνὸν[16] τὸν υἱὸν αὐτοῦ Καίσαρα, λόγῳ μὲν

---

1. F : προσκαταλημφθέντες. Xph., après παραμυθεῖσθαι (ch. 15), continue : Ὅμως οἱ ἄνθρωποι προκαταληφθέντες, κ. τ. λ. — 2. Xph. : τυράννου.

3. Correction de Slbg. (M. Gros ne parle pas de la leçon dans V), adoptée par Rm., St., Bkk. et Ddf; vulg. : ὅτι τίνι; F : ὅτι τινί.

4. Urs. : δουλεύουσι. — 5. Xph. (mais non a, b) : ἐστέροντο.

6. V : ὀνομάζοντες. Cf. Capitolin (Macrin, 2 et 7). — 7. Rm. : « Videtur prima specie verbum deesse; unde L. : αὐτοὺς ἐκίνει καὶ ἡ, etc. Sed sufficit nobis sequens verbum ἀνέπεισε. » — 8. Urs. : τῶν ἐπιτέτων ὑπ' ἐκείνου; Lncl. : τῶν ἐπί τε καὶ ὑπ' ἐκείνου. Rm., et, dans ma traduction, je me suis conformé à son avis, y voit une glose ou une variante qui se sera glissée dans le texte « pro τῶν ἐπί ad marginem primo positum erat τῶν ὑπ' (vide supra c. 12), et utrumque deinde receptum. » Bkk., comme conjecture : ἐπιταγμάτων, au lieu de ἐπί τε τῶν. Peut-être ἐπετείων (?) « les annuités, les contributions annuelles. » — 9. Rm. (de même St.) : « Ausus sum addere καί [ante δήμων]. Nec enim cohærere possunt οἴκοθέν τισιν ἐξ ἐπιτροπῆς, etc. Distinctæ sunt impensæ ærarii, privatorum et populorum. » Toutes les autres éditions omettent le καί.

esprits occupés par la joie de la mort de Tarautas, on n'eut pas le loisir de songer à la bassesse de la naissance de Macrin, et qu'on l'accepta avec bonheur pour empereur, songeant moins au maître dont on allait devenir esclave, qu'à celui dont on était délivré, et convaincu que n'importe qui, même le premier venu, serait toujours préférable. [L'abolition de ses constitutions (toutes les dépenses, en effet, autrefois exigées contrairement à l'usage, non-seulement du trésor public des Romains, mais aussi de certains citoyens sur leurs deniers privés, ainsi que de quelques peuples, furent supprimées), et l'espoir que rien de semblable ne serait imposé dans la suite, inspiraient une satisfaction générale de l'état présent des choses.

19. Néanmoins, lorsqu'on apprit qu'Aurélianus avait été mis à mort, et que Diaduménianus, fils de Macrin, avait été proclamé César, en apparence par les soldats,

10. V : προπινων (*sic*), c τ d'une autre main et à l'encre rouge.

11. Rsk. : « Interpretor *expensis nummis structa et confecta fuerant.* » — 12. Rsk. : ἀνετράπη. — 13. Bkk. et Ddf; vulg. : πραχθήσεσθαι.

14. V : ἀνέπισε. — 15. Les soldats (ch. 12) avaient demandé la mort d'Aurélianus; Macrin, après avoir d'abord refusé, finit par le leur abandonner. Cette perfidie à l'égard de son complice ne donnait plus rien de bon à espérer de lui. — 16. Rm.: « Pro Διαδουμενιανόν præcedenti, codex [V] habet Διαδουμηνιανόν, et pro αὐτοῦ, ἑαυτοῦ. » M. Gros ne donne pas ces deux variantes. Le fils de Macrin (Lampride, 4) s'appelait primitivement Diaduménus, du nom de son aïeul maternel; mais, depuis qu'il a reçu le nom d'Antonin et qu'il fait, pour ainsi dire, partie de cette famille, son nom, sur les médailles et dans les inscriptions, est constamment Diaduménianus. C'est donc à tort que Capitolin et Lampride l'appellent Antoninus Diaduménus, et que le dernier prétend (2) qu'il y a eu à Antioche de la monnaie frappée sous ce nom. Cf. Cohen, Monnaies impériales.

ὑπὸ τῶν στρατιωτῶν, δι' ὧν, ἀπὸ τῆς Ἀντιοχείας[1] μεταπεμφθεὶς πρὸς αὐτὸν, διῄει· ἔργῳ δὲ ὑπὸ τοῦ Μακρίνου
ἀποδεδειγμένον, καὶ προσέτι τὸ τοῦ Ἀντωνίνου[2] ὄνομα[3]
προσειληφότα, ἔμαθον (ταῦτα γὰρ ἐπὶ τῇ τῶν στρατιωτῶν
θεραπείᾳ, τὸ μὲν ἵνα μὴ δόξῃ τὴν τοῦ τεθνηκότος μνήμην
παντάπασιν ἀτιμάζειν, καὶ μάλισθ' ὅτι[4], τῶν ἀνδριάντων
τινὰς τῶν ἐν τῇ Ῥώμῃ ὑπὸ τοῦ Ἀλεξάνδρου[5] αὐτῷ ἀνα-
τεθέντων, καὶ αὐτῷ ἐκείνῳ σταθέντων, λάθρα καθῄρηκει·
τὸ δὲ ἵνα ἄλλας[6] ἑπτακοσίας καὶ πεντήκοντα αὐτοῖς δραχμὰς προσυπόσχηται[7], ἐποίησεν)· οὐκέτι ὁμοίως[8] φρονεῖν ἤρξαντο· ἀλλ' ἐνθυμούμενοι, ὅτι πρότερον ἐν οὐδενὶ
λόγῳ ἐπεποίηντο, καὶ προσέτι λογιζόμενοι πάνθ' ὅσα[9]....

R.p.1327

2. λλωναυτου

3. προσυποτευ

4. καζοντοησχ

5. τουμενκαραχ

6. δενμαλλονε

7. τοταδεεσε

1. F : Ἀντιοχίας.
2. Urs. om. : ἀποδεδειγμένον, καὶ προσέτι τὸ τοῦ Ἀντωνίνου.
3. Cf. Capitolin (Macrin, 3 et 6). Lampride (6) : « Fuit tam amabile
illis temporibus nomen Antoninorum, ut qui eo nemine non niteretur,
mereri non videretur imperium. » Le même auteur (1) nous donne une
raison plus décisive encore de ce nom donné au fils de Macrin : « Quum
primum innotuit per legiones, occisum esse Bassianum, ingens mœror
obsedit omnium pectora, quod Antoninum in republica non haberent,
existimantium quod cum eo Romanum esset imperium periturum. Id
ubi Macrino jam imperatori nuntiatum est, veritus ne in aliquem Antoninorum, qui multi ex affinibus Antonini Pii erant inter duces, exercitus
inclinaret, statim concionem parari jussit, filiumque suum hunc puerum
Antoninum appellavit. »
4. Lncl. : μάλιστα ὅτι.
5. Lncl. ajoute ὀνόματος. Rm. : « Forte melius ὀνόματι vel σχήματι. »
Il s'agit des statues que Caracallus avait élevées en divers lieux, et même

à la demande desquels il était venu d'Antioche auprès de son père, mais en réalité par Macrin lui-même, et, de plus, que cet enfant avait reçu le nom d'Antonin (ces choses avaient été faites en vue de flatter les soldats, d'un côté pour ne point paraître flétrir complétement la mémoire du prince défunt, et cela, d'autant plus qu'on avait secrètement enlevé les statues qu'il s'était élevées à Rome, tant sous le nom d'Alexandre que sous le sien propre; d'un autre, pour avoir un prétexte de leur promettre sept cent cinquante autres drachmes), on commença à changer de sentiments; mais, songeant qu'on n'était compté pour rien auparavant, et en réfléchissant à tout ce que. . . . .

1. πάνθ' ὅσα περὶ τῶν ἄ-　　5. τοῦ μὲν Καρακάλλου
2. λλων αὐτοῦ ταπεινὰ　　　　οὐ-
3. προσυποπτεύοντες εἰ-　　6. δὲν μᾶλλον ἐ. . . . .
4. κάζοντο, ᾐσχύνθησαν καὶ　7. το, τὰ δὲ ἐς ἐκεῖνον φέ-

à Rome, en l'honneur d'Alexandre, ou plutôt en son propre honneur, comme à un nouvel Alexandre (LXXVII , 7); statues que Macrin avait fait secrètement enlever.

6. Le mot ἄλλας, appliqué par Dion aux sept cent cinquante drachmes données par Macrin pour le nom d'Antonin, permet de conclure qu'il avait donné pareille somme pour son avénement à l'empire. Lampride s'écarte de Dion, lorsque (Diadum., 2) il fait dire à Macrin, dans son discours aux soldats : « Habete igitur, commilitones, pro imperio aureos ternos, pro Antonini nomine aureos quinos, et solitas promotiones, sed geminatas....... Dabimus autem per cuncta quinquennia id quod hodie deputavimus. »

7. St., Bkk. et Ddf; Lncl. et Rm. : προσυπισχῆται; Urs. : προσυπόσχητε; F : προσυπόσχητ'.

8. F : οὐκ ἔθ' ὁμοίως; V (suivant Rm., non confirmé par M. Gros); ἔτ' ὁμοίως.

9. P. 9, col. 2. Le ms. ne donne que OC.

8. ρονταλλαως	29. τοικαταμ
9. επεστελλονποτε	30. ερωτηθει
10. ραιτησειδων	31. τοντηνω
11. τουσεουηρου	32. τεαμφιβολ
12. τωνινουχα	33. ναντοχαιοι
14. ξεφαινονκ	34. τουρνινον
15. γεχαιηρωα	35. τιαντροπο
16. χοταδητην	36. φημιζομεν
17. νονιανουμην	37. στρατηγων
18. αποφανθη	38. ξεινιαιοιμη
19. χαιπανταπ	39. φονπεριτο
20. μαιπαντων	40. ναιιναμησ
21. τωνεντηιρ	41. νησηισφισι
22. μετεπεσε	42. μενεξωτου
23. τηνγερουσιανα	43. χοτοςεγ
24. σαχαιεπιφ	44. νυπερουδενος[1]
25. μονηεπιτη	45. τοςσχεψιντινα
26. χαχουργει	46. ηριωιμη
27. αυτωιεξαιτ	47. ντοςπουαυτο
28. γηνεμεδε	48. ςγενεσθαιοδε

20.

49. τεχαιεντηιαγ	52. συνομενους
50. νθανωνχαι	53. ησενεντηι
51. ληθουςσφων	54. ιαδουμενια

1. P. 10, col. 1.

8. ρ.ντα ἄλλως......
9. στέλλοντο τι..... πα-
10. ραιτήσει ων......
11. τοῦ Σεουήρου.... Ἀν-
12. τωνίνου κα...... ἐ-
13. ξέφαινον κ........
15. γε καὶ ἥρωα καὶ τὰ λοι-
16. χότα διὰ τὴν ἡγε-
17. μονίαν οὐ μὴ.......
18. ἀποφανθη........
19. καὶ παντάπασιν αἱ γνῶ-
20. μαι πάντων ἀνθρώπων
21. τῶν ἐν τῇ Ῥώμῃ......
22. μετέπεσον........
23. γερουσίαν α ....
24. σα καὶ ἐπιφ......
25. μονη ἐπι τ.....
26. κακουργεις.......
27. αὐτῷ ἐξαιτ.......
28. γην ἐμὲ δε... καὶ μέν-
29. τοι κατ᾽ ἄνδρα πάντων

30. ἐρωτηθέντων περὶ
31. τῶν τιμῶν αὐτοῦ ἄλλοι
32. τε ἀμφιβόλως ἀπεκρί-
33. ναντο καὶ ο ..... Σα-
34. τουρνῖνος ν ....
35. τιαν τρόπον τινὰ ἐπι-
36. φημιζόμενος ....
37. στρατηγῶν...... μὴ ἐ-
38. ξεῖναί οἱ μηδεμίαν ψῆ-
39. φον περί του προθεῖ-
40. ναι, ἵνα μὴ ὁ ὕπατος φθο-
41. νήσῃ σφίσιν. Καὶ ταῦτα
42. μὲν ἔξω τοῦ καθεστη-
43. κότος ἐγένετο· οὐ γὰρ ἦν
    νόμιμο-
44. ν ὑπὲρ οὐδενὸς πράγ-
45. ματος σκέψιν τινὰ ἐν τῷ
    βουλευτ-
46. ηρίῳ μὴ κελεύο-
47. ντος τοῦ αὐτοκράτορο-
48. ς γενέσθαι.

20. Ὁ δὲ δῆμος, ἄ-
49. τε καὶ ἐν τῇ ἀγωνίᾳ λα-
50. νθάνων καὶ ὑπὸ τοῦ π-
51. λήθους σφῶν μᾶλλον θρα-

52. συνόμενος, μέγα ἀνεβό-
53. ησεν ἐν τῇ τῶν τοῦ Δ-
54. ιαδουμενιανοῦ γεν-

55. εθλιωνιππω

56. ςτιητετερτηι

57. τουσεπτεμ

58. εραιεγιγνετο [1]

59. λαοδυρομε

60. ωνμονους

61. ανθρωπονε

62. προστατου

63. υτουςειναι

64. νεκαλουν

65. νονσφων

66. ονκαιδηκαι

67. οειποντι [2]

68. ςωργισθησ

69. ελεησονη

70. εφροντισαν

71. νπρωτην

72. ππικουου

73. λευτικουτε

74. τεαυτοκρατο

75. καισαραεπαι

76. νωστεκαιαυτ

77. λληνιστιει

78. καληςημερας

79. χρονωικαλωιν

80. ικαικεινους

81. νεινσφισιν

82. ωναλλεςτετον

1. Diaduménianus étant né, selon Lampride (5), le même jour qu'Antonin le Pieux, le 13 des calendes d'octobre, c'est-à-dire le 19 septembre, il y a désaccord entre cet historien et Dion, attendu, suivant la remarque de Rm., que la place vide entre τετάρτῃ et τοῦ Σεπτεμβρίου permet de suppléer soit ἡμέρᾳ, soit δεκάτῃ (parti suivi par Bkk. et Ddf, qui donnent ἡμέρᾳ après Σεπτεμβρίου) ou εἰκοστῇ. Diaduménianus avait alors dix ans (ch. 34), et, quand le faux Antonin (LXXIX, 1) ne lui donne que cinq ans, c'est un mensonge.

2. Il y a ici quelques différences entre la restitution de Bkk. et celle de Ddf : Ddf emprunte aux *Excerpta Vat.* les cinq passages mis entre crochets ; Bkk., en place des trois premiers, donne : Καὶ δὴ καὶ αὐτὸ τοῦτο εἶπον ὅτι « Ὡς ἐκείνοις ὠργίσθης, οὕτως ἡμᾶς ἐλέησον ; dans le quatrième, il remplace βασιλέων par ἀνδρῶν ; enfin, il supprime complétement le dernier. Au reste, voici l'Extrait fourni par le palimpseste : Ὅτι ὁ δῆμος ἐπὶ Μακρίνου πρὸς τὸν Δία εἶπον [A. Mai : « In cod. Ursiniano (q) ante εἶπον est o non α. Atqui eclogario fidendum est. Post εἶπον est ὅτι.], « Ὡς κύριος ὠργίσθης, ὡς πατὴρ ἐλέησον ἡμᾶς ; » οἱ δὲ βουλευταὶ ἀναστάντες μετὰ πολλῆς δῆθεν ἡδονῆς Ἑλληνιστὶ ἔκραξαν, « Οὐὰ καλῆς ἡμέρας ; [Ddf ; l'éd. de St.: καλή

55. εθλίων ἱπποδρομία,

56. ἢ τῇ τετάρτῃ καὶ δεκάτῃ

57. τοῦ Σεπτεμβρίου ἡμ-

58. έρα ἐγίγνετο, ἄλλα τε πολ-

59. λὰ ὀδυρόμενος καὶ λέγ-

60. ων μόνους δὴ τῶν πάντων

61. ἀνθρώπων ἑαυτοὺς ἀ-

62. προστάτους ἀβασιλε-

63. ύτους εἶναι...... ἀ-

64. νεκάλουν..........

65. νόν σφων γενησόμεν-

66. ον. Καὶ δὴ καὶ [πρὸς τὸν Δία]

67. εἶπον ὅτι [ὡς κυρίο-]

68. ς ὠργίσθης [, ὡς πατὴρ ἡμᾶς]

69. ἐλέησον. Ἡμῶν δ' οὐκ

70. ἐφρόντισαν.......

71. ν πρώτην...........ί-

72. ππικοῦ οὐ.... βου-

73. λευτικοῦ τε... τόν

74. τε αὐτοκράτορα

75. καὶ τὸν Καίσαρα ἐπαί-νούντω-

76. ν, ὥστε καὶ αὐ..... Ἑ-

77. λληνιστὶ εἰπεῖν « Ὦ

78. καλῆς ἡμέρας

79. [τῆς τήμερον, ὦ καλῶν βασιλέων »],

80. κακείνους.......

81. νειν σφίσιν.....

82. ων· ἀλλ' ἔς τε τὸν οὐρανὸν

σου ἡμέρα] τῆς σήμερον, οὐ καλῶν βασιλέων, » βουλόμενοι τὸν δῆμον ἐφ' ἑαυτοῖς ἐφελκῦσαι· οἱ δὲ οὐδὲ τὴν βουλὴν ᾐδέσθησαν, ἀλλ' εἰς οὐρανὸν τὰς χεῖρας ἀνέτεινον [A. Mai : « Omittitur versiculus apud Reimarum... τὰς χεῖρας ἀνε.... (Je l'ai rétabli). Est enim Reimari hoc loco textus vitiossissimus. »], καὶ ἐβόων [A. Mai : « In palimpsesto omittitur καὶ ἐβόων; quod est in codice Ursiniano (q); quamquam male scribitur apud Reimarum καὶ βοῶντες αὐτοί, ut habet cod. Urs.] : « Οὗτός ἐστιν ὁ Ῥωμαίων Αὔγουστος (τὸν θεὸν ὑποδεικνύντες), τοῦτον ἔχοντες, πάντα ἔχομεν. » Οὕτως οἱ ἄνθρωποι καὶ τὸ κρεῖττον αἱρεῖσθαι καὶ τὸ χεῖρον καταφρονεῖν ἐοίκασιν. « Le peuple, sous le règne de Macrin, disait à Jupiter : *Comme « maître, tu es irrité, comme père, prends pitié de nous;* les séna- « teurs, s'étant levés avec les apparences d'une grande joie, criaient en « grec : *Quel jour illustre que celui d'aujourd'hui, quels illustres « princes!* dans le dessein d'entraîner le peuple à suivre leur exemple; « mais celui-ci n'eut aucun égard au sénat, il leva les mains au ciel, et « poussa cette exclamation : *Voilà l'Auguste des Romains* (montrant « le dieu); *en le possédant, nous possédons tout.* C'est ainsi que l'homme « semble préférer le bien et mépriser le mal. »

83. τασχειρασανε   58. αιδωωντεσαυ

R. p. 1328 . . . . Ῥωμαίων Αὔγουστος· τοῦτον ἔχοντες, πάντα
ἔχομεν. » Οὕτω που[1] πολὺ τοῖς ἀνθρώποις, καὶ αἰδοῦς
ἐς[2] τὸ κρεῖττον, καὶ καταφρονήματος πρὸς τὸ χεῖρον ἐμ-
πέφυκεν, ὥστε καὶ ἐκείνους, μηδ' ἀρχὴν ἔτι εἶναι τόν τε[3]
Μακρῖνον καὶ τὸν Διαδουμενιανὸν νομίζειν, ἀλλ' ὡς[4] καὶ
τεθνηκότας αὐτοὺς ἤδη καταπατεῖν. Ὅθεν[5] οὐχ ἥκιστα[6]
καὶ οἱ στρατιῶται κατεφρόνησαν αὐτοῦ, ἐν οὐδενὶ λόγῳ τὰ
ἐπὶ τῇ θεραπείᾳ σφῶν πραχθέντα θέμενοι[7], καὶ μάλισθ'
ὅτι οἱ Περγαμηνοὶ[8], στερηθέντες ὧν παρὰ τοῦ Ταραύτου[9] πρότερον εἰλήφεσαν, πολλὰ καὶ ἄτοπα ἐς[10] αὐτὸν
ἐξύβρισαν[11], ἐφ' ᾧ δὴ καὶ δημοσίᾳ ἀτιμίαν ὑπ' αὐτοῦ
ὦφλον.

21. Καὶ τὰ μὲν τῶν στρατιωτῶν αὐτίκα λελέξεται·
τότε δὲ γράμμα μὲν οὐδὲν ὁ Μακρῖνος τῶν μηνυτικῶν, οὔτ'
ἐσέπεμψεν[12] ἐς τὴν γερουσίαν, ὥσπερ ἠξίουν[13], οὔτε ἄλλως ἐξέφηνε· φήσας, εἴτ' οὖν ἀληθῶς εἴτε. καὶ ψευδῶς,
ἵνα μὴ πολλὴ ταραχὴ γένηται, ὅτι μηδὲν ἐν τῷ βασιλικῷ
τοιοῦτον εὑρέθη (ὁ γάρ τοι Ταραύτας ἤτοι διέφθειρε[14] τὰ

1. Bkk. et Ddf; vulg. : Οὕτως που. — 2. Urs. : εἰς.
3. Urs. : δέ.
4. Urs. : ἄλλως. — 5. Urs. et Lncl. om. — 6. Lncl. : Οὐχ ἥκιστα
δέ « nexus causa. » — 7. Urs. : τιθέμενοι. — 8. F. : Μάλισθ' ὅτι οἱ
Περγαμηνοί; Urs. : μάλισθ' ὅτι Περγαμηνοί. Antonin était allé à Pergame
(LXXVII, 15, et Hérodien, IV, 8) pour demander à Esculape la guérison
de ses souffrances, et il avait, sans doute, à cette occasion, accordé certains honneurs et certains priviléges à cette ville. Les habitants prenaient
le titre de πρώτων et de τρὶς νεωκόρων, cf. Krause, *Civitates neocoræ
sive ædiluæ, e veterum libris, nummis, lapidibus inscriptis, adum-*

83. τὰς χεῖρας ἀνέτεινον x- 85. πὸ [οὗτός ἐστιν ὁ]
84. αἰ ἐδόων « Αυ.......

Voilà l'Auguste des Romains, en le possédant nous
possédons tout. » Telle est la force que la nature a donnée à l'homme et de respect pour le bien et de mépris
pour le mal, qu'on s'imaginait que Macrin et Diaduménianus n'existaient plus du tout, et que déjà on les fou-
lait aux pieds comme s'ils étaient morts. Ce ne fut pas
la moindre cause du mépris que lui témoignèrent les
soldats, qui ne tinrent aucun compte des moyens em-
ployés pour les flatter, d'autant plus que les Pergamé-
niens, privés des distinctions qu'ils avaient reçues auparavant de Tarautas, s'étaient laissés aller contre son
successeur à une foule d'injures grossières, fait pour lequel il les avait publiquement notés d'infamie.

21. Il va être à l'instant parlé des soldats ; quant à
Macrin, il n'adressa, malgré la demande qu'il en avait
reçue, aucun message au sénat concernant les délateurs, et ne fit aucune déclaration, même indirecte, à cet
égard, prétendant, à tort ou à raison, afin de ne pas
exciter un grand tumulte, qu'aucune pièce de ce genre
n'avait été trouvée dans la demeure impériale (Tarautas,

---

bratæ. (Leipzig, 1834) ; sont-ce ces priviléges que leur enlève Macrin ?
on ne saurait le dire, l'empereur ayant bien pu leur en conférer encore
d'autres. — 9. Rm. : « Παρ' αὐτοῦ codex habet. » M. Gros n'en dit rien.

10. Urs. : εἰς. — 11. ἐξύβρισεν. Rm. prétend que cette leçon est aussi
dans V ; M. Gros n'en dit rien. — 12. Lncl., Bkk. et Ddf ; vulg : οὔτ' ἐσέπεμψεν. — 13. Le sénat (ch. 17) avait demandé à Macrin de faire connaître et de punir les délateurs.

14. Urs., Lncl. : διέφερε. Rm. : « Διέφθειρε scripsi e conjectura ; » les
notes laissées par M. Gros m'autorisent à regarder cette leçon comme
étant dans V.

πλείω τῶν[1] ἔνδειξίν τινα ἐχόντων, ἢ καὶ αὐτοῖς τοῖς πέμψασιν αὐτὰ[2] ἀντέπεμπεν, ὥσπερ εἶπον[3], ὅπως[4] μηδεὶς
ἔλεγχος τῆς κακίας αὐτῶν[5] ὑπολείπηται)· τρεῖς δὲ δὴ
τῶν βουλευτῶν, οὓς μάλιστα καὶ αὐτὸς, ἐξ ὧν ἐπεφωράκει,
ἀξιομισεῖς ἐνόμιζεν εἶναι, ἐκδήλους ἐποίησε, τόν τε Μανί-
λιον, καὶ τὸν Ἰούλιον, καὶ προσέτι Σουλπίκιον Ἀρρηνιανὸν,
ὃς ἄλλους τέ τινας, καὶ τὸν Βάσσον[6], τὸν τοῦ Πομπωνίου
παῖδα, ᾧ τῆς Μυσίας ἄρξαντι ὑπεστρατηγήκει[7], ἐσεσυκο-
φαντήκει. Καὶ οὗτοί τε[8] ἐς νήσους ὑπερωρίσθησαν (ἀπεῖπε
γὰρ ἄντικρυς μηδένα αὐτῶν θανατωθῆναι, αὐτὸ τοῦτο
γράψας, «Ἵνα μὴ, ἃ ἐκείνοις ἐγκαλοῦμεν, αὐτοὶ ποιοῦντες
φανῶμεν»)]· καὶ Λούκιος Πρισκιλλιανός[9], [* ὑπ' αὐτῆς τῆς
βουλῆς προβληθεὶς,] ὃς[10] οὕτω περιβόητος ἐπὶ ταῖς ἐπηρείαις,
ὥσπερ καὶ ἐπὶ ταῖς τῶν θηρίων σφαγαῖς, ἦν[11]. [* Ἔν τε
γὰρ τῷ Τουσκούλῳ πολλοῖς ἀεὶ[12] πολλάκις ἐμαχέσατο, ὥστε
καὶ σημεῖα τῶν δηγμάτων[13] αὐτὸν[14] φέρειν·] καί ποτε καὶ
ἄρκτῳ καὶ παρδάλει, λεαίνῃ τε καὶ λέοντι ἅμα μόνος[15]
συνηνέχθη[16]. καὶ πολὺ πλείους ἄνδρας, καὶ τῶν ἱππέων,

R.p.1329

---

1. F om. — 2. Rm. : « Τοῖς πέμψασιν omisit Urs. et sequens αὐτά dis-
cerpsit αὐ...τά, quasi in medio aliquid excidisset, quum αὐ syllaba sit
ultima columnæ 5 [commencement de la 3ᵐᵉ, suivant M. Gros], τά
vero 6, teste Falcone. » — 3. L'endroit est perdu.

4. Urs. : ὡς.

5. Urs. : αὐτοῦ.

6. Urs. : Βάσσα. — 7. Urs., leçon préférée par Rm. : ἐστραςήγει.

8. Lncl. : δέ. — 9. ἱ : Πρισκιλιανός. — 10. Bkk. et Ddf; vulg. om.

11. F : ἄν; Lncl. : ἐγένετο; Urs. om. — 12. Lncl. om. Il n'a pas tort;
cependant on peut, à la rigueur, expliquer ainsi le tout : Priscillianus
combattait souvent (πολλάκις), et, lorsqu'il combattait, c'était toujours
(ἀεί) contre plusieurs (πολλοῖς) bêtes à la fois. Mais ἀεί est fort suspect;

en effet, ou détruisait, ou renvoyait, comme je l'ai dit, à leurs auteurs, afin qu'il ne subsistât aucune preuve de leur perversité, la plupart des écrits contenant une dénonciation) : il se contenta de signaler trois sénateurs que, d'après des renseignements surpris par lui, il jugeait dignes de haine, Manilius et Julius, et, en outre, Sulpicius Arrénianus, qui avait accusé calomnieusement, entre autres, Bassus, fils de Pomponius, dont il avait été le lieutenant lorsque celui-ci était gouverneur de la Mysie. Ces coupables furent relégués dans des îles (Macrin défendit publiquement de les punir de mort, « afin, écrivait-il en propres termes, afin que les fautes que nous leur repróchons, on ne nous voie pas nous-mêmes les commettre »)] ; il en fut de même de L. Priscillianus, [dénoncé par le sénat lui-même,] qui s'était rendu aussi fameux par ses accusations que par ses massacres de bêtes. [Souvent, en effet, il combattit à Tusculum, toujours contre plusieurs bêtes, de telle sorte qu'il portait les marques de leurs morsures;] un jour même, il fut mis aux prises, seul, avec un ours, une panthère, une lionne et un lion à la fois; mais il fit mourir, par ses calomnies, un nombre encore bien plus grand de citoyens,

---

peut-être faudrait-il il y voir une altération de δή : ΑΕΙ, ΑΗ, ΔΗ (?).

13. F : δειγμάτων.

14. Rsk. et St.; vulg. : αὐτῶν.

15. Rm., ce dont M. Gros ne dit rien : « Μόνοις , Rom. [F], quod non erat, post meliorem [Xph. et Urs.] lectionem manifestam , in textum intrudendum , licet in antiquo codice exstans. »

16. Rm. : « Συχνέθη , codex [rien dans M. Gros]. Unde emendatius edere sibi visus est Falco : συνήχθη ; majus erratum putans esse Xiphilinianum συνηνέχθη, quod esset *evenit*, *contigit*, nullo sensu, quasi vero συμφέρεσθαί τινι non sit *congredi cum aliquo*. Ceterum ad συνηνέχθη Xiph. addit : καὶ πλεῖστα ἄλλα θηρία ἀπέκτεινε. Πολύ γε μὴν πλείους, etc., quæ compendium sunt omissorum. »

καὶ τῶν βουλευτῶν, ἐκ τῶν διαβολῶν ἐξώλεσεν. [* Ἐφ' οἷς ἀμφοτέροις [1]] ὑπὸ μὲν τοῦ Καρακάλλου μεγάλως ἐτιμήθη, [* καὶ ἐς τοὺς ἐστρατηγηκότας ἐσεγράφη, καὶ τῆς Ἀχαΐας, καὶ παρὰ τὸ καθῆκον, ἦρξεν [2]. ὑπὸ δὲ [3] τῆς γερουσίας ἰσχυρῶς [4] ἐμισήθη, καὶ ἐπίκλητός τε ἐγένετο,] καὶ ἐς νῆσον κατεκλείσθη [5]. Οὗτοί τε οὖν οὕτως ἀπήλλαξαν.

22. Καὶ ὁ Φλάκκος τὴν τῶν τροφῶν διάδοσιν [6], ἣν ὁ Μανίλιος πρότερον ἔσχε [7] τῆς κατ' αὐτοῦ συκοφαντίας γέρας εἰληφώς, ἐπετράπη καὶ αὐτήν [8]. καὶ μετὰ τοῦτο τὸ διαδίδοσθαί τινα [9] ἐν ταῖς τῶν στρατηγῶν [10] τῶν πάνυ θέαις [11], πλὴν τῶν τῇ Φλώρᾳ τελουμένων· καὶ οἱ δικαιονόμοι οἱ τὴν Ἰταλίαν [12] διοικοῦντες ἐπαύσαντο [13] ὑπὲρ τὰ νο-

1. Rm., chose dont M. Gros ne parle pas : « In codice ante ἀμφοτέροις quatuor litteræ desunt, quas ex conjectura sic supplevit Urs.; sed Falco : δ; ἐπὶ ἀμφοτέροις in Rom. »

2. V, Bkk. et Ddf; vulg. : ἦρξε. L'Achaïe était une province du sénat et du peuple au temps d'Auguste; Tibère l'ayant donnée plus tard à ses légats, Claude (LX, 24 ; Suétone, 25 ; Tacite, Ann., l, 76) l'avait rendue au sénat. L'envoi dans cette province d'un légat par Caracallus, au lieu d'un préteur choisi par lui, était donc une infraction (παρὰ τὸ καθῆκον) à la règle. — 3. Conjecture de Rm., adoptée par Bkk. et Ddf; vulg. : καὶ ὑπὸ τῆς. Rm. avait aussi proposé : ἀλλ' ὑπὸ τῆς. — 4. F om. : ἰσχυρῶς, bien qu'il l'exprime dans sa version. — 5. V : κατεκλίσθη.

6. La charge de *præfectus frumenti dandi ex senatusconsulto*. Tout le commencement de ce chapitre est obscur. M. Léon Renier a bien voulu en refaire la traduction et m'indiquer les sources de renseignements suivantes : Henzen, *Bulletino dell' Instituto di corrisp. arch. di Roma*, 1853, p. 24, 25; Borghesi, *Inscrizione onoraria di Concordia*, dans ses Œuvres, t V, p. 404 et suiv.; Mommsen, dans l'éd. des *Grammatici veteres* de Lachmann, t. II, p. 194, 195. Le texte a été établi en conséquence de la traduction. — 7. Bkk. met ce mot entre crochets comme devant être supprimé; Ddf l'omet purement et simplement. Rm. propose, soit de changer εἰλήφει (vulg.) en εἰληφώς, leçon que j'adopte avec St., soit d'a-

chevaliers et sénateurs. [Ces deux mérites] lui avaient valu de grands honneurs de la part de Caracallus, [son inscription sur la liste des anciens préteurs, et le gouvernement de l'Achaïe, contrairement à l'usage ; mais il s'attira une haine violente de la part du sénat, fut mis en accusation,] et relégué dans une île. [Tel fut le sort de ces coupables.

22. Flaccus fut chargé de cette même surintendance des distributions de blé, que Manilius exerçait auparavant, et qui lui avait été confiée en récompense de sa délation contre lui, et ensuite de présider aux distributions qui se faisaient dans les jeux donnés par les préteurs, excepté dans les jeux de Flore ; puis les *juridici* de l'Italie furent forcés de rentrer dans les limites de la com-

jouter ὅς devant; Rsk. : χαὶ .... εἰλήφει. — 8. Lencl. : χαὶ ἀπετράπη αὐτήν.

9. Vulg. : τό τε δίδοσθαί τινα, mais le τε n'a pas de correspondant.

10. St., Bkk. et Ddf, d'après στρατηγώντων, donné par F ; Urs. : στρατηγούντων ; vulg. : στρατηγούντων πάνυ.—11. F : πανυθέαις, comme si les deux mots n'en formaient qu'un ; Lncl. om. : πάνυ, que Rsk. (*Nova Acta Erudit.*, 1752, p. 640 à 642) veut ou supprimer ou changer en πάσαις. Rm., qui conserve la leçon vulgate (cf. note précéd.), fait retomber ce mot sur θέαις, tandis qu'il doit retomber sur στρατηγῶν, le *prætor urbanus* et le *prætor peregrinus*.

12. Rsk., cité note précéd., veut lire τελουμένων ἐκωλύθη [ailleurs il sous-entend ἐπαύσατο « e sequentibus »], οἵ τε « ob præcedens τό τε. » Autrement, dit St., qui adopte οἵ τε, il faudrait écrire : οἱ δικαιονόμοι οἱ τὴν Ἰταλίαν ... ἔπαυσαν ; avec Bkk. et Ddf, j'ajoute οἱ après δικαιονόμοι. Bkk., de plus, propose : τελουμένον ἐλώφησε χαὶ οἱ δικαιονόμοι. J'ai reçu χαὶ οἱ, nécessaire pour le sens et plus conforme que οἵ τε à la manière habituelle de Dion, et je remplace la virgule par un point haut.

13. Je maintiens ἐπαύσαντο, mais je supprime la virgule après ce verbe. Casaubon, dans ses notes sur Spartien, p. 198 (Adr.), suivi, entre autres, par Reinesius (Inscr., p. 464) et par Gruterus (de Officiis domus Aug., I, 6), comprend que les *juridici* cessèrent d'exister sous Macrin ;

μισθέντα ὑπὸ τοῦ Μάρκου δικάζοντες Δομίτιός τέ τις
Φλῶρος περιδρομὴν[1] θεραπείας πρὸς σπουδαρχίαν, καίτοι
πρότερόν ποτε τὰ τῆς βουλῆς ὑπομνήματα διὰ χειρὸς ἔχων,
καὶ ἀγορανόμος ἐπ' αὐτοῖς ἀποδειχθῆναι ὀφείλων, εἶτα πρὶν
ἄρξαι, τῆς ἐλπίδος διὰ Πλαυτιανὸν ἐκπεσὼν, κατεστήσατο[2], καὶ δήμαρχος ἀπεδείχθη· ὅ τε Φῆστος ὁ Ἀνίκιος
ἐς τὴν Ἀσίαν, ἀντὶ τοῦ Ἄσπρου ἄρξων, ἐπέμφθη[3]. Ἐκεῖνος
γὰρ τὸ μὲν πρῶτον[4], καὶ πάνυ πολλῆς παρὰ τοῦ Μακρίνου
τιμῆς, ὡς καὶ καταστῆσαι τὰ ἐν τῇ Ἀσίᾳ δυνησόμενος,
ἔτυχεν· ἔπειτ' ἐν ὁδῷ[5] ὄντα αὐτὸν ἤδη καὶ πλησιάζοντα
τῷ ἔθνει (τὴν γὰρ παραίτησιν, ἣ[6] παρὰ τοῦ Καρακάλλου[7]
παρῄτητο[8], ἐς[9] αὐτὸν[10] ἐλθοῦσαν, οὐκ ἐδέξατο), δεινῶς πε-
ριύβρισεν ἀπωσάμενος (καὶ γάρ τινα καὶ διηγέλλετο αὐτῷ
λελαληκὼς οὐκ ἐπιτήδεια), καὶ δῆτα, ὡς καὶ αὖθις αὐτοῦ

R.p.1330

mais il n'a pas fait attention au participe δικάζοντες qui suit : d'ailleurs
les *juridici* subsistèrent jusqu'à l'établissement des *correctores* par Aurélien, les monuments ne permettent aucun doute sur ce point. Rm. a
entrevu le sens, mais il le regarde comme incompatible avec l'enchaîne-
ment des idées; il ne connaissait pas, en effet, les autorités rassemblées
par les auteurs cités note 6, et il rapporte ἐπαύσαντο à τὸ διαδίδοσθαί τινα.
« ..... [quam frumenti divisionem] juridici in ludis maximis [cf. p. précéd.,
note 10], prætorum curæ incumbentibus, usitatam inhibuerint,
scilicet ea specie, quasi hoc pacto Italicis civitatibus aliquid detrahere-
tur, quibus juridici de annona prospicere, vel etiam largitiones fru-
mentarias de publico facere tenebantur; ut apparet ex instituto Marci
apud Capitolinum, c. 11.» St. explique : « *Postea desiit mos aliquid
distribuendi in ludis, quos ederent prætores majores, et juridicis* seu
administratoribus juris *abrogata fuit cura Italiæ ordinandæ* seu juris
et æquitatis in Italiæ oppidis tuendæ, *propterea quod in munere suo
administrando Marci instituta transilirent;* de même Rsk., excepté
qu'il change δικάζοντες en δεκασθέντες, *propterea quod deprehensi essent munera accepisse ultra modum a Marco Antonino constitutum.* »
  1. Rsk. : « Ult. cohæreat cum κατεστήσατο. » St. déclare cette conjecture

pétence qui leur avait été attribuée par Marc-Antonin. Un certain Domitius Florus brigua les charges avec insistance; bien qu'il eût été auparavant rédacteur des actes du sénat, qu'il dût, en conséquence, être désigné édile, et qu'ensuite, avant d'exercer cette charge, il eût été déchu de son espoir par la chute de Plautianus, il recouvra sa position et fut nommé tribun du peuple; de plus, Anicius Festus fut envoyé en Asie comme gouverneur en place d'Asper. Asper, en effet, avait reçu les plus grands honneurs de Macrin, qui espérait, par lui, mettre ordre aux affaires d'Asie; puis, lorsqu'il était en route et que déjà il approchait de cette province (Macrin n'avait pas admis la requête, venue jusqu'à lui, par laquelle on demandait à Caracallus de ne pas avoir cet Asper pour proconsul), il éprouva un grave outrage en se voyant repoussé (on avait rapporté de lui plusieurs paroles inconvenantes); et comme si Asper eût demandé un second congé pour

fort probable; Bkk. la reproduit en note.;Vulg. : περιδρομῇ. — 2. Lncl. : ἀποκατέστη. — 3. L'Asie et l'Afrique étaient (LIII, 12, et LIV, 7) provinces du peuple, et, comme telles, gouvernées par des consulaires. En cas d'urgence, les empereurs avaient pouvoir d'envoyer n'importe qui dans n'importe quelle province (LIII, 13; LV, 28; LXIX, 14), même sénatoriale. Macrin, faisant de l'Asie, pour un temps, une province de César, veut d'abord y envoyer Asper comme légat, au lieu d'y envoyer un préteur; puis, offensé par lui, il le remplace par Festus.

4. Bkk. et Ddf; vulg. : Ἐκεῖνος μὲν γὰρ τὸ μὲν πρῶτον.

5. Rm. (M. Gros n'en parle pas) : « Δυνησόμενος, ἔτυχεν· ἔπειτ' ἐν ὁδῷ, Urs. et Rom.; δυνησομένοις, et ἔπιτ' ἐν ὁδῷ, Codex. Equidem ex specimine codicis, quod exscriptum eadem litterarum forma habeo, quodque hunc ipsum locum continet, judicarem, non δυνησομένοις, quod Falco ait, scriptum esse, sed δυνησομένης velut ad τιμῆς relatum, quanquam id falsum. »

6. Rsk. : ἦν; St. croit que ᾗ peut être conservé.

7. Rsk. et St. : τῷ Καρακάλλῳ. — 8. Rsk., St., Bkk. et Ddf, plqpf. substitué à l'impf. (vulg.) : παρῃτῆτο. — 9. Bkk. et Ddf; vulg. : εἰς.

10. Bkk. et Ddf; vulg. : αὐτόν, avec l'esprit doux.

παρεμένου[1] διά τε γῆρας καὶ νόσον, τῷ Φήστῳ[2] τὴν
Ἀσίαν, καίπερ παροφθέντι τὴν τοῦ κλήρου τάξιν[3] ὑπὸ τοῦ
Σεουήρου, ἐνεχείρισε[4]· καὶ ἐπειδή γε βραχὺς[5] ὁ χρόνος
τῆς ἡγεμονίας αὐτῷ ἐγίγνετο[6], καὶ ἐς τὸ ἐπιὸν ἔτος ἄρξαι
αὐτὸν ἀντ' Αὐφιδίου Φρόντωνος ἐκέλευσε[7]. Τοῦτο γὰρ
οὔτε τὴν Ἀφρίκην κατακληρωσαμένῳ ἐπέτρεψε[8], τῶν
Ἄφρων αὐτὸν παραιτησαμένων, οὔτε τὴν Ἀσίαν, καίτοι
μεταθεὶς αὐτὸν ἐκεῖσε πρότερον. Τό γε μὴν ἱκνούμενον γέρας, καὶ οἴκοι μείναντι[9] αὐτῷ, τὰς πέντε καὶ εἴκοσι μυριάδας, δοθῆναι ἐσηγήσατο. Οὐ μέντοι καὶ ἐκεῖνος αὐτὰς
ἔλαβεν, εἰπών, οὐκ ἀργυρίου, ἀλλ' ἡγεμονίας δεῖσθαι καὶ
διὰ τοῦθ' ὕστερον[10]

2. δαναπαλλ   6. φομενοις

3. πελαβενται   7. εκτης

4. τωσεγενε   8. μχεριτης

5. επελπιδι6   9. ηλικιασεχ...]

23. Ἡ δὲ δὴ[11] Ἰουλία, ἡ τοῦ Ταραύτου μήτηρ, ἔτυχε
μὲν ἐν τῇ Ἀντιοχείᾳ[12] οὖσα· καὶ οὕτω παραχρῆμα, ἅμα

---

1. St. : « *Petendi* notionem, quam hoc verbum perraro habet, Ruhn-
kenius ad Timæi Lexicon Platon., p. 207, sic explicat : Ut ἵημι et ἐφίημι
est *mitto*, ἵεμαι et ἐφίεμαι, *mihi mitti volo*, id est, *cupio, peto*, sic
παρίημι, admitto, παρίεμαι, *ad me admitti volo*, id est, *precor, de-
precor.* »

2. Rm. (pas de variante dans M. Gros) : « Φήστῳ, Urs. Φαύστῳ,
Rom. [F] et codex, male. » — 3. Lncl. et St. : [κατὰ] τὴν τοῦ κλήρου
τάξιν, « quia [dit St.] in tali dicendi forma præpositio κατά omitti vix potest. » — 4. V, Bkk. et Ddf : ἐνεχείρισεν. — 5. Urs. : βαρύς, peut-être
faute d'impression. — 6. Ddf ; vulg. et Bkk. : ἐγίνετο.

cause de vieillesse et de maladie, le prince donna l'Asie
à Festus, bien que celui-ci eùt été laissé de côté par
Sévère dans le tirage au sort; et, comme le temps de
son administration était court, il ordonna que Festus
la gouvernerait encore l'année suivante au lieu d'Aufidius Fronton. Fronton, en effet, n'eut, bien que l'ayant
tirée au sort, ni l'Afrique, à cause de la demande des
habitants, ni l'Asie, malgré un changement antérieur de
désignation. Macrin, néanmoins, fut d'avis de lui donner, bien que resté dans ses foyers, les deux cent cinquante mille drachmes de traitement qui lui seraient re-
venues. Mais Fronton refusa de les recevoir, disant que
ce n'était pas d'argent, mais d'un gouvernement qu'il
avait besoin; et c'est pour cela que, dans la suite

1. παρὰ τοῦ Σαρ-
2. δαναπάλλου τὸ ἔθνος ἀ-
3. πέλαβεν. Ταῦτα μὲν οὖ-
4. τως ἐγένετο, καὶ τοῖς
5. ἐπ' ἐλπίδι βραχείᾳ τρε-
6. φομένοις ὀρφανοῖς
7. ἐκ τῆς..... παιδικῆς
8. μέχρι τῆς στρατευσίμου
9. ἡλικίας ἐπεκουρήθη.]

23. Julia, mère de Tarautas, se trouvait à Antioche;
lorsqu'elle apprit sa mort, elle fut tellement affectée sur

---

7. Bkk. et Ddf : ἐκέλευσεν. — 8. V : ἐπέτρεψεν. Il n'y avait par con-
séquent alors aucun changement pour l'Afrique; elle était peut-être encore, comme autrefois (LIII, 12), attribuée par le sénat à un proconsul.

9. Urs. : μένοντι. Tacite (42) nous apprend qu'Agricola s'étant excusé
auprès de Domitien pour ne pas aller gouverner une province qu'il
devait tirer au sort, l'empereur y consentit, mais « salarium tamen proconsulare solitum offerri, et quibusdam a seipso concessum Agricolæ non
dedit. » Macrin ne faisait donc que suivre, à l'égard de Fronton, un usage
généralement consacré par ses prédécesseurs. — 10. P. 11, col. 2.

11. Xph. (mais non a, b) om. — 12. Cf. ch. 4. F : Ἀντιοχίας.

τῇ πύστει[1] τοῦ θανάτου αὐτοῦ, διετέθη, ὥστε καὶ πλή-
ξασθαι ἰσχυρῶς καὶ ἀποκαρτερῆσαι ἐπιχειρῆσαι. Ὃν γὰρ
ζῶντα ἐμίσει[2], τετελευτηκότα[3] [* αὐτὸν[4] τότε] ἐπένθει·
οὐχ ὅτι [* ἐπόθει αὐτὴ, ἢ[5]] ἐκεῖνον ζῆν ἤθελεν, ἀλλ᾽ ὅτι
αὐτὴ ἰδιωτεύουσα ἤχθετο. Καὶ διὰ τοῦτο καὶ[6] τὸν Μακρῖνον πολλὰ καὶ δεινὰ ἐλοιδόρησεν. Ἔπειθ᾽ ὡς οὔτε που
τῆς βασιλικῆς[7] θεραπείας τι[8], καὶ τῆς τῶν δορυφόρων περὶ
αὐτὴ φρουρᾶς ἠλλοιώθη, καὶ ἐκεῖνος χρηστά τινα αὐτῇ,
τὰ λεχθέντα ὑπ᾽ αὐτῆς οὔπω ἀκηκοὼς[9], ἐπέστειλε, θαρσή-
σασα, τὴν τοῦ θανάτου ἐπιθυμίαν κατέθετο, καὶ μηδὲν
αὐτῷ ἀντιγράψασα, ἔπραττέ τι καὶ ἐς τοὺς συνόντας αὐτῇ[10]
στρατιώτας.. . . . .

R.p.1331

1. [* αλλωστ[11]   4. ομενους[12]

2. χαιεχει   5. υιεοςαυτης

3. αιτωιτεμα   6. ονμνημο]

. . . . ὅπως αὐταρχίαν διώκῃ, ὥστε Σεμιράμιδι
καὶ Νιτωκρίδι, ἅτε καὶ ἐκ[13] τῶν αὐτῶν τρόπον τινὰ χωρίων αὐταῖς[14] [* . . . .

1. Rm. : « Πύστει, Rom. ubi Falco non tam codicem suum [je conclus
du silence de M. Gros que le ms. porte πύστει], qui hic cultro bibliopegi
iterum resecatus erat, quam Xiphilinum vel potius Sylburgii et Xyl.
emendationem [cum quibus faciunt codices *a*, *b*], pro vulgato πίστει,
sequitur. » — 2. F : καὶ ἐμίσει, « ubi καὶ [dit Rɪɴ] plane otiosum est ;
nisi καὶ ζῶντα malis. » — 3. Rm. : « Τετελευτηκότα, Xiph. et ex eo Rm.,
[F], nisi quod typographico errore scriptum est τετελευκότα. At Falco in
notis mavult θανόντα, quæ vox jam explet spatium consuetum versus in
codice antiquo, quum τετελευτηκότα sex litteris versum contra morem fa-
ciat redundare. » Les notes de M. Gros ne contiennent aucune indication
sur cet endroit. — 4. Bkk. et Ddf om. — 5. Rm. prétend que les mots

le moment, qu'elle se frappa avec force la poitrine et essaya de se laisser mourir de faim. Car celui qu'elle haïssait durant sa vie, elle [le] pleurait [maintenant] qu'il n'était plus ; ce n'était, [de sa part, ni regret ni] désir qu'il vécùt, c'était douleur d'être réduite à la condition privée. Aussi se laissa-t-elle aller à une foule d'injures sanglantes contre Macrin. Ensuite, comme rien n'était chaugé ni au train impérial ni à la garde de prétoriens qui l'entourait, et Macrin, qui n'avait pas encore appris les discours tenus par elle, lui ayant écrit en termes obligeants, alors, reprenant courage, elle renonça à son envie de mourir, et, sans rien lui répondre, elle s'adressa aux soldats qui étaient avec elle. . . . . .

1. [ἄλλως τε. . . . .
2. καὶ ἐχειν. . . . . x-
3. αὶ τῷ τε Μακρίνῳ ὀργιζ-

4. ομένους. . . . .
5. υἱέος αὐτῆς ἀσμενέστερ-
6. ον μνημονεύοντας,]

afin d'arriver au pouvoir suprême, comme Sémiramis et Nitocris qui étaient pour ainsi dire ses compatriotes [. . .

αὐτὴ, ἤ ont été ajoutés par Falcon, de son cru; quant à lui, il préférerait ἐπόθει [τὸν υἱὸν, ἤ ἐκεῖνον]. — 6. F om. — 7. F, dit Rm., « e vestigiis sui codicis, » βασιλιλῆς. — 8. Xph. : οὔτε που τῆς βασιλικῆς θεραπείας τι.

9. Rm., St., Bkk. et Ddf ; F, daus son texte : ὑπακήκοεν; dans ses notes : ὑπακηκοώς. Les notes de M. Gros ne donnent ici aucune variante.

10. Bkk., en note, propose de remplacer αὐτῇ par τῷ ou τό.

11. Suite de la p. 11.

12. P. 12, col. 1. — 13. F om. — 14. Rm. : « Ἐκείναις οὖσαν, Xph. quod pro constructione editionis Rom. supplendum forte esset αὐταῖς οὖσα. » Avec Bkk. et Ddf, j'ai adopté αὐταῖς.

2. υγενηως
3. ηισυνηιρε
4. αιγραμματα
5. ουμακρινου
6. ιναεφοις
7. ονταελα
8. νγνωμης
9. ειτοφοθη
10. τουτεονο
11. ησαυτου
12. θηκαιεςτα
13. τριδααπελ
14. οθηκαιπαν
15. εινοτε
16. σιυναι
17. ωνωνπροσ

18. θενεςτε
19. νατωτε
20. ωστιςοφθη
21. ατοπαντου
22. εναιμη
23. μηνανελ
24. σθηκαιε
25. μακρινου
56. χοικατα
27. ιτουταναν
28. δοκεινε
29. εινοπως
30. ηικατα
31. οχωρηση
32. εινοστε]

τάχιστα ἐκ τῆς Ἀντιοχείας[1] αὐτὴν[2], ὅποι[3] βούλοιτο,
[2] ἐκέλευσεν · [* καὶ ἐπεὶ τὰ ἐν τῇ Ῥώμῃ περὶ τοῦ υἱέος αὐτῆς
λεχθέντα ἤκουσεν,] οὐκέτ' ἐφιλοψύχησεν[4] · ἀλλ' ἤδη τρόπον τινὰ καὶ ὑπὸ τοῦ καρκίνου, ὃν ἐν τῷ μαστῷ ἐκ πάνυ

---

1. Après κατέθετο, Xph. continue : Ἐπεὶ δὲ τὰ λεχθέντα ὑπ' αὐτῆς ὁ Μακρῖνος ἐπύθετο, καίτοι μηδὲν αὐτῷ ἀντιγραψάσης ἐκείνης, καί τι καὶ ἐς τοὺς
συνόντας αὐτῇ στρατιώτας πράσσουσαν ἤσθετο, καὶ τὴν αὐταρχίαν μεταδιώ-
κουσαν παραπλησίως τῇ Σεμιράμιδι καὶ τῇ Νιτωκρίδι, ἅτε καὶ ἐκ τῶν αὐτῶν
τρόπον τινὰ χωρίων ἐκείναις οὖσαν [sur cette origine de Julia, cf. LXXVII, 6,
un passage des Extraits Peir. cité en note], καὶ ἐξελθεῖν ὅτι τάχιστα ἐκ
τῆς Ἀντιοχείας... « Mais, lorsque Macrin fut informé des discours qu'elle

1. γενομένη .... ο-
2. υμένη ὡς........
3. η συνήρετο...... κ·
4. αὶ γράμματα......
5. ου Μαχρίνου...... ι τ-
6. ινα ἐφ' οἷς..........
7. οντα ελα............
8. ν γνώμης..........
9. ειτο φοβηθεῖσα μὴ
10. τοῦ τε ὀνόματος τοῦ τ-
11. ῆς Αὐγούστης στερη-
12. θῇ καὶ ἐς τα....... πα·
13. τρίδα ἀπελθεῖν ἀναγκα-
14. σθῇ καὶ παν δ-
15. εινοτε..........
16. ς γυναι..........
17. ωνων προσ..........

18. θενεστε..........
19. νατω τε.......... ν-
20. ω τις οφθη......
21. ατο παν τοῦ....... δεδι-
22. έναι μη... ἐς τὴν Ῥώ-
23. μην ἀνελθ......
24. σθῇ καὶ ἐ........ ·
25. Μαχρίνου........
26. χοι κατα............
27. ι τοῦ τἀναντία πράττειν
28. δοχεῖν ε.......... ξ-
29. ειν ὅπως..........
30. η κατα........
31. οχωρήσῃ ἐ-
32. χεῖνός τε ἀπιέναι ὅτι]

d'Antioche pour se retirer où il lui plairait ; [lorsqu'elle
apprit les discours qu'on tenait à Rome sur son fils,]
elle n'eut plus d'amour pour la vie ; déjà, pour ainsi dire,
rongée par le cancer qu'elle avait au sein, cancer qui,

« avait tenus, bien qu'elle ne lui eût rien écrit en réponse à sa lettre, et
« qu'il apprit qu'elle faisait des cabales avec les soldats qui étaient au-
« tour d'elle, qu'elle cherchait à usurper l'autorité souveraine, à peu près
« comme Sémiramis et Nitocris, qui étaient, pour ainsi dire, ses compa-
« triotes, il lui ordonna de partir d'Antioche au plus vite.... »

2. Urs. : αὐτῇ. — 3. Zn. : ὅπη.
4. Lncl. : οὐχέτι ἐφιλοψύχησεν.

πολλοῦ χρόνου ἡσυχάζοντά πως ἔχουσα, τότε ἠρέθισεν[1] ἐκ
τῆς πληγῆς[2], ἣν ἐπὶ τῷ τοῦ παιδὸς θανάτῳ κοψαμένη,
κατὰ τῶν στέρνων ἐπέπληκτο, συναιρουμένη[3], προσδιέ-
φθειρεν ἑαυτὴν ἀποκαρτερήσασα.

24. [* Καὶ ἡ μὲν οὕτω τι[4] ἐκ δημοτικοῦ γέγους ἐπὶ
μέγα ἀρθεῖσα, κἂν[5] τῇ τοῦ ἀνδρὸς ἡγεμονίᾳ περιαλγῶς
πάνυ διὰ τὸν Πλαυτιανὸν ζήσασα[6], τῶν τε υἱέων τόν τε
νεώτερον ἐν τοῖς αὐτῆς κόλποις κατασφαγέντα ἐπιδοῦσα[7],
καὶ τὸν πρεσβύτερον ζῶντά τε ἀεὶ διὰ φθόνου ἔχουσα[8],
καὶ φονευθέντα οὕτω μαθοῦσα, τῆς ἀρχῆς ζῶσα ἐξέπεσε[9],
καὶ ἑαυτὴν προσκατειργάσατο· ὥστε τινὰ ἐς αὐτὴν ἀπο-
βλέψαντα, μὴ πάνυ πάντας τοὺς ἐν ταῖς μεγάλαις ἐξου-
σίαις γενομένους μακαρίζειν, ἂν μὴ καὶ ἡδονή τις αὐτοῖς
τοῦ βίου, καὶ[10] ἀληθὴς, καὶ[11] ἀκήρατος, καὶ εὐτυχία, καὶ[12]
ἀκραιφνὴς, καὶ διαρκὴς ὑπάρχῃ. Καὶ τὰ μὲν τῆς Ἰουλίας
οὕτως ἔσχε· τό τε σῶμα αὐτῆς, ἐς τὴν Ῥώμην ἀναχθὲν,
τῷ τοῦ Γαΐου τοῦ τε Λουκίου μνήματι κατετέθη[13]· ὕστερον

1. V om. Le mot a été ajouté par Lncl. et les éd. subséq., d'après
Xph. — 2. Voir le commencement du chapitre. — 3. Lncl., Rm. et St. :
συναιρομένη, leçon que Xph. semble confirmer par ces mots : καρκῖνος...
ἐς θάνατον αὐτῇ συνεβάλετο. Rsk. défend la leçon du ms., conservée par
F, Urs., Bkk. et Ddf; Sturz lui-même ne paraît pas désapprouver Rsk
4. Bkk. et Ddf; vulg : οὕτω τε. — 5. Bkk. et Ddf, d'après Rm. ;
Lncl. : καὶ ἐν ; vulg : καί. — 6. Cf. LXXV, 15.
7. Cf. LXXII, 15.
8. Mieux : σχοῦσα, par la confusion de Є et de C. — Lncl. et les éd.
subséq.; V, F et Urs. : διὰ τέλους φθόνου. Rm. ne croit pas que le mot τέλους, n'importe d'où il vienne, puisse rester ; Rsk., dont St. semble partager l'avis : δι' ἀτελοῦς φθόνου, ita ipsi invidens, ut nocere nequiret.
M. Egger croit que le mot τέλους doit être expliqué ainsi : ΔΙΑΦΘΟΝΟ-

resté fort longtemps presque stationnaire, avait été alors irrité par les coups qu'elle se donna en se frappant la poitrine à l'occasion de la mort de son fils, elle se laissa mourir de faim.

24. Après s'être élevée si haut, malgré son origine plébéienne, après avoir, pendant le règne de son mari, mené une vie remplie de douleurs par Plautianus, après avoir vu le plus jeune de ses deux fils égorgé dans ses bras, avoir haï l'aîné tant qu'il vécut, et avoir appris la manière dont il avait été tué, elle tomba vivante du pouvoir et elle se donna la mort ; de sorte qu'à considérer cette femme, on n'estime heureux aucun de ceux qui ont joui d'une grande puissance, s'il n'y a pas eu dans leur vie quelque plaisir vrai et pur, quelque bonheur sans mélange et sans interruption. Voilà quel fut le sort de Julia ; son corps, rapporté à Rome, fut déposé dans le monument de Caius et de Lucius ; plus tard, néanmoins,

TEAOUCA, l'Υ répété par inadvertance du copiste, et ensuite changé en T provenant d'un X tronqué.

9. V : ἐξέπεσεν. — 10. Lncl. et Rsk. om. — 11. Rsk. om. — 12. Peut-être, au lieu de καί, vaudrait-il mieux lire τις — 13. Le Mausolée d'Auguste était déjà plein au temps d'Adrien (LXIX, 23) et on n'y portait plus personne. Les restes de Julia n'ont donc pu y être déposés. On peut chercher le monument de Caius et de Lucius soit auprès du bois des Césars, où (LXVI, 25) étaient les statues de ces deux princes, soit au Champ de Mars, où Agrippa, leur père, s'en était fait construire un (LIV, 28), qui ne lui servit pas. Il est, jusqu'à un certain point, permis de croire que, Caius et Lucius y ayant été déposés, le monument aura cessé d'être appelé monument d'Agrippa, pour s'appeler monument de Caius et de Lucius. Mais tout cela, dit Rm., n'est que conjecture.

μέντοι καὶ ἐκεῖνα[1], ὥσπερ καὶ τὰ τοῦ Γέτα ὀστᾶ, πρὸς τῆς Μαίσης[2], τῆς ἀδελφῆς αὐτῆς[3], ἐς τὸ τοῦ Ἀντωνίνου τεμένισμα[4] μετεκομίσθη.

25. Ἔμελλε δ' οὐδ' ὁ[5] Μακρῖνος ἐπὶ πολὺ περιέσεσθαι[6],. ὥς που καὶ προεδηλώθη αὐτῷ. Ἡμίονός τε γὰρ ἡμίονον ἐν τῇ Ῥώμῃ, καὶ χοῖρος χοιρίδιον, ὦτα τέσσαρα, καὶ γλώσσας δύο, πόδας τε ὀκτὼ ἔχον, ἔτεκε[7]· καὶ σεισμὸς[8] ἰσχυρὸς ἐγένετο, αἷμά τε ἐκ σωλῆνος[9] ἐρρύη, καὶ μέλισσαι κηρία ἐν τῇ ἀγορᾷ τῇ βοαρίᾳ ἐνέπλασαν[10]. Τό τε θέατρον τὸ κυνηγετικὸν κεραυνοῖς[11] ἐν αὐτῇ τῶν Ἡφαιστείων[12] ἡμέρᾳ βληθὲν, οὕτω κατεφλέχθη, ὥστε τήν τε ἄνω περιβολὴν αὐτοῦ πᾶσαν, καὶ τὰ ἐν τῷ τοῦ κύκλου ἐδάφει[13] πάντα κατακαυθῆναι, κἀκ τούτου τὰ λοιπὰ πυρωθέντα. τραυσθῆναι. Οὐδὲ ἐπαρκέσαι[14] αὐτῷ οὔτε ἀνθρω-
.p.1333 πίνη ἐπικουρία, καίπερ παντὸς, ὡς εἰπεῖν, ὕδατος ῥέοντος, οὔθ' ἡ τοῦ οὐρανίου ἐπίρροια, πλείστη τε καὶ σφοδροτάτη γενομένη, ἠδυνήθη· οὕτω που καὶ τὸ ὕδωρ ἑκάτερον ὑπὸ

---

1. Lncl. : ἐκεῖνο, se rapportant à σῶμα; St. serait tenté de lire ἐκείνης, se rapportant à Julia. — 2. c, ƒ : Μέσης. — 3. Il sera parlé d'elle au ch. 30. — 4. Sévère y avait été enterré. Ce prince, en prenant le nom d'Antonin, semble s'être aussi approprié pour lui et pour les siens le tombeau de cette famille, tombeau qu'il avait d'ailleurs embelli de son vivant. —5 . V : ΕΜΕΛΛΘ Δ' ΟΥΝΟ (sic); les deux dernières lettres sont barrées, celles qui sont en interligne sont d'une autre main et à l'encre rouge. — 6. Correction marginale d'Urs (son texte porte περι εἶναι), suivie par Lncl., Rm, et St.; V, F, Bkk. et Ddf : περιοίσειν.

7. Le fait du mulet était déjà (LXXIV, 1) arrivé pour Galba; quant aux autres prodiges, ce sont des bizarreries de la nature dont la science moderne rend compte. — 8. V, suivant Rm. : σισμός; M. Gros n'en

ses os, ainsi que ceux de Géta, furent transférés, par les soins de Mœsa, sa sœur, dans l'enceinte consacrée à Antonin.

25. Quant à Macrin, sa vie ne devait pas longtemps se prolonger, comme la chose lui fut annoncée à l'avance. Une mule, à Rome, mit bas un mulet, une coche un petit cochon ayant quatre oreilles, deux langues et huit pieds ; il y eut aussi un violent tremblement de terre, le sang coula d'une conduite d'eau, des abeilles construisirent leurs rayons dans le Forum boarium. L'amphithéâtre, frappé de la foudre, le jour même de la fête de Vulcain, fut atteint à ce point que toute la galerie du haut et tout ce qui, au ras du sol, se trouvait dans le pourtour, fut la proie des flammes, et que le reste fut, par suite, fortement endommagé par le feu. Ni le secours des hommes, bien qu'on y répandît, pour ainsi dire, tout ce qu'il y avait d'eau, ni la pluie du ciel, bien qu'elle tombât à flots impétueux, ne purent éteindre l'incendie, à tel point les deux eaux étaient épuisées

dit rien. — 9. Passage obscur. Qu'on traduise par *tuyau*, par *canal*, par *conduite*, on se demandera toujours quel tuyau, quel canal, quelle conduite, et en quel endroit il se trouvait. — 10. Urs. : μέλισσα... ἐνέπλασεν. — 11. F. κεραυνό; (M. Gros ne donne pas cette variante), et il corrige κεραυνοῖς; Urs. : κεραυνῷ.

12. F : Ἡφαιστίων. La fête de Vulcain se célébrait le 10 des calendes de septembre (23 août).

13. V : ἐδάφη ; Urs. : τὰ ἐντὸς τοῦ κύκλου ἐδάφη ; F : τὰ ἐν τῷ τοῦ κύκλου ἐδάφη. J'ai suivi, avec St., Bkk. et Ddf, la correction de Rm.

14. St. (de même Bkk. et Ddf) : « Nam indicativus et infinitivus aoristi primi etiam aliis locis inter se permutati reperiuntur. » Vulg. : ἐπήρκεσεν, que Rm. voudrait changer en ἐπαρκεῖν, à cause de ἠδυνήθη qui vient plus bas et après lequel Lncl. ajoute τι.

τῆς τῶν σκηπτῶν[1] δυνάμεως ἀνηλίσκετο· καὶ ἐν μέρει
καὶ αὐτὸ τοῦτο περιεγένετο[2], ὅθεν ἡ θέα τῶν μονομαχιῶν
ἐν τῷ σταδίῳ[3] ἐπὶ πολλὰ ἔτη ἐτελέσθη. Τοῦτό[4] τε οὖν
τὰ μέλλοντα ἔσεσθαι προεσήμαινεν[5]. Ἐνεπρήσθη[6] μὲν γὰρ
καὶ ἄλλα τινὰ καὶ[7] τῶν βασιλικῶν κτημάτων, μάλιστα
ἐν τῇ ἀρχῇ αὐτοῦ πολλάκις, ὅπερ[8] που καὶ αὐτὸ ἐξαίσιον
ἀεί ποτε νενόμισται· ἐκεῖνο δὲ δὴ ἄντικρυς ἐς αὐτὸν ἔφερεν, ὅτι καὶ τὴν ἱπποδρομίαν τοῦ Ἡφαίστου καταλελυκέναι
ἔδοξεν[9]. Ἔκ τε οὖν τούτου νέον τι γίγνεσθαι[10] ὑπετοπάσθη[11],
καὶ ὅτι ὁ Τίβερις ἐν τῇ αὐτῇ ἐκείνῃ ἡμέρᾳ πληθύσας, ἔς
τε τὴν ἀγορὰν, καὶ ἐς τὰς περὶ αὐτὴν ὁδοὺς τοσαύτῃ ῥύμῃ
ἐσέβαλεν, ὥστε καὶ ἀνθρώπους παρασυρῆναι. Γυνή τέ τις,
ὥς γε ἤκουσα, βλοσυρὰ καὶ ὑπέρογκος, ὀφθεῖσά τισιν, ἔφη,
ὅτι ἐλάχιστα ταῦτα πρὸς τὰ μέλλοντα αὐτοῖς συμβήσεσθαι ἐστί[12]. Καὶ ἔσχεν οὕτως.

26. Οὐδὲ γὰρ ἐν τῇ πόλει μόνῃ τὸ δεινὸν ἔμεινεν,
ἀλλὰ πᾶσαν τὴν οἰκουμένην αὐτῆς, ὑφ' ἧς[13] τὸ θέατρον ἀεί

---

1. Rm. : « Σκήπτρων, Urs., et Rom [F], manifesto errore, ut agnoscit
etiam Falco. Viderat id L., nisi quod σκηπτῶν scripsit. »

2. Bkk. et Ddf : προσεσίνετο, ce qui serait une répétition de τὰ λοιπὰ
πυρωθέντα θραυσθῆναι. F : προσεγένετο. — 3. Rm. : « Hemisphærium erat
multis gradibus circumdatum, unde athletæ certantes spectabantur gym-
nasio ; quale stadium primus Romæ Domitianus excitavit (Suetonius,
c. 5). »

4. Rsk. : τούτου, vicissim aquam ignis superabat, quum alias aqua
ignem superet. Mais il vaut mieux expliquer, avec St., ἐν μέρει par ex
parte. — 5. Lncl. : προεσήμηνεν.

6. Urs., Bkk. et Ddf ; vulg. : ἐπρήσθη. — 7. Urs. om.

8. F : ὥσπερ. — 9. Rm. : « Posses etiam scribere φέρειν [leçon d'Urs.
et de F], ὅτι καὶ τὴν ἱπποδρομίαν τοῦ Ἡφαίστου κατελελύκει, ἔδοξεν. Ce

par la violence de la foudre ; l'édifice lui-même resta quelque temps, ainsi mutilé ; aussi les spectacles de gladiateurs eurent-ils lieu, pendant plusieurs années, dans le stade. C'était là un signe de l'avenir. En effet, il y avait bien eu déjà, mais fréquemment surtout pendant son règne, d'autres incendies des bâtiments impériaux, ce qui a toujours été regardé comme un présage fâcheux ; mais ce dernier s'adressait directement à lui, en ce qu'il sembla supprimer les jeux du cirque célébrés en l'honneur de Vulcain. Aussi ce prodige donna-t-il lieu de croire à une révolution prochaine, d'autant plus que le Tibre, débordant le même jour, se précipita dans le Forum et dans les rues environnantes avec tant d'impétuosité que des hommes même furent emportés. J'ai aussi entendu raconter qu'une femme à l'air farouche et superbe, se montrant à quelques personnes, leur dit que ces malheurs étaient peu de chose en comparaison de ceux qui allaient tomber sur les Romains. C'est ce qui arriva.

26. En effet, le fléau ne s'arrêta pas à Rome, il se fit sentir à tout l'univers qui lui était soumis, à tout l'uni-

---

passage nous apprend que les jeux du cirque faisaient partie de la fête de Vulcain. Si à Rome, comme à Athènes (cf. le scholiaste d'Aristophane, v. 131 des Grenouilles), Vulcain avait été honoré par une course aux flambeaux, on aurait pu y voir un signe que Macrin est sur le point d'être vaincu et de livrer à un autre le flambeau de la dignité impériale et de la vie. L'incendie de l'amphithéâtre ne semble pas avoir pu troubler autrement les jeux du cirque que par l'effroi dont il frappa les spectateurs, qui abandonnèrent les jeux pour courir éteindre cet incendie.

10. Ddf ; vulg. et Bkk.: γίνεσθαι.

11. Urs. et F : ἐτοπάσθη.

12. V, Bkk. et Ddf : ἐστίν. — 13. Rm., approuvé par St. et blâmé par Rsk. : ἀφ' ἧς.

ποτε ἐπληροῦτο, ἐπέσχε[1]· τὸν μὲν γὰρ πρὸς τοὺς βαρβάρους πόλεμον[2], καὶ ἐλαττωθέντες κατέθεντο, τῇ δὲ ἐκ τῶν
στρατιωτῶν πλεονεξίᾳ καὶ στάσει δεινῶς ἐκακώθησαν.
Ἐπράχθη δὲ ἑκάτερον[3] ὧδε.] Ὁ Μακρῖνος[4] ἰδὼν τὸν Ἀρτάβανον[5] σφόδρα τε ἐφ' οἷς ἐπεπόνθει θυμούμενον, καὶ δυνάμει πολλῇ ἐς τὴν Μεσοποταμίαν ἐμβεβληκότα, τὸ μὲν
πρῶτον τούς τ' αἰχμαλώτους[6] αὐτῷ αὐτεπάγγελτος, καὶ
λόγους φιλίους ἔπεμψε, πρός τε τὴν εἰρήνην αὐτὸν προκα-
λούμενος, καὶ τὴν αἰτίαν τῶν γεγονότων ἐς τὸν Ταραύταν[7] τρέπων· ὡς δὲ ἐκεῖνος οὔτε τοῦτο προσεδέξατο, καὶ
R p.1334 προσέτι καὶ τὰ φρούρια[8] αὐτὸν, τάς τε πόλεις κατασκαφείσας[9] ἀναστῆσαι[10], τῆς τε Μεσοποταμίας παντελῶς
ἐκστῆναι, καὶ δίκας ἐπί τε τοῖς ἄλλοις, καὶ ἐπὶ τῇ τῶν
βασιλικῶν μνημάτων λύμῃ[11] δοῦναι ἐκέλευσεν[12] [*(τῇ τε
γὰρ δυνάμει, ἣν πολλὴν ἠθροίκει[13], θαρρῶν, καὶ τοῦ Μακρίνου, ὡς καὶ παρὰ τὴν ἀξίαν αὐταρχοῦντος[14], καταφρονῶν[15], τῇ τε ὀργῇ ἀπλήστῳ[16] ἐχρῆτο, καὶ ἤλπιζε, καὶ

---

1. Bkk. et Ddf : ἐπέσχεν. — 2. Rsk. croit qu'il manque un mot après
πόλεμον, ou que le καί qui suit doit être supprimé. Le texte me semble
parfaitement sain ici.

3. Lncl. om. : ἐπράχθη δὲ ἑκάτερον ; Rm. est d'avis que, dans cette
leçon, il manque ὧδε, qu'il faut peut-être chercher dans (vulg.) : Ὁ δὲ,
qui suit, l'auteur commençant à raconter en détail deux choses : la fin
de la guerre et la révolte des soldats. Avec Rsk., St., Bkk. et Ddf, je me
suis rangé à cet avis ; de plus, avec les deux derniers, je supprime δὲ
[St. croit que γε serait préférable] δὴ devant Μακρῖνος. p, q : Ὅτι ὁ Μακρῖνος ὁ τῶν Ῥωμαίων βασιλεύς.

4. p, q : Ἀρτάβανον τὸν τῶν Πάρθων βασιλέα.

5. Urs. et F, suivant Rm., om. : σφόδρα τε ; ces mots, néanmoins, se
trouvent dans Urs.

vers qui remplissait sans cesse son amphithéâtre, car Rome renonça, vaincue, à la guerre contre les barbares, et elle eut beaucoup à souffrir de l'avidité et de la révolte des soldats. Voici comment les deux malheurs arrivèrent.] Macrin, voyant Artabanos, vivement irrité de ce qu'il avait souffert, envahir la Mésopotamie avec une nombreuse armée, lui renvoya d'abord, de son propre mouvement, les captifs avec des paroles amies, l'invitant à faire la paix et rejetant sur Tarautas la cause de ce qui s'était passé ; mais, comme Artabanos, loin de recevoir ces ouvertures, lui enjoignit d'avoir à relever les forteresses et les villes renversées, à évacuer complétement la Mésopotamie et à donner satisfaction pour les autres dégâts commis et pour la dévastation des monuments des rois [[plein de confiance dans les troupes nombreuses qu'il avait rassemblées, et méprisant Macrin comme un indigne parvenu, il se laissait aller à une colère

An de Rome 971. Macrin et Adventus consuls.

6. Urs., Bkk. et Ddf vulg. : τούς τε αἰχμαλώτους. — 7. q : Καράκαλλον.

8. q : φούρια (*sic*). — 9. Rsk. : πόλεις τὰς κατασκαφείσας.

10. Robert Étienne et Henri Étienne (*ed. minor*) : ἀναστῆναι, déjà corrigé par Wolf, Slbg. et les éd. subséq. — 11. Cf. ch. 1. p : ἄλμῃ.

12. q et Slbg. : ἐκέλευεν; Robert Étienne et Henri Étienne (*ed. minor*) om.

13. Cf. Hérodien, IV, 14 et 15. — 14. Rm. : « Καταρχοῦντος, Exc. Urs. p. 415, confusione cum sequenti καταφρονῶν. » Les notes de M. Gros n'en disent rien. — 15. Suivant Hérodien, Artabanos, ignorant encore la mort de Caracallus, marcha contre les Romains ; mais, lorsqu'il apprit que le violateur de l'alliance avait été puni, il consentit à faire la paix. Cf. Capitolin, 8. — 16. q : ἀπλείστῳ, et en marge : ἀπλήστῳ.

ἄκοντος αὐτοῦ, πάνθ' ὅσα ἐβούλετο, κατεργάσεσθαι [1]) ·]
οὐδὲ καιρὸν οὐδένα διαβουλεύσασθαι ἔσχεν · ἀλλ' ἀπαν-
τήσας αὐτῷ πρὸς τὴν Νίσιβιν ἤδη προσιόντι ἡττήθη [2] μάχης περὶ τοῦ ὕδατος τοῖς στρατιώταις ἐν τῇ ἀντιστρατο-
πεδεύσει γενομένης. Καὶ αὖθις [3] [* . . .

2.	τοταφρευμ [4]	18.	ξεωςπα
3.	απεβαλεναλ	19.	τηςνυ
4.	οιτευπασπι	20.	ταστρατο
5.	σκευοφο	21.	οιτερω
6.	οντεςδιεσ	22.	τοχαιχ
7.	συνομεν	23.	θορυ
8.	ξανεςτου	24.	σφων
9.	επεκδραμ	25.	πτευσαν
10.	τεγαρανελ	26.	γηνα
11.	αντιταξεω	27.	αυτουςπο
12.	αυτουςκαι	28.	λυαπαλλη
13.	ωταιτωνε	29.	σανεπει
14.	αλλουχυ	30.	τεςοιρω
15.	ειναιοδ	31.	βαρβαρω
16.	τοτετεου	32.	λοπτοης
17.	χαιμετα	33.	αληθειν

1. V : κατεργάσασθαι ; p : κατεργασάσασθαι (sic), leçon que Rm. prétend être aussi dans les Exc. Urs. [q], p. 415, mais que je ne trouve pas
dans les notes de M. Gros. — 2. Hérodien dit que l'on combattit avec
acharnement pendant trois jours, et qu'enfin Macrin, comprenant que la
résistance d'Artabanos venait de ce qu'il croyait avoir Antonin en tête,
lui envoya des ambassadeurs avec une lettre où il l'informait de la mort

sans borne, et il espérait arriver, malgré son ennemi, à
l'accomplissement de tous ses projets);] Macrin n'eut pas
même le temps de réfléchir : marchant à la rencontre de
son adversaire, qui déjà s'était avancé jusqu'à Nisibis, il
fut vaincu dans un combat que se livrèrent, de part et
d'autre, les soldats, pour approvisionner d'eau le camp
qu'ils établissaient. Une seconde fois [. . . . .

1. Καὶ αὐτὸ δὲ δὴ
2. τὸ τάφρευμα παρ᾽ ὀλίγον
3. ἀπέβαλεν. Ἀλλὰ τὸ μὲν
4. οἵ τε ὑπασπισταὶ καὶ οἱ
5. σκευοφόροι οἱ παρατυχ-
6. όντες διεσώσαντο· θρα-
7. συνόμενοι γὰρ προεξῆ-
8. ξαν [Bkk.: προεξῆξαν] ἐς τοὺς
   βαρβάρους
9. ἐπεκδραμόντες· τό
10. τε γὰρ ἀνέλπιστον τῆς
11. ἀντιτάξεως ὠφέλησεν
12. αὐτοὺς, καὶ δὴ στρατι-
13. ῶταί τινες ὡπλισμένοι
14. ἀλλ᾽ οὐχ ὑπηρέται ἔδοξαν
15. εἶναι. Ὁ δὲ σ. . . . . . .
16. τότε τε οὐ παρεγένετο

17. καὶ μετὰ π. . . . .
18. ξεως παρ. . . . .
19. τῆς νυκτὸς. . . . .
20. τὰ στρατόπεδα. . . . . .
21. οἵ τε Ῥωμαῖοι ἐφείπον-
22. το. Καὶ οἱ πολέμιοι τὸν
23. θόρυβον ἐξερχομένων
24. σφῶν αἰσθανόμενοι ὑπώ-
25. πτευσαν. . . . . φυ-
26. γὴν, ἀλλὰ συνιδόντες
27. αὐτοὺς πο. . . . .
28. λυ ἀπαλκη. . . . .
29. σαν ἔπειτ. . . . .
30. τες οἱ Ῥωμαῖοι. . . .
31. βαρβάρων. . . . .
32. αοπτοησ. . . . .
33. αληθεινο. . . . .

de ce prince, et offrant de rendre ce qui avait été pris. Capitolin (12)
dit que Macrin combattit contre les Parthes avec autant de courage que
de succès.

3. Bkk. et Ddf : Καὶ αὐτὸ δὲ δὴ τὸ τάφρευμα, sans lacune, et αὐτὸ δὴ
δέ comme restitution.

4. P. 13, col. 2.

34.	τοπεποιη	43.	λωςτεκαιεχει
35.	θονγεαυτ	44.	νσυριανχα
36.	μιαμενα	45.	ιελθοντος
37.	α . . α	46.	ιτοτεμενδη
38.	ηθειαυτωνθι [1]	47.	ετοενδεδη
39.	χαιτηιτουμα	48.	ωρωιτωιτε
40.	υγηιαθυμησα	49.	νωιοτεμα
41.	ηθησανχαχτου	50.	οαδουεντος
42.	τηςμεσοπο	51.	εςμενχει
		52.	ληλοιςηλ

R.p.1335 διαπρεσβευόμενοι [2], καὶ διακηρυκευόμενοι, συνηλλάγησαν.

27. Ὁ γὰρ Μακρῖνος ὑπό τε [3] δειλίας ἐμφύτου (καὶ γὰρ, Μαῦρος ὢν, δεινῶς ἐδείμαινεν [4]), καὶ ὑπὸ τῆς [5] τῶν στρατιωτῶν ἀταξίας, οὐκ ἐτόλμησε πολεμῆσαι [6]· ἀλλὰ] καὶ πάνυ πολλὰ, τῆς εἰρήνης ἕνεκα, καὶ δῶρα, καὶ χρήματα, καὶ αὐτῷ τῷ Ἀρταβάνῳ, καὶ τοῖς [7] παραδυναστεύουσίν οἱ, ἐδαπάνησεν [8], ὥστε καὶ ἐς πεντακισχιλίας μυριάδας τὸ σύμπαν ἀνάλωμα γενέσθαι. [*........ καὶ ἐκεῖνος ἐκ τούτου καὶ ὅτι καὶ οἱ στρατιῶται αὐτοῦ τῇ τοῦ [9] χρόνου

---

1. P. 14, col. 2. — 2. Bkk. et Ddf ajoutent δέ; p, q : Ὅτι [p : Ὅτι] Μακρῖνος καὶ ὁ Ἀρτάβανος διαπρεσβευόμενοι, ce qui fait penser à Rm. (suivi par St.) qu'à la quatrième ligne au-dessus de celle-ci, οαδουεντος [ὁ Ἀδούεντος] devait être remplacé par Ἀρτάβανος; la restitution de Bkk. et Ddf montre qu'on peut conserver la leçon du ms.

3. p om.; les notes de M. Gros ne signalent pas dans q cette omission, indiquée par Rm.; elles ne donnent pas, non plus, ὑπὸ τῆς, que ce savant dit être dans Peir. — 4. p, q om. : ἐμφύτου... ἐδείμαινεν. Au ch. 37, Dion revient encore sur la lâcheté de Macrin. — 5. F om.

34. το πεποιη........

35. θον τε αυ...........

36. μια μὲν μ [Bkk., en note :
« Vel μὲν η »] ....

37. ἀπαλλαξ........... ν-

38. ήθει αὐτῶν βιασθέντες

39. χαὶ τῇ τοῦ Μαχρίνου φ-

40. υγῇ ἀθυμήσαντες ἐνιχ-

41. ήθησαν. Κἀκ τούτου...

42. τῆς Μεσοποταμίας ἄλ-

43. λως τε χαὶ ἐχει [Bkk., en note : ἐπεὶ ἐχεῖνοι ?*] ...... τὴ-

44. ν Συρίαν κατέτρεχον....

45. ιελθόντες........ ἐξέστ-

46. η. Τότε μὲν δὴ οὕτως ἐγέν-

47. ετο, ἐν δὲ δὴ τῷ μετοπ-

48. ώρῳ τῷ τε χειμῶνι, ἐ-

49. ν ᾧ ὅ τε Μαχρῖνος χαὶ

50. ὁ Ἀδούεντος ὑπάτευσαν,

51. ἐς μὲν χεῖρας οὐκέτ᾽ ἀλ-

52. λήλοις ἦλθον,

s'étant envoyé l'un à l'autre des ambassadeurs et des hérauts, ils conclurent ensemble un traité.

27. Macrin, en effet, tant à cause de sa lâcheté naturelle (comme les Maures, il était fort peureux) qu'à cause de l'indiscipline des soldats, n'osa pas continuer la guerre ;] il fit, afin d'obtenir la paix, de fort grosses dépenses pour gagner par des présents tant Artabanos lui-même, que ceux qui étaient puissants auprès de lui, en sorte que le total des frais monta à peu près à quinze millions de drachmes. [..... Pour ce motif et par suite du grave mécontentement que causait à ses soldats une absence plus longue que d'habitude hors de leurs foyers,

6. Capitolin, 8 : « Appellatus imperator suscepto bello contra Parthos, profectus est magno apparatu... Sed conflictu habito contra Parthos, defectu legionum quæ ad Varium Heliogabalum confugerant, interemptus. » Cf. le même ch. 8. — 7. M. Gros n'a pas, comme Rm., signalé l'omission de ce mot dans q.

8. p : ἐδαπάνησαν.

9. q om. : χαὶ ἐχεῖνος... τοῦ, et, au lieu de χαὶ οἱ στρατιῶται αὐτοῦ τῇ τοῦ, il donne (ainsi que p) : Καὶ ὁ Πάρθος [q, en marge, οἱ Πάρθοι] τῇ τοῦ. Bkk. et Ddf n'indiquent pas de lacune entre γενέσθαι et χαὶ ἐχεῖνος.

τριβῇ, ὃν πολὺν ἀπ' οἴκου, οὐκ εἰωθότες, ἦσαν, καὶ τῇ
τῆς τροφῆς σπάνει, ἣν οὔτε ἐκ παρασκευῆς (οὐ γὰρ ἑτοι-
μάζονται) οὔτ' αὐτο . . . . τεμ . . . . ω . . . . . .
ῶσθαι, τὰ δὲ ἐν τοῖς τείχεσιν [1] εἶναι εὐπόρουν, δεινῶς ἤσχαλ-
λον, οὐκ ἀκουσίως κατηλλάγη [2]. Οὐ μέντοι καὶ πάντα τὰ [3]
πραχθέντα αὐτοῖς ἀκριβῶς ὁ Μακρῖνος τῇ βουλῇ [4] ἐπέ-
στειλε· καὶ διὰ τοῦτο καὶ θυσίαι αὐτῷ ἐπινίκιοι ἐψηφίσ-
θησαν, καὶ τὸ ὄνομα τὸ Παρθικὸν ἐδόθη. Οὐ μὴν ἐδέξατο,
αἰσχυνθεὶς, ὡς ἔοικεν, ἐπίκλησιν ἀπὸ [5] πολεμίων λαβεῖν,
ὑφ' ὧν ἥττητο. Καὶ μέντοι καὶ τὰ κατὰ τὴν Ἀρμενίαν [6]
πολεμωθέντα, ὥσπερ εἶπον [7], κατέστη, τοῦ Τιριδάτου [8]
πεμφθὲν [9] αὐτῷ τὸ διάδημα [10] παρὰ τοῦ Μακρίνου λαβόντος, καὶ τὴν μητέρα, ἣν ἕνδεκα μησὶν ὁ Ταραύτας [11] ἐν τῷ
δεσμωτηρίῳ [12] κατεσχήκει [13], τήν τε λείαν, τὴν ἐκ τῆς Ἀρμενίας ἁλοῦσαν, κομισαμένου, καὶ τὰ [14] χωρία, ὅσα ὁ πατὴρ αὐτοῦ ἐν τῇ Καππαδοκίᾳ ἐκέκτητο [15], τό τε γὰρ ἀργύ-

1. Bkk. et Ddf restituent : οὔτ' αὐτόθεν τὰ μὲν δεδηῶσθαι, τὰ δὲ ἐν τοῖς
τείχεσιν. J'ai traduit d'après cette restitution.

2. Lncl. : καὶ διὰ τὸ τὰ ἐν τείχεσιν ὄντα εὐπορεῖν, δεινῶς ἤσχαλλεν ὁ
Ἀρτάβανος, καὶ οὐκ ἀκουσίως κατηλλάγη ; p, q : ἐκ παρασκευῆς ἑτοιμάζον-
ται, συναλλάγησαν. — 3. F om. — 4. Rsk.; vulg. : τῇ τε (Bkk. et Ddf
mettent ce mot entre crochets) Βουλῇ.

5. Lncl.; vulg. Bkk. et Ddf om.

6. q en marge et Lncl., Bkk. et Df; Rsk. veut τῶν Ἀρμενίων, au lieu
de (leçon vulg.) κατὰ τὸν Ἀρμένιον. Les causes de cette guerre sont
indiquées dans le livre précédent : Caracallus, sous prétexte de rétablir
la concorde entre le roi d'Arménie et ses enfants, les avait chargés de
chaînes, et les Arméniens avaient couru aux armes (ch. 12); Tiridate,
fils de ce roi, s'étant enfui chez les Parthes, où régnait Vologèse, son
frère (ch. 19), Caracallus l'avait réclamé et Vologèse l'avait rendu ; mais les
Arméniens n'avaient pas pour cela déposé les armes (ch. 21). Tiridate

ainsi que le manque de vivres, attendu qu'il n'y avait
moyen ni d'en demander à des provisions (ces peuples ne
font jamais de préparatifs à l'avance), ni d'en tirer du pays,
puisqu'il était dévasté, tandis que l'abondance régnait
dans les forteresses, Artabanos se décida sans peine à traiter. Macrin, néanmoins, n'écrivit pas au sénat une rela-
tion exacte de tout ce qui s'était passé entre Artabanos
et lui; aussi, à cette occasion, des sacrifices furent, en
vertu d'un décret, offerts pour honorer son triomphe,
et on lui décerna le nom de Parthique. Il ne l'accepta
pas, vraisemblablement par honte de prendre un surnom emprunté à des ennemis qui l'avaient vaincu. Cela
n'empêcha pas non plus les hostilités de cesser contre
l'Arménie, comme je l'ai dit, Tiridate ayant consenti
à recevoir le diadème que lui envoya Macrin, repris
sa mère, retenue onze ans en prison par Tarautas, le
butin fait en Arménie et les possessions de son père en
Cappadoce, et conçu l'espoir d'obtenir le tribut annuel

était parvenu, comme ce passage nous le montre, à sortir, on ne sait
comment, de captivité, et il régnait en ce moment en Arménie où il voulait continuer contre Macrin la guerre commencée contre Caracallus.
C'est cette guerre qui se termine.

7. *q* om. : ὥσπερ εἶπον.

8. Ddf, pour l'uniformité d'orthographe; vulg. et Bkk. : Τηριδάτου.
Avec Bkk. et Ddf, je supprime τε devant ce nom. M. Gros ne dit rien de
cette omission signalée dans *q* par Rm.

9. *p* : συμπεμφθέν.

10. Urs. (en note) et Lncl. : τὸ πεμφθὲν αὐτῷ διάδημα.

11. V : Ταραύτος; Urs. : Ταραύτος; *p*, *q* : Καράκαλλος.

12. Rm. (M. Gros n'en dit rien) donne ici, comme étant dans *q* : δεσπο-
τηρίῳ. — 13. Elle était venue à Rome avec son mari et ses enfants (cf.
LXXVII, 12, un passage des Extraits Peir. cité en note), sur l'invitation
d'Antonin. — 14. *q* om. — 15. La variante ἐνέκτητο, signalée par Rm.
comme étant dans V, ne se trouve pas dans les notes de M. Gros.

ριον, ὃ κατ' ἔτος[1] παρὰ τῶν Ῥωμαίων εὑρίσκετο, ἐλπίσαν
τος λήψεσθαι[2]. Οἵ τε Δάκριγγοι[3] λυμηνάμενοί τινα τῆς
Δακίας[4], καὶ πολεμησείοντες[5] ἐπὶ πλεῖον[6], ἀνέσχον[7], τοὺς
ὁμήρους, οὓς ὁ Καράκαλλος ἐν συμμαχίας λόγῳ παρ' αὐ
τῶν εἰλήφει, κομισάμενοι.] Ταῦτα μὲν οὖν οὕτως ἔσχεν.

R.p.1336   28. Πόλεμος δὲ δὴ[8] τοῖς Ῥωμαίοις ἕτερος, οὐκέτ'
ὀθνεῖος[9], ἀλλ' ἐμφύλιος συνερράγη. Οἱ γὰρ στρατιῶται
[*τὸ μέν τι τοῖς πταίσμασιν ἀχθόμενοι, τὸ δὲ πλέον, οὔτε
πόνον οὐδένα ἔθ' ἑκούσιον[10] ὑπομένοντες, ἀλλ' ἐς πάντα
δὴ πάντως ἐκδεδιητημένοι, οὔτ' αὐτοκράτορα οὐδένα,
ἐγκρατῶς σφῶν ἄρχοντα, ἔχειν ἐθέλοντες, ἀλλὰ λαμβάνειν
μὲν ἄπλετά τινα ἀξιοῦντες, ἔργον δ' οὐδὲν ἄξιον αὐτῶν
ποιεῖν δικαιοῦντες,] ἐταράσσοντο[11]. [*Καὶ σφᾶς ἥ τε τῆς
μισθοφορᾶς συντομὴ, καὶ ἡ τῶν γερῶν, τῶν τε ἀτελειῶν[12],
τῶν ἐν τοῖς στρατικοῖς ὑπηρετήμασιν, ἃ παρὰ τοῦ Ταραύ
του εὕρηντο[13], στέρησις, καίπερ μηδὲν αὐτοὺς μέλλοντας
σφῶν ἀπολαύσειν[14], ἐπιπαρώξυνεν· ἥ τε ἐν ταὐτῷ[15] τρό

1. Rm. donne comme étant dans V καθ' ἔτος, ce dont M. Gros ne dit
rien. — 2. Lncl. : ἐλπίσαντος [αὐτοῦ] λήψεσθαι. — 3. Vulg. : Δάκοι. Mais
comment les ravages exercés par les Daces dans leur propre pays pouvaient-ils être une menace de guerre pour l'Arménie? Aussi Rm., qui
signale cette difficulté, propose-t-il, et Bkk. reproduit en note cette
conjecture, les Δάκριγγοι, cités (LXXI, 12) par Dion parmi les peuples
voisins de la Dacie. — 4. Lncl. : πολλὰ τῆς Δακίας λυμηνάμενοι [p : λυ
μαινόμενοι, variante qui, suivant Rm., doit se trouver aussi dans q,
mais dont ne parle pas M. Gros]. Rm. signale encore l'omission de τῆς
Δακίας dans q, mais M. Gros n'en parle pas. — 5. Urs., Bkk. et Ddf;
vulg. : πολεμήσοντες; Rsk. : πολεμήσαντες. Bkk. donne en note, comme
leçon du ms. V : πολεμησαιιοντες, M. Gros garde le silence. — 6. q om. :
τινα..... πλεῖον. — 7. Urs. : ἴσχον. — 8. Xph. om. — 9. Urs., Bkk. et

que lui payaient les Romains. Mais les dévastations des Dacringes en Dacie et leurs menaces de prolonger la guerre, depuis que les otages exigés d'eux par Caracallus sous prétexte d'alliance leur étaient revenus, y mirent obstacle.] Voilà comment les choses se passèrent.

28. Une nouvelle guerre, non plus une guerre étrangère, mais une guerre civile éclata parmi les Romains. [Irrités de leurs échecs, et ne supportant plus aucun travail, même volontaire, renonçant en tout à toute espèce de discipline, ne voulant avoir aucun empereur qui leur commandât avec fermeté, tout en prétendant recevoir des largesses sans borne, et croyant juste de n'accomplir aucune œuvre digne d'eux,] les soldats se mutinèrent. [La diminution de la solde, la suppression des récompenses et des immunités de service qu'ils obtenaient sous Tarautas, bien que ces mesures ne dussent les atteindre en rien, les exaspérèrent; le séjour prolongé en Syrie, pour ainsi dire dans un même lieu, où

Ddf; vulg. et Xph. : οὐκ ἔτι ὀθνεῖος. — 10. Cf. Hérodien, V, 2. V : ἐτ' ἐκούσιον. — 11. Xph. : ἐνεωτέρισαν; de même Henri Étienne (ed. major), Slbg. et Lncl.; ἐνεωτέρισεν, dans Robert et dans Henri Étienne (ed. minor), au lieu de ἐταράσσοντο. — 12. La discipline n'existait plus; les tribuns et les centurions pouvaient, moyennant finance, accorder des congés aux soldats ou l'exemption de certaines corvées, et, par ce moyen, s'enrichir et gagner la faveur des troupes. Cf. Spartien (Adrien, 9).

13. Rm. blâme F qui critique cette leçon dans Urs. et veut lire εὕρητο d'après V (variante non signalée par M. Gros), attendu que εὕρηντο a le sens actif et non le sens passif. — 14. Rm., le verbe ἀπολαύειν étant ici pris en mauvaise part, signification qu'il a parfois, veut ajouter la négation οὐκ ou bien lire soit ἀποβαλεῖν, soit ἀπολέσειν.

15. F : ἐν τ' αὐτῷ.

πον τινὰ διατριβὴ, ἣν, τοῦ πολέμου ἕνεκα χειμάζοντες ἐν
τῇ Συρίᾳ, ἐπεποίηντο, προσεπισχύρισεν[1]. Ἔδοξε μὲν γὰρ
στρατηγικῶς πως καὶ νουνεχόντως[2] ὁ Μακρῖνος πεποιη-
κέναι, τῶν μὲν ἐν τοῖς ὅπλοις ὄντων μηδὲν παρελόμενος,
ἀλλὰ ἀκέραια αὐτοῖς πάντα τὰ πρὸς ἐκείνου[3] νομισθέντα
τηρήσας, τοῖς δ᾽ αὖθις στρατευσομένοις προειπών, ὅτι ἐπὶ[4]
τοῖς ἀρχαίοις τοῖς ὑπὸ τοῦ[5] Σεουήρου καταδειχθεῖσιν κα-
ταλεχθήσοιντο[6]. τούτους τε γὰρ, ἅτε καὶ κατ᾽ ὀλίγους ἐς
τὴν στρατιὰν ἥξοντας, τὸ μὲν πρῶτον[7] ὑπό τε τοῦ ἀμά-
χου καὶ ὑπὸ δέους, τὸ δ᾽ ἔπειτα[8] ὑπό τε τοῦ χρόνου καὶ
ὑπὸ τοῦ ἔθους, οὐδὲν νεοχμώσειν, καὶ τοὺς ἑτέρους, ἅτε
μηδὲν ἀπολλύντας αὐτούς, ἡσυχάσειν[9] ἤλπισεν.

R.p.1337 29. Τοῦτο δὲ, εἰ μὲν ἀναχωρησάντων[10] τε αὐτῶν ἐς[11]
τὰ οἰκεῖα τείχη, καὶ κατὰ τοῦτο διασπαρέντων[12], ἐγεγόνει,
ὀρθῶς ἂν ἐπέπρακτο. Ἴσως[13] μὲν γὰρ οὐδ᾽ ἂν ἠγανάκτη-
σάν τινες αὐτῶν, πιστεύσαντες ὄντως μηδὲν αὐτοὶ ζημιω-
θήσεσθαι τῷ μὴ παραχρῆμα αὐτὸ πεπονθέναι· εἰ δὲ μὴ
καὶ[14] ἐχαλέπηναν[15], ἀλλ᾽ ὀλίγοι πως ἕκαστοι ὄντες, καὶ
τοῖς ἐκ τῆς βουλῆς ἄρχουσιν ὑποτεταγμένοι, οὐδὲν ἂν
μέγα κακὸν δρᾶσαι ἠδυνήθησαν. Ἐν δὲ δὴ τῇ[16] Συρίᾳ συνε-

---

1. F : προσεπισχύρισεν; Urs. : προσεπισχύρισεν. Hérodien, V, 2, porte
le même jugement. — 2. Sur cet adverbe, cf. Lobeck., *Parerga ad
Phrynichum*, pp. 599 et 604.

3. Lncl. : πρὸ ἐκείνου, mais ἐκείνου se rapporte à Caracallus et non
à Macrin.

4. Urs. om. — 5. Urs. om. — 6. Et cependant Sévère n'avait que
trop accordé aux soldats; il avait (Hérodien, III, 8) augmenté la ration
de blé qu'ils recevaient, et accordé aux prétoriens (Dion, LXXVI, 1) un

la guerre les avait forcés de prendre leurs quartiers d'hiver, contribua encore à les affermir dans leurs dispositions. Macrin, en effet, avait cru agir en bon général et en homme avisé en ne retranchant rien à ceux qui étaient sous les armes, en conservant, sans y toucher, tous les règlements faits pour eux par son prédécesseur et en déclarant à l'avance aux recrues qu'elles seraient enrôlées suivant les anciennes ordonnances de Sévère ; il espérait qu'arrivant en petit nombre à la fois à l'armée, ces recrues, d'abord par inexpérience de la guerre et par crainte, puis, par la force du temps et celle de l'habitude, ne tenteraient aucun mouvement ; tandis que les autres, qui ne perdraient rien, resteraient tranquilles.

29. Cette mesure, si les soldats s'étaient retirés dans leurs forteresses et avaient été ainsi dispersés, était bonne. Convaincus qu'ils n'avaient réellement pas de préjudice à redouter, puisqu'ils n'en éprouvaient pas sur-le-champ, aucun d'eux, peut-être, n'aurait montré d'irritation ; ou, si quelques-uns avaient témoigné du mécontentement, comme ils n'auraient formé, en définitive, que quelques groupes isolés, et qu'ils auraient été soumis à des chefs tirés du sénat, ils n'auraient pas pu faire grand mal. Au lieu de cela, rassemblés en Syrie,

donativum plus fort qu'aucun des empereurs précédents, toutes choses qui avaient anéanti la discipline avec le respect des chefs.

7. Bkk. et Ddf; vulg. : καὶ τὸ μὲν πρῶτον. — 8. Urs., Bkk. et Ddf; vulg. : τὸ δὲ ἔπειτα ; Lncl. : ἔπειτα δέ. — 9. Lncl. : ἡσυχάζειν.

10. F : ἀναχωρισάντων. — 11. Bkk. et Ddf; vulg. : εἰς.

12. Urs. : διαπαρέντων. — 13. F : ἴσος, faute d'impression, sans doute.

14. Lncl. om. — 15. Rm. prétend qu'on lit ἐχαλέπησαν dans V ; M. Gros n'en dit rien. — 16. Lncl. : Οἱ δὲ δὴ ἐν τῇ.

στραμμένοι, καὶ τὸ μέν τι[1] καὶ περὶ αὐτοὺς[2], εἰ σκεδασ-
θεῖεν, ὑποπτεύσαντες καινοτομηθήσεσθαι[3] (τότε γὰρ διὰ[4]
τὴν τοῦ πολέμου χρείαν κολακεύεσθαι ἐδόκουν)· τὸ δὲ καὶ
τῷ . . . . . ἐκεῖνοι μὲν τοὺς στρατιώτας τέ τινας ἀπέκτειναν, καὶ τῆς Μεσοποταμίας τινὰ ἐλυμήναντο· οὗτοι δὲ,
καὶ ἀλλήλων συχνοὺς κατέκοψαν[5], καὶ τὸν αὐτοκράτορα
σφῶν κατέλυσαν, καὶ, ὃ τούτου δεινότερόν ἐστιν, τοιοῦτον
ἕτερον ἐστήσαντο, ὑφ' οὗ οὐδὲν ὅ τι οὐ[6] κακὸν καὶ αἰσχρὸν
ἐγένετο.

3o. Καί μοι δοκεῖ ἐναργέστατα, καὶ τοῦτο, εἴπέρ τι
ἄλλο τῶν πώποτε, προδειχθῆναι[7]· ἡλίου τε γὰρ ἔκλειψις[8]
περιφανεστάτη ὑπὸ τὰς ἡμέρας ἐκείνας [ἐγένετο, καὶ ὁ
ἀστὴρ ὁ κομήτης ἐπὶ πλεῖον ὤφθη· ἕτερόν τέ] τι ἄστρον,
ἀπὸ[9] δυσμῶν πρὸς ἀνατολὰς τὸ ἀκροφύσιον ἐπὶ πολλὰς
νύκτας ἀνατεῖνον, δεινῶς ἡμᾶς ἐξετάραττεν, ὥστε τοῦτο
δὴ τὸ τοῦ Ὁμήρου διὰ στόματος ἀεὶ ποιεῖσθαι·

Ἀμφὶ δ' ἐσάλπιγξεν μέγας οὐρανὸς, ἄϊε[10] δὲ Ζεύς.

Ἐπράχθη δὲ ὧδε. Ἡ Μαῖσα[11], ἡ τῆς Ἰουλίας τῆς Αὐγού-

---

1. Lncl. : τὸ μέν τοι. — 2. Urs. et F : αὐτούς. — 3. Urs. et Lncl. :
καινοτομήσεσθαι.

4. Bkk. et Ddf; V et F, Rm. et St. : τότε γὰρ καὶ διά.

5. Rm. : « Sic Rom. [V et F]. Locus salebrosus. Pro ἐκεῖνοι apud
Urs. est ἐκείνῳ, et pro τοὺς scribitur καὶ τούς, denique τε post στρατιώτας omittitur; καὶ ὅτι ἐκείνῳ μὲν καὶ στρατιώτας τινὰς ἀπέκτειναν, L.
Τὸ δὲ καὶ respondet superiori τὸ μέν τι. Hinc post τῷ lacuna est unius
membri. Deinde ἐκεῖνοι μέν et οὗτοι δέ consequens orationis constituent,
et ad recens lectos ac veteranos referenda videntur. » Rsk. : Τὸ δὲ καὶ
τῷ αἴσχει τῆς ἐλαττώσεως τοὺς νεοκαταλέκτους ἐρεθίζοντες στάσιν ἤγειραν,

et, d'un côté, s'imaginant que, s'ils étaient dispersés, on prendrait à leur égard (ils croyaient qu'en ce moment on les flattait à cause des exigences de la guerre) quelque décision nouvelle; d'un autre. . . . . ceux-ci tuèrent plusieurs soldats et ravagèrent une partie de la Mésopotamie; ceux-là se massacrèrent les uns les autres en assez grand nombre, destituèrent leur empereur, et, ce qui est plus grave, en établirent à sa place un autre qui ne fit rien que de mauvais et de honteux.

3o. Voici encore, selon moi, un présage manifeste, s'il en fut jamais; une éclipse de soleil très-remarquable [eut lieu] en ces jours-là; [une comète se montra longtemps; un second] astre, étendant plusieurs nuits sa queue de l'Occident à l'Orient, nous jeta dans un trouble si terrible qu'à chaque instant nous avions à la bouche ce passage des poésies d'Homère :

Le ciel immense a retenti tout à l'entour avec fracas, Jupiter l'a entendu.

Voici, du reste, comment les choses se passèrent. Mæsa, sœur de Julia Augusta, qui avait deux filles, Soæmis et

---

ὑφ' ἧς ἐκεῖνοι μὲν (veterani) τῶν στρατηγῶν τινας ἀπέκτειναν.... οὗτοι δὲ (novitii vero), etc.». Bkk. et Ddf, dans leur texte, se contentent de marquer une lacune entre τῷ et ἐκεῖνοι, avec addition de γάρ après μέν; mais Bkk., en note, propose de combler la lacune, bien que, dit-il, le ms. n'en indique aucune, en lisant : τῷ ἡττῆσθαι ἐρεθίζοντες μείζω ἢ αὐτοὶ οἱ Πάρθοι κακὰ τὸ κοινὸν εἰργάσαντο. — 6. Urs. : ὅτι οἱ.

7. F : προσδειχθῆναι. — 8. V : ἔκλιψις.

9. Urs. : ὑπό. — 10. Lncl., d'après Xld. et Slbg. : αὖτ. Vers de l'Iliade, XXI, 388.

11. c et i : Μέσα.

στης[1] ἀδελφὴ[2], δύο τε θυγατέρας, Σοαιμίδα καὶ Μαμαίαν[3], [*ἐξ Ἰουλίου τοῦ ἀνδρὸς ὑπατευκότος[4],] καὶ δύο
ἐγγόνους[5] ἄρσενας, ἐκ μὲν τῆς[6] Σοαιμίδος, Οὐαρίου[7] τε

R.p.1338 Μαρκέλλου, ἀνδρὸς ὁμοεθνοῦς, [*(ἐξ Ἀπαμείας γὰρ ἐκεῖνος[8] ἦν,) καὶ ἔν τε ἐπιτροπαῖς ἐξετασθέντος, καὶ ἐς τὸ συνέδριον ἐσγραφέντος[9],] καὶ μετὰ τοῦτο τελευτήσαντος[10],
[*Αουῖτον[11] ε...]· ἐκ δὲ τῆς[12] Μαμαίας, Γεσσίου[13] τε
Μακριανοῦ, Σύρου καὶ αὐτοῦ, [*ἐξ Ἄρκης[14] πόλεως] ὄντος, [*καὶ ἐπιτροπείας τινὰς προσταχθέντος, Βασσιανὸν
ἔχουσα[15]...

2.	ουνοικοιεντ	7.	συνεγεγονε
3.	τηνδιαιτανμ	8.	νηςογαραου·
4.	τηςαδελφης	9.	μεντουχαρ
5.	ηπαραπαντ	10.	κυπρονεχτ
6.	σιλειασαυτη	11.	ταμιαςμετ

1. Xph. et Zn. : βασιλίδος, au lieu de Αὐγούστης.
2. V : ἀδελφῆς. — 3. Henri Étienne, dans ses deux éditions, écrit ce
nom avec deux μ; sur cette orthographe, cf. la note 151 dans Rm.
4. C'est le même qui, plus bas, est appelé Avitus. — 5. Lncl. : ἐκγό-
νους. — 6. F : ἐκ τῆς μέν. — 7. Xph. : Οὐάρου. Lampride (1) donne
Varius pour père à Alexandre Sévère; mais Dion, auteur contemporain,
mérite mieux d'être cru. De là l'erreur de Casaubon, qui veut remplacer
(cf. la note 153 de Rm.) le nom de Marcellus par celui de Métellus, à
la famille duquel Alexandre Sévère rapportait, dit-on, son origine.
8. Mæsa, mère de Soœmis, était d'Émésa, ville peu éloignée d'Apamée sur l'Oronte, patrie de Marcellus. Marcellus, dit Rm., était donc
l'ὁμοεθνής de Soœmis, c'est-à-dire de la même province sans être du
même municipe, comme traduisent F et Lncl. La leçon d'Urs. (suivie
par Bkk. et Ddf), insérant ἧς entre γὰρ et ἐκεῖνος, de même que celle de
Lncl. : ἧς καὶ ἐκεῖνος, fait dire à Dion une chose contraire à la vérité.
F lit : Ἀπαμίας.

Mamée, [de son mari Julius, personnage consulaire],
et deux petits-fils, l'un [Avitus,] de Soæmis, mariée à
Varius Marcellus, qui était de la même province qu'elle
[(il était d'Apamée), avait été procurateur, mis au rang
des sénateurs], et était mort depuis; l'autre, Bassianus,
de Mamée, mariée à Gessius Macrianus, Syrien également,
[originaire de la ville d'Arcé, et à qui avait été
confiée plusieurs fois la charge de procurateur. . . . .

1. αὕτη μὲν
2. οὖν οἴκοι ἐν τῇ Ἐμέσῃ
3. τὴν δίαιταν ν......
4. τῆς ἀδελφῆς Ἰουλίας
5. ἤ παρὰ πάντα τὸν τῆς βα-
6. σιλείας αὐτῆς χρόνον
7. συνεγεγόνει, διελομέ-
8. νης. Ὁ γὰρ Ἀούϊτος παρὰ
9. μὲν τοῦ Καρακάλλου ἐς
10. Κύπρον ἐκ τῆς Μεσοπο-
11. ταμίας μετὰ τὴν τῆς Ἀ-

9. Urs. et Lncl. : ἐγγραφέντος. — 10. Rm. (M. Gros garde le silence
sur ce point) : « Τελευτήσαντος, Rom. [F]; τελ...τος codex. Septem
enim litteras requirere versum docet Falco, non τελευτῶντος, ut Urs. et
Lncl. »

11. Bkk. et Ddf; vulg. : Ἀούϊτον; Urs. : Ἀούϊτου*. Suivant Rm., il
y aurait dans V : Ἀούϊτου ε*, M. Gros n'en parle pas; F et Lncl. suppléent ἔσχε, mot que ἔχουσα, qui vient plus loin, rend justement suspect; Bkk. et Ddf suppriment l'ε qui suit Ἀούϊτον, ainsi que la lacune.

12. F : ἐκ τῆς δέ.

13. Xph. : Γενεσίου; V porte simplement Γεσσι. La leçon de Dion est
préférable, d'autant plus qu'on trouve, dans Gruter, CXXII, 1, M. Julius
Gessius Bassianus sous le consulat de Messala et de Sabinus, c'est-à-dire
en 967, consulat assez peu éloigné du temps où nous sommes.

14. Arcéna, suivant Lampride (Alexandre Sévère, 1), qui, au ch. 12,
l'appelle Arca Cæsarea.

15. P. 5, col. 3.

12. σιασαρχην   14. τεγηρωςχ

13. ρωτωτινισ   15. αςωφθη

31. 16. ταδετου   18. ετελευτη]

17. αυτουετ

Εὐτυχιανός [1] τις ἔν τε ἀθύρμασιν, καὶ ἐν γυμνασίοις ἀρέσας,

1. [καιδιαται   5. ασεππου

2. αναπεις   6. ωναυτω

3. θεισοςαυτο   7. προσωνομ

4. τασεμμελ

. . . τε [2]] τῶν στρατιωτῶν τὴν ἐς τὸν Μακρῖνον ἀπέχθειαν συνιδὼν, [* . . . . .

1. τεγαρουπο   4. χοντειχ

2. σεωνπολ   5. ποτεπρο

3. χαιοιτοτρ

R.p.1339 . . . .] καί τι καὶ [3] ὑπὸ τοῦ Ἡλίου, ὃν Ἐλεγάβαλον [4] ἐπικαλοῦσι καὶ μεγάλως θρησκεύουσιν, ἄλλων τέ τινων μαντειῶν ἀναπεισθεὶς, ἐπεχείρησεν [5] τόν τε Μακρῖνον καθε-

1. Son ignominie l'avait fait surnommer Comazon (LXXIX, 3 et 4); il fut, plus tard, préfet du prétoire, consul et préfet urbain.

2. *a*, *b* : τήν τε. Bkk. et Ddf : ἰσχυράν τε. — 3. F : καί τοι καί.

4. Xph. (mais non *a*, *b*) : Ἐλιογάβαλον; on trouve aussi ce nom écrit : Ἐλαιογάβαλος et Ἡλιογάβαλος. L'orthographe aujourd'hui généralement suivie est Héliogabale ou Élagabal; Rm., dans sa note 159, déclare cette dernière la seule véritable. Qant au nom en lui-même, Hérodien (V, 3) prétend qu'en langue phénicienne, il veut dire le *dieu soleil*. D'autres le

12. σίας ἀρχὴν πεμφθεὶς κλη-   14. τε γήρως καὶ ὑπ' ἀρρωστί-
13. ρωτῷ τινι σύνεδρος ὑπό   15. ας ὤφθη συναιρούμενος.

31. 16. Τὰ δὲ τοῦ αυ   17. αὐτοῦ, ἐπεὶ . . . .

[Bkk. : « αυ incerta » . . . . .   18. ἐτελεύτησεν]

un certain Eutychianus, qui s'était concilié la faveur
dans les jeux et dans les gymnases,

1. καὶ διὰ ταῦτα. . . . .   5. ας ἐπὶ τοῦ α. . . . . . . .ν-
[Omission par Bkk. et Ddf de la l. 2.]   6. ων αυτω . . . .
3. θείς, ὃς αὐτο. . . . .   7. προσωνομ . . . .
4. τας ἐμμελλε. . . . .

voyant la haine des soldats pour Macrin (. . . . .

10. τε γὰρ οὐ πο. . . . .   13. κον τεῖχος. . . . .
11. σεων πολ. . . . .   14. ποτε προ. . . . . . .). . . . . . .
12. καὶ οἱ τὸ τρ . . . .

poussé en quelque sorte aussi par le Soleil, qu'ils appellent Élégabale, et qu'ils ont en grande vénération, ainsi
que par d'autres oracles, il conçut le projet de renverser
Macrin et d'établir empereur à sa place Avitus, petit-

---

font venir de deux mots syriaques, *éla*, dieu; et *gabal*, former : *le dieu
formant*, ou *plastique*. Saumaise, dans ses notes sur Lampride, p. 792,
donne pour signification à ce nom de la langue phénicienne le *dieu
Montagne*, attendu que le Soleil était représenté, dans la religion des Syriens, sous la forme d'une pierre noire taillée en cône, pierre qui était
tombée du ciel sur une montagne d'Émésa. Ici commence la page 16
du ms.

5. *a, b* : ἐπεχείρησε

λεῖν, καὶ τὸν Ἀουῖτον[1] τὸν τῆς Μαίσης ἔγγονον, αὐτοκράτορα, καίπερ παιδίον ἔτι ὄντα[2], ἀντικαταστῆσαι. Καὶ
κατειργάσατο ἑκάτερον[3]· [*. . . . .

2. σηκαιτοουτως   6. ρατιωταςεξ

3. πανυεςανδρας   7. τετουςϐου

4. συνεργοὺς   8. μεσανους

5. ξελευθε   9. ρος]

τοῦ τε γὰρ Ταραύτου υἱὸν αὐτὸν μοιχίδιον εἶναι πλασάμενος[4], καὶ τῇ ἐσθῆτι τῇ ἐκείνου[5], ᾗ ποτε[6] ἐν παισὶν ἐχρῆτο,
κοσμήσας, [* Καίσαρα τῇ . . . . .

2. τωνϐασιλι   4. ωντων

3. ἄλλετο

. . . . .] ἐς τὸ[7] στρατόπεδον νυκτός, μήτε τῆς μητρὸς
αὐτοῦ, μήτε τῆς τήθης ἐπισταμένης, ἐσήγαγε[8], καὶ τοὺς
στρατιώτας, ἅμα τῇ ἕω τῆς τοῦ Μαίου ἑκκαιδεκάτης,
γλιχομένους τινὰ ἀφορμὴν[9] ἐπαναστάσεως λαβεῖν, ἀνέ-

---

1. Xph. et F : Λοῦκον, confusion dont Rm. rend parfaitement compte :
« A in ΑΟΥΙΤΟΣ (sic enim sæpius pro Ἀούειτος scriptum reperimus), eva-
nescente ductu transverso, speciem litteræ Λ, et deinde ΙΤ, arctius con-
juncta, speciem litteræ Π præbuerunt ideoque ΑΟΥΙΤΟΣ factus est
ΛΟΥΠΟΣ. » Seul, avant Rm., Tillemont a (t. III , p. 266) soupçonné cette
faute dans le texte. Aucun historien, aucune médaille, aucune pierre ne
donne ce nom de Lupus. Rm. pense que F (et le silence de M. Gros lui
donne raison) a mal lu ou qu'il s'est laissé entraîner par Xph. — 2. Il avait,
suivant Dion (34), dix ans; quatorze environ, suivant Hérodien. Enfant
d'une belle figure, dansant avec un riche habit de prêtre autour de l'autel
dans les chœurs, au son des instruments de musique , il avait attiré
sur lui les regards des soldats , à qui on promettait d'ailleurs de fortes
sommes.

3. Bkk. et Ddf, après ἑκάτερον, continuent sans lacune : καίτοι.

fils de Mæsa, bien qu'il fût encore en bas âge. Il vint à bout de ces deux entreprises [. . . . .

1. καίτοι αὐτός τε οὐδέπω
2. πάνυ ἐς ἄνδρας ἐτέλει, καὶ
4. συνεργοὺς ὀλίγους εἶχεν ἐ-
5. ξελευθέρους καὶ στ-
6. ρατιώτας ἐξ
7. τέλους βουλευτάς τε Ἐ-
8. μεσηνοὺς . . . . ους π
9. ροσ . . . .

le faisant passer pour fils adultérin de Tarautas, et le parant des vêtements que ce prince portait étant enfant,

1. [Καίσαρα [Bekk., en note:
« Καίσαρα τῇ F. καὶ Ταραύτῃ alii. »] . . . . . .
2. τῶν βασιλι. . . . .
3. ατων τῶν . . . . cηcι
4. αλλετο . . . .]

. . . . il l'introduisit, de nuit, dans le camp à l'insu de sa mère et de son aïeule, et, le 16 mai, au matin, il décida à la révolte les soldats qui ne demandaient

---

4. Hérodien (V, 6) n'ose pas affirmer le fait : [Μαῖσα], εἴτε πλασαμένη εἴτε καὶ ἀληθεύουσα, ἐξεῖπεν ὅτι ἄρα Ἀντωνίνου υἱός ἐστι τῇ φύσει, τῇ δὲ ὑπολήψει ἄλλου δοκοίη. Eutrope, non plus (VIII, 22, ou 13 suivant d'autres), ne se prononce pas : « Hic Antonini filius putabatur. » Lampride (2) semble ne pas hésiter : «... Antonino Caracallo stupro cognita, ita ut hinc vel Varius vel Heliogabalus vulgo conceptus putaretur. » Cependant il ajoute aussitôt : « Hic fertur, occiso Macrini factione patre, ut dicebatur, Antonino, in templum dei Heliogabali confugisse. »

5. F : ἐσθῆτι τῇ ; Rm. a corrigé « ex Xiph. et illis ipsis quæ Falco, p. 139 a, ex codice attulit. »

6. a, b : ἦν ποτε.

7. Bkk. et Ddf : ἐς τε τό.

8. Bkk. et Ddf ; vulg. : εἰσήγαγε.

9. F : ἀμορφήν.

πεισε νεοχμῶσαι. [*Μαθὼν δὲ ταῦτα ὁ Εὐτυχιανὸς[1],
οθ' . . . χεν γὰρ οὐ . . . νους[2] . . . . .

32. . . . . ὡς καὶ πολεμιωτάτῳ τείχει[3]. Δυνηθεὶς
δ' ἂν αὐτὸ[4] αὐθημερὸν λαβεῖν (οἱ γὰρ Μαῦροι, οἱ τῷ Τα-
ραύτᾳ[5] κατὰ τὸ συμμαχικὸν πεμφθέντες, προθυμότατα
ὑπὲρ[6] τοῦ Μακρίνου, ἅτε καὶ ὁμοεθνοῦς σφίσιν ὄντος[7],
ἠγωνίσαντο[8], ὥστε καὶ πύλας τινὰς διαρρῆξαι), οὐκ ἠθέλησεν, εἴτ' οὖν φοβηθεὶς ἐσδραμεῖν[9] εἴτε καὶ ἐλπίσας ἑκόντας τοὺς ἔνδον παραστήσεσθαι. Ὡς δ' οὔτε τις[10] αὐτῷ ἐπε-
κηρυκεύετο, καὶ προσέτι τὰς πύλας πάσας τῆς νυκτὸς ἐπῳ-
κοδόμησαν[11], ὥστε ἐν ἀσφαλεστέρῳ εἶναι, προσέβαλε[12] μὲν
αὖθις[13] αὐτοῖς, ἐπέραινε[14] δ' οὐδέν. Τόν τε γὰρ Ἀούϊτον, ὃν
Μάρκον Αὐρήλιον[15] Ἀντωνῖνον ἤδη προσηγόρευον[16], περι-

F.p.1340

1. Bkk. et Ddf: Ἰουλιανός, avec Ἰουλ comme restitution. Rm. (note
162) croit, d'après ces mots, qu'Eutychianus n'est pas l'auteur de la fraude
qui fit passer Élégabale pour fils d'Antonin, que ce n'est pas lui qui le
mena dans le camp et souleva les soldats en sa faveur; Eutychianus
aurait seulement aidé à terminer l'affaire, dont il n'eut connaissance que
lorsque la révolte était près d'éclater. C'est un autre personnage, dont
le nom doit se trouver dans les parties mutilées qui précèdent, personnage mis à mort (LXXIX, 6), par Élégabale, à Nicomédie, dès le commencement de son règne, Gannys qui, malgré son manque d'expérience,
prend (LXXVIII, 28) d'habiles dispositions contre Macrin, tandis qu'Eutychianus survécut à ce prince.

2. Voici la restitution de ce passage par Bkk. et Ddf : Μαθὼν
δὲ ταῦτα ὁ Ἰουλιανὸς [d'après les ch. 34 et 35] ὁ ἔπαρχος (ἔτυχεν γὰρ
οὐ πρὸ πολλοῦ ἀπιὼν) ἄλλους . . . . . Je dois encore faire remarquer ici
deux choses : la première, c'est qu'au lieu de ΝΟΥΣ, M. Gros a lu,
dans le ms., ΛΟΥΣ, ce qui confirme le ἄλλους dans la restitution de
Bkk. et Ddf; la seconde, c'est qu'ici, dans le ms., il manque les ch. 32
et 33, lesquels sont reportés aux pages 25 et 26 du ms., écrits
d'une autre main, également en lettres onciales, mais avec des

qu'un prétexte pour se soulever. [Instruit de cela, Eutychianus . . . . . .

32. . . . . . comme une forteresse ennemie. Quand il pouvait s'en rendre maître le jour même (les Maures, qui avaient été envoyés comme alliés à Tarautas, combattirent avec tant d'ardeur pour Macrin, attendu qu'il était du même pays qu'eux, qu'ils enfoncèrent plusieurs portes), il ne le voulut pas, soit qu'il redoutât de donner l'assaut, soit qu'il espérât amener ceux qui étaient dans le camp à se rendre volontairement. Puis, comme, loin de lui envoyer quelqu'un pour traiter, on barricada, la nuit, toutes les portes, afin d'être plus en sûreté, il attaqua de nouveau, mais sans obtenir aucun résultat. Les assiégés, en effet, à force de promener sur les remparts Avitus, que déjà ils appelaient M. Aurélius

caractères plus gros, plus épais, et à l'encre rouge. — 3. V, page 25, col. 1 (cf. la note précédente) : τίχα. — 4. Bkk. et Ddf ; V et Urs. : αὐτόν ; vulg. et F. om. Lncl. supplée : ὁ Ἰουλιανὸς πεμφθεὶς παρὰ Μακρίνου, restitution fondée sur ce qui suit (34) et sur ce passage de Capitolin (10) : « Julianum præfectum ad obsidendos eos cum legionibus misit. » Hérodien aussi (V, 4) raconte que Macrin, considérant ce soulèvement comme un enfantillage, demeura à Antioche, d'où il envoya un de ses lieutenants assiéger le camp des rebelles.

5. V, F, Bkk. et Ddf ; vulg. : Ταράντῳ. — 6. Urs. : ὑπό. — 7. Macrin (11 et 22) était Maure. — 8. Lncl. : ἠγωνίζοντο ; Rm. prétend que V porte ἠγωνίσατο, M. Gros n'en parle pas.— 9. Lncl., Bkk. et Ddf ; vulg. :
L Ω
εἰσδραμεῖν. — 10. Lncl.: οὐδέ τις. — 11. V : ΑΠΟΚΟΔΟΜΗϹΑΝ (sic), L et Ω d'une autre main. — 12. V : προσέβαλεν. — 13. F om.

14. Urs. : ἐπέρανε ; Rm. dit qu'on lit ἐπαίρενε dans V, je ne trouve pas cette variante dans M. Gros. — 15. V : MAYP ; Urs. a séparé les deux noms : M. Αὐρήλιον. — 16. A cause de leur amour pour les précédents Antonins, surtout l'enfant étant cru fils de Caracallus.

φέροντες[1] ὑπὲρ τοῦ[2] τείχους, καὶ εἰκόνας τινὰς τοῦ Καρακάλλου παιδικὰς, ὡς καὶ προσφερεῖς αὐτῷ, ἀποδεικνύν-
τες[3], παῖδά τε ὄντως αὐτὸν ἐκείνου, καὶ διάδοχον τῆς
ἀρχῆς εἶναι λέγοντες[4] · καὶ[5] « Τί ταῦτα, ὦ συστρατιῶται[6], ποιεῖτε[7]; τί δὲ οὕτω τῷ[8] τοῦ[9] εὐεργέτου[10] ὑμῶν
υἱεῖ μάχεσθε[11]; » ἐκβοῶντες· πάντας τοὺς[12] σὺν τῷ Ἰουλιανῷ[13] στρατιώτας[14], ἄλλως τε καὶ προθύμως[15] πρὸς τὸ[16]
νεωτεροποιεῖν[17] ἔχοντας, διέφθειραν ὥστε τοὺς μὲν ἐπιτεταγμένους[18] σφίσι, πλὴν τοῦ[19] Ἰουλιανοῦ (διέδρα γὰρ[20])
ἀποκτεῖναι, ἑαυτοὺς[21] δὲ τά τε ὅπλα[22] τῷ Ψευδαντωνίνῳ παραδοῦναι. Κατεχομένους γὰρ αὐτοὺς ὑπό τε
τῶν ἑκατοντάρχων, καὶ τῶν ἄλλων ὑπομειόνων[23],
κἀκ τούτου διαμέλλοντας[24], ὁ Εὐτυχιανὸς τὸν Φῆστον,
τὸν[25] κατὰ τοῦ Ταραύτου πρόκοιτον, ἀντωνομάσθη[26],

1. Cf. Hérodien, V, 4; Capitolin (Macrin, 10). Urs. et Lncl.: ἐπιφέ-
ροντες. — 2. Lncl. om. — 3. V: ἀποδικνύντες. — 4. Lncl.: ἔλεγον.
5. V, Lncl., Bkk. et Ddf; vulg. om. — 6. V: συνστρατιῶται.
7. V: ποιεῖται. — 8. Bkk. et Ddf; vulg. om. — 9. Urs.: τοῦ τε.
10. F, en note: εὐεργετήσαντος; le ms. (p. 25, col. 2) donne seulement
εὐεργετ. — 11. V: ΜΑ⊳ (sic), le reste manque. — 12. Dans V, le mot
πάντας est évanide; Urs.: πάντας καὶ τούς; Lncl. om.: πάντας καί.
13. Dans V, la seconde moitié de l'ω dans τῷ et Ἰου, au commencement de Ἰουλιανῷ, sont évanides. — 14. V: CTPAT (le reste manque).
15. Dans V, l'ι final de καί, et προ, commencement de προθύμως, manquent. — 16. Dans V, le ς final de πρός et l'article τό manquent.
17. Dans V ιεῖν, fin de νεωτεροποιεῖν, manque.
18. Bkk. et Ddf; V et Urs: ἔχοντας δι ε... ὥστε τοὺς ἐπιτεταγμένους;
F, Rm. et St.: προθύμως πρὸς τὸ νεωτεροποιεῖ, ὥστε τοὺς; ἔχοντας, etc.;
Lncl.: νεωτεροποιοῦντας ἐκίνησαν· ὥστε τοὺς ἐπιτεταγμένους. F croit qu'on
peut suppléer ainsi: νεωτεροποιεῖν, κατέχοντας, διεκίνησαν, ὥστε τοὺς
ἐπιτεταγμένους σφίσιν, πλὴν τοῦ Ἰουλιανοῦ, ἀποκτεῖναι, τά τε ὅπλα, etc.;
mais il s'écarte trop des traces fournies par le ms., et προθύμως κατέχοντας est d'une grécité suspecte. Lncl.: ὥστε τοὺς ἐπιτεταγμένους σφίσ

Antonin, de montrer de loin, comme étant son portrait, des images de Caracallus enfant, dont il était, disaient-ils, véritablement le fils et nécessairement le successeur au pouvoir, et d'ajouter à grands cris : « Que faites-vous là, compagnons d'armes ? pourquoi combattre ainsi contre le fils de votre bienfaiteur ? » les assiégés corrompirent tous les soldats de Julianus, au point que ceux-ci, d'ailleurs disposés à la révolte, tuèrent les chefs qui étaient à leur tête, à l'exception de Julianus (il prit la fuite), et livrèrent au faux Antonin leurs personnes et leurs armes. Comme ils en étaient empêchés par leurs centurions et autres chefs subalternes, Eutychianus les décida, par l'entremise de Festus, ancien cubiculaire de Tarautas, à les égorger tous, proposant à chacun, comme

πλὴν τοῦ Ἰουλιανοῦ ἀποκτεῖναι αὐτούς. La restitution de Bkk., suivie par Ddf, m'a paru plus simple et plus littérale ; je l'ai adoptée, en indiquant la part du ms. et celle de ces savants:

19. Dans V ου manque après τ (lettre initiale de l'article).

20. Bkk. et Ddf ; le ms. : δις. Wagner : διέφυγε ; Rsk. : διεδιδράσκει. Le fait est confirmé par ce que dit plus loin (34) l'auteur, que Julianus s'était d'abord caché, et qu'il fut ensuite découvert et mis à mort. — 21. V, F en note, Bkk. et Ddf ; vulg., F dans son texte, et Lncl. : αὐτούς. — 22. V, Urs. et F, en note : τά τε γὰρ ὅπλα.

23. Urs. : ὑπὸ μειόνων, en deux mots. — 24. Urs. : τοὺς διαμέλλοντας.

25. V om. — 26. Urs. : τὸν κατὰ τὸν τοῦ Ταραύτου, etc.; Rsk. : τὸν πάλαι τοῦ Ταραύτου, etc ; Lncl. : τὸν τοῦ Ταραύτου πρόκοιτον πέμψας. Bkk. propose en note : (Φῆστος γὰρ κατὰ τὸν τοῦ Ταραύτου πρόκοιτον καὶ ὁ τοῦ Ψευδαντωνίνου ὠνομάσθη) προσπέμψας. Rm. (il doit y avoir là, comme l'a vu Bkk., sans qu'on puisse toutefois donner une explication satisfaisante, une de ces grandes parenthèses qui ne sont pas très-rares dans Dion ; afin d'avoir un sens, j'ai traduit d'après la version latine : *Eutychianus per Festum, qui a cubiculo Tarauti olim fuerat, eis persuasit*) : « Locus turbatus et male cohærens. Festus, Caracalli libertus,

ἔπεισεν[1] ἀποσφάξαι πάντας ἐκείνους, δέλεαρ[2] σφίσι τὴν
τοῦ τεθνήξοντος ἑκάστῳ[3] οὐσίαν τε καὶ χώραν ἐν τῇ
στρατείᾳ προθείς· καὶ αὐτοῖς καὶ τὸ παιδίον ἀπὸ τοῦ
τείχους ἐδημηγόρησεν ὑπόβλητα, τόν τε πατέρα ἤδη
ἐπαινῶν, καὶ τὸ Μακρῖνον, ὡς[4] . . . . .

33. . . . .

1. γαρ	15. ναχθην
2. κα	16. μαλιστ
3. τομη	17. ανηρτη
4. νατω	18. καστον
5. αιτι	19. δωσειν
6. μισθος	20. πεσχει
7. επιμηδ	21. φυγαδα
8. ματιτω	22. σοςκατε
9. δεδικα	23. γνησιο
10. εισχε[5]	24. τουταρα
11. τιανηκα	25. δοξων
12. λοιποτ	26. τατεκ
13. αρχαιαν	27. παρανο
14. καιεπι	28. ειγεεκ[6]

et a memoria, apud Ilium mortuus erat, et Patrocli more sepultus,
si fides Herodiano, IV, 8. Is et cubicularius Antonini esse potuit. Sed
quid ille hoc loco, ubi Eutychianus cunctantes milites ad occidendos
praefectos suos inducit? »

1. Rm. dit avoir, d'après Urs., corrigé ἔπεισαν de V en ἔπεισεν; les
notes de M. Gros n'indiquent rien en cet endroit. — 2. Bkk. et Ddf;
V et Urs. : δόλον; F, Lncl., Rm. et St. : δῶρον.

un appât, les biens et le grade occupé à l'armée par
celui qu'il aurait tué ; de plus, l'enfant leur débita, du
haut du rempart, des paroles qu'on lui avait suggérées,
où il louait son père, et. . . Macrin comme. . . . .

33. . . . .

1. χαρ.	15. ναχθῆναι. Ὦ μέντοι
2. χαιν.	16. μάλιστα αὐτοὺς
3. τομη.	17. ἀνηρτήσατο, . ἀνά θ' ἵ-
4. νατων.	18. χαστον ἀργύριον
5. λιτιχ.	19. δώσειν ἄπλετον ὑ-
6. μισθος.	20. πέσχετο καὶ τοὺς
7. ἐπὶ μηδ.	21. φυγάδας κατάξειν ὡς καὶ
8. ματι το.	22. ἐκ τούτου
9. δεδικασ.	23. γνήσιος ἔκγονος
10. εισχειχ.	24. τοῦ Ταραύτου εἶναι
11. τιαν η χα. . . . . . λε-	25. δόξων. . . . . . .
12. λοιπότας ἐς τὴν	26. τα γε χ. . . . .
13. ἀρχαίαν οὐσίαν τε	27. παρανο. . . . . . .
14. καὶ ἐπιτιμίαν ἐπα-	28. ειγε εχ . . . . νο. . . . . .

3. F, Rm. et St.; Lncl. met le mot entre crochets ; Bkk. le marque
comme omission dans la vulgate (il est, en effet, omis dans V et dans
Urs.), Ddf comme restitution ; F : Κάστῳ (nom propre).

4. Après ce mot ὡς, lacune de 14 lignes dans V, la 15ᵐᵉ commence
par γάρ. — 5. Bkk. et Ddf lisent : εισχειχ comme donné par le ms., mais
ils déclarent les lettres ιχ douteuses. — 6. M. Gros, comme Bkk. et
Ddf : ειγεχ, c'est la fin de la page 25.

R.p.1341 29 . . . .   33. τω

30. μη   34. μακρινον

31. ιτη[1]   35. μενω[2] . . . . .

32. ιανω

34. . . . . τέ[3] τινας, καὶ θυγατέρα τοῦ Μαρκιανοῦ[4], γαμβρόν τε ἐφόνευσεν· κἀκ τῶν λοιπῶν στρατιωτῶν ἀθροίσας τινὰς, ὡς δι' ὀλίγου, προσέμιξεν[5] (ὁ γὰρ Μάρκελλος ἐτεθνήκει)· καὶ[6] τοῦτον μὲν ἀπέκτεινεν, αὐτὸς δὲ ἀτολμήσας[7] περαιτέρω, χωρὶς τοῦ Μακρίνου, προχωρῆσαι[8], μετεπέμψατο αὐτόν. Καὶ ὃς ἔς τε τὴν Ἀπάμειαν ἐς τοὺς Ἀλβανίους[9] στρατιώτας διὰ ταχέων ἦλθε, καὶ τὸν[10] υἱὸν αὐτοκράτορα, καίπερ τὸ[11] δέκατον ἔτος ἄγοντα[12], ἀπέδειξεν, ὅπως ἐπὶ τῇ προφάσει ταύτῃ τοὺς στρατιώτας, τοῖς τε ἄλλοις καὶ πεντακισχιλίων δραχμῶν ὑποσχέσει, τιθασσεύσῃ[13]· καὶ παραυτίκα τε αὐτοῖς κατὰ χιλίας ἔνειμε, τήν τε τροφὴν, καὶ τοῖς λοιποῖς ἐντελῆ, καὶ τὰ ἄλλ' ἃ[14] ἀφῄρητο αὐτοὺς[15], ἀποκατέστησεν, ἐλπίζων σφᾶς διὰ τούτων

1. P. 26, 1ʳᵉ colonne (cette page ne renferme que quelques lettres); M. Gros lit τη, au lieu de ιτη [Bkk. et Ddf: πτη]; il indique, au commencement, une lacune de 14 lignes, que Bkk. et Ddf placent immédiatement après ειγεκ. Quant à μη, donné par les éditions, et à νο, ajouté par Bkk., comme étant dans le ms., je n'en vois pas trace.

2. Avec μενω finit la p. 26, ainsi que la transposition signalée au ch. 31.

3. Avec τε (Bkk. et Ddf, le font, ainsi qu'Urs., précéder de ἄλλους comme restitution), nous revenons à la p. 16, col. 2 (cf. la note précédente.) — 4. Sur Marcianus cf. ch. 30.

5. Urs. : προσέμειξεν.— 6. D'après Rm.; vulg. Bkk. et Ddf om.— 7. Bkk. et Ddf; Urs. : ἀποτολμήσας, ce qui est contraire à la liaison des idées; F : πολεμήσας; Rm. (suivi par St.) explique (note 171) comment sa correction οὔπω τολμήσας (le silence de M. Gros donne à croire qu'il a lu cette correction dans le ms.) se tire naturellement de ἀποτολμήσας.

29. ....

30. μη............

31. πτη........ Μαρκ-

32. ιανῷ........

33. τω........

34. Μακρῖνον........

35. μενω........

34. .... fit périr, entre autres, la fille et le gendre de Marcianus; puis, rassemblant, attendu le peu de temps qu'il avait devant lui, quelques soldats parmi ceux qui lui restaient (Marcellus était mort), il livra un combat et le tua; mais, n'osant s'avancer plus loin sans Macrin, il l'appela à son aide. Celui-ci se rendit promptement à Apamée, au milieu des soldats d'Albe, et déclara son fils empereur, bien qu'il ne fût âgé que de dix ans, afin d'avoir un prétexte de cajoler les soldats, en leur promettant, entre autres choses, cinq mille drachmes; il leur en distribua environ mille immédiatement, et rétablit, en faveur des autres, la totalité du blé et les autres avantages qui leur avaient été enlevés, espérant, par ces mesures, les ranger à son parti. Ce fut

8. F prétend que le ms. porte προχειρῆσαι. Voici, d'après Rm., la manière malheureuse dont ce passage est donné et traduit dans F : « Αὐτὸς δὲ ἀπολεμήσας περαιτέρω χωρὶς (*ipse vero hostiliter et seorsum ulterius progressus*), τοῦ Μακρίνου ἀποχωρῆσαι μετεπέμψατο αὐτὸν (*Gannyn contra Macrinum misit*), καὶ ὡς ἐς τε.... Falcon, de plus, reproche à Lncl. de n'avoir pas même reproduit en grec le passage et de n'en rien dire. — 9. Lncl., en marge : Ἀλβινίους. Cf., ch. 13, la note relative à ce détachement.

10. F. om. — 11. Urs. om.

12. Au ch. 38, Dion dit que Diaduménianus était beaucoup plus jeune que le faux Antonin, qui avait quatorze ans.

13. Au ch. 19, Macrin, lorsqu'il a fait donner à son fils le nom d'Antonin par les soldats, leur a déjà distribué sept cent cinquante drachmes.

14. Urs., Bkk. et Ddf; Lncl., Rm. et St. : ἄλλα ἅ.— 15. Cf. ch. 28 et 29.

ἱλεώσεσθαι[1]. Κἀκ τῆς αὐτῆς ταύτης αἰτίας, καὶ τῷ δήμῳ
δεῖπνον κατὰ πεντήκοντα καὶ ἑκατὸν δραχμὰς ἔνειμε, πρὶν
καὶ ὁτιοῦν περὶ τῆς ἐπαναστάσεως[2] αὐτοῖς διαδηλῶσαι[3],
ἵνα μὴ δι' ἐκείνην, ἀλλ' ἐς τὴν τοῦ υἱέος τιμὴν, ἐστιᾶν αὐτοὺς νομισθείη. Καὶ αὐτῷ ταῦτα πράττοντι[4] στρατιώτης τις[5] ἀπὸ τῶν ἀφεστηκότων προσῆλθε[6], τὴν τοῦ[7] Ἰουλιανοῦ[8] κεφαλὴν (εὑρέθη γὰρ κεκρυμμένος που, καὶ ἐσφάγη),
κομίζων ἐν ὀθονίοις πολλοῖς ἰσχυρῶς σφόδρα σχοινίοις κα-
ταδεδεμένην, ὡς καὶ τοῦ Ψευδαντωνίνου οὖσαν· καὶ γὰρ[9]
τῷ τοῦ Ἰουλιανοῦ δακτυλίῳ ἐσεσήμαντο[10]. Καὶ ὁ μὲν
R.p.1342 τοῦτο ποιήσας, ἐξέδρα ἐν ᾧ ἐκείνη[11] ἐξεκαλύπτετο· γνοὺς
δ' ὁ[12] Μακρῖνος τὸ πεπραγμένον, οὐκέτ' ἐτόλμησεν οὔτε
κατὰ χώραν μεῖναι οὔτε πρὸς τὸ τεῖχος προσελάσαι· ἀλλ'
ἐς τὴν Ἀντιόχειαν[13] κατὰ τάχος ἀνεκομίσθη. Καὶ οὕτως[14]
οἵ τε Ἀλβάνιοι[15], οἵ τε ἄλλοι, οἱ περὶ ἐκεῖνα[16] τὰ χωρία
χειμάζοντες, προσαπέστησαν[17]. Καὶ οἱ μὲν τά τε ἄλλα
ἀντιπαρεσκευάζοντο, καὶ ἀντέπεμπον ἔς τε[18] τὰ ἔθνη καὶ
ἐς τὰ στρατόπεδα ἀγγέλους καὶ γράμματα· ἀφ' ὧν πολλαχόθι πρός τε τὴν πρώτην ἑκατέρου περὶ τοῦ ἑτέρου πέμ-
ψιν, καὶ πρὸς τὰς συνεχεῖς καὶ διαφόρους ἀλλήλαις ἀγγε-

---

1. Ddf; vulg. et Bkk. : ἱλώσασθαι; V et Urs. : εἰλώσασθαι. — 2. Urs.
et Lncl. : ἀναστάσεως. — 3. Rsk. : διαδηλωθῆναι. — 4. Bkk. et Ddf;
vulg. : τότε πρῶτον; Urs. et F : ταῦτα πρῶτον; Rm. propose d'écrire :
κατὰ ταῦτα, ou μετὰ ταῦτα.
    5. Bkk. et Ddf; vulg. om.
    6. V : προσῆλθεν.
    7. Urs. om. — 8. Julianus (ch. 32) était préfet du prétoire.
    9. F. om. — 10. Rsk., Bkk. et Ddf; vulg. : ἐσημήνατο; Urs. : ἐση-

la même raison qui lui fit distribuer au peuple cent cinquante drachmes environ pour un souper, avant d'avoir
annoncé quoi que ce soit de relatif à la révolte, afin
qu'on regardât ce banquet comme donné, non à l'occa-
sïon de ces événements, mais en l'honneur de son fils. Sur
ces entrefaites, un soldat, du nombre de ceux qui s'étaient
détachés de lui, l'aborda pour lui offrir la tête de
Julianus (Julianus avait été découvert dans sa cachette et
égorgé), fortement serrée dans plusieurs linges, comme
étant celle du faux Antonin : elle était, en effet, cachetée
avec l'anneau de Julianus. Cela fait, le soldat, pendant
qu'on la développait, prit la fuite, et Macrin, instruit de
ce qui se passait, n'osa plus ni conserver ses positions, ni
marcher contre le camp ; il rentra en hâte à Antioche.
A la suite de cette retraite, les soldats d'Albe et les
autres, qui étaient en quartiers d'hiver dans ces contrées, abandonnèrent son parti. On faisait des préparatifs
des deux côtés et on envoyait des messagers et des
lettres aux provinces et aux légions : aussi, en beaucoup
d'endroits, la première dépêche de chacun au sujet de
son rival, la continuité et la différence des messages entre

μήναντο; V : ἐσήμαντο. — 11. Bkk. et Ddf; vulg. : ἐξέδρασεν [Lncl. :
ἐξέδραμεν] ὡς ἐκείνη.

12. Urs., Lncl., Bkk. et Ddf; vulg. : δὲ ὁ.

13. F : Ἀντιοχίαν.

14. Urs. : οὗτος, et en marge : οὕτως.

15. Urs. et Lncl. : Ἀλβίνιοι, leçon signalée par Rm. comme étant
dans V, mais dont M. Gros ne parle pas. — 16. Urs. et Lncl. : παρ'
ἐκεῖνα. — 17. F : προσαπέστησαν. — 18. Urs. et Lncl. om.

λίας, ἐταράχθησαν[1]· κἀκ τούτου συχνοὶ[2] μὲν καὶ τῶν
γραμματοφόρων ἀμφοτέρωθεν ἐφθάρησαν[3], συχνοὶ δὲ καὶ[4]
τῶν θανατωσάντων τοὺς Ἀντωνινείους, ἢ καὶ μὴ αὐτίκα
αὐτοῖς προσθεμένων, αἰτίαν ἔσχον[5]· καὶ οἱ μὲν καὶ ἀπώλοντο διὰ τοῦτο, οἱ δ' ἄλλο τι[6] ὦφλον. Ὧν ἐγὼ[7] τὰ μὲν
ἄλλα (ὁμοιοτροπώτατά τε γάρ ἐστι[8], καὶ οὐδὲν μέγα λεπτο-
λογηθέντα ἔχει) παρήσω, τὰ δὲ ἐν τῇ Αἰγύπτῳ γενόμενα
κεφαλαιώσας ἐρῶ.

35. Ἦρχε[9] μὲν αὐτῆς ὁ Βασιλιανὸς[10], ὃν καὶ ἐς τὴν
τοῦ[11] Ἰουλιανοῦ χώραν ἔπαρχον ὁ Μακρῖνος ἐπεποιήκει[12]·
διῆγε δέ τινα καὶ Μάριος Σεκοῦνδος, καίπερ[13] βουλευτής
τε[14] ὑπὸ τοῦ Μακρίνου γεγονὼς[15], καὶ τῆς[16] Φοινίκης προσ-
τατῶν· καὶ ἦσαν[17] κατὰ ταῦτα ἀμφότεροι αὐτῷ προσκεί-
μενοι, καὶ διὰ τοῦτο, καὶ τοὺς τοῦ Ψευδαντωνίνου δρο-
μοκήρυκας[18] ἀπέκτειναν. Μέχρι μὲν δὴ οὖν ἐν ἀμφιβόλῳ

1. Urs. : ἐταράχθη ; cette leçon n'est pas dans V, comme le dit Rm.
2. M. Gros a lu συχνοί et non οὐχνοί, comme F ; la restitution de Rm.
est donc confirmée et par le ms. et par l'histoire, tandis que οὐδείς,
donné par F et Lncl., οὐδένα par Urs., restent des fautes dues à ces
éditeurs. — 3. F : ἐφθάρησαν ; M. Gros n'a pas trouvé ἐφθάρσεσαν
dans V. — 4. Urs. et Lncl. ont complétement omis ἢ καὶ μὴ αὐτοῖς
[correction de Rm. pour ἑαυτοῖς (dont je ne trouve pas trace dans
M. Gros), suivie par St., Bkk. et Ddf] προσθεμένων.
5. F : ἔσχεν ; Lncl. : ἔσχε.
6. St., d'après Rm., Bkk. et Ddf ; vulg. : ἄλλοι τι.
7. Rsk., Bkk. et Ddf ; V et Urs. : ὡς ἐγώ ; Lncl., Rm. et St. : ὥστ' ἐγώ.
8. V : ἐστιν. — 9. V : ἦρχεν.
10. Urs. et F prétendent que Zn. lit Εὐτυχιανός, mais, dit Rm., « ubi
id habeat Z., nondum video. »
11. F om. — 12. Basilianus semble, au premier abord, avoir dû être
nommé préfet d'Égypte plutôt que préfet du prétoire, Julianus n'ayant

eux, jetèrent-elles le trouble ; elles causèrent, par suite, d'un côté comme de l'autre, la perte d'une foule de messagers, la mise en jugement d'une foule de ceux qui avaient tué les gens d'Antonin ou n'avaient pas sur-le-champ embrassé sa cause, et dont, pour ce motif, les uns furent mis à mort, les autres punis d'une autre façon. Je passerai le reste de ces événements (ils se ressemblent et leur détail n'a aucune importance sérieuse), mais je raconterai sommairement ce qui se passa en Égypte.

35. Le gouverneur de cette contrée était Basilianus, que Macrin avait créé préfet du prétoire en remplacement de Julianus ; certaines parties de l'administration dépendaient de Marius Secundus, bien que Macrin l'eût fait sénateur et qu'il fût mis à la tête de la Phénicie ; l'un et l'autre étaient, pour ces motifs, dévoués à l'empereur, et ils mirent à mort les hérauts du faux Antonin. Tant que les affaires restèrent incertaines, ils

pas, avant sa mort, été révoqué de ses fonctions et Basilianus s'étant enfui d'Égypte en Italie, où il ne tarda pas à être tué. Mais la signification du mot ἔπαρχος est constante dans Dion, et, soit aussitôt après la mort de Julianus, soit auparavant, il est possible qu'un successeur lui ait été nommé.

13. Lncl. : καί. Auguste n'avait pas voulu que l'Égypte (LI, 17, et LIII, 13), à cause de son importance, fût gouvernée par un sénateur.

14. Lncl., et Rm. ne le désapprouve pas, om. — 15. Rm. : « Verba a καίπερ usque ad γεγονώς non sunt in textu codicis, sed in margine, manu ejusdem qui primo codicem emendavit, ut ait Falco ; » M. Gros n'en parle pas.

16. F : γεγονὼς καὶ ὁ τῆς ; Urs. : γεγονὼς ὁ τῆς.

17. V : ECTHCAN (sic) avec un point sur E et sur C. — 18. Suidas : Δρομοκήρυκες· οἱ ἀγγελιαφόροι παρὰ Δίωνι. Zonaras, Lexique (p. 568) : Δημοκήρυκες· οἱ ἀγγελιαφόροι. Οὕτως Δίων· οἱ ἐπισπουδῶς πεμπόμενοι, ἢ οἱ ἡμεροδρόμοι.

τὰ πράγματα ἦν, μετέωροι καὶ αὐτοί, καὶ οἱ στρατιῶται,
οἵ τε ἰδιῶται ἦσαν· οἱ μέν τινες αὐτῶν ταῦτα, οἱ δὲ ἐκεῖνα,
κατὰ τὸ¹ στασιωτικὸν, καὶ βουλόμενοι, καὶ εὐχόμενοι,
καὶ διαθρυλοῦντες². Ἐπεὶ δὲ τῆς ἥττης τοῦ Μακρίνου
ἀγγελία ἀφίκετο, στάσις ἰσχυρὰ ἐγένετο· καὶ τοῦ τε δήμου πολλοὶ, καὶ τῶν στρατιωτῶν οὐκ ὀλίγοι διώλοντο·
ὅ τε Σεκοῦνδος ἐν ἀμηχανίᾳ ἔπεσε, καὶ ὁ Βασιλιανὸς φοβηθεὶς, μὴ καὶ ἐν χερσὶν ἀπόληται³, ἔκ τε τῆς Αἰγύπτου
ἐξέδρα, καὶ ἐς τὴν Ἰταλίαν, τὴν περὶ τὸ Βρεντέσιον⁴ ἐλθὼν,
ἐφωράθη, προδοθεὶς ὑπὸ φίλου τινὸς, ᾧ ἐν τῇ Ῥώμῃ ὄντι
κρύφα προσέπεμψε⁵ τροφὴν αἰτῶν. Καὶ ὁ μὲν οὕτως, ὕστερον ἐς τὴν Νικομήδειαν ἀναχθεὶς, ἐσφάγη.]

R.p.1343

36. Ὁ δὲ δὴ⁶ Μακρῖνος ἔγραψε μὲν καὶ τῇ βουλῇ περὶ
τοῦ Ψευδαντωνίνου, [*ὅσα καὶ τοῖς ἑκασταχόθι⁷ ἄρχουσι,]
παιδίον τέ τι⁸ ἀποκαλῶν αὐτὸν, καὶ ἔμπληκτον εἶναι λέ-
γων· [*ἔγραψε δὲ καὶ τῷ Μαξίμῳ τῷ πολιάρχῳ⁹ τά τε
ἄλλα οἷα εἰκὸς ἦν, καὶ ὅτι οἱ στρατιῶται, οἱ¹⁰ νεωστὶ κα-
τειλεγμένοι, πάνθ' ὅσα καὶ πρὶν εἶχον¹¹, λαμβάνειν ἀξιοῦσι¹²,
καὶ κοινὴν ἐπὶ τοῖς οὐ διδομένοις¹³ σφίσιν ὀργὴν καὶ οἱ
ἄλλοι, οἱ μηδενὸς ἐστερημένοι, ποιοῦνται. « Καὶ ἵνα γέ τις
ἄλλα, ὅσα παρά τε τοῦ Σεουήρου καὶ τοῦ υἱέος αὐτοῦ

---

1. Lncl., St., Bkk. et Ddf; vulg. om.
2. St., Bkk. et Ddf; vulg. : ἀπώληται. — 3. V, Bkk. et Ddf (orthographe constamment suivie d'ailleurs dans la présente édition et dans
celle de ces deux savants); vulg. : διαθρυλοῦντες. — 4. F : περὶ Βρεν-
τίσιον, mais, dit Rm., « Βρεντέσιον voluit scribi Falco pro Βρεντήσιον,
quod est in cod.; » M. Gros garde le silence sur cette variante.

furent en suspens, eux, les soldats et les particuliers, voulant, souhaitant et publiant, les uns ceci, les autres cela, comme c'est l'habitude dans les séditions. Mais, lorsqu'arriva la nouvelle de la défaite de Macrin, il y eut un fort soulèvement; plusieurs parmi le peuple et des soldats en grand nombre y périrent : Sécundus tomba dans l'indécision, et Basilianus, craignant d'être mis à mort sur-le-champ, s'enfuit d'Égypte; arrivé en Italie, aux environs de Brundusium, il fut découvert par la trahison d'un ami, demeuré à Rome, à qui il avait secrètement envoyé demander des vivres. C'est ainsi qu'ayant été plus tard ramené à Nicomédie, il y fut égorgé.]

36. Quant à Macrin, il écrivit au sénat au sujet du faux Antonin [ce qu'il avait écrit partout au gouverneurs de provinces], le traitant de petit enfant, et disant qu'il avait perdu la raison; [il écrivit, en outre, à Maximus, préfet de Rome, entre autres choses appropriées aux circonstances, que les soldats nouvellement enrôlés voulaient qu'on leur donnât tout ce qu'ils recevaient auparavant, et que les autres, à qui on n'avait rien enlevé, s'associaient à la colère de leurs camarades au sujet de ce qu'on ne leur accordait pas. « Pour ne point parler des autres avantages qu'ils ont obtenus de Sévère

5. V : προσέπεμψεν; Urs. : προέπεμψε.

6. F om. — 7. Urs. et Lncl. : ἑκαστάχοσε. — 8. F, Bkk. et Ddf; vulg. om. — 9. Il avait (ch. 14) succédé à Adventus. — 10. Urs. et F : καὶ οἱ. — 11. Cf. ch. 28.

12. V : ἀξιοῦσιν.

13. V, F, Rm. et St. : δεδομένοις.

πρὸς διαφθορὰν τῆς ἀκριβοῦς στρατείας εὕρηντο, παρα-
λίπη[1], οὔτε δίδοσθαι[2] σφίσι τὴν μισθοφορὰν τὴν ἐντελῆ
πρὸς ταῖς ἐπιμισθοφοραῖς[3], ἃς ἐλάμβανον, οἷόν τε εἶναι
ἔφη (ἐς γὰρ ἑπτακισχιλίας μυριάδας ἐτησίους τὴν αὔξησιν
αὐτῆς τὴν ὑπὸ[4] τοῦ Ταραύτου γενομένην τείνειν), οὔτε
μὴ δίδοσθαι. Τοῦτο μὲν ὅτι οἱ στρατιῶται, ἐκεῖνο[5] δὲ ὅτι...

1. δικαιωνπο
2. αλλατανεμ
3. αναλωματα
4. καιτομενσ
5. τεδημοσιε
6. στρατιωτιχ
7. μενονκαισ
8. απολουμεν
9. δυνηθηαυ
10. παιςωςαυ
11. τεφαυτω
12. εαυτονεπ
13. καοιτικαιυ]

κατωδύρατο ἑαυτὸν[6], παραμύθιον τῆς συμφορᾶς ἔχειν ἔφη,
ὅτι τῷ ἀδελφοκτόνῳ[7], τῷ τὴν οἰκουμένην καταλῦσαι[8]
ἐπιχειρήσαντι[9], ἐπεβίω. Καὶ τοιόνδε τι[10] προσενέγραψεν,
ὅτι[11] «Πολλοὺς οἶδα μᾶλλον ἐπιθυμοῦντας αὐτοκράτορας[12] σφαγῆναι, ἢ αὐτοὺς[13] βιῶναι. Τοῦτο δὲ οὐ περὶ
ἐμαυτοῦ λέγω, ὅτι τις ἢ ἐπιθυμήσειεν ἂν[14], ἢ εὔξαιτό με
ἀπολέσθαι.» Ἐφ' ᾧ δὴ[15] Φουλούϊος[16] Διογενιανὸς ἐξεβόησεν, ὅτι, «Πάντες[17] εὐξάμεθα.»

---

1. V, Bkk. et Ddf; vulg. : παραλείπη. — 2. F : διαδίδοσθαι.
ἐπι
3. Bkk. et Ddf : ἐπιφοραῖς; Bkk. en note : μισθοφοραῖς:.
4. Urs. : τὴν γὰρ ὑπό. — 5. Page 18, col. 1. — 6. Bkk. et Ddf; vulg. :
τ' ὠδύρατο, ἑαυτόν. — 7. F, Bkk. et Ddf : ἀδελφοφόνῳ. — 8. F : ἀπολῦσαι. — 9. F : ἐπιχειρήσαντι. — 10. F : ὅτε. — 11. Rm. : « Τὰ καὶ
τοῖον δέ τι, Rom. [F]. Scilicet... ta in codice erat, quòd ταῦτα interpre-

et de son fils, avantages qui ont perdu la discipline militaire, il était, disait-il, impossible et de leur donner la solde complète avec les hautes payes qu'ils recevaient (l'augmentation qui avait eu lieu sous Tarautas atteignait le chiffre de soixante millions de drachmes par an), et de ne pas la leur donner; d'un côté, les soldats, de l'autre . . . . : . . . .

1. δικαίων πο........

2. ἀλλὰ τὰ νενονισμένα

3. ἀναλώματα α........

4. καὶ τὸ μὲν σ.......

5. τε δημοσιο.......

6. στρατιωτικ........

7. μενον καὶ σ........ν

8. ἀπολουμεν........

9. δυνηθη αὐτός τε καὶ ὁ

10. παῖς ὡς αυτ......

11. τ' ἐφ' ἑαυτω.......

12. ἑαυτὸν ἐπ..........

13. καὶ ὅτι καὶ υἱὸν εἶχε]...

il pleura sur son sort, et témoigna que, dans son malheur, il avait la consolation de survivre à un fratricide, qui avait fait tous ses efforts pour ruiner l'univers. Il ajouta, dans sa lettre : « Je sais qu'il y a bien des gens qui préfèrent la mort des empereurs à leur propre vie. Ce n'est pas pourtant de moi que je parle ici, ne pouvant croire que personne ait désiré ou souhaité ma perte. » A cet endroit, Fulvius Diogénianus s'écria : « Nous l'avons tous souhaitée. »

---

tatur Falco; quanquam ne hoc quidem locum invenerit. » Les notes de M. Gros n'indiquent ici aucune variante. — 12. Xld. et Henri Étienne veulent écrire αὐτοκράτορα; c'est aussi la leçon de Blancus. — 13. Rm. : « Αὐτούς. Sic melius L. quam αὐτούς, Rom. [F] et quædam Xiph. editt. » Rsk. propose de lire soit ἀνάρχους, soit ἀτίμους; soit un autre mot semblable, addition inutile. — 14. Xph. om. — 15. Xph. om. — 16. ἱ : Φολούϊος. — 17. Xph. ἱ πάντα, que Slbg. corrigeait πάντως ou πάντες.

R.p.1344 37. Οὗτος δ' ἦν μὲν ἐκ τῶν ὑπατευκότων [1], σφόδρα δ' οὐ φρενήρης, καὶ κατὰ τοῦτο, οὔτ' αὐτὸς ἑαυτὸν, οὔτε τοὺς ἄλλους ἤρεσκεν. [*Οὗτος καὶ τ. . . . .

2. τουπογραμ
3. επιστολης
4. χαντοςοτ
5. χαιπροςτον
6. ςδιφθεριον
7. απτοαναγνωναι
8. σατοχαχεινα
9. θηναιχαιην
10. ςαλλατεχαις
11. σπεμφθειν
12. αντιχρυςως
13. μοσιευθη
14. ταχατοχνων
15. περχελευσας
16. ωθηναιτωι
17. χαιαλλοιςτε

18. πρωτωντοις
19. υσανεπιστη
20. υχοινουσω
21. ονοιαντινα
22. ουςτονδε
23. ωνγραμμα
24. ονεπιπλει
25. ονονιοψευ
26. οςευρων
27. ςτουμαχρι
28. οιςμηδεπω
29. ιααυτοςεχων
30. εξεφηνεν
31. αδιαβολην
32. ςτουςστρα
33. ομενος]

Οὕτω δὲ [2] ταχέως [3] ἐπ' αὐτὸν ἤλασεν, ὥστε χαλεπῶς τον Μαχρῖνον ἐν [*Ἴμμαις] κώμῃ τινὶ τῶν Ἀντιοχέων [4], ἑχατόν τε [5] καὶ ὀγδοήκοντα ἀπὸ [6] τῆς πόλεως σταδίους ἀπε-

1. Les Fastes ne font pas mention de ce personnage; il faut qu'il ait été consul subrogé, mais quand? on n'a pas de renseignements à cet égard.
2. M. Gros ne signale pas l'absence de ce mot dans V. — 3. Xph. : Ὁ δὲ δὴ Ψευδαντωνῖνος οὕτω ταχέως. — 4. Restitution de Wesseling

37. Ce Diogénianus était un personnage consulaire, homme de peu d'esprit, et, partant, il se déplaisait à lui-même et aux autres. [Il. . . . .

2. τὸ ὑπόγραμμα......
3. ἐπιστολῆς........
4. σαντος ὅτ......
5. καὶ πρὸς τὸν...........
6. ς διφθέριον ἐπετέτρ-
7. απτο ἀναγνῶναι......
8. σατο κἀκεῖνα........
9. θηναι καὶ ην.........
10. ς ἄλλα τε καὶ.......
11. σπεμφθείη........
12. ἄντικρυς ὡς....... δη-
13. μοσιευθη........
14. τα κατοκνῶν.......
15. περ κελεύσας.......
16. ωθῆναι τῷ.........
17. καὶ ἄλλοις τε.......

18. πρώτων τοῖς........
19. υσαν ἐπιστη........ το-
20. ῦ κοινοῦ σωτῆρος πρ-
21. ονοίαν τινα........
22. ους τονδε.........
23. ων γραμμα.........
24. ων ἐπὶ πλει.........
25. ον ὅτι ὁ Ψευδαντωνῖν-
26. ος εὑρὼν ἐν τοῖ-
27. ς τοῦ Μακρίνου κιβωτί-
28. οις μηδέπω.......
29. α αὐτὸς ἑκὼν.........
30. ἐξέφηνεν.........
31. α διαβολὴν....... πρὸ-
32. ς τοὺς στρατιώτας ποι-
33. ούμενος.   ]

Il fit une telle diligence que Macrin eut peine à engager une action avec lui à [Immæ], village de la dépendance d'Antioche, distant de cent quatre-vingts stades de la

approuvée par Rm.; vulg. et V : I.....; Bkk. et Ddf se contentent de lire simplement avec Xiph. : ἐν κώμη τινὶ [mot omis dans V] τῶν Ἀντιοχείων.

5. Xph. om. — 6. Xph. om.

χούσῃ[1], συμβαλεῖν αὐτῷ. [*Ἐνθα δὴ[2]] τῇ μὲν προθυμίᾳ[3] τῇ τῶν δορυφόρων ἐκράτησε[4] (τούς τε γὰρ θώρακας[5] τοὺς λεπιδωτούς[6], καὶ τὰς ἀσπίδας τὰς σωληνοειδεῖς[7] ἀφελόμενος αὐτῶν, κουφοτέρους σφᾶς ἐς τὰς μάχας[8] ἐπεποιήκει[9])· τῇ δὲ[10] ἑαυτοῦ δειλίᾳ ἡττήθη[11], καθάπερ καὶ τὸ δαιμόνιον αὐτῷ προεδήλωσεν. Ἐν γὰρ δὴ τῇ ἡμέρᾳ ἐκείνῃ, ἐν ᾗ τὰ πρῶτα[12] αὐτοῦ περὶ τῆς ἀρχῆς γράμματα ἡμῖν ἀνεγνώσθη, περιστερά τις ἐπὶ εἰκόνα[13] Σεουήρου, [*οὗ τὸ

R.p.1345 ὄνομα αὐτὸς ἑαυτῷ ἐτέθειτο[14],] ἐν τῷ συνεδρίῳ ἀνακειμένην, ἐπέπτατο[15]· [*καὶ μετὰ τοῦτο, ὅτε τὰ περὶ τοῦ υἱέος[16] ἔπεμψεν, οὔτε ὑπὸ τῶν ὑπάτων, οὔθ᾽ ὑπὸ[17] τῶν στρατηγῶν, συνήλθομεν[18] (οὐ γὰρ ἔτυχον παρόντες), ἀλλ᾽ ὑπὸ τῶν δημάρχων[19], ὅπερ ἐν[20] τῷ χρόνῳ τρόπον τινὰ ἤδη κατε-

---

1. Xph. : ἀπεχούσης. — 2. F. propose : βιᾶσαι · καὶ ὁ τῇ μέν; Rm. aimerait « pro βιᾶσαι nihil reponere, præter καί ».

3. Xph. : τῇ μὲν οὖν προθυμίᾳ. — 4. Hérodien, V, 4, ajoute que les prétoriens, après avoir longtemps soutenu seuls le combat contre tous les autres, qui étaient passés du côté du faux Antonin, ne voyant plus Macrin ni les enseignes qu'on porte devant l'empereur, finirent par renoncer à combattre pour un prince ou mort ou en fuite, et que, cédant à l'invitation du faux Antonin, ils devinrent ses gardes.

5. Robert Étienne et Henri Étienne (ed. minor) : θωρακωτούς, que Slbg., suivi par les éd. subséq., corrigeait déjà, d'après ƒ et m (joignons-y c) : θώρακας τούς.

6. Sur ces cuirasses, cf. Juste-Lipse, Milice romaine, livre III, Dialogue VI, t. III de ses Œuvres.

7. F : σοληνοειδεῖς. Sur ces boucliers longs et pesants, faits en forme de gouttières, cf. XLIX, 30, et Juste-Lipse, cité note précédente, Dialogue II. — 8. Xph. et Urs. : ἐν ταῖς μάχαις. Rm. (ce dont M. Gros ne dit rien) : « Εἰ [ƒ : εἰς] τὰς μάχας, codex; quod correctum ex eo quod prius habebat σφαγαῖς τε μάχαις. »

9. Xph. : πεποιήκει, leçon qui serait aussi dans V, suivant Rm., mais que M. Gros ne donne pas.

ville. [Là], Macrin remporta la victoire, grâce à l'ardeur des prétoriens (en leur enlevant les cuirasses formées d'écailles et les boucliers en gouttières, il les avait rendus plus légers); mais il fut vaincu par sa propre lâcheté, comme les dieux le lui avaient prédit. En effet, le jour où sa première lettre, relative à son avénement à l'empire, nous fut lue, une colombe vint se poser sur une statue de Sévère, élevée dans le sénat à ce prince, [dont Macrin avait pris le nom; ensuite, lors du message au sujet de son fils, ce ne furent ni les consuls, ni les préteurs (ils étaient alors absents), mais les tribuns qui nous réunirent, ce qui était déjà, pour ainsi dire,

---

10. Urs. et F : τε. — 11. Allusion à ce qui a été dit (ch. 27) de la lâcheté naturelle de Macrin. Capitolin (10) dit que ce prince, vaincu par la trahison de ses soldats, qui lui préféraient le faux Antonin, prit la fuite avec une faible escorte.

12. Urs. om. : τά; Xph. : Ὅτε γὰρ τὰ πρῶτα.

13. Urs. : εἰκόνι.

14. Témoignage confirmé par les médailles et par Capitolin, 5 : « Infulsit nomen Severi, quum illius nulla cognatione tangeretur. »

15. Servius, dans ses notes sur l'Énéide (I, 393), nous apprend qu'on tirait des présages, mais seulement pour les princes, du vol des colombes. Cet oiseau vivant en société, lorsqu'on le voyait voler seul; c'était un signe de l'abandon du prince par les siens. — 16. Urs. : περὶ αὐτοῦ υἱέος; Lncl. : περὶ τοῦ αὐτοῦ υἱέος. Rm. donne cette dernière leçon, qui est peut-être, dit-il, pour περὶ τοῦ υἱέος αὐτοῦ, comme étant primitivement dans V, où une autre main aurait effacé αὐτοῦ. Les notes de M. Gros sont muettes à cet endroit.

17. F om. : τῶν ὑπάτων, οὔθ' ὑπό.

18. F : συνέλθουεν. — 19. St. : « Post ζημάρχων inserendum est συγκληθέντες, aut simile quid. » — 20. Lncl. pense qu'on pourrait supprimer ce mot.

λέλυτο[1]. Οὐ μὴν[2] οὐδὲ τὸ ὄνομα αὐτοῦ[3] ἐν τῷ τῆς ἐπιστολῆς προοιμίῳ, καίτοι καὶ[4] Καίσαρα, καὶ αὐτο-κράτορα αὐτὸν ὀνομάσας[5], καὶ τὰ γραφέντα, ὡς καὶ παρ' ἀμφοτέρων ἐπισταλέντα, προδηλώσας, ἐνέγραψεν· ἔν τε τῇ διηγήσει τῶν πεπραγμένων, τῆς μὲν τοῦ Διαδουμενια-νοῦ προσηγορίας ἐπεμνήσθη[6], τὴν δὲ τοῦ Ἀντωνίνου, καί-περ ἔχοντος αὐτοῦ καὶ ταύτην, παρέλιπε[7]. Ταῦτα μὲν οὕτως ἔσχε[8].

38. Καὶ νὴ Δία, καὶ ὅτε περὶ τῆς τοῦ Ψευδαντωνίνου ἐπαναστάσεως ἐπέστειλεν, εἶπον μέν τινα οἱ ὕπατοι κατ' Ἀουίτου[9], ὥσπερ εἴωθεν ἐν τοῖς τοιούτοις γίγνεσθαι[10]· εἶπε δὲ[11] καὶ ὦν στρατηγῶν τις, τῶν τε δημάρχων ἕτερος· καὶ ἐκείνῳ μὲν καὶ[12] τῷ ἀνεψιῷ[13] αὐτοῦ, καὶ ταῖς μητράσι[14], τῇ τε τήθη, πόλεμος[15] ἐπηγγέλθη, καὶ ἐπεκηρύχθη, τοῖς δὲ συνεπαναστᾶσιν αὐτῷ ἄδεια, ἂν γνωσιμαχήσωσιν, ὥσπερ καὶ ὁ Μακρῖνος αὐτοῖς ὑπέσχητο, ἐδόθη. Καὶ γὰρ ἃ διε-λέχθη τοῖς στρατιώταις ἀνεγνώσθη,] ἐξ ὧν ἔτι καὶ μᾶλλον τὴ ἀπεινότητα[16] καὶ τὴν μωρίαν αὐτοῦ πάντες κατέ-

---

· 1. Ce fut, au témoignage de Denys d'Halicarnasse, X, Icilius, tribun l'an 298 de Rome, qui s'arrogea le premier le pouvoir de convoquer le sénat : ses successeurs en usèrent plus d'une fois depuis, même lorsque les consuls et les préteurs étaient dans la ville. Sous les empereurs, les tribuns firent rarement acte de leurs pouvoirs, et surtout de celui-là. Il est donc assez curieux de voir sous Tibère (LVII, 15) un de ces magistrats intervenir dans une délibération du sénat.

2. F : μέν. — 3. Rsk. : αὐτοῦ οὐδὲ τοῦ υἱέως. — 4. Urs. om.

5. Cf. ch. 17 et 34. — 6. Urs. et Lncl. : ἐμνήσθη.

7. Bkk. et et Ddf : παρέλιπεν ; V : παρέλειπεν ; vulg. : παρέλειπε.

8. V : ἔσχεν.

tombé en désuétude. En outre, le nom de son fils, bien qu'il l'eût nommé César et empereur, n'était pas mentionné même en tête de cette lettre, qu'il avait déclarée écrite par tous les deux ; et, dans le récit des faits qui s'étaient accomplis, il employa son nom de Diaduménianus, et laissa de côté celui d'Antonin, que l'enfant portait aussi. Voilà comment les choses se passèrent.

38. Assurément, lorsque Macrin écrivit au sujet de la révolte du faux Antonin, les consuls, comme c'est la coutume en pareilles circonstances, parlèrent contre Avitus ; un des préteurs parla dans le même sens, ainsi que l'un des tribuns, et la guerre fut déclarée et proclamée contre lui, contre son cousin, contre leurs mères et contre leur aïeule, avec impunité, comme le leur promettait Macrin, pour les complices de leur soulèvement, s'ils changeaient de résolution. On lut aussi les proclamations adressées aux soldats], proclamations qui nous firent encore mieux connaître à tous la bassesse et l'ex-

---

9. St. (*Addenda*) : « Fortasse legendum est κατ' Ἀουείτου. » En effet, αὐτοῦ, leçon vulg. conservée par Bkk. et Ddf, est bien éloigné du nom qu'il représente, et la paléographie rend sans peine compte de cette confusion des deux mots. — 10. Urs. et Lncl. : γίνεσθαι. — 11. V : εἶπεν δέ. — 12. Rm. : « Καί male omisit codex et Rom. [F]. » M. Gros n'en parle pas. — 13. Bassianus Mamée (le même qui régna plus tard sous le nom d'Alexandre Sévère), fils (ch. 30) de la sœur de Sœmis, mère du faux Antonin. — 14. V : μητράσιν.

15. Vulg. : πόλεμός τε ; Bkk. et Ddf mettent, comme suspect ici, τε entre crochets.

16. F : ἔτι τὴν ταπεινότητα, répétition de l'ἔτι qui précède.

γνωμεν [1]. [* τά τε γὰρ ἄλλα,] καὶ ἑαυτὸν μὲν πατέρα, τὸν δὲ Διαδουμενιανὸν [2] υἱὸν αὑτοῦ [3], συνεχέστατα ἀπεκάλει, καὶ τὴν ἡλικίαν τοῦ Ψευδαντωνίνου διέβαλλε [4], πολὺ νεώτερον αὑτοῦ τὸν υἱὸν αὐτοκράτορα ἀποφήνας. [* Ἐν δ' οὖν τῇ μάχῃ, ὁ μὲν Γάννυς [5] καὶ τὰ στενὰ [6] τὰ πρὸ τῆς κώμης σπουδῇ προκατέλαβε, καὶ τοὺς στρατιώτας εὐπολέμως διέταξε [7], καίτοι καὶ ἀπειρότατος τῶν στρατιωτικῶν ὢν καὶ ἐν τρυφῇ βεβιωκώς· οὕτω που μεγάλη τύχη πρὸς πάντα ἁπλῶς προφέρει, ὥστε καὶ ἐπιστήμην τοῖς ἀγνοοῦσιν αὐτὴν χαρίζεσθαι [8].] Τὸ δὲ δὴ στράτευμα αὐτοῦ ἀσθενέστατα ἠγωνίσατο [9], καὶ εἴ γε μὴ [10] ἥ τε Μαῖσα, καὶ ἡ Σοαιμὶς [11] [(* συνῆσαν γὰρ ἤδη τῷ παιδίῳ)] ἀπό τε [12] τῶν ὀχημάτων καταπηδήσασαι, καὶ ἐς τοὺς φεύγοντας ἐκπεσοῦσαι, ἐπέσχον [13] αὐτοὺς τῆς φυγῆς [14], ὀδυρόμεναι· καὶ ἐκεῖνο [15] σπασάμενον τὸ ξιφίδιον, ὃ παρέζωστο, ὤφθη σφίσιν ἐπὶ

---

1. V, Bkk. et Ddf; vulg. : κατεγνώκαμεν.

2. Rm. : « Διαδουμενόν, omnes. Διογενιανόν, corrupte, R. S. et Coisl. [*i*, quibus adde *a*, *b*]. » Cf. ch. 4. D'après M. Gros, Διαδουμενιανόν doit être dans V.

3. V, F, Urs. : αὐτῷ. — 4. Cf. ch. 34 et 36. — 5. Plusieurs savants ont cru, et Rm. avait d'abord partagé leur avis, qu'il fallait lire ici γύννις, *efféminé*, épithète qui, ainsi que celle de κωμάζων, au ch. suivant, aurait été employée par Dion pour flétrir les mœurs corrompues du faux Antonin. Mais Γάννυς et Κωμάζων sont, dans cet endroit, deux personnes distinctes de celle du faux Antonin, à qui Dion ne donne de noms injurieux que lorsque l'usurpateur a révélé son caractère, noms qui sont rapportés au commencement du livre suivant, et parmi lesquels ne figurent pas ces épithètes. Il y a plus, Dion (LXXIX, 4) et Xiphilin disent en propres termes que Κωμάζων était un surnom donné à Eutychianus. Quant à Γάννυς, Rm. ajoute : « Ganna et Gannica sunt nomina propria feminarum apud Gruterum ; quidni et Gannis vel Gannys proprium viri sit ?.... Is ipse est, quem Elegabalus mox occidit lib. LXXIX, c. 6, educator et

travagance de cet homme : [entre autres choses], il y
répétait continuellement qu'il était père, et que Diaduménianus était son fils ; il critiquait l'âge du faux Antonin, bien qu'ayant déclaré empereur son fils, qui était
beaucoup plus jeune. [Dans la bataille, Gannys eut soin
de se saisir des défilés qui sont en avant du village , et
il rangea avec habileté ses soldats, bien qu'il fût complétement dépourvu de talents militaires ét qu'il eût passé
sa vie dans la mollesse ; une grande fortune, en effet,
élève si simplement les hommes à tout, qu'elle donne la
science aux ignorants.] Son armée, néanmoins, combattit avec beaucoup de faiblesse, et, sans Mæsa et Soœmis
[(elles accompagnaient déjà l'enfant)], qui, s'élançant de
leurs chars et se précipitant au milieu des fuyards, les
retinrent par leurs larmes, et sans l'enfant lui-même,
qui , tirant la petite épée qu'il portait, se fit voir à

tutor Elegabali.... Hunc autem ab Eutychiano etiam diversum fuisse
intelliges ex nota [1, p. 500, c. 31].» — 6. Urs., dans son texte : τιστε-
ναται, mais il a corrigé en marge. — 7. V : διέταξεν. — 8. Lncl. (leçon
qu'il déclare préférable à celle qu'il propose en même temps : ὥστε καὶ
ἐπιστήμας τοῖς ἀγνοοῦσιν αὐτὰς χαρίζεσθαι) et les éd. subséq. ; V : ημας-
τοιςγνουσιν [Urs. et F : ἐπιστήμας τοῖς γνοῦσιν] αὐτὴν χαρίζεσθαι. Sur
cette construction de ὥστε, cf. Lobeck, *Parerga ad Phrynichum*,
p. 750.

9. F, « codicem secutus, » dit Rm., ce dont M. Gros ne parle pas.

10. F : ἤτε μήν, tout en reconnaissant qu'il y a μή et non μήν dans
le ms.

11. Urs. et F : Σοαιμία.

12. Ce mot, dans Xph., a été ajouté par Slbg. d'après *f*, *m*, auxquels
il faut joindre *i*.

13. *f* : ἀπέσχον; M. Gros ne donne pas cette variante.

14. *c* om.

15. Xph. : τὸ παιδίον, au lieu de ἐκεῖνο.

ἵππου, θεία τινὶ φορᾷ ὡς καὶ ἐς[1] τοὺς ἐναντίους ἐλάσον[2],
οὐκ ἄν ποτε ἔστησαν[3] · καὶ ὡς δ' ἂν αὖθις[4] ἐτράποντο[5],
εἰ μὴ ὁ Μακρῖνος, ἰδὼν[6] αὐτοὺς[7] ἀνθισταμένους, ἔφυγε[8].

39. Καὶ ὁ μὲν οὕτως, τῇ Ἰουνίου[9] ὀγδόῃ, ἡττηθεὶς,
τὸν μὲν υἱὸν πρὸς τὸν Ἀρτάβανον, τὸν τῶν Πάρθων βασιλέα[10], διά τε τοῦ Ἐπαγάθου[11], καὶ δι' ἄλλων τινῶν ἔπεμ-
ψεν· αὐτὸς δὲ ἐς τὴν Ἀντιόχειαν, ὡς καὶ νενικηκὼς, ὅπως
καταδεχθῇ[12], ἐσελθὼν[13], ἔπειτα διαγγελθείσης τῆς ἥττης
αὐτοῦ, καὶ φόνων ἐκ τούτου[14] πολλῶν, κἀν ταῖς ὁδοῖς,
κἀν τῇ πόλει, ὥς που καὶ εὐνοίας ἑκατέρῳ τις αὐτῶν[15] εἶχε,
γιγνομένων, ἀπέδρα καὶ[16] ἐκεῖθεν νυκτὸς, ἐπὶ ἵππων[17],
τήν τε κεφαλὴν καὶ τὸ γένειον πᾶν ξυράμενος[18], καὶ ἐσθῆτα
φαιὰν κατὰ τῆς ἁλουργοῦς[19], ἵν' ὅτι μάλιστα ἰδιώτῃ[20] τινὶ
ἐοίκῃ[21], λαβών. Καὶ οὕτω μετ' ὀλίγων ἐς Αἰγὰς τῆς Κιλικίας ἐλθὼν, ὀχημάτων τε ἐνταῦθα, ὡς καὶ στρατιώτης
τις τῶν ἀγγελιαφόρων ὢν, ἐπέβη[22], καὶ διεξήλασε διὰ τῆς
Καππαδοκίας, καὶ τῆς Γαλατίας, τῆς τε Βιθυνίας, μέχρις

1. Xph. : ἐπί. — 2. Xph., Rm. et les éd. subséq.; V, F, Urs. : ἐλάσαν.
3. Xph. : τοῦτο γὰρ ἰδόντες ἔστησαν. — 4. Rm., ce dont M. Gros ne
dit rien : « Pro αὖθις in codice est αὐτῆς. »
5. Xph. : ἐτράποντο δ' ἂν καὶ ὡς πάλιν.
6. V et Urs.; εἰδών.
7. Robert Étienne et Henri Étienne (*ed. minor*) : αὐτοῦ.
8. Bkk. : ἔφυγεν; Urs. : ἔφευγε.
9. F et Urs. : Ἰουλίου. Mais les historiens sont d'accord sur les quatorze mois de règne de Macrin. Or, Caracallus (ch. 5) a été tué le
8 avril, l'an 970 de Rome, et Macrin (ch. 11) laisse deux jours s'écou-
ler avant de se déclarer empereur. Si donc on lisait Ἰουλίου, il s'ensui-
vrait que Macrin aurait régné un an trois mois. — 10. Macrin (ch. 26 ; et
Hérodien, IV, 15) avait fait un traité de paix et d'amitié avec ce prince.

cheval au milieu d'eux par une sorte d'inspiration divine, comme s'il allait se jeter au milieu des ennemis, jamais elle ne se serait arrêtée. Elle aurait, même malgré cela, de nouveau tourné le dos si Macrin, à la vue de cette résistance, n'avait pas lui-même pris la fuite.

39. Ainsi vaincu le 8 juin, il fit, par le moyen d'Épagathos et d'autres, passer son fils chez Artabanos, roi des Parthes ; quant à lui, après être entré dans Antioche comme vainqueur, afin d'être reçu par les habitants, lorsque sa défaite fut connue, et qu'à la suite de cette nouvelle, le sang eut coulé à flots sur les routes et dans la ville, selon l'intérêt que chacun portait à l'un ou à l'autre, il s'enfuit encore de cette ville la nuit, à cheval, la tête et le menton complément rasés, un vêtement sombre sur sa pourpre, afin de ressembler autant que possible à un simple particulier. Arrivé ainsi avec une suite peu nombreuse à Æges de Cilicie, il monta sur un char comme soldat chargé d'un message, traversa la Cappadoce, la Galatie et la Bithynie jusqu'à Éribole, arsenal

11. C'était (LXXVII, 21) un affranchi de Caracallus.

12. F. et Urs. : καταδείχθη ; mais Xph. et Zn. démontrent l'erreur.

13. Bkk, et Ddf ; vulg, : εἰσελθών.

14. Urs. et F : ἐκ τούτων.

15. V, F, Urs., Bkk. et Ddf (mais Bkk. et Ddf ont adopté ἑκατέρῳ en place de ἑκατέρου) ; Rm. et St., d'après Xph. : ποῦ τις εὐνοίας ἑκατέρῳ αὐτῶν. — 16. Xph. om. — 17. Xph. : ἵππου. — 18. Depuis Adrien (LXVIII, 15), les empereurs portaient les cheveux longs et laissaient croître leur barbe. — 19. Xph. : τὰς ἀλουργεῖς.

20. Urs. : μάλιστ' ἰδιώτῃ.

21. Xph. : ἐοίκοι. St. : « Hunc verbi ἐοικέναι usum multum exemplis illustravit Boissonade ad Eunapium, p. 159. » — 22. Cf. ch. 11 et 15. C'est ce qu'aujourd'hui nous appelons les Postes.

Ἐριβώλου [1] τοῦ ἐπινείου, τοῦ [2] καταντιπέρας [3] τῆς τῶν
Νικομηδέων πόλεως ὄντος, [*γνώμην ἔχων ἐς τὴν Ῥώμην
ἀναδραμεῖν [4], ὡς καὶ ἐκεῖ παρά τε τῆς βουλῆς καὶ παρὰ
τοῦ δήμου βοηθείας τινὸς τευξόμενος. Καὶ, εἴπερ ἐπεφεύ-
γει [5], πάντως ἄν τι κατείργαστο· ἡ γὰρ εὔνοια σφῶν παρὰ
πολὺ ἐς αὐτὸν, πρός τε τὸ τῶν Σύρων τόλμημα [6], καὶ πρὸς
τὴν τοῦ Ψευδαντωνίνου ἡλικίαν, τό τε τοῦ Γάννυ καὶ τοῦ
Κωμάζοντος [7] αὐτεπίτακτον [8], σκοπούντων, ἐποίει [9]· ὥστε
κἂν [10] τοὺς στρατιώτας ἤτοι ἑκόντας [11] μετανοῆσαι, ἢ [12] καὶ
ἄκοντας καταδαμασθῆναι. Νῦν [13] δὲ τῶν μὲν ἄλλων ἀνθρώπων, δι' ὧν διῄει, εἰ καὶ ἐγνώρισέ τις [14] αὐτὸν, ἀλλ' οὔ
τι [15] καὶ ἐφάψασθαι ἐτόλμησεν αὐτοῦ·] ὡς δὲ ἐκ τοῦ Ἐριβώλου διαπλέων ἐς τὴν Χαλκηδόνα (οὐ γὰρ ἐθάρσησεν ἐς
τὴν Νικομήδειαν ἐσελθεῖν [16], [*φοβηθεὶς τὸν τῆς Βιθυνίας
ἄρχοντα, Καικίλιον Ἀρίστωνα,)] ἔπεμψε πρός τινα τῶν
ἐπιτρόπων, ἀργύριον αἰτῶν [17], καὶ κατὰ τοῦτο ἐγνώσθη·
κατελήφθη [18] τε ἐν τῇ Χαλκηδόνι [*ἔτι ὤν,] καὶ ἐπελθόν-

R. p. 1347

---

1. Lieu inconnu. Hérodien, V, 4, dit que Macrin était en mer et qu'il
approchait de Byzance, lorsqu'il fut rejeté à terre par le vent; il le
blâme également de ne pas s'être rendu à Rome, où le peuple l'appelait,
aussitôt la paix faite avec les Parthes.

2. ƒ (M. Gros n'en parle pas) et Zn. om.

3. Ddf écrit : κατ' ἀντιπέρας, en deux mots; Xph. et Zn. : καταντικρύ;
Urs. et F : μέχρι Ἐριβώλου ἐπινείου καταντιπέραν. — 4. Lncl. : ἀποδρα-
μεῖν. — 5. Rm. : « Forte : ἐξεπεφεύγει; » Bkk., en note, comme conjecture : ἐκπεφεύγει.

6. On croyait que les Syriens étaient nés pour l'esclavage, et il y
avait (XXXV, 49, XXXVI, 17) beaucoup d'esclaves de ce pays. C'était
donc une audace impardonnable à des Syriens d'aspirer à l'empire de
Rome, et ajoutons à cela l'allusion faite (LXXVII, 10) par notre auteur au
πανοῦργον τῶν Σύρων. — 7. Voir ce qui a été dit p. 522, note 5.

de la ville de Nicomédie, en face de laquelle il est si-
tué, [dans l'intention de courir à Rome, où le sénat et
peuple devaient, espérait-il, lui prêter secours. S'il était
parvenu à s'y réfugier, son projet aurait infailliblement
réussi : la bienveillance des Romains se portait sur lui
avec une grande préférence, en considérant l'audace
des Syriens, l'âge du faux Antonin et la licence de
Gannys et de Comazon; en sorte que les soldats, ou se
seraient repentis d'eux-mêmes, ou auraient été domptés
malgré eux. Personne parmi les peuples qu'il avait tra-
versés, lors même qu'on le reconnaissait, n'osa le toucher;] mais lorsqu'au sortir d'Éribole, il fit voile pour
Chalcédoine (il n'osa pas entrer à Nicomédie [par
crainte de Cæcilius Ariston, gouverneur de Bithynie]),
qu'il eut envoyé demander de l'argent à un de ses procu-
rateurs et que cet ordre l'eut fait reconnaître, il fut
saisi [étant encore] à Chalcédoine, et des soldats en-

8. F (M. Gros ne parle pas du ms., ce qui suppose qu'il y a trouvé
la leçon de Rm.), Rsk., Bkk. et Ddf; Urs. : ἀντεπίτακτον; Lncl., Rm. et
St. : ἀνεπίτακτον.

9. Lncl., Rm. et St. : ἀπῄει.

10. Bkk. et Ddf; vulg. : καί.

11. Bkk. et Ddf; Rsk. : ἂν ἢ ἑκόντας; vulg. : ἢ ἀποθνήσκοντας.

12. Urs. om. — 13. Urs. : νυνί.

14. V : ἐγνώρισέν τις.

15. F : ἄλλον τι. — 16. Bkk. et Ddf; vulg. : εἰσελθεῖν.

17. F : πρός τινα τῶν ἀργυρίου ἐπιτρόπων αἰτῶν. — 18. Robert Étienne
et Lncl. en marge : κατελείφθη, *remansit* ou *derelictus est*, leçon de
Blancus, attendu que Macrin se serait attardé dans cette ville, ce qui
aurait été la cause de sa perte. Mais Dion dit simplement qu'il fut pris à
Chalcédoine et tué à Antioche; il n'y a donc pas lieu de rien changer.

των καὶ τῶν ὑπὸ τοῦ Ψευδαντωνίνου πεμφθέντων[1]. . . .

[* ιν[2]. . . . . . . νυνειπωπ . . . .] συνελήφθη [* ὑπ' Αὐρηλίου[3] Κέλσου, ἑκατοντάρχου,] καὶ μέχρι
τῆς Καππαδοκίας ἤχθη, [* ὥσπερ τις τῶν ἀτιμωτάτων[4].]

40. Ἐνταῦθα δὲ μαθὼν ὅτι καὶ ὁ υἱὸς αὐτοῦ ἑαλώκει·

1. [διαγαρτουζ   3. διιωνκαισα
2. αυτονδιου   4. κτοδιελαυν

ὁ Κλαύδιος[5] Πολλίων[6], ὁ τοῦ στρατοπέδου ἑκατόνταρχος,
συνέλαβεν], ἔρριψέ τε αὐτὸν[7] ἀπὸ τοῦ ὀχήματος (οὐ γὰρ
ἐδέδετο)· καὶ τότε μὲν τὸν ὦμον συνέτριψε, μετ' οὐ πολὺ
δὲ [* τῷ[8] πολλῷ ὑ . . . . .

2. θανεινκελ   7. μεταφονεμ
3. εςτηναντ   8. ουςψευδαν
4. θεινεσφαγ   9. εςτηνδιθυ
5. κιανουταυτ   10. συριασπαρο
6. ταρχουκαιαυ   11. αυτω   ]

Ὁ μὲν οὖν Μακρῖνος, οὕτω, καὶ γέρων ὢν (πεντήκοντα
γὰρ καὶ τέσσαρα ἔτη ἦγε[9], [* τριῶν πού ἡμερῶν δέοντα, ἢ

---

1. Rm. (ce dont les notes de M. Gros n'offrent aucune trace) : « Addidi ἐπελθόντων ex Xiph. et deinde πεμφθέντων. In Rom. [F] caput 39
desinit in Ψευδαντωνίνου, novum incipit ἵνα... νῦν εἰ πωπ .... ubi
minus recte abrumpi videtur caput in medio verborum ambitu. »
2. P. 19, col. 2. Bkk. et Ddf suppriment les points indicatifs d'une
lacune après πεμφθέντων, ainsi que les lettres ιν.
3. Bkk. et Ddf; vulg. : ὑπὸ τοῦ Αὐρηλίου. — 4. F : ἀτιμητοτάτων;
Rm. et St. ont préféré ne pas compléter le mot. — 5. Rm. (ce dont

voyés par le faux Antonin étant survenus. . . . . . .
[. . . . .], il fut pris par le centurion Aurélius
Celsus et fut mené jusqu'en Cappadoce [comme le plus
obscur des hommes.]

40. Là, informé que son fils était pris. . . . .

1. (διὰ γὰρ τοῦ ζεύγματος   3. διιὼν Καῖσαρ ἀπεδέδει-
2. αὐτόν, δι' οὗ πρότερον   4. κτο, διελαύνοντα

Claudius Pollion, centurion de la légion, s'étant saisi de
personne)]], il se précipita de son char (il n'était pas en-
chaîné) et il se brisa l'épaule sur le moment, puis, peu
après, [

1. τῷ πολλῷ ὑ.... ἀπο-   7. μ' ἄταφον ἔμεινε μέχρις
2. θανεῖν κελευσθεὶς πρὶν   8. οὗ ὁ Ψευδαντωνῖνος,
3. ἐς τὴν Ἀντιόχειαν ἐσελ-   9. ἐς τὴν Βιθυνίαν ἐκ τῆς
4. θεῖν ἐσφάγη τε ὑπὸ Μαρ-   10. Συρίας παριὼν, ἐφήσθη
5. κιανοῦ Ταύρου ἑκατον-   11. αὐτῷ.
6. τάρχου, καὶ αὐτοῦ τὸ σῶ-

C'est ainsi que Macrin, dans un âge avancé (il avait
cinquante-quatre ans, à trois ou cinq jours près), mal-

M. Gros ne dit rien) : « In codice tantum est ...διος, quod Αὐφίδιος ex-
plevit Falco, fassus tamen posse illud etiam per Κλαύδιος, Κλώδιος,
aliaque expleri. Et sunt Claudii Polliones alii. Ceterum videtur in hac
parenthesi Diadumenianus forte per Zeugma transiens captus a Pollione
dici ; unde συνέλαβε scripsi, ubi Falco οὖν ελα.... »

6. Bkk. : Πολίων, avec un seul λ. — 7. F : ἔρριψέ τ' ἑαυτόν.
8. P. 19, col. 3. Bkk. en note (M. Gros, rien) : « Τῷ altera manus
expunxit. » — 9. F om.

πέντε,]) καὶ ἐμπειρίᾳ πραγμάτων προφέρων, ἀρετήν[1] τε

ὑποδεικνύων, καὶ τοσούτων στρατευμάτων ἄρχων, ὑπό τε[2]

R.p.1548 παιδαρίου, οὗ μηδὲ τὸ ὄνομα πρότερον ἠπίστατο, κατε-

λύθη· ὥς που καὶ τὸ μαντεῖον αὐτῷ προεμήνυσε, [*. . . .

πρὸ ὀλίγου Ζεὺς ὁ Βῆλος[3]. . . . .] χρωμένῳ γὰρ αὐτῷ[4]

τοῦτο[5] ἔφη·

> Ὦ γέρον[6], ἦ μάλα δή σε νέοι τείρουσι μαχηταί·
> Σὴ δὲ βίη λέλυται, χαλεπὸν δέ σε γῆρας ἱκάνει[7].

1. [* φευγωντε   13. ηντουκελευ
2. σησηνενικη   14. ιναρωμαιων
3. ετευσαςδια   15. αιτιεξουσι
4. νωνηρξεσυλ   16. αιπροδεκατον
5. υποτωντυ   17. υνελημφθη
6. σπερτιςδηι   18. κεφαληςαπε
7. νειδωνεαυτον   19. ςκαιαυτους
8. ατωνκακουρ   20. αλλωντωντε
9. φρουρουμε   21. καιτωνκρειτ
10. λλοιπολλακις   22. οκτειναιεξου
11. προσηχθη   23. νκαιαυτω
12. νεοντεεχε

καὶ ὁ υἱὸς προσαπώλετο[8].]

41. Οὕτω που οὐδεὶς, οὐδὲ τῶν σφόδρα δοκούντων

---

1. F : τὴν ἀρετήν. — 2. P. 20, col. 1. Sur Jupiter Bélus, cf. ch. 8.
La restitution πρὸ ὀλίγου est de M. Egger. — 3. F, Bkk. et Ddf; vulg.
om. — 4. Bkk. et Ddf: οἱ, avec omission de γάρ; Rm. : αὐτῷ, d'après
Xph. et F; mais je ne trouve pas dans les notes de M. Gros que le ms.

gré la supériorité de son expérience dans les affaires, malgré le mérite dont il avait fait preuve, malgré les nombreuses légions qu'il commandait, fut renversé par un petit enfant dont il ne connaissait pas même le nom auparavant, selon ce qui lui avait été annoncé par un oracle, [. . . . peu auparavant Jupiter Bélus. . . . .] lui fit cette réponse :

Vieillard, de jeunes guerriers t'accablent, ta vigueur est épuisée, la fâcheuse vieillesse arrive sur toi.

1. [φεύγων τε.....
2. σης ἢ νενικη...., δραπ-
3. ετεύσας διὰ τῶν ἐθνῶ-
4. ν ὧν ἦρξε, συλληφθεὶς
5. ὑπὸ τῶν τυχόντων ὥ-
6. σπερ τις λῃστής,
7. ἐπιδὼν ἑαυτὸν μετ' ἀτι-
μοτ-
8. άτων κακούργων......
9. φρουρούμενον ᾧ πο-
10. λλοὶ πολλάκις
11. βουλευταὶ προσήχθησαν,
ἀποθα-

12. νεῖν τε ἐκελεύσθη τ-
13. ὴν τοῦ κολάσαι πάντα τ-
14. ινὰ Ῥωμαίων ἀπολῦσ-
15. αί τε ἐξουσίαν ἔχων, κ-
16. αὶ πρὸς ἑκατοντάρχων σ-
17. υνελήφθη τε καὶ τῆς
18. κεφαλῆς ἀπεστερήθη οὗ-
19. ς καὶ αὐτοὺς μετὰ τῶν
20. ἄλλων τῶν τε χειρόνων
21. καὶ τῶν κρειττόνων ἀπ-
22. οκτεῖναι ἐξουσίαν εἶ-
χε-
23. γ. Καὶ αὐτῷ

son fils périt avec lui.]

41. C'est ainsi que personne, même de ceux qui

---

ne donne que χρω.... commencement de χρωμένῳ. — 5. Bkk. et Ddf : αὐτὸ τοῦτο. — 6. F : Γέρων, leçon contraire à la mesure (Iliade, XI, 103 et 104), et que M. Gros ne reconnaît pas pour être celle du ms.

7. Les éditions d'Homère : ὀπάζει. — 8. P. 20, col. 2.

ἐρρῶσθαι, βεβαίαν τὴν ἰσχὺν ἔχει, ἀλλὰ καὶ οἱ πάνυ εὖ
πράττοντες, ἐξ ἴσου τοῖς λοιποῖς, αἰωροῦνται. Καὶ ὁ μὲν
[* ἐπαινεθεὶς[1] ἂν ὑπὲρ πάντας ἀνθρώπους, εἴ γε μὴ αὐτὸς
αὐταρχῆσαι ἐπετεθυμήκει, ἀλλ', ἐπιλεξάμενός τινα τῶν ἔς
γε τὴν[2]· γερουσίαν τελούντων τῆς τῶν Ῥωμαίων ἀρχῆς
προστατῆσαι, αὐτοκράτορα αὐτὸν ἀπεδεδείχει[3]· καὶ[4] μό-
νως ἂν οὕτως τὸ αἰτίαμα τὸ[5] τῆς ἐπὶ τὸν Καράκαλλον
ἐπιβουλῆς, ὡς καὶ διὰ τὴν αὐτοῦ σωτηρίαν, ἀλλ' οὐ διὰ
τὴν τῆς ἡγεμονίας ἐπιθυμίαν ποιησάμενος αὐτὴν, ἐκφυγών·
καὶ διέβαλεν[6] ἅμα ἑαυτὸν, καὶ διέφθειρεν, ὥστε[7] καὶ ἐν
ὀνείδει, καὶ ἐν παθήματι ἀξιωτάτῳ[8] αὐτοῦ γενέσθαι. Τῆς
γὰρ μοναρχίας, μηδ' ὄνομα βουλευτοῦ[9] ἔχων, ὀριγνη-
θεὶς[10],] καὶ τάχιστα, καὶ βαρυσυμφορώτατα, αὐτὴν ἀπέ-
βαλεν· ἐνιαυτῷ τε γὰρ καὶ δύο μησὶ[11], τριῶν ἡμερῶν, ὥστε
καὶ μέχρι τῆς μάχης λογιζομένοις συμβῆναί, δέουσιν,
ἦρξεν[12].

1. Rsk., Bkk. et Ddf, pour la liaison avec ἐκφυγών et διέβαλεν ; Rm. et
St., avec Lncl. : ἐπῃνέθη ; F, dans son texte : Καὶ οἱ μὲν ἐπαινέθεσαν
[ce dernier mot est ainsi dans V, d'après les notes de M. Gros] et
ἐπῃνέθησαν dans ses notes ; Urs. : ἐπαινέθησαν.
2. Urs. : εἰς τήν.
3. Urs. : ἀπεδοδίχει (sic). — 4. Lncl. om. — 5. Lncl. om.
6. Lncl. : νῦν καὶ διέβαλεν.

semblent le plus forts, ne possède une puissance solide, et que ceux qui arrivent au comble du bonheur sont, comme les autres, des jouets du sort. Macrin, [qui aurait pu obtenir plus d'éloges que tous les hommes, si, au lieu de désirer pour lui-même la souveraineté, il avait créé empereur un membre du sénat qu'il aurait choisi pour le mettre à la tête de l'empire romain, et aurait échappé par là seulement à l'accusation d'avoir tramé un complot contre Caracallus, puisqu'il ne l'aurait fait que pour sauver sa vie et non par désir du pouvoir; Macrin se condamna et se perdit lui-même, au point qu'il s'est attiré l'opprobre et un malheur mérité. En effet, pour avoir aspiré à l'empire, lorsqu'il n'avait pas même le titre de sénateur,] il le perdit promptement, et par un accident cruel; car il ne régna, en comptant les événements jusqu'à la bataille, qu'un an deux mois et trois jours.

---

7. Bkk. et Ddf; vulg. : ὥς γε. — 8. Lncl. en note (ἀξιωτάτως dans le texte) et les éd. subséq.; V, F et Urs. : ἀξιωτάτου.

9. F : βουλευτῶν. — 10. F : ὀριγηθείς ; Lncl. : ὀριγνυθείς.

11. V : μησίν. Les historiens sont tous d'accord sur ce point. Cf. p. 524, note 9, ch. 39. — 12. Fin de la col. 2, p. 20. Au bas de la page, sous cette colonne, on lit, d'une autre main : Μακρῖνος ἔζησεν ἔτη να´.

ΤΩΝ

ΔΙΩΝΟΣ

ΙΣΤΟΡΙΩΝ ΡΩΜΑΙΚΩΝ

ΤΟ ΕΒΔΟΜΗΚΟΣΤΟΝ ΕΝΝΑΤΟΝ ΒΙΒΛΙΟΝ.

[* Περὶ Λουΐτου[1] τοῦ Ψευδαντωνίνου, καὶ τῶν φόνων, ὧν εἰργάσατο.

Περὶ ὧν παρενόμησε[2], καὶ ὡς τὴν ἀειπάρθενον ἔγημε.

Περὶ τοῦ Ἐλεγαβάλου, καὶ ὡς τὴν Οὐρανίαν, ἐς τὴν Ῥώμην μεταπεμψάμενος, τῷ Ἐλεγαβάλῳ[3] συνῴκισε[4].

Περὶ τῆς ἀσελγείας αὐτοῦ.

Ὡς τὸν ἀνεψιὸν ἐποιήσατο, ὃν καὶ Ἀλέξανδρον μετωνόμασεν.

Ὡς κατελύθη, καὶ ἐσφάγη.

---

1. Orthographe suivie dans la présente édition, comme Ἀουείτου dans Rm. et St.; V et Ddf : Ἀϐίτου. C'est la col. 3 de la p. 28; au bas de la col. 2 (cf. la dernière note du livre précédent), on lit : Δίωνος Ῥωμαϊκῆς Ἱστορίας οθ΄. M. Gros n'a relevé aucune variante pour ce sommaire.
2. Ddf : παρενόμησεν.

HISTOIRE ROMAINE

DE DION.

LIVRE SOIXANTE-DIX-NEUVIÈME.

[Avitus, le faux Antonin, et meurtres commis par lui, § 1-7.

Crimes dont il se rendit coupable, et comment il épousa une vestale, § 8-10.

Élégabale, et de quelle manière ce prince, après avoir transporté Uranie à Rome, donna cette déesse en mariage à Élégabale, § 11-12.

Ses débauches, § 13-16.

Comment il adopta son cousin, dont il changea le nom en celui d'Alexandre, § 17-18.

Comment il fut renversé et massacré, § 19-21.

---

3. Orthographe suivie dans la présente édition, ainsi que dans Rm., St., Bkk. et Ddf ; F et Ddf (t. V) : Ἐλεογαβάλου (plus haut) et ici Ἐλεογαβάλῳ. « Utroque loco, dit Rm., Ἐλεγαϐ. L., ut in textu posteriore Urs., sed non e codice, ut testatur Falco. »

4. Ddf : συνῴκισεν.

Χρόνου πλῆθος· τὰ λοιπὰ τῆς Μακρίνου καὶ Ἀδουέντου, ὑπατείας [1], καὶ ἄλλα ἔτη δ', ἐν οἷς ἄρχοντες οἱ ἀριθμούμενοι οἵδε ἐγένοντο·

Ψευδαντωνῖνος τὸ β', καὶ Λικίνιος [2] Σακερδῶς τὸ β' [3].

Ψευδαντωνῖνος τὸ γ', καὶ Εὐτυχιανὸς [4] ὁ [5] Κωμάζων.

Οὐέττιος Γράτος Σαβινιανὸς [6], καὶ Μ. Φάβιος Οὐε-τίλλιος Σέλευκος [7].

Ψευδαντωνῖνος τὸ δ', καὶ Μ [8]. Αὐρήλιος Σεουῆρος Ἀλέ-ξανδρος.]

1. Ὁ δὲ δὴ [9] Ἀούιτος [10], εἴτε Ψευδαντωνῖνος, εἴτε καὶ Ἀσσύριος [11], ἢ καὶ Σαρδανάπαλος, Τιβερῖνός [12] τε (καὶ γὰρ καὶ [13] ταύτην τὴν προσηγορίαν, ἐπειδὴ τὸ σῶμα σφαγέντος αὐτοῦ ἐς τὸν Τίβεριν ἐνεβλήθη, ἔλαβεν [14]), [*τότε μὲν μετὰ τὴν νίκην ἔς τε τὴν Ἀντιόχειαν τῇ ὑστεραίᾳ ἐσῆλθε [15], πεν-

R.p.1350

---

1. F : ὑπατίας. — 2. Lncl., d'accord avec les Fastes; vulg. et Ddf: Κτίνα, nom corrompu, venant peut-être de ΚΥΙΝΤΟC, altéré d'abord en ΚΥΙΝΟC; le nom complet de ce consul serait alors Quintus Licinius Sacerdos. F lui donne le prénom de Caius.

3. Urs. a lu dans V : Σακέρδος; quant à τὸ β', il a été ajouté par Rm. et St. d'après les Fastes et des inscriptions rapportées par Gruter et Reinesius; vulg. et Ddf om. — 4. Rm. : «Λολλουλλι Κωμ. Rom. [F]. Λολ-λουάλι [en note : Λόλλιος] Κωμ. Urs., ubi ad marginem et in notis Αὐρή-λιος. Sed Λουχ. Οὐαλέριον interpretatur Falco. Vocem nihili omittit L., solum Comazontis nomen ponens. Comazontem autem esse Eutychianum constat vel ex ipso Dione : unde hoc potius nomen pro corrupto re-ponendum duxi. » — 5. Lncl. et Ddf om.

6. F : Β. Τ. Σ. (vulg. et Ddf) Γράτος Σαβιαν ; Urs. : Στράτος Σαβινιανός, bien que, selon lui, il faille plutôt écrire Σαλβιανός, « ut sit cognomen adoptionis a Salvia gente; » F fait des lettres Β. Τ. Σ. un nom propre Βρούτιος. M. Waddington, cité dans la note suivante, pré-tend, avec raison, que le nom de ce consul est : C. Vettius Gratus Sa-binianus. — 7. Restitution de M. Waddington (Voyage de Le Bas en Grèce et en Asie Mineure), d'après une inscription (n° 1839) de

Espace de temps, le reste du consulat de Macrin et d'Adventus, avec quatre autres années, pendant lesquelles les consuls furent :

Le faux Antonin II et Licinius Sacerdos II.

Le faux Antonin III et Eutychianus Comazon.

Vettius Gratus Sabinianus et M. Fabius Vétillius Séleucus.

Le faux Antonin IV et M. Aurélius Alexandre Sévère.]

ı. Avitus, qu'on l'appelle, soit faux Antonin, soit Assyrien, ou encore Sardanapale et Tibérien (car il reçut aussi ce dernier nom après que son cadavre eut été jeté dans le Tibre), [Avitus, à la suite de sa victoire, entra le lendemain à Antioche, après avoir promis cinq

An de Rome 971. Antonin Élégabale et Oclatinus Adventus consuls

Laodicée; vulg. et Ddf : M. Φαϐιτεαλ (sic) Σέλευχος. F conjecture que Φαϐιτεαλ est le nom Fabius, bien qu'une inscription citant un Julius Antoninus le laisse dans le doute; Urs., en note, préfère cette restitution à Κλαύδιος, qu'il a donné en marge, ainsi que Lncl. Dans Rm. et St. ce nom est accentué : Σελεῦχος. — 8. Urs. et Lncl. om.

9. F om. — 10. Xph. (mais non a, b) : Ἄϐιτος. — 11. Confusion de l'Assyrie et de la Syrie, sur laquelle on peut consulter Bochart (Géographie, IV, 34, p. 341); Selden (des Dieux de Syrie, Prolég., ch. 1); Saumaise (notes sur Solin, p. 867); Reland (la Palestine, p. 1012). Quant à la mauvaise réputation des Syriens, cf. LXXVIII, 39. Élégabale a donc pu être ainsi appelé en manière de mépris, bien que, au ch. 11, notre auteur en donne une autre raison. — 12. c. i : Τιϐέριος.

13. F, Xph. (mais non a, b) om. Slbg. et Lncl. (en marge) ajoutent cette particule; V et Urs. s'accordent avec eux, ainsi que les éd. subséq. — 14. V, Bkk. et Ddf : ἐλαϐεν. Cf. ch. 20. Lampride, 17 : « Appellatus est post mortem Tiberinus et Tractitius et Impurus. » On peut encore consulter, Aurél. Victor, Epitome, XXIII, 7.

15. Bkk. et Ddf; vulg. : εἰσῆλθε. Les notes de M. Gros ne donnent pas εἰσῆχθε, que Rm. prétend être dans V.

τακοσίας τοῖς ἀμφ' αὐτὸν στρατιώταις δραχμὰς, ὅπως μὴ
διαρπάσωσιν αὐτὴν, οὗπερ[1] τὰ μάλιστα ἐπεθύμουν, προϋ-
ποσχόμενος[2], ἅς που καὶ παρὰ τοῦ δήμου ἐσέπραξε[3]. καὶ
ἐς τὴν Ῥώμην ἄλλα τε, οἷα εἰκὸς ἦν, ἐπέστειλε, πολλὰ μὲν
τὸν Μακρῖνον, ἄλλως τε καὶ ἐς τὴν δυσγένειαν, τήν τε ἐπὶ
τὸν Ἀντωνῖνον ἐπιβουλὴν, διαβάλλων[4] (πρὸς γοῦν τοῖς ἄλλοις, τοῦτο ἔφη ὅτι· « Ὧ μηδ'[5] ἐσελθεῖν[6] ἐς τὸ συνέδριον
μετὰ τὸ κήρυγμα, τὸ, χωρὶς τῶν βουλευτῶν, τοὺς λοιποὺς
ἐξεῖργον[7], ἐξῆν, οὗτος ἐτόλμησε τὸν αὐτοκράτορα, οὗ τὴν
φρουρὰν ἐπεπίστευτο, δολοφονήσας, τὴν ἀρχὴν αὐτοῦ παρασπάσασθαι, καὶ αὐτοκράτωρ πρότερον, ἢ βουλευτὴς, γενέσθαι») · πολλὰ δὲ καὶ περὶ ἑαυτοῦ, οὐχ ὅτι τοῖς στρατιώταις, ἀλλὰ καὶ τῇ βουλῇ, τῷ τε δήμῳ καθυπισχνούμενος
(κατά τε γὰρ τὸν τοῦ Αὐγούστου, ᾧ καὶ τὴν ἡλικίαν τὴν
ἑαυτοῦ ἀφωμοίου[8], καὶ κατὰ τὸν τοῦ Ἀντωνίνου τοῦ Μάρ-

---

1. F : ὅπερ. — 2. Urs. et F : προσυποσχόμενος, qui, quoi qu'en dise
Rm., peut s'expliquer par une promesse faite en plus de celle qui était
relative au *donativum*.

3. Bkk. et Ddf : ἐσέπραξεν ; vulg. : εἰσέπραξε. — 4. Lampride, 8 : « In-
sectatus est famam Macrini crudeliter, sed multo magis Diadumeniani,
quod Antoninus dictus est, Pseudoantoninum, ut Pseudophilippum, eum
appellans ; simul quod, quum luxuriosissimus extitisset, vir fortissimus,
optimus, gravissimus, severissimus diceretur. Coëgit denique scriptores
nonnullos nefanda, imo potius non ferenda ejus dicta de luxuria dispu-
tare in Vita ejus. » — 5. Urs., Lncl., Bkk. et Ddf ; vulg. : μηδέ.

6. Bkk. et Ddf ; vulg. : εἰσελθεῖν. — 7. Urs. et F : ἔξεργον. Les préfets
du prétoire étaient tirés de l'ordre équestre et non de l'ordre sénatorial
(LII, 24 ; Spartien, Adr., 8 ; Capitolin, Pert., 2) ; ce fut Alexandre Sévère
qui (Lampride, 20) changea cet usage. Car ce sont des faits extraordinaires de voir, sous Vespasien, Mucien, pour plaire à Domitien (Tacite,
Hist., IV, 68), donner à Arretinus Clémens le commandement des cohortes prétoriennes ; Titus (Suétone, 6), sous le gouvernement de son

cents drachmes aux soldats qui l'entouraient, afin qu'ils ne pillassent pas la ville, ce dont ils avaient grande envie, somme qu'il leva, cela va sans dire, sur le peuple ; il écrivit aussi à Rome une lettre où, entre autres choses appropriées aux circonstances, il prodiguait les invectives à Macrin sur l'obscurité de sa naissance et sur sa conspiration contre Antonin (à ses autres reproches il ajoutait le suivant : « Un homme à qui il n'était pas permis d'entrer dans l'assemblée du sénat après la proclamation qui en écarte tous ceux qui ne sont pas sénateurs, a osé assassiner traîtreusement l'empereur dont la garde lui était confiée, afin de s'emparer du pouvoir et se faire empereur avant d'être sénateur)» ; où il prodiguait sur son propre compte les promesses, non-seulement aux soldats, mais au sénat et au peuple (il prétendait se conduire absolument en tout d'après l'exemple d'Au-

père, recevoir cette charge. Les ornements du consulat étaient souvent accordés aux préfets du prétoire ; Séjan, sous Tibère, et Plautianus, sous Septime Sévère, furent créés consuls ; ils semblent avoir, comme étant les seconds de l'empereur, assisté aux délibérations du sénat, même sans être consuls. Mais ce sont là des exceptions ; en effet, Tibère, après la mort de Séjan (Tacite, Ann., VI, 15), demande cette faveur pour Macron et pour quelques tribuns militaires ; Claude (LX, 23 ; et Suétone, 12) la demande pour Rubrius Pollion, alléguant qu'Auguste l'avait accordée à Valérius Ligus. Les empereurs suivants, pour introduire les prétoriens et leurs affranchis (cf., entre autres passages, LXXIII, 8 et 12 ; LXXVI, 5), se conformèrent presque toujours à cet usage. Comme le fait remarquer Rm., à qui j'emprunte cette note, on doit conclure de là que le héraut, en prononçant la formule consacrée pour commencer la délibération, avertissait ceux qui ne faisaient point partie du sénat d'avoir à sortir de la salle. — 8. Rm. et les éd. subséq.; vulg. : ἀφομοίου, adjectif contraire au sens, puisqu'il marque une dissemblance ; V : αφο-μου (sic).

χου ζῆλον ἅπαντα ἅπαξ πράξειν ἐπηγγείλατο)· καὶ δῆτα
καὶ αὐτὸ τοῦτο ἔγραψεν[1], αἰνιττόμενος πρὸς τὰς διαβό-
λὰς, τὰς ἐς αὐτὸν ὑπὸ τοῦ Μακρίνου θρυληθείσας[2], ὅτι·
« Τὴν ἡλικίαν τὴν ἐμὴν διαβάλλειν ἐπεχείρησεν, αὐτὸς πεν-
ταετῆ υἱὸν αὐτοκράτορα[3] ἀποδείξας. »

2. Ταῦτά τε οὖν τῇ βουλῇ ἐπέστειλε. Καὶ τὰ ὑπομνήματα τὰ[4] παρὰ τοῖς στρατιώταις γενόμενα, τά τε γράμματα τοῦ Μακρίνου τὰ τῷ Μαξίμῳ γραφέντα[5] ἔπεμψε
μὲν[6] καὶ τῇ γερουσίᾳ, ἔπεμψε δὲ καὶ τοῖς στρατεύμασιν,
ἵν᾽[7] ἐξ αὐτῶν ἔτι μᾶλλον, τήν τε ἐκείνου μνήμην μισή-
σωσι[8], καὶ ἑαυτὸν[9] ἀγαπήσωσι[10]. Καὶ ἐν μὲν τῇ πρὸς τὴν
βουλὴν ἐπιστολῇ, τῷ τε πρὸς τὸν[11] δῆμον γράμματι, καὶ
αὐτοκράτορα, καὶ Καίσαρα[12], τοῦ τε Ἀντωνίνου υἱὸν, καὶ
τοῦ Σεουήρου ἔγγονον[13], Εὐσεβῆ τε, καὶ Εὐτυχῆ[14], καὶ Αὔγουστον, καὶ ἀνθύπατον, τήν τε ἐξουσίαν τὴν δημαρχικὴν
ἔχοντα, ἑαυτὸν[15] ἐνέγραψε[16],

R.p.1351   1. βανωναυταπ[17]   3. ματιουτωιτ

          2. σθηναιτωι   4. αλλατωτου

1. Urs, et Lncl. : αὐτὸς τοῦτο ἔπραξεν.
2. Orthographe constamment suivie dans la présente édition et dans
Bkk. et Ddf; Rm. prétend que le mot est ainsi écrit dans V, M. Gros
n'en dit rien; vulg. : θρυλληθείσας. — 3. Lncl. et Bkk. en note; vulg.
om.; il me semble bien difficile d'omettre ce mot. Quant à ce qui est de
Diaduménianus, l'auteur (LXXVIII, 34) a dit que ce prince avait dix ans.
Le faux Antonin ment-il à dessein ou se croit-il lui-même plus jeune de
cinq ans? Doit-on écrire δεκαετῆ ou ἐννεατῆ? — 4. Urs. et Lncl om.
5. Cf. LXXVIII (sur Maximus), 14, et (sur la lettre) 36.
6. V : ἔπεμψεν μέν. — 7. Urs. et Lncl. : ὡς. — 8. V : μισήσωσιν.
9. V : ἑαυτον (sic). — 10. V, Bkk. et Ddf : ἀγαπήσωσιν.

guste, dont il comparait l'âge au sien, et d'après l'exemple de Marc-Antonin) ; il écrivit encore ces paroles, où il faisait allusion aux critiques publiées contre lui par Macrin :˝ « Il a essayé de critiquer mon âge, lui qui a nommé empereur son fils âgé de cinq ans. »

2. Tel fut son message au sénat. Il expédia à cette compagnie, il expédia aux légions, un mémoire sur ce qui s'était passé parmi les soldats, ainsi que la lettre écrite à Maximus par Macrin, afin d'exciter par là davantage encore la haine pour la mémoire de Macrin et l'amour pour sa propre personne. Dans sa lettre au sénat et dans son adresse au peuple, il prit les titres d'empereur, de César, de fils d'Antonin, de petit-fils de Sévère, de Pieux, d'Heureux, d'Auguste, de proconsul, de prince ayant la puissance tribunitienne, ...

1. προλαμβάνων αὐτὰ πρὶν   3. ματι οὐ τῷ τ.........
ψηφι-   4. ἀλλὰ τῷ τοῦ π........
2. σθῆναι τῷ.......

***

11. Urs. om.— 12. V : Κεσαρα (sic). — 13. Lncl. : ἔκγονον. — 14. Presque tous les empereurs, depuis Commode, prenaient ces noms. — 15. Urs. et Lncl. : αὐτόν. La puissance proconsulaire était un des titres d'Auguste lui-même ; ses successeurs le prirent aussi, mais moins constamment que celui de la puissance tribunitienne. Antonin le Pieux (Capitolin, 4) fut nommé collègue de son père adoptif dans le commandement proconsulaire et dans la puissance tribunitienne ; de même, Marc-Antonin (Capitolin, 6). Pertinax (Capitolin, 5) reçut ces titres le jour même où il fut déclaré Auguste ; Alexandre Sévère (Lampride, 1) les reçut également.

16. V : ἐνέγραψεν. — 17. P. 21, col. 3.

5. εχρησατοο

6. ησενκαιαν

7. τατωνστρατιω

8. γαρδητουμα

9. ματακαισαρ

10. δεδηδορυφ

11. αλβανιοιστρ

12. ιταλιαιουσι

13. χαιοτιυπατ

14. ρευσειηπρ

15. λεχαιταμε

16. ριοσκηνσο

17. προστασιαν

18. ανελεξατο

19. μακρινους

20. αυτοςωςο

21. διατηςεαυτ

22. δημοσιωθ

23. αναγνωναι

24. ταγραμματ

25. δαναπαλλος

26. νοςτουχα

27. εςτουςυπ

. . . . ἐγκατελέξατο [1],
καὶ αὐτῷ ἐνετείλατο, ἵνα εἴ τις ἐνθίσταιτο, τῇ χειρὶ [2] τῇ
τῶν στρατιωτῶν χρήσηται· ἀφ' οὗ δὴ καὶ ἄκουσα πάντα
ἀνέγνω . . . .
σιανδιατου . . . . εκελευσεοδ . . . .
. . . . . τῇ [3] γὰρ ἐπαρτηθείσῃ ἀνάγκῃ [4], οὐδὲν οὔτε τῶν

1. Je donne, comme toujours, la restitution de Bkk., suivie par Ddf;
celle de F offre cela de particulier qu'à partir de cette ligne jusqu'à la fin
du ch., elle est, dit Rm. (ce que M. Gros n'a pas signalé dans sa collation
du ms.), empruntée en grande partie aux Extr. du ms. Peir., sans cependant combler toutes les lacunes, ces Extraits ayant abrégé le récit de
Dion. Voici cette restitution : Τὰ γράμματα,, & τῇ βουλῇ Σαρδανάπαλος
διὰ Πωλλίωνος [Rm. : « Melius Πωλίωνος, vel διὰ Πολλίωνος ὑπατοῦ,
ut Exc. Peir., ubi Valesius vult ὑπάρχου. Sane Pollio nullus circa illa
tempora consul memoratur, hic autem legatus Aviti, militumque præfectus fuit ut ex sequentibus apparet] τοῦ χα... ἔπεμψε, ὃν ἐς τοὺς ὑπ. [Rm.
préférerait ὑπατευκότας;] ἐγκατελέξατο [Rm. : « Quod autem sequitur

5. ἐχρήσατο οἱ........	16. ριος Κηνσωρῖνος......
6. ησεν καὶ ανο........	17. προστασίαν........
7. τὰ τῶν στρατιωτῶν ὑπο-	18. ἀνεδέξατο..........
μνήματα ο..........	19. Μακρίνου ς........
8. γὰρ δὴ τοῦ Μακρίνου...	20. αὐτὸς ὡς οὐχ ἱκανῶς
9. ματα Καισαρ.......	21. διὰ τῆς ἑαυτοῦ φωνῆς
10. δὲ δὴ δορυφόροις καὶ	22. δημοσιωθ........
11. Ἀλβανίοις τοῖς ἐν τῇ	23. ἀναγνῶναι........
12. Ἰταλίᾳ οὖσι....	24. τὰ γράμματα τοῦ Σαρ-
13. καὶ ὁ ὕπατος ἀναγο-	25. δαναπάλλου........
14. ρεύσει η πρ......	26. νος τοῦ κλ........
15. λε καὶ τὰ με....... Μά-	27. ἐς τοὺς ὑπατευκότας

il le mit au rang des consulaires, et lui enjoignit, dans
le cas où il rencontrerait quelque résistance, d'avoir re-
cours au bras des soldats; aussi fut-elle lue en entier,
malgré le mauvais vouloir . . . .

contraints par la nécessité qui les pressait, ils ne purent

in Rom. (F) ὃν... ἐγκατελέξατο in Exc. Peir. non invenitur et partim ex
ingenio Falconis profectum est, quoniam in ipso codice tantum ἐς τοὺς
ὕπατ... remansit, reliquis litteris cultro resectis »]. J'ai traduit avec
la restitution ἐς τοὺς ὑπατευκότας. — 2. F : ταῖς χερσί. — 3. Après
ἀνέγνω Bkk. et Ddf ajoutent, comme étant dans V : ἐκείνοις δ... τῇ,
avec suppression des intermédiaires. — 4. Hérodien, V, 3, est ici d'accord avec Dion; mais, suivant Lampride, 3 : « Nactus imperium, Romam nuntios misit : excitatisque omnibus ordinibus, omni etiam populo
ad nomen Antoninum, quod non solum titulo, ut in Diadumeno fuerat,
sed etiam in sanguine redditum videbatur, quum se Antoninum Bassiani filium scripsisset, ingens ejus desiderium factum est. »

δεόντων, οὔτε τῶν σμμφερόντων σφίσι, πρᾶξαι ἠδυνήθησαν. . . . . ἀλλ' ὑπὸ[1] τοῦ φόβου ἐξεπλάγησαν, καὶ ἐψη-
φίσαντο[2], καὶ τόν τε Μακρῖνον[3]. . . . . . πολλὰς τὴν
ἐ. . . . . ἐν πολεμίου μοίρᾳ[4], καὶ σὺν τῷ υἱεῖ ἐλοιδόρη-
σαν, καὶ τὸν Ταραύταν, ὃν καὶ πολέμιον ἀποδεῖξαι πολλάκις ἠθελήκεσαν[5], τότε ἐσέμνυνον, καὶ τὸν υἱὸν δῆθεν
αὐτοῦ εὔχοντο ὅμοιον γενέσθαι αὐτῷ.

3.	1. εμνεν	14.	πορευθηκαι
	2. μηιταυταο	15.	ντηιαντιο
	3. τοςτονπολλι .	16.	ισουτηναρ
	4. ηςγερμανιας	17.	ταχοθενεθε
	5. αιπροσεταξε	18.	εςτηνθιθυ
	6. αιθιθυνιας	19.	ενπαρεδρον
	7. αεκεινος	20.	ιπολλακις
	8. ονειαυτος	21.	νωσπερκαι
	9. ειναςτινας[6]	22.	ναντιοχιαν
R.p.1352	10. ετηχειμασας	23.	οιουμενος
	11. ατιαματατης	24.	ιτηςτουθι
	12. τηςμυσιας	25.	τηςχατεμει
	13. νονιαςεκα	26.	τικαισφο]

1. F : ἀλλὰ ὑπό.
2. F : ἐψήφισαν. — 3. V, Bkk. et Ddf, vulg. : καὶ τὸν Μακρῖνον. C'est
la p. 22, col. 1. Lampride, 3 : « Ubi in senatu lectæ sunt litteræ Heliogabali, statim fausta in Antoninum, et dira in Macrinum ejusque filium
dicta sunt, appellatusque Antoninus princeps, volentibus cunctis, et stu-
diose credentibus. » — 4. Rm. : « Videtur deesse εἶναι, quod et forte
in resecta parte codicis fuit. Addidi... καί ex Exc. Peïr. » J'ai traduit

rien faire en vue de leur dignité ni de leurs intérêts ; ils furent frappés de terreur et rendirent le décret ; Macrin, qu'ils avaient comblé d'éloges, ils l'accablèrent d'insultes, comme un ennemi public, lui et son fils ; et Tarautas, que mainte fois ils avaient voulu déclarer ennemi, ils le glorifiaient alors, et faisaient des vœux pour que son fils lui ressemblât.

3. 1. Ἐν μὲν οὖν τῇ Ῥώ-
2. μῃ ταῦτα· ὁ δὲ Ἀούι-
3. τος τὸν Πολλίωνα τ-
4. ῆς Γερμανίας ἄρξ-
5. αι προσέταξεν, ἐπεὶ κ-
6. αὶ Βιθυνίας ῥᾷστ-
7. α ἐκεῖνος περιεγεγ-
8. όνει. Αὐτὸς δὲ περιμ-
9. είνας τινὰς ἡμέρας ἐ-
10. ν τῇ Ἀντιοχείᾳ μέχρ-
11. ις οὗ τὴν ἀρχὴν παν-
12. τόθεν ἐβεβαιώσατο
13. ἐς τὴν Βιθυνίαν ἦλθ-
14. εν, πάρεδρον.....

15. οἱ πολλάκις ὁντινοῦ-
16. ν, ὥσπερ καὶ κατὰ τὴ-
17. ν Ἀντιόχειαν εἰώθει, π-
18. οιούμενος.
19. Ἔνθα δ' ἐπιχειμάσας
20. ἐς τὴν Ἰταλίαν διὰ τῆς
    Θρᾴκης καὶ
21. τῆς Μυσίας καὶ τῆς Παν-
22. νονίας ἑκατέρας ἐ-
23. πορεύθη, κἀκεῖ μέχρ-
24. ι τῆς τοῦ βίου τελευ-
25. τῆς κατέμεινεν, ἐν μέν
26. τι καὶ σφόδρα]

d'après la restitution de Bkk. et Ddf : Μακρῖνον, ὃν πολλὰ ἐπῃνέκεσαν ἐν πολεμίου μοίρᾳ καὶ σὺν τῷ υἱεῖ...

5. Cf. LXXVIII, 17 et 58.

6. Bkk. et Ddf, transposant neuf lignes (de ντηιαντιο à οιουμενος), arrivent à donner de ce passage un sens complet. Quelque ingénieuse que soit cette façon de procéder, façon d'ailleurs contraire à toutes les habitudes de ces savants, on me permettra de poser des réserves.

ἀγαθοῦ αὐτοκράτορος ἔργον ποιήσας¹· πολλῶν γὰρ πολλὰ
[*καὶ ἰδιωτῶν καὶ δήμων, τῶν τε Ῥωμαίων περὶ αὐτοῦ
τούτων. . . . . τῆς τε βουλῆς,] καὶ ἰδίᾳ καὶ κοινῇ²
[*ἔς τε τὸν Καράκαλλον,] καὶ ἑαυτὸν, ἐκ τῶν τοῦ Μακρίνου γραμμάτων, καὶ λόγῳ καὶ ἔργῳ ὑβρισάντων³, *οὐδενὶ
τὸ παράπαν, [*οὔτε ἐπεξιέναι⁴ ἔφη, οὔτε] ἐπεξῆλθεν⁵.
ἐς⁶ δὲ δὴ τὰ ἄλλα⁷ πάντα καὶ αἰσχρουγότατα⁸, καὶ πα-
ρανομώτατα, καὶ μιαιφονώτατα ἐξοκείλας⁹, ὥστε¹⁰ [*τὰ
μέν τινα αὐτῶν, μηδ' ἀρχήν ποτε¹¹ ἐν τῇ Ῥώμῃ γενόμενα,
ὡς καὶ πάτρια ἀκμάσαι¹²· τὰ δὲ καὶ τολμηθέντα ἄλλοτε¹³
ἄλλοις ὡς ἑκάστοις,] ἔτεσι τρισὶ, καὶ μησὶν ἐννέα, ἡμέραις τε τέσσαρσιν¹⁴, ἐν αἷς ἦρξεν¹⁵, ὡς ἄν τις ἀπὸ τῆς μάχης, ἐν ᾗ τὸ παντελὲς κράτος ἔσχεν, ἀριθμήσειεν, ἀνθῆσαι¹⁶.
[*Ἐφόνευσε μὲν γὰρ ἐν τῇ Συρίᾳ τόν τε Νέστορα, καὶ τὸν¹⁷
Φάβιον Ἀγριππῖνον τὸν ἄρχοντα αὐτῆς, τῶν τε ἱππέων τῶν¹⁸

1. Peir. : Τι [pour Ὅτι] ὁ Ψευδοαντωνῖνος ἓν καὶ μόνον καὶ σφόδρα
ἀγαθοῦ αὐτοκράτορος ἔργον ἐποίησεν. — 2. Peir. : αὐτῶν Ῥωμαίων καὶ ἰδίᾳ
καὶ κοινῇ. Dans V, καὶ ἰδίᾳ est le commencement de la col. 2 de la p. 22.
Bkk. et Ddf lisent ainsi tout ce passage : δήμων, τῶν τε. . . . ι αὐτοῦ τούτων. . . . τῆς τε βουλῆς, καὶ ἰδίᾳ καὶ κοινῇ. — 3. Xph. : ποιήσας· πολλὰ
γὰρ παρὰ πάντων καὶ ἰδίᾳ καὶ κοινῇ ἐκ τῶν τοῦ Μακρίνου... ὑβρισθείς.

4. Bkk. et Ddf ; Rm. (suivi par St.) : « Οὐδενὶ (cum interjectis) ἐπεξελθεῖν. Urs. et Lncl. : οὐδὲν ἐπεξελθεῖν ; sed rectius Xiph. : οὐδενὶ
ἐπεξῆλθε. Contra , οὐδὲν ἐπεξήξειν, Exc. Peir. et Rom. [F ; apud V :
ξει
επεξην (sic), ξει altera manu et rubricatis litteris]. Sed in notis Falco
legi mavult ἐπεξήσειν, quod fingit ab ἐπέξειμι. » — 5. Peir. : ἐπεξηλθεῖν,
au lieu de ἐπεξῆλθεν. — 6. Xph., Bkk. et Ddf ; vulg. et Peir., quoi qu'en
dise Rm. : εἰς. — 7. Urs. et Xph : τἄλλα. — 8. F : αἰσχουργότατα ; Xph. :
αἰσχρότατος ὤφθη ; Zn. : αἰσχρότατος ἦν. — 9. Peir. : ἐξώκειλεν, à cause
de Ὅτι, qui est en tête de l'Extrait. — 10. a, b : καίτοι, au lieu de ὥστε.
11. V ; vulg. : πώποτε ; Bkk. et Ddf : πώποτ'. — 12. Peir. : τὰ μέν
τινα τὴν ἀρχὴν ὡς καὶ πάτρια [F : παθρίδι (sic) ; Lncl. : ἐν πατρίδι] ἀκμάσαι.

ayant fait un acte digne d'un bon empereur, [un grand nombre de particuliers, en effet, de peuples et de Romains . . . .] ayant, comme hommes privés et comme hommes publics, ainsi que le firent connaître les lettres de Macrin, commis en paroles et en actions une foule d'outrages [et envers Caracallus] et envers lui-même, [il déclara qu'il ne punirait], et il ne punit en effet, qui que ce fût; bien que, dans tout le reste de sa conduite, il ait poussé la débauche, l'injustice et la cruauté à un tel excès que [certains usages tout à fait inconnus à Rome y furent pratiqués comme venant de nos ancêtres, et que les crimes commis isolément par d'autres en divers endroits] s'y maintinrent florissants pendant les trois ans neuf mois quatre jours que dura son règne, compté de la bataille qni le mit en possession du souverain pouvoir. [Il versa le sang, en Syrie, de Nestor, et de Fabius Agrippinus, gouverneur de cette province, ainsi que celui des principaux

13. Bkk. et Ddf; vulg.: ἄλλα τε. — 14. Rm.: « In ms. cod. Vat., teste Vignolio, Fabric. Hippol., t. I, p. 215, fuerat scriptum ἑκάστοις τούτεστι τρισὶ καὶ ἐν μησὶ ἐννέα ἡμέραις τέτρασιν [Bkk. reproduit en note cette leçon]. Recentior manus, deleto τοῦ in τούτεστι, supra
scripsit ε [suivant M. Gros: ουτεσι (sic), l'o et l'υ barrés; l'ε supérieur d'une autre main et à l'encre rouge], ut legatur ἔτεσι. Et sic edidit Urs., item Rom. nisi quod hæc inserit τε ante τέτρασιν, præeunte Vignolio, ob syllabam eamdem sequentis vocis, librariis præteritam. Sed L., omisso ἐν ante μησί, inseruit καὶ ante ἡμέραις. Xiphilinus sic: καίτοι τρισὶν ἔτεσιν, ἐννέα μησὶν, ἡμέραις τε τέσσαρσιν ἄρξας.» Quant à l'exactitude de la chronologie, cf. la note 13 dans Rm.

15. Urs.: ἐναπῆρξεν. — 16. a, b om.; dans Peir., ce passage se lit ainsi: τὰ δὲ καὶ τολμηθέντα ὀλίγῳ διαρκέσαι χρόνῳ. — 17. V om.

18. V: της, (sic), ων d'une autre main et à l'encre rouge. Les notes de M. Gros ne me permettent pas de déterminer si c'est ici ou au τῶν qui précède que se rapporte cette variante.

ἀμφὶ τὸν Μακρῖνον τοὺς πρώτους· ὅπερ που καὶ τῶν ἐν τῇ
Ῥώμῃ τοὺς μάλιστα οἰκειωθέντας αὐτῷ εἰργάσατο· κἂν τῇ
Ἀραβίᾳ[1] Πεῖχαν Καιριανὸν[2], τὸν ἐπιτετραμμένον αὐτήν,
ὅτι μὴ παραχρῆμα αὐτῷ προσέθετο[3]· ἔν τε τῇ Κύπρῳ
Κλαύδιον Ἄτταλον, τὸν τῆς Θρᾴκης ποτὲ ἄρξαντα, καὶ
ὑπὸ μὲν τοῦ Σεουήρου ἐκ τοῦ συνεδρίου ἐν τῷ τοῦ Νίγρου[4]
πολέμῳ ἐκπεσόντα[5], ὑπὸ δὲ τοῦ Ταραύτου ἐς αὐτὸ[6] ἐπαν-
αχθέντα, καὶ τότε ἐκ τοῦ κλήρου τῇ Κύπρῳ προσταχθέντα[7], ὅτι τῷ Κωμάζοντι προσεκεκρούκει· στρατευόμενον
γάρ ποτε αὐτὸν ἐν Θρᾴκῃ, καὶ κακουργήσαντά τι, ἐς τοὺς
τριηρίτας[8] ἀπεώσατο.]

R.p.1353

4. Τοιοῦτος γάρ τις ὁ Κωμάζων ὢν (καὶ τοῦτο
τοὔνομα[9] ἔκ τε[10] μίμων καὶ γελωτοποιΐας[11] ἔσχε[12]) τῶν τε
δορυφόρων ἦρξεν, ἐν μηδεμιᾷ τὸ παράπαν ἐπιτροπείᾳ[13], ἢ
καὶ προστασίᾳ[14] τινὶ, πλὴν τῆς[15] τοῦ στρατοπέδου, ἐξε-
τασθεὶς, [* καὶ τὰς τιμὰς τὰς ὑπατικὰς ἔλαβε[16],] καὶ μετὰ
τοῦτο καὶ ὑπάτευσε[17]· [* καὶ ἐπολιάρχησεν,] οὐχ ἅπαξ

1. V : τῆς Ἀραβίας. — 2. Bkk. et Ddf; vulg. : καὶ Ῥιανόν; Lncl. :
Ῥεανόν. — 3. V, Urs., Bkk. et Ddf; F, Lncl., Rm. et St. : προσέθεντο.
4. Rm. (variante que je ne trouve pas dans M. Gros) : « Τοῦ Νιγρίνου,
Urs. et codex, nisi quod hic τοῦ omittit. » — 5. F : ἐμπεσόντα.
6. Rm. prétend qu'il y a αὐτόν dans V, M. Gros n'en parle pas.
7. Cypre, primitivement province de César, avait été, avec la Gaule
Narbonnaise, rendue au peuple dès le temps d'Auguste (LIII, 12).
8. Bkk. et Ddf; vulg. : τριηρείτας. Urs. : τριαρίτας. Il y avait, dans
l'armée romaine, des corps regardés comme plus honorables les uns que
les autres; celui des rameurs était le moins estimé, aussi y faisait-on
descendre parfois, comme peine disciplinaire, des soldats des autres
corps; F. et Lncl. ont donc eu tort de traduire, l'un : *incommodi quid
triremium remigibus afferentem expulserat a militia;* l'autre :

chevaliers qui entouraient Macrin; chose qu'il fit aussi
à Rome pour ceux qui étaient le plus attachés à la cause
de ce prince; en Arabie, celui de Picas Cærianus, à qui
était confiée l'administration de cette contrée, parce
qu'il ne s'était pas sur-le-champ rangé à son parti; en
Cypre, celui de Claudius Attalus, ancien gouverneur de
la Thrace, chassé du sénat par Sévère, au temps de la
guerre contre Niger, rétabli par Tarautas dans sa dignité,
et mis par le sort à la tête de la province de Cypre,
parce qu'il avait offensé Comazon; en effet, lorsque jadis
celui-ci servait en Thrace, Attalus l'avait, pour cause
d'infraction à son devoir, relégué parmi les rameurs.]

4. Avec ce caractère, Comazon (c'était un nom qu'il
avait mérité comme mime et comme bouffon), eut le
commandement des prétoriens, bien que n'ayant à aucun titre exercé aucune charge de procurateur ou de
préfet, sinon de préfet de camp; [il reçut les ornements
consulaires,] et il fut ensuite consul; [il fut aussi préfet

---

quum maleficiis Triaritas [songeant sans doute. dit Rm., aux Triares,
habitants de l'Ibérie, pays trop éloigné de la Thrace] *infestasset.*

9. F : τοῦτό τ' ὄνομα; Lncl. : τοῦτό γε ὄνομα; Urs. : τοῦτο
γὰρ ὄνομα. — 10. Peir. om. — 11. F : γελωτοποιείας; V : γελωτο‑
μοιας (*sic*), ει d'une autre main et à l'encre rouge. Rm. : « Apud Sui‑
dam κωμαδεῖν est ὀρχεῖσθαι. Κωμάζει, κῶμον ἢ δρᾶμα ᾄδει, ὑβρίζει μετὰ
μέθης. Κωμαστής, τρυφῶν μετ' ᾠδῆς ἀσελγοῦς. Sic et Hesychius. Vide
Alberti Obss. p. 332. » — 12. Peir., Xph., Rm. et St.; V, Urs., F et
Lncl. : ἔχων. — 13. V : ἐπιτροπίᾳ. — 14. Urs. et F : προστατία; Bkk.,
en note : προστατιαι, l'iôta adscrit au lieu d'être souscrit; Lobeck (*Par‑
erga ad Phrynichum*, p. 521) y voit plutôt une corruption de προστα‑
τεία. — 15. Xph. et Lncl. — 16. V : ἔλαβεν. — 17. V : ὑπάτευσεν.

μόνον, ἀλλὰ καὶ δεύτερον, καὶ τρίτον, ὃ μηδενὶ πώποτε ἄλλῳ ὑπῆρξεν[1]· ὅθεν που καὶ τοῦτ' ἐν τοῖς παρανομωτά-τοις ἐξαριθμήσεται[2]. [*Ὁ μὲν οὖν Ἄτταλος δι' ἐκεῖνον ἀπέθανεν· ὁ δὲ δὴ Τριχχιανὸς διὰ τοὺς Ἀλβανίους[3], ὧν ἐγκρατῶς ἐπὶ τοῦ Μακρίνου ἡγεῖτο, καὶ ὅτι δραστήριος[4] τε ἦν, καὶ πολλοῖς στρατιώταις ἔκ τε τῶν ἀρχῶν ὧν ἦρξε καὶ ἐκ τῆς πρὸς τὸν Ἀντωνῖνον συνουσίας ἔγνωστο· διόπερ καὶ ὑπὸ τοῦ Μακρίνου τὴν [ἄλλως προπεμφθεὶς, ἐν Βιθυνίᾳ τὴν δίαιταν ἐποιεῖτο. Τοῦτόν τε οὖν ἀπέκτεινα[5], καίτοι τῇ γερουσίᾳ περὶ αὐτοῦ γράψας, ὅτι αὐτὸν εἰρχ-θέντα τῆς Ῥώμης, ὥσπερ καὶ τὸν Ἄσπρον τὸν Ἰούλιον[6], ὑπὸ τοῦ Μακρίνου ἀπεκατέστησε[7]· καὶ Σύλλαν τὸν τῆς Καππαδοκίας ἄρξαντα, καίπερ ἀπηλλαγμένον ἐξ αὐτῆς, ὅτι τ' ἐπολυπραγμόνει τινὰ, καὶ ὅτι μεταπεμφθεὶς[8] ὑπ' αὐτοῦ ἐκ τῆς Ῥώμης, ἀπήντησε τοῖς στρατιώταις τοῖς Κελτικοῖς, οἴκαδε μετὰ τὴν ἐν τῇ Βιθυνίᾳ χειμασίαν, ἐν ᾗ τινα ὑπετάραξαν[9], ἀπιοῦσιν. Οὗτοι μὲν δὴ διὰ ταῦτα ἀπώλοντο, καὶ οὐδὲ ἐπεστάλη τι περὶ αὐτῶν τῇ γερουσίᾳ·

R.p.1354

1. L'omission des mots καὶ ἐπολιάρχησεν dans Xph. et dans Zn. altère la vérité historique, en laissant supposer que Comazon a été plu-sieurs fois consul, et que ce fait, dont on ne trouve aucune trace soit dans les Fastes, soit dans les auteurs anciens, constitue quelque chose d'extraordinaire, quelque chose qui n'est jamais arrivé à personne et qui est une des plus grandes illégalités commises sous ce règne. Il est bon, toutefois, de faire remarquer que Xph., à la fin de ce livre, dit que Co-mazon succéda à plusieurs préfets comme un acteur succède à un autre sur la scène restée vide.

2. Xph. : ἀριθμηθήσεται, que Lncl. corrige : ἀριθμήσεται ou (d'après Urs.) ἐξαριθμήσεται.

3. Urs. et Lncl. (variante que M. Gros n'indique pas comme étant

urbain,] non pas une fois seulement, mais une deuxième et une troisième fois, ce qui n'a jamais eu lieu pour personne ; aussi ce fait sera-t-il compté au nombre des actes les plus illégaux. [Attalus donc fut mis à mort à cause de Comazon; quant à Triccianus, ce fut à cause des Albaniens qu'il commandait sévèrement sous Macrin, et aussi parce qu'il était homme d'action, et qu'il était connu d'un grand nombre de soldats tant à cause des charges qu'il avait exercées qu'à cause de son intimité avec Antonin ; ce qui lui avait valu d'être, après mûre réflexion, envoyé en avant par Macrin en Bithynie, où il avait établi sa résidence. Le faux Antonin mit donc à mort Attalus, bien qu'il eût écrit au sénat à son sujet qu'il l'avait rappelé à Rome d'où il avait été, ainsi que Julius Asper, éloigné par Macrin, et Sylla, ancien gouverneur de la Cappadoce, bien qu'alors parti de cette province, parce qu'il se mêlait à certaines intrigues et parce que, mandé par lui à Rome, il était allé au-devant des soldats gaulois retournant dans leurs foyers après avoir passé l'hiver en Bithynie, où ils avaient excité un certain trouble. Ces deux personnages périrent pour ces motifs, sans qu'avis en fût donné au sénat ; quant à

dans V, malgré la note de Rm.) : Ἀλβανίους. Il a été parlé plusieurs fois déjà de ce corps, notamment LXXVIII, 13.

4. Lncl. et les éd. subséq. ; Urs. : καί τινος ὅτι δραστήριος ; V : και τι τινοσοδραστηριος (sic) , τι, d'une autre main et à l'encre rouge.

5. V : ἀπέκτεινεν. — 6. Le même à qui Macrin (LXXVIII, 22) avait donné pour successeur, dans l'administration de l'Asie, Anicius Festus.

7. Lncl. (mais sans ν à la fin), Bkk. et Ddf : ἀποκατέστησεν ; V : ἀπεκατέστησεν, avec le double augment ; de même Urs. et F ; Rm. et St. suppriment le ν final.

8. Urs. et Lncl. : ὅτι τε μεταπεμφθείς.

9. Urs. : ὑπετάραξεν.

Σήιος [1] δὲ δὴ Κάρος, ὁ τοῦ [2] Φουσκιανοῦ [3] τοῦ πολιαρ-
χήσαντος ἔγγονος [4], ὅτι τε ἐπλούτει, καὶ ὅτι μέγας, καὶ
νοῦν ἔχων ἦν, πρόφασιν, ὡς καὶ συνιστάς τινας τῶν ἐν τῷ
Ἀλβανῷ στρατευομένων (καὶ μόνου γε [5] ἐκείνου ἀποδει-
κνύοντος τινὰ ἤκουσεν [6] ἐν τῷ παλατίῳ, ἐν ᾧ καὶ ἐσφάγη)·]
Οὐαλεριανός τε Παῖτος [7], ὅτι εἰκόνας τινὰς ἑαυτοῦ [8] ἐπι-
χρύσους [9] πρὸς παλλακίδων [10] κοσμήματα ἐξετύπωσεν [11].
[* ἐκ γὰρ τούτου καὶ αἰτίαν ἔσχεν, ὡς καὶ [12] ἐς Καππαδο-
κίαν, ὅμορον τῇ πατρίδι αὐτοῦ οὖσαν (Γαλάτης γὰρ ἦν),
ἀπελθεῖν ἐπὶ νεωτερισμῷ διανοούμενος [13], καὶ κατὰ τοῦτο
χρυσοῦς γλύμμα ἑαυτοῦ [14] φέροντας [15] ποιούμενος.

5. Καὶ ἐπὶ τούτοις, καὶ ὑπὸ τῆς βουλῆς ἐθανατώθη ὁ [16]]
Μεσσάλας ὁ Σίλιος, ὅ τε Βάσσος ὁ Πομπώνιος [17], ἐγκλήματα λαβόντες [18], ὅτι, ἔφη [19], τοῖς πραττομένοις ὑπ' αὐτοῦ [20]
οὐκ ἠρέσκοντο [21]. Τοῦτο γὰρ οὐδὲ τῇ βουλῇ γράψαι περὶ
αὐτῶν ὤκνησεν, ἐξεταστάς τε [22] αὐτοὺς τοῦ ἑαυτοῦ βίου,

1. Bkk. et Ddf; vulg. : Σέιος.

2. V om.

3. Peut-être le même qui fut (Capitolin, 3) condisciple de Marc-Antonin, consul une seconde fois (Lampride, 12) sous Commode, et qui,
préfet de Rome sous Pertinax (Capitolin, 4), est cité comme magistrat
sévère. — 4. Lncl. : ἔκγονος, que les notes de M. Gros ne donnent pas
comme étant dans V, malgré ce qu'en dit Rm. — 5. Bkk. et Ddf;
vulg. : τε. — 6. Rm., par des exemples empruntés à Dion, à Lucien
et, en latin, à Cicéron, prouve que ce mot doit ici s'entendre dans le
sens d'accuser. — 7. c : πρῶτος, au lieu de Παῖτος. — 8. Urs. : αὐτοῦ;
Lncl. : αὐτοῦ; Xph. om. — 9. Rm. et St. : ἐπὶ χρυσοῦς. Suivant eux, le
crime de Pætus n'était pas d'avoir son portrait en or, mais de l'avoir
sur des pièces de monnaie, sur des aurei, χρυσοῦς γλύμμα ἑαυτοῦ φέροντας, dit en propres termes Dion, quelques lignes plus loin. Mais il y a
deux reproches distincts, et εἰκὼν ἐπίχρυσος est fréquent dans les textes
épigraphiques; εἰκόνας d'ailleurs exclut l'idée d'une monnaie, idée qui

Séjus Carus, petit-fils de Fuscianus autrefois préfet de
Rome, ce fut parce qu'il était riche, qu'il était grand et
qu'il avait de l'intelligence, sous prétexte d'avoir poussé
à la sédition des soldats de la légion d'Albe (comme c'é-
tait le prince seul qui le dénonçait, la cause de Séjus
fut entendue dans le palais, où il fut égorgé);] Valérianus Pætus, parce qu'il avait fait faire des portraits de
lui en or destinés à la parure de ses maîtresses;
[cette action le fit, en même temps, accuser d'avoir eu
l'intention de passer en Cappadoce, province limitrophe
de sa patrie (il était Galate), pour y exciter un soulèvement, et d'avoir, dans cette vue, fabriqué des pièces d'or
portant son image gravée.

5. En outre d'eux, furent mis à mort par le sénat],
Silius Messala et Pomponius Bassus, sous l'inculpation
d'avoir, disait l'empereur, désapprouvé sa conduite. Il
ne craignit pas d'en écrire au sénat, qu'il appelait l'exami-

formerait une tautologie avec χρυσοῦς ποιούμενος. — 10. c : παλχίδων ;
f : παλαιχίδων. — 11. Xph., après ce mot, ajoute : διεφθάρη.

12. V et Urs. om.; F om. : ὡς χαί.

13. F : διανούμενος. — 14. V, F, Bkk. et Ddf; vulg. : ἑαυτοῦ γλύμμα.

15. V ; ϛερόντες (sic), α d'une autre main et à l'encre rouge.

16. Urs., Xph. et Lncl. om.—17. Xph. : Μεσσάλα; [Rm. et St] Σίλιος
[l'omission de ὁ est aussi dans Urs. et Lncl.] χαὶ Βάσσος Πομπώνιος.
Messala avait été consul l'an de Rome 967; Pomponius Bassus (cf. sur
ce dernier la lettre de Reinesius à Rupert, p. 572), l'an 964.

18. Xiph. : ἔλαδον, à cause des changements de son Abrégé.

19. Urs. et Lncl. : ἐπί ; Xph. om.; Rm. approuve cette suppression,
à moins qu'on ne lise ὡς ἔφη. — 20. Xph. et Zn. : παρ' αὐτοῦ.

21. V : ηρισχιτο (sic), ον d'une autre main et à l'encre rouge.

22. Urs. et Lncl. om.

καὶ ἐπιτιμητὰς τῶν ἐν τῷ παλατίῳ δρωμένων, εἰπὼν εἶ-
ναι· [* «Τὰς γάρ τοι τῆς ἐπιβουλῆς δῆθεν αὐτῶν ἀποδεί-
ξεις οὐκ ἔπεμψα[1] ὑμῖν, ἔφη, ὅτι μάτην ἀναγνωσθήσεσθαι
ἔμελλον, ἤδη σφῶν τεθνηκότων.»] Ὑπῆν[2] δέ τι καὶ ἕτερον
αἰτίαμα[3] [* πρὸς Μεσσάλαν, ὅτι πολλὰ ἐρρωμένως ἐν τῷ
συνεδρίῳ ἀπεφαίνετο· διόπερ καὶ κατ' ἀρχὰς αὐτὸν ἐς τὴν
Συρίαν, ὡς καὶ πάνυ τι αὐτοῦ δεόμενος, μετεπέμψατο,
ὅπως μὴ καὶ[4] καθηγεμὼν αὐτῷ[5] ἀλλοδοξίας γένηται· τῷ
δὲ δὴ] Βάσσῳ, ὅτι γυναῖκα καὶ[6] εὐπρεπῆ καὶ εὐγενῆ
εἶχε[7] (τοῦ τε γὰρ Σεουήρου τοῦ[8] Κλαυδίου καὶ τοῦ Ἀντωνίνου τοῦ Μάρκου ἀπόγονος ἦν[9])· καὶ ἀμέλει, καὶ ἔγημεν
αὐτὴν, μηδὲ [* ἐκ φόβου] θρηνῆσαι τὴν συμφορὰν ἐπιτρέψας. Καὶ περὶ μὲν τῶν γάμων αὐτοῦ, ὧν τε ἔγημει, ὧν
τε ἐγήματο[10], αὐτίκα λελέξεται[11]· καὶ γὰρ ἠνδρίζετο, καὶ
ἐθηλύνετο· καὶ ἔπραττε, καὶ ἔπασχεν ἑκάτερα ἀσελγέστατα. . . . . . .

p.1355

1. δεδηδυσ[12]
2. περιαυτο
3. σιαιεφον
4. σαντων
5. νοσκαιμ
6. λιωναδεα
7. υφωνπε
8. τευομεν

---

1. Lncl. (faute d'impression) : ἔπεμψαν.

2. Urs. et Lncl. : ἐπῆν. — 3. V : ετιαμα (sic), αι d'une autre
main et à l'encre rouge. — 4. Urs. : κἄν. — 5. V : αὐτῇ.
6. Xph. (mais non i) om. — 7. V, Bkk. et Ddf : εἶχεν.
8. Bkk. et Ddf; vulg. om. — 9. Si la femme de Bassus, Annia Faustina, était petite-fille (ou arrière-petite-fille) de Marc-Antonin, il faut
qu'elle soit née d'une des sœurs de Commode (Hérodien, V, 6). Trois

nateur de sa vie et le censeur de ce qui se passait dans le
palais : [« Quant aux preuves de leur complot, ajoutait-il,
je ne vous les ai pas envoyées, car on les lirait en vain,
attendu qu'ils sont déjà morts. »] Il avait aussi une raison
secrète : [Messala plusieurs fois avait exprimé avec force
son avis dans le sénat; aussi l'avait-il, dès le principe,
mandé en Syrie, comme s'il eût eu absolument besoin
de lui, de peur qu'il ne fît prévaloir un avis différent
dans cette assemblée; quant à] Bassus, sa femme était
belle et noble (elle était petite-fille de Claudius Sévérus
et de Marc-Antonin); il l'épousa sans lui permettre,
[tellement il lui inspira de frayeur,] de pleurer le
malheur de son mari. Bientôt il sera parlé des
épousailles où il était époux et épouse, car il se donnait et pour homme et pour femme, et il faisait l'un et
l'autre avec la dernière impudence. . . . .

1. δὲ δὴ δυσ. . . . . 5. νος καὶ μ. . . . .

2. περὶ αὐτο. . . . . 6. λιωνα δε α. . . . .

3. σία ἐφον. . . . . 7. ὑφ' ὧν πε. . . . .

4. σαντων. . . . . 8. τευομεν. . . . .

nous sont connues avec leurs maris : Lucilla, veuve de Vérus et épouse
de Claudius Pompéianus; Fadilla, épouse d'Anstitius Burrus; et la troisième, épouse de Pétronius Mamertinus. Cf. LXXII, 3 ; Lampride, 5, 6
et 7, passages d'après lesquels, dit Rm., « Nihil mihi propius ad nos-
trum locum occurrit suspicari quam hanc Anniam Faustinam filiam
fuisse Lucillæ et Claudii Pompeiani, et huic patrem fuisse Claudium
Severum. » — 10. Peir. : Ὅτι ἐγάμει καὶ ἐγήματο.

11. Urs. : λέξεται; Peir. om : αὐτίκα λελέξεται. — 12. P. 23, col. 3.

9. τωτειχε
10. χτοιδιαν
11. μυνομε
12. σεργιος
13. τονκαρον
14. τιναχαιμ
15. προσδιε
16. ουνεχτη
17. δρωνων
18. τιναδιατ
19. ποιησας

20. υπαυτου
21. διωδόν
22. δενοςη
23. τεχεινου
24. αιτιανεπι
25. φονωιταμ
26. τειππεων
27. χαισαριων
28. εφθαρησα
29. ουδενδες [1]

6. .... Γάννυν [2] δὲ δὴ, τὸν [3] τὴν ἐπανάστασιν κα-
τασκευάσαντα, τὸν ἐς τὸ στρατόπεδον αὐτὸν ἐσαγαγόντα,
τὸν τοὺς στρατιώτας προσαποστήσαντα, τὸν τὴν νίκην
αὐτῷ τὴν κατὰ τοῦ Μακρίνου παρασχόντα, τὸν τροφέα,
τὸν προστάτην, ἐν ἀρχῇ εὐθὺς τῆς ἡγεμονίας, ἐν τῇ Νικομηδείᾳ ἀποκτείνας, ἀνοσιώτατος ἀνδρῶν ἐνομίσθη. Ἄλλως μὲν γὰρ καὶ τρυφερώτερον διῃτᾶτο, καὶ ἡδέως ἐδω-
ροδόκει· οὐ μὴν οὔτε [4] αἴτιός τινος κακοῦ οὐδενὶ ἐγένετο,
καὶ πολλοὺς πολλὰ εὐηργέτησε [5]· τὸ δὲ μέγιστον, ἰσχυρῶς αὐτὸν περιεῖπε, καὶ τῇ Μαίσῃ τῇ τε Σοαιμίδι [6] σφό-
R.p.1356 δρα ἤρεσκε· τῇ μὲν, ὅτι ἐτέθραπτο [7] ὑπ' αὐτῆς· τῇ δὲ,

1. V, Bkk. et Ddf; vulg. : ουδενὸς; c'est la fin de la colonne.
2. La restitution de Bkk. et Ddf : Γάννυν (le ν final est dans le ms.),
avait déjà été indiquée par Rm. (cf. la note 25 dans son éd.). C'est, dans
V, la p. 24, col. 1.
3. Peir. : Ὅτι αὐτὸν ἐκεῖνον τόν, Extrait qui finit avec τολμῆσαι à la fin

9. τω τειχε............   20. ὑπ' αυτ..ουσ........

10. κτο ἰδίαν...........ἀ-   21. διωλομ...........·

11. μυνομε............   22. δενος η...........

12. Σέργιος α...........   23. τ' ἐκείνου...........·

13. τὸν Καρο...........   24. αἰτίαν ἐπι...........·

14. τινα καὶ μ...........   25. φόνῳ τὰ μ...........

15. προσδιει...........   26. τε ἱππέων...........

16. ουν ἐκ τι...........   27. Καισαρείων...........

17. δρωνων...........   28. ἐφθάρησαν...........

18. τινα διατ...........   29. οὐδὲν δὲ ο...........·

19. ποιήσας...........

6. . . . . . . le meurtre de Gannys, qui avait préparé le soulèvement, qui l'avait mené au camp, qui lui avait donné la victoire sur Macrin, de Gannys, son père nourricier et son tuteur, commis par lui, à Nicomédie, dès le commencement de son règne, le fit regarder comme le plus impie des hommes. Gannys menait une vie pleine de mollesse, et recevait avec plaisir les présents ; mais, loin d'avoir causé de mal à personne, il accorda à nombre de gens de nombreux bienfaits ; et, ce qui est plus important, il était plein de zèle pour son prince et dans les bonnes grâces de Mæsa et de Soæmis ; de l'une, parce qu'elle l'avait élevé, de l'autre, parce qu'il

du chapitre. M. Gros dit qu'à partir de cet endroit, toutes les variantes de F sont littéralement conformes au ms. — 4. Bkk. et Ddf ; vulg. : οὐδέ. — 5. St., « quia illa forma legitur [LXVIII, 2] et [LXXI, 30] », Bkk. et Ddf, qui, de plus, ajoutent un ν à la fin ; vulg. : εὐεργέτησε.

6. Peir. : καὶ τῇ Αἱ ἐσηι τηῖ τε Σοαιμίᾳ (sic). — 7. Peir. : τέθρακτο.

ὅτι συνῴκει τρόπον τινὰ αὐτῇ. Ἀλλ' οὔτι[1] γε διὰ τοῦτ'
αὐτὸν κατεχρήσατο[2], ὁπότε[3] καὶ συμβόλαιον αὐτῷ[4] γα-
μικὸν ποιῆσαι καὶ Καίσαρα[5] αὐτὸν ἀποδεῖξαι ἠθέλησεν·
ἀλλ' ὅτι σωφρόνως τε καὶ ἐμφρόνως[6] ζῆν ὑπ' αὐτοῦ ἠναγκάζετο. Καὶ αὐτός γε[7] αὐτοχειρίᾳ πρῶτος αὐτὸν κατέ-
τρωσε, διὰ τὸ μηδένα τῶν στρατιωτῶν ἄρξαι τοῦ φόνου
τολμῆσαι. Καὶ ταῦτα[8] οὕτως ἐγένετο.

7. Ὁ[9] ... ς[10] δὲ Οὗῆρος[11] ἐπιτολμήσας[12] καὶ αὐτὸς
τῇ μοναρχίᾳ ἐν τῷ τρίτῳ στρατοπέδῳ τῷ Γαλλικῷ[13],
οὗ ἦρχε[14], καὶ Γέλλιος Μάξιμος ἐκ τῆς αὐτῆς αἰτίας, καίπερ ὑποστρατηγῶν, ἐν τῇ Συρίᾳ τῇ ἑτέρᾳ[15], τοῦ τετάρτου
τοῦ Σκυθικοῦ τείχους[16], ἐδικαιώθησαν. Οὕτω γάρ[17] που
πάντα ἄνω κάτω συνεχύθη, ὥστε ἐκείνους τὴν ἔφεσιν τῆς
ἀρχῆς, τὸν μὲν ἐξ ἑκατοντάρχων ἐς τὴν γερουσίαν ἐσγρα-
φέντα[18], τὸν δὲ ἰατροῦ υἱὸν ὄντα, ἐς τὸν νοῦν ἐμβαλέσ-
θαι[19]. Τούτους δὲ δὴ μόνους ὠνόμασα, οὐχ ὅτι καὶ μόνοι
ἐξεφρόνησαν, ἀλλ' ὅτι τῆς[20] βουλῆς ἦσαν· ἐπεί τοι καὶ
ἕτερός τις ἑκατοντάρχου υἱὸς ἐπεχείρησε τὸ αὐτὸ ἐκεῖνο

1. Ddf; vulg. et Bkk. : οὗτοι. — 2. Rm. : « Αὐτὸν κατεχρήσατο, Rom.
[F]; αὐτὸς ἐχρήσατο, Exc. Peir. male. » — 3. Rm. : « Ὁπότε, Exc.
Peir. quod utique præferendum visum est lectioni Rom. : τό ποτε.
Video etiam ex notis Falc., p. 164, ὁπότε in ipso codice exstare. »
4. Rm. : « Αὐτῷ, Exc. Peir. Deest in Rom. [F], nec tamen in codice. » — 5. Rm. : « Κέσαρα, codex. » M. Gros n'en dit rien. — 6. Rsk.,
« quod valde mihi probatur », dit St., bien que conservant dans son texte
la vulg. : εὐφρόνως, Bkk. et Ddf. — 7. Bkk. et Ddf; vulg. : τε.
8. Rm. : « Καὶ ταῦτα supplevit Falco, quum resecta essent in codice.»
M. Gros n'en parle pas. Bkk. et Ddf : Ταῦτα μέν, omettant le Καί.
9. Bkk. et Ddf om. — 10. V, Bkk. et Ddf; vulg. om.—11. Urs. et Lncl. :
Ὁ δὲ Σεουῆρος, leçon combattue par F. — 12. Ce mot est suspect à Rm.,

cohabitait, pour ainsi dire, avec elle. Mais ce ne fut pas pour ce motif que l'empereur le fit mourir, puisqu'il avait voulu faire avec lui un contrat de mariage et le nommer César ; ce fut parce que Gannys le forçait à observer la tempérance et la sagesse. Ce fut le prince lui-même qui, le premier, de sa propre main, blessa Gannys, attendu que personne parmi les soldats n'osa commencer. Voilà comment les choses se passèrent.

7. . . . . . Vérus, pour avoir, lui aussi, dans la troisième légion *Gallica*, dont il avait le commandement, osé tourner ses vues vers le souverain pouvoir, et Maximus Gellius, pour la même cause, bien qu'il ne fût que lieutenant de la quatrième *Scythica*, dans la seconde Syrie, furent livrés au supplice. Tout, en effet, était tellement bouleversé, en haut comme en bas, que ces officiers, dont l'un était devenu sénateur après avoir été centurion, et dont l'autre était fils d'un médecin, se mirent en tête d'aspirer à l'empire. S'ils sont les seuls que j'aie cités, ce n'est pas parce qu'ils furent les seuls qui se laissèrent aller à cette extravagance, c'est parce qu'ils faisaient partie du sénat ; car un autre, un fils de centurion, essaya aussi de mettre le trouble dans cette

qui propose ἐπιχειρήσας. — 13. C'est la même que celle dont il est parlé, LXV, 14, au moment de la lutte entre Vitellius et Vespasien pour l'empire. — 14. F : ἦρξε. — 15. Suivant Dion, la troisième légion *Gallica* était, de son temps, placée en Phénicie (la Phénicie faisait partie de la Syrie), et la quatrième *Scythica* en Syrie (LV, 23) ; il s'ensuit, dit Rm., qu'en parlant ici de la quatrième légion, l'auteur, par les mots Συρίᾳ ἑτέρᾳ, désigne la Syrie proprement dite, c'est-à-dire la Syrie Supérieure, en face de la Phénicie et s'étendant de la Phénicie à la Cilicie, jusqu'au mont Amanus, au-delà de l'Euphrate. — 16. F (d'après Lncl) : τέλους.

17. F om. — 18. On ne tirait pas d'habitude les sénateurs d'un rang si bas dans l'armée, on ne les tirait que des tribuns à laticlave. — 19. Urs. : ἐμβάλλεσθαι ; F (faute d'impression, sans doute) : ἐμβαλλέσθαι. — 20. V om.

στρατόπεδον τὸ Γαλλικὸν συνταράξαι, καὶ μάλα ἄλλος τις
ἐριουργὸς τὸ τέταρτον, ἕτερός τε ἰδιώτης τὸν στόλον τὸν
ἐν τῇ Κυζίκῳ ναυλοχοῦντα[1], ὅτε καὶ ὁ Ψευδαντωνῖνος ἐν
τῇ Νικομηδείᾳ ἐχείμασε[2]· καὶ ἄλλοι δὲ πολλοὶ ἄλλοθι[3].
ὥστε καὶ ἑτοιμότατον ἦν τοῖς[4] βουλομένοις[5] ἄρξαι, τῷ
καὶ παρ' ἐλπίδα καὶ παρὰ τὴν ἀξίαν πολλοὺς τῆς ἡγεμονίας ἐπιβεβατευκέναι, καὶ[6] νεωτερίσαι τολμῆσαι. Καὶ μηδεὶς ἀπιστήσῃ τῷ λεχθέντι[7]. . . . .
παρὰ τῶν[8] ἰδιωτῶν, παρ' ἀνδρῶν ἀξιοπίστων μαθόμενος[9].
τὸ δὲ δὴ κατὰ τὸν στόλον αὐτὸς ἐγγύθεν ἐκ τῆς Περγά-
μου[10] ἀκριβώσας ἔγραψα, ἧς, ὥσπερ καὶ τῆς Σμύρνης,
ταχθεὶς[11] ὑπὸ τοῦ Μακρίνου, ἐπεστάτησα· ἀφ' οὗπερ,
οὐδὲ τῶν ἄλλων οὐδὲν ἄπιστόν μοι κατεφάνη.

8. Φόνων μὲν οὖν ἐχόμενα ταῦτα αὐτῷ ἐπράχθη· ἔξω
δὲ δὴ τῶν πατρίων, ἁπλᾶ μὲν, καὶ μηδὲν μέγα κακὸν

R.p.1357

---

1. Tacite (Hist., II, 83, et III, 47) parle d'une flotte dans le Pont
sous Vespasien ; Josèphe (Guerre des Juifs, II, 16) ajoute qu'elle était
destinée à contenir les habitants du Bosphore et du Pont ; ce fut cette
flotte, sans doute, qu'employa Sévère (LXXIV, 12) au siége de Byzance.
Juste-Lipse (Grandeur de Rome, notes sur la p. 384 ; tome III de ses
Œuvres, p. 473) remarque qu'elle était en station à Cyzique, bien
que, suivant le danger ou le besoin des temps, elle voyageât entre les
nombreux ports qui bordent la côte du Pont.

2. V, Bkk. et Ddf; vulg. : ἐχείμαζεν.

3. V : ἄλλοθι καὶ ἀλλαχόθι ; Rm. voudrait lire ἄλλοθι καὶ πολλαχόθι ;
F om. : καὶ ἀλλαχόθι.

4. V : εντοις (sic), o d'une autre main et à l'encre rouge.

5. Urs. et Lncl. : βουλευομένοις ; ce serait plutôt, en ce sens, βουλεύουσι,
comme le fait remarquer Rm.

6. Urs. om.

même légion *Gallica*, tandis qu'un autre, qui n'était qu'un ouvrier en laine, entreprenait la quatrième, et qu'un autre encore, un simple particulier, s'adressait à la flotte mouillée à Cyzique, pendant que le faux Antonin était en quartiers d'hiver à Nicomédie. Il y eut également bien d'autres tentatives dans d'autres endroits ; tellement le grand nombre de ceux qui avaient, contre tout espoir et sans en être dignes, foulé de leurs pieds la route du souverain pouvoir avait aplani le chemin à ceux qui voulaient régner et qui osaient se révolter. Que personne ne refuse d'ajouter foi à mes paroles ; . . . . l'ayant appris de simples particuliers, d'hommes dignes de foi. Quant aux faits relatifs à la flotte, je les ai écrits après exactes informations prises de Pergame, ville située près des lieux, et dont l'administration, ainsi que celle de Smyrne, m'avait été remise par Macrin ; ce qui m'a été une raison de ne tenir pour incroyable aucun des autres.

8. Voilà pour ce qui concerne le sang versé ; quant à ce qu'Élégabale fit contre les coutumes des ancêtres, les

---

7. Urs. et Lncl. : λεχθησομένῳ, le ms. (ce dont M. Gros ne dit rien) ne donnant que le λε.

8. V : πατατων, suivant M. Gros dans son relevé des variantes, et παρατων dans son indication des colonnes (c'est la 3ᵐᵉ de la p. 24, ligne 2, la 1ʳᵉ ligne manquant). Bkk. et Ddf : λεχθέντι · τὰ μὲν γὰρ λοιπὰ τὰ περὶ τῶν ἰδιωτῶν. Rm. : « Κατά, codex et Urs. Mihi placeret sic expleri : καὶ γὰρ τὰ μὲν περὶ ἰδιωτῶν, etc. Versio Falconis : *illa non a plebeiis hausi, sed a viris fide dignis,* supponeret alia Græca : οὐ παρ' ἰδιωτῶν, ἀλλὰ παρ' ἀνδρῶν ἀξιοπίστων.

9. Bkk. et Ddf : πυθόμενος ; selon eux (M. Gros n'en dit rien), πυ serait une restitution.

10. Pergame était en Mysie, dans l'Asie Supérieure, auprès du Caïque ; Smyrne était en Ionie, au-dessous de l'embouchure de l'Hermus ; les deux villes se trouvaient donc à une assez faible distance de Cyzique, où stationnait la flotte.

11. Lncl. : προσταχθείς.

ἡμῖν φέροντα, πλὴν καθ᾽ ὅσον[1] παρὰ τὸ καθεστηκὸς ἐκαι-
νοτομήθη, ὅτι τε τῶν ὀνομάτων τινὰ τῶν ἐς τὴν ἡγεμονίαν αὐτοῦ[2] τεινόντων, πρὶν ψηφισθῆναι, ὥσπερ εἶπον[3],
αὐτὸς ἑαυτῷ ἔθετο· καὶ ὅτι τῇ τοῦ Μακρίνου ὑπατείᾳ[4],
μήτε χειροτονηθεὶς ἐπ᾽ αὐτὴν[5], μήτε ὅλως ἐφαψάμενος αὐτῆς (προδιήνυστο γὰρ[6]) αὐτὸν ἀντενέγραψε[7], καίτοι[8] τὸ
κατ᾽ ἀρχὰς ἀπὸ[9] τοῦ Ἀδουέντου μὲν, ὡς καὶ μόνου ὑπατευκότος τὸν ἐνιαυτὸν ἐν τρισὶ[10] γράμμασι διαδηλώσας· ὅτι
τε[11] δεύτερον δὴ ὑπατεύειν ἐπεχείρησε[12], μηδεμίαν πρόσθεν, μήτε ἀρχὴν λαβὼν, μήτε τιμὴν ἀρχῆς· καὶ ὅτι τῇ
ἐπινικίῳ στολῇ ὑπατεύων ἐν τῇ Νικομηδείᾳ, ἐν τῇ τῶν
εὐχῶν ἡμέρᾳ[13],] οὐκ ἐχρήσατο[14]. . . . .

R.p.1358 9. Ἔγημε δὲ Κορνηλίαν Παῦλαν[15], ἵνα δὴ θᾶσσον,
ὥσπερ ἔφη, πατὴρ γένηται, ὁ μηδ᾽ ἀνὴρ εἶναι δυνάμενος.
Ἐν δ᾽ οὖν τοῖς γάμοις, οὐχ ὅπως ἡ γερουσία ἤ τε ἱππὰς,
ἀλλὰ καὶ αἱ γυναῖκες αἱ τῶν βουλευτῶν, διανομήν τινα ἔλα-

1. Lncl. et les éd. subséq.; V, Urs et F : πλὴν παρ᾽ ὅσον : le copiste,
sans doute, songeait au παρά qui suit. — 2. Urs. et Lncl. : αὐτῷ.
3. Cf., ch. 2, ce prince prenant les titres d'Empereur, de César, de
Pieux, etc. — 4. F : ὑπατίᾳ. — 5. V et Urs. : ἐφ᾽ αὐτήν; F (faute d'impression ?) : ἐφ᾽ αὐτήν. — 6. Macrin avait donc ouvert l'année 971 comme
consul ordinaire avec Adventus pour collègue ; puis il avait, avant de
mourir, cédé sa charge à des consuls subrogés, subrogation qui avait eu
lieu à la fin de mai, au plus tard, puisque, le 17 de ce mois, les troubles
excités par Avitus le décident à proclamer empereur son fils Diaduménianus (LXXIX, 30, passage mutilé). Les Fastes montrent ensuite le
nom de Macrin remplacé par celui d'Antonin qui, à n'en pas douter, est
Élégabale et non Diaduménianus. Fabretti, Inscript., p. 339, produit
des pierres où le nom de Macrin comme consul a été gratté.

7. Rm. : « Sic L. Certe sic voluit scribere, sed excusum est αὐτό. Αὐτὸν
ἀντέγραψε, Urs. et Rom. [F], in qua editione et parenthesis male post

choses sont simples et ne nous ont causé aucun dommage important, si ce n'est, toutefois, qu'il introduisit des nouveautés contraires à nos usages, en prenant de lui-même, comme je l'ai dit, avant qu'ils ne lui eussent été décernés, des titres relatifs à son autorité, en se substituant à Macrin dans le consulat sans y avoir été élu et sans y être jamais arrivé (ce consulat, en effet, était terminé), bien qu'au principe, il eût, dans trois lettres, déclaré l'année, à partir du consulat d'Adventus, comme écoulée sous le consulat d'Adventus seul, et tenté d'être consul une seconde fois, sans avoir auparavant reçu ni charge, ni ornements d'une charge ; et, enfin, parce qu'à Nicomédie], il n'avait pas, [étant consul], fait usage, [le jour des Vœux, de la toge triomphale] . . . .

9. Il épousa Cornélia Paula, à dessein, disait-il, de devenir plus tôt père, lui qui ne pouvait même pas être homme. A la célébration de ces noces, non-seulement le sénat et le corps équestre, mais encore les femmes des sénateurs reçurent des largesses ; le peuple eut un festin

αὐτόν clauditur. » — 8. Lncl. : καὶ ὅτι, au lieu de καίτοι. — 9. F : ἀπό. 10. Peut-être τισί « dans quelques actes ».—11. Bkk. et Ddf ; vulg. om. 12. V, Bkk. et Ddf : ἐπεχείρησεν. — 13. Avec ce mot finit le ms. désigné par la lettre V dans la présente édition. Nous n'avons plus, dans tout ce qui va suivre, que l'abrégé de Xiphilin avec quelques extraits conservés dans le ms. de Peiresc. Falcon change l'ordre suivi par Xiphilin, pour se conformer à celui du sommaire transcrit d'après V en tête de ce livre. — 14. Le mot ἐχρήσατο a été ajouté par Lncl. et par F, qui l'a suivi. Rm. (St., Bkk. et Ddf se sont rangés à son avis) établit (cf. sa note 36) qu'il faut lire οὐκ ἐχρήσατο, attendu que, dans les sacrifices solennels, les consuls, et à plus forte raison les empereurs, faisaient usage de la toge triomphale. — 15. Nous manquons de détails sur Paula et sur Sévéra ; mais, d'après le nom de Julia que leur donnent des médailles, il y a tout lieu de croire (cf. Cohen, Médailles impériales) qu'elles appartenaient à la famille impériale.

δον· ὅ τε δῆμος πεντήκοντα καὶ ἑκατὸν δραχμαῖς, καὶ οἱ στρατιῶται ἑκατὸν πλείοσιν εἱστιάθησαν· μονομάχων τε ἀγῶνες ἐγένοντο, ἱμάτιον αὐτοῦ περιπόρφυρον ἐνδύντος, ὃ καὶ ἐν ταῖς εὐχωλιμαίαις θέαις ἐπεποιήκει. Καὶ θηρία ἄλλα τε πολλὰ, καὶ ἐλέφας, τίγριδές τε μία καὶ πεντήκοντα, ἐσφάγησαν· ὃ μηδεπώποτε ἀθρόον ἐγεγόνει. Εἶτα τὴν Παῦλαν, ὡς καὶ κηλίδα τινὰ περὶ τὸ σῶμα ἔχουσαν, ἀποπέμψας, Ἀκυλίᾳ Σεουήρᾳ συνῴκησεν, ἐκφανέστατα παρανομήσας· ἱερωμένην γὰρ αὐτὴν τῇ Ἑστίᾳ, ἀσεβέστατα ᾔσχυνεν. Ἐτόλμησε δὲ καὶ εἰπεῖν ὅτι, « Ἵνα δὴ καὶ θεοπρεπεῖς παῖδες ἔκ τε ἐμοῦ τοῦ ἀρχιερέως, ἔκ τε ταύτης τῆς ἀρχιερείας γεννῶνται, τοῦτ᾽ ἐποίησα[1]. » καὶ ἐφ᾽ οἷς αὐτὸν ἐν τῇ ἀγορᾷ αἰκισθέντα, εἶτα ἐς τὸ δεσμωτήριον ἐμβληθῆναι, κἀνταῦθα θανατωθῆναι ἔδει[2], ἐπὶ τούτοις ἐκαλλωπίζετο. Καὶ οὐδ᾽ ἐκείνην[3] μέντοι ἐπὶ πολὺ κατέσχεν, ἀλλὰ ἑτέραν, εἶθ᾽ ἑτέραν, καὶ μάλα ἄλλην ἔγημε[4]· καὶ μετὰ τοῦτο πρὸς τὴν Σεουῆραν ἐπανῆλθεν.

10. Ἐγεγόνει δὲ καὶ τέρατα ἐν τῇ Ῥώμῃ, ἄλλα τε καὶ R.p.1359 ἐκ τοῦ ἀγάλματος τῆς Ἴσιδος, ὃ ὑπὲρ τὸ ἀέτωμα τοῦ ναοῦ αὐτῆς ἐπὶ κυνὸς ὀχεῖται[5]· τὸ γὰρ πρόσωπον ἐς τὸ ἔσω με-

---

1. Cf. Hérodien, V, 6. — 2. C'était le supplice réservé à quiconque avait eu commerce avec une Vestale. — 3. Bkk. et Ddf; vulg. : οὐδὲ ἐκείνην. — 4. Les autres historiens ne donnent pas plus de trois femmes au faux Antonin, ce qui fait dire plus bas, ch. 13, à Diou que les autres furent épouses ἄνευ τινὸς νομίμου προσρήσεως. Des médailles citées par Médiobarbus (p. 315) nous apprennent que la troisième femme fut Annia Faustina. Hérodien aussi, V, 6 (cf. la note 40 dans Rm.), la désigne comme ayant été la troisième, en la rattachant à la famille de Commode

du prix de cent cinquante drachmes, et les soldats en eurent un de plus de cent ; il donna aussi des combats de gladiateurs où il assista revêtu de la toge prétexte, ce qu'il faisait également pour les jeux votifs. Il y eut aussi quantité de bêtes massacrées, entre autres un éléphant et cinquante-et-un tigres, ce qui n'avait jamais eu lieu en une seule fois. Ensuite, ayant répudié Paula, sous prétexte qu'elle avait une tache sur le corps, il se maria avec Aquilia Sévéra, par l'infraction la plus manifeste aux lois ; car il souilla cette Vestale par une flagrante impiété. Il osa dire : « C'est pour que de moi, grand-pontife, et d'elle, grande-vestale, il naisse des enfants divins, que j'ai fait cela ; » et, ces sacriléges, pour lesquels il aurait dû, après avoir été battu de verges sur le Forum, être jeté en prison et y être mis à mort, il ne craignait pas de s'en glorifier. Il ne la garda pourtant pas longtemps ; il en prit une autre, puis une autre, et une autre encore ; après quoi il revint à Sévéra.

10. Il y eut aussi des prodiges à Rome, entre autres, celui de la statue d'Isis placée au faîte du temple de cette divinité, où elle est portée sur un chien ; cette statue, en effet, tourna sa face du côté de l'intérieur.

---

en qualité de petite-fille de Marc-Antonin. — 5. On peut voir dans Pignoria (Table Isiaque, p. 10) comment le culte d'Isis fit à Rome des progrès avec le temps. Ce fut d'abord sous Commode, et ensuite sous Caracallus et sous Élégabale (cf. Spartien, Niger, 6, et Caracallus, 9 ; Lampride, Alex. Sévère, 26) qu'il devint florissant. Caracallus (Spartien) lui bâtit des temples magnifiques. La Table Isiaque représente la déesse assise, avec un chien sous son trône ; et c'est, sans doute, de cette représentation que notre auteur parle ici.

τέστρεψεν. Ὁ δὲ Σαρδανάπαλος καὶ ἀγῶνας ἐποίει, καὶ
θέας συχνάς, ἐν αἷς Αὐρήλιος Αὔλιξ ὁ ἀθλητὴς εὐδοκίμη-
σεν· ὃς τοσοῦτον τοὺς ἀνταγωνιστὰς ὑπερῆρεν, ὥστε πά-
λην τε ἅμα καὶ παγκράτιον ἐν τῇ Ὀλυμπίᾳ ἀγωνίσασθαι
ἐθελῆσαι, κἂν τοῖς Καπιτωλίνοις καὶ ἄμφω νικῆσαι. Οἱ
μὲν γὰρ Ἠλεῖοι φθονήσαντες αὐτῷ, μὴ (τὸ λεγόμενον δὴ
τοῦτο[1]) ἀφ' Ἡρακλέους ὄγδοος γένηται, οὐδὲ ἐκάλεσαν ἐς
τὸ στάδιον παλαιστὴν οὐδένα, καίπερ ἐν τῷ λευκώματι καὶ
τοῦτο τὸ ἄθλημα προγράψαντες[2]· ἐν δὲ δὴ τῇ Ῥώμῃ καὶ
ἐνίκησεν ἑκάτερον, ὃ μηδεὶς ἄλλος ἐπεποιήκει.

11. Τῶν δὲ δὴ παρανομημάτων αὐτοῦ, καὶ τὸ κατὰ
τὸν Ἐλεγάβαλον ἔχεται, οὐχ ὅτι θεόν τινα ξενικὸν ἐς τὴν
Ῥώμην ἐσήγαγεν, οὐδ' ὅτι καινοπρεπέστατα αὐτὸν ἐμε-
γάλυνεν, ἀλλ' ὅτι καὶ πρὸ τοῦ Διὸς αὐτοῦ ἤγαγεν αὐτὸν[3],
καὶ ὅτι ἱερέα αὐτοῦ ἑαυτὸν ψηφισθῆναι ἐποίησεν[4], ὅτι τε[5]
τὸ αἰδοῖον περιέτεμε[6], καὶ ὅτι χοιρείων κρεῶν, [ὡς καὶ κα-
θαρώτερον ἐκ τούτων θρησκεύσων,] ἀπείχετο[7]· καὶ μέν-

<hr>

1. Rm. ne se souvient pas d'avoir lu ce proverbe autre part.

2. Bkk. et Ddf, leçon que Slbg. déclare préférable à la vulg. : προσγρά-
ψαντες, qui peut néanmoins être conservée.

3. Lampride, 7 : « Omnes sane deos sui dei ministros esse aiebat,
quum alios ejus cubicularios appellaret, alios servos, alios diversarum
rerum ministros. » Hérodien, V, 5, ajoute qu'ordre fut donné à tous les
magistrats de Rome d'invoquer, même dans les sacrifices publics, le
nouveau dieu avant tous les autres.

4. Lampride, 1, dit que le nom du prince venait de sa qualité de
prêtre du dieu. — 5. Bkk. et Ddf, F : καί; vulg. om.

6. Aurélius Victor (Epit., XXIII, 3) : « Abscissisque genitalibus,
Matri se Magnæ sacravit. » Lampride : « Genitalia sibi devinxit [defixit,
d'après Saumaise], et omnia fecit quæ Galli facere solent. » On peut

Quant à Sardanapale, il donnait des combats de gladiateurs et des jeux fréquents, jeux où l'athlète Aurélius Ælix se signala ; en effet, il fut tellement supérieur
à ses antagonistes, qu'il voulut combattre, à Olympie, à
la lutte et au pancrace, et que, dans les jeux Capito-
lins, il remporta cette double victoire. Les Éléens, en
effet, jaloux de lui, craignant que (comme dit le proverbe) il ne fût le huitième depuis Hercule, n'appelèrent
aucun lutteur dans le stade, bien que, sur l'affiche, ils
eussent proposé ce combat ; mais, à Rome, Ælix remporta l'une et l'autre victoire, ce que personne n'avait
encore fait.

11. Parmi les plus flagrantes violations des lois, se
place le culte d'Élégabale ; non-seulement à cause de
l'introduction à Rome d'uue divinité étrangère, et des
honneurs nouveaux et magnifiques accordés à ce dieu,
mais aussi à cause de la supériorité qu'il lui attribuait
sur Jupiter lui-même, et de son sacerdoce qu'il se fit
décerner ; à cause de sa circoncision et de son abstinence
de la chair de porc, [comme si cette abstinence eût
rendu son culte plus pur] ; et aussi à cause du vêtement

aussi ajouter le témoiguage de Cédrénus, p. 256. Mais l'opinion de Dion
(cf. la note suivante) est plus probable. — 7. Des témoignages certains,
entre autres celui d'Hérodote (II, 37), nous apprennent que la circoncision était en usage chez les peuples de l'Orient, et qu'on s'abstenait de
viande de porc pour cause de religion et d'hygiène. Après ἀπείχετο Peir.
ajoute le passage suivant, inséré dans le texte par Rm. et St. : Ἐδουλεύ-
σατο μὲν παντάπασιν αὐτὸ ἀποκόψαι· ἀλλ' ἐκεῖνο μὲν τῆς μαλακίας ἕνεκα
ποιῆσαι ἐπεθύμησε, τοῦτο δὲ, ὡς καὶ τῇ τοῦ Ἐλεγαβάλου ἱερατείᾳ προσ-
ῆκον, ἔπραξεν· ἐξ οὗ δὴ καὶ ἑτέροις τῶν συνόντων συχνοῖς ὁμοίως ἐλυμήνατο.
« ll songea bien à s'affranchir complétement ; mais ce projet, il le con-
« çut par mollesse, tandis que, la circoncision, il la pratiqua comme un
« devoir de prêtre d'Élégabale, ce qui lui fit mutiler pareillement plu-
« sieurs de ceux qui avaient commerce avec lui. »

R.p.1360 τοι καὶ, ὅτι τὴν ἐσθῆτα τὴν βαρβαρικὴν, ᾗ οἱ[1] τῶν Σύρων
ἱερεῖς χρῶνται, καὶ δημοσίᾳ πολλάκις ἑωρᾶτο ἐνδεδυμέ-
νος[2]· ἀφ' οὗπερ οὐχ ἥκιστα, καὶ τὴν τοῦ Ἀσσυρίου ἐπω-
νυμίαν ἔλαβεν[3]. Ἵνα[4] δὲ παρῶ τάς τε βαρβαρικὰς ᾠδὰς,
ἃς ὁ Σαρδανάπαλος τῷ Ἐλαγαβάλῳ ᾖδε[5], τῇ μητρὶ ἅμα,
καὶ τῇ τήθῃ, τάς τε ἀπορρήτους θυσίας, ἃς αὐτῷ ἔθυε,
παῖδας σφαγιαζόμενος, καὶ μαγγανεύμασι χρώμενος[6],
ἀλλὰ καὶ ἐς τὸν ναὸν αὐτοῦ λέοντα, καὶ πίθηκον, καὶ ὄφιν
τινὰ ζῶντα ἐγκατακλείσας, αἰδοῖά τε ἀνθρώπου ἐμβαλὼν,
καὶ ἄλλ' ἄττα ἀνοσιουργῶν, περιάπτοις τέ τισι μυρίοις
ἀεί ποτε χρώμενος·

12. Ἵνα ταῦτα παραδράμω, καὶ γυναῖκα, τὸ γελοιότατον, Ἐλεγαβάλῳ ἐμνήστευσε[7], καθάπερ καὶ γάμου παίδων τε δεομένῳ. Καὶ (ἔδει γὰρ μήτε πενιχρὰν, μήτε δυσ-
γενῆ τινα εἶναι αὐτὴν) τὴν Οὐρανίαν, τὴν τῶν Καρχηδο-
νίων[8], ἐπελέξατο, καὶ ἐκεῖθέν τε αὐτὴν μετεπέμψατο,

1. Slbg., d'après F; de même Lncl., Rm., St. et les éd. subséq.; vulg.
om.; l'addition de cet article est également confirmée par *a* et par *b*.
2. Hérodien, V, 3, nous en a donné une description.
3. Bkk. et Ddf; vulg.: Ελαβε, ἵνα.
4. Hérodien le montre, à Émésa et à Nicomédie, dansant autour de
l'autel au bruit des flûtes, des fifres, des tambours et autres instruments, au milieu des femmes exécutant des chœurs qu'il dirigeait. Quant
aux hymnes chantés au milieu de ces chœurs par Élégabale et les autres
prêtres, ainsi que par sa mère et son aieule, on peut croire que c'étaient
des hymnes en langue syriaque. — 5. Lampride, 8 : « Cædit et huma-
nas hostias, lectis ad hoc pueris nobilibus et decoris per omnem Italiam, patrimis et matrimis, credo ut major esset utrique parenti dolor.
Omne denique magorum genus aderat illi operabaturque quotidie, hor-

barbare dont font usage les prêtres de Syrie et dont on
le voyait souvent revêtu, même en public, ce qui contribua surtout à lui valoir le surnom d'Assyrien. Pour
passer sous silence les chants barbares que Sardanapale chantait, avec sa mère et avec son aïeule, en l'honneur d'Élégabale, les sacrifices secrets qu'il lui offrait,
immolant des enfants, recourant à des pratiques magiques; pour ne rien dire d'un lion, d'un singe et d'un
serpent vivants qu'il renferma dans le temple de son
dieu, de membres virils qu'il y jeta, ni de toutes les
autres impiétés qu'il commit, ainsi que des mille amu-
lettes dont il faisait usage;

12. Pour laisser de côté, dis-je, toutes ces extravagances, il fiança, ce qui est le comble du ridicule, une
femme à Élégabale, comme si ce dieu eût eu besoin de
femme et d'enfants. De plus (cette femme ne devait pas
être pauvre ni d'une naissance obscure), il choisit l'Uranie des Carthaginois, la fit venir de chez eux, l'établit

tante illo et gratias diis agente quod amicos eorum invenisset, quum
inspiceret exta puerilia, et excuteret hostias ad ritum gentilem suum. »
6. Répétition emphatique, résumant les faits rapportés plus haut
sous forme de prétermission.
7. Suivant Hérodien, V, 6, le Palladium fut d'abord apporté dans
cette intention à la cour de l'empereur, mais il déclara ensuite qu'il
ne voulait pas d'une épouse guerrière et portant des armes. Cf. Lampride, 6.
8. La déesse Uranie (cf. la note 53 dans Rm.) était adorée sous des
noms divers dans tout l'Orient. Une médaille, dans Ruben (LIII, 18,
LIV, 16) et dans Oiselius (XLIV, 5 et 6), représente celle de Carthage
assise sur un lion bondissant, tenant un foudre de la main droite et
une haste pure de la gauche.

καὶ ἐς τὸ παλάτιον καθίδρυσεν[1], ἕδνα[2] τε αὐτῇ παρὰ πάντων τῶν ὑπηκόων, ὥσπερ καὶ ἐπὶ τῶν ἑαυτοῦ γυναικῶν, ἤθροισε. Τὰ μὲν δὲ οὖν ἕδνα, ὅσα ἐδόθη[3] ζῶντος αὐτοῦ, μετὰ ταῦτα ἐσεπράχθη· τὴν δὲ δὴ προῖκα οὐκ ἔφη κομίσασθαι[4], πλὴν δύο λεόντων χρυσῶν, οἳ καὶ συνεχωνεύθησαν. [Ὅτι ὁ Ψευδαντωνῖνος[5] χρυσοῦς ἔστη, πολλῷ καὶ ποικίλῳ κόσμῳ διαπρέπων.] [Ὅτι[6] χρήματα πολλὰ[7] ἐν τῷ βασιλικῷ εὑρὼν, πάντα διεσπάθησε, καὶ οὐκ ἐξήρκουν αἱ πρόσοδοι πρὸς τὰ[8] ἀναλώματα.]

R.p.1361

13. Ἀλλ' οὗτος ὁ Σαρδανάπαλος[9], ὁ καὶ τοὺς θεοὺς γάμου νόμῳ συνοικίζειν ἀξιῶν, ἀσελγέστατα αὐτὸς διεβίω. [Ἔγημε μὲν γὰρ πολλὰς γυναῖκας,] καὶ ἔτι πλείοσιν, [ἄνευ τινὸς νομίμου[10] προσρήσεως,] συνείργνυτο, οὐ μέντοι ὡς καὶ αὐτός τι αὐτῶν δεόμενος, ἀλλ' ἵνα τῇ συγκοιμήσει, τῇ μετὰ τῶν ἐραστῶν, τὰ ἔργα αὐτῶν μιμῆται· [καὶ[11] κοινωνοὺς τῆς ὕβρεως, φύρδην ἀναφερόμενος[12] αὐταῖς, λαμβάνῃ.] Πολλὰ μὲν γὰρ καὶ ἄτοπα, ἃ[13] μήτ' ἂν λέγων[14], μήτε ἀκούων τις καρτερήσειεν, καὶ ἔδρασε τῷ σώματι, καὶ ἔπαθε· τὰ δὲ δὴ

---

1. Dans le palais d'abord, et ensuite dans le temple qu'il bâtit à son dieu dans un faubourg de Rome.

2. Le mot προῖκα, qui vient un peu plus bas, nous force à le distinguer de ἕδνα, dont il passe habituellement pour synonyme : par ἕδνα, comme l'écrit Ddf avec d'autres savants, il faut entendre les présents de noce, et par προῖκα la dot de la mariée. — 3. F, Bkk. Ddf, « quod aliquam speciem habet », dit Rm.; vulg.: ἐδόθησαν.

4. Blancus, approuvé par Lncl., et suivi par Rm. et St. : κομίσεσθαι.

5. Rm. et St. : Αὐτὸς δέ, avec omission de Ὅτι ὁ Ψευδαντωνῖνος.

6. Rm. et St. : Καὶ οὕτω, au lieu de Ὅτι. — 7. Le ms., Bkk. et Ddf : πολλὰ Μακρῖνος; avec Rm. et St., j'ai cru devoir supprimer ce nom, « quod forte exscribens inter festinandum posuit pro Ψευδαντωνῖνος. Ita enim so-

dans le palais, et ramassa pour elle, ainsi qu'il l'avait fait pour ses propres femmes, des présents de noce parmi tous les sujets de l'empire. Tous ces présents, qui avaient été donnés de son vivant, furent, plus tard, exigés comme une contribution ; quant à la dot, il déclara qu'il n'avait reçu que deux lions d'or, qui furent fondus. [On dressa au faux Antonin une statue d'or, remarquable par le nombre et la variété de ses ornements.] [Ayant trouvé de grosses sommes dans le trésor impérial, il les dissipa toutes, et les revenus ne suffirent pas aux dépenses.]

13. Cependant ce Sardanapale, qui voulait unir les dieux par des mariages réguliers, menait lui-même la vie la plus déréglée. [Il épousa plusieurs femmes], et il s'enferma avec un plus grand nombre encore, [sans que cette union eût aucun titre légal,] non qu'il eût en rien besoin d'elles, mais pour imiter leurs actes en couchant avec des galants, et avoir, en se mêlant avec elles, des complices de ses turpitudes]. Il fit et souffrit en son corps des saletés innombrables, dont personne n'oserait entreprendre de faire ni d'écouter le

---

lent fragmenta nomen ejus de quo sermo est initio repetere, vel ejus loco ὁ αὐτός adhibere. Rem ita se habere colligo etiam ex Valesii interpretatione, quæ Macrini nomen plane non meminit : quanquam a Macrino acceptum ærarium habuisse Avitum per se patet. » — 8. Bkk. et Ddf; vulg. om. — 9. Peir. : Ὅτι ὁ Ψευδαντωνῖνος καὶ ὁ Σαρδανάπαλος.

10. Peir. : νόμου. — 11. Peir. om. — 12. Rsk. : ἀναφυρόμενος, « quod placeret, nisi φύρδην adjectum esset, » suivant la remarque de St.

13. Avec les mots ἄτοπα, ἄ (feuillet 334 v°) finit aujourd'hui le ms. de Peiresc, conservé à Tours. Du temps de Henry de Valois, on y lisait encore plusieurs autres Extraits qu'à l'exemple de Rm., St., Bkk. et Ddf, je donne d'après ce savant. Je continue à les appeler *Peir.* comme les précédents. — 14. Bkk.; vulg. et Ddf : μήτε λέγων.

περιφανέστατα, καὶ ἃ μηδ' ἂν ἀποκρύψαιτό τις, τάδε
ἐστίν. Ἐς καπηλεῖα ἐσήει νύκτωρ, περιθέταις[1] κόμαις χρώμενος, καὶ τὰ τῶν καπηλίδων εἰργάζετο. Ἐς τὰ πορνεῖα
τὰ περιβόητα ἐσεφοίτα, καὶ τὰς ἑταίρας ἐξελαύνων, ἐπορ-
νεύετο. Καὶ τέλος ἐν τῷ παλατίῳ οἴκημά τι ἀποδείξας,
ἐνταῦθα ἠσέλγαινε, γυμνός τ' ἀεὶ[2] ἐπὶ τῆς θύρας αὐτοῦ
ἑστὼς, ὥσπερ αἱ πόρναι, καὶ τὸ σινδόνιον χρυσοῖς κρίκοις
ἐξηρτημένον διασείων, τούς τε παριόντας ἁβρᾷ τε καὶ κε-
κλασμένῃ τῇ φωνῇ προσεταιριζόμενος. Ἦσαν γὰρ οἷς ἐξεπίτηδες τοῦτο ποιεῖν προσετέτακτο. Ὥσπερ γὰρ καὶ ἐς τὰ
ἄλλα, καὶ ἐς ἐκεῖνο διερευνητὰς συχνοὺς εἶχε, δι' ὧν ἐπο-
R.p.1362 λυπραγμόνει τοὺς μάλιστα αὐτὸν[3] ἀρέσαι τῇ ἀκαθαρσίᾳ
δυναμένους. Χρήματά τε παρ' αὐτῶν συνέλεγε, καὶ ἐγαυ-
ροῦτο ταῖς ἐμπολαῖς[4]· πρός τε τοὺς συνασχημονοῦντάς οἱ
διεφέρετο, πλείους τε ἐραστὰς αὐτῶν ἔχειν, καὶ πλεῖον ἀρ-
γυρίζεσθαι λέγων.

14. Καὶ ταῦτα μὲν πρὸς πάντας ὁμοίως τοὺς χρωμέ-
νους αὐτῷ ἔδρα[5]· ἤδη δὲ καὶ ἐξαίρετόν τινα ἄνδρα ἔσχεν[6],
ὃν Καίσαρα διὰ τοῦτ' ἀποδεῖξαι ἠθέλησεν. Ἤλαυνε δὲ ἅρμα
τῇ πρασίῳ στολῇ χρώμενος, ἰδίᾳ τε καὶ οἴκοι, εἴγε οἴκον
ἔνι[7] φάναι τοῦτ' εἶναι· ἔνθα ἠγωνοθέτουν οἵ τε ἄλλοι οἱ

---

1. St. : περιθέτοις. — 2. Bkk. et Ddf; vulg. : τε αεί.
3. Peir., « quod non absurdum », dit Rm., Bkk. et Ddf; vulg. αὐτῷ.
Sur tous ces faits, cf. Lampride.
4. Rm. : Ἐμπολή, *captura*, seu quæstus meretricum. »
5. Peir. om. : Καὶ.... ἔδρα.
6. Cf. ch. suivant.

récit ; mais les plus éclatantes de ses débauches, celles que personne ne saurait dissimuler, les voici. Il entrait, la nuit, dans les cabarets, avec des cheveux postiches, et y remplissait les fonctions de cabaretière. Il se rendait dans les *lupanars* fameux, où, après en avoir chassé les courtisanes, il se livrait à la prostitution. Enfin, il établit dans le palais un appartement où il s'abandonnait à l'incontinence, sans cesse debout, nu, à la porte de cet appartement, comme les prostituées, tirant le rideau attaché avec des anneaux d'or, et invitant les passants avec la voix molle et brisée des courtisanes. Il y avait des gens chargés de se laisser attirer. Car, comme pour les autres choses, il avait, pour cet objet, une foule d'éclaireurs, qui s'occupaient de chercher ceux qui, par leur impudicité, pouvaient lui procurer le plus de plaisir. Il tirait de l'argent d'eux et se glorifiait de ses gains ; il était constamment en discussion avec ses compagnons de débauche, prétendant avoir plus d'amants et ramasser plus d'argent qu'eux.

14. Telle était la conduite qu'il tenait indifféremment avec tous ceux qui avaient affaire avec lui ; ce qui ne l'empêchait pas d'avoir un mari particulier, que, pour ce motif, il voulut créer César. Il conduisait des chars en habit vert dans son privé et dans sa demeure, s'il est possible d'appeler cela une demeure ; il avait là, pour agonothètes, les principaux citoyens de son entourage,

---

7. Peir., approuvé par Rm., qui néanmoins, ainsi que St., donne ἐστι, Bkk. et Ddf ; Xph. : οἴκοι ἔνι φάναι τοῦτ' εἶναι, que Slbg. et Lncl. en marge, corrigent : οἴκοι ἔνι [Lncl. : ἐνῆν] φανερῶς τοῦτ' ἰδεῖν ; F, qui pourtant avait sous les yeux l'édition de Valois et celle de Lncl., expliquant ἔνι par ἐνῆν, omet ἔνι φάναι, comme n'ayant, selon lui, à peu près aucun sens, et lit : εἴγε οἶκον τοῦτ' εἶναι.

περὶ αὐτὸν πρῶτοι, [καὶ ἱππεῖς, καὶ[1] Καισάρειοι,] καὶ οἱ
ἔπαρχοι αὐτοί, ἥ τε τήθη, καὶ ἡ μήτηρ, καὶ αἱ γυναῖκες,
καὶ προσέτι καὶ τῶν ἐκ τῆς βουλῆς ἄλλοι τε, καὶ ὁ Λέων
ὁ πολίαρχος· καὶ ἐθεῶντο αὐτὸν καὶ ἁρματηλατοῦντα,
καὶ χρυσοῦς, ὥσπερ τινὰ τῶν τυχόντων, αἰτοῦντα, τούς τε
ἀγωνοθέτας, καὶ τοὺς στρατιώτας προσκυνοῦντα[2]. [Ὅτι
ἐν[3] τῷ δικάζειν τινὰ ἀνήρ πως εἶναι ἐδόκει· ἐν δὲ δὴ τοῖς
ἄλλοις, τῷ ἔργῳ καὶ τῷ σχήματι τῆς φωνῆς ὡραΐζετο.]
Τά τε γὰρ ἄλλα καὶ ὠρχεῖτο, οὔτι[4] γε ἐν ὀρχήστρᾳ μόνον,
ἀλλὰ καὶ ἐμβαδίζων τρόπον τινά, καὶ θύων, ἀσπαζόμενός
τε καὶ δημηγορῶν[5]. Καὶ τέλος, ἵν' ἤδη ἐπὶ τὸν ἐξ ἀρχῆς
λόγον ἐπανέλθω, καὶ ἐγήματο, γυνή τε καὶ δέσποινα βασι-
λίς τε ὠνομάζετο[6]· καὶ ἠριούργει[7], κεκρύφαλόν τε ἔστιν

R.p 1365 ὅτε ἐφόρει, καὶ τοὺς ὀφθαλμοὺς ἐνηλείφετο, [ψιμυθίῳ τε
καὶ ἐγχούσῃ ἐχρίετο[8].] Ἅπαξ μὲν γάρ ποτε ἀπεκείρατο τὸ
γένειον, καὶ ἐπ' αὐτῷ ἑορτὴν ἤγαγε[9]· μετὰ δὲ τοῦτ' ἐψιλί-
ζετο[10], ὥστε καὶ ἐκ τούτου γυναικίζειν. Καὶ πολλάκις καὶ
κατακείμενος τοὺς βουλευτὰς ἠσπάζετο.

15. Ὁ δὲ δὴ ἀνὴρ αὐτῆς[11] Ἱεροκλῆς ἦν, Καρικὸν ἀνδράποδον[12], [Γορδίου ποτὲ παιδικὰ γενόμενον,] παρ' οὗ καὶ

1. St., d'après Rm., Bkk. et Ddf; vulg. om.
2. Dans tout cela il imitait (LXXXVII, 10) Caracallus.
3. Rm. et St. : Καὶ αὐτὸς μὲν ἐν, omettant Ὅτι. — 4. Ddf; Bkk. :
οὖτοι; vulg. οὔτε. — 5. Cf. Hérodien, V, 6. — 6. Aurélius Victor, Epitome, XXIII, 3 : « Muliebri nomine Bassianam se pro Bassiano jusserat
appellari. » Néron aussi (LXII, 6) avait été, par mépris, appelé ἡ Νέρω-
νις, ἡ Δομιτία. — 7. Bkk. et Ddf; vulg. : ἐριούργει. — 8. Cf. Hérodien,
V, 6. — 9. A l'exemple (LXI, 19) de Néron. — 10. Contrairement à
l'usage (LXVIII, 15) depuis Adrien.

[des chevaliers, des Césariens,] les préfets du prétoire eux-mêmes, son aïeule, sa mère, ses épouses, et, en outre, des membres du sénat, entre autres Léon, préfet de Rome : ces personnes le voyaient conduire un char, demander des pièces d'or comme un combattant ordinaire, s'incliner respectueusement devant les agonothètes et les soldats. [Quand il rendait la justice, il semblait être homme jusqu'à un certain point; dans les autres cas, il faisait le beau par ses gestes et par le ton de sa voix.] Au reste, il sentait le danseur non-seulement sur le théâtre, mais encore dans sa démarche, en sacrifiant, en saluant, en haranguant le peuple. Enfin, pour reprendre le fil de mon récit, il se fit épouse et se fit appeler femme, maîtresse, impératrice; il travaillait en laine et portait quelquefois un réseau; [il se peignait le dessous des yeux et se fardait avec la céruse et l'anchuse.] Une fois, il se rasa le menton et célébra une fête à cette occasion; depuis il s'épila, pour être par là plus semblable à une femme. Souvent il admettait, couché, les sénateurs à le saluer.

15. Le mari de cette femme était Hiéroclès, esclave carien, [ancien mignon de Gordius], qui lui avait ap-

11. Cf. (ch. précéd.) γυνή τε καὶ δέσποινα βασιλὶς τε ὠνομάζετο.

12. Lucas Holsténius, dans ses notes sur Étienne de Byzance (au mot Εὐχαρπία), voudrait lire ici Ὑκκαρικὸν ἀνδράποδον, attendu que Laïs, qui était de la Sicile, est à tort appelée ainsi dans les éditions d'Étienne et dans le scholiaste d'Aristophane. Mais les mss. de Xph. et de Zn. s'opposent à cette correction, d'autant plus que le fait, vrai pour Laïs, ne l'est pas pour le cas présent (V. la note 73 dans Rm.), et que, dès une très-haute antiquité, les Cariens ont été considérés comme un peuple destiné à l'esclavage.

ἁρματηλατεῖν ἔμαθε[1]. Κἀκ τούτου καὶ παραδοξότατα αὐτοῦ ἠράσθη[2]. ἐν γάρ τοι ἱπποδρομίᾳ τινὶ ἐκπεσὼν τοῦ
ἅρματος κατ' αὐτὴν τὴν τοῦ Σαρδαναπάλου ἕδραν, τό τε
κράνος ἐν τῇ πτώσει ἀπέῤῥιψε, καὶ ἐκφανεὶς αὐτῷ (λειο-
γένειος δ' ἔτι ἦν, καὶ κόμῃ ξανθῇ ἐκεκόσμητο), ἀνηρπάσθη
τε εὐθὺς ἐς τὸ παλάτιον, κἀν τοῖς νυκτερινοῖς ἔργοις ἔτι
καὶ μᾶλλον ἑλὼν αὐτὸν, ὑπερηυξήθη, ὥστε καὶ ὑπὲρ αὐτὸν ἐκεῖνον ἰσχῦσαι, καὶ βραχύ τι νομισθῆναι τὸ τὴν μητέρα αὐτοῦ, ἔτι δούλην οὖσαν, ἔς τε τὴν Ῥώμην ὑπὸ στρατιωτῶν ἀχθῆναι, κἀν ταῖς τῶν ὑπατευκότων γυναιξὶ συνα-
ριθμηθῆναι[3]. Πολλάκις μὲν γὰρ καὶ ἄλλοι τινὲς ἐτιμήθησαν ὑπ' αὐτοῦ, καὶ ἠδυνήθησαν[4]· οἱ μὲν, ὅτι συνε-
πανέστησαν, οἱ δὲ, ὅτι ἐμοίχευον αὐτόν· καὶ γὰρ μοι-
χεύεσθαι δοκεῖν, ἵνα κἀν τούτῳ τὰς ἀσελγεστάτας γυναῖκας μιμῆται, ἤθελε, καὶ πολλάκις ἑκὼν καὶ ἐπ' αὐτοφώρῳ
R.p.1364 ἡλίσκετο· καὶ διὰ τοῦτο καὶ ἐλοιδορεῖτο ἀσελγῶς πρὸς τοῦ
ἀνδρὸς, καὶ ὥστε καὶ ὑπώπια σχεῖν πληγὰς ἐλάμβανεν.
Ἐκεῖνον δ' οὖν οὕτως οὐ κούφῃ τινὶ φορᾷ, ἀλλ' ἐμπόνῳ[5]
καὶ δευσοποιῷ ἔρωτι ἠγάπα, ὥστε μὴ ὅτι ἐπὶ τοιούτῳ
τινὶ ἀγανακτῆσαι, ἀλλὰ καὶ τοὐναντίον ἐπ' αὐτοῖς ἐκείνοις
μᾶλλον αὐτὸν φιλῆσαι, καὶ Καίσαρα ὄντως ἀποφῆναι θε-

---

1. Lampride, 6 : « Aurigas Protogenem et Gordium, primo in certamine
curuli socios, post in omni vita et actu participes habuit. » Ce texte per-
mettrait de supposer que Gordius fut le maître d'Antonin, ce qui, comme le
fait remarquer Rm., est contraire à l'ensemble du récit de notre auteur.
2. Bkk. et Ddf; vulg. : αὐτῷ ἠρέσθη. — 3. Ce passage nous montre
que, lorsque les ornements consulaires étaient accordés à des hommes
qui n'avaient jamais été consuls, leurs femmes aussi y avaient quelque

pris à conduire un char. Il en était devenu amoureux
dans une circonstance fort étrauge que voici : Hiéroclès, dans les jeux du cirque, étant tombé de son char
contre le siége même de Sardanapale, laissa, dans sa
chute, rouler son casque; aperçu par le prince (il avait
le menton sans barbe, et il était orné d'une chevelure
blonde), il fut immédiatement enlevé pour être transporté au palais, et ayant, par ses œuvres nocturnes,
asservi davantage encore celui-ci, il fut élevé à une
telle puissance qu'il eut une autorité supérieure à celle
de l'empereur lui-même, qu'on regarda comme peu de
chose de faire amener à Rome par les soldats sa mère,
qui était encore esclave, et de la mettre au nombre des
femmes dont les maris avaient été consuls. Souvent, en
effet, d'autres aussi obtinrent d'Élégabale des honneurs
et du crédit; les uns, pour avoir pris part à sa révolte, les
autres, pour avoir été ses amants, car il voulait passer
pour avoir des amants, afin d'imiter en cela les femmes
les plus dévergondées; souvent même il se laissait volontairement prendre sur le fait, ce qui lui valait, de la
part de son mari, des injures brutales et des coups dont
il portait les traces au-dessous des yeux. C'est qu'il aimait ce mari non d'une passion légère, mais d'un amour
si ardent et si profond que, loin de s'irriter de pareils traitements, il ne l'en chérissait que davantage, et
que même il voulut le nommer véritablement César,

part; et, de plus, que des femmes dont les maris n'avaient pas eu cet
honneur, étaient quelquefois élevées au rang de femmes de personnages
consulaires. — 4. Bkk. et Ddf; vulg. : ἐδυνήθησαν. Slbg. voudrait ἐδω-
ρήθησαν. — 5. Bkk. en note comme conjecture; vulg. et Ddf : ἀλλὰ πόνῳ,
que Slbg. voudrait remplacer par τορῷ, συντόνῳ ou autre mot semblable,
à moins d'écrire πάνυ; Rm. propose de lire soit πολλῷ soit συντόνῳ;
Rsk. : διαπύρῳ.

λῆσαι[1], καὶ τῇ τε τήθῃ[2] διὰ τοῦτο, ἐμποδὼν γενομένῃ, ἀπειλῆσαι, καὶ τοῖς στρατιώταις οὐχ ἥκιστα δι᾽ αὐτὸν προσκροῦσαι[3]. Καὶ ὁ μὲν ἔμελλέ που καὶ διὰ ταῦτα ἀπολεῖσθαι.

16. Αὐρήλιος[a] δὲ δὴ Ζωτικὸς, ἀνὴρ Σμυρναῖος, ὃν καὶ Μάγειρον ἀπὸ τῆς τοῦ πατρὸς τέχνης ἐκάλουν, καὶ ἐφιλήθη πάνυ ὑπ᾽ αὐτοῦ, καὶ ἐμισήθη, καὶ διὰ τοῦτο καὶ ἐσώθη. Οὗτος γὰρ δὴ καλὸν μὲν καὶ τὸ πᾶν σῶμα, ὥστε καὶ ἐν ἀθλήσει, ἔχων, πολὺ δὲ πάντας τῷ τῶν αἰδοίων μεγέθει ὑπεραίρων, ἐμηνύθη τε αὐτῷ ὑπὸ τῶν ταῦτα ἐξεταζόντων· καὶ ἐξαίφνης ἐκ τῶν ἀγώνων ἀναρπασθεὶς, ἀνήχθη τε ἐς τὴν Ῥώμην ὑπὸ πομπῆς ἀπλέτου, καὶ ὅσην οὔτε Αὔγαρος ἐπὶ τοῦ Σεουήρου, οὔτε Τιριδάτης ἐπὶ τοῦ Νέρωνος ἔσχε[5]. πρόκοιτός τε καὶ πρὶν ὀφθῆναί οἱ ἀποδειχθεὶς, [καὶ τῷ τοῦ Ἀουίτου, τοῦ πάππου αὐτοῦ, ὀνόματι τιμηθεὶς[6], καὶ στεφανώμασιν, ὥσπερ ἐν πανηγύρει, ἠσκημένος,] ἐς τὸ παλάτιον λυχνοκαΐα πολλῇ λαμπόμενος[7] ἐσῆλθε. Καὶ ὃς ἰδὼν αὐτὸν, ἀνέθορέ τε ἐρρυθμισμένως, καὶ προσειπόντα, οἷα εἰκὸς ἦν, «Κύριε αὐτοκράτορ[8], χαῖρε,» θαυμαστῶς τόν τε

1. Ddf : ἐθελῆσαι. — 2. Suivant Hérodien, V, 5, aussitôt en possession de l'empire, Élégabale refusa de se soumettre aux bons conseils de son aïeule, bien que souvent il se montrât dans le camp et au sénat en sa compagnie, afin d'obtenir (Lampride, 12), à la faveur du crédit dont elle jouissait, une considération à laquelle il ne pouvait prétendre par lui-même. Ce prince, en effet, demeura tellement asservi à sa mère Sœmis (Lampride, 2), qui vivait en courtisane, qu'il ne fit rien sans sa volonté.

3. En suppliant les soldats (ch. 19), qui réclamaient la mort de cet

usa de menaces envers son aïeule qui s'y opposait, et encourut pour lui, non moins que pour les autres raisons, la haine des soldats. Ces extravagances devaient être la cause de sa perte.

16. Quant à Aurélius Zoticus, de Smyrne, qu'on appelait le Cuisinier, à cause de la profession de son père, il fut éperdument aimé et depuis haï par l'empereur, ce qui lui sauva la vie. Cet homme qui, pour son métier d'athlète, avait le corps entièrement beau, et qui surpassait tout le monde par la grosseur des parties, lui fut signalé par ceux qui étaient chargés de ces sortes de recherches : enlevé tout à coup aux luttes, il fut amené à Rome avec une pompe magnifique, plus grande que celle qui avait été déployée pour Augaros sous Sévère, ou pour Tiridate sous Néron ; nommé cubiculaire avant d'avoir été vu par l'empereur, [décoré du nom d'Avitus, son aïeul, et ceint de couronnes comme dans une fête solennelle,] il fit son entrée dans le palais à la lueur d'une multitude de flambeaux. A sa vue, le prince s'élança d'un pas cadencé, et lorsque Zoticus lui eut, comme il le devait, adressé ces mots : « Empereur, mon maître, salut ! » il lui répondit, sans la moindre hésitation, en

homme et celle des infâmes compagnons des débauches du prince, de lui laisser au moins celui-là. — 4. *a*, *b* : Αὐρῄλιος. — 5. Le passage de la Vie de Sévère où était racontée l'arrivée d'Augaros à Rome est aujourd'hui perdu ; pour Tiridate, cf. LXIII, 1 et suiv.

6. Julius Avitus, mari de Mæsa (cf. LXXVIII, 30). — 7. Rm. voudrait lire λαμπόμενον se rapportant à παλάτιον, ne croyant pas que λαμπόμενος puisse se dire d'un homme. J'avoue que je ne saurais partager son scrupule. — 8. *a*, *b*, *c*, *i*, Peir., Bkk. et Ddf; les éd. de Xph., F, Rm. et St. : αὐτοκράτωρ, forme attique.

αὐχένα γυναικίσας, καὶ τοὺς ὀφθαλμοὺς ἐπεγκλάσας, ἠμεί-
ψατο, καὶ ἔφη, οὐδὲν διστάσας, « Μή με λέγε Κύριον· ἐγὼ
γὰρ Κυρία εἰμί. » Καὶ ὁ μὲν συλλουσάμενός τε αὐτῷ παραχρῆμα, καὶ ἐπὶ πλεῖον ἐκ τῆς γυμνώσεως, ἅτε καὶ ἰσόρρο-

R.p.1365   πον τῇ φήμῃ εὑρὼν αὐτὸν ὄντα, πασχητιάσας, ἔν τε τοῖς
στέρνοις αὐτοῦ κατεκλίθη, κἂν τοῖς κόλποις ὥσπερ τις
ἐρωμένη, δεῖπνον εἵλετο. Ὁ δὲ Ἱεροκλῆς φοβηθεὶς, μὴ καὶ
μᾶλλον αὐτὸν ἑαυτοῦ δουλώσηται, καί τι δι' αὐτοῦ δεινὸν,
οἷα ἐν ἀντερασταῖς εἴωθε γίγνεσθαι[1], πάθη, φαρμάκῳ τινὶ
αὐτὸν, διὰ τῶν οἰνοχόων, προσφιλῶν που ἑαυτῷ ὄντων,
ἐξεθήλυνε. Καὶ οὕτως ἐκεῖνος ἀστυσίᾳ ἐπὶ[2] πᾶσαν τὴν
νύκτα συσχεθεὶς, ἀφῃρέθη τε πάντων ὧν ἐτετυχήκει, καὶ
ἐξηλάθη ἔκ τε τοῦ παλατίου καὶ ἐκ τῆς Ῥώμης, καὶ μετὰ
ταῦτα καὶ ἐκ τῆς λοιπῆς Ἰταλίας· ὃ καὶ ἔσωσεν αὐτόν[3].

17. Ἔμελλε δέ που καὶ αὐτὸς ὁ Σαρδανάπαλος ἀξιώ-
τατον τῆς μιαρίας τῆς ἑαυτοῦ μισθὸν οὐ πολὺ ὕστερον κο-
μιεῖσθαι. Ἅτε γὰρ ταῦτα ποιῶν, καὶ ταῦτα πάσχων, ἐμισήθη ὑπό τε τοῦ δήμου, καὶ ὑπὸ τῶν στρατιωτῶν, οἷς μάλιστα προσέκειτο· καὶ τελευταῖον, καὶ ἐν αὐτῷ τῷ στρατοπέδῳ ὑπ' αὐτῶν ἐσφάγη. Ἔσχε δὲ οὕτως. Τὸν Βασσιανὸν

1. Peir., F et Ddf; vulg. et Bkk. : γίνεσθαι.
2. Bkk. et Ddf.; vulg. : περί.
3. Lorsque (ch. 19) tous les compagnons des débauches du prince
furent mis à mort. Rm. et St. ont cru devoir intercaler ici dans le
texte le passage suivant de Zn., qui manque dans Xph., en le faisant
précéder de Καὶ μέντοι comme suture : Ἐς τοσαύτην αὐτὸς συνηλάθη
ἀσέλγειαν ὥστε καὶ τοὺς ἰατροὺς ἀξιοῦν αἰδῶ γυναικείαν δι' ἀνατομῆς
αὐτῷ μηχανήσασθαι, μεγάλους ὑπὲρ τούτου μισθοὺς αὐτοῖς προϊσχόμενος.

penchant à ravir la tête comme une femme et en
clignant des yeux : « Ne m'appelle pas ton maître ; je suis
ta maîtresse. » Après avoir, à l'heure même, pris le
bain avec lui, et avoir, attendu qu'il le trouvait à la
hauteur de sa renommée, augmenté son ardeur en le
contemplant nu, il se coucha sur ses genoux et soupa
sur son sein comme une femme aimée. Mais Hiéroclès,
craignant que Zoticus n'asservît le prince plus que lui,
et ne lui rendît, comme c'est la coutume entre rivaux
d'amour, quelque mauvais office, lui fit donner, par les
échansons, qui étaient ses amis, un breuvage qui l'é-
nerva. Zoticus ainsi confondu, faute d'érection durant
toute la nuit, fut dépouillé de tous les présents qu'il
avait reçus, chassé du palais et de Rome et, plus tard,
du reste de l'Italie, disgrâce qui lui sauva la vie.

17. Quant à Sardanapale lui-même, il ne devait pas
tarder à recevoir la récompense que méritaient si bien
ses infamies. En faisant et en souffrant de pareilles
choses, il s'attira la haine du peuple et des soldats, son
principal appui, et à la fin il fut massacré par eux dans
le camp même. Voici comment la chose se passa. Ame-

An de
Rome
974.
Gratus
et
Séleucus
consuls.

« Il en vint à une telle monstruosité qu'il pria les médecins de
« lui faire, au moyen d'une incision, des parties sexuelles de femme,
« leur promettant de grandes récompenses pour cette opération. » Dion,
en effet, au témoignage de Cédrénus (p. 256), n'avait point omis
cette particularité : Ὡς δέ φησι Δίων, ὅτι Ἄβιτος τὸν ἰατρὸν ἠντιβόλει,
διφυῆ αὐτὸν δι' ἐντομῆς ἐμπροσθίας τῇ τέχνῃ ποιῆσαι. « Comme Dion le
« dit, Avitus suppliait le médecin de faire qu'il réunît les deux sexes, en
« lui pratiquant par devant une incision. »

τὸν ἀνεψιὸν αὐτοῦ[1] ἐς τὸ συνέδριον ἐσαγαγὼν, καὶ τὴν
Μαῖσαν, καὶ τὴν Σοαιμίδα ἑκατέρωθεν παραστησάμενος,
παῖδα ἔθετο· ἑαυτὸν δὲ, ὡς καὶ πατέρα ἐξαίφνης τηλικού-
του παιδίου, ὡς καὶ πολὺ τῇ ἡλικίᾳ αὐτοῦ προέχοντα[2],
ἐμακάρισε, καὶ μηδὲν ἄλλου τέκνου δεῖσθαι ἔφησεν, ἵν' ἡ[3]
οἰκία αὐτοῦ ἄνευ ἀθυμιῶν διαγένηται· καὶ γὰρ τὸν Ἐλεγάβαλον τοῦτό τέ οἱ ποιῆσαι, καὶ Ἀλέξανδρον αὐτὸν προσ-
ονομάσαι κεκελευκέναι. Καὶ ἔγωγε πείθομαι ἐκ θείας τινὸς
παρασκευῆς ὡς ἀληθῶς αὐτὰ γεγονέναι, τεκμαιρόμενος οὐχ
οἷς ἐκεῖνος εἶπεν, ἀλλ' ἔκ τε τοῦ λεχθέντος αὐτῷ ὑπό τινος, ὅτι ἄρα τις[a] Ἀλέξανδρος, ἐξ Ἐμέσης ἐλθὼν, αὐτὸν
διαδέξεται· καὶ ἐκ τοῦ συμβεβηκότος ἔν τε τῇ Μυσίᾳ τῇ
ἄνω καὶ τῇ Θρᾴκῃ.

R.p.1366 18. Ὀλίγον γὰρ τούτων πρότερον, δαίμων τις, Ἀλέξαν-

1. Voici, d'après Valois, la filiation d'Élégabale et de son cousin :
Bassianus, Phénicien d'origine, eut deux filles, Julia Domna Augusta,
qui fut mariée à Septime Sévère, et Mæsa. Julia donna le jour à
Caracallus, qui fut appelé Bassianus, du nom de son aïeul maternel.
Mæsa eut pour mari Julius Avitus, personnage consulaire, dont
elle eut deux filles, Sœmis et Mamée : la première épousa Varius
Marcellus, du rang des sénateurs, et eut un fils, Avitus, qui fut
appelé Bassianus du nom de son aïeul et de son bisaïeul maternels, et
Varius du nom de son père. Aussi, d'après ce savant, Lampride est-il
dans l'erreur en disant qu'Élégabale fut appelé Varius du nom de son
aïeule Varia. Son erreur n'est pas moins grande de faire Alexandre
Sévère fils de Varius et petit-fils de Varia : il n'est pas croyable que le
père d'Élégabale et celui d'Alexandre aient tous les deux porté le même
nom. Il y a plutôt confusion de la part de Lampride, qui n'a pas connu
le père d'Élégabale, puisque, dans la Vie de ce prince, à l'endroit où il
cherche les causes qui lui ont fait donner le nom de Varius, il n'en parle
pas, et qu'il passe sous silence la cause rapportée plus haut. Or, ajoute
Valois, cette erreur dans la filiation d'Alexandre Sévère vient de l'igno-

nant dans le sénat Bassianus, son cousin, et plaçant à ses côtés Mæsa et Soæmis, il l'adopta pour fils ; il vanta son bonheur d'être devenu tout à coup le père d'un tel enfant, comme s'il eût été lui-même beaucoup plus avancé en âge, et il déclara n'avoir plus besoin d'autre fils pour que sa maison fût désormais à l'abri des défaillances ; Élégabale lui avait ordonné de tenir cette conduite et de donner à son cousin le nom d'Alexandre. Pour ce qui est de moi, je suis convaincu que ces faits sont véritablement le résultat d'une action des dieux, me fondant, non sur les paroles du prince, mais sur ce qui lui fut dit qu'un certain Alexandre, venant d'Émésa, lui succéderait, et aussi sur ce qui arriva dans la Mysie Supérieure et dans la Thrace.

18. Un peu auparavant, en effet, un génie, se disant

---

rance de Lampride, à moins que, par l'expression de fils de Varius, on n'entende qu'à la suite de son adoption, Alexandre prit le nom de Varius. Du reste, on ignore le père d'Alexandre. Les auteurs le disent généralement fils de Mamée ; mais il y a lieu de croire que ce nom lui fut donné par un décret du sénat pour complaire à Mamée, comme on avait appelé Tibère (LVIII, 12) fils de Livie. — 2. Hérodien, V, 7, donne quatorze ans à Élégabale, et douze à Alexandre ; dans un autre passage, cet historien (V, 3) dit que, lors de la mort de Macrin, Élégabale avait quatorze ans, et son cousin dix. Lampride (13) parle aussi de cette adoption, mais (5) il se trompe en disant qu'Alexandre fut nommé César par le sénat aussitôt après la mort de Macrin. Hérodien, avec plus de raison, prétend que ce titre lui fut donné lorsqu'il fut désigné consul. Or les Fastes et les médailles nous apprennent qu'Alexandre fut consul l'an de Rome 975, de J. C. 222, c'est-à-dire l'année de la mort d'Élégabale ; il est donc probable que l'adoption eut lieu l'année précédente. Pour plus de détail, consulter Vignoles, Dissertation I, sur la première année d'Alexandre Sévère. — 3. Ddf : ἵνα ἡ. — 4. Rsk., Bkk. et Ddf ; vulg. : ὡς, que Slbg. déclare pléonastique ou substitué à τις.

δρός τε ὁ Μακεδὼν ἐκεῖνος εἶναι λέγων, καὶ τὸ εἶδος αὐτοῦ, τήν τε σκευὴν ἅπασαν φέρων, ὡρμήθη τε ἐκ τῶν περὶ
τὸν Ἴστρον χωρίων, οὐκ οἶδ' ὅπως ἐκείνη ἐκφανείς· καὶ
διά τε τῆς Ἀσίας[1], καὶ διὰ[2] τῆς Θράκης διεξῆλθε, βακ-
χεύων μετ' ἀνδρῶν τετρακοσίων, θύρσους τε καὶ νεβρίδας
ἐσκευασμένων, κακὸν οὐδὲν δρώντων. Ὡμολόγητο δὲ παρὰ
πάντων τῶν ἐν τῇ Θράκῃ τότε γενομένων ὅτι καὶ καταγω-
γαὶ καὶ τὰ ἐπιτήδεια αὐτῷ πάντα δημοσίᾳ παρεσκευάσθη·
καὶ οὐδεὶς ἐτόλμησεν οὔτ' ἀντειπεῖν οἱ οὔτ' ἀντᾶραι, οὐκ
ἄρχων, οὐ στρατιώτης, οὐκ ἐπίτροπος, οὐχ οἱ τῶν ἐθνῶν
ἡγούμενοι· ἀλλ' ὥσπερ ἐν πομπῇ τινι μεθ' ἡμέραν, ἐκ προρρή-
σεως, ἐκομίσθη μέχρι τοῦ Βυζαντίου. Ἐντεῦθεν γὰρ ἐξανα-
χθεὶς, προσέσχε μὲν τῇ Χαλκηδονίᾳ γῇ· ἐκεῖ δὲ δὴ νυκτὸς ἱερά τινα ποιήσας[3], καὶ ἵππον ξύλινον καταχώσας,
ἀφανὴς ἐγένετο. Ταῦτα μὲν ἐν τῇ Ἀσίᾳ ἔτι, ὡς εἶπον,
ὢν, πρὶν καὶ ὁτιοῦν περὶ τὸν Βασσιανὸν ἐν τῇ Ῥώμῃ γενέσθαι, ἔμαθον.

19. Ἕως μὲν οὖν ὁ Σαρδανάπαλος τὸν ἀνεψιὸν ἐφίλει,
ἐσώζετο· ἐπεὶ δὲ πάντας ὑπώπτευε, καὶ ἐμάνθανε πρὸς
ἐκεῖνον ῥέποντας ὁλοσχερῶς ταῖς εὐνοίαις[4], ἐτόλμησε με-
ταγνῶναι, καὶ πάντα ἐπὶ καθαιρέσει αὐτοῦ ἔπραττεν. Ὡς δέ
ποτε καὶ ἀνελεῖν αὐτὸν ἐπεχείρησεν, οὐ μόνον οὐδὲν ἤνυσεν,

---

1. Bkk., en note, comme conjecture : Μυσίας.
2. Bkk.; vulg. et Ddf om.
3. Blancus : ἱερέα τινὰ ποιήσας, *creato quodam sacerdote*.
4. Elégabale voulait façonner Alexandre à ses manières (Hérodien,

être le célèbre Alexandre de Macédoine, et portant, avec la figure, l'équipage complet de ce prince, partit des pays voisins de l'Ister, où il s'était montré, je ne sais comment, traversa l'Asie et la Thrace à la manière de Bacchus, en compagnie de quatre cents hommes armés de thyrses et de peaux de boucs sans faire aucun mal. Tous ceux qui étaient alors en Thrace sont convaincus que logements et vivres, tout lui fut fourni aux frais du public; personne n'osa s'opposer à lui en paroles ou en actions, ni chef, ni soldat, ni procurateur, ni gouverneur de province; et ce fut en plein jour, comme il l'avait annoncé, qu'il s'avança, pour ainsi dire processionnellement, jusqu'à Byzance. Puis, revenant de cette ville sur ses pas, il alla au territoire de Chalcédoine; là, après avoir, la nuit, accompli certains sacrifices et enfoui en terre un cheval de bois, il disparut. Ces faits, je les appris étant encore en Asie, comme je l'ai dit, avant que rien ne se fût fait à Rome à l'égard de Bassianus.

19. Tant que Sardanapale aima son cousin, il demeura lui-même en vie; mais, lorsqu'il se mit à soupçonner tout le monde, et qu'il apprit que le sentiment général se portait vers Alexandre, il osa changer de résolution et fit tout pour s'en débarrasser. Un jour, ayant essayé de le faire périr, non-seulement il n'y réussit

V, 7), mais Mamée veillait sur son fils et le faisait instruire avec soin. Aussi n'y a-t-il rien d'étonnant à ce que l'un ait été haï et l'autre aimé de tous. Hérodien, V, 8, ajoute que Mamée avait en secret donné de l'argent aux soldats.

ἀλλὰ καὶ αὐτὸς ἀποθανεῖν ἐκινδύνευσεν [1]· ὅ τε γὰρ Ἀλέξανδρος ὑπό τε τῆς μητρὸς, καὶ τῆς τήθης, ὑπό τε τῶν στρατιωτῶν ἰσχυρῶς ἐφυλάσσετο· καὶ οἱ δορυφόροι, αἰσθόμενοι
τὴν ἐπιχείρησιν τοῦ Σαρδαναπάλου, δεινῶς ἐθορύβησαν· οὐ
πρίν τε ἐπαύσαντο στασιάζοντες, ἢ τὸν Σαρδανάπαλον τὸ
στρατόπεδον σὺν τῷ Ἀλεξάνδρῳ καταλαβόντα, πολλά τε
ἱκετεύσαντα, καὶ τοὺς ἐξαιτηθέντας παρ' αὐτῶν τῶν συν-
ασελγαινόντων αὐτῷ, ἐκδοῦναι ἀναγκασθέντα [2], ὑπέρ τε τοῦ
Ἱεροκλέους οἰκτρὰ λαλήσαντα, καὶ δάκρυσι κλαύσαντα [3],
τήν τε σφαγὴν τὴν ἑαυτοῦ προδείξαντα, καὶ ἐπειπόντα,
« Ἕνα μοι τοῦτον χαρίσασθε, ὅ τι βούλεσθε περὶ αὐτοῦ ὑπο-
τοπήσαντες, ἢ ἐμὲ ἀποκτείνατε, » μόλις αὐτοὺς ἐκμειλί-
ξασθαι. Τότε μὲν οὖν μόλις [4] ἐσώθη· καὶ γὰρ καὶ ἡ τήθη
αὐτοῦ ἐμίσει τε αὐτὸν ἐφ' οἷς ἔπραττεν, ὡς οὐδὲ τοῦ Ἀντωνίνου υἱὸν ὄντα, καὶ πρὸς τὸν Ἀλέξανδρον, ὡς καὶ ὄντως
ἐξ [5] αὐτοῦ γεγονότα, ἐπέκλινε [6].

R.p.1367   20. Μετὰ δὲ ταῦτα ἐπιβεβουλευκὼς πάλιν τῷ Ἀλεξάνδρῳ, καὶ, θορυβησάντων ἐπὶ τούτῳ τῶν δορυφόρων,
σὺν αὐτῷ ἐς τὸ στρατόπεδον ἐσελθὼν, ὡς ἤσθετο φυλαττ-
όμενον ἑαυτὸν ἐπὶ ἀναιρέσει, ἐπειδὴ καὶ αἱ μητέρες αὐ-

1. *a*, *b* : ἐκινδύνησεν. Cf. Hérodien, V, 8; et Lampride, 13.

2. Lampride (14) : « Misit ex præfectis alios ad compescendos milites
in castra, alios vero ad eos placandos qui jam in hortos venissent.....
(15) : In castris vero milites precanti præfecto dixerunt, se parsuros
Heliogabalo si et impuros homines et aurigas et histriones a se dimoveret,
atque ad bonam frugem rediret... Remoti sunt denique ab eo Hiero-
cles, Gordius, Murissimus, et duo improbi familiares qui eum ex stulto
stultiorem faciebant. »

3. Lampride : « Heliogabalus et ingenti prece Hieroclem reposcebat

pas, mais il faillit succomber lui-même, car Alexandre était fortement gardé par sa mère, par son aïeule et par les soldats; les prétoriens mêmes, s'étant aperçus de l'entreprise de Sardanapale, excitèrent une sédition terrible; l'émeute ne s'arrêta que lorsque Sardanapale, arrivé dans le camp avec Alexandre, leur ayant adressé d'instantes supplications, contraint de livrer ceux de ses compagnons de débauche dont on lui réclamait le supplice, ayant fait entendre en faveur d'Hiéroclès des paroles à faire pitié, pleuré à chaudes larmes, et présenté son cou en ajoutant : « Accordez-moi celui-là seulement, quelque opinion que vous ayez de lui, ou tuez-moi; » fut parvenu, non sans peine, à les fléchir. Pour cette fois, il obtint grâce, bien qu'avec peine, car son aïeule le haïssait, à cause de sa conduite, comme n'étant pas même le fils d'Antonin, et son inclination se portait sur Alexandre, comme s'il eût été véritablement issu de ce prince.

20. Plus tard, ayant de nouveau dressé des embûches à Alexandre et étant, pendant la sédition des prétoriens, à laquelle il donna lieu par cette tentative, entré avec lui dans le camp, lorsqu'il s'aperçut qu'on le surveillait avec l'intention de le mettre à mort, attendu que leurs

impudicissimum hominem, et insidias in dies Cæsari propagabat. »

4. Rm. : « Ingrata, fateor, repetitione verbi μόλις, quod modo præcesserat; neque tamen ausus sum mutare ex solo Falconis unius judicio in οὕτω. » La correction de Falcon ne saurait, en effet, s'expliquer paléographiquement; au point de vue du sens, il pourrait bien ne pas en être de même. Il se peut aussi, et cela me semble fort probable, que cette répétition soit due à une inadvertance de copiste.

5. Slbg, approuvé par Rm., Bkk. et Ddf; vulg. : ὡς ὄντως καὶ ἐξ.

6. Cf. Hérodien, V, 7.

τῶν ἐκφανέστερον, ἢ πρὶν, ἀλλήλαις μαχόμεναι, τοὺς στρατιώτας ἠρέθιζον, φεύγειν πως ἐπεχείρησε. Καὶ ἔμελλεν ἐς
τύλλον ἐμβληθεὶς ἐκδρᾶναί ποι· φωραθεὶς δὲ, ἀπεσφάγη,
ὀκτωκαίδεκα ἔτη γεγονώς. Καὶ αὐτῷ καὶ ἡ μήτηρ (περι-
πλακεῖσα γὰρ ἀπρὶξ εἴχετο [1]) συναπώλετο [2]. Καὶ αἵ τε κε-
φαλαὶ αὐτῶν ἀπεκόπησαν, καὶ τὰ σώματα γυμνωθέντα,
τὸ μὲν πρῶτον διὰ πάσης τῆς πόλεως ἐσύρη, ἔπειτα τὸ
μὲν τῆς γυναικὸς ἄλλως πως ἐρρίφη, τὸ δὲ ἐκείνου ἐς τὸν
ποταμὸν ἐνεβλήθη [3].

21. Καὶ αὐτῷ ἄλλοι τε καὶ ὁ Ἱεροκλῆς, οἵ τε ἔπαρχοι
συναπώλοντο, καὶ Αὐρήλιος Εὔβουλος, ὃς Ἐμεσηνὸς μὲν τὸ
γένος ἦν, [καὶ ἐς τοσοῦτον ἀσελγείας καὶ μιαρίας ἐχώρησεν, ὥστε καὶ ὑπὸ τοῦ δήμου πρότερον ἐξαιτηθῆναι·] τοὺς
γὰρ δὴ καθόλου λόγους ἐπιτετραμμένος [4], οὐδὲν ὅ τι οὐκ
ἐδήμευσε. Τότε δ' οὖν ὑπό τε τοῦ δήμου καὶ τῶν στρατιωτῶν διεσπάσθη· καὶ Φουλούϊος σὺν αὐτῷ ὁ πολίαρχος.
Καὶ αὐτὸν ὁ Κωμάζων, ὡς καὶ τὸν πρὸ αὐτοῦ, διεδέξατο [5].
ὥσπερ γὰρ προσωπεῖόν τι ἐς τὰ θέατρα ἐν τῷ διακένῳ
τῆς τῶν κωμῳδῶν ὑποκρίσεως ἐσεφέρετο [6], οὕτω καὶ ἐκεῖνος τῇ τῶν πολιαρχησάντων ἐπ' αὐτοῦ [7] κενῇ χώρᾳ προσε-

___

1. Rm. : « Εἴχετο, vulgo, sine αὐτοῦ addito, quod duriuscule omitti
videtur. » — 2. Sur tous ces meurtres, cf. Hérodien, V, 8 ; Lampride,
17. La chose eut lieu le 11 mars 975 de Rome.

3. c, f : ἀνεβλήθη. De là les noms de *Tractitius* et de *Tiberinus* qui
lui furent donnés. Lampride, 17, ajoute : « Nomen ejus, id est Antonini,
erasum est, senatu jubente, remansitque Varii Heliogabali. » Cf. le même,
Alexandre Sévère, 1. — 4. La *Notitia imperii Romani* appelle ces officiers (cf. la note de Valois) *Rationales summarum ;* ils ne doivent pas

deux mères, plus ouvertement en lutte qu'auparavant, excitaient les soldats, il songea à fuir. Il allait s'évader en se renfermant dans un coffre ; mais, ayant été surpris, il fut égorgé à l'âge de dix-huit ans. Sa mère aussi (elle le tenait serré dans ses bras) périt avec lui. On leur coupa la tête, et leurs corps, dépouillés, furent d'abord traînés par toute la ville ; puis celui de la femme fut jeté au hasard, celui de Sardanapale fut précipité dans le fleuve.

21. Avec l'empereur périrent, entre autres, Hiéroclès et les préfets du prétoire, ainsi qu'Aurélius Eubulus, qui était d'Émésa, [et était arrivé à un tel point de licence et d'infamie que le peuple avait déjà prcédemment demandé son supplice :] chargé de la comptabilité générale, il n'y avait eu rien qui échappât à ses confiscations. Il fut alors mis en pièces par le peuple et par les soldats, en même temps que Fulvius, préfet de Rome. Comazon succéda à ce dernier, comme il avait succédé à son prédécesseur ; car, de même qu'un de ces masques qu'on fait paraître sur le théâtre au moment où les acteurs chargés de jouer laissent la scène vide, de même Comazon prenait la place laissée vide de son temps par les préfets de Rome. Élégabale

être confondus avec d'autres officiers d'un rang inférieur et qui n'avaient charge, les uns que des gladiateurs, les autres que de l'impôt du vingtième, etc. — 5. Eutychianus le Comazon avait donc depuis longtemps déjà cessé d'être préfet de Rome, ce qui lui valut de survivre à Élégabale. Dion (ch. 4) a rapporté comme une chose inouïe que cet Eutychianus ait été préfet urbain à trois reprises différentes. — 6. Rm. préférerait εἰσφέρεται, donné en marge par Lncl. — 7. Slbg, que Rm. dit à tort se contenter du changement de la vulg. αὐτῇ en αὐτῷ, Rsk., Bkk. et Ddf.

τάττετο. Ὁ τε Ἐλεγάβαλος αὐτὸς ἐκ τῆς Ῥώμης παντάπασιν ἐξέπεσε[1]. Τὰ μὲν τοῦ Τιβερίνου οὕτως ἔσχε, καὶ οὐδεὶς οὐδὲ τῶν συγκατασκευασάντων αὐτῷ τὴν ἐπανάστασιν, καὶ μέγα ἐπ' αὐτῷ[2] δυνηθέντων, πλὴν ἑνός που,
ἐσώθη[3].

1. Hérodien, VI, 1, ajoute que toutes les statues des autres dieux
transportées par l'empereur défunt dans le temple de son Élégabale,
furent remises en leur lieu et place.

2. Rsk. voudrait corriger ἐπ' αὐτοῦ, mais il n'y a aucune nécessité.

lui-même fut complétement banni de Rome. Voilà quel fut le sort de Tibérinus; de plus, aucun de ceux qui avaient pris part à sa révolte et qui avaient joui d'une grande puissance auprès de lui ne lui survécut, à la réserve d'un seul.

3. Rm. se demande si l'allusion se rapporte à Eutychianus ou à Zoticus. Avec lui, je crois qu'il s'agit du premier, attendu qu'il fut l'auteur principal du soulèvement contre Macrin et qu'il jouit d'un grand crédit sous Élégabale, tandis que Zoticus n'eut pas le temps d'acquérir beaucoup de pouvoir et fut chassé d'Italie (ch. 16).

ΕΠΙΜΕΤΡΟΝ.

—

Ὅτι ὁ Ψευδαντωνῖνος[1] ὑπὸ στρατιωτῶν κατεφρονήθη καὶ ἀνηρέθη· ὅταν γὰρ ἐθισθῶσί τινες, καὶ ταῦτα ὡπλισμένοι, καταφρονεῖν τῶν κρατούντων, οὐδένα ὅρον[2] τῆς ἐξουσίας ἐπὶ τὸ πράττειν ἃ βούλονται ποιοῦνται, ἀλλὰ καὶ κατ' αὐτοῦ τοῦ δόντος ταύτην ὁπλίζονται.

Ὅτι ποτὲ ὁ αὐτὸς τοῦτο εἶπεν ὅτι· « Οὐδὲν δέομαι ὀνομάτων ἐκ πολέμου καὶ αἵματος· ἀρκεῖ γάρ μοι καὶ Εὐσεβῆ καὶ Εὐτυχῆ παρ' ὑμῶν καλεῖσθαι. »

Ὅτι Ψευδαντωνῖνος ἐπαινούμενός ποτε παρὰ τῆς βουλῆς εἶπεν ὅτι· « Ὑμεῖς μὲν ἀγαπᾶτέ με, καὶ νὴ Δία, καὶ ὁ δῆμος, καὶ τὰ ἔξω στρατοπέδου· τοῖς δὲ δορυφόροις, οἷς τοσαῦτα[3] δίδωμι, οὐκ ἀρέσκω. »

Ὅτι τινῶν συνηγορούντων τῷ Ψευδαντωνίνῳ καὶ εἰπόντων ὡς εὐτυχὴς εἴη τῷ υἱῷ συνυπατεύων, ἔφη· « Εὐτυχέστερος ἔσομαι κατὰ τὸν ἑξῆς ἐνιαυτόν, μετὰ γνησίου υἱοῦ μέλλων ὑπατεύειν. »

Κοῦφος μὲν γὰρ πᾶς ὄχλος πρὸς τὰ καινοτομούμενα· ὁ

---

1. Ces cinq Extraits sont empruntés aux palimpsestes vaticans. L'impossibilité de leur attribuer, même d'une façon approximative, une place dans le récit de Xph., m'a décidé à les donner ici sous forme de supplément, bien que mon habitude soit de renvoyer en note ces Extraits.

APPENDICE.

Le faux Antonin se fit mépriser des soldats et fut tué par eux : car lorsque des gens, et des gens armés, s'habituent à mépriser ceux qui sont au pouvoir, leur licence ne connaît plus de bornes à ses volontés ; ils se font une arme de cette licence même contre celui qui la leur a donnée.

Le même prince dit un jour : « Je n'ai nul besoin de titres rappelant la guerre et le sang ; j'ai assez des noms de Pieux et d'Heureux que vous me donnez. »

Le faux Antonin, un jour, en recevant les félicitations du sénat, dit : « Je sais que vous, vous m'aimez, et, par Jupiter ! le peuple aussi, de même que tout ce qui est en dehors de l'armée ; mais les prétoriens, à qui je donne tant, me voient d'un mauvais œil. »

On félicitait le faux Antonin et on lui disait qu'il était heureux d'être consul avec son fils, il répondit : « Je serai plus heureux l'année prochaine, puisque je dois l'être avec mon fils légitime. »

Toute multitude est légère et portée aux révolutions ;

Bkk. les a négligés ; je les donne d'après la récension de Ddf (t. V), prenant comme vulgate le texte de St.

2. Ddf et le ms.; vulg. : οὐδένα ἂν ὅρον.

3. Le ms. : ταῦτα.

δὲ δῆμος τῶν Ῥωμαίων, διά τε τὸ πλῆθος καὶ τὴν ποικι-
λίαν τῶν συγκλύδων[1] ἀνθρώπων τῶν εἰς αὐτὸν συνιόντων
ῥᾷον τῶν ἄλλων ἐπαίρεται, καὶ μετὰ εὐχερείας πρὸς τὰ
ἄτοπα τρέχει[2].

1. Van Herwerden et Ddf; vulg. : συγκλύθν.
2. A. Maï : « Fragmentum hoc utrum Dionis sit et de inconstantia
Romanorum sub Heliogabalo vel Alexandro loquatur, an potius ex histo-

la plèbe romaine, à cause de son nombre et de la diversité de gens étrangers qui y ont été incorporés, se soulève plus aisément que les autres, et, dans la précipitation, ne fait nulle difficulté de prendre des résolutions absurdes.

rico anonymo post Dionem [quem pariter evulgavit], ignoro equidem ; atque hoc interim loco tanquam excerptorum Dionis clausulam esse sino. »

ΤΩΝ
ΔΙΩΝΟΣ
ΙΣΤΟΡΙΩΝ ΡΩΜΑΙΚΩΝ

ΤΟ ΟΓΔΟΗΚΟΣΤΟΝ ΒΙΒΛΙΟΝ.

1. Ἀλέξανδρος[1] δὲ, μετ' ἐκεῖνον εὐθὺς αὐταρχήσας[2], Δομιτίῳ τινὶ Οὐλπιανῷ τήν τε τῶν δορυφόρων προστασίαν καὶ τὰ λοιπὰ τῆς ἀρχῆς ἐπέτρεψε πράγματα[3]. Ταῦτα μὲν ἀκριβώσας, ὡς ἕκαστα ἠδυνήθην, συνέγραψα· τὰ δὲ δὴ λοιπὰ ἀκριβῶς ἐπεξελθεῖν οὐχ οἷός τε ἐγενόμην διὰ τὸ μὴ ἐπὶ πολὺν χρόνον ἐν τῇ Ῥώμῃ διατρῖψαι. Ἔκ τε γὰρ

1. Sur ce nom donné au fils de Mamée, cf. le liv. précéd., ch. 17.
2. Rm. : « Præmiserat his Xiphilini Falco ex Zonara : Ψευδαντωνίνου οὕτω σφαγέντος. Sed quoniam nihil continent novi, neque integra Zonaræ verba exhibent, Dio autem continuo filo historiam suam scripsisse videtur, omisi. » Cela n'a pas empêché ce savant (et il a été suivi par St.) d'intercaler le passage ici dans son texte, à partir de αὐτίκα; Bkk. l'a donné tout entier en note; je le donne après lui : Τοῦ δὲ Ψευδαντωνίνου ἀναιρεθέντος, Ἀλέξανδρος ὁ Μαμαίας, ὁ ἐκείνου ἀνεψιὸς (οὕτω γὰρ οἱ παλαιοὶ τοὺς ἐξαδέλφους ὠνόμαζον), τὴν αὐταρχίαν ἀπεκληρώσατο. Ὃς αὐτίκα τὴν οἰκείαν μητέρα Μαμαίαν Αὔγουσταν [accentuation suivie dans cette édition, comme dans celle de Ddf; Bkk : Αὐγοῦσταν] ἀνεῖπεν, ἣ τὴν τῶν πραγμάτων οἰκονομίαν μετεχείριστο· καὶ περὶ τὸν υἱὸν σοφοὺς ἄνδρας συνήγαγεν, ἵνα δι' ἐκείνων αὐτῷ τὰ ἤθη ῥυθμίζοιτο· κἀκ τῆς γερουσίας

HISTOIRE ROMAINE

DE DION.

LIVRE QUATRE-VINGTIÈME.

1. Alexandre, qui régna aussitôt après lui, confia à An de Rome 975. un certain Domitius Ulpianus la préfecture du prétoire et l'administration du reste de l'empire. J'ai écrit les détails précédents avec toute l'exactitude que j'ai pu ; quant à ceux qui suivent, il n'a pas été en mon pouvoir de les raconter exactement, attendu le peu de durée de mon

---

τοὺς ἀμείνονας συμβούλους προσείλετο, ὅπαν πρακτέον κοινουμένη αὐτοῖς. « Après la mort du faux Antonin, Alexandre Mamée, son cousin (c'est « le nom que les anciens donnaient aux enfants de frères), prit posses- « sion de l'empire. Aussitôt il donna le titre d'Augusta à sa mère, qui « prit en main la direction des affaires et rassembla à l'entour de son « fils des hommes sages, avec mission de former ses mœurs, et choisit, « comme conseil, les sénateurs les plus vertueux, à qui elle com- « muniquait tout ce qui devait se faire. »

3. Lampride, 25 : « Paulum et Ulpianum in magno honore habuit, quos præfectos ab Heliogabalo alii dicunt factos, alii ab ipso. Nam et consiliarius Alexandri, et magister scrinii Ulpianus fuisse perhibitur, qui tamen ambo assessores Papinii fuisse dicuntur. » Cf. aussi le même ch. 30 et 50, ainsi que Tillemont, t. III, p. 338 et 339.

τῆς Ἀσίας[1] ἐς τὴν Βιθυνίαν ἐλθὼν, ἠῤῥώστησα· κἀκεῖθεν
πρὸς τὴν ἐν τῇ Ἀφρικῇ ἡγεμονίαν ἠπείχθην· ἐπανελθών τε
ἐς τὴν Ἰταλίαν, εὐθέως, ὡς εἰπεῖν, ἔς τε τὴν Δαλματίαν,
R. p. 1369 κἀντεῦθεν ἐς τὴν Παννονίαν τὴν ἄνω ἄρξων ἐπέμφθην· καὶ
μετὰ τοῦτ' ἐς τὴν Ῥώμην καὶ ἐς τὴν Καμπανίαν ἀφικόμενος παραχρῆμα οἴκαδε ἐξωρμήθην.

2. Διὰ μὲν οὖν ταῦτα οὐκ ἠδυνήθην ὁμοίως τοῖς πρόσθεν καὶ τὰ λοιπὰ συνθεῖναι· κεφαλαιώσας μέντοι ταῦτα,
ὅσα γε καὶ μέχρι τῆς δευτέρας μου ὑπατείας ἐπράχθη,
διηγήσομαι. Ὁ Οὐλπιανὸς πολλὰ μὲν τῶν οὐκ ὀρθῶς ὑπὸ
τοῦ Σαρδαναπάλου πραχθέντων ἐπηνώρθωσε[2]· τὸν δὲ δὴ
Φλαουϊανὸν τόν τε Χρῆστον[3] ἀποκτείνας, ἵνα αὐτοὺς δια-
δέξηται, καὶ αὐτὸς οὐ πολλῷ ὕστερον ὑπὸ τῶν δορυφόρων
ἐπιθεμένων οἱ νυκτὸς κατεσφάγη[4]· καίτοι καὶ πρὸς τὸ παλάτιον ἀναδραμὼν καὶ πρὸς αὐτὸν τὸν αὐτοκράτορα, τῇ
τε μητέρα αὐτοῦ καταφυγών. Ζῶντος δ' οὖν ἔτι αὐτοῦ,
στάσις μεγάλη τοῦ δήμου πρὸς τοὺς δορυφόρους ἐκ βρα-
χείας τινὸς αἰτίας ἐγένετο[5], ὥστε καὶ ἐπὶ τρεῖς ἡμέρας
μάχεσθαί τε ἀλλήλοις καὶ πολλοὺς ἀπ' ἀμφοτέρων[6] ἀπολέσθαι. Ἡττώμενοι δὲ οἱ στρατιῶται πρὸς ἔμπρησιν τῶν
οἰκοδομημάτων ἐτράποντο· κἀκ τούτου δείσας ὁ δῆμος,
μὴ καὶ πᾶσα ἡ πόλις φθαρῇ, καὶ ἄκων σφίσι συνηλλάγη.

---

1. Rsk. : « Fort. Ἰταλίας. » Dion (LXXXIX, 7) nous a dit qu'il avait été
chargé de rétablir l'ordre à Pergame et à Smyrne. — 2. Cf. Lampride.

3. Ils avaient, au rapport de Zosime, été créés préfets sous Alexandre,
et, comme ils étaient également propres à la paix et à la guerre, ils
avaient fait bien augurer du règne de ce prince; mais Mamée ayant mis

séjour à Rome. Car, en venant d'Asie en Bithynie, je suis tombé malade ; de là, je suis allé en hâte commander en Afrique ; puis, de retour en Italie, j'ai été, pour ainsi dire, aussitôt envoyé en Dalmatie, et de là gouverner la Pannonie Supérieure ; ensuite, arrivé à Rome et en Campanie, je suis parti sur-le-champ pour me rendre dans mes foyers.

2. Voilà pourquoi je n'ai pu mettre dans les faits qui qui ont suivi le même ordre que dans les précédents ; néanmoins je raconterai succinctement tous ceux qui se sont passés jusqu'à mon second consulat. Ulpianus corrigea une foule d'abus introduits par Sardanapale ; mais, ayant fait mettre à mort Flavianus et Chrestus, afin de leur succéder, il fut, peu après, tué à son tour, la nuit, par une conspiration des prétoriens, bien qu'il eût couru se réfugier au palais, auprès de l'empereur lui-même et de sa mère. De son vivant, éclata, entre le peuple et les prétoriens, pour une cause futile, un différend si grand que l'on se battit pendant trois jours, et que, des deux côtés, il y eut un grand nombre de morts. Les soldats, qui avaient le dessous, mirent le feu aux édifices ; et, par suite, le peuple, craignant la destruction de la ville entière, se réconcilia malgré lui avec eux. Voilà ce

---

au-dessus d'eux Ulpianus comme arbitre et comme collègue, les soldats cherchèrent à faire périr Ulpianus. Ce fut pour cela que Mamée mit à mort les auteurs du complot, et établit Ulpianus seul préfet.

4. Vers l'an 228 de J. C. — 5. Cf. Zosime, p. 638.

6. St., Bkk. et Ddf ; vulg. : ὑπ' ἀμφοτέρων.

Ταῦτά τε οὖν ἐγένετο· καὶ ὁ Ἐπάγαθος[1], ὡς καὶ αἴτιος
τῷ Οὐλπιανῷ τοῦ ὀλέθρου τὸ[2] πλέον γενόμενος, ἔς τε Αἴγυπτον, ὡς ἄρξων αὐτῆς, ἐπέμφθη, ἵνα μή τις ἐν τῇ
Ῥώμῃ, κολασθέντος αὐτοῦ, ταραχὴ γένηται· κἀκεῖθεν ἐς
Κρήτην ἀπαχθεὶς ἐδικαιώθη[3].

3. Πολλαὶ δὲ καὶ παρὰ πολλῶν ἐπαναστάσεις[4] γενό-
μεναι, καί τινες καὶ ἰσχυρῶς ἐκφοβήσασαι, κατεπαύθησαν·
τὰ δὲ ἐν τῇ Μεσοποταμίᾳ καὶ φοβερώτερα, καὶ ἀληθέσ-
τερον δέος σύμπασιν, οὐχ ὅτι τοῖς ἐν Ῥώμῃ, ἀλλὰ καὶ τοῖς
R.p.1370 ἄλλοις, παρέσχεν[5]. Ἀρταξέρξης γάρ τις Πέρσης[6] τούς τε
Πάρθους τρισὶ μάχαις νικήσας, καὶ τὸν βασιλέα αὐτῶν
Ἀρτάβανον ἀποκτείνας, [ἐπὶ τὰ Ἄτρα[7] ἐπεστράτευσεν,

1. Cf. LXXVII, 21.
2. Bkk. et Ddf.; vulg. om. Rm.: « Πλέον, Xiph. et Rom. Si mendo
caret, pro μᾶλλον sumendum. Sylb. Vel τὸ πλέον scribendum. »
3. Rm. et St. intercalent ici le passage suivant, emprunté à Zn.:
Ἥττων δ' οὖσα χρημάτων ἡ Ἀλεξάνδρου μήτηρ, ἐχρηματίζετο πάντοθεν.
Ἠγάγετο δὲ καὶ τῷ υἱῷ γαμετὴν, ἣν οὐ συνεχώρησεν ἀναρρηθῆναι Αὔγου-
σταν· ἀλλὰ καὶ μετά τινα χρόνον τοῦ υἱοῦ αὐτὴν [Rsk.: αὐτὴ] ἀπασπά-
σασα, ἐς Λιβύην ἀπήλασε, καίτοι στεργομένην παρ' ἐκείνου. Ὁ δὲ ἀντειπεῖν
τῇ μητρὶ οὐκ ἠδύνατο, καταρχούσῃ αὐτοῦ. « Possédée de l'amour de l'ar-
« gent, la mère d'Alexandre en leva de tout côté. Elle fit aussi prendre
« à son fils une femme qu'elle ne lui permit pas de proclamer Augusta,
« et que même, au bout d'un certain temps, elle lui arracha pour la re-
« léguer en Lybie, malgré l'attachement de son fils. Celui-ci ne put con-
« tredire sa mère, étant sous sa dépendance. »
4. Lampride, 52 et 53; Hérodien, VI, 4; Aurél. Victor, les Césars,
XXIV, 3; Zosime et Eusèbe parlent de révoltes parmi les soldats; des
mouvements en Mauritanie Tingitane, en Illyrie, en Arménie et en Germanie sont signalés par Lampride, 57, et par Hérodien, VI, 7.
5. Cf. le ch. suiv. — 6. Aurélius Victor, les Césars, XXIV, 2; Hérodien, VI, 2, donnent à ce prince le nom de Xerxès. Rm. et St., après
Πέρσης intercalent le passage suivant de Zu.: Ἀρταξέρξης μέντοι ὁ [Rm.

qui eut lieu ; de plus, Épagathos, attendu qu'il avait été la principale cause du meurtre d'Ulpianus, fut envoyé en Égypte sous prétexte d'en être gouverneur, de peur que, si on le punissait, il ne survînt quelque trouble à Rome ; puis, ayant été de là mené en Crète, justice fut faite de lui.

3. Plusieurs séditions qui éclatèrent chez plusieurs peuples, quelques-unes même fort redoutables, furent apaisées ; mais ce qui se passa en Mésopotamie fut plus effrayant et inspira une crainte mieux fondée à tous, non-seulement dans Rome, mais aussi dans les provinces. En effet, un Perse, nommé Artaxerxès, après avoir vaincu les Parthes dans trois batailles, et tué leur roi Artabanos, [marcha contre Atra, afin de s'en faire

---

et St : γάρ τις avec suppression de ὁ] Πέρσης, ὃς ἐξ ἀφανῶν καὶ ἀδόξων ἦν, τὴν τῶν Πάρθων βασιλείαν Πέρσαις περιεποιήσατο, καὶ αὐτῶν ἐβασίλευσεν · ἀφ' οὗ λέγεται καὶ τὸ Χοσρόου κατάγεσθαι γένος. Μετὰ γὰρ τὴν Ἀλεξάνδρου τοῦ Μακεδόνος τελευτήν, οἱ ἐκείνου διάδοχοι Μακεδόνες, ἐπὶ πλεῖστον μὲν Περσῶν τε καὶ Παρθυαίων ἦρχον, καὶ τῶν ἄλλων ἐθνῶν · κατ' ἀλλήλων δέ γε χωρήσαντες, ἀλλήλους κατέλυσαν. Ἐκείνων δ' οὕτως ἠσθενηκότων, πρῶτος Ἀρσακίδης Παρθυαῖος τῇ ἐξ αὐτῶν ἀποστασίᾳ ἐπιχείρηκε, καὶ Παρθυαίων ἐκράτησε, καὶ τοῖς ἑαυτοῦ ἀπογόνοις κατέλιπε τὴν ἀρχὴν, ὧν τελευταῖος γέγονεν ὁ Ἀρτάβανος. Ὁ δ' οὖν Ἀρταξέρξης... « Le « Perse Artaxerxès, homme d'une naissance basse et obscure, conquit « aux Perses le royaume des Parthes et régna sur eux ; c'est de lui, « dit-on, que descend la race de Chosroès. Après la mort d'Alexandre « de Macédoine, les Macédoniens ses successeurs commandèrent long-« temps aux Perses, aux Parthyéens et aux autres nations ; mais, en ▪ marchant les uns contre les autres, ils causèrent leur ruine mutuelle. « Dans cet état d'affaiblissement, le Parthyéen Arsacide, s'étant soustrait « à leur obéissance, secouant leur domination, vainquit les Parthyéens « et laissa le pouvoir à ses descendants, dont Artabanos fut le dernier. « Cet Artaxerxès donc..... »

7. La même qu'avaient déjà inutilement assiégée auparavant Trajan (LXVII, 31) et Sévère (LXXV, 11 et 12).

ἐπιβασίαν ἀπ' αὐτῶν ἐπὶ τοὺς Ῥωμαίους ποιούμενος. Καὶ
τὸ μὲν τεῖχος διέρρηξεν· συχνοὺς δὲ δὴ τῶν στρατιωτῶν
ἐξ ἐνέδρας ἀποβαλὼν, ἐπὶ τὴν Μηδίαν μετέστη· καὶ ἐκείνης τε οὐκ ὀλίγα καὶ τῆς Παρθίας, τὰ μὲν βίᾳ, τὰ δὲ καὶ
φόβῳ, παραλαβὼν,] ἐπὶ τὴν Ἀρμενίαν ἤλασε· κἀνταῦθα
πρός τε τῶν ἐπιχωρίων, καὶ πρὸς Μήδων τινῶν, τῶν τε
τοῦ Ἀρταβάνου παίδων πταίσας, ὡς μέν τινες λέγουσιν[1],
ἔφυγεν, ὡς δ' ἕτεροι, ἀνεχώρησε πρὸς παρασκευὴν δυνάμεως μείζονος.

4. Οὗτός τε[2] οὖν φοβερὸς ἡμῖν ἐγένετο, στρατεύματί
τε πολλῷ οὐ μόνον τῇ Μεσοποταμίᾳ, ἀλλὰ καὶ τῇ Συρίᾳ
ἐφεδρεύσας, καὶ ἀπειλῶν ἀνακτήσεσθαι πάντα, ὡς καὶ
προσήκοντά οἱ ἐκ προγόνων, ὅσα ποτὲ οἱ πάλαι Πέρσαι
μέχρι τῆς Ἑλληνικῆς θαλάσσης ἔσχον· οὐχ ὅτι αὐτὸς λόγου τινὸς ἄξιος, ἀλλ' ὅτι[3] οὕτω τὰ στρατιωτικὰ ἡμῖν διάκειται[4] ὥστε τοὺς μὲν καὶ προστίθεσθαι αὐτῷ, τοὺς δὲ
οὐκ ἐθέλειν ἀμύνεσθαι. Τοσαύτη γὰρ ἅμα τρυφῇ καὶ ἐξου-

1. Peir. : φασίν.
2. Bkk. et Ddf mettent ce τε entre crochets, comme suspect; il pourrait bien, en effet, venir d'une confusion avec celui qui suit et qui ne
se trouve pas dans Xph., mais seulement dans Peir.
3. Rm. : « Sequor fere Excerpta Peir., nisi quod καὶ ὁ μέν praemissa,
velut nexum turbantia potius, nec apud Xiphilinum reperiunda, omisi.
Xiphilinus autem sic : οὐχ ὅτι αὐτός τις ἄμαχος εἶναι δοκεῖ, ἀλλ' ὅτι etc.
quod Sylburgius per temporis enallagen pro ἐδόκει explicat. Δοκοῖ, Rom.
[F]. » Hérodien, VI, 2, dit qu'à la nouvelle de la tentative du Perse,
Alexandre, saisi de crainte, demanda la paix par lettre, et que, ne
l'ayant pas obtenue, il leva une armée et passa en Asie, où une nouvelle demande de paix fut également repoussée; qu'alors il partagea

un point d'appui pour des excursions contre les Romains. Il abattit bien les remparts de la ville, mais, ayant perdu un grand nombre de soldats dans une embuscade, il passa en Médie, et, s'emparant, tant par force que par crainte, d'une notable portion de cette contrée ainsi que de la Parthie,] il poussa jusqu'en Arménie; là, battu par certaines peuplades mèdes habitant le pays et par les enfants d'Artabanos, il prit la fuite, suivant certains historiens, ou, suivant d'autres, se retira pour préparer une expédition plus considérable.

4. Cet Artaxerxès, donc, fut pour nous un sujet de crainte, tant par la multitude de ses troupes, postées non-seulement en Mésopotamie, mais encore en Syrie, que par ses menaces de reprendre, comme lui appartenant du chef de ses aïeux, tout le pays, autrefois possédé par les Perses, qui s'étend jusqu'à la mer de Grèce; ce n'était pas que cet homme fût digne de quelque considération, mais nos soldats étaient disposés, les uns à se joindre à lui, les autres à refuser de combattre. Telle était, en effet, à la fois la mollesse, l'indiscipline et la

---

d'abord son armée en trois corps, dans le dessein d'envahir le territoire ennemi; mais que cédant, soit à la crainte, soit aux conseils de sa mère, il abandonna bientôt les deux corps qui n'étaient pas sous sa conduite (il commandait celui du milieu), les livra aux barbares et revint à Antioche, couvert de honte, après avoir perdu un grand nombre de soldats par la guerre, la maladie et le froid. Lampride, 54, 55, 56, bien que rapportant l'opinion d'Hérodien, se range du côté de ceux qui veulent qu'Alexandre ait remporté la victoire et célèbre son triomphe à Rome. Cf. Tillemont, p. 461; Spanheim, notes sur Julien, p. 150 et 151. — 4. Peir., Rm. et les éd. subséq.; Xph : ἡμῶν διάκειται; F, d'après une correction marginale de Lncl.: ἡμῶν διέκειτο, et plus bas : ἐχρῶντο, admis par ces deux éditeurs dans leur texte.

σία, ἀνεπιπληξίᾳ[1] τε χρῶνται, ὥστε τολμῆσαι, τοὺς μὲν ἐν

τῇ Μεσοποταμίᾳ τὸν ἄρχοντα σφῶν Φλαούϊον Ἡρακλέωνα ἀποκτεῖναι, τοὺς δὲ δορυφόρους[2] πρὸς τῷ Οὐλπιανῷ καὶ ἐμὲ αἰτιάσασθαι, ὅτι τῶν ἐν τῇ Παννονίᾳ στρατιωτῶν ἐγκρατῶς ἦρξα[3], καὶ ἐξαιτῆσαι, φοβηθέντας μὴ καὶ ἐκείνους τις ὁμοίως τοῖς Παννονικοῖς ἄρχεσθαι καταναγκάσῃ.

5. Οὐ μέντοι προετίμησέ τι αὐτῶν ὁ Ἀλέξανδρος, ἀλλὰ καὶ τοὐναντίον ἄλλως τε ἐσέμνυνέ με, καὶ δεύτερον ὑπατεύσοντα σὺν αὐτῷ ἀπέδειξε[4], τό τε ἀνάλωμα τὸ τῆς ἀρχῆς αὐτὸς[5] ἀναλώσειν ὑπεδέξατο[6]. Ἀχθεσθέντων δὲ αὐτῶν ἐπὶ τούτοις, ἐφοβήθη μὴ καὶ ἀποκτείνωσί με ἐν τῷ τῆς ἀρχῆς σχήματι ἰδόντες· καὶ ἐκέλευσεν ἔξω τῆς Ῥώμης ἐν τῇ Ἰταλίᾳ που διατρῖψαι τὸν τῆς ὑπατείας χρόνον. Καὶ οὕτω μετὰ ταῦτα ἔς τε τὴν Ῥώμην, καὶ ἐς τὴν Καμπανίαν, πρὸς αὐτὸν ἦλθον· καὶ συνδιατρίψας τινὰς ἡμέρας αὐτῷ, τοῖς τε στρατιώταις μετὰ πάσης ἀδείας ὀφθείς, ἀπῆρα οἴκαδε,

1. Lampride, 52 et 53, nous apprend qu'Alexandre informé, pendant son séjour à Antioche, qu'un grand nombae de soldats passaient leur temps à se baigner comme des femmes et ne recherchaient que les plaisirs, les fit tous saisir et jeter dans les fers. Divers mouvements s'en étant suivis, l'empereur licencia la légion tout entière. Cet historien s'étend sur la fermeté déployée par Alexandre pour le rétablissement de la discipline, fermeté qui lui valut le surnom de Sévère.

2. Rsk., suivi par Bkk. et Ddf; vulg. : τολμῆσαι Φλάδιον Ἡρακλέωνα, τοὺς μὲν ἐν τῇ Μεσοποταμίᾳ, τὸν ἄρχοντα σφῶν, ἀποκτεῖναι, καὶ τοὺς δορυφόρους ; St. approuve le changement de καὶ τούς en τοὺς δέ, « nisi μέν præcedens delendum sit. »

3. Dans la Pannonie Supérieure, où commandait Dion (ch. 1), se trouvaient, de son temps (LV, 23), la Dixième légion Gemella et la Quatorzième Gemella.

licence qui régnait parmi eux, que, dans la Mésopotamie, les troupes osèrent tuer leur chef Flavius Héracléon, les prétoriens m'accuser, comme ils avaient fait Ulpianus, à cause de la fermeté avec laquelle j'avais gouverné les soldats en Pannonie, et demander mon supplice, craignant qu'on ne les contraignît de se soumettre à un régime semblable à celui de Pannonie.

5. Alexandre, néanmoins, ne fit aucune attention à leurs plaintes ; loin de là, entre autres marques de distinction, il me désigna pour être consul une seconde fois avec lui, et se chargea lui-même de la dépense qu'occasionnait cette charge. Mais l'irritation des prétoriens lui fit craindre qu'en me voyant revêtu des insignes de cette dignité, ils ne me tuassent, et il m'ordonna de passer, hors de Rome, dans quelque endroit de l'Italie, le temps de mon consulat. C'est ainsi que je vins plus tard le trouver à Rome et en Campanie, et qu'après être resté quelques jours auprès de lui et m'être montré en toute sûreté devant les soldats, j'ob-

---

4. L'an de Rome 982, de J. C. 229. On croit que ce second consulat ne dura que deux mois. Cf. Photius, LXXI; l'anonyme du ms. Palatino-Vatican de Falcon, 186 b; Tillemont, t, III, p. 348.

5. Bkk. et Ddf; vulg. : αὐτῷ [F : αὐτῷ; Slbg. : αὐτό] αὐτός.

6. Vopiscus (Aurélien, 12) nous a conservé une lettre écrite, en faveur d'Aurélien, par l'empereur Valérien à Ælius Xifidius, préfet du trésor, qui éclaire ce passage de notre auteur : « ... Aureliano, cui consulatum detulimus, ob paupertatem, qua ille magnus est, cæteris major, dabis ad editionem circensium aureos Antonianos ccc, argenteos Philippos minitulos мммм, in ære нs quinquagies, tunicas multicias viriles x, lineas Ægyptias xx, mantelia Cypria, paria duo, tapetia Afra x, stragula Maura x, porcos c, oves c: convivium autem publicum edi jubebis senatoribus, equitibus Romanis; hostias majores ii, minores iv. »

παρέμενος [1] ἐπὶ τῇ τῶν ποδῶν ἀρρωστίᾳ· ὥστε πάντα τὸν
λοιπὸν τοῦ βίου χρόνον ἐν τῇ πατρίδι ζῆσαι, ὥσπερ που
καὶ τὸ δαιμόνιον ἐν τῇ Βιθυνίᾳ ἤδη μοι ὄντι σαφέστατα
ἐδήλωσεν. Ὄναρ γάρ ποτε ἔδοξα προστάσσεσθαι ὑπ' αὐτοῦ
προσγράψασθαι τῷ ἀκροτελευτίῳ τὰ ἔπη τάδε [2].

> Ἕκτορα δ' ἐκ βελέων ὕπαγε Ζεὺς, ἔκ τε κονίης,
> Ἔκ τ' ἀνδροκτασίης, ἐκ θ' αἵματος, ἐκ τε κυδοιμοῦ.

1. Rsk. et St. : παρείμενος.

tins la permission de retourner dans mes foyers, à cause
d'un mal de pieds ; de sorte que le reste de mon existence s'écoula dans ma patrie, comme me l'avait clairement annoncé la divinité, lorsque j'étais déjà en Bithynie. Un songe, en effet, sembla m'ordonner d'écrire
ces vers à la fin de cette histoire :

Jupiter déroba Hector aux traits, à la poussière, au carnage, au sang et
au tumulte des combats.

2. Iliade , XI, 163. La même formule finale se retrouve également dans
Photius et dans Xph.

ΔΙΩΝΟΣ

ΑΠΟΣΠΑΣΜΑΤΙΑ

ΔΙΩΝΟΣ ΑΠΟΣΠΑΣΜΑΤΙΑ.

I

ΠΑΡΑΛΕΙΦΘΕΝΤΑ.

1. Δίων καὶ Διονύσιος γράφουσι τὰ τοῦ Κάκου[1].

2. Τῷ Ῥωμύλῳ[2] καὶ στέφανος ἦν, καὶ σκῆπτρον ἀετὸν ἔχον ἐπ' ἄκρου, καὶ φαινόλης λευκὸς ποδήρης, ἀπὸ τῶν ὤμων ἔμπροσθεν μέχρι ποδῶν πορφύροις ὑφάσμασιν ἐρραβδωμένος (ὄνομα τῇ φαινόλῃ τόγα, οἱονεὶ σκέπασμα, ἀπὸ τοῦ τέγερε κατ' ἀντίστοιχον, οὕτω γὰρ τὸ σκέπειν Ῥωμαῖοι καλοῦσι)· καὶ ὑπόδημα φοινικοῦν (κόθορνος ὄνομα αὐτῷ), κατὰ Κοκκήϊον.

3. Κατὰ τῆς γῆς[3] χέοντες τέφραν ἐκ τῆς ἑστίας,
Τῇ ῥάβδῳ ταύτῃ τεχνικῶς ἔγραφον τὰς μαντείας,

---

1. Tzetzès, Chil., V, 21. Ce fragment est cité plus au long dans le t. VII de St. (p. 271-272); Bkk. l'a rejeté en note. La place que lui assignent les deux derniers éditeurs est entre les fragments VII (Εὔανδρες Ἀρκάς) et VIII (Αἰνείας γοῦν).

2. Jean Laurent Lydus, Magistrats de la république romaine. Bkk. n'a pas donné ce passage, qui, suivant la place que lui

FRAGMENTS DE DION.

I

OMISSIONS.

1. Dion et Denys rapportent l'histoire de Cacus.

2. Romulus avait une couronne et un sceptre surmonté d'une aigle, un manteau blanc traînant sur les talons, qui, par devant, lui descendait des épaules jusqu'aux pieds, avec des bandes de pourpre (ce manteau s'appelait toge, comme qui dirait vêtement, de *tegere*, car c'est ainsi que, chez les Romains, s'exprime, par un changement de lettre, le mot *vêtir*) ; des chaussures rouges (on les appelait *cothurnes*), d'après Coccéius.

3. Répandant sur la terre la cendre du foyer, ils écrivaient avec art leurs prophéties à l'aide de cette baguette, les regards tournés vers le soleil et prédisant

assigne Ddf, vient entre les fragments XV et XVI de la présente édition.

3. Tzetzès, Allégories de l'Iliade, I, 28. Le même, Exégèse (p. 76, 26), passage cité par Bkk., qui néglige celui que je donne ici d'après Ddf : Τὴν μαντικὴν ῥάβδον φησὶν, ἣν .... ὁ Κοκκηιανὸς Κάσσιος Δίων καλεῖ λίτουους. Ce fragment vient à la suite du numéro précédent.

Βλέποντες πρὸς τὸν ἥλιον καὶ λέγοντες τὸ μέλλον.
Ταύτην τὴν ῥάβδον Πλούταρχος λίτυον ὀνομάζει,
Λίτουους δὲ Κοκκειανὸς Κάσσιος Δίων λέγει.

4. Δίων[1]· « Εὐεργεσιῶν[2] ὑμῖν ὠφελήσει. »

5. Παρὰ Δίωνι[3]· « Οὔκουν οὐδ’ ἄρχοντες πρὶν νομο-
θετηθῆναι αὐτῶν ὠνομάζοντο. »

6. Δίων[4]· « Οὐχ ὅπως ἐπείσθησαν αὐτοῦ. »

7. Κλουσῖνος[5] ἐκαλεῖτο [ὁ] τοῦ Πορσέννα γραμματεὺς,
καθά φησι Δίων.

8. . . . . . γενέσθαι[6] δὲ καθὼς ὁ θριαμβικὸς παρακε-
λεύεται νόμος, περὶ οὗ γράφει Δίων Κοκκειανός. Εἰ δὲ
τῶν ἐργωδῶν σοι δοκεῖ παλαιῶν βίβλους ἀνερευνᾷν, ἀλλ’
οὖν ὡς οἷον ἐπιδρομάδην αὐτὸς τὰ τοῦ θριάμβου ἐξείποιμι.
Εἰς δίφρον τὸν θριαμβονίκην ἀναβιβάσαντες, σινωπιδίῳ ἢ
κινναβάρει τὸ πρόσωπον ἀντὶ αἵματος, ὡς μὴ ἐρυθριᾷ, πε-
ριχρίουσι, καὶ βραχιονιστῆρας ἐμβάλλουσι ταῖς χερσὶ,

1. Le Grammairien publié dans les *Anecdota* de Bkk. (p. 160, l. 10).
Bkk. cite en note cette phrase avec les deux suivantes, qu'il propose de
placer entre Ῥώμυλος πρὸς τὴν γερουσίαν.... ἐπιτάττοιμι (fragment XV
dans la présente édition), à la suite de deux autres phrases renvoyées
par M. Gros dans l'Appendice II (t. II, p. 310-312, art. Πρός et Προβαλ-
λόμενος), et le passage de Tzetzès, se fondant sur ce que « idem Gram-
maticus tres offert locos incertæ sedis ». Ddf., d'accord avec Bkk. sur ce
dernier point, les rejette (t. I, p. 140-144) dans une note à la suite du
fragment CCCIII (t. II, p. 154 de la présente édition), où il cite un assez
grand nombre de phrases empruntées au Grammairien.

2. Ddf (*Errata*, t. IV) : εὐεργεσίαν.

l'avenir. C'est cette baguette que Plutarque nomme λίτυον (*litum*) et que Dion Cassius Coccéianus appelle λί-
τουου; (*lituus*).

4. Dion : « Il vous sera redevable de bienfaits. »

5. Dans Dion : « Ainsi donc, leurs magistrats même
ne portaient pas ce nom avant que la chose n'eût été ré-
glée par une loi. »

6. Dion : « Non-seulement ils lui obéirent. »

7. Le secrétaire de Porsenna s'appelait Clusinus, au
dire de Dion.

8. . . . . mais que les choses se passent suivant les
prescriptions de la loi sur le triomphe, loi dont parle
Dion Coccéianus. Puisqu'il te semble pénible de fouiller
dans les livres des écrivains de l'antiquité, je vais moi-
même, aussi bien que possible, t'exposer comme en
courant ce qui se rapporte au triomphe. On fait monter
sur une chaise curule le triomphateur, dont on peint
le visage d'une couche de vermillon ou de cinabre,
en guise de sang, pour l'empêcher de rougir, on lui
met des bracelets aux bras, et dans sa main droite on

---

3. Le même (p. 164, l. 10).

4. Le même (p. 164, l. 23). — 5. Le Scholiaste des Lettres de Tzetzès,
dans les *Anecdota* de Cramer, t. III, p. 360, l. 30 ; Pressel (p. 8) accen-
tue : Κλούσινος, à tort. Bkk. omet tout le passage.

6. Ce passage est emprunté par Ddf aux Lettres de Tzetzès, 107, p. 86.
Bkk. ne l'a pas connu. L'auteur s'adresse à l'empereur Manuel Porphyro-
génète et lui conseille d'observer l'usage établi au sujet du triomphe. La
place que lui assigne Ddf est entre les fragments LIV et LV, à la suite
d'une phrase empruntée au Grammairien publié dans les *Anecdota* de
Bkk., et que M. Gros a renvoyée dans le t. II de la présente édition
(Append. II, p. 320, art. Ζημιῶ).

καὶ δάφνινον στέμμα καὶ δάφνης κλῶνα διδοῦσι τῇ δεξιᾷ.
Περιτιθέασι δὲ καὶ τῇ κεφαλῇ στέφανον ἐξ ὕλης ὁποίας,
ἀνάγραπτα φέροντα ὅσα ἐποίησεν ἢ ἐπεπόνθει· οἰκέτης δὲ
δημόσιος, ἑστὼς ὄπισθεν, ἀνέχει τὸν στέφανον, λέγων
ἐκείνῳ πρὸς οὕς· « Βλέπε καὶ τὸ κατόπιν. » Κώδωνες δὲ
καὶ μάστιξ τοῦ ζύγου τοῦ ἅρματος ἀπηώρηνται. Εἶτα τρὶς
κυκλῶν τὸν τόπον περιτρέχει, καὶ τοὺς ἀναβαθμοὺς ἐπὶ
γόνασιν ἐνέρπει, καὶ τοὺς στεφάνους ἐκεῖ ἀποτίθεται [1]. —
Ἡ δὲ τῶν ἐπινικίων πομπὴ, ἣν καὶ θρίαμβον ἐκάλουν,
τοιάδε τις ἐγίνετο. Ὅτε τι κατωρθώθη μέγα καὶ ἐπινικίων
ἐπάξιον, αὐτοκράτωρ αὐτίκα ὁ στρατηγὸς ὑπὸ τῶν στρατιωτῶν ὠνομάζετο, καὶ κλῶνας δάφνης περιέδει τοῖς ῥάβ-
δοις, καὶ τοῖς δρομοκήρυξι τοῖς τὴν νίκην παραγγέλλουσι
τῇ πόλει κομίζειν ἐδίδου. Ἐλθὼν δὲ οἴκαδε, τὴν γερουσίαν
συνήθροιζε, καὶ ᾔτει ψηφίσασθαί οἱ τὰ ἐπινίκια. Καὶ, εἰ
ἔτυχε ψήφου παρά τε τῆς βουλῆς καὶ τοῦ δήμου, ἐβε-
βαιοῦτο αὐτῷ καὶ ἡ ἐπωνυμία τοῦ αὐτοκράτορος. Καὶ, εἰ
μὲν ἦν ἐν τῇ ἀρχῇ ἔτι, ἐν ᾗ τυγχάνων ἐνίκησε, ταύτῃ καὶ
πανηγυρίζων ἐκέχρητο· εἰ δ' ὁ χρόνος παρεληλύθει τῆς ἀρχῆς, ἄλλο τι πρόσφορον αὐτῇ ἐλάμβανεν ὄνομα, ἰδιώτῃ
γὰρ νικητήρια πέμψαι ἀπείρητο. Ἐνσκευασάμενος δὲ τῇ
ἐπινικίῳ σκευῇ, καὶ περιβραχιόνια λαβὼν, στέφανόν τε δάφνης ἀναδησάμενος, καὶ κλάδον κρατῶν ἐν τῇ δεξιᾷ, τὸν
δῆμον συνεκάλει· καὶ ἐπαινέσας τοὺς συστρατευσαμένους
αὐτῷ καὶ κοινῇ καὶ ἰδίᾳ τινὰς, ἐδωρεῖτο μὲν σφίσι χρή-

1. Ddf : « Ergo Dionis fere sunt hæc Zonaræ, vol. I, p. 76, 19, post

place une couronne et une branche de laurier. Sur sa tête on pose une couronne d'une matière quelconque, où est gravé tout ce qu'il a fait ou souffert ; un esclave public, derrière lui, soutient la couronne, en lui répétant à l'oreille : « Regarde aussi ce qui est derrière toi. » Des clochettes et un fouet sont suspendus au joug du char. Ensuite, il fait trois fois le tour de l'endroit, gravit à genoux les degrés et y dépose les couronnes.
— Le triomphe, qu'on appelait aussi θρίαμβος, se célébrait de la façon que je vais dire. Lorsqu'il avait remporté un succès important et méritant le triomphe, le général était sur-le-champ proclamé *imperator* par ses soldats, il entourait ses faisceaux de branches de laurier, et en donnait aux coureurs chargés d'aller annoncer la victoire à Rome. Arrivé près de la ville, il assemblait le sénat et demandait qu'on lui décernât le triomphe. S'il obtenait le décret du sénat et du peuple, le titre d'*imperator* lui était confirmé. De plus, s'il était encore en possession de la charge qu'il avait au moment de la victoire, il l'exerçait pendant la solennité ; si le temps était expiré, il prenait quelque titre se rapportant à cette charge ; car il était défendu à un simple particulier de triompher. Paré de l'habit triomphal, des bracelets aux bras, la tête ceinte d'une couronne de laurier et une branche dans la main droite, il convoquait le peuple ; puis, après avoir fait l'éloge de ses soldats en général et celui de quelques-uns en particulier, il leur donnait de l'argent, les décorait d'ornements

Plutarchea Camilli, c. 7, de populi in Camillum propter triumphum ira. »

ματα, ἐτίμα δὲ καὶ κόσμῳ, περιβραχιόνιά τισι καὶ δό-
ρατα ἀσίδηρα παρεῖχε· καὶ στεφάνους τοῖς μὲν χρυσοῦς,
τοῖς δὲ ἀργυροῦς ἐδίδου, τοὔνομά τε ἑκάστου καὶ τῆς
ἀριστείας φέροντας τὸ ἐκτύπωμα. Εἰ γὰρ τείχους τις πρῶτος ἐπέβη, καὶ τείχους ὁ στέφανος ἔφερεν· ἢ καὶ ἐξεπο-
λιόρκησέ τι, καὶ τοῦτο κἀκεῖνο εἰκόνιστο· ἐναυκράτησέ τις,
ναυσὶν ὁ στέφανος ἐκεκόσμητο· ἱπποκράτησέ τις, ἱππικόν
τι ἐξετετύπωτο· ὁ δὲ πολίτην τινὰ ἐκ μάχης, ἢ ἑτέρου
κινδύνου ἢ ἐκ πολιορκίας, σώσας, μέγιστόν τε εἶχε τὸν
ἔπαινον, καὶ ἐλάμβανε στέφανον ἐκ δρυός, ὃς πολὺ πάντων
καὶ τῶν ἀργυρῶν καὶ τῶν χρυσῶν, ὡς ἐντιμότερος, προετε-
τίμητο. Καὶ οὐ κατ᾽ ἄνδρα μόνον ἀριστεύσαντα ταῦτα
ἐδίδοτο, ἀλλὰ καὶ λόχοις καὶ στρατοπέδοις ὅλοις παρεί-
χετο. Καὶ τῶν λαφύρων πολλὰ μὲν τοῖς στρατευσαμένοις
διανενέμητο· ἤδη δέ τινες καὶ παντὶ τῷ δήμῳ διέδοσαν,
καὶ ἐδαπάνων εἰς τὴν πανήγυριν καὶ ἐδημοσίευον, καὶ, εἴ τι
περιειλέλειπτο, εἰς ναοὺς, εἰς στοὰς, ἢ καί τι ἕτερον δημόσιον ἔργον ἀνήλισκον. Ταῦθ᾽ ὁ πομπεὺς ποιήσας, εἰς τὸ
ἅρμα ἀνέβαινε. Τὸ δὲ δὴ ἅρμα οὔτ᾽ ἀγωνιστηρίῳ οὔτε
πολεμιστηρίῳ ἦν ἐμφερὲς, ἀλλ᾽ ἐς πύργου περιφεροῦς τρόπον ἐξείργαστο. Καὶ οὐ μόνος ἦν ἐν τῷ ἅρματι· ἀλλ᾽ ἄν
γε καὶ παῖδας ἢ συγγενεῖς εἶχε, κἀκείνων τὰς μὲν κόρας
καὶ τὰ ἄρρενα τὰ νεογνὰ ἐν αὐτῷ ἀνεβίβαζε, τοὺς δὲ ἁδρο-
τέρους ἐπὶ τοὺς ἵππους τούς τε ζυγίους καὶ τοὺς σειραφό-
ρους ἀνετίθετο· εἰ δὲ πλείους ἦσαν, ἐπὶ κελήτων τῷ πομ-
πεῖ παριππεύοντες συνεπόμπευον. Τῶν δ᾽ ἄλλων οὐδεὶς

militaires, et distribuait à quelques-uns des bracelets et des lances sans fer ; il donnait aussi aux uns des couronnes d'or, aux autres des couronnes d'argent, sur lesquelles étaient gravés le nom de chacun, et la représentation de ses exploits. Quand un soldat était monté le premier sur la muraille ennemie, la couronne portait la représentation d'une muraille ; s'il avait emporté une place d'assaut, cette circonstance était également figurée ; s'il avait vaincu dans un combat naval, la couronne était ornée de vaisseaux ; si c'était dans un combat de cavalerie, des cavaliers étaient gravés sur la couronne ; celui qui avait sauvé la vie à un citoyen dans une bataille, dans tout autre danger, ou dans un siége, était comblé des plus grands éloges et recevait une couronne de chêne, qu'on estimait comme bien supérieure à toutes les couronnes d'argent et d'or. Et ce n'était pas seulement à un soldat qu'on donnait ces récompenses pour s'être distingué ; on les accordait aussi à des cohortes et à des légions tout entières. Une grande partie des dépouilles était partagée entre les soldats ; quelques triomphateurs, néanmoins, les distribuaient à tout le peuple, et les dépensaient pour des jeux et pour des besoins publics ; et, s'il en restait quelque chose, ils l'employaient à construire des temples, des portiques ou quelque autre monument public. Après cela, le triomphateur montait sur le char. Ce char ne ressemblait ni au char de course, ni au char de guerre ; il avait la forme d'une tour ronde. Le triomphateur n'était pas seul sur le char : s'il avait des enfants ou des parents, il y faisait monter les filles et les garçons en bas âge, tandis qu'il mettait ceux qui étaient plus forts sur les chevaux, tant sur les chevaux attelés au timon que les chevaux de volée ; si leur nombre était trop grand, ils prenaient part au triomphe, portés sur des coursiers à côté du triomphateur. Aucun autre des assistants n'était sur un char, tous allaient à

ῴχεῖτο· ἀλλ' ἐστεμμένοι δάφνῃ πάντες ἐβάδιζον. Οἰκέτης
μέντοι δημόσιος ἐπ' αὐτοῦ παρωχεῖτο τοῦ ἅρματος, τὸν
στέφανον τῶν λίθων τῶν χρυσωδέτων ὑπερανέχων αὐτοῦ,
καὶ ἔλεγε πρὸς αὐτὸν· « Ὀπίσω βλέπε, » τὰ κάτοπιν δη-
λαδὴ καὶ τὰ ἐφεξῆς προσκόπει τοῦ βίου, μηδ' ὑπὸ τῶν
παρόντων ἐπάρθῃς καὶ ὑπερφρονήσῃς. Καὶ κώδων ἀπήρ-
τητο καὶ μάστιξ τοῦ ἅρματος, ἐνδεικτικὰ τοῦ καὶ δυστυ-
χῆσαι δύνασθαι καὶ αἰκισθῆναι ἢ καὶ δικαιωθῆναι θανεῖν.
Τοὺς γὰρ ἐπί τινι αὐτοπήματι καταδικασθέντας θανεῖν
νενόμιστο κωδωνοφορεῖν, ἵνα μηδεὶς βαδίζουσιν αὐτοῖς ἐγ-
χριπτόμενος μιάσματος ἀναπίμπληται. Οὕτω τε σταλέν-
τες εἰσῄεσαν εἰς τὴν πόλιν, ἔχοντες προπέμποντα σφῶν τὰ
σκῦλά τε καὶ τὰ τρόπαια, καὶ ἐν εἰκόσι τά τε αἰχμάλωτα
φρούρια ἠσκημένα, πόλεις τε καὶ ὄρη, καὶ ποταμοὺς, λί-
μνας, θαλάσσας, τά τε σύμπαντα ὅσα ἑαλώκεσαν. Καὶ εἰ
μὲν μία ἡμέρα ἦν ἀρκοῦσα πρὸς τὴν τούτων πομπήν· εἰ
δὲ μὴ, καὶ ἐν δευτέρᾳ καὶ ἐν τρίτῃ ἐπέμπετο. Προδιελθόν-
των δ' ἐκείνων οὕτως, ὁ πομπεὺς εἰς τὴν Ῥωμαίαν κομισθεὶς ἀγορὰν, καὶ τῶν αἰχμαλώτων τινὰς εἰς τὸ δεσμωτήριον ἀπαχθῆναι καὶ θανατωθῆναι κελεύσας, ἀνήλαυνεν εἰς
τὸ Καπιτώλιον· καί τινας ἐκεῖ τελετὰς πληρώσας, καὶ
προσαγαγὼν ἀναθήματα, καὶ παρὰ ταῖς ἐκεῖ δειπνήσας
στοαῖς, πρὸς ἑσπέραν οἴκαδε μετ' αὐλῶν καὶ συρίγγων
ἀπήρχετο[1]. Τοιαῦτα μὲν ἦσαν πάλαι τὰ κινητήρια· αἱ δὲ
στάσεις αἵ τε δυναστεῖαι πλεῖστα ἐνεωτέρισαν ἐπ' αὐτοῖς.

1. Tzetzès, à la suite du passage cité tout à l'heure : Εἶτα μετὰ θυμει-

pied, des lauriers à la main. Un esclave public était porté sur le char même, tenant au-dessus de la tête du triomphateur la couronne d'or enrichie de pierreries, et lui disait : « Regarde derrière, » c'est-à-dire, dans la suite de ta vie, le passé et l'avenir ; ne t'enorgueillis pas des circonstances présentes, et n'en conçois pas de vanité. Une clochette et un fouet étaient attachés au char, pour indiquer au triomphateur qu'il pouvait être atteint aussi par la mauvaise fortune, être battu de verges et condamné à mort. En effet, la loi ordonnait que les criminels condamnés à mort portassent une clochette, pour empêcher que personne, en se heurtant contre eux, tandis qu'ils marchaient au supplice, ne contractât une souillure. C'était dans cet appareil que les triomphateurs entraient dans Rome, précédés des dépouilles et des trophées, des forteresses qu'ils avaient prises, représentées en peinture, ainsi que les villes, les montagnes, les fleuves, les ports, les mers, en un mot, toutes leurs conquêtes. Quelquefois un jour était suffisant pour le défilé de tous ces objets ; dans le cas contraire, il se prolongeait un deuxième et un troisième jour. Après le passage de cette pompe, arrivé sur le Forum romain, le triomphateur, ayant donné l'ordre de conduire en prison quelques-uns des captifs et de les y mettre à mort, poussait jusqu'au Capitole, où, après avoir accompli certaines cérémonies, suspendu des offrandes et soupé sous les portiques qui l'entourent, il revenait chez lui, vers le soir, au son des flûtes et des chalumeaux. Tel était autrefois le triomphe ; depuis, les séditions et les factions y ont introduit de nombreux changements.

λιχῶν οἴκαδε ἀπέρχεται; ce qui fait dire à Ddf : « Ergo hæc Dionis fere sunt verba. »

9. Ὁ δὲ Δίων ὁ Ῥωμαῖος[1], ὁ συγγραψάμενος περὶ τῆς βασιλείας καὶ περὶ τῆς δημοκρατίας Ῥώμης, καὶ διηγησάμενος περὶ τοῦ πολυθρυλήτου πολέμου τοῦ Καρχηδονίου, λέγει ὅτι, Ῥηγούλου τοῦ ὑπάτου Ῥώμης πολεμοῦντος τὴν Καρχηδόνα, ἐξαίφνης δράκων ἑρπύσας ἔξω τοῦ χαρακώματος τοῦ Ῥωμαίου στρατοῦ ἔκειτο, ὃν τῇ προστάξει αὐτοῦ ἔκτειναν οἱ Ῥωμαῖοι[2]· καὶ ἀποδείραντες αὐτὸν, ἔστειλε[3] τὴν δορὰν αὐτοῦ τῇ συγκλήτῳ Ῥώμης, μέγα θαῦμα· καὶ παρὰ τῆς αὐτῆς μετρηθεῖσα συγκλήτου, ὡς ὁ αὐτὸς[4] Δίων λέγει[5], εὑρέθη ἔχουσα μῆκος ποδῶν ἑκατὸν εἴκοσι. Πρὸς τὸ μῆκος αὐτοῦ ἦν καὶ τὸ πάχος.

10. Τὸ ἕτερον μέρος τῆς οἰωνοσκοπικῆς Δίων Κάσσιος Κοκκειανὸς[6] παραδίδωσι, λέγων ὅτι «Κριθοφάγους ἡμέρους κατέχουσιν ὄρνιθας, καὶ τιθέασιν ἔμπροσθεν αὐτῶν κριθὰς, ὅτε μαντεύονται. Εἰ μὲν οὖν ἐσθίοντες οἱ ὄρνιθες οὐ πλήττουσι τοῖς ῥάμφεσι τὰς κριθὰς καὶ ἀπορρίπτουσιν, ἀγαθὸν τὸ σημεῖον· εἰ δὲ οὕτω ποιοῦσιν, οὐκ ἀγαθόν.»

11. Οὗτος[7], κατὰ Διόδωρον, τῆς Συρακούσης ταύτης Προδότου πρὸς τὸν Μάρκελλον ἀθρόως γενομένης,

1. Jean Damascène (vol. I, p. 472, A, B), des Dragons. Ddf (t. I, p. 74) est le seul éditeur de Dion qui cite ce passage.
2. Silius Italicus, VI, v. 140-282, a décrit ce combat.
3. Ce verbe au singulier avec un nominatif pluriel semble inquiéter Ddf, qui le fait suivre d'un *sic*. Ἀποδείραντες est un nominatif absolu (cf. la Grammaire développée de R. Kühner, § 677 et surtout 679) dont on a des exemples formels, entre autres, Thucydide, IV, 80; Xénophon, Cyrop., IV, 6, § 3, et aussi Mém., II, 2, § 5.
4. Correction de Ddf pour αὐτὸς ὁ.

9. Le Romain Dion, celui qui a écrit l'histoire de l'Empire et de la République de Rome, et raconté sa guerre fameuse contre Carthage, rapporte que, tandis que Régulus, consul de Rome, faisait la guerre à Carthage, tout à coup un serpent, qui s'était glissé jusqu'à l'extérieur du retranchement de l'armée romaine, resta là étendu, serpent que les Romains tuèrent d'après l'ordre de leur chef; qu'après avoir écorché le reptile, Régulus envoya au sénat de Rome sa peau comme grande merveille, et que cette peau, ayant été, au rapport du même Dion, mesurée par cette assemblée, se trouva avoir cent vingt pieds de long. L'épaisseur était proportionnée à la longueur.

10. Dion Cassius Coccéianus nous transmet la seconde partie de l'art augural en ces termes : « Ils ont des poulets apprivoisés, qui se nourrissent d'orge, et devant qui ils placent de l'orge, lorsqu'ils prédisent l'avenir. Si, en mangeant, les poulets ne frappent pas l'orge avec leurs becs et ne la laissent pas retomber, le présage est favorable ; s'ils le font, le présage est défavorable. »

11. Cet homme, lorsque cette Syracuse fut, suivant Diodore, livrée par trahison à Marcellus, ou, suivant

---

5. Correction de Ddf, qui propose aussi ἔλεγεν; vulg. : ἔλεγε.

6. Bkk. : Κοκκηιανό;. Ce fragment est tiré de Tzetzès (Exégèse sur l'Iliade d'Homère, p. 108, 2). St. l'a ajouté (t. VII, p. 474) au *Spicilegium fragmentorum Dionis* de Rm. ; Bkk. et Df lui assignent sa place immédiatement avant le fragment CLV de la présente édition.

7. Archimède. Ce passage est emprunté à Tzetzès (Chil. II, Hist. 35, v. 131-149). La place que lui assigne Ddf (Bkk. l'a négligé, et peut-être a-t-il eu raison) est entre les fragments CCV et CCVI de la présente édition ; Rm. l'a donné dans son *Spicilegium fragmentorum Dionis* (p. 1524-1525), et St, t. VII, p. 465-466.

Εἴτε, κατὰ τὸν Δίωνα, Ῥωμαίοις πορθηθείσης,
Ἀρτεμίδι τῶν πολιτῶν τότε παννυχιζόντων,
Τοιουτοτρόπως τέθνηκεν ὑπό τινος Ῥωμαίου.
Ἦν κεκυφὼς, διάγραμμα μηχανικόν τι γράφων,
Τὶς δὲ Ῥωμαῖος ἐπιστὰς εἷλκεν αἰχμαλωτίζων.
Ὁ δὲ τοῦ διαγράμματος ὅλος ὑπάρχων τότε,
Τίς ὁ καθέλκων οὐκ εἰδὼς, ἔλεγε πρὸς ἐκεῖνον,
« Ἀπόστηθι, ὦ ἄνθρωπε, τοῦ διαγράμματός μου. »
Ὡς δ' εἷλκε τοῦτον, συστραφεὶς, καὶ γνοὺς Ῥωμαῖον εἶναι,
Ἐβόα, « Τί μηχάνημά τις τῶν ἐμῶν μοι δότω. »
Ὁ δὲ Ῥωμαῖος πτοηθεὶς, εὐθὺς ἐκεῖνον κτείνει,
Ἄνδρα σαθρὸν, καὶ γέροντα, δαιμόνιον τοῖς ἔργοις.
Ἐθρήνησε δὲ Μάρκελλος, τοῦτο μαθὼν, εὐθέως,
Λαμπρῶς τε τοῦτον ἔκρυψεν ἐν τάφοις τοῖς πατρῴοις,
Σὺν τοῖς ἀρίστοις πολιτῶν καὶ τοῖς Ῥωμαίοις πᾶσι·
Τὸν δὲ φονέα τοῦ ἀνδρὸς, οἶμαι, πελέκει κτείνει.
Ὁ Δίων καὶ Διόδωρος γράφει τὴν ἱστορίαν.

12. Ὅτι Καρχηδόνιοι[1], πολεμούμενοι παρὰ Ῥωμαίων,
ὅπλα τε καὶ τριήρεις δι' ἐλαχίστου ἐποιήσαντο[2]· τοὺς μὲν
ἀνδρίαντας πρὸς τὴν τοῦ χαλκοῦ χρῆσιν συγχωνεύσαντες,
καὶ τὴν ξύλωσιν τῶν τε ἰδίων καὶ δημοσίων ἔργων πρὸς
τὰς τριήρεις καὶ μηχανὰς μετενεγκάμενοι, ἔς τε τὰ σχοί-

---

1. A. Mai, p. 540. Ce fragment se place entre le CCXLI et le CCXLII.
A. Mai avait d'abord cru que le fait était rapporté par Dion à la première
guerre Punique; mais il a reconnu ensuite qu'il y avait une erreur dans
le ms. Le témoignage d'Appien (Puniq., ch. 93) et celui de Zn. ne laissent aucun doute à cet égard. C'est bien dans la troisième guerre Pu-

Dion, prise par les Romains, tandis que les habitants
étaient occupés la nuit tout entière à la fête de Diane,
mourut de la sorte sous les coups d'un Romain. Il était
courbé, traçant une figure de mécanique ; un Romain,
survenant, l'entraînait pour le faire prisonnier. Lui, tout
occupé alors de sa figure, ne sachant qui l'entraînait,
disait à celui-ci : « Homme, retire-toi de ma figure. »
S'étant retourné, comme on l'entraînait, et reconnaissant que c'était un Romain, il s'écria : « Qu'on me
donne une de mes machines. » Le Romain, épouvanté,
tue aussitôt cet homme débile et âgé, admirable par ses
ouvrages. Marcellus, à cette nouvelle, versa des larmes
aussitôt, et l'enterra avec magnificence dans le tombeau
de ses pères, accompagné des principaux habitants et
de tous les Romains ; quant au meurtrier, il le fit,
je crois, mourir par la hache. Telle est l'histoire écrite
par Dion et par Diodore.

12. Les Carthaginois, dans leur guerre contre les
Romains, se furent en peu de temps fabriqué des armes
et des galères, en fondant les statues pour se servir de
l'airain, en prenant la charpente des édifices, tant privés que publics, pour construire des galères et des ma-

nique que la chose a eu lieu. — 2. Naber (Λόγιος Ἑρμῆς, τομ. Α',
τεῦχ. Γ') : ἐπορίσαντο. Conserver ἐποιήσαντο, autant vaudrait, suivant
lui, dire que les Carthaginois étaient devenus fous. J'en demande pardon
à Naber, mais ἐποιήσαντο est, selon moi, la véritable leçon et fournit un
sens excellent.

νια ταῖς τῶν γυναικῶν κόμαις ἀποκεκαρμέναις[1] χρησάμενοι.

II

ΔΙΑΦΟΡΑ.

[Ἐξ Ἀνθολογίας Οὐατικανῆς[2].]

13. Οὐ γὰρ αἱ ἐπικλήσεις καὶ τοὺς τρόπους τῶν ἀνθρώπων μεταβάλλουσιν, ἀλλ' ὅπως ἄν τις τὰ πράγματα μεταχειρίζηται, τοιαύτας καὶ ἐκείνας[3] δοκεῖν εἶναι ποιεῖ· καὶ πολλοὶ μὲν μοναρχοῦντες ἀγαθῶν αἴτιοι τοῖς ἀρχομένοις γίνονται· διὸ καὶ βασιλεία τὸ τοιοῦτον ὀνομάζεται· πολλοὶ δὲ δημοκρατούμενοι μυρία κακὰ αὑτοὺς[4] ἐργάζονται.

14. Οὐδὲν γὰρ καὶ στράτευμα καὶ τἆλλα πάντα, ὅσα ἀρχῆς τινος δεῖται, οὔτε ἐπὶ τὸ χεῖρον οὔτε ἐπὶ τὸ κρεῖττον προάγει, ὡς ὅ τε τρόπος καὶ ἡ δίαιτα τοῦ ἐπιστατοῦντος αὐτῶν· πρὸς γὰρ τὰς γνώμας τάς τε πράξεις τῶν ἡγουμένων σφίσιν οἱ πολλοὶ ἐξομοιοῦνται· καὶ ὁποῖα ἂν ἐκείνους δρῶντας ἴδωσι, τοιαῦτα καὶ αὐτοί, οἱ μὲν ὡς ἀληθῶς, οἱ δὲ καὶ προσποιούμενοι, πράττουσιν.

1. Bkk. et Ddf; vulg. : ἀποκειραμέναις.
2. J'ai traduit en grec et en français, mais en les mettant entre crochets, les titres latins donnés par A. Mai. Il n'y a d'exception que

chines; enfin, en coupant les cheveux de leurs femmes pour en faire des cordages.

II

DIVERS.

[Extrait d'une Anthologie de la Bibliothèque vaticane.]

13. Ce ne sont pas les titres qui changent les mœurs de l'homme; la façon dont chacun conduit les affaires, voilà ce qui établit l'opinion qu'on s'en forme : beaucoup, en effet, avec un pouvoir monarchique, sont causes d'avantages nombreux pour ceux à qui ils commandent, aussi ce pouvoir s'appelle-t-il royal; tandis que, d'un autre côté, beaucoup, sous le régime démocratique, n'ont réussi qu'à se procurer des maux infinis.

14. Rien, en effet, ne pousse au bien ou au mal, soit une armée, soit n'importe quel corps ayant besoin d'un commandement, comme les mœurs et la manière de vivre de celui qui est à la tête ; car la multitude se conforme aux pensées et aux actes de ceux qui la guident : comme elle les voit agir, ainsi elle se comporte , soit sincèrement, soit par feinte.

pour le dernier; il est fourni par les mss. — 3. Bkk. et Ddf; vulg. : τοιαῦτα καὶ ἐκεῖνα.

4. Ddf, Bkk. : αὐτούς; vulg. : αὐτοῖς.

15. Ὥσπερ ἡ τῶν ὀφθαλμῶν νόσος, τὴν ὅρασιν συγχέασα, κωλύει τὰ καὶ ἐμποδὼν κείμενα θεωρεῖν, οὕτως ἄδικος παρεισδύνων λόγος εἰς τὰς τῶν δικαίων γνώμας οὐκ ἐᾷ διαυγῆ[1] συνορᾷν τὴν ἀλήθειαν [καὶ] τῇ δίκῃ προσομιλεῖν.

16. Τίς γὰρ οὐκ ἂν ἕλοιτο, σώφρων ὢν, ἐν τοῖς κόλποις τῆς πόλεως ἀποθανὼν κεῖσθαι μᾶλλον ἢ πορθουμένην ταύτην ἐπιδεῖν;

17. Εἰ μέν τίς σοι κατεσκεύαζεν οἰκίας ἔνθα μὴ ἔμελλες μένειν, ζημίαν τὸ πρᾶγμα ἐνόμισας ἄν· νῦν δὲ ἐνταῦθα βούλει πλουτεῖν, ὅθεν καὶ πρὸ τῆς ἑσπέρας πολλάκις μέλλεις ἀποδημεῖν;

18. Οὐκ οἶδας, ὅτι ἐπ' ἀλλοτρίας διατρίβομεν καθάπερ ξένοι καὶ πάροικοι; Οὐκ οἶδας, ὅτι παροίκων ἐστὶν ἐκβάλλεσθαι, ὅτε μὴ προσδοκῶσι μηδὲ ἐλπίζουσιν; Ὅπερ καὶ ἡμεῖς πάσχομεν.

19. Τίς μὲν γὰρ οὐκ ἂν ἕλοιτο ἀπὸ μιᾶς πληγῆς, καὶ ταύτης μηδὲν ἢ βραχύτατόν τι λυπησούσης[2], ἀποθανεῖν, μᾶλλον ἢ νοσήσας; Τίς δ' οὐκ ἂν εὔξαιτο ἀκεραίου τοῦ σώματος ἀκεραίῳ τῇ ψυχῇ ἀπαλλαγῆναι μᾶλλον, ἢ φθόῃ τινὶ καὶ ὑδέρῳ σαπῆναι, ἢ λιμῷ μαρανθῆναι;

20. Εἰ δὲ πάντως ἀποθανὼν συμβαλοῦμαί τι πρὸς τὴν

---

1. Bkk., en note, propose de remplacer δι' ὀργήν par διαυγῆ; je me suis rendu à son avis. De plus, j'adopte une conjecture de M. Egger,

15. Comme une maladie des yeux, qui trouble la vue, nous empêche de voir même les objets à nos pieds, ainsi, quand une opinion injuste s'insinue dans l'esprit de l'homme juste, elle ne lui permet pas de discerner la vérité et de se rencontrer avec la justice.

16. Quel homme sensé ne préférerait être, en mourant, enseveli au sein de sa ville natale, plutôt que de la voir dévastée ?

17. Si quelqu'un te construisait des maisons où tu ne serais pas pour demeurer, tu croirais que c'est de la peine perdue ; eh bien ! veux-tu donc acquérir des richesses dans un lieu d'où tu dois sortir souvent avant que le jour finisse ?

18. Ne sais-tu pas que, dans un pays qui n'est pas le nôtre, nous ne séjournons qu'à titre d'hôtes et d'étrangers domiciliés ? Ne sais-tu pas que le sort des étrangers domiciliés, c'est d'être expulsés au moment où ils ne s'y attendent pas et où ils ne le prévoient pas ? Voilà ce qui nous arrive.

19. Quel homme ne préférerait mourir d'un seul coup, qui ne cause aucune douleur, ou, du moins, qu'une douleur courte, plutôt que de maladie ? Quel homme ne souhaiterait quitter un corps vigoureux avec une âme vigoureuse, plutôt que d'être miné par la consomption ou l'hydropisie ou d'être desséché par la faim ?

20. Si ma mort est absolument utile au salut com-

consistant dans l'addition de καὶ après ἀλήθειαν et le remplacement de ψυχῇ par δίκῃ. — 2. Naber (Ἑρμῆς Λόγιος τόμ. Α΄, τεῦχ. Γ΄); vulg. : λυπησάσης.

κοινὴν σωτηρίαν, ἑτοίμως ἔχω τελευτᾶν· κτήσασθαι γὰρ δίῳ θανάτῳ τὴν δημοσίαν εὔνοιαν[1] καλόν.

21. Φιλεῖ πως λυπεῖν μᾶλλόν τινας τῶν μὴ προσδοκηθέντων ἀρχὴν, ὅσα ἂν ἐν ἐλπίδι γενόμενα διαπέσῃ· τὰ μὲν γὰρ πόρρω σφῶν νομίζοντες εἶναι, ἧττον αὐτῶν, ὡς καὶ ἀλλοτρίων, ἐφίενται· τῶν δὲ ἐγγὺς ἐλθόντες, ἄχθονται ὡς καὶ οἰκείων στερούμενοι.

[Ἐξ Ἀντωνίου Μελίσσου[2].]

22. Πασῶν γὰρ, ὡς ἔπος εἰπεῖν, τῶν κακιῶν αἰσχίστην ἄν τις εὕροι τὴν κολακείαν.

23. Ταὐτόν ἐστιν ἐπὶ εὐτυχίᾳ μέγα φρονεῖν καὶ ἐπὶ ὀλισθηρᾶς ὁδοῦ σταδιοδρομεῖν.

24. Πέφυκεν ὡς ἀεὶ πρὸς τὰς γνώμας τῶν ἀρχόντων τυποῦσθαι καὶ τὸ ὑποχείριον.

1. Naber (Ἑρμῆς Λόγιος, τόμ. Α΄, τεῦχ. Γ΄): εὔκλειαν.
2. A. Mai: « Antonium Melissam, florilegii cujusdam auctorem diversi a nostro Vaticano, non semel uti Dionis historia exploratum est. Atqui Reimarus doctissimus neque Melissam, neque alium florilegum Arse-

mun, je suis prêt à renoncer à la vie ; il est beau de conquérir, par son trépas, l'amour public.

21. Il est assez ordinaire à l'homme, parmi les choses auxquelles il ne s'attendait pas dans le principe, de regretter surtout celles qui trompent son espoir ; les unes, en effet, attendu qu'il les considérait comme éloignées, lui font une impression moins forte, lui étant, pour ainsi dire, étrangères ; tandis que les autres, dont il était tout près, lui causent une affliction profonde, comme s'il était privé d'un bien qui lui appartenait.

[Extraits d'Antoine Mélissa.]

22. De tous les vices le plus honteux, pour ainsi dire, qu'on puisse trouver, c'est la flatterie.

· 23. C'est la même chose de s'enorgueillir dans la prospérité que de courir le stade sur une route glissante.

24. La pensée de celui qui gouverne sert naturellement de règle à ses sujets.

---

nium, quanquam utrumque editum in sua Dionis editione ad partes vocavit. Adeo nemo omnia scit ! Ego vero Melissæ excerpta hic colloco, omissis nonnullis in Dionis editione obviis. »

Ἐξ Ἀρσενίου, ἀρχιεπισκόπου[1] Μονεμβασίας,
Ἀποστολίδου, Α' Ἰωνιᾶς[2].

25. Δίων ὁ Ῥωμαῖος[3] καταγελάστους εἶναι ἔλεγε τοὺς σπουδάζοντας περὶ τὸν πλοῦτον, ὃν ἡ τύχη μὲν παρέχει, ἀνελευθερία δὲ φυλάττει, χρηστότης δὲ ἀφαιρεῖ.

26. Ὁ αὐτὸς ἔφη · Πῶς οὐ δεινὸν τοῖς μὲν θεοῖς ἐνοχλεῖν, αὐτοὺς δὲ μὴ βούλεσθαι πράττειν ἅ γε ἐφ' ἡμῖν εἶναι δοκεῖ τοῖς θεοῖς;

27. Ὁ αὐτὸς ἔφη · Πολλῷ κρεῖττόν ἐστι κατορθώσαντάς[4] τι ζηλοτυπηθῆναι, ἢ πταίσαντας[5] ἐλεηθῆναι.

28. Ὁ αὐτὸς ἔφη · Ἀδύνατόν ἐστι τἀναντία τινὰ τοῖς ὀρθῶς ἔχουσι πράττοντα ἀγαθοῦ τινος ἀπ' αὐτῶν ἀπολαῦσαι.

1. A. Mai l'appelle évêque ; mais le ms. de Florence (Cod. Med. 4, Plut., 26), l'édition de la bibliothèque de Marucelli et celle de Walz (Stuttgart, 1832) donnent à Arsène le titre d'archevêque.

2. L'auteur explique lui-même son titre dans les vers suivants :

Ἰωνιὰν κέκληκα τόνδε τὸν πόνον,
Ῥώμης Λέον προέδρε πατριαρχῶν τε [W : καὶ σοφῶν κλέος] ·
Σὺ δ' οὖν τρύγησον τῶν ἴων, ὅσ' ἂν θέλῃς [le ms. de Dresde : θέλεις]
Κοίνον, κρόκον, νάρκισσον ἢ ῥόδον.

Extraits d'Arsène, archevêque de Monembasia, fils d'Apostolos; Parterre de Violettes, I.

25. Le Romain Dion disait qu'il était ridicule de rechercher une richese que donne la fortune, que conserve la bassesse, et qu'enlève la bonté.

26. Le même a dit : « Comment n'est-il pas étrange de fatiguer les dieux de nos prières et de ne pas vouloir faire ce que les dieux ont jugé à propos de mettre en notre pouvoir? »

27. Le même a dit : « Il vaut bien mieux inspirer l'envie par la réussite que la pitié par un échec. »

28. Le même a dit : « Il est impossible, quand on tient une conduite contraire à l'honneur, de recueillir aucun des avantages que l'honneur procure. »

A. Mai (*Addenda*) soupçonne Arsène d'avoir, malgré ce qu'il dit dans sa Préface à Léon X, plutôt publié quelque manuscrit que fait lui-même des extraits d'auteurs.

3. Les auteurs d'Anthologies, dit A. Mai, lui donnent constamment l'épithète de Romain.

4. Cod. Med.: κατορθώσαντα.

5. Cod. Med. et Walz (faute d'impression, sans doute, car la symétrie de la phrase exige qu'on lise ou partout le singulier ou partout le pluriel) : πταίσαντα.

TABLE DES MATIÈRES

CONTENUES DANS LE DIXIÈME VOLUME.

——

LIVRE SOIXANTE-DOUZIÈME.

LIVRE SOIXANTE-QUATORZIÈME.

LIVRE SOIXANTE-QUINZIÈME.

LIVRE SOIXANTE-SEIZIÈME.

LIVRE SOIXANTE-DIX-SEPTIÈME.

LIVRE SOIXANTE-DIX-HUITIÈME.

LIVRE QUATRE-VINGTIÈME.

FIN DE LA TABLE DU TOME DIXIÈME.

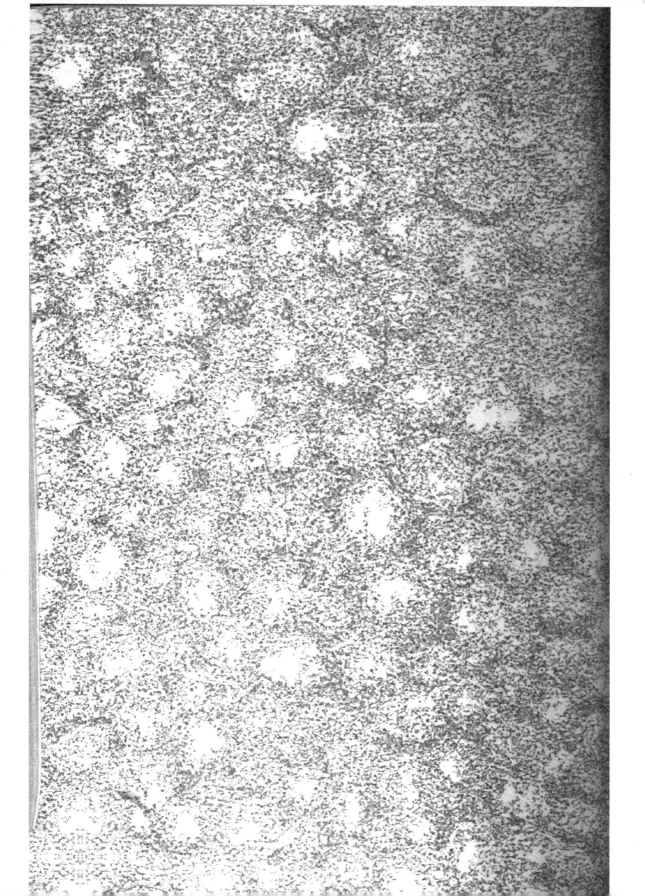

Lightning Source UK Ltd.
Milton Keynes UK
UKHW05f1949020718
325120UK00006B/291/P